성문제일서(聖門第一書)

논어를 만나다

[하편]

박완식 역

박문사

차례

제11 선진 先進 第十一

此篇은 多評弟子賢否하다

凡二十五章이라

胡氏曰 此篇은 記閔子騫言行者 四오 而其一은 直稱閔子하니 疑閔氏門人所記也라

이편은 제자들의 어질고 어질지 못한 점을 논평함이 많다.

모두 25장이다.

호씨[胡寅]가 말하였다.

"이편은 민자건의 언행을 기록한 부분이 4곳인데, 그중 하나는 직접 '민자(閔子)'라고 존칭하였다. 민자건의 문인이 기록한 것으로 의심된다."

[보 補]

이편에서 제자를 언급한 횟수로 보면, 안연과 자로에 대해 9차례로 가장 언급한 바 많으며, 그다음은 염유로 6차례, 자공과 민자건은 똑같이 4차례 언급하였다. 문제는 유독 민자건에게만 민자(閔子)라는 존칭사를 썼다는 점이다. 이 때문에 그의 문인이 이편의 서술을 주도한 것으로 추측하였다.

1. 선진장지 先進章旨

이 장에서는 부자께서 스스로 따르고 존숭해야 할 바를 밝혀 천하의 잘못된 풍조를 바로잡고자 함이다.

앞 절에서는 춘추 당시 사람들이 겉치레의 문식(文飾)만을 숭상하는 것에 대해서, 아래 절에서는 부자의 입장에서 절충의 뜻을 보여주고 있는바, 아래의 절에 중점을 두고 있다. 그 의도는 잘못된 예악을 바로잡아 세상을 유지하려는데 있는 것이지, 단순히 스스로 어느 것을 따르고 어느 것을 버려야 할 것인가를 살피는 데에 그치지 않는다. 이는 의당 '중(中)'자, 즉 예악의 중도를 주제로 삼아야 한다.

(1) 선진절지 先進節旨

'선진(先進: 선배)'과 '후진(後進: 후배)'은 부자의 말이며, '야인(野人)'과 '군자(君子)'는 춘추 당시

사람들의 말이다.

　부자께서 생각하는 선진이란 주나라의 초기, 문왕 무왕 성왕(成王) 강왕(康王) 당시의 인물을, 후진이란 주나라 말엽, 춘추시대의 사람들을 말한다. 예악은 단 한 가지임에도 예전과 오늘날의 쓰임이 똑같지 않다. 이 절에서 단언을 내리지는 않았지만, 부자가 이를 말한 것은 마음속에 보이지 않은, 감개의 뜻이 담겨있다.

子曰 先進이 於禮樂에 野人也오 後進이 於禮樂에 君子也라하나니

　부자께서 말씀하셨다.
　"〈오늘날 사람들은〉 '선배들이 예악에 촌스럽고, 후진들이 예악에 군자답다.'고 말하는데,

　강설

　부자께서 몸소 예의를 바로잡아 유지하고자 말씀하셨다.

　"예악이란 덕성을 함양하는 것으로 우리의 몸에 잠시도 버릴 수 없으며, 세간의 풍속 또한 이에 관계되므로 그 중도를 얻음이 귀중하다. 그러나 세대에 따라 도의의 높낮이가 다르므로 사람들이 익히고 숭상한바 또한 다르기 마련이다. 선배들의 풍미는 대체로 소박했었는데, 그 후로 점차 번거롭고 사치스럽게 변하였다. 인심이 날로 변함에 따라 그들의 습속 또한 달라졌기 때문이다.

　주나라 초기, 문왕 무왕 성왕 강왕 당시의 선배들이 예악을 행함에 있어 안팎으로 적절한 문질(文質)을 얻었음에도, 오늘날의 사람들은 오히려 그들을 '촌스러운 사람'이라고 말들 한다. 촌스러운 사람이란 예악을 숭상하지 않는 시골뜨기를 말한다. 그처럼 훌륭했던 선배들의 예악을 촌스러운 사람으로 보리라고는 생각지도 못했다. 이는 참으로 이해할 수 없는 일이다.

　주나라 말엽, 춘추시대의 후배들이 예악을 행함에 있어 겉치레의 꾸밈이 소박한 바탕보다 지나치다. 그런데도 오늘날의 사람들은 도리어 그들을 '어진 군자'라고 말한다. 군자란 참으로 예악을 중히 여기는 사람들이다. 겉치레가 심한 후배의 예악에 대해 또한 어진 군자라고 말할 줄은 생각지도 못했다. 이는 더욱더 이해할 수 없는 일이다.

　集註

　先進後進은 猶言前輩後輩라 野人은 謂郊外之民이오 君子는 謂賢士大夫也라

　程子曰 先進이 於禮樂에 文質得宜어늘 今反謂之質朴하야 而以爲野人이라하고 後進之於禮樂에 文過其質이어늘 今反謂之彬彬하야 而以爲君子라하니 蓋周末文勝이라 故로 時人之言 如此하야 不自知其過於文也니라

　[훈고] 선진·후진이란 선배·후배라는 말과 같다. 야인(野人)은 교외에 사는 백성을 말하고, 군자는 어진 선비와 대부를 말한다.

[해석] 정자(伊川)가 말씀하였다.

"선배들이 예악에 있어 문채와 바탕이 모두 적절하였는데, 이제는 도리어 '질박하다'고 여겨 '촌스러운 사람'이라 말하고, 후배들은 예악에 있어 문채가 그 바탕보다 많이 지나치는데, 이제는 도리어 문질이 아름답다고 여겨 '어진 군자'라고 한다. 이는 주나라 말엽에 문채가 성한 까닭에 당시의 사람들이 이처럼 말하면서도 스스로 그 문채의 지나침을 알지 못한 것이다."

(2) 여용절지 如用節旨

'용지(用之)'란 단 현재 사용하는 바에 근거한 것이지, 훗날 지위를 얻어 벼슬할 적에 그들을 쓰겠다는 것은 아니다. 선진을 따른다고 말하였는바, 후진을 따르지 않겠다는 부자의 의지를 알 수 있다.

如用之則吾從先進호리라

만일 예악을 쓴다면 나는 선배들을 따르리라."

강설

당시 사람들의 말들이 이와 같은 것으로 보아, 그들이 쓰고자 하는 예악은 반드시 후배를 따르고 선배를 따르지 않으리라는 것은 명백한 일이다.

그러나 만일 내가 예악을 사용하여 몸을 닦고 세상을 다스린다면 나는 어떻게 할까?

오직 선배의 예악을 따를 뿐이다. 굳이 세간 사람의 분분한 말들을 굳이 걱정할 게 있겠는가."

부자께서 시론(時論)을 초월하여 홀로 자신이 따를 바를 굳건히 결정함이 이와 같았다.

集註

用之는 謂用禮樂이라

孔子旣述時人之言하고 又自言其如此하니 蓋欲損過以就中也시니라

[훈고] 용지(用之)란 예악의 사용을 말한다.

[해석] 공자는 앞서 당시 사람들의 말을 서술하고, 또 스스로 이처럼 말하니, 이는 지나친 것을 줄여서 중도에 나아가게 하고자 함이다.

2. 종아장지 從我章旨

이 장에서는 부자께서 지난날 어려움을 함께 겪었던 어진 제자들을 회상함으로 인하여, 문인들이 당시의 어진 제자들을 기록하여 이를 증명하고 있다.

요순唐虞시대에는 훌륭한 임금과 신하가 있었고, 주대(周代)에는 훌륭한 부자(父子: 文武)가 있었고, 공자의 진(陳)과 채(蔡)나라의 사이에는 어진 사제(師弟)가 있었다. 이는 모두 천고에 만나기 어려운 일들이다.

(1) 종아절지 從我節旨

이의 앞부분에서는 진나라와 채나라 땅에서 겪은 어려움을 함께하였던 일을 보여주었으나, 뒷부분의 '개(皆: 皆不及門)'자를 깊이 음미하면서 보아야 한다. 이는 지난날 어려움을 함께했던 문인들이 현재 문하에 한 사람도 있지 않음을 보여주는 것이다. 이 2마디의 말은 지나간 일을 회상하면서 무한한 깊은 감개를 담고 있다.

子曰 從我於陳蔡者 皆不及門也로다

부자께서 말씀하셨다.
"진나라와 채나라에서 나를 따랐던 제자들이 모두 문하에 있지 않구나."

> **강설**

공자는 어려움을 함께 겪었던 어진 제자들을 회상하면서 말씀하셨다.
"진나라와 채나라에서 겪었던 액은 우리 도의 불행이었다. 세월이 흐르면서 나를 따랐던 제자들의 하는 일이 다름에 따라 어떤 이는 고향으로 돌아가고 어떤 이는 벼슬하고 어떤 이는 죽음으로서 그 어려움 속에서 나를 따랐던 제자들이 오늘날 모두 나의 문하에 있지 않구나. 오늘도 그 옛일을 회상하자니, 무량한 감개를 금할 수 있겠는가."

> **集註**

孔子嘗厄於陳蔡之間할세 弟子 多從之者러니 此時에 皆不在門이라 故로 孔子思之니 蓋不忘其相從於患難之中也라

[해석] 공자가 일찍이 진나라와 채나라 사이에서 어려움을 겪었을 적에, 당시 따르던 제자들이 많았었는데, 이제는 그들 모두가 문하에 있지 않다. 이 때문에 부자께서 그들을 생각한 것이다. 이는 어려움 속에서 서로 함께했던 이들을 잊지 못한 것이다.

(2) 덕행절지 德行節旨

이 절은 진나라와 채나라에서 어려움을 함께했던 여러 제자의 각기 뛰어난 점이 이와 같다는 데에 중점을 두어 기록했을 뿐이다. 그 어려움 속에서도 부자는 자로와 거문고를 켜며 노래를 주고받는 화락함이 있었고, 어려움에서 벗어나 평안하게 거처할 적에 지난날 고난을 함께 했던 이들

에 대한 사모의 정이 간절함은 당연하다.

당시 함께 했던 문인 또한 이 열 사람에 그치는 것은 아니며, 공자의 문하에 더 이상의 어진 제자가 없다는 말도 아니다. 문인들이 특별히 네 과목(四科) 중에서 가장 훌륭한 열 사람(十哲)만을 기록한 것이다.

또한 덕행에 뛰어난 안연과 민자건은 문학에 부족하고, 문학에 뛰어난 자유와 자하는 덕행이 전혀 없다는 말도 아니다. 요컨대 어려운 시절을 만난 것은 한 때의 재액이지만, 영웅과 어진 사람들이 모두 함께 모여 있었다는 것은 실로 만세의 영광이었다.

德行엔 顔淵 閔子騫 冉伯牛 仲弓이오 言語엔 宰我 子貢이오 政事엔 冉有 季路오
文學엔 子游 子夏니라

덕행에는 안연·민자건·염백우·중궁이며, 언어에는 재아·자공이며, 정사에는 염유·계로며, 문학에는 자유·자하가 있었다.

강설

문인들이 부자의 말에 따라 다음과 같이 기록하였다.

당시 어려움을 함께 겪었던 어진 제자들을 살펴보면, 마음에 도를 지니고 몸으로 실천하여 독실한 덕행이 으뜸이었던 제자로는 안연·민자건·염백우·중궁이 있었으며,

대답을 명백히 밝히고 민첩하게 말하여 언어에 으뜸인 제자로는 재아·자공이 있었으며,

재주와 식견에 막힘이 없고 정사에 으뜸인 자로는 염유·계로가 있었으며,

견문이 박식하고 문학에 으뜸인 제자로는 자유·자하가 있었다.

진나라와 채나라의 어려움 속에서 이처럼 훌륭한 제자들이 있었기에 서로 위안이 되었는데, 오늘날에는 모두 문하에 있지 않으니, 그들을 생각하지 않을 수 있겠는가.

集註

弟子因孔子之言하야 記此十人하고 而幷目其所長하야 分爲四科하니 孔子敎人에 各因其材를 於此 可見이니라

○ 程子曰 四科는 乃從夫子於陳蔡者爾라 門人之賢者 固不止此하니 曾子는 傳道而不與焉이라 故로 知十哲 世俗論也니라

[해석] 제자들이 공자의 말씀으로 인하여 열 사람을 기록하고, 아울러 그들의 장점을 지목하여 4가지의 과(科)로 나누었다. 공자는 사람을 가르칠 적에 각각 그 재목에 따라 이끌었음을 여기에서 볼 수 있다.

○ 정자(明道)가 말씀하였다.

"사과(四科)는 진나라와 채나라에서 부자를 따르던 자들뿐이다. 공자 문하의 어진 제자가 여기에 그치는 것은 아니다. 증자는 도를 전하느라고 여기에 참여하지 못하였다. 그러므로 십철(十哲)이란 세속의 여론임을 알 수 있다."

[보 補]

부자께서 "나를 따랐던 제자들이 모두 문하에 있지 않다."는 감개를 보이면서 많은 제자를 잊지 못한 것은 단순히 만남과 헤어짐의 아쉬움을 나타난 게 아니다. 거듭 사도(斯道)에 대한 서글픔을 보여준 것이다.

사과(四科) 십철(十哲)이란 『논어』를 편수한 제자들이 부자의 말씀을 따라서 당시 함께했던 제자 가운데 가장 뛰어난 열 사람을 들어 4가지 덕목으로 말한 것이다. 어떤 제자는 성인의 한 부분을 얻었고 어떤 제자는 성인의 몸을 모두 갖췄으나 약간 미진한 부분이 있는 훌륭한 제자들이었다. 또한 수많은 어진 제자들은 고금에 찾아보기 어려운 인물들이다. 대성인과 함께하다가 다 함께 어려움을 겪은 것은 춘추시대의 비운이었다.

요순 당시에는 훌륭한 신하 5명을 얻어 천하를 다스렸고, 문무 당시에는 열 명의 신하가 하나의 마음으로 천하를 다스렸다. 부자께서 도를 제창함에 있어 십철이 함께하면서 뜻을 이뤄 정사한 제자는 부자의 도를 밝혔고 곤궁하게 초야에 묻힌 제자들은 부자의 도를 밝혔다.[1] 그런 그들에 대한 정회와 감개가 없을 수 있겠는가.

3. 회야전지 回也全旨

이 장은 안자의 오묘한 오도(悟道)에 대해 매우 가상하게 여긴 것으로, 2구[回也, 非助…無所不說]는 하나의 뜻으로 말하고 있다.

'도움이 된다[助]'는 것은 부자의 미치지 못한 바를 도와준다는 게 아니다. 비록 성인의 마음에 도리가 모두 갖춰있을지라도 한 차례의 변별과 논란을 더 할수록 그 정신은 한 걸음 더 성장하는 것이다.

만일 앞의 문장에서 '도움이 있다.'고 단정하여 말했다면 더는 문장을 전변할 수 없었을 것인데, '도움이 없다.[非助]'는 것은 의외의 말이다.

부자의 말을 "기뻐하지 않은 바 없었다.[無所不說]"는 것은 곧 얼음 녹듯이 의심이 사라지고 이치에 막힘이 없음을 말하고, '무소불(無所不)' 3자는 깜짝 놀라 정신이 번뜩 뜨이는 뜻을 표현한 것이다.

---

1 明 劉宗周 撰 『論語學案』권6: "及門之憾, 所不能忘情於諸弟子者, 豈徒以聚散之迹乎? 蓋重爲斯道惜也. 弟子 因夫子之言, 而記相從諸賢, 其最著得十人焉, 繫以四科. 或得聖人之一體, 或具體而微, 盛矣哉! 又以見濟濟多賢, 古今罕儷, 景附大聖人, 而共遭患難, 爲春秋氣數之阨也. 唐虞之際, 五臣佐命; 文武之興, 十亂同心. 尼山倡道, 十哲濟美, 達而在上, 其道行; 窮而在下, 其道明."

이처럼 부자의 마음이야 오직 안자의 깨달음에 대한 기쁨으로 전혀 유감이 되는 바 없는데, 부자의 말씀은 도리어 유감이 있는 것처럼, 전혀 기쁘지 않은 것처럼 말하니, 참으로 절묘한 문장이라 하겠다.

子曰 回也는 非助我者也로다 於吾言에 無所不說(悅)이온여

부자께서 말씀하셨다.
"안회는 나를 도와주는 사람이 아니다. 나의 말에 기뻐하지 않는 바가 없다."

[강설]

부자께서 도를 깨달은 안자를 가상히 여겨 말씀하셨다.
"많은 제자는 나와 묻고 대답하는 가운데 일찍이 내가 미처 깨닫지 못한 점을 깨우쳐 주어 도움을 얻었는데, 안회는 나에게 아무런 도움을 주지 않았다.
그는 내가 말한 바를 그저 기뻐하고 따랐을 뿐이다. 그의 마음에 의심이 없었기에 스스로 물은 적이 없었다. 또한 나에게 무슨 도움을 줄 수 있었겠는가."

[集註]

助我는 若子夏之起予니 因疑問而有以相長也라 顔子於聖人之言에 黙識心通하야 無所疑問이라 故로 夫子云然하니 其辭若有憾焉이나 其實은 乃深喜之시니라

○ 胡氏曰 夫子之於回에 豈眞以助我望之리오 蓋聖人之謙德이오 又以深贊顔氏云爾니라

[해석] '나를 돕는다.'는 것은 "자하가 나를 흥기시켰다."(「里仁」 제8장)는 말과 같다. 의심된 부분을 물음으로 인해서 〈가르치는 스승이나 배우는 제자의 학문이〉 서로 커나가는 것(敎學相長)이다. 안자는 부자의 말씀에 말없이 깨닫고 마음으로 통달하여 의심되는 바 없었기에 부자께서 그처럼 말한 것이다. 그 말씀에 유감이 있는 것처럼 보이지만 실제론 그에 대해 매우 기뻐한 말이다.
　　○ 호씨[胡寅]가 말하였다.
"부자께서 안회에게 어찌 참으로 나를 도와주기를 바라겠는가. 성인의 겸손한 덕이며, 또한 안자를 크게 칭찬한 말이다."

4. 효재전지 孝哉全旨

이 장에서는 민자건의 효행에 대한 신뢰를 나타내고 있다.
민자건은 일찍이 모친을 여의고, 부친이 재취(再娶)로 다시 두 아들을 보았다. 계모의 차별이 심하여 차가운 겨울날, 갈대꽃을 넣어 민자건의 옷을 지어 주었다. 부친은 그 사실을 뒤늦게 알고

서 계모를 내쫓으려고 하자, 민자건이 만류하였다.

"계모가 있으면 한 자식이 추위에 떨지만, 계모가 떠나가면 세 아들이 고단하게 됩니다.[母在一子寒, 母去三子單.]"

민자건의 이 말 때문에 계모는 쫓겨나지 않았다. 그 후로 계모는 민자건에게 공평하게 대하였다고 한다. 이것이 민자건의 효행이다.

앞 구절[孝哉 閔子騫]은 허사(虛辭)이고, 뒤 구절에서 이를 실증하고 있다. '언(言)'자는 부모와 형제에 밀접하게 붙여보는 것으로 부모와 형제가 한 말이지, 남들이 그의 숨겨진 사실을 알고서 그들이 이처럼 말한 것은 아니다.

민자건의 효행에 대한 부모와 형제의 칭찬이 앞서 있었고, 그 칭찬에 대한 남들의 믿음은 뒤에 있었다. 이런 사실만으로도 민자건이 계모 슬하의 어려운 상황에 부닥친 일들을 굳이 보완하여 말할 필요가 없다.

子曰 孝哉라 閔子騫이여 人不間於其父母昆弟之言이로다

부자께서 말씀하셨다.

"효자이다. 민자건이여. 사람들이 그 부모와 형제가 칭찬하는 말에 이의가 없다."

강설

부자께서 민자건의 효도에 대해 말씀하셨다.

"많은 행실 가운데 효도보다 큰 것은 없다. 오늘날 살펴보면, 민자건은 참으로 효자이다.

효도를 행하여 부모와 형제에게 칭찬을 받은 이들이 있다. 하지만 간혹 부자 형제간이 사랑하는 마음에 빠져서, 또는 사사로운 마음에 가려서 효자라고 칭찬하는 예도 있기에, 바깥사람들의 생각은 꼭 그렇다고 믿지 않는다. 하지만 오늘날 민자건의 효도는 부모와 형제가 그를 효자라고 일컬을 뿐 아니라, 바깥사람 또한 그를 칭찬하여 애당초 그의 부모와 형제가 칭찬하는 말과 다름이 없다.

민자건의 효도와 우애의 진실이 안으로 마음에 쌓여 밖으로 나타나지 않았다면 어떻게 이처럼 될 수 있었겠는가. 민자건의 효행은 순수한 효도라 하겠다."

集註

胡氏曰 父母兄弟稱其孝友에 人皆信之하야 無異辭者는 蓋其孝友之實이 有以積於中而著於外라 故로 夫子嘆而美之시니라

[해석] 호씨[胡寅]가 말하였다.

"부모와 형제가 그의 효도와 우애를 칭찬함에 남들이 모두 믿고서 다른 말이 없는 것은, 민자건의 효도와 우애의 진실이 마음속에 쌓여 밖으로 나타났기 때문이다. 이 때문에 부자께서 그를 감탄하여 찬미한 것이다."

[보 補]

집주에서 형제간의 우애까지 겸해서 말하고 있는바, 이는 경문에서 말한 '곤제(昆弟: 계모의 형제)'라는 글자에서 이를 알 수 있다. 부모에게 효도하는 자는 반드시 형제간에도 우애하는 법이다.

5. 남용전지 南容全旨

이 장은 마음을 다스려가는 남용의 학문을 보여준 것이지, 『시경』에 대한 이해의 척도를 말한 게 아니다.

그가 삼가한 바는 언어 따위의 미미한 것이라고 할지 모르지만, 이는 수신(修身)과 처세(處世)에 관한 큰일이다. 매일 세 차례씩 반복하여 읊은 것은 말을 하는 데에 잘못이 있을까 두려워하여 이를 방비하려는 마음을 볼 수 있으며, 조카사위로 삼음 또한 단 말을 조심하려는 어진 마음에 중점을 둔 것이기에, 굳이 행실을 삼가는 것까지 첨가해 넣을 필요가 없다.

南容이 三復白圭어늘
孔子 以其兄之子로 妻之하시다

남용이 「백규(白圭)」 시를 매일 세 차례씩 반복하니,
부자께서 형의 딸을 그의 아내로 삼아 주었다.

강설

「백규」 시는 위무공(衛武公)이 말을 삼가고자 지은 시이다. 남용이 매일 세 차례씩 「백규」 시를 반복하여 읊으니, 그는 몸을 닦는 선비로서 집을 가다듬어 나가기에 어려움이 없을 것이다. 이 때문에 부자는 서형(庶兄) 맹피(孟皮)의 딸을 그의 아내로 삼아 주었다.

이는 성인의 문하에서 이처럼 말조심을 중히 여겨왔음을 보여준 것이다.

集註

詩大雅抑之篇曰 白圭之玷은 尙可磨也어니와 斯言之玷은 不可爲也라하니 南容이 一日三復此言이라 事見家語하니 蓋深有意於謹言也라 此는 邦有道에 所以不廢요 邦無道에 所以免禍라 故로 孔子以兄子妻之니라

○ 范氏曰 言者는 行之表요 行者는 言之實이니 未有易其言而能謹於行者라 南容이 欲謹其言이 如此하니 則必能謹其行矣리라

[해석] 『시경』「대아 억(抑)」에 "흰 구슬의 티는 오히려 갈아 없앨 수 있지만, 말의 잘못은

없앨 수 없다."고 하니, 남용이 이 시를 하루에 세 차례씩 반복하여 읊었다. 이 일은 『공자가
어』(「弟子行」 제12)에 보인다. 말을 삼가는 데에 크게 뜻을 둔 것이다. 이는 나라에 도가 있으
면 버림받지 않을 것이며, 나라에 도가 없으면 화를 면할 수 있다. 이 때문에 부자는 형의
딸을 그의 아내로 삼아 주었다.

    ○ 범씨[范祖禹]가 말하였다.

    "말이란 행실의 표상이요, 행실은 말의 실상이다. 말을 쉽게 하면서 행실을 삼가는 자는
없다. 남용이 말을 삼가고자 함이 이와 같으니, 반드시 그 행실을 삼갈 것이다."

6. 계강전지 季康全旨

    이 장은 안자가 죽음으로써 성인의 학문이 끊기게 되었음을 보여주고 있다. 슬퍼하고 탄식하는,
부자의 어감(語感)을 알아야 한다. "학문을 좋아한다.[好學]"는 것은 학문을 좋아하는 안자의 마음
으로 말한 것이니만큼, '불천로(不遷怒)'·'불이과(不貳過)' 2구절을 더하지 않아도 된다.

季康子 問弟子 孰爲好學이니잇고
孔子 對曰 有顔回者 好學하더니 不幸短命死矣라 今也則亡(無)하니라

    계강자가 물었다.

    "제자 중에 누가 학문을 좋아합니까?"

    부자께서 대답하셨다.

    "안회라 하는 이가 학문을 좋아했었는데, 불행히도 요절하여 죽었다. 이제는 그런 제자가 없다."

강설

    노나라 대부 계강자가 공자에게 여쭈었다.

    "수많은 제자 가운데 누가 학문을 좋아합니까?"

    "학문을 좋아하는 사람을 어찌 쉽사리 얻을 수 있겠는가. 많은 제자 중에 안회가 있었다.

    그는 참으로 학문을 좋아하는 사람이었는데, 하늘은 어이하여 그에게 장수를 누리도록 보살펴
주지 않고 불행스럽게도 요절하게 하였는지! 하늘이 그에게 여러 해를 빌려주었다면 그는 아마
헤아리기 어려운 경지에 들어갔을 것이다.

    이제는 나의 문하에 안회처럼 학문을 좋아하는 제자를 찾아볼 수 없다. 매우 애석한 일이 아니
겠는가."

    학문을 좋아하는 사람을 쉽게 얻을 수 없다. 안연의 호학은 그 당시에도 따라갈 사람이 없었고
후세에도 다시 찾아볼 수 없다. 어찌 깊은 생각에 잠기지 않을 수 있겠는가. 부자의 개탄은 당연
한 일이다.

集註

范氏曰 哀公康子問同而對有詳略者는 臣之告君엔 不可不盡이나 若康子者는 必待其能問이라야 乃告之하시니 此敎誨之道也니라

[의론] 범씨[范祖禹]가 말하였다.

"애공과 계강자의 물음은 한 가지인데 공자의 대답에 자세하고 간략함이 있는 것은, 신하로서 임금에게 고할 적엔 극진히 다하지 않을 수 없지만, 계강자 같은 이는 반드시 그가 다시 물어야만 이에 말해주는 것이다. 이것이 가르침의 도이다."

[보 補]

'공자대왈(孔子對曰)'은 임금을 높이는 뜻[尊君之義]이다. 계강자는 부자에 비해 나이도 어리며, 또한 임금이 아닌 대부이다. 따라서 계강자에게 존칭어를 사용하는 것은 옳지 않다.

이 때문에 『논어』 전10편에 해당되는 「위정」 제20, 「옹야」 제6장에서 부자는 계강자의 물음에 모두 '자왈(子曰)'로 말하고 있다. 그러나 「선진」 이하 후10편의 「선진」 제6장과 「안연」 제17, 18, 19장에 보이는, 즉 계강자의 4차례 물음에 관하여 모두 '공자대왈'로 쓰여 있다.

이처럼 『논어』의 전10편과 후10편의 동일인물에 대해 용어의 통일성이 없다는 것은 곧 다른 시기에 다른 인물이 『논어』을 편찬했음을 말해주는 대목이다. 전10편을 편찬할 당시에 계강자에 관한 인식은 분명 한낱 대부에 지나지 않았지만, 후10편을 편찬할 당시 사람들은 계강자의 막강한 권력이 제후와 같다고 인식했음을 방증하는 자료이다.

7. 안로장지 顔路章旨

이 장에서는 안로(顔路)가 안회를 사랑함은 인정(人情)으로, 부자가 안회를 사랑함은 대의(大義)에 의한 것임을 보여주고 있다.

안로가 부자의 수레를 청하여 덧널[外槨]을 마련코자 함은 후장(厚葬)을 하려는 것이며, 부자가 도보로 다닐 수 없다고 거절한 것은 안회의 후장을 원하지 않았기 때문이다.

(1) 안로절지 顔路節旨

수레를 팔아 덧널을 마련한다는 것은 도리상 있을 수 없는 일이다. 단 안로가 자식을 사랑하는 마음이 지극한데, 집안이 가난하여 이처럼 애틋한 마음을 펼 수 없었기에 이처럼 염치없고 예의없는 청을 하게 된 것이다. 이는 안로가 대의로 사사로운 인정을 제지하지 못했기 때문이다.

顔淵이 死커늘 顔路 請子之車하야 以爲之槨한대

안연이 죽자, 안로가 공자의 수레를 청하여 덧널을 마련하고자 하니,

강설

예전에 안연이 죽었을 때, 집안이 가난하여 덧널을 마련하지 못하자,

그의 부친 안로가 공자의 수레를 청하여 그 수레를 팔아 안연의 덧널을 마련하려고 하였다. 이는 어진 아들을 편히 보내려는 부자(父子)의 사랑에 빠진 나머지, 사제(師弟)의 대의가 있음을 알지 못한 일이다.

集註

> 顔路는 淵之父니 名無繇라 少孔子六歲하니 孔子始敎而受學焉이라 槨은 外棺也니 請爲槨은 欲賣車以買槨也라

[훈고] 안로는 안연의 아버지이니, 이름은 무유(無繇)이다. 공자보다 여섯 살 적으며, 공자가 처음 제자를 가르칠 적에 수업하였다.

곽(槨)은 덧널이다. 덧널을 만들려고 청한 것은 공자의 수레를 팔아 안연의 덧널을 사고자 함이다.

(2) 재불절지 才不節旨

앞의 2구[才不才, 亦各言其子也]는 범칭으로 부자간의 도리를 논한 것일 뿐이며, 그 아래 문장에서 특별히 공자의 아들 리(鯉)의 장례를 거론한 것은 안로에게 나의 아들 '리'의 장례처럼 안회의 장례를 치르도록 바란 것이다. 안로의 부탁을 거절한 가운데 안회를 사랑하는 대의가 담겨있다. 이는 아무리 사랑하는 아들일지라도 반드시 해서는 안 될 일이 있음을 보여준 것이다.

子曰 才不才에 亦各言其子也니 鯉也 死어늘 有棺而無槨호니 吾不徒行하야 以爲之槨은 以吾從大夫之後라 不可徒行也니라

부자께서 말씀하셨다.

"재주가 있는 사람이나 없는 사람이나 또한 각기 그 자식이라 말할 것이다. 리(鯉: 공자의 아들)가 죽었을 적에 내관(內棺)은 있었으나 덧널[外槨]은 없었다. 내가 〈수레를 내주어〉 맨 걸음으로 걸으면서 아들의 덧널을 마련해주지 않은 것은, 내가 대부 뒤를 따라야 하기에 맨 걸음으로 걸어다닐 수 없었기 때문이다."

강설

부자는 대의로 이를 저지하여 말씀하셨다.

"모든 사람의 아들에게 재주가 있을 수도, 없을 수도 있다. 그러나 아버지의 처지에서 보면 재

주가 있든 없든 똑같은 아들이다. 그러므로 그대가 안회를 생각하는 것은 내가 나의 아들 '리'를 보는 것과 똑같다.

나의 아들이 안회보다 먼저 죽었을 적에 내관만 썼을 뿐, 덧널은 없었다.

나는 나의 아들의 덧널을 마련하고자 조정의 수레를 내다 팔아 맨 걸음으로 걸어 다닐 수 없었던 것은 나의 아들에게 박하게 하고자 함이 아니다.

내 비록 벼슬을 그만두었으나 또한 일찍이 대부의 뒤를 따르는 터라 출입하는데 아직도 나라의 왕명이 있다. 맨 걸음으로 다닐 수 없을뿐더러, 임금이 내려준 수레를 사사로이 매매할 수 없었기 때문이다. 지금도 어떻게 안회를 위해 나의 수레를 내어줄 수 있겠는가. 그렇다면 그대가 안회의 장례를 나의 아들에게 대하였던 것처럼 똑같이 하는 편이 좋을 것이다."

안연은 일생 가난한 삶 속에서도 도를 즐겨온 사람이다. 살아있을 적이나 죽었을 적이나 한 가지이다. 비록 덧널이 없다 한들 그 무엇이 아쉽겠는가. 부자만이 이를 깊이 알고 있었기에 소박한 장례를 따르려는 것이지, 하나의 수레가 아까워서 그런 게 아니다.

集註

鯉는 孔子之子伯魚也니 先孔子卒이라 言鯉之才 雖不及顏淵이나 然이나 己與顏路以父視之면 則皆子也라 孔子時己致仕로되 尙從大夫之列이어늘 言後는 謙辭라

○ 胡氏曰 孔子遇舊館人之喪하야 嘗脫驂以賻之矣어늘 今乃不許顏路之請은 何耶오 葬可以無槨이오 驂可以脫而復求나 大夫不可以徒行이오 命車不可以與人而鬻諸市也라 且爲所識窮乏者得我하야 而勉强以副其意면 豈誠心與直道哉리오 或者以爲君子行禮는 視吾之有無而已라하니 夫君子之用財는 視義之可否니 豈獨視有無而已哉리오

[훈고] 리(鯉)는 공자의 아들 백어(伯魚)인데, 공자보다 먼저 죽었다.

[해석] '리'의 재주는 안연에 미치지 못하지만, 나와 안로가 모두 아버지의 처지에서 보면 모두 똑같은 아들이다.

부자께서 그 당시 벼슬을 그만두셨으나 대부의 열(列)을 따르는데, 그 뒤를 따른다[吾從大夫之後]고 말한 것은 겸손의 말씀이다.

○ 호씨[胡寅]가 말하였다.

"부자께서 일찍이 옛 객사 주인의 초상을 만나 참마(驂馬)를 벗겨 부의한 적이 있었음에도 이에 안로의 청을 허락하지 않으심은 무엇 때문일까? 장례에 덧널이 없어도 되고 참마는 벗겨주고도 다시 구할 수 있지만, 대부의 신분으로서 도보로 걸을 수 없고 임금이 내려준 수레[命車]는 남에게 건네주어 저자에 팔 수 없는 것이다. 또한, 내가 아는 궁핍한 이에게 환심을 사고자 애써 그의 비위를 맞춘다는 것은 어찌 진실한 마음이며 곧은 도리이겠는가.

혹자[蘇軾]는 '군자는 예를 행하는데 나의 재물이 있느냐 없느냐를 볼 뿐이다.'고 말하지만, 군자의 재물 씀씀이는 의리에 옳은 일인가 아닌가를 보는 것이지, 어찌 재물의 있고 없음만을 보겠는가."

[보 補]

부자께서 말문을 열면서 곧장 "재주가 있든 없든"이라는 '재불재(才不才)'는 그 말을 듣는 이로 하여금 매우 불안스럽게 만드는 부분이다. 어쩌면 안로가 부자의 수레를 부탁한 것은 안연의 재주를 내세우는 의중이 있었기 때문이 아니었을까?[2]

8. 천상전지 天喪全旨

이 장에서는 부자께서 도를 전할 수 없음을 애도한 것으로, '천(天)'자에 중점을 두고 있다. 부자께서 자신의 존망을 생사로 생각지 않고, 도가 이어지느냐 끊어지느냐를 생사로 삼은 것이다. 안연의 죽음으로 도를 잃게 되었기에 '하늘이여'라고 통곡하면서 그의 죽음을 애도한 것이다.

따라서 여기에 쓰인 '천(天)'자는 가볍게 스쳐 지나갈 수 없다. 문왕이 돌아가신 뒤, 공자가 사문(斯文)을 얻을 수 있었던 것은 실로 하늘의 뜻이다. 이로써 오늘날까지 전해오던 도가 안연이 죽음으로써 하루아침에 잃게 되었다. 어떻게 '하늘이여'라고 통곡하지 않을 수 있겠는가.

顏淵이 **死**커늘
子曰 噫라 **天喪予**샷다 **天喪予**샷다

안연이 죽으니,
부자께서 말씀하셨다.
"아아, 하늘이 나를 버렸구나. 하늘이 나를 버렸구나."

강설

예전에 안연이 죽자, 부자는 슬픈 마음을 되뇌셨다.

"하늘이 안연을 내려주어 이 도를 전할 수 있었던 것은 나에게 있어 큰 행복이었다. 그러나 뜻하지 않게 안연이 죽었다.

아, 슬프다. 나의 몸은 살아있다 하지만 나의 도는 이미 전할 수 없게 되었다. 이는 어찌 안연만을 버린 일이겠는가. 하늘이 나를 버린 것이다. 이는 하늘이 나를 버린 것이다."

부자는 위로 문왕의 도통(道統)을 이으면서 "하늘이 장차 이 도를 버리신다면…[天將喪斯文]"이라 말하였고, 아래로 안연의 도통 전수를 잃으면서 "하늘이 나를 버렸다."고 말하였다. 이로 보면 도통의 전승과 끊임은 모두 하늘의 뜻이다.

---

2 『壺山全書』 제4책, 326쪽. "夫子開口, 便說才不才三字, 已足使聽者不安, 豈路之請車也有挾子才之意歟?"

集註

噫는 傷痛聲이라 悼道無傳하야 若天喪己也라

[훈고] 희(噫)는 슬퍼하고 마음 아파하는 소리이다.

[해석] 도를 전할 수 없음을 슬퍼하여, 하늘이 나를 버리는 것처럼 생각한 것이다.

9. 자곡전지 子哭全旨

이 장에서는 부자께서 통곡해야 할 때 통곡함을 보여주고 있다. 슬픔의 감정이 발산하되 절도에 맞은 일이다. 너무나 애통하게 통곡한 것 또한 도를 전수할 수 없음을 애도하는 측면에 중점을 두고 있다.

애통해하면서도 스스로 이런 사실조차 알지 못한 것은 지나친 일처럼 보이지만, 안연의 죽음에 통곡하면서 애통해하는 것은 지나친 일이 아니다.

'부인(夫人)' 2글자를 제시한 것은 애통함에 대한 자신의 변명이 아니라, 더욱 애통하고 더욱 슬픔이 깊어짐을 말해주는 것이다.

顔淵이 死커늘 子 哭之慟하신대
從者曰 子 慟矣샤소이다

안연의 죽음에 부자께서 너무 서럽게 통곡하자,
제자들이 말하였다.
"부자께서 너무 서럽게 애통해하십니다."

강설

부자에게 있어 안연의 죽음은 도통 전수의 상실에 의한 끝없는 슬픔이었다. 이로써 그에 대한 통곡이 지나치셨다.

부자의 문인들이 부자께서 스스로 이를 깨닫지 못할까 두려워한 나머지 만류하였다.
"부자께서 너무 애통해하십니다."
이는 공자의 슬픔을 절제하고자 함이었다.

集註

慟은 哀過也라

[훈고] 통(慟)은 지나친 슬픔이다.

曰 有慟乎아

부자께서 말씀하셨다.
"너무 애통해했느냐?"

강설

공자의 슬픔은 더없이 처절하였음에도 오히려 자신은 그 사실조차 모른 채, "나의 통곡이 지나쳤느냐?"고 되물으셨다.

集註

哀傷之至에 不自知也라

[해석] 슬픔이 지극하여 스스로 알지 못한 것이다.

非夫人之爲慟이오 而誰爲리오

"이 사람을 위하여 애통해하지 않고, 누구를 위하여 슬퍼하겠는가."

강설

"만일 애통해함이 지나쳤다면 그에게 도가 깃들여 있기 때문이다. 따라서 그의 죽음을 애석해 여긴 것은 당연한 일이다. 내가 그를 위하여 통곡하지 않고, 누구를 위해서 이런 통곡을 할 것인가."

이로 보면 안회의 죽음은 매우 애석한 일이며, 공자의 애통한 통곡이야 일시이나 그 슬픈 마음은 영원하다. 이는 절대 지나치지 않은, 절도에 맞은 슬픔임을 또한 볼 수 있다.

集註

夫人은 謂顏淵이라 言其死可惜하야 哭之宜慟하니 非他人之比也라

○ 胡氏曰 痛惜之至에 施當其可하니 皆情性之正也니라

[훈고] 부인(夫人: 斯人이라는 말과 같음)은 안연을 말한다.

[해석] 그의 죽음이 애석하여 그를 위한 통곡이 지나친 것은 당연하다. 다른 사람에게 비유할 바 아니다.

○ 호씨[胡寅]가 말하였다.

"지극한 통탄과 애석해함에도 그 슬픔이 가당하니 모두가 바른 감정이요 성품이다."

[보 補]

『논어』에서 부자께서 안연에 대해 언급한 부분이 모두 22장이다. 그러나 사후에 관한 부분은 그중 여덟 부분이다. 부자의 아픈 마음이 평생 이어져 왔음을 알 수 있다.[3]

10. 문인장지 門人章旨

이 장은 공자가 분수에 따라 안빈(安貧)해야 한다는 뜻으로 문인을 꾸짖은 것이다. 공자의 수레를 청했던 앞 장과 함께 보아야 한다.

(1) 문인절지 門人節旨

안연의 후한 장례를 치르고자 함은 부자의 문인들이 이러한 일을 주선한 것이다. 안연과 벗으로서의 정의가 있었기 때문이다.

顏淵이 死커늘 門人이 欲厚葬之한대
子曰 不可하니라

안연이 죽자 문인이 후히 장례를 치르고자 하니,
부자께서 말씀하셨다.
"그래서는 안 된다."

> **강설**

예전에 안연이 죽자, 문인들은 안연의 어진 덕행을 가상히 여겨 그의 초상에 사용되는 의금(衣衾), 관곽(棺槨), 묘소 등 모든 상구(喪具)를 후히 마련하여 장례를 치르고자 하였다.
부자는 그들을 저지하여 말씀하셨다.
"안연의 후한 장례는 안 된다. 초상 치레란 집안 살림에 알맞게 하는 법이다. 가난한 사람으로서 후히 장례를 지내는 것은 도리가 아니다."

> **集註**

喪具는 稱家之有無니 貧而厚葬은 不循理也라 故로 夫子止之시니라

[해석] 초상에 사용되는 도구는 집안 살림의 형편에 알맞게 하여야 한다. 가난한데도 후히 장례 함은 도리를 따르지 않음이다. 이 때문에 부자께서 이를 말린 것이다.

(2) 후장절지 厚葬節旨

집주에서 말한 "아마 안로가 그들의 말을 따른 것이다.[蓋顏路聽]"는 개(蓋) 자는 의문사이다. 일찍이 안로가 공자의 수레를 청하여 안연의 덧널을 마련하고자 한 데에서 이러한 사실을 유추한

---

3 『壺山全書』 제4책, 326쪽. "語中顏淵事, 凡有二十二章, 而在死後者, 居其八, 乃知夫子痛惜之至於終身也."

것이다.

門人이 厚葬之한대

문인이 후하게 장례를 치렀다.

> **강설**
>
> 문인들은 안연의 장례를 후히 하지 않는다는 것은 훌륭한 안연을 남다르게 대하는 일이 아니라는 생각에서 마침내 공자의 말씀을 따르지 않고 후하게 장례를 치렀다.

> > **集註**
> >
> > **蓋顔路聽之**라
> >
> > 아마 안로가 그들의 뜻을 따른 것으로 생각된다.

(3) 시여절지 視予節旨

"나를 아버지처럼 보았다.[視予猶父]"는 것은 오직 도의로 공자를 섬긴 것이며,
"나는 아들처럼 보지 못했다.[予不得視猶子也]"는 것은 자신을 탓하는 것이며,
"내가 그런 것이 아니라, 저 몇몇 사람이 한 것이다.[非我也, 夫二三子也]"는 것은 문인들에게 그 책임을 돌리는 것이다.

子曰 回也는 視予猶父也어늘 予不得視猶子也호니 非我也라 夫二三子也니라

부자께서 말씀하셨다.
"안회는 나를 아버지처럼 보았는데, 나는 아들처럼 보지 못하였다. 내가 그런 것이 아니라, 저 몇몇 제자들이 한 것이다."

> **강설**
>
> 부자는 그들을 꾸짖어 말씀하셨다.
> "안회는 그 분수로 살펴보면 나와는 스승과 제자 사이이다. 그러나 안회는 평소 사랑과 정의가 극진하여 나를 아버지처럼 여겼다.
> 그러나 오늘날 안회의 장례에 나의 아들 리(鯉)의 장례처럼 적절하게 하지 못하였다. 이는 내가 안회를 아들처럼 보지 못한 것이다.
> 하지만 이는 나의 잘못이 아니다. 내가 일찍이 이를 저지하였음에도 너희 몇몇 사람이 나의 말을 따르지 않고 그처럼 자행한 것이다. 이 일을 무어라고 말할 수 있겠는가."

集註

嘆不得如葬鯉之得宜하야 以責門人也라

[해석] '리'의 장례처럼 적절하게 하지 못함을 탄식하면서 문인을 꾸짖은 것이다.

11. 계로전지 季路全旨

이 장에서는 학문이란 엽등(獵等)할 수 없음을 보여주고 있다.

"신을 섬기는 것에 대한 물음[問事鬼神]"은 신명을 감응하여 강림하게 하는 것을, "죽음에 대한 물음[問死]"은 죽음에 대처하는 도리를 물음이다.

부자께서 자로의 물음을 거절하여 대답하지 않은 것이 아니다. 이치로 논하면 유명(幽明: 人鬼)과 시종(始終: 生死)은 애당초 하나의 이치로 두 가지가 아니지만, 학문의 차례로 논하면 유명과 시종은 그 순서가 있는 법이다.

신을 섬기는 것은 살아있는 사람을 섬기는 것으로부터 비롯된다. 예를 들면 임금과 어버이를 섬길 적에 정성과 공경을 극진히 다한 마음으로 이를 옮겨 신을 섬기는 것인바, 부모의 제사에 부모님이 계신 듯이 신에게 올린 제사에 신명이 강림하는 듯이 하는 것이다.

죽음이 무엇인가를 아는 것은 태어남을 아는 데서부터 비롯된다. 사람은 하늘로부터 이치를 받아 태어나니, 반드시 살아생전에 천리(天理)를 극진히 다하여야 한다. 그러면 죽음을 맞이하여 타고난 천리가 다함을 알고서 또한 편안한 마음으로 죽음을 맞이하여 부끄러움이 없을 것이다.

이는 자로가 쉽게 이해할 수 있는 부분, 즉 사람을 섬기는 것과 생(生)으로부터 깨달아나가도록 하기 위함이다. 이는 곧 신을 섬기고 죽음을 아는 실상을 말해준 것이다. 자로는 사람과 신명, 죽음과 삶을 각각 둘로 나누어 다르다고 보았다. 이에 부자는 사람과 신명, 죽음과 삶이란 하나로서 똑같다고 말하였다.

'생(生)'자는 '처음 태어난다'라는 생초(生初)의 생(生)이지, 후천적으로 '살아가다'의 생활(生活)의 생(生)자가 아니다.

季路 問事鬼神한대
子曰 未能事人이면 焉能事鬼리오
敢問死하노이다
曰 未知生이면 焉知死리오

계로(자로)가 귀신 섬기는 것을 물으니,
부자께서 말씀하셨다.

"사람을 섬기지 못하면 어떻게 신을 섬기겠는가."

"감히 죽음에 대해 여쭙겠습니다."

"태어남을 알지 못하면 어떻게 죽음을 알겠는가."

강설

계로가 귀신을 섬기는 도를 묻자, 부자께서 말씀하셨다.

"신의 도는 인간의 도[人道]에 비해 보다 멀리 있다. 만일 가까이 사람을 잘 섬기면 신을 섬기는 도를 미루어 알 수 있다. 정성과 공경의 마음으로 살아있는 임금과 부형 등을 섬기지 못한다면 어떻게 정성과 공경의 마음으로 신을 섬길 수 있겠는가. 그대는 먼저 사람을 잘 섬기도록 하라."

"무엇을 죽음이라고 합니까?"

"사람이란 처음 태어나면 끝에 가서 죽음을 피할 수 없는 일이다. 그러므로 반드시 먼저 태어난 이치를 알면 죽음의 도를 미루어 알 수 있다. 태어난 원초의 이치를 알지 못하면 또한 어떻게 죽음의 종말을 알 수 있겠는가. 그대는 또한 먼저 태어남의 이치를 알려고 추구하는 것이 옳다."

集註

問事鬼神은 蓋求所以奉祭祀之意오 而死者는 人之所必有니 不可不知니 皆切問也라 然이나 非誠敬足以事人이면 則必不能事神이오 非原始而知所以生이면 則必不能反終而知所以死라 蓋幽明始終이 初無二理로되 但學之有序하야 不可躐等일새 故로 夫子告之如此시니라

○ 程子曰 晝夜者는 死生之道也니 知生之道면 則知死之道오 盡事人之道면 則盡事鬼之道니 死生人鬼는 一而二오 二而一者也라 或言夫子不告子路라하니 不知此乃所以深告之也니라

[해석] 신을 섬김에 관해 물음은 제사를 받드는 뜻을 추구함이며, 죽음이란 사람으로서 반드시 존재하니, 모르면 안 되는 것들이다. 이는 모두 절실한 물음이다.

그러나 정성과 공경으로 사람을 섬기지 못하면 반드시 신명을 섬길 수 없으며, 원초의 이치를 근본적으로 추구하여 태어난 바를 알지 못하면 반드시 종말의 이치를 반조하여 죽게 되는 바를 알지 못할 것이다.

이는 유명(幽明)과 시종(始終)이 애당초 두 이치가 아니지만, 단 배워나가는 데에는 차례가 있으므로 그 순서를 뛰어넘을 수 없다. 이 때문에 부자께서 이처럼 말한 것이다.

○ 정자(伊川)가 말씀하였다.

"낮과 밤이란 삶과 죽음의 도이다. 삶의 도리를 알면 죽음의 도리를 알고, 사람을 섬기는 도리를 다하면 귀신을 섬기는 도리를 다할 수 있다. 죽음과 삶, 사람과 신명은 하나이면서 둘이며, 둘이면서 하나이다.

혹자는 '부자께서 자로에게 말해주지 않았다.'고 하는데, 그것이 바로 자로에게 깊이 일러준 바임을 알지 못한 것이다."

12. 민자장지 閔子章旨

이 장에서는 성인께서 인재를 기르는 마음을 찾아볼 수 있다.

상절[閔子…子樂]은 이를 편찬한 자가 네 제자에 대한 기상을 묘사한 것으로, 그들의 언어와 용모가 모두 그 가운데 나타나 있으며, 하나의 강당 내에 여러 제자의 미래에 대한 묵계(默契: 默示)가 있음을 볼 수 있다.

하절[若由也, 不得其死然]에서는 오로지 자로를 경계하고 있는바, 이 또한 그를 잘 가르쳐보려는 간절한 뜻을 볼 수 있다.

(1) 민자절지 閔子節旨

은은(誾誾)과 항항(行行), 간간(侃侃)은 모두 좋은 측면에서 말한 것으로, '강(剛)'자를 주로 삼아야 한다.

이는 도체(道體)가 중대하므로 강하고 굳센 의지와 깎아지른 절벽처럼 우뚝 설 수 있는 기상으로, 준수한 용모와 재기가 뛰어난 자가 아니면 이처럼 무거운 짐을 짊어질 수 없다.

민자의 온화함은 강직하면서도 중도를 얻음이며, 염유 자공의 강직함은 명쾌하면서도 곧음이며, 자로는 굳세고 강함은 강하면서 엄함이니 그 모두가 도를 싣고 행할 수 있는 그릇이다. 이 때문에 부자께서 즐거워하심이다.

"부자께서 기뻐하셨다.[樂]"는 것은 부자의 말씀과 생각, 태도 등에서 이러한 점을 상상해 본 것이다.

閔子는 侍側에 誾誾如也하고 子路는 行行(항항)如也하고 冉有子貢은 侃侃如也어늘 子樂하시다

민자는 공자의 곁에서 모실 적에 온화하였고 자로는 굳세고 강하였고 염유와 자공은 강직하였는데 부자께서 즐거워하셨다.

강설

예전에 민자건이 부자 곁에 모시고 앉아있을 적에 그의 기상은 안으로 강직하면서도 바깥으로 유순하고 덕의 그릇이 혼연하여 매우 화평하였고,

자로는 부자의 곁에서 강직하고 굽히지 않는 영기(英氣)가 돋보여 매우 굳세었으며,

염유와 자공은 화순함은 부족하였지만 강직함이 넉넉하여 매우 굳세고 올곧았다.

이 네 사람의 기상은 각기 다르지만, 모두 강직한 덕이 있어 도에로 나아가기에 넉넉하였다. 이 때문에 부자께서 그들에 대해 흡족한 기쁨을 감추지 못했던 것은 공자의 도가 그들에 의해 전해질 수 있음을 다행으로 여기신 것이다.

集註

行行은 剛強之貌라 子樂者는 樂得英才而敎育之라

[훈고] 항항(行行)은 굳세고 강한 모양이다. 부자께서 즐거워하심은 영재를 얻어 교육함을 기뻐한 것이다.

(2) 약유절지 若由節旨

'연(然)'자는 확정 짓지 않은, 추측의 말이다.

"너무 강하면 부러지는 터라, 화를 취하는 법이다. 제 죽음을 얻지 못한다는 것은 그 죽음 자체를 아쉬워함이 아니다. 죽되 바르게 죽지 못하면 그 죽음은 의혹을 남기게 된다. 이런 죽음을 어떻게 도를 깨달은 자의 죽음이라 말할 수 있겠는가. 부자께서 자로를 제재하신 뜻 또한 지극하다."[4]

若由也는 不得其死然이로다

〈부자께서 말씀하셨다.〉

"자로 같은 이는 제 죽음을 얻지 못할 듯싶다."

강설

강직함이란 덕을 쌓아갈 수도 있지만, 지나치게 강직하면 또한 화(禍)를 불러들이는 법이다. 이 때문에 공자는 자로의 지나치게 강직함으로 인하여 그를 경계하셨다.

"자로 같은 이는 제 죽음을 얻지 못할 듯싶다."

치우친 기질을 바로잡아 잘 길러보려는, 제자 사랑의 애틋한 마음에 지나치게 강직한 자로를 경계하지 않을 수 있겠는가.

集註

尹氏曰 子路剛強하야 有不得其死之理라 故로 因以戒之러시니 其後에 子路 卒死於衛孔悝之難하니라

洪氏曰 漢書에 引此句한대 上有曰字라 或云 上文樂字는 卽曰字之誤라

---

4 『論語學案』 권6. "太剛則折, 取禍之道也. 不得其死, 非謂死之可惜也, 死而不得則死也惑矣, 豈所謂聞道而死者乎? 夫子所以裁子路者, 意亦至矣."

[의론] 윤씨[尹煒]가 말하였다.

"자로는 굳세고 강직하여 제 죽음을 얻지 못할 수 있기에, 이로 인하여 경계한 것이었는데, 훗날 자로가 마침내 위나라 공회(孔悝)의 난[5]에 죽었다."

홍씨[洪興祖]가 말하였다.

"『한서』에서 이 구절을 인용하였는데, 그 위에 왈(曰) 자가 있다. 혹자는 '윗글의 낙(樂)자 는 왈(曰)자의 오자이다.'고 하였다."

13. 노인전지 魯人全旨

이 장에서는 부자와 민자건이 다 함께 노나라의 잘못된 정책을 바로잡고자 하는 마음을 엿볼 수 있다.

"장부(長府)라는 창고를 새로 짓는다.[爲長府]"는 것은 또한 재리(財利)를 중시하여 가렴주구를 추구하려는 맹아(萌芽)이다. "창고를 짓는다[爲]"는 것은 그 규모를 더 키운다거나 또는 창고의 위 치를 변경하여 신축하고자 함이다. 이 때문에 집주에서 '개작(改作: 改修)'으로 주를 붙인 것이다.

민자건은 직접 그 잘못을 배척하지 않고, 단 "예전대로 하는 것이 좋겠다.[舊之可仍]"고 말하니, 무한한 깊은 뜻을 함축하고 있다.

여지하(如之何)는 어떻게 할 것인가를 고민하고 깊이 생각하는 말이 아니라, 그렇게 하는 것이 어떻겠냐는 의문형의 말이다. 이 3구[仍舊貫, 如之何, 何必改作]는 본디 하나의 뜻으로 써 내려간 것 이다.

부자는 노나라 사람들이 민자건의 말을 소홀히 여길까 두려워한 까닭에 곧바로 민자건의 말을 뒤이어 "도리에 맞는 말이다.[有中]"고 하여, 그의 말에 힘을 실어주었다. 민자건의 한마디 말에 담긴 생각은 백성들에 대한 병폐와 나라를 위한 계책에 적중한 말이니만큼, 그 도움이 적지 않다. 민자건의 말을 칭찬한 것은 곧 노나라 사람들이 민자건의 말을 귀담아 들어주기를 위함이다.

魯人이 爲長府러니

노나라 사람이 장부(長府)를 지으려 하자,

---

5 공회(孔悝)의 난 : 공회(孔悝)는 앞서 말한 공문자(孔文子: 孔圉)의 아들이다. 그 모친은 공희(孔姬: 위령공 태자인 蒯瞶의 누이)이다. 위령공의 부인 남자(南子)의 음행이 심하자, 괴외(蒯瞶)는 이를 수치로 여겨 모친 남자를 죽이려다가 실패하여 진(晉)나라로 망명하였다. 그 후 위령공은 죽고 그 손자이자 괴외의 아들인 출공 첩(出公 輒)이 즉위하고 공회(孔悝)는 집정대신으로 있었다. 공회에게 있어 괴외는 외삼촌의 관계이다. 괴외는 위나라로 되돌아와 조카 공회를 협박하여 자기의 아들 출공 첩을 축출하고 자신을 군주로 추대할 것을 강요하다가 난이 일어나게 되었다. 당시 자로는 공회의 읍재(邑宰)로 출공 첩과 함께하고자 난을 피하지 않다가 참화를 겪게 되었다. 이의 사실은 『좌전』 애공 15년 조에 자세히 기록되어 있다.

> **강설**

노나라에 장부라는 큰 창고가 있었다. 그 창고는 금옥 따위의 보화(寶貨)와 포백(布帛) 따위의 재물을 저장하는 곳으로 매우 오래된 건물이다. 하루아침에 이를 다시 지으려는 것은 그 일을 담당하는 자의 잘못이다. 나라의 경제와 백성의 생계가 그 일로 곤궁하게 될 것이다.

> **集註**

長府는 藏名이니 藏貨財曰府라 爲는 蓋改作之라

[훈고] 장부는 창고의 이름이다. 재물을 저장한 곳을 부(府)라고 한다. 위(爲)는 다시 지으려는 것으로 생각된다.

閔子騫이 曰 仍舊貫 如之何오 何必改作이리오

민자건이 말하였다.
"예전 하던 대로 수리[舊貫]나 하는 것이 어떻겠는가. 구태여 다시 지을 것이 있겠는가."

> **강설**

민자건이 이를 풍자하여 말하였다.
"일이란 마지못한 처지에서 새로 벌리는 것이 옳다. 오늘날 창고를 다시 고치려는 것은 그만둘 수도 있는 일이다. 예전에 조금씩 수리하여 사용해 왔던 대로 따르는 것이 어떻겠는가.
무엇 하려고 구태여 분분하게 다시 지어 백성을 괴롭히고 재물을 손상하려고 드는가."
그의 말은 부드러우면서도 간절한 것이다.

> **集註**

仍은 因也오 貫은 事也라

王氏曰 改作은 勞民傷財하니 在於得已면 則不如仍舊貫之善이니라

[훈고] 잉(仍)은 인함이며, 관(貫)은 일(수리 따위)이다.

[해석] 왕씨[王安石]가 말하였다.
"다시 짓는다면 백성을 괴롭히고 재물을 손상하니, 그만둘 수 있다면 예전에 했던 대로 수리나 하는 것이 좋은 것만 못하다."

子曰 夫人이 不言이언정 言必有中이니라

부자께서 말씀하셨다.

"저 사람(민자건)이 말을 하지 않을지언정, 말을 하면 반드시 도리에 맞는다."

강설

부자께서 민자건을 칭찬하여 말씀하셨다.

"민자건이라는 사람은 평소 말을 가벼이 하지 않지만, 한번 말을 하면 반드시 도리에 맞게 한다. 그가 말한 '예전에 했던 대로 하라.'는 것은 도리상 마땅히 그대로 따라야 할 일이며, '굳이 다시 지으려고 하는가.'라는 말은 다시 지어서는 안 됨을 말한다.

만일 노나라의 군신이 그의 말을 따랐다면 백성은 고생하지 않았을 것이며 재물의 손실이 없어 그 유익함이 또한 크지 않았겠는가."

부자의 말씀을 살펴보면 성현이 똑같이 노나라의 잘못된 정치를 바로잡으려는 마음을 엿볼 수 있다.

集註

言不妄發하고 發必當理는 惟有德者 能之니라

[해석] 말이란 허튼소리를 해서는 안 되고, 말을 하면 반드시 도리에 맞음은 오직 덕이 있는 자만이 이처럼 할 수 있다.

14. 유지장지 由之章旨

이 장은 부자께서 자로를 성취하고자 한 뜻이다. 부자는 자로에 대해 직접 말할 적에는 그의 단점을 풍자하였고, 문인들에게 자로를 말할 적에는 그의 장점을 보여주었다. 이는 보이지 않게 자로를 고무시켜주는 권도(權道) 아닌 게 없다.

(1) 유지절지 由之節旨

이는 자로에게 지나치게 강한 기질을 변화하여 중화(中和)의 도에 적합하기를 바란 것이지, 비파를 켜는 것만을 들어 말한 것은 아니다.

子曰 由之瑟을 奚爲於丘之門고

부자께서 말씀하셨다.
"유(자로)의 비파를 어찌하여 나의 문에서 켜는가."

강설

음악의 소리는 그 사람의 성정과 서로 통한다. 비파는 하나의 기예에 지나지 않지만, 평소의 소양을 모두 엿볼 수 있다. 자로가 켜는 비파소리는 그 기질이 강하고 용맹한 데 맡겨둔 채, 전혀 함양한 바 없는 것처럼 들렸다. 이 때문에 그의 비파소리에는 북방의 살벌한 기운이 담겨있었다.

부자는 그를 꾸짖어 말씀하셨다.

"나의 문하에서는 중화를 가르치는데, 오늘날 유(자로)의 비파는 중화의 도에서 벗어남이 너무 심하다. 어찌하여 나의 문에서 이를 켜는가."

이는 자로가 스스로 성찰하고 경각하여 침잠하게 강한 용맹을 억제하고 중화로 나아가도록 하려는 뜻이지, 그를 가볍게 여겨 말한 것은 아니다.

> **集註**
>
> 程子曰 言其聲之不和 與己不同也라 家語云 子路鼓瑟에 有北鄙殺伐之聲이라하니 蓋其氣質剛勇而不足於中和라 故로 其發於聲者 如此니라
>
> 정자[伊川]가 말씀하였다.
>
> "비파소리가 화음이 맞지 않아 부자와 같지 않음을 말한 것이다. 『공자가어』에 의하면, '자로가 비파를 켜는데, 북방의 살벌한 소리가 담겨있다.'(「辯樂解」 제35)고 하니, 이는 그의 기질이 강하고 용맹스러워 중화의 기운이 부족한 까닭에 그 소리가 이처럼 울려 나온 것이다."

(2) 문인절지 門人節旨

대청에 오르고 내실(內室)에 들어가는 것은 일관된 일로, 지(知)와 행(行)을 겸해서 말한다. 이는 문인을 깨우치고자 한 말이지만, 자로를 권면한 말이기도 하다. 그에게는 내실에 들어설 수 있는 기틀이 있으므로 앞으로 나아가며 게으르지 않아야 함을 보여준 것이다.

'미(未: 未入)'자에는 아직은 아니지만, 머잖아 곧 아침저녁 사이에 이러한 경지에 나갈 수 있다는 뜻이 있다.

門人이 不敬子路한대 子曰 由也는 升堂矣오 未入於室也니라

문인이 자로를 공경하지 않자, 부자께서 말씀하셨다.

"유는 대청에는 올라섰고, 아직 내실에는 들어가지 못하였다."

> **강설**
>
> 문인들이 부자의 말을 듣고서 마침내 자로를 공경하지 않자, 부자께서 이에 대해 다시 말씀하셨다.
>
> "그대들은 유의 조예를 아는가? 오늘날 유의 학문은 그 아는 바와 행한 바가 고명정대한 경지에

나아가 이미 대청에 오른 것이다. 단 정미(精微)의 심오한 부분이 부족하므로 아직 깊숙이 내실에는 들어가지 못하였다. 대청에서 내실에 들어가는 것은 아주 쉬운 일이다. 어찌 비파의 한 잘못으로 그를 가볍게 여길 수 있겠는가.”

여기에서 학문의 무궁함을 엿볼 수 있다. 따라서 스스로 만족한 자도 잘못이지만, 사람을 가볍게 여기는 자 또한 잘못된 일이다. 부자의 이런 말씀이 없었더라면 자로를 앞으로 나가도록 하지 못했을 뿐 아니라, 문인 또한 앞으로 나아갈 수 없었을 것이다.

集註

門人이 以夫子之言으로 遂不敬子路라 故로 夫子釋之니라 升堂入室은 喩入道之次第라

言子路之學이 已造乎正大高明之域이나 特未深入精微之奧耳니 未可以一事之失而遽忽之

也니라

[해석] 문인이 부자의 말씀 때문에 마침내 자로를 공경하지 않았다. 그러므로 부자는 그들의 오해를 풀어준 것이다. 대청에 오르고 내실에 들어간다는 것은 도에 들어가는 차례의 비유이다.

자로의 학문은 이미 고명정대한 경지에 이르렀으나[升堂의 경지], 오직 정밀하고 미묘한 심오의 경지[入室의 경지]에 깊이 들어가지 못했을 뿐이다. 한 가지 일의 잘못으로써 갑자기 그를 소홀히 여겨서는 안 된다는 점을 말한 것이다.

[보 補]

집주에서 말한 ‘정대고명지역(正大高明之域)’은 당(堂)의 경지를, ‘정미지오(精微之奧)’는 실(室)의 경지이다. 이 도리는 한 가지이지만 단 인의(仁義)를 행할 적에 아름답게 하나의 문장[斐然成章]을 이룬 것으로 고명정대한 당(堂)의 경지라고 말한다면, 한 차원 높은 의정인숙(義精仁熟)의 지선(至善)에 그치는 경지에 이르러야 비로소 이를 ‘정미의 심오’한 실(室)의 경지라 말하는 것이다.

15. 문사장지 問師章旨

이 장에서는 도란 중도를 얻었을 적에 고귀한 것임을 찾아볼 수 있다.

부자의 사(師)와 상(商)에 관한 논평은 사와 상의 부족하고 지나친 점을 재단하여 성취케 하는 부분이며, 사와 상을 재단하여 성취케 한 부분이 또한 자공을 가르치는 부분이기도 하다.

(1) 문사절지 問師節旨

경문에는 ‘중(中)’자를 쓰지 않았지만, 그 의미는 곧 지나치지, 부족하지도 않은 중도를 밝히고

있다. 이 때문에 주자는 집주의 마지막 절에서 처음으로 '중'자를 제시하여 밝혀준 것이다. 첫 절에서는 단 본문대로 과불급(過不及)이 똑같은 잘못인 줄 알면 '중'자는 절로 밝혀지게 된다.

子貢이 **問 師與商也 孰賢**이니잇고
子曰 師也는 **過**하고 **商也**는 **不及**이니라

자공이 물었다
"사(자장)와 상(자하)은 누가 더 어진 것입니까?"
부자께서 말씀하셨다.
"사는 지나치고, 상은 미치지 못한다."

> **강설**

부자의 제자 가운데 자장[顓孫師]과 자하[卜商] 두 사람은 모두 현자라 하지만 그들의 조예는 각기 달랐다. 자공은 그들의 일을 들어 물은 것이다.
"사와 상의 조예에 대해 누가 더 어집니까?"
부자께서 말씀하셨다.
"사는 재주가 드높고 뜻이 광대하여 그의 학문은 항시 지나치고, 상은 독실한 믿음과 삼가는 고집으로 그의 학문은 언제나 미치지 못한다. 한 사람은 지나치고 한 사람은 미치지 못하므로 그들의 조예가 어떤지는 말하지 않아도 분명하다."

> **集註**

子張은 **才高意廣而好爲苟難**이라 **故**로 **常過中**하고 **子夏**는 **篤信謹守而規模狹隘**라 **故**로 **常不及**이라

[해석] 자장은 재주가 드높고 뜻이 커서 구차하고 어려운 일 하는 것을 좋아하므로 항상 중도에 지나치고, 자하는 독실하게 믿고 삼가 지키나 규모가 작은 까닭에 항상 미치지 못한다.

(2) 연즉절지 然則節旨

자공의 물음은 그래도 재주가 높아 지나친 것이 부족한 것보다는 결국 넉넉한 힘이 있다고 생각한 것이다.
'낫다[愈]'는 것은 '어질다[賢]'는 뜻과는 다르다.

曰 然則師 愈與잇가

〈자공이 다시〉 물었다
"그렇다면 사가 낫습니까?"

강설

자공은 부자의 말을 이해하지 못하고 '지나침이 미치지 못하는 것보다 낫다.'고 생각하여 다시 물었다.

"부자께서 '사는 지나치고 상은 미치지 못한다.'고 하시니, 그렇다면 사의 지나침은 상의 미치지 못하는 것보다 나은 것입니까?"

集註

愈는 猶勝也라

　[훈고] 유(愈)는 낫다는 말과 같다.

(3) 과유절지 過猶節旨

　이는 어감(語感)에 따라 순리대로 말해야 하지, "부족함은 지나침과 같다.[不及猶過]"라고 거꾸로 말해서도 안 되고, "부족함과 지나침은 그 병폐가 똑같다.[不及過 同病]"라고 수평으로 말해서도 안 된다. 단 지나침은 도에서 벗어난 것임을 논한 데에 중점을 두고서 살펴보면, "부족함과 같다.[猶不及]"는 뜻이 절로 보일 것이다.

子曰 過猶不及이니라

　부자께서 말씀하셨다.
"지나침은 미치지 못한 것과 같다."

강설

　부자는 자공을 다시 일깨워주셨다.
"아니다. 도란 중용으로서 지극함을 삼는다. 지나친 잘못은 오히려 미치지 못하는 잘못과 같다. 어떻게 사(자장)가 상(자하)보다 더 낫다고 말할 수 있겠는가.

　이로 보면 사와 상은 의당 중도로 집약해야 하고, 자공 또한 중도로 제재하여 취할 바를 알아야 할 것이다."

集註

道는 以中庸爲至하니 賢知之過 雖若勝於愚不肖之不及이나 然이나 其失中則一也라

○ 尹氏曰 中庸之爲德也其至矣乎ᆫ져 夫過與不及이 均也니 差之毫釐면 繆以千里라 故로

聖人之敎는 抑其過하고 引其不及하야 歸於中道而已니라

[해석] 도는 중용을 지극함으로 삼는다. 어질고 지혜로운 이의 지나침은, 어리석고 불초한 이의 미치지 못한 것보다 나을 것 같으나, 중도를 잃음은 매한가지다.

○ 윤씨[尹焞]가 말하였다.

"'중용의 덕이란 지극한 것이다.'('雍也」제27장) 지나치거나 미치지 못함은 똑같다. 털끝만큼의 차이가 있으면 천리 멀리 어긋나므로 성인의 가르침은 지나친 것을 억제하고, 그 미치지 못하는 것을 이끌어서 중도에 돌아가게 할 뿐이다."

[보 補]

지나치고 미치지 못함은 타고난 기질의 치우친 부분이다. 중도란 의리(義理)의 당연한 곳을 말한다. 이는 곧 후천적인 학문으로 의리를 실천하여 선천적 기질의 모순을 타파하려는 데에 그 가르침이 있다.

16. 계씨전지 季氏全旨

이 장에서는 악한 이들과 편당(偏黨)을 지어 백성을 해치는 것에 대해 증오하는 마음을 보여주고 있다. 이 또한 노나라의 바른 정치를 유지하고자 함이다.

주공은 노나라의 선군(先君)으로 무왕과는 형제의 지친(至親)이요, 천자의 총재(冢宰)로서 큰 공훈이 있기에 부를 누리는 것은 당연한 일이다. 그러나 계씨는 왕실의 지친도 아니요, 한낱 제후의 경(卿)이며, 또한 큰 공훈을 세운 바도 없다.

그런데도 계씨의 도읍은 노나라 왕실의 절반에 해당하는 땅을 점유하였고, 그곳에서 나오는 부세(賦稅)는 맹손·중손씨보다 곱절이 더 많은 부를 누렸다. 따라서 이 문장에서 "주공보다도 부를 누렸다.[富於周公]"고 말한 것은 은연중 군주를 섬기려는 마음이 없는, 계씨의 참절(僭竊)을 꾸짖음이다.

취렴(聚斂)이란 정당한 세법(稅法) 밖에 가중한 착취를 말한 데 그치지 않는다. 집주에서 말한 '급(急: 急賦稅)'자의 뜻을 알아야 한다. 이는 각박하고 또 각박한 것으로 부세를 독촉하고 닦달함을 말한다.

부자가 "우리의 무리가 아니다."고 하여, 염구와 절교한 것은 의(義)이고, 또 문인을 통하여 염구를 꾸짖음은 인(仁)이다. 준엄한 의 가운데 끝까지 애틋한 사랑의 인이 담겨있음을 알아야 한다. 이의 두 구절은 하나의 뜻으로 말한 것이다. 요약하면 염구를 거듭 꾸짖는 말이지만, 이는 계씨를 배격한 말이다.

季氏 富於周公이어늘 而求也 爲之聚斂而附益之한대

계씨가 주공보다 부유함에도 염구는 그를 위해 더 많은 세금을 거둬 그의 부를 더해주었다.

강설

계씨는 제후의 경(卿)에 지나지 않지만, 그의 부는 왕실의 가까운 친척[至親]인 주공보다도 더하였다. 그렇게까지는 반드시 임금의 토지를 빼앗고 백성의 재물을 강탈한 바 있었을 것이다.

주군의 신하 된 이는 주군의 잘못을 바로잡는 것이 옳은 일임에도, 염구는 도리어 계씨를 위해 가신이 되어 이를 바로 잡지 못했을 뿐 아니라, 또한 그를 위해 악법을 만들어 갖은 명목으로 세금을 착취하여 그의 부를 더해주었다. 그는 악한 이들과 편당이 되어 백성을 괴롭히는 처사가 너무 심한 것이다.

集註

周公은 以王室至親으로 有大功하고 位家宰하니 其富 宜矣어니와 季氏는 以諸侯之卿으로 而富過之하니 非攘奪其君하고 刻剝其民이면 何以得此리오 冉求 爲季氏宰하야 又爲之急賦稅以益其富하니라

[해석] 주공은 왕실과 매우 가까운 친척(무왕의 아우이자, 성왕의 숙부)으로 큰 공이 있었고, 총재의 지위에 올랐다. 그의 부는 당연하지만, 계씨는 한낱 제후의 경으로서 그의 부는 주공보다 더하였다. 임금의 것을 빼앗고 백성의 것을 깎아내지 않았다면 어떻게 이처럼 될 수 있었겠는가. 그런데도 염구는 계씨의 가신이 되어 또한 그를 위해 부세를 독촉하여 그의 부을 더해주었다.

子曰 非吾徒也로소니 小子아 鳴鼓而攻之 可也니라

부자께서 말씀하셨다.

"〈염구는〉 우리의 무리가 아니다. 제자들이여, 북을 울려 그의 죄를 성토하는 것이 옳다."

강설

부자는 그를 꾸짖어 말씀하셨다.

"나는 오직 임금을 성군으로 만들고 백성에게 은택을 입히는 것을 우리의 일로 삼는다. 오늘날 염구가 행한 처사가 저러하니, 이는 내가 가르친 제자가 아니다.

너희들은 염구에게 벗의 의리가 있으니, 북을 울려 그의 죄를 성토함이 옳다."

부자께서 염구를 경계함이 이와 같고, 또한 계씨를 경고하는 말이기도 하다.

集註

非吾徒는 絕之也오 小子鳴鼓而攻之는 使門人聲其罪以責之也라 聖人之惡黨惡而害民也 如此라 然이나 師嚴而友親이라 故로 已絕之하고 而猶使門人正之하니 又見其愛人之無已也라

○ 范氏曰 冉有以政事之才로 施於季氏라 故로 爲不善이 至於如此하니 由其心術不明하야 不能反求諸身하고 而以仕爲急故也니라

[해석] 우리의 무리가 아니라고 함은 그를 끊어버린 것이다. 제자들이여, 북을 울려 그의 죄를 성토하라고 함은 문인에게 그의 죄를 성토하여 꾸짖도록 함이다. 성인이 악한 이들과 편당을 지어 백성을 해침을 이처럼 미워하였다. 그러나 스승은 엄하고 벗은 친하므로 이미 그를 끊고서도 오히려 문인에게 이를 바로잡도록 하시니, 또한 사람을 사랑하는 마음이 끝이 없음을 볼 수 있다.

○ 범씨[范祖禹]가 말하였다.

"염유는 정사에 뛰어난 재주를 계씨에게 베풀었다. 그러므로 불선(不善)이 여기에 이른 것이다. 그의 마음이 밝지 못하여 자신을 되돌아보지 못하고 벼슬을 급급히 여긴 데에서 연유한 것이다."

[보 補]

염유는 일찍이 공서화의 부(富)를 다시 이어준 바 있고 계씨의 부를 더 불려준 것은 모두 재물을 다스리는 일들이다. 이로 보면 정사에 뛰어난 염유의 재능은 재물을 경영하는 데에 장점이 있다 할 것이다.[6]

17. 시야전지 柴也全旨

이 장에서는 부자께서 네 제자의 치우친 기질을 직접 지적한 것인바, 이는 반드시 학문의 힘으로 그들의 문제점을 변화시키려는 것이지, 아무런 의미 없이 말한 게 아니다.

4개의 '야(也: 柴也, 參也, 師也, 由也.)'자를 음미해보면, 먼저 그들의 이름을 불러 각성시키고, 뒤이어서 각자의 신상에 병이 된 부분을 지적하고 있다. 이는 그들을 마름질하여 성취시켜주고자 하는 부분이다.

'어리석다[愚]'는 것은 경도(經道: 원칙)는 알지만 권도(權道: 방편)를 알지 못하고, 상도(常道)만을 알 뿐 변도(變道)를 모른 것이다.

'노둔함[魯]'이란 민첩함과 상반된 말이다. 예컨대 남들은 단 한 번에 기억하는 것을 그는 두세 번 거듭해야 기억한다는 것이 이것이다.

'편벽[辟]'이란 자긍(自矜)의 마음과 겉모습을 꾸미는 것으로, 단 좋게만 보이려는 것이다.

'거침[喭]'이란 말씨와 용모를 겸해서 말한 것으로, 거칠다는 것은 세밀함과 부드러움이 부족한 것이며, 저속하다는 것은 문채와 우아함이 부족한 것이다.

---

6 『壺山全書』 제4책, 328쪽. "繼富公西, 附益季氏, 皆其治財之事. 蓋冉有政事之才, 長於治財."

어리석음과 노둔함은 침잠(沈潛)한 바탕이며, 편벽과 거침은 고명한 바탕 때문에 생겨난 병폐이다.

柴也는 愚하고

"시(子高)는 어리석고,

강설

부자께서 네 사람의 편벽된 기질을 지적하여 스스로 힘쓸 바를 알도록 하셨다.

"학자의 타고난 바탕에는 각기 편벽된 기질이 있기 마련이다.

시 같은 이는 밝은 지혜가 부족하고 고집이 세어 융통성이 부족하다. 그 병폐는 지나치리만큼 우직한 어리석음에 있다."

集註

柴는 孔子弟子니 姓高요 字子羔라 愚者는 知不足而厚有餘라

家語에 記其足不履影하고 啓蟄不殺하고 方長不折하며 執親之喪에 泣血三年하야 未嘗見(현)齒하고 避難而行에 不徑不竇라하니 可以見其爲人矣라

[훈고] 시(柴)는 공자의 제자이다. 성은 고(高)이고, 자는 자고(子羔)이다.(위나라 사람)

우(愚)는 지혜는 부족하지만 후한 면은 넉넉하다.

[해석] 『공자가어』에서 그(柴)에 대해 기록하기를, "사람의 그림자를 밟지 않고 겨울잠에서 깨어난 벌레를 죽이지 않고 자라나는 새싹을 꺾지 않았으며, 어버이의 초상에 3년간 피눈물을 흘리고 이빨을 드러내고 웃지 않았으며,"(「弟子行」 제12) "난을 피하여 가는데 지름길로 가거나 구멍으로 들어가지 않았다."(「致思」 제8)고 하니, 그 사람됨을 볼 수 있다.

參也는 魯하고

삼(증자)은 노둔하고,

강설

"증삼의 사람됨은 질박하고 혼후하나 언제나 더디고 둔하여 민첩하지 못하다. 그의 병폐는 노둔함에 있다."

集註

魯는 鈍也라

程子曰 參也는 竟以魯得之니라

又曰 曾子之學은 誠篤而已라 聖門學者 聰明才辨이 不爲不多로되 而卒傳其道는 乃質魯之
人爾라 故로 學以誠實爲貴也니라

尹氏曰 曾子之才魯라 故로 其學也確하니 所以能深造乎道也니라

[훈고] 노(魯)는 둔함이다.

[의론] 정자(明道)가 말씀하였다.

"증삼은 결국 노둔함으로써 도를 얻었다."

정자(伊川)가 또 말씀하였다.

"증자의 학문은 성실과 돈독이 있을 뿐이다. 성인 문하의 학자로서 총명하고 재주 있고 말
재주 있는 이가 많지 않은 것은 아니지만, 마침내 그 도를 전한 것은 소박하고 노둔한 사람(증
자)이었다. 그러므로 학문이란 성실을 귀중히 여긴다."

윤씨(尹焞)가 말하였다.

"증자의 재주는 노둔하므로 그 학문이 분명하였다. 이것이 도에 깊이 나아갈 수 있었던 까
닭이다."

[보 補]

증자는 여러 제자에 비해 가장 나이 어린 사람이다. 여기에서 여러 제자와 함께 논한 것은
그가 처음 공자를 찾아 입문했을 때를 말한 것으로 여겨진다. 그 당시 증자는 노둔한 재주
때문에 누구보다도 공부함에 있어 성실하고 확실하게 곱절이나 노력하였다. 이 때문에 결국
부자의 도가 그에게 전해지게 된 것이다.[7]

師也는 辟하고

사(자장)는 편벽하고,

강설

"사의 사람됨은 꾸미는데 마음을 두어 바깥 겉치레에 힘써 내면의 성실함이 부족하다. 그 병폐
는 편벽함에 있다."

集註

辟은 便辟也니 謂習於容止하고 少誠實也라

---

7 元 金履祥 撰, 『論語集註攷證』 권6. "曾子, 於諸子年最少, 此與諸子幷論, 蓋其初登門之時也. 其時才鈍, 故其
用功誠確而倍, 所以終於傳道."

[훈고] 벽(辟)은 편벽이다. 몸가짐의 겉치레에 익숙하고 성실함이 적음을 말한다.

由也는 喭이니라

유(자로)는 거칠다."

강설

"유의 사람됨은 용모와 언어가 거칠고 저속하여 고상함이 적다. 그 병폐는 거침에 있다. 네 사람은 각기 자신들의 병폐를 어떻게 바꿔야 할 것인가를 생각해야 할 것이다."

集註

喭은 粗俗也로되 傳稱喭者는 謂俗論也라

○ 楊氏曰 四者는 性之偏이니 語之하야 使知自勵也시니라

吳氏曰 此章之首에 脫子曰二字라 或疑下章子曰이 當在此章之首하야 而通爲一章이라

[훈고] 언(喭)은 거칠고 저속함을 말하지만, 전(傳: 大學, 孟子, 左傳 등)에서 말한 언(喭)은 속담(俗論)을 말한다.

○ 양씨[楊時]가 말하였다.

"4가지는 치우친 성품(性稟: 氣稟)이다. 이를 말하여 스스로 힘쓸 바를 알도록 하였다."

오씨[吳棫]가 말하였다.

"이 장의 첫머리에 '자왈(子曰)' 2자가 빠졌다. 어쩌면 아래 장의 자왈(子曰)을 이 장의 첫머리에 붙여 1장으로 통합하여야 할 것으로 생각된다."

[보補]

여기에서 말한 '언(喭)'자는 '언(諺)'자와 같다. 이는 고문(古文)의 전자(篆字)에서 언(言) 변은 모두 구(口) 변에 쓰고 있기 때문이다. 그러나 그 뜻이 똑같은 것만은 아니다.

전칭언(傳稱喭)의 전(傳)은 『대학』(傳 8章. 故諺有之, 曰人莫知其子之惡.), 『맹자』('梁惠王 下」 夏諺曰 吾王不遊, 吾何以休?), 『좌전』(閔公 元年冬⋯且諺曰 心苟無瑕, 何恤乎無家? 등)을 말한다. 이처럼 『대학』 등에서는 모두 언(言: 諺) 변에 쓴 언(諺)자는 모두 항간(巷間)의 속언(俗言)을 말한다. 하지만 이 장에서 말한 언(喭)은 속언이 아닌, 자로의 성격을 규정하는 조속(粗俗)의 의미로 쓰인 것임을 말해주고 있다.

18. 회야장지 回也章旨

이 장은 안회와 자공 두 사람의 도에 대한 조예의 차이를 보여준 것이다. '도(道)'자를 위주로

하여 안회는 도에 근접했고, 자공도 또한 도에 나아갈 수 있음을 말한 것인바, 자공이 힘써야 할 바를 알도록 한 것이다. 두 사람을 상당한 거리에 두고서 상호 대조를 이루고 있다.

(1) 회야절지 回也節旨

앞 구절[回也, 其庶乎]에서는 안회가 도에 가까웠음을,
뒤 구절[屢空]에서는 가난한 삶을 편안히 여기는 점을 밝히고 있다.
이는 안회의 가난한 생활 때문에 이처럼 말한 것일 뿐, 설령 자주 끼니를 거르지 않았다고 할지라도 도의 경지에 가까이 다가섰다는 점에서는 조금도 방해될 게 없다.

子曰 回也는 其庶乎오 屢空이니라

부자께서 말씀하셨다.
"안회는 거의 도에 가깝고, 자주 〈뒤주[匱]가〉 비었다."

강설
부자께서 안회와 자공의 조예를 논하셨다.
"우리 문하에 안회가 있다. 그는 널리 배우고 몸을 지킴이 요약되어 그의 공부가 심오하므로 도의 경지에 가깝다.
그리고 또한 곤궁한 삶을 편히 여겨 뒤주가 자주 텅텅 비는데도 그 즐거움을 변하지 않는다. 그의 조예가 이와 같다."

集註
庶는 近也니 言近道也라 屢空은 數至空匱也니 不以貧窶動心而求富라 故로 屢至於空匱也라
言其近道오 又能安貧也라

[훈고와 해석] 서(庶)는 가까움이니, 도에 가까움을 말한다.
누공(屢空)은 자주 뒤주가 빈 것이다. 가난한 생활로 마음이 동하여 부를 추구하지 않았기에 자주 뒤주가 빈 데 이른 것이다.
안회는 도에 가깝고, 또한 가난을 편안하게 여겼음을 말한다.

(2) 사불절지 賜不節旨

앞의 2구[賜不受命, 而貨殖焉]는 자공에게 안빈(安貧)의 절조가 없음을 말한 것이지만, 그 아래 구절[億則屢中]은 그가 사물을 헤아려 볼 줄 아는 명철함이 있음을 말한다.

"천명을 받아들이지 않았다.[不受命]"는 것은 예전의 일을 지적한 것인바, 재물을 불렸던 과거의 일[貨殖] 또한 그가 천명을 받아들이지 않았음을 보여주는 대목이다.

억측(臆測)을 의미하는 '억(億)'자 또한 아무런 사심이 없는 자연스러운 궁리(窮理)가 아니기에 도의 입장에서 존숭할 부분이 아니다. 하지만 자공이 재능과 식견으로 이러한 잘못을 돌이킬 수 있다면 그 또한 도에 가까운[庶乎] 경지에 나아갈 수 있다.

賜는 不受命이오 而貨殖焉이나 億則屢中이니라

"사(자공)는 천명을 받아들이지 않고 재물을 늘렸지만, 억측으로 생각하면 자주 맞추었다."

강설

"자공의 사람됨은 자신에게 주어진 부귀 빈천의 천명을 편안히 받아들이지 않았다. 일찍이 부를 누리면서도 더욱 재산을 증식시켜 치부하려는 마음이 없지 않아 안회처럼 안빈낙도의 절조를 지니지는 못하였다.

하지만 그의 재주와 식견은 남보다 명민하여 또한 사물의 이치를 잘 헤아려서 자주 적중한 바 있다. 그러나 이 역시 도를 구하는 바탕이 아니다. 자공이여, 이 부분에 힘써야 할 것이다."

集註

命은 謂天命이오 貨殖은 貨財生殖也오 億은 意度(탁)也라

言子貢不如顔子之安貧樂道나 然이나 其才識之明이 亦能料事而多中也라

程子曰 子貢之貨殖은 非若後人之豊財로되 但此心未忘耳라 然이나 此亦子貢少時事오 至聞性與天道하야는 則不爲此矣리라

○ 范氏曰 屢空者는 簞食瓢飮이 屢絶而不改其樂也니 天下之物이 豈有可動其中者哉리오 貧富在天이어늘 而子貢以貨殖爲心하니 則是不能安受天命矣오 其言而多中者는 億而已니 非窮理樂天者也라 夫子嘗曰 賜不幸言而中하니 是使賜多言也라하시니 聖人之不貴言也如是니라

[훈고] 명(命)은 천명을 말하며, 화식(貨殖)은 재물을 늘리는 것이며, 억(億)은 생각으로 헤아림이다.

[해석] 자공이 안자의 안빈낙도만은 못하지만, 그의 재주와 식견이 밝아 또한 일을 헤아림에 적중하는 일이 많았다.

[의론] 정자가 말씀하였다.

"자공의 화식은 후인들이 오로지 재산을 늘리는 데에 전념하는 것과는 다르지만, 단 화식하려는, 그 마음만큼은 잊지 못한 것이다.(이상은 伊川說, 이하는 明道說) 그러나 이 또한 자공이 젊

었을 적의 일이며, 성품과 천도를 들었던 시절에 이르러서는 이런 일을 하지 않았을 것이다.”

○ 범씨[范祖禹]가 말하였다.

“여러 차례 뒤주가 비었다는 것은 도시락의 밥과 표주박으로 물 마시는 것마저 자주 끊겼음에도 그 즐거움을 변하지 않은 것이다. 이 세상의 그 어떤 것으로도 어찌 그의 마음을 움직일 수 있겠는가.

가난과 부유함이란 천명에 있음에도 자공은 재물을 불리고자 마음을 먹었다. 이것이 천명을 편안히 받아들이지 않은 일이다. 그가 말을 하면 흔히 적중한 것은 억측에 의한 생각일 뿐, 이치를 궁구하고 천도를 즐기는 것은 아니다.

부자께서 일찍이 말씀하시기를, ‘불행스럽게도 사가 말했던 것이 맞았다. 이는 자공으로 하여금 말이 많게끔 만든 것이다.’(『좌전』정공15)고 하니, 성인이 말을 귀하게 여기지 않음이 이와 같다.”

[보補]

이 장은 앞 장과 같이 모두 제자에 대한 논평이지만, 그 의미는 다르다. 앞 장에서는 네 사람의 기질의 편벽된 부분을 지적했지만, 이 장에서는 안연과 자공 두 사람의 조예(造詣)와 용심(用心)의 차이를 말해주고 있다.

안연의 ‘도에 가까운 경지’는 자공의 ‘억측으로 생각하면 자주 맞추는’ 것과의 대칭이다. 이는 ‘조예의 차이’로 말하였다.

‘자주 뒤주가 비었다.’라는 것은 ‘주어진 천명을 받아들이지 않고 재산을 증식했다.’라는 것과의 대칭이다. 이는 ‘용심의 차이’로 말하였다.[8]

19. 자장전지 子張全旨

이 장은 선한 사람의 그 경지가 현재 어디까지 이르렀느냐를 말한 것이다. “불천적 역불입어실(不踐迹, 亦不入於室.)” 구절은 한 번은 추켜올려 주고 한 번은 억누른 것이다.

그러나 선인(善人)은 타고난 바탕이 아름답기에 굳이 사악함을 막는 처방에 의하지 않아도 저절로 사악함이 없으며, 욕심을 막는 처방에 의할 필요 없이 절로 욕심이 없다. 집주에서 말한 “자불위악(自不爲惡: 스스로 악한 짓은 하지 않는다)” 4자는 선인에 대한 정답이다.

“실에 들어가지는 못하였다.[不入室]”는 것은 그가 끝내 들어가지 못할 것이라고 단정하는 말이 아니다. 선천적 바탕이 아름다울지라도 반드시 학문을 닦아야 비로소 들어갈 수 있음을 말한다.

子張이 **問善人之道**한대

---

8 『大全』該註. “雙峯饒氏曰 此章與前章不同. 前章, 是指氣質之偏; 此章, 是言二子造道與用心之異. 庶乎與億則屢中對, 造道之異也. 屢空與不受命貨殖對, 用心之異也.”

子曰 不踐迹이나 亦不入於室이니라

자장이 착한 사람의 도를 물으니,

부자께서 말씀하셨다.

"성현의 법을 밟아나가지 못해도 〈악한 일은 하지 않지만〉, 〈성인의〉 실(室)에는 들어가지 못한다."

강설

자장이 물었다.

"착한 사람[善人]이 착한 사람다울 수 있는 그 도는 어떠합니까?"

부자께서 다음과 같이 말씀하셨다.

"착한 사람이란 타고난 본바탕이 아름다운 자이나 학문을 닦지 않은 자를 말한다. 배우지 않았기에 성현의 옛 자취, 즉 성현의 법을 밟아나가지 못할지라도, 본바탕이 아름답기에 스스로 악한 일을 범하지는 않는다.

그러나 타고난 바탕이 아름다울지라도 학문을 닦지 않았기에 결국 정미(精微)한 경지, 즉 성인의 집에는 들어갈 수 없다."

옛 성현의 자취를 밟아가지 못해도 악한 일을 하지 않는다는 것은 본바탕이 아름답기 때문이다. 이것이 착한 사람이 착한 사람다울 수 있는 바이다.

그러나 성인의 실(室)에 들어갈 수 없다는 것은 후천적으로 배우지 못했기 때문이다. 이 또한 착한 사람이 착한 사람에 그칠 수밖에 없는 이유이다. 착한 사람이 현재 처해 있는 경지는 이 같을 뿐이다.

集註

善人은 質美而未學者也라

程子曰 踐迹은 如言循途守轍이라 善人은 雖不必踐舊迹이라도 而自不爲惡이라 然이나 亦不能入聖人之室也니라

○ 張子曰 善人은 欲仁而未志於學者也라 欲仁故로 雖不踐成法이라도 亦不蹈於惡하고 有諸己也로되 由不學故로 無自而入聖人之室也니라

[훈고] 선인이란 타고난 본바탕은 아름다우나 배우지 못한 자이다.

[해석] 정자(伊川)가 말씀하였다.

"천적(踐迹)은 길을 따르고 법을 지킨다는 말과 같다. 착한 사람은 비록 옛 성현의 자취를 반드시 밟아나가지는 못해도 스스로 악한 일을 하지 않는다. 그러나 또한 성인의 실(室)에

들어갈 수는 없다."

 ○ 장자[橫渠]가 말씀하였다.

"착한 사람은 인(仁)을 하고자 하면서도 학문에 뜻을 두지 않은 자이다. 인을 하고자 하기에 비록 성현의 법을 밟아나가지 못하여도 또한 악에 빠지지는 않으며, 자신에 선을 두었을지라도 학문을 닦지 않은 까닭에 따라서[自] 성인의 실(室)에 들어갈 수 있는 통로가 없다."

20. 논독전지 論篤全旨

이 장에서는 사람들이 하는 말을 들으면 반드시 그 말의 사실을 규명하여, 그의 마음을 간파하는 것이 귀중함을 보여주었다. 그럴싸한 말씨와 의젓한 겉모습으로, 말과 마음이 일치되지 않는 교정식위(矯情飾僞)의 위선이 있는가를 살펴보아야 한다는, 간절한 경계의 뜻을 담고 있다.

따라서 의론이 독실하다는 논독(論篤)이란 공허한 헛소리를 지껄이는, 누구나 보아도 곧 소인배임을 알 수 있는 그런 자와는 반대가 되는 인물이다. 군자와 너무나 닮은 위선자를 말한다. 마음과 말이 들어맞으면 군자이고, 말은 말대로 마음은 마음대로 따로 노는 사람은 겉모습만을 그럴싸하게 꾸민 자이다. 하는 말을 들으면 요순이요 군자인데 그의 내면을 살펴보면 걸주이자 도척이다.

子曰 論篤을 是與면 君子者乎아 色莊者乎아

부자께서 말씀하셨다.

"말과 의론이 독실한 이를 허여한다면 군자라 할 수 있을까? 겉으로만 장중(莊重)한 자라고 할까?"

강설

부자께서 그럴싸한 말씨와 훤칠한 겉모습을 선호하는, 당시의 사람들을 위하여 경계의 말씀을 하셨다.

"사람을 살펴볼 적에 말씨와 논지가 독실하여 그럴싸한 겉모습만으로 그 사람을 인정한다면 그는 과연 어떤 인물에 속한 것일까?

안팎이 모두 일치되는, 말과 마음이 부합되는, 진실한 군자라고 말할 수 있을까?

아니면 또한 거짓으로 외모를 꾸미어 말로만 장중한 위선자라고 말할 수 있을까?

만일 그가 진정 언행일치의 군자라면 그를 인정하는 것이 옳은 일이지만, 겉모습만 장중한 자라면 이는 사람을 잘못 본 것이 아닐까?

사람을 살펴본다는 것은 그 행실을 살펴보아야 하며, 말만을 듣고서 평가해서는 안 된다."

集註

言但以其言論篤實而與之면 則未知에라 爲君子者乎아 爲色莊者乎아 言不可以言貌取人

也나라

[해석] 다만 그의 언어와 의논이 독실함으로써 그를 허여한다면 알 수 없다. 그를 군자라 말할 수 있을까? 겉모습만 번질번질한 자라고 할까? 이는 말과 용모로써 사람을 취할 수 없음을 말한다.

[보 補]

주자의 집주에서 용모까지 들추어 '모(貌)'자를 더한 것은 대체로 말이 그럴싸한 위선자는 으레 용모와 거동까지도 어찌나 잘 꾸며대는지 경박하거나 엉터리로 보이지 않게 행동하기 때문이다.

군자와 색장(色莊)의 차이는 그의 말과 마음이 일치하느냐 않느냐라는, 진실과 거짓의 구분에 있을 뿐이다.

'색(色)'자에 관계되는바, 매우 범주가 넓다. 밖으로 나타나는, 그 모든 것이 다 여기에 해당한다.

오로지 얼굴색으로 말하는 경우는 색사온(色思溫)의 색이 바로 그것이다.

용모를 들어 말하는 경우는 교언영색(巧言令色)의 색이 바로 그것이다.

또 달리 말과 용모를 모두 들어 말하는 경우는 이 장에서 말한 색장(色莊)이 바로 그것이다.

그러나 말, 용모, 행사를 모두 종합하여 말하는 경우는 색취인(色取仁)의 '색'자가 바로 그것이다.

21. 문문전지 問聞全旨

이 장에서는 제자의 재목에 따른 가르침을 보여주고 있다. 어느 한 사람은 앞으로 나아가게 하고, 어느 한 사람은 뒤로 물러나게 하여, 그 모두가 그들의 행실을 선하게 하기 위해서이다.

앞의 2단락[子路問…聞斯行之]은 똑같은 물음에 대한 부자의 대답이 다른 것이며, 그 아래[公西華曰…退之]에서는 공서화의 의문으로 인하여 달리 대답한 이유를 밝히고 있다.

강한 사람은 지나치게 자기 생각대로 하는 일이 많기에 자로에게 말할 적에는 "부형이 계신다."라고 권하여 그를 만류하였다. 이는 자로로 하여금 부형을 존경하는 마음으로 단순히 말씀을 드리는 데 그치는 것은 아니다. 자로로 하여금 부형에 의한 제재를 받도록 하려는 뜻 또한 담겨있다.

나약한 사람은 대체로 스스로가 지나치게 핑계를 대며 머뭇거리는 일이 많다. 이 때문에 염구에게 말할 적에는 "이러한 말을 들으면 곧바로 행하여라."고 권하였다. 이는 굳이 자세히 부형에게 말할 게 없음을 말한다.

공서화가 의심하여 물은 뜻은 이런 이유를 알지 못하였기 때문이다. 구야퇴(求也退) 이하 4구는 바로 이러한 이유를 밝혀주고 있는바, 2대목의 '고(故: 求也退故, 由也兼人故)'자의 뜻을 철저하게 밝혀야 한다. 퇴(退)자와 겸인(兼人)은 모두 그들의 기품(氣稟: 資品)으로 말하였다.

'나아가게 한다[進]'라는 것은 미적거리며 행하지 않으려는 그의 뜻을 앞으로 나아가도록 한 것이며, '물러나게 하였다[退]'는 것은 반드시 행하려는 강한 뜻을 한 걸음 뒤로 물러서게 한 것이다. 이는 모두 가장 적절하게 행하기를 바란 것이다.

오소만(吳小曼)이 말하였다.

"자로는 부모에게 말씀드리는 일에 중점을 두지 않는다. 단 그의 행동이 지나치게 과감할까를 두려워한 나머지 부모로 하여금 제재하려는 것이다. 염구가 부형에게 말씀드리는 것을 원하지 않은 것은 아니다. 단 그가 행함에 있어 나약할까 두려워했기 때문이다. 그러므로 이 '행(行)'자는 단 행사(行事)의 측면에서만 말하였다."

子路 問聞斯行諸잇가
子曰 有父兄이 在하니 如之何其聞斯行之리오
冉有 問聞斯行諸잇가
子曰 聞斯行之니라
公西華曰 由也 問聞斯行諸어늘 子曰 有父兄在라하시고 求也 問聞斯行諸어늘 子曰 聞斯行之라하시니 赤也 惑하야 敢問하노이다
子曰 求也는 退故로 進之하고 由也는 兼人故로 退之호라

자로가 물었다.
"좋은 말을 들으면 이에 행하여야 합니까?"
부자께서 말씀하셨다.
"부형이 계시는데 어떻게 듣고서 바로 행할 수 있겠는가."
염유가 물었다.
"좋은 말을 들으면 이에 행하여야 합니까?"
부자께서 말씀하셨다.
"듣는 대로 행하여야 할 것이다."
이에 공서화가 물었다.
"유(자로)가 '좋은 말을 들으면 이에 행하여야 합니까?'라고 물으니, 부자께서 '부형이 계신다.'라고 하시고, 염구(염유)가 '좋은 말을 들으면 이에 행하여야 합니까?'라고 물으니, '들으면 행하라.'라고 하시니, 저는 의심스러워 감히 여쭙니다."
부자께서 말씀하셨다.
"구(염유)는 물러나므로 용감하게 나아가도록 하고, 유(자로)는 남들보다 뛰어나므로 물러서게 한 것이다."

자로가 어느 날, 부자에게 여쭈었다.

"사람들에게 좋은 말을 들으면 그의 말을 따라 바로 실행해야 합니까?"

"좋은 말을 들으면 당연히 실행에 옮겨야 한다. 그러나 부형이 계시면 반드시 말씀을 드린 후에 행하여야 한다. 어떻게 듣고서 바로 내 마음대로 행할 수 있겠는가."

염유 또한 다른 어느 날, 부자에게 자로와 똑같은 질문을 하였다.

"사람들에게 좋은 말을 들으면 그의 말을 따라 바로 실행해야 합니까?"

그러나 이에 대한 부자의 말씀은 달랐다.

"옳은 일을 보고서도 행하지 않는 것은 용기가 없기 때문이다. 좋은 말을 들었으면 이를 과감하게 실행에 옮기는 것이 옳은 일이다."

우연히 그들의 곁에서 주고받은, 전후의 모든 말을 다 들었던 공서화가 이를 의아하게 생각하여 부자에게 여쭈었다.

"'좋은 말을 들으면 그 말을 따라 바로 실행해야 하는가.'라는 자로의 물음은 염유와 다를 바 없는데, 부자께서 자로에게는 '부형이 계신다.'라고 하시고, 염유가 '선을 듣고서 이에 행합니까?'라고 물음은 자로와 똑같음에도 부자께서 '들으면 바로 실행하라.'라고 하시어 대답이 각기 달랐습니다.

자로는 부형이 있고 염유는 부형이 없는 까닭에 그처럼 말씀하신 것입니까? 아니면 염유는 마땅히 실행해야 하고 자로는 실행해서는 안 되기 때문에 그처럼 말씀하신 것입니까? 제 마음에 의심된 바 있기에 감히 그 차이점을 여쭙는 바입니다."

부자께서 공서화에게 말씀하셨다.

"내가 자로와 염유에게 달리 말한 것은 그들의 각기 다른 재목에 따라 가르치기 때문이다.

염유의 바탕은 지나치게 나약하여 앞으로 나아가지 못하고 항상 뒤로 물러나기에 부형에게 아뢰는 것은 걱정할 바 아니고, 과감하게 실행하지 못할까를 걱정한 것이다. 이 때문에 나는 그에게 좋은 말을 들으면 바로 행하라고 말한 것은 그를 격려하여 앞으로 나아가 용감하게 실행하도록 한 것이다.

그러나 자로의 바탕은 지나치게 강하여 도저히 남들이 따라갈 수 없는 용맹이 있다. 그는 서둘러 과감하게 실행하는 것은 걱정할 바 아니다. 오히려 부형에게 말씀드리지 않은 일이 있을까 그 점이 두려운 것이다. 이 때문에 나는 부형이 있다는 점을 부각하여 예리하게 나아가려는 그의 마음을 억눌러 물러서게 하여, 그에게 자신이 하는 일을 다시 한번 살펴보도록 한 것이다. 너는 이를 의아하게 생각할 것이 없다."

兼人은 謂勝人也라

張敬夫曰 聞義면 固當勇爲나 然이나 有父兄在면 則有不可得而專者니 若不稟命而行이면 則

反傷於義矣라 子路는 有聞이오 未之能行하야서 惟恐有聞하니 則於所當爲에 不患其不能爲矣오 特患爲之之意 或過而於所當稟命者에 有闕耳라 若冉求之資稟은 失之弱하니 不患其不稟命也오 患其於所當爲者에 逡巡畏縮而爲之不勇耳라 聖人이 一進之하고 一退之하시니 所以約之於義理之中하야 而使之無過不及之患也시니라

[훈고] 겸인(兼人)은 남들보다 뛰어남을 말한다.

[해석] 장경부(張栻)가 말하였다.

"의를 들으면 의당 용감하게 행해야 할 것이나, 부형이 있으면 마음대로 할 수 없다. 만일 말씀드리지 않고 행하면 도리어 의를 상하게 된다. 자로는 좋은 말을 듣고서 이를 미쳐 이를 행하지 못해서는 또 다른 좋은 말을 듣게 될까 두려워하였다. 이로 보면 자로는 마땅히 행하여야 할 일에 행하지 못할까를 걱정할 게 없고, 특히 행하려는 뜻이 혹 지나쳐서 말씀드려야 할 일을 말씀드리지 않을까 걱정이 될 뿐이다.

염구의 자품은 나약한 잘못이 있다. 그가 말씀드리지 않을까를 걱정할 게 없고, 마땅히 해야 할 일을 머뭇거리고 움츠려 용맹스럽게 행하지 못할까 걱정이 될 뿐이다.

부자께서 한 사람은 나아가게 하고, 한 사람은 물러가도록 하여 그들을 의리의 중도로 묶어, 지나치거나 미치지 못하는 병폐가 없도록 하였다."

22. 자외전지 子畏全旨

이 장은 안연이 부자에 대한 도의의 깊은 믿음을 보여주고 있다.

"부자께서 광 땅을 두려워했다.[子畏於匡]"는 부분은 모두 두 차례 나타나 있다. 앞 장에서는 부자를 위주로, 여기에서는 안연을 위주로 기록한 것이다.

부자와 안연 사이는 의리로 보면 사제 사이이지만, 사랑의 마음은 부자의 사이와 다를 바 없다. 부자가 안연을 보자마자, 곧장 "나는 네가 죽은 줄 알았다."라고 말한 것은 안연이 잘못 죽었을까 두려운 마음을 가졌다가 그가 살아 돌아온 것을 기뻐한 것이다. 이는 다급한 마음에 놀라면서도 반가워한 말이다. 이에 대해 안연이 곧장 "부자께서 계신다."라고 말함은 부자의 생존을 믿은 것이며, 이어 "제가 어떻게 감히 죽겠습니까?"라는 말은 어려움 속에서 벗어나는 도가 부자와 같음을 밝힌 것이다.

다시 말하면, 앞에서 "광 땅의 사람들이 나(공자)에게 어찌할 수 있겠는가."라는 말은 부자의 도(道)에 대한 신념이 흔들림 없는 말이며, 여기에서 "부자께서 계시는데, 제가 어떻게 감히 죽겠습니까?"라는 말은 안연이 부자에 대한 신념으로 흔들림 없는 말이다. 부자와 안연의 신념이 각기 다르지만, 그들이 주장하는바 한 가지임을 말해주는 것이다.

하감사(何敢死)의 감(敢)자는 감히 못한다[不敢]는 '감(敢)'자의 뜻이 아니다. 과감(果敢)의 '감

(敢)'자의 뜻으로, 무모함 또는 경솔함의 뜻으로 쓰여 있다. 이는 부자께서 생존하셨기에 과감하게, 경솔하게 목숨 바쳐 싸우지 않은 것이지, 부자께서 살아계시지 않았다면 어떻게 과감하게 싸움터로 나아가 목숨 바쳐 싸우지 않을 수 있겠느냐는 뜻이다.

子 畏於匡하실새 顔淵이 後러니
子曰 吾 以女爲死矣라호라
曰 子 在어시니 回 何敢死리잇고

부자께서 광 땅에서 〈포위를 당하여〉 두려운 마음을 가지고 계셨는데, 안연이 뒤처져 〈늦게 찾아오자,〉 부자께서 말씀하셨다.

"나는 네가 죽은 줄로 알았다!"

〈안연이〉 대답하였다.

"부자께서 계시는데, 제가 어떻게 무모하게 목숨을 바치겠습니까?"

강설

부자는 일찍이 광 땅의 사람들에게 포위되어 광 땅의 사람들에 대해 경계하고 두려운 마음이 있었다.

그 당시 안연과 길이 엇갈려 안연이 뒤처지는 바람에 미쳐 부자를 찾아오지 못하였다. 안연이 늦게서야 부자의 곁에 도착하자, 부자께서는 안연이 찾아오기 전의 불안한 마음과 지금 마주하여 가슴을 쓸어내리는 안위(安慰)의 마음이 교차하셨다.

"나는 네가 나 때문에 광 땅 사람의 칼날에 죽었으리라고 생각했었다."

안연이 대답하였다.

"저의 죽음과 삶은 오직 부자만을 따르는 데 있습니다. 다행히 하늘이 이 도를 버리지 않아 부자께서 이처럼 엄연히 계시는데, 제가 어떻게 죽음을 가볍게 여겨 무모하고 과감하게 광인의 칼날을 범하겠습니까?"

이를 살펴보면, 성현이 '서로 함께하는 마음'과 '몸을 보존하는 밝은 지혜'를 모두 여기에서 찾아볼 수 있다.

集註

後는 謂相失在後오 何敢死는 謂不赴鬪而必死也라

胡氏曰 先王之制에 民生於三하니 事之如一이니 惟其所在에 則致死焉이라 況顔淵之於孔子에 恩義兼盡하니 又非他人之爲師弟子者而已라 卽夫子不幸而遇難이면 回必捐生而赴之矣오 捐生以赴之하야 幸而不死면 則必上告天子하고 下告方伯하야 請討以復讐오 不但已也라 夫子而在면 則回何爲而不愛其死하야 以犯匡人之鋒乎아

[훈고와 해석] 후(後)는 서로 잃고서 뒤처진 것을 말하며, 하감사(何敢死)는 싸움터에 달려가 반드시 죽으려고 하지 않음을 말한다.

[의론] 호씨[胡寅]가 말하였다.

"선왕의 제도에 '백성은 세 사람[君師父]에 의해 살아가기에, 그 세 분을 섬기는 것은 똑같다. 오직 그분들이 있는 곳에 목숨을 바치는 것이다.'(『國語』「晉語」, 欒共子의 말) 하물며 안연은 공자에게 있어서 〈부자(父子)의〉 은혜와 〈사제(師弟)의〉 의리가 아울러 극진하니, 또한 여느 사람의 〈단순한〉 사제 간에 그치는 정도가 아니다.

부자께서 불행스럽게 난을 당했다면 안회는 반드시 목숨을 바쳐 싸움터로 달려갔을 것이 며, 목숨을 바쳐 달려갔으나 다행히 죽지 않았다면 반드시 위로는 천자에게 고하고 아래로는 방백(方伯)에게 고하여, 그들의 토벌을 청하여 원수를 갚았을 것이지, 그만두지 않았을 것이다. 그러나 부자가 계신다면 안회가 무엇을 위해 목숨을 아끼지 아니하고 광 땅 사람의 칼날을 덤벼들겠는가."

[보 補]

만일 부자께서 불행한 일을 당했다면 안연뿐만 아니라, 자로 또한 반드시 복수했을 것이다. 군사부(君師父)는 일체(一體)라, 그분들이 있는 곳에는 목숨을 바친다고 말들 하지만 고금의 역사를 통틀어 스승을 위해 죽은 이는 매우 찾아보기 힘들다.

명나라 초기 영락제(永樂帝)의 찬탈에 저항하다가 순절한 방정학(方正學: 方孝孺. 1357~1402)[9]의 문인 경우, 모두 가만히 앉아서 죽임을 당한 것이지, 스승의 죽음에 달려가 목숨을 바친 것은 아니다.

오직 우암 송시열의 문인 송상민(宋尙敏: 1626. 인조 4~1679. 숙종 5)[10]이 스승을 위해 목숨을

---

9 방효유(方孝孺): 명나라 초기의 학자. 자는 희직(希直) 또는 희고(希古), 호는 손지(遜志)다. 방정학(方正學) 이라고도 한다. 홍무제의 4남이자 건문제의 숙부로 북평을 다스리던 연왕 주체(燕王 朱棣. 永樂帝)가 정난 의 변을 일으켜 제위를 찬탈한 뒤, 자신의 즉위 조서의 초안을 작성해 달라고 간곡히 부탁하며 지필묵을 주자, 방효유는 연적찬위(燕賊簒位)라고만 적었다. 이에 격노한 주체가 방효유에게 구족을 멸하겠다고 협 박하였으나, 방효유는 구족이 아니라 십족을 멸한다 해도 역적과 손잡을 수는 없다고 맞받아쳤다. 극도로 분노한 영락제는 방효유의 입을 양쪽 귀밑까지 찢어놓았으나, 방효유는 부릅뜬 눈으로 주체를 쏘아보며 참아내기만 했다. 이어 팔십이 넘은 노인에서부터 갓 태어난 아이까지 방효유의 혈족은 모두 형장으로 끌려 나왔고, 방효유가 보는 앞에서 한 사람씩 참살되었다. 영락제는 그것만으로도 분을 삭이지 못하고 제자, 선후배, 친구, 문하생 등 방효유와 평소에 친분관계가 있었던 사람들까지 모두 잡아들인 후, 이를 '열 번째 일족'으로 규정하고 목을 벴다. 이에 따라 방효유와 연좌되어 참수된 사람만 무려 847명에 이르렀으 며, 유배된 사람은 헤아릴 수 없었다. 이를 주련십족(誅連十族)이라고 한다.

10 송상민(宋尙敏): 본관은 은진(恩津). 자는 자신(子愼), 호는 석곡(石谷)이다. 송시열(宋時烈)·송준길(宋浚 吉)의 문인. 어려서는 서기(徐起)에게서 배웠다. 1660년(현종1) 사마시에 합격하고 곧 송시열이 있는 회덕으 로 내려가 학문 연구에 전력하였다. 1674년 효종비인 인선대비(仁宣大妃)가 죽자 모후 조대비(趙大妃)의 복제 문제로 송시열이 덕원으로 유배되자 그의 억울함을 호소하는 상소를 올렸다. 이로 인하여 당시 영의정 이던 허적(許積)의 탄핵을 받고 궁궐 앞에서 장살(杖殺)되었다.

바쳤고, 한말의 제천 의병장, 안승우(安承禹: 1865. 고종2~1896. 건양1)[11]의 제자 홍사구(洪思九: 1878. 고종15~1896. 건양1)[12]는 그의 스승과 함께 제천의 전투에서 전사하였다. 이는 보기 드문 일이어서 여기에 적은 것이다.[13]

23. 자연장지 子然章旨

이 장에서는 계씨 집안에서 이뤄지는 참절(僭竊)의 악행을 막고 인륜 강상의 도를 부지하려는 부자의 마음을 보여준 것이다.

앞의 4절[季子然…可謂具臣矣]은 계자연(季子然)이 자로와 염구를 빌려 자신의 집안에 많은 인재가 있음을 자랑하고자 했지만, 부자는 그들이 대신의 도를 지니지 못했음을 말해주었고, 뒤의 2절[然則從之者與…亦不從也]은 계자연이 자로와 염구를 빌려 자신의 참람과 찬탈을 돕게 하고자 하였지만, 부자는 또 그들에게 신하로서의 절개가 있음을 말해주었다.

(1) 자연절지 子然節旨

자로와 염구는 엄연히 계씨의 사가(私家)에서 가신으로 있음에도 오히려 그들을 조정의 대신으로 말한 것은 참람하고 망령된 일이다. 자로와 염구를 대신으로 말한 것은 계자연 자신을 곧 국왕으로 인식한 것이나 다를 바 없기 때문이다.

季子然이 問 仲由冉求는 可謂大臣與잇가

계자연이 물었다.

---

11 안승우(安承禹): 본관은 순흥(順興). 자는 계현(啓賢), 호는 하사(下沙)이다. 위정척사파인 유중교(柳重敎)의 제자이다. 1894년(고종 31) 갑오농민전쟁 때 일본이 개입하자 의병을 일으킬 것을 모의했으나 뜻을 이루지 못했다가, 1895년 단발령이 내려지고 을미사변이 일어나자 제천에서 이춘영(李春永)·서상렬(徐相烈)·이필희(李弼熙) 등과 함께 의병을 일으켰다. 그해 12월 3일 이필희를 대장으로 추대하고 군무도유사(軍務都有司)가 되었으며 이어 유인석(柳麟錫)을 대장으로 추대했다. 1896년 2월 17일 충주를 점령하고, 조령과 수안보에서 정부군과 접전했다. 이때 이춘영이 전사하자 중군장(中軍將)이 되었다. 정부의 공격이 계속되자 그해 3월 충주에서 철수하여, 제천으로 근거지를 옮겼다. 그해 4월 장기렴(張基濂)이 경군(京軍) 수천 명을 이끌고 공격해오자 제천 남성에서 접전을 벌였으나 심한 바람과 소나기로 화승총에 불을 붙일 수가 없어 싸움에 지고 그는 전사했다.
12 홍사구(洪思九): 본관은 남양(南陽). 자는 우용(又容). 1895년(고종 32) 단발령 반포 후 스승 안승우가 유인석(柳麟錫)과 함께 제천에서 의병을 일으키자, 종사(從事)로서 충주·제천 전투에 참전했다. 1896년 4월 13일 장기렴(張基濂)이 이끄는 관군과 격전 도중 안승우가 총탄에 맞아 상처를 입자, 그 곁을 떠나지 않고 호위 임무를 계속하다가 함께 전사했다.
13 『壼山全書』 제4책, 330쪽. "使夫子而不幸, 則非惟顔淵也, 子路亦必能之矣. 蓋雖曰所在致死, 而古今爲師死者, 甚寥寥, 如方正學之門人, 皆坐死地, 非赴死也. 惟尤翁門人宋尙敏, 特爲之死; 且年前堤川義兵時, 有洪思九者, 爲其師安承禹, 赴爲幷命, 事係罕有, 故及之."

"중유와 염구는 대신이라고 말할만합니까?"

강설

계자연은 자신의 집안에서 자로와 염구를 신하로 삼은 것을 훌륭하게 생각하였다. 이 때문에 부자에게 물었다.

"중유와 염구의 덕업과 재주는 대신이라고 말할 수 있습니까?"

集註

子然은 季氏子弟라 自多其家得臣二子라 故로 問之니라

[훈고] 자연(子然)은 계씨의 자제이다.

[해석] 그의 집안에서 이 두 사람을 신하로 얻은 것을 스스로 자랑스럽게 여겼기에 그들을 물은 것이다.

(2) 오이절지 吾以節旨

'이(異)'자는 그 아래 절의 '도(道)'자에 대조하여 보아야 한다. 집주에서 "자로와 염구, 그 두 사람을 가볍게 여겼다.[輕二子]"는 말은 중요하지 않다. 이의 중점은 계자연을 억제하는 데에 있다.

子曰 吾 以子爲異之問이러니 曾由與求之問이로다

부자께서 말씀하셨다.
"나는 그대가 별다른 것을 물으리라고 여겼는데, 고작 유(자로)와 염구에 대해 묻는구나.

강설

부자께서 대신이란 계씨의 가신에게는 가당치 않다고 생각한 데다가, 이 두 사람은 대신의 도리를 다하지 못하였다. 이에 계자연을 억누르고자 두 사람을 가볍게 여겨 말씀하셨다.

"그대가 대신에 대해 물었을 적에 나는 그대가 남달리 대단한 인물과 대단한 일을 들어 물으리라고 생각했었다.

고작 중유와 염구 두 사람을 들추어 묻는구나."

集註

異는 非常也오 曾은 猶乃也라 輕二子하야 以抑季然也라

[훈고] 이(異)는 범상치 않음이며, 증(曾)은 내(乃)자의 뜻과 같다.

[해석] 두 사람을 가볍게 여기면서 계자연을 억누른 것이다.

(3) 소위절지 所謂節旨

소위(所謂) 2자는 명제(命題)에 따라 그 사실을 규명한다는 뜻이 있다. 대신의 경우, 대신이라는 그 이름값에 담긴 사실을 밝혀내는 것이다.

대신이란 행하기 어려운 큰일을 행하도록 권책난진의(權責難陳義)하여 선을 베풀고 사악한 마음을 막아주는 것이 임금을 도의로 섬기는 자이다. 그렇지 못할 경우, 벼슬을 그만두는 것은 도의 엄정함을 보여줌이다.

所謂大臣者는 以道事君하다가 不可則止하나니

"이른바 대신이란 바른 도로써 임금을 섬기다가 그 도를 따라주지 않으면 벼슬을 그만두는 것이다."

강설

"이른바 대신이란 한낱 그 이름과 지위로 말한 게 아니다.
지극히 올바른 도리로 임금을 섬겨 법에 따라 행하도록 하는 것이다.
만일 그 뜻을 행할 수 없으면 벼슬을 그만두기에, 반드시 도를 굽혀 몸을 욕되게 하지 않는다.
이처럼 벼슬에 나아가고 물러남을 구차스럽게 하지 않는 것이 대신이다."

集註

以道事君者는 不從君之欲이요 不可則止者는 必行己之志라

[해석] 바른 도로써 임금을 섬긴다는 것은 임금의 잘못된 욕망을 따르지 않음이며, 따라주지 않으면 벼슬을 그만둔다는 것은 반드시 자신의 뜻을 관철하여 행하는 것이다.

(4) 금유절지 今由節旨

구신(具臣)이란 그들의 재예(才藝)가 병사를 다루거나 부세의 일을 감당할 정도여서 하나의 신하로서의 능력을 갖추고 있다는 말과 같다. 이는 대신이야 될 수 없지만, 벼슬자리만 차지하고서 녹만을 축내는, 그런 무위도식의 어쩌다 지위를 얻은 신하[幸位]에 비유한 것은 아니다.

今由與求也는 可謂具臣矣니라

"이제 중유와 염구는 한낱 수효나 채우는 신하라 하겠다."

강설

"오늘날 중유와 염구는 과연 도로써 임금을 섬기는 자라고 말할 수 있을까? 과연 도를 행하지 못할 때, 벼슬을 그만둘 수 있을까?

그들은 오직 신하의 숫자만을 채웠을 뿐, 어떻게 대신이라고 말할 수 있겠는가."

> **集註**
>
> **具臣**은 **謂備臣數而已**라
>
> [훈고] 구신은 신하의 수효를 채우는 데 그칠 뿐임을 말한다.

(5) 연즉절지 然則節旨

'지(之: 從之者)'자는 본디 계씨를 지칭한 글자이다. 그러나 이를 두루뭉술하게 말한 것이다.

曰 然則從之者與잇가

〈계자연이 또〉 물었다.

"그렇다면 따르는 자입니까?"

> **강설**
>
> 계자연이 다시 물었다.
>
> "그 두 사람이 이처럼 대신이 아니라면 군주가 하고자 하는 대로 모든 일을 따르는 자입니까?"

> **集註**
>
> **意二子旣非大臣**이면 **則從季氏之所爲而已**라
>
> [해석] 두 사람이 이미 대신이 아니라면 계씨의 하는 일을 따를 뿐이라고 생각한 것이다.

(6) 시부절지 弑父節旨

두 사람은 임금과 아비를 시해하는 일을 따르지 않을 것이라고 말함은, 그들이 도로써 임금을 섬기는 대신이야 아니지만, 도의로 한 몸은 지킬 수 있음을 말한다. 이 또한 여느 사람이 말하는 구신(具臣)과는 다른 차원이다.

子曰 弑父與君은 亦不從也리라

부자께서 말씀하셨다.

"아비와 임금을 시해하는 일은 또한 따르지 않을 것이다."

강설

부자께서 그의 말을 꺾으셨다.

"이 두 사람은 비록 대신의 도엔 부족하다지만 군신의 대의에 대해 익히 들어왔다. 작은 잘못에 관한 일이야 간혹 소견이 밝지 못하고 지조가 견고치 못하여 어쩌다 범할 수야 있겠지만, 아비와 임금을 시해하는 것은 무도하기 짝이 없는 일이다.

나는 그들이 대의만큼은 명철하게 살피고 굳건히 지킬 수 있는 자임을 알기에 그처럼 무도한 일은 반드시 따르지 않으리라는 점을 알고 있다."

계씨는 평소에 신하답지 못한, 불충의 마음을 지녀온 터라, 이 두 사람을 빌어 우익(羽翼)을 삼고자 하였다. 이 때문에 부자는 이 두 사람을 들어 은연중 그의 불충한 마음을 꺾은 것이다.

集註

言二子雖不足於大臣之道나 然이나 君臣之義則聞之熟矣니 弑逆大故는 必不從之라 蓋深許二子以死難不可奪之節하고 而又以陰折季氏不臣之心也니라

○ 尹氏曰 季氏專權僭竊이어늘 二子仕其家而不能正也하고 知其不可而不能止也하니 可謂具臣矣라 是時에 季氏已有無君之心이라 故로 自多其得人이오 意其可使從己也라 故로 曰 弑父與君은 亦不從也라하니 其庶乎二子可免矣로다

[해석] 두 사람은 비록 대신의 도에는 부족하다지만 군신의 대의는 익히 들어왔다. 시해와 역모 따위의 큰일엔 반드시 따르지 않음을 말한 것이다. 이는 두 사람이 난에 죽을지언정 빼앗을 수 없는 절개가 있음을 깊이 허여하고, 또한 은근히 계씨의 신하답지 못한 마음을 꺾은 것이다.

○ 윤씨[尹焞]가 말하였다.

"계씨가 권력을 마음대로 하고 날뛰는 데에도 두 사람이 그의 집에 벼슬을 하면서 이를 바로잡지 못하였고, 옳지 못한 일임을 알면서도 그만두지 않았으니, 수효만을 채우는 신하라고 말할만하다. 그 당시 계씨는 이미 임금을 위하는 마음이 없었던 까닭에 인재 얻은 것을 스스로 대단하다고 여겼고, 〈그들이〉 자기를 따를 것으로 생각하였다. 이 때문에 '아비와 임금을 시해하는 일은 또한 따르지 않는다.'고 말하니, 거의 두 사람은 이런 일을 면할 만하다."

24. 자고장지 子羔章旨

이 장에서는 먼저 학문을 닦은 후에 정사를 베풀 수 있음을 보여주고 있다.

앞의 2절[子路使子羔…賊夫人之子]은 자로가 자고를 잘못 천거한 것을 꾸짖음이며,

뒤의 2절[子路曰…惡夫佞者]은 자로가 허튼소리로 대답한 까닭에 그를 미워한 것이다. 전체적으로 하나의 '학(學)'자에 중점을 두고 있다.

(1) 자고절지 子羔節旨

자로는 자고가 후중하고 덕이 있으므로, 백성을 교화시키기에 넉넉하다고 생각했다. 이 때문에 그를 천거한 것이다.

子路 使子羔로 爲費宰한대

자로가 자고를 비(費) 땅의 원님으로 삼았는데,

강설

예전엔 자로가 계씨에게 벼슬할 때, 비읍(費邑)의 잦은 반란을 겪으면서 그 고을을 다스리기 어렵다고 생각한 나머지, 후덕한 자고를 천거, 비읍의 원님으로 삼았다.
자로의 생각은 자고의 인품이 후중하니 백성을 교화시키는 데에 넉넉하다고 여겼기 때문이다.

集註

子路 爲季氏宰而擧之也라

[해석] 자로가 계씨의 가신이 되어 자고를 천거한 것이다.

(2) 적부절지 賊夫節旨

부자는 "남의 자식을 버리는 것이다."고 말했을 뿐, 집주에서 말한 것처럼 "자고는 바탕이야 아름답지만, 학문을 닦지 않았다.[子羔質美而未學]"라고 또렷이 언급하지는 않았다.
아래 절에서 자로는 부자가 말한 의중을 이해하고서 "굳이 학문할 필요가 없다[何必讀書然後爲學]"고 역설하였기에, 주자는 이런 뜻을 미루어 집주에다가 미학(未學: 質美而未學) 2글자를 쓴 것이다.

子曰 賊夫人之子로다

부자께서 말씀하셨다.
"남의 자식을 버리는 것이다."

강설

부자께서 그 말을 전해 듣고서 자로를 꾸짖으셨다.
"남의 자식을 느닷없이 벼슬하게 하면 안으로는 몸을 닦는 데 방해가 되어 학문을 이룰 수 없고, 바깥으로는 사람을 다스리는 데 방해가 되어 공업을 이룩할 수 없다. 남의 자식을 버릴 뿐이다."

集註

賊은 害也라 言子羔質美而未學이어늘 遽使治民이면 適以害之니라

[훈고] 적(賊)은 해침이다.

[해석] 자고는 본바탕이야 아름답기는 하나 배우지 못했는데, 갑자기 그런 그로써 백성을 다스리게 하면 다만 그에게 해를 끼칠 뿐이다.

(3) 유민절지 有民節旨

민인(民人)이란 백성을 위해 경영하고 계획하고 거느리고 부리는 일들을 말하며, 사직(社稷)이란 제단에서 이뤄지는 소목(昭穆)의 일, 풍년의 기원, 신의 은총에 보답하는 일들을 말한다.

2부분의 '유(有: 有民人, 有社稷)'자에 중점을 두고 있다. 하필 2구[何必讀書, 然後爲學]는 앞의 문장을 밀접하게 이어온 것으로, 나랏일을 익히는 것이 곧 이치를 밝히는, 학문임을 말하고 있다. 이는 자고가 읍재(邑宰)가 되어서도 학문을 그만두지 않을 사람인데, 어떻게 '그를 버렸다.'라고 말할 수 있는가를 따지는 항변이다.

子路曰 有民人焉하며 有社稷焉하니 何必讀書然後에 爲學이리잇고

자로가 말하였다.

"백성이 있고 사직이 있으니, 어찌 굳이 글을 읽어야 만이 학문이라 하겠습니까?"

강설

자로는 부자에게 구차스러운 강변(強辯)으로 대꾸하였다.

"부자께서 남의 자식을 버리는 일이라고 말함은 학문을 닦지 않았기 때문이라고 하시지만, 비읍에는 백성이 있으니 그 누군가 백성을 다스려야 할 것이며, 사직이 있으니 그 누군가 사직의 신을 섬겨야 할 일입니다.

백성을 다스리고 신을 섬기는 것이 곧 학문인데, 굳이 퍼질러 앉아 장구(章句)의 글을 읽어야 만이 학문을 한다고 말할 수 있겠습니까?"

集註

言治民事神이 皆所以爲學이라

[해석] 백성을 다스리고 신명을 섬김이 모두 학문을 닦는 바임을 말한다.

(4) 시고절지 是故節旨

"말 잘한 것을 싫어한다."라는 말은 범칭으로, 자로에 대한 부자의 평소 생각을 대변한 것이다. 오늘날 자로의 말재간으로 인하여 평소 느껴왔던 부자의 마음이 촉발된 것이다.

子曰 是故로 惡夫佞者하노라

부자께서 말씀하셨다.
"이런 까닭에 말재간 있는 자를 미워하는 것이다."

【강설】

벼슬하면서 학문을 닦는다는 것은 자로가 처음 자고를 등용했을 적에 가졌던 본의가 아니다. 그저 부자의 꾸지람으로 인하여 핑계 대는 말이기에, 부자는 다시 자로를 꾸짖으셨다.

"그러므로 말재간 있는 사람을 미워하는 것은 이치의 시비를 묻지 않고, 그저 말을 꾸며서 이기려고 하기 때문이다. 지금 자로의 말은 이른바 말재간깨나 있는 사람의 말이다. 내 어찌 미워할 대상이 아니겠는가."

【集註】

治民事神이 固學者事나 然이나 必學之已成然後에 可仕以行其學이니 若初未嘗學而使之卽仕以爲學이면 其不至於慢神而虐民者 幾希矣라 子路之言은 非其本意요 但理屈詞窮하야 而取辨於口以禦人耳라 故로 夫子 不斥其非하고 而特惡其佞也니라

○ 范氏曰 古者에 學而後 入政이요 未聞以政學者也라 蓋道之本은 在於修身이요 而後及於治人이니 其說 具於方冊이라 讀而知之然後能行이니 何可以不讀書也리오 子路乃欲使子羔以政爲學하니 失先後本末之端矣어늘 不知其過하고 而以口給禦人이라 故로 夫子惡其佞也시니라

[해석] 백성을 다스리고 신명을 섬김은 참으로 학자의 일이다. 그러나 반드시 학문이 이미 이뤄진 뒤에 벼슬하여 배웠던 것을 행하는 것이다. 만일 애당초 배우지 않았는데, 그런 그에게 벼슬하면서 학문을 닦게 한다면, 신명을 경홀히 대하고 백성을 학대하는 데에 이르지 않을 자 거의 없을 것이다. 자로의 말은 본의가 아니다. 다만 사리에 막히고 할 말이 궁색하여 말대꾸로써 사람의 입을 막고자 함이다. 그러므로 부자는 그의 잘못을 꾸짖지 않고, 특별히 그 말재주만을 미워하였다.

○ 범씨[范祖禹]가 말하였다.

"옛사람은 학문한 뒤에 정사를 하는 것이지, 정사를 하면서 학문한다는 말은 듣지 못하였다.(『春秋左傳注疏』권40, 襄公31년, 鄭子産의 말) 도의 근본은 몸을 닦는 데 있고, 그 뒤에 사람을

다스리는 데에 미치는 것이다. 그에 관한 말들이 서책에 갖춰져 있기에, 독서를 하여 알아야만이 행할 수 있다. 어떻게 독서를 하지 않을 수 있겠는가. 자로는 자고가 정사하면서 학문하기를 바라니, 이는 선후 본말의 차례를 잃은 것임에도, 그 잘못을 알지 못하고 말재간으로써 사람을 막으려 한 까닭에 부자께서 그의 말재간을 미워한 것이다."

[보 補]

학문을 닦은 뒤에 벼슬을 한다는 것은 불변의 진리이다. 자로는 먼저 사람을 잘못 등용하였고, 뒤이어 이를 강변으로 대꾸하였다. 이는 자고에게 해를 끼쳤을 뿐 아니라, 또한 잘못된 도리를 말한 것인바, 그 죄는 더욱 큰 것이다. 이 때문에 부자는 이치에 걸맞지 않은 말에 대해 배척하지 않고 오직 말재간으로 사람을 이기려는 잘못만을 미워한 것이다.

집주에서 말한 "신명을 경홀히 대하고 백성을 학대하게 된다.[慢神虐民]" 등의 말은 모두 문장 밖[言外]의 뜻을 보완하고 있다.

25. 시좌장지 侍坐章旨

이 장은 성인의 문하에서 뜻을 품고 학문하는 바를 보여주고 있다. 이는 3단락으로 나뉜다.

첫 3절[子路…則何以哉]은 4명의 제자가 부자를 모시고 앉아있던 일을 계기로 각자의 포부를 말하도록 꼬드김이며,

중간 4절[子路率爾而對曰…吾與點也]은 네 제자가 각자의 포부를 말하였는데, 부자께서 유독 증점만을 인정함이며,

마지막 5절[三子者出…孰能爲之大]은 증점이 세 사람의 포부를 논변함으로 인하여 나머지 제자 또한 모두 인정함이다.

증점을 인정한 것은 나머지 세 제자의 포부를 넓혀주기 위함이며, 세 제자를 인정한 것은 증점의 흉금을 채워주기 위함이다. 여러 제자를 모두 성취하여 세상에 크게 쓰이게 하고, 사람들이 그들을 알아주고 있는 마음에 저버림이 없도록 하기를 바람이다.

예양(禮讓) 2자는 전체 문장에 걸쳐 더욱 화룡점정(畵龍點睛)에 해당하는 곳이다.

(1) 시좌절지 侍坐羔節旨

여기에서 나이순으로 제자를 나열한 것은 스승이란 존엄하고 도가 높다는 뜻이 담겨있다.

子路 曾晳 冉有 公西華 侍坐러니

자로, 증석, 염유, 공서화가 〈부자를〉 모시고 앉았는데,

> **강설**

어느 날 자로, 증석, 염유, 공서화가 부자의 곁에서 모시고 앉아있었다.

> **集註**
>
> 晳은 曾參父니 名點이라

[훈고] 석(晳)은 증삼의 아버지, 이름은 점(點)이다.

(2) 이오절지 以吾節旨

이 절은 제자들이 거리낌 없이 말을 다하도록 유도한 것일 뿐, 아직은 어떤 일에 대해 구체적으로 말하라는 주제는 설정되지 않았다.

따라서 아래 절의 "너희를 알아준다면 어찌하겠느냐.[知爾何以]"라는 구절에 이르러서야 비로소 그들에게 각자의 품은 뜻을 말하도록 함이다.

子曰 以吾 一日長乎爾나 毋吾以也하라

부자께서 말씀하셨다.

"내가 너희들보다 조금[一日] 나이가 많지만, 나의 나이가 많다고 〈말을 못하는 일이〉 없도록 하라.

> **강설**

부자께서 그들을 다독거려 그들이 지닌 생각을 모두 말하도록 유도하셨다.

"나이로 말하면 내가 너희들보다 조금은 많다. 하지만 서로 이야기하는 데에는 나이에 얽매일 게 없다. 너희들에게 회포가 있으면 반드시 말을 하고, 말은 반드시 남김없이 다해야 할 것이다. 내가 너희들보다 나이가 많다는 이유로 겸손하여 말하지 못하는 일이 없도록 하라."

> **集註**
>
> 言我雖年少長於女나 然이나 汝勿以我長而難言이라 蓋誘之盡言하야 以觀其志시니 而聖人和氣謙德을 於此에 亦可見矣라

[해석] 내 비록 너희보다 조금 나이가 많지만, 너희는 내가 어른이라고 해서 말하기를 어려워하지 말라고 이른 것이다. 그들이 말을 다 하도록 꼬드기어 그들의 뜻을 보려는 것이다. 성인의 온화한 기운과 겸손한 덕을 여기에서 또한 볼 수 있다.

(3) 거즉절지 居則節旨

앞 2구[居則曰 不吾知也]는 그들의 평소 마음을 헤아려 말한 것이지, 그들의 조급함과 망령됨을 꾸짖은 것은 아니다.

아래 2구[如或知爾 則何以哉]는 그들을 격동하여 숨김없이 모두 털어놓도록 한 것이지, 그들에게 그러한 자격이 갖추어 있지 않음을 비웃은 게 아니다.

부자께서 이런 질문을 한 이유는 그들을 가르치기 위해서다. 자로에 대해서는 비웃고 증점에 대해서 인정한 점을 살펴보면 이러한 면모를 알 수 있다.

居則曰不吾知也라하나니 如或知爾면 則何以哉오

평상시에 나를 알아주지 않는다고들 말하는데, 만일 혹시 너희를 알아주면 어찌하겠느냐?"

강설

"너희들이 평소 거처할 적에, 모두가 자부하는 마음이 있어 '나의 재주는 넉넉히 세상에 쓰일 수 있는데 사람들이 나를 알아주지 않는다.'라고 말들 해왔다.

만일 임금과 재상이 너희를 알아주어 등용한다면 너희들은 장차 어떤 일을 하여, 그들이 알아준 데 대해 어떤 보답을 하겠는가. 나에게 이런 점을 말해줬으면 좋겠다."

集註

言女平居則言人不知我라하나니 如或有人知女면 則女將何以爲用也라

[해석] 너희들이 평상시에 남들이 나를 알아주지 않는다고 말들 하는데, 만일 사람들이 너희를 알아준다면 너희는 장차 어떻게 하겠는가를 말한다.

(4) 솔이절지 率爾節旨

'솔이(率爾)'를 기록한 것은 뒷부분의 '갱이사슬(鏗爾舍瑟)'과의 대칭으로, 자로는 부자의 물음에 사양치 않고 대답한 상황을 『논어』의 서술자가 현장감 있게 적어놓은 것이다.

서두에 천승(千乘) 구절을 앞세우고 있는데, 천승은 아주 작은 나라는 아니지만, 그렇다고 대국은 아니다. 대국이란 천승의 정도에 그치지 않는다.

'사려(師旅: 전쟁)'와 '기근(饑饉: 흉년)'은 그 항목이 내려갈수록 더욱 어려움을 말해주고 있다. 그러나 이처럼 상황에서 '내가 정치를 한다면'이라는 뜻으로 쓰인 위지(爲之: 由也爲之) 2자에 무게를 두고 있는바, 훌륭한 정치[善政]로 백성의 기운을 진작시키고, 훌륭한 교육[善敎]으로 백성의 마음을 결속시킨다는 뜻을 겸하여 말하였다.

"백성들이 용맹을 둔다.[有勇]"는 것은 훌륭한 정치에 의함이며, "백성들을 도의로 향할 줄 알게 한다.[知方]"는 것은 훌륭한 교육에 의한 결과이다.

자로의 말에 대해 부자의 비웃음[哂之] 또한 뒷부분에서 증점을 인정한 부자의 '가는 한숨[喟然]'과 대조를 이루고 있다.

子路 率爾而對曰 千乘之國이 攝乎大國之間하야 加之以師旅오 因之以饑饉이어든 由也 爲之면 比及三年하야 可使有勇이오 且知方也케호리이다
夫子 哂之하시다

자로가 경솔히 대답하였다.

"천승의 나라가 큰 나라의 사이에 끼어 있는 데다가 전란이 더하고, 이어서 기근까지 겹칠지라도 제가 이를 다스린다면, 3년이면 백성을 용맹스럽게 만들고, 또 대의로 향하는 바를 알게 하겠습니다."

자로의 말에 부자께서 빙그레 웃으셨다.

강설

부자의 말씀이 끝나기가 무섭게, 그중에 가장 나이가 많았던 자로가 서슴없이 말씀드렸다.

"천승 제후의 나라는 그다지 크지 않은 작은 나라이지만 당면한 정무(政務)가 이미 번거로운 데다가 지리적으로 두 강대국 사이에 묶여있어 하려는 일마다 제재를 받는다는 것은 지리적으로 어려운 처지에 놓인 제후의 나라라고 말할 것입니다.

이와 같은 데다가 또다시 적군의 침략으로 전쟁이 발발하고, 여기에 기근까지 겹쳐 흉년이 든다면 이는 약소국가로서 가장 어려운 시절을 맞이했다고 말할 수 있습니다.

이와 같은 상황에서 제 이름이 사람들에게 알려져 등용된다면, 저는 그처럼 혼란한 곤경 속에서 훌륭한 정치와 훌륭한 교육을 시행할 것입니다.

제가 이처럼 훌륭한 정치와 교육을 베푼 지 3년 정도의 세월에 이른다면, 두 가지의 성취를 이룩해낼 것입니다.

훌륭한 정치를 통하여 이처럼 어려운 나라에 사는 백성들을 용맹스러운 기상을 지니도록 하여, 전투에 나서면 반드시 승리하고 공격하면 반드시 탈환하는 용사(勇士)를 만들어낼 것입니다.

또한 훌륭한 교육을 베풀어 모든 백성이 대의(大義)로 지향할 바를 알게 하여, 윗사람을 사랑하고 어른을 위해 기꺼이 목숨 바치는 의로운 사람을 만들어 의연하고 강성한 천승 국가를 만들 것입니다.

저를 알아주는 사람에 대한 보답을 이처럼 하겠습니다."

자로가 말을 마치자, 부자께서 말없이 미소를 띠며 빙그레 웃으셨다.

集註

率爾는 輕遽之貌오 攝은 管束也라 二千五百人이 爲師오 五百人이 爲旅라 因은 仍也라 穀不熟

曰饑요 菜不熟曰饉이라 方은 向也니 謂向義也라 民向義면 則能親其上하고 死其長矣라 哂은 微笑也라

[훈고] 솔이(率爾)는 경솔하게 서두는 모양이며, 섭(攝)은 묶여있는[管束] 것이다.

2천 5백 인을 사단[師], 5백 인을 여단[旅]이라고 한다.

인(因)은 거듭 이어짐이다. 곡식이 익지 않은 것을 기(饑)라 하고, 채소가 자라지 않은 것을 근(饉)이라고 말한다.

방(方)은 향함이니, 의(義)로 향함을 말한다. 백성이 의로 향하면 윗사람을 사랑하고, 어른을 위하여 목숨을 바치는 것이다.

신(哂)은 빙그레 웃음이다.

[보 補]

『사기(史記)』「중니제자전(仲尼弟子傳)」에 의하면, 자로는 부자보다 9세가, 증점은 20여 세가, 염구는 29세가, 공서적은 42세가 적은 나이이다. 자로는 동석한 여러 제자와 달리 이처럼 현격한 나이 차이가 있는 데다가 이기기 좋아하는[好勝] 바탕으로 자신의 장점을 내세워 서슴없이 앞서 말할만하다.

(5) 구이절지 求爾節旨

염구는 앞서 자로가 공자의 비웃음을 샀던 일로 인하여 한 걸음 뒤로 물러나 소국(小國)으로 자처하여 말하였으나, 실제 그의 재주는 이와 같은 데 지나지 않는다.

여기에서 말한 '내가 정치를 한다면[爲之: 求也爲之]'이라는 것은 백성들을 거느리고[率民], 농사에 힘쓰며[務本], 비용을 절약한다[節用]는 점이 그 가운데에 포괄되어 있다.

"백성들의 살림을 풍족하게 만들겠다.[可使足民]"는 구절에 중점이 있고, 예악미능(禮樂未能) 구절은 부수적으로 한 말이다.

앞 절과 이 절에서 말한 '가사(可使)'는 모두 벼슬에 오른 자가 이렇게 만들겠다는 점을 말한다. 군자(君子: 以俟君子)는 예악을 갖춘 이를 위주로 말하였다.

求아 爾는 何如오

對曰 方六七十과 如五六十에 求也 爲之면 比及三年하야 可使足民이어니와 如其禮樂엔 以俟君子호리이다

"구(염유)야, 너는 어떻게 하겠느냐?"

〈염유가〉 대답하였다.

"지방 60∼70리 또는 50∼60리쯤 되는 나라를 제가 다스린다면, 3년 정도에 이르러 백성을 부유하게 만들 수 있겠지만, 예악의 경우는 군자를 기다리겠습니다."

강설

나이로 보면 증점이 자로의 다음인데, 부자께서 그를 건너뛰어 염구의 뜻이 어떠한가를 묻자, 염구가 대답하였다.

"천승의 국가는 저로서 책임질 수 있는 나라가 아닙니다. 다만 60∼70리 또는 50∼60리쯤 되는 작은 나라에 등용된다면, 저는 한 가지의 일은 할 수 있으나 한 가지는 할 수 없을 것입니다.

그 나라의 백성들을 거느리고서 농사에 힘쓰고 비용을 절약하며 3년 정도의 세월이 흐르노라면 나라가 부유하여 백성의 삶을 풍족하게 만들 수 있을 것입니다. 저의 뜻은 이와 같을 뿐입니다.

그러나 이는 백성의 생활을 부유하게 할 뿐이지, 가르침은 아닙니다. 예로써 백성의 성품을 절제하고, 음악으로 백성들의 감정을 온화하게 하는 교육은 반드시 중화(中和)를 실천한 군자가 있어야 만이 가능한 일이니만큼, 어떻게 제가 감당할 수 있겠습니까? 저를 알아주는 사람에게 이처럼 부응할 것입니다."

集註

求爾何如는 孔子問也니 下放此라

方六七十里는 小國也라 如는 猶或也라 五六十里은 則又小矣라 足은 富足也라

俟君子는 言非己所能이라 冉有謙退하고 又以子路見哂이라 故로 其辭益遜이라

[훈고와 해석] "염구야, 너는 어떻게 하겠느냐?"는 공자의 물음이다. 아래의 문장도 이와 같다.

지방 60∼70리는 작은 나라이다. 만일[如]이란 '어쩌다[或]'라는 말과 같다. 50∼60리는 또 보다 작은 나라이다. 족(足)은 부유하고 풍족함이다.

군자를 기다린다는 것은 자신의 능한 바가 아님을 말한다.

염유는 본디 겸손한 데다가 또한 자로가 비웃음을 당한 까닭에 그의 말이 더욱 겸손한 것이다.

(6) 적이절지 赤爾節旨

공서적은 본래 예악에 뜻이 있었다. 하지만 "군자를 기다리겠다."라는 염구의 말로 인하여 은근히 보다 더 겸손하게 말한 것이다. 이 때문에 "제가 잘한다는 것이 아니라, 배우려고 한다.[非能願學]"라고 말하니, 그 아래의 문장은 곧 배우기를 원하는 부분이다.

하지만 현단복(玄端服)과 예관(禮冠)은 성대한 관복으로, 공서적 본인이 그런 벼슬을 원한다는 말이다.

'소상(小相)'이란 대부의 "뒤를 따른다.[從大夫之後]"는 말처럼 자신을 낮추어 한 말이지, 대상(大

相)과의 대칭으로 쓰인 말은 아니다.

임금을 도와 예를 행한다는 것은 종묘의 제례에 있어서의 의식과 절차를 차례대로 진행하여 임금이 신명을 섬기는 예의를 잃지 않도록 함이며, 회동(會同)의 조례(朝禮)에 있어서 진퇴를 살펴 임금이 천자를 섬기는 예의를 잃지 않도록 함을 말한다. 음악은 예(禮) 가운데에 담겨있다.

赤아 爾는 何如오
對曰 非曰能之라 願學焉하노이다 宗廟之事와 如會同에 端章甫로 願爲小相焉하노이다

"적(공서화)아, 너는 어떻게 하겠느냐?"

〈적이〉 대답하였다.

"능히 잘할 수 있다고 말할 수는 없고, 배우기를 원합니다. 종묘의 일, 또는 회동이 있을 적에 현단복에 예관을 갖추고서 조금이나마 돕기를 원합니다."

강설

부자께서 또다시 공서적의 뜻이 어떠한가를 묻자, 공서적이 대답하였다.

"예악이란 군자의 일이니, 제가 감히 잘한다고 말할 수 없습니다. 이를 배우고자 원할 뿐입니다. 종묘에서 선조에게 제향을 올리고, 회동하는 일로 천자를 알현하는 것은 모두 예악이 갖춰있는 것으로 그를 도와줄 사람을 필요로 합니다. 그럴 적에 저는 현단복을 입고 장보(章甫)의 예관을 쓰고서 곁에서 돕는 관리가 되어 임금을 도와 종묘에서 제례를 거행하고 회동에서 조회의 예를 돕고자 합니다. 이로써 제가 배우고자 하는 뜻을 이루고자 합니다. 저를 알아준 데 대한 부응을 이로써 할 것입니다."

集註

公西華는 志於禮樂之事나 嫌以君子自居라 故로 將言己志而先爲遜辭하야 言未能而願學也라 宗廟之事는 謂祭祀라 諸侯時見曰會오 衆覜曰同이라 端은 玄端服이오 章甫는 禮冠이라 相은 贊君之禮者니 言小는 亦謙辭라

[해석] 공서화는 예악에 뜻을 두었으나, 군자를 자처하는 것으로 비칠까 혐의를 둔 까닭에 장차 자기 뜻을 말하기에 앞서 겸손한 말씨로 "능하지 못하므로 배우기를 원한다."고 말하였다.

[훈고] 종묘의 일이란 제사를 말한다.

제후가 때로 천자를 찾아뵙는 것을 회(會), 많은 제후가 함께 찾아뵙는 것을 동(同)이라고 한다.

단(端)은 현단복이며, 장보(章甫)는 예관(禮冠)이다.

상(相)은 임금의 예를 돕는 자인데, 소(小)라고 말한 것은 또한 겸손한 말이다.

(7) 점이절지 點爾節旨

고슬희(鼓瑟希)는 비파 소리가 사라져가는 것을 말함이 아니라, 두드리던 가락을 차츰차츰 줄여가면서 손을 멈춘다는 뜻이다.

갱이(鏗爾)는 아래 구절과 연결된 것으로, 이는 손으로 비파를 밀쳐놓고서 일어설 적에 비파가 방바닥에 닿으면서 쟁그랑거리는 여운의 소리가 울려 나온 것이다.

모춘(暮春) 구절로부터 영이귀(詠而歸) 구절까지는 이런 계절에 이런 사람들과 그 즐거움을 함께 누리겠다는 뜻을 말한다. 증점은 늦봄을 고의로 선택한 것이 아니다. 추측하여 보면, 그 당시 늦봄이었기에 그저 입에서 나온 대로 말한 것이다. 여기에서 말한 봄옷[春服]은 홑옷을 입은 이도 있고 겹옷을 골라 입을 정도의 날씨를 말하고, 기수(沂水)에 온천이 있어 봄날 목욕할 수 있었던 것으로 여겨진다. 여기에서 말한 목욕은 옷을 벗고서 몸을 씻은 게 아니라, 손발을 씻는 정도를 말한다.

앞서 말한 그들의 뜻을 모두 배제한 채, 자신의 소견을 말하였기에 그 어떤 일도, 어떠한 행위도 없는 것처럼 보이지만, 오히려 그 어떤 일과 행위를 이룩할 수 있는 공업이다. 이른바 '큰 근본[大本]'이요, '충성'이요, '한결같은 마음'이 바로 이것이다.

증점의 견해를 확충해 나아가면, "노인을 편안히 하고, 벗들에게 믿음이 있으며, 어린아이를 품어준다."라는 부자의 뜻과 일치되는 부분이다. 그러나 증점은 이러한 점을 보는 데 그쳤을 뿐이며, 부자는 이러한 일들을 몸소 행한 것이다.

가는 한숨을 내쉬면서 그를 인정한 것은 비파 켜기를 서서히 멈추어가는 것과 연결된 것으로, 또한 절박하지 않고 자연스러운[從容不迫] 뜻이 포함되어 있다. 자로의 경솔한 점을 비웃었던 일을 살펴보면 이러한 점을 엿볼 수 있다.

點아 爾는 何如오
鼓瑟希러니 鏗爾舍瑟而作하야 對曰 異乎三子者之撰(선)호이다
子曰 何傷乎리오 亦各言其志也니라
曰 莫(暮)春者에 春服이 旣成이어든 冠者五六人과 童子六七人으로 浴乎沂하야 風乎舞雩하야 詠而歸호리이다
夫子 喟然嘆曰 吾與點也하노라

"점(증석)아, 너는 어떻게 하겠느냐?"
〈당시 증점은〉 비파를 켜다가 서서히 손을 멈추고, 쟁그랑 비파를 놓아두고 일어나 대답하였다.
"세 사람이 지닌 바와는 다릅니다."
부자께서 말씀하셨다.

"무슨 상관이 있겠는가? 또한 각기 그들의 뜻을 말한 것이다."

〈증점이〉 말하였다.

"늦봄에 봄옷을 입을 만하면 관을 쓴 자 5~6인과 어린아이 6~7인으로 기수에서 목욕하고 무우에서 바람 쐬고서 시를 읊으며 돌아오겠습니다."

부자께서 가는 한숨을 내쉬며 탄식하셨다.

"나는 증점을 인정[與: 許與]하겠다."

강설

부자께서 또다시 증점에게 너의 뜻이 어떠한가를 묻자, 증점은 그 당시 여러 사람이 말하는 곁에서 비파를 켜다가 부자의 질문을 받고서 켜던 비파를 서서히 멈추면서, 무릎 위에 놓였던 비파를 손으로 내려놓으니 비파의 여운이 잔잔히 울려왔다.

이에 비파를 방바닥에 내려놓고서 일어나 태연스럽게 대답하였다.

"세 사람은 모두 세상에 등용되려는 포부가 있으나, 저의 뜻은 세 사람이 평소 지닌 것과는 다릅니다."

부자께서 그를 달래며 말씀하셨다.

"비록 세 사람이 품은 뜻과 다를지라도, 무슨 상관이 있겠는가? 사람에게는 각자의 생각이 있으므로 또한 제각기 품은 뜻을 말하면 되는 것이다."

이에 증점이 대답하였다.

"이와 같은 봄날에 봄옷을 갈아입을 적이면 갓을 쓴 어른 5~6인과 어린아이 6~7인과 함께 기수의 온천에서 손발을 씻고, 무우의 높다란 제단이 있는, 나무숲 샛길을 걸으면서 화창한 봄바람을 맞이하여 모두 함께 기쁜 마음으로 시를 읊으며 돌아오는 것이 저의 뜻입니다."

증점의 말은 그가 현재 처해 있는 지위에서 그의 즐거움이 제 한 몸에 그치는 것처럼 보이나, 그의 마음으로 논하면 참으로 하늘과 땅이 만물을 낳아주는 성대한 마음이며, 성인이 계절에 맞추어 만물을 길러주는 일이다. 어찌 피아(彼我)와 주관 객관의 차이가 있을 수 있겠는가.

부자는 한숨을 내쉬면서 탄식하셨다.

"그래! 증점의 말이 맞다. 나는 증점이 말한 뜻을 그렇다고 인정하겠다."

集註

四子侍坐에 以齒爲序면 則點當次對로되 以方鼓瑟이라 故로 孔子先問求赤而後及點也라

希는 間歇也요 作은 起也요 撰은 具也요 莫春은 和煦之時요 春服은 單袷之衣라 浴은 盥濯也니 今上巳祓除 是也라

沂는 水名이니 在魯城南이라 地志以爲有溫泉焉이라하니 理或然也라 風은 乘凉也라 舞雩는 祭天禱雨之處니 有壇墠樹木也라 詠은 歌也라

曾點之學이 蓋有以見夫人欲盡處에 天理流行하야 隨處充滿하야 無少欠闕이라 故로 其動靜之際에 從容如此하고 而其言志則又不過卽其所居之位하야 樂其日用之常이오 初無舍己爲人之意하야 而其胸次悠然하야 直與天地萬物로 上下同流하야 各得其所之妙 隱然自見(현)於言外하니 視三子規規於事爲之末者면 其氣象不侔矣라 故로 夫子歎息而深許之하시고 而門人記其本末에 獨加詳焉은 蓋亦有以識此矣라

[해석] 네 사람이 부자를 모시고 앉은 자리에 나이순으로 말하면 증점이 두 번째로 대답해야 했지만, 바야흐로 비파를 켜고 있었던 까닭에 공자는 먼저 염구와 공서적에게 묻고서 그 뒤 증점에게 이른 것이다.

[훈고] 희(希)는 서서히 손을 멈춤이며, 작(作)은 일어남이며, 선(撰)은 〈평소〉 지녀온 것[爲政之具]이다.

모춘(莫春)은 온화하고 따뜻한 계절이다. 봄옷이란 홑옷[單袷]과 겹옷[袷袷]이다.

욕(浴)은 손발을 씻음이니, 지금 상사(上巳: 3월 3일)의 불제(祓除)가 이것이다.[14] 기(沂)는 물 이름이니, 노나라의 성 남쪽에 있다. 「지리지」에 의하면, 그곳에 온천이 있다고 하니, 〈물이 따뜻한 까닭에 봄날에도〉 혹 목욕을 했을 법하다.

풍(風)은 시원한 바람을 쐬는 것이다. 무우(舞雩)는 하늘에 제사를 올리면서 비가 내리기를 비는 곳이니, 높다란 제단에 나무숲이 있다. 영(詠)은 노래함이다.

[의론] 증점의 학문은 인욕이 다한 곳에 천리가 유행하여 어느 곳에서나 충만하여 조금도 부족함이 없음을 보았다. 이 때문에 그 동정의 즈음에 이처럼 자연스러웠으며, 그 뜻을 말함에 있어서도 또한 그가 현재 처한 자리에서 일상생활의 떳떳함을 즐기는 데에서 벗어나지 않았고, 애당초 자기의 도리를 버리고 남들에게서 얻어지는 것을 위하려는 생각이 없으므로 그 가슴이 드넓어 곧 천지 만물과 상하로 함께 유행하면서 각각 제자리를 얻은 오묘함이 보이지 않게 저절로 말 밖으로 나타난 것이다.

세 사람이 정사 따위[事爲]의 지엽적인 일에 구구히 얽매이는 것과 비교해 보면 그 기상이 같지 않다. 이 때문에 부자는 탄식하며 깊이 허여한 것인데, 문인이 그 전말[本末]을 기록하면서 유독 증점의 일에 더욱 자세히 쓴 것은 그들 또한 이(증점의 학문)를 알았기 때문이다.

---

14 상사(上巳) : 한대(漢代) 이전에는 음력 3월 상순의 사일(巳日)을 상사(上巳)라 하였는데, 위진(魏晉) 이후에는 3월 3일로 고정하였다. 3월 상사일에 관민이 모두 동쪽으로 흐르는 시냇물 위에서 몸을 깨끗이 씻는 것을 '묵은 때와 질병을 씻어 없애는 것을 대결[大絜]이라 하였다.(『後漢書』「禮儀志 上」. "是月上巳, 官民皆絜於東流水上, 曰洗濯祓除去宿垢痰爲大絜.") "결(絜)이란 양기가 펼쳐짐에 만물이 모두 나와 처음으로 씻는다. 계(禊)란 결(絜)이니 스스로 깨끗이 씻음을 말한다.[絜者, 言陽氣布暢, 萬物訖出, 始絜之矣. 禊者, 絜也, 言自絜濯也.]"(『文獻通考』권88)

[보 補]

증점은 뜻이 큰 광자(狂者)이다. "늦봄에 봄옷을 입을 만하면 …기수에서 목욕하고 무우에서 바람 쐬고서 시를 읊으며 돌아오겠다."는 것은 뜻이 큰 증점에게 있어 생활의 한 단면이다. 이러한 면모를 이해하기 위해서는 그의 학문을 3단계로 나누어 분석하면 더욱 쉽게 그의 경지를 알 수 있다.

첫째는 그의 흉금(胸襟)이다. 그런 생활의 면모가 나올 수 있는 내면의 근저이다. 그것은 집주에서 말한 바와 같이 "인욕이 다한 곳에 천리가 유행하는" 그의 마음이다. 가슴에 한 점의 티가 없이 해맑아서 본성의 진리를 다하고 그 뜻이 고차원의 세계에 있다〔胸次洒脫 志趣超遠〕는 마음의 근본자리이다.

둘째는 이런 마음에 의해 나타나는 생활 양상이다. 이는 증점이 말한 부분으로, "그가 현재 처한 자리에서 일상생활의 떳떳함을 즐기는 데에서 벗어나지 않은 것이다." 부귀를 뜬구름처럼 생각하고 이처럼 화창한 봄날, 탁 트인 가슴으로 봄바람에 묘관(妙觀)의 진취(眞趣)를 느끼노라면 그의 가슴속에 이렇게 말할 것이다.

"남들이 나를 알아주든 모르든 나에게 무슨 상관이 있겠는가. 나에게 아름다운 계절이 있고, 나에게 아름다운 땅이 있고, 나에게 아름다운 이들이 있고, 나에게 아름다운 즐거움이 있다."

이처럼 증점의 생활은 "애당초 자기의 도리를 버리고 남들에게서 얻어지는 것을 위하려는 생각이 없었다."

셋째는 그런 마음과 생활에서 나타난 고매한 경지이다. "정사 따위의 지엽적인 일에 구구히 얽매임"이 없는 그 무사욕(無私欲)은 이욕(利欲)의 폐해를 벗어나 도의 경지에 나갈 수 있음이 분명하다. 이 때문에 "그의 가슴이 드넓어 곧 천지 만물과 상하로 하나"가 되는 것이다. 진리의 근본 마음이 일상의 생활에 진리로 충만하여 대우주의 자연과 소우주의 개체가 둘이 아닌 경지에 선 것이다.

이로 보면 증점의 학문은 욕심 없는 고요한 마음에서 사람들의 동요하는 고뇌를 관망하고, 한가로운 삶 속에서 허덕이는 사람들의 분주한 모습을 내려다보면서 세속을 초탈한 기상을 지니고 있다. 마치 저 하늘 높이 날아가는 봉황과도 같다. 이러한 증점의 경지는 부자만이 이해할 뿐, 그 여타의 제자는 증점의 세계를 간파했다고 말하기 어렵다. 이 때문에 부자는 그를 인정하고 칭찬한 것이다.

(8) 삼자절지 三子節旨

세 사람이 모두 물러나자, 증석은 부자께서 유독 자신만을 허여하고, 자로에 대해서는 비웃었고, 또 염구와 공서적에 대해 아무런 말이 없었던 까닭에 뒤처져 머물면서 이를 물은 것이다. 여기에서 말한 "각기 그들의 뜻을 말하였다.〔各言其志〕"는 부자의 말은 앞에서 한 말과는 다르다.

앞에서는 '각(各)'자에 중점을 둔 것으로, 그들이 각기 생각한 바가 다르다고 할지라도 나쁠 게 없음을 나타낸 것임에 반하여 여기서는 '지(志)'자에 중점을 둔 것으로, 실상이 없는 빈말이 아니라, 분명하게 그들이 지닌 뜻을 모두 인정하였음을 나타낸 것이다.

三子者 出커늘 曾皙이 後러니
曾皙이 曰 夫三子者之言이 何如하니잇고
子曰 亦各言其志也已矣니라

> 세 사람이 나가자, 증석이 뒤처져 있다가 증석이 물었다.
> "세 사람의 말이 어떠합니까?"
> 부자께서 말씀하셨다.
> "또한 각기 그들의 뜻을 말했을 뿐이다."

강설

세 사람이 이미 나가고, 증석만 홀로 뒤에 남아있었다. 그 의중은 여쭤봐야 할 일이 있어서였다. 이에 부자에게 여쭈었다.
"세 사람이 말한바 그 득실은 과연 어떻습니까?"
부자께서 대답하셨다.
"세 사람의 말은, 혹 나라의 부강 또는 예악으로 하고자 한 일은 달랐지만, 제각기 그들의 마음가짐을 말했을 뿐이다."

(9) 하신절지 何哂節旨

부자께서 자로를 비웃은 부분을 증석이 이해하지 못하였다. 이의 물음은 곧 앞의 "각기 제 뜻을 말한 것인데" 왜 유독 자로에게만 그랬는지를 인식하지 못한 데에서 나온 것이다.

曰 夫子 何哂由也시니잇고

> 〈증석이 다시〉 물었다.
> "부자께서 어찌하여 유(자로)의 말에 빙그레 웃으셨습니까?"

강설

증점이 또다시 그의 의문점을 여쭈었다.
"세 사람이 제각기 그들의 품은 뜻을 말한 것이라면, 부자께서 어찌하여 유독 중유에게 미소를 지으셨습니까?"

集註

點以子路之志ᄂ乃所優爲而夫子哂之ᆯᅡ 故ᄅ 請其說이라

증점은, 자로가 말한 뜻은 넉넉히 행할 수 있는 일로 생각되는데, 부자께서 빙그레 웃으셨기에 그에 관한 설명을 청한 것이다.

(10) 위국절지 爲國節旨

"예로써 나라를 다스린다.[爲國以禮]"는 것은 예와 사양으로 나라를 다스리는 것이다. '예(禮)'자에 사양讓의 뜻이 포함되어 있다. 요컨대 자로가 자신의 재예(才藝)를 자랑하고 지혜와 용맹으로 제 마음대로 하려는 것에 대비하여 살펴보면, 정사를 베푸는 측면에서 사양의 의미는 광범위하다. "그의 말이 겸손하지 않다."는 것은 단 자로의 말로 살펴보면, 자로의 말이 겸손하지 않음이란 나라를 다스리는 예를 깨닫지 못했기 때문이다. 하지만 그의 말이 겸손하지 않다는 뜻을 이해하기 쉽지 않다. 너무나 느슨하게 말하면 부자의 의중이 밝혀지지 못하고, 부자의 생각이 너무 드러내면 증석은 굳이 다시 묻지 않았을 것이다.

曰 爲國以禮어ᄂᆯ 其言이 不讓이라 是故ᄅ 哂之호라

〈부자께서〉 말씀하셨다.
"나라를 다스림은 예로써 하는데 그의 말이 겸손하지 않은 까닭에 웃은 것이다."

강설

부자께서 말씀하셨다.
"나라를 다스리는 도는 예를 통하여 위아래 사람의 분수를 분별하여 백성의 마음이 도리에서 벗어나지 않도록 하는 것이다.

그러니만큼 반드시 겸양의 예로써 다스려야 한다. 오늘날 중유가 자기의 포부를 말할 적에 전혀 겸손과 사양의 마음이 없었다. 이는 나라를 예양(禮讓)으로 다스려야 함을 알지 못한 것이다. 이 때문에 그의 말을 듣고서 웃은 것이다."

集註

夫子蓋許其能이오 特哂其不遜이라

[해석] 부자는 중유의 능한 바는 허여하면서도 오직 그의 겸손하지 못함을 웃은 것이다.

(11) 유구절지 唯求節旨

증점은, 부자가 중유를 비웃음은 그가 겸양하지 않고 나라를 다스리고자 한 때문이며, 자신을 허여함은 겸양하여 나라를 다스리지 않으려 한 때문임을 알았다. 그렇다면 자로에게 있어서 나라를 다스리고자 하는 뜻으로써 비웃음을 받았는데, 염구와 공서적은 무슨 이유로 비웃음을 사지 않은 것일까? 이는 자로를 비웃는 뜻을 알지 못하면 자신을 허여한 뜻 또한 끝내 알 수 없기 때문이다. 이런 이유에서 반드시 하나의 결론으로 그것이 그 무슨 뜻인가를 찾아내려고 힘쓴 것이다.

그러나 모두 나라를 다스림은 예로써 해야 한다는 뜻에서 벗어나지 않음을 알아야 한다. 이 절의 '안견' 이하[安見…非邦也者] 15글자는 하나의 구두로 삼아야 한다. 부자께서 염구에 대해 답할 적에도 "나라를 다스리는 일이다."라고만 대답하시고, 염구가 예양을 갖추었다는 것은 아울러 말하지 않았기에 아래 절에서 또다시 공서적에 대해 물은 것이다.

唯求則非邦也與잇가
安見方六七十과 如五六十而非邦也者리오

"염구는 나라를 다스림이 아닙니까?"
"어찌 지방 6~70리, 또는 5~60리라고 해서 나라가 아니겠는가?"

강설

부자께서 중유를 비웃음은 그가 사양하지 않음을 비웃은 것이지, 나라를 다스리는 그 자체를 비웃음은 아니다. 증점은 이점을 알지 못하고서 염구에 대해 웃지 않음을 의심하여 이에 은근히 물었다.
"염구가 말한 뜻은 백성을 부유하게 하는 데 있으니, 나라를 다스리는 일이 아닙니까?"
부자께서 말씀하셨다.
"선왕이 나라를 세울 적에 크고 작은 차이가 있지만, 나라를 다스림에 있어서는 매 한 가지이다. 어찌 사방 6~70리와 5~60리라는 작은 나라라 하여 선왕이 봉하여준 나라가 아니라고 볼 수 있겠는가. 염구가 말한 바 또한 나라를 다스리는 일이다."

集註

曾點以冉求亦欲爲國이로되 而不見哂이라 故로 微問之어늘 而夫子之答에 無貶詞하니 蓋亦許之라

[해석] 증점은, 염구 또한 나라를 다스리고자 하였으나 웃음을 사지 않는 까닭에 은근히 물었으나, 부자의 대답에 깎아내리는 말이 없으니 또한 그를 허여함이다.

(12) 유적절지 唯赤節旨

종묘(宗廟) 2자는 공서적이 하려는 일을 말한 것이고, 적야 2구[赤也爲之小, 孰能爲之大]는 그의 뜻을 밝히기 위해 소대(小大) 2자를 말한 것이다. 이는 "조금 도왔으면 한다."는 소상(小相) 2자를

예양(禮讓)으로 인식한 것이 분명하기에 증점이 이에 의심이 풀리게 된 것이다.

대소(大小)는 예악의 우열로 말한 것이지, 돕는 데에 크고 작음이 있다는 말은 아니다. 세 사람이 나라를 다스림 또한 제후를 보좌하고 지위를 얻어 자유롭게 다스리는 데에 있을 뿐이다.

唯赤則非邦也與잇가
宗廟會同이 非諸侯而何오 赤也 爲之小면 孰能爲之大리오

"공서적은 나라의 일이 아닙니까?"

"종묘와 회동이 제후의 일이 아니고 무엇이겠는가? 공서적의 일이 작다면 무엇을 크다고 하겠는가?"

강설

증점이 오히려 이를 알지 못하고서 또한 공서적에 대해 웃지 않은 것을 의심하여 은근히 물었다.

"공서적이 소상(小相)이 되기 원함은 나라를 다스리는 일이 아닙니까?"

부자께서 답하셨다.

"종묘에서 선조를 섬기고 회동에서 임금을 섬기는 것은 국가를 소유한 제후의 일이 아니고 무엇이겠는가.

공서적의 재주로 소상이 되는 것을 원하니, 어느 누가 그보다 큰일을 할 수 있겠는가. 공서적이 맡은바 또한 나라를 다스리는 일이다."

부자께서 염구와 공서적을 허락한 것을 보면 중유에게 빙그레 웃었던 것은, 나라를 다스린다는 그 자체를 비웃은 것이 아니라, 말을 사양하지 않음에 있었던 것이니만큼 더는 그 무엇을 의심하겠는가. 증점 또한 의심이 풀렸을 것이다.

요컨대 처음 증점과 함께 한다는 것은 세 사람 제자의 포부를 드넓게 하고자 함이며, 마침내 세 사람을 모두 허락한 것은 증점에게 그들의 재능을 증명해준 것이다. 성인이 인재를 성취시키려는 뜻이 깊고도 깊다.

集註

此亦曾晳問而夫子答也라 孰能爲之大는 言無能出其右者니 亦許之之詞라

○ 程子曰 古之學者는 優柔厭飫하야 有先後之序하니 如子路冉有公西赤이 言志如此하고 夫子許之 亦以此니 自是實事어늘 後之學者는 好高하야 如人游心千里之外나 然이나 自身은 却只在此니라

又曰 孔子與點은 蓋與聖人之志同이니 便是堯舜氣象也라 誠異三子者之撰이오 特行有不掩焉耳니 此所謂狂也라 子路等은 所見者小니라 子路只爲不達爲國以禮道理라 是以哂之하시니

若達이면 却便是這氣象也니라

又曰 三子는 皆欲得國而治之라 故로 夫子不取하시고 曾點은 狂者也니 未必能爲聖人之事로되 而能知夫子之志라 故로 曰浴乎沂하야 風乎舞雩하야 詠而歸라하니 言樂而得其所也라 孔子之 志는 在於老者安之하고 朋友信之하고 少者懷之하야 使萬物莫不遂其性하시니 曾點知之라 故로 孔子喟然嘆曰 吾與點也라하니라

又曰 曾點漆雕開는 已見大意니라

[해석] 이 또한 증석의 물음에 부자가 답하였다.

숙능위지대(孰能爲之大)란 그보다 더 앞설 게 없음을 말하니 또한 그를 허여하는 말이다.

○ 정자(伊川)가 말씀하였다.

"예전의 학자는 넉넉하고 만족스럽게 선후의 차서가 있었다. 자로·염유·공서적이 뜻을 말함이 이와 같고, 부자께서 이를 허락하니, 이 또한 하나의 실제로 할 수 있는 일들이었다. 하지만 후세의 학자들은 고원(高遠)한 것을 좋아하여, 마음이야 천리 밖 멀리 노닐고 있으나 그의 몸은 곧 여기에 있는 것과 같다."

정자(明道)가 또 말씀하였다.

"부자께서 증점을 허여함은 부자의 뜻과 같기 때문이니, 곧 요순의 기상이다. 참으로 세 사람이 지닌 것과는 다르다. 유독 증점의 행실이 이를 가리지 못하였기에 그를 이른바 '뜻이 큰 사람[狂者]'이라고 한다. 자로 등의 견해는 작은 것이다. 자로는 나라를 다스림은 예로써 다스린다는 것을 몰랐기에 부자께서 웃은 것이다. 만일 자로가 이를 알았다면 곧 그도 이런 기상이었을 것이다."

정자(伊川)가 또 말씀하였다.

"세 사람은 모두 나라를 얻어 다스리고자 한 까닭에 부자께서 취하지 않았다. 증점은 뜻이 큰 사람[狂者]이다. 반드시 성인의 일을 할 수 있다고 말할 수야 없지만, 부자의 뜻만큼은 알 수 있었던 까닭에 '기수에서 목욕하고 무우에서 바람을 쐰 후, 시를 읊고 돌아온다.'고 말하니, 이는 도를 즐기면서 제자리를 얻은 것이다. 공자의 뜻은 '늙은이를 편안히 하고, 벗을 미덥게 하고, 젊은이를 품어주어'(「公冶章」 제25장) 모든 이들이 그 성품을 이루지 않는 게 없다. 증점이 이를 알고 있는 까닭에 공자는 가는 한숨을 내쉬며 탄식하면서 '나는 증점과 함께하겠다.'라고 말하였다."

정자(明道)가 또 말씀하였다.

"증점과 칠조개는 이미 큰 뜻을 보았다."

제12 안연 顔淵 第十二

凡二十四章이라

모두 24장이다.

1. 안연장지 顔淵章旨

이 장에서는 부자께서 마음의 본체를 가리켜 인(仁)을 논한 것으로 극기복례 구절에 중점을 두고 있다. 극기복례는 예가 아니면 보거나 듣거나 말하거나 행동하지 않는 데에 있을 뿐이다.

앞의 절[克己…由人乎哉]에서는 극기복례의 강령을,

뒤의 비례물시 이하[非禮勿視…非禮勿動]에서는 그 조목을 말하고 있다.

"안연이 그처럼 노력하겠다.[顔子請事]"는 것은 강령[克己復禮]과 조목[四勿]을 모두 들어 말하였다.

(1) 안연절지 顔淵節旨

극기복례위인(克己復禮爲仁) 구절은 인을 행하는 공부요,

일일 이하[一日…歸仁焉] 2구는 인을 행한 데에서 얻어진 공효이며,

위인 이하[爲仁…人乎哉] 2구는 인을 행할 수 있는 관건의 소재에 대해 말하였다.

극기(克己)는 사욕을 극복하는 데에 노력하여 말끔히 소탕하는 공부로서 오히려 거친 면이 있지만, 복례(復禮)는 예의 규범이라는 준승(準繩: 準則)에 넣어 점검하면서 반드시 천리와 부합되도록 하는 것이니만큼, 그것은 세밀한 공부이다. 이 때문에 극기를 한 후에 다시 복례의 공부를 해야 한다.

극기복례'위'인(克己復禮'爲'仁)의 위(爲)자는 '위지(謂之: 謂之仁)'라는 말과 유사하다. 극기복례를 하면 이를 곧 인이라고 말할 수 있다는 뜻이다. 행동규범으로서의 예(禮)는 곧 내면의 인이 외적으로 구현되는 것이기에, 예와 인은 두 가지가 아니다. 마음에 인의 뿌리가 깊이 존재하여 몸으로 천리를 행동하면 예(禮)라는 꽃이 피어나는 것이다.

끊임없는 극기복례의 공부를 쌓아가는 어느 날, 극기복례가 이뤄지면 설령 노력하는 일이 없어도 모든 일이 모두 인(仁)이며, 설령 어느 한 사람이 보지 않아도 천하 사람들이 나의 인을 칭찬하며 돌아오게 된다.

극기(克己)의 기(己)자는 사욕(私欲)을 말한 것으로, 예와 대칭의 관계에서 말한 것임에 반하여, 유기(由己)의 기(己)자는 자기 자신을 말한 것인바, 타인을 뜻하는 인(人)자의 대칭으로 말하였다. 나의 사욕을 극복하여 나의 천리(天理: 禮)로 회복하는 일은 나의 몸에 있지 않다면 다시 그 누구에게 있겠는가.

주자가 말씀하였다.

"극(克)자의 의미는 마치 고립된 병사가 강한 적을 돌파하고자 모든 힘을 다하여 목숨 바쳐 돌진하는 것과 같다."

顔淵이 問仁한대

子曰 克己復禮 爲仁이니 一日克己復禮면 天下 歸仁焉하나니 爲仁이 由己니 而由人乎哉아

안연이 인을 물으니, 부자께서 말씀하셨다.

"몸의 사욕을 이기어 천리의 예로 돌아가는 것을 인이라고 말한다. 어느 날 몸의 사욕을 이겨서 천리의 예로 돌아가면 천하의 사람들이 나의 인을 일컫고 허여할 것이다. 인을 행함은 나의 몸에 있는 것이지, 어찌 남에게 있겠는가."

> **강설**

안연이 박문약례(博文約禮)의 공부에 앞서 인을 행하는 도를 여쭈자, 부자께서 마음의 본체를 보존하는 것이 인임을 말씀하셨다.

"인이란 본심의 천리이며, 천리 당연의 준칙, 즉 절문(節文)을 '예'라 말하고, 인심 사욕의 누를 기(己)라 말한다. 그러나 천리의 본심과 천리의 절문이 인심 사욕에 의해 무너지지 않을 수 없다. 그러므로 반드시 한 몸의 사욕을 말끔히 없애어 모든 일이 다 천리의 절문에 부합되어 예의 본체를 회복하면 사욕을 버리고 천리를 온전히 얻어 이를 인이라고 말한다.

인이란 모든 사람의 마음에 다 함께 간직하고 있는 천리이다. 극기복례의 끊임없는 노력이 쌓여가는 어느 날, 활연관통의 오도(悟道) 경지에 이른 것처럼 자신의 사욕이 극복되고 예에 회복되면 이 세상 모든 일이 나의 인이어서, 천하 사람들이 모두 나의 인과 함께하고 나의 인을 칭찬하고 나의 인으로 돌아올 것이다. 이는 다 함께 간직한 본심의 인이기에 그 공효가 이처럼 매우 빠르며 지극히 큰 것이다.

그러나 인을 행하는 관건은 모두 자기 자신에게서 비롯된다. 인이란 나의 마음에 지닌 것이기에 나 자신이 스스로 행하여야 할 자신의 의무에 있다. 이 때문에 요순을 부모로 삼아도 그 자식의 인을 대신해 줄 수 없기에 요순의 아들은 불초했고, 아무리 흉악한 부모의 슬하에서도 성현이 태어날 수 있는 것 또한 나의 본성을 나 자신이 다한 데에 있기 때문이다. 따라서 한 몸의 사욕을 이기고 천리의 예에 회복하는 것이 남들과 무슨 상관이 있겠는가. 이는 그 관건 또한 나에게 있기

에 어려운 일이 아니다. 인의 지대한 효과를 살펴 그 할 것인가 말 것인가를 결정함은 바로 너 자신에 있는 것으로 스스로 힘써야 한다."

集註

仁者는 本心之全德이라 克은 勝也오 己는 謂身之私欲也며 復은 反也오 禮者는 天理之節文也라 爲仁者는 所以全其心之德也라

蓋心之全德이 莫非天理나 而亦不能不壞於人欲이라 故로 爲仁者 必有以勝私欲而復於禮면 則事皆天理하야 而本心之德이 復全於我矣라

歸는 猶與也라 又言一日克己復禮면 則天下之人 皆與其仁이니 極言其效之甚速而至大也라

又言爲仁由己而非他人所能預니 又見其機之在我而無難也라 日日克之하야 不以爲難이면 則 私欲淨盡하고 天理流行하야 而仁不可勝用矣라

程子曰 非禮處는 便是私意니 旣是私意면 如何得仁이리오 須是克盡己私하야 皆歸於禮라야 方 始是仁이니라

又曰 克己復禮면 則事事皆仁이라 故로 曰天下歸仁이라하니라

謝氏曰 克己는 須從性偏難克處克將去니라

[훈고] 인(仁)이란 본마음의 온전한 덕이며, 극(克)은 이김이며, 기(己)는 일신의 사사로운 욕심이며, 복(復)은 되돌아옴이며, 예(禮)는 천리의 절문(節文)이다. 위인(爲仁)은 그 마음의 덕을 온전히 함이다.

[해석] 마음의 온전한 덕은 모두가 천리 아닌 게 없다. 그러나 또한 인욕에 의해 무너지지 않음이 없다. 그러므로 인을 행하는 자가 반드시 사욕을 이기고 예로 돌아가면, 곧 일마다 모두 천리로서 본심의 덕이 다시 나에게 온전하게 될 것이다.

[훈고] 귀(歸)는 허여(許與)와 같은 뜻이다.

[해석] 또한 어느 날 몸을 이기고 예로 돌아가면 천하 사람이 모두 그 인을 허여할 것이다. 이는 지극히 그 효용이 매우 빠르고 지대함을 말한다.
   또한 인을 행함은 자신으로 말미암는 것이지 다른 사람이 관여할 바 아니니, 또한 그 기틀이 나에게 있으므로 어려움이 없음을 볼 수 있다. 날마다 이겨나가면서 어렵게 생각지 않으면 사욕이 말끔히 다하고 천리가 유행하여 인을 이루 다 쓰지 못할 것이다.

[의론] 정자(伊川)가 말씀하였다.
   "예가 아닌 곳은 곧 사사로운 마음이다. 이미 사사로운 마음이라면 어떻게 인이라 하겠는

가. 반드시 일신의 사욕을 이기고 모두 예로 돌아가야만 비로소 이것이 인이다."

정자[伊川]가 또 말씀하였다.

"몸을 이겨 예로 돌아가면 곧 모든 일이 모두 인이므로 '천하귀인(天下歸仁)'이라 말한 것이다."

사씨[謝良佐]가 말하였다.

"극기는 반드시 성품이 편벽된, 극복하기 어려운 곳에서부터 이겨나가야 한다."

[보 補]

천하귀인(天下歸仁)의 귀(歸)는 2가지 의의로 말하였다. 이천은 자신의 입장에서 "이 세상의 모든 일이 다 인으로 귀결된다[事事皆仁 故曰天下歸仁]"는 뜻으로 말하였고, 주자는 타인의 입장에서 "이 세상 모든 사람이 그의 인을 허여하고 찬탄한다[天下之人 皆與其仁]"는 뜻으로 정리하였다.

(2) 청문절지 請問節旨

안연이 극복해야 할 사욕은 비교적 미세한 부분이기에, 하나의 비례(非禮)를 들어 말해준 것이다.

이의 핵심 요체는 4개의 물(勿)자에 있다. '하지 말아야 한다'는 물(勿)자는 곧 극복[克]의 공부처이다. 보거나 듣지 말라[勿視聽]는 것은 외부로부터 침투한 내면의 동요를 막고자 함이며, 말하거나 움직이지 말라[勿言動]는 것은 내면으로부터 표출되어 바깥으로 접촉하는 일을 삼가는 것이다.

비례(非禮)란 단순히 사색(邪色)이나 음성(淫聲) 등에 그치는 것이 아니다. 조금이라도 천리를 따르지 않는다면 그것은 곧 인욕으로, 반드시 극복해야 할 대상이다.

안연은 큰 역량을 지닌 인물이기에 그에게 말끔히 인욕을 없애어 단절하도록 경계한 것이다. 큰 역량이란 두 가지, 즉 집주에서 말한 '지명(至明)'과 '지건(至健)'이다. 안연은 이 두 가지의 역량을 지닌 자이다.

'지명(至明)'이란 인식[知]에 관계되는 것으로 예가 아닌 것[非禮]을 정밀하게 성찰함이며, '지건(至健)'이란 실천[行]에 관계되는 것으로 그런 것을 하지 말라[勿]는 역행(力行)의 공부이다. 바꿔말하면, 이는 『서경』「대우모(大禹謨)」에서 말한 유정유일(惟精惟一: 精은 知, 一은 行)의 뜻이며, 청사사언(請事斯言)은 "안연에게 말해주면 게으름이 없이 행한다.[語之而不惰者 其回也與]"(「子罕」제19장)는 것이 바로 이것이다.

정자[伊川]가 말씀하였다.

"사람에게 있어서 시각은 가장 앞에 있다. 예가 아닌 것을 보면, 이른바 '눈만 뜨면 곧 잘못되는 것이다.' 그다음은 청각이며, 그다음은 언어이며, 그다음은 행동이다. 그 나름대로 차례가 있다.[人之視 最在先, 非禮而視, 則所謂開目便錯了, 次聽次言次動, 自有次序.]"

顏淵이 曰 請問其目하노이다

子曰 非禮勿視하며 非禮勿聽하며 非禮勿言하며 非禮勿動이니라

顏淵曰 回雖不敏이나 請事斯語矣로리이다

안연이 말하였다.

"청컨대, 그 조목을 여쭈고자 하나이다."

부자께서 말씀하셨다.

"예가 아니면 보지 말고, 예가 아니면 듣지 말고, 예가 아니면 말하지 말고, 예가 아니면 움직이지 말라."

안연이 말하였다.

"제가 비록 명민하지 못하나 일러주신 말씀을 힘껏 행하겠습니다."

[강설]

안연은 이미 박문약례을 통하여 지행(知行)을 겸하여 닦은 터라, 천리와 인욕에 대하여 이미 밝게 깨달은 바 있었다. 단 극기복례의 세부 조목이 그 무엇인가를 다시 여쭈자, 부자께서 극복해야 할 몸의 대상을 시청언동(視聽言動)으로 나누어 말씀하셨다.

"그대는 극기복례의 조목에 대해 자세히 알고자 하는가. 그것은 일신의 사욕이 보고 듣고 말하고 움직이는(視聽言動) 데에 있다. 그 병의 뿌리가 있는 데에서 극복해 나가야 할 것이다.

눈으로 본다는 것은 외부와의 감촉을 가장 먼저 받아들이는 것이다. 반드시 예로써 이를 절제하여야 한다. 만에 하나라도 예가 아니면 마음으로 이를 금지하여 보지 말아야 할 것이다.

귀로 듣는다는 것은 시각에 버금가는 것이다. 반드시 예로써 이를 절제하여야 한다. 만에 하나라도 예가 아니면 마음으로 이를 금지하여 듣지 말아야 할 것이다.

입으로 말을 한다는 것은 마음이 동하여 이를 표현함으로써 자기 생각을 확인해주는 것이다. 반드시 예로써 이를 절제하여 삼가야 한다. 만에 하나라도 예가 아니면 마음으로 이를 금지하여 말하지 말아야 할 것이다.

몸으로 움직인다는 것은 마음의 사악함과 올바름에 따라 선악이 표출되는 것이다. 반드시 예로써 이를 절제하여야 한다. 만에 하나라도 예가 아니면 마음으로 이를 금지하여 움직이지 말아야 할 것이다.

예를 벗어난 모든 것은 곧 사사로운 몸(己)이며, 이를 범하지 않는 것이 바로 극복의 공부이다. 자신의 사욕을 이기면 천리의 예에 회복하게 되고, 인은 곧 여기에 있다. 이른바 극기복례란 이와 같은 것이다."

안연은 곧 그 가르침을 나의 사명으로 여겨 말하였다.

"저의 바탕은 명철함이 부족하여 민첩하지 못하지만, 청컨대 4가지를 범하지 말라는 가르침에 따라서 천하가 저의 인으로 돌아오도록 스스로 살필 것이며, 인을 행하는 데에 스스로 노력하여

부자의 가르침을 거스르지 않겠습니다. 감히 명민하지 못하다는 것으로 스스로 핑계 댈 수 있겠습니까?"

集註

目은 條件也라 顏淵이 聞夫子之言하니 則於天理人欲之際에 已判然矣라 故로 不復有所疑問而直請其條目也라

非禮者는 己之私也라 勿者는 禁止之辭니 是는 人心之所以爲主而勝私復禮之機也라 私勝則動容周旋이 無不中禮하야 而日用之間에 莫非天理之流行矣라

事는 如事事之事라 請事斯語는 顏淵이 默識其理하고 又自知其力有以勝之라 故로 直以爲己任而不疑也니라

○ 程子曰 顏淵이 問克己復禮之目한대 子曰 非禮勿視하며 非禮勿聽하며 非禮勿言하며 非禮勿動이라하시니 四者는 身之用也라 由乎中而應乎外하나니 制於外는 所以養其中也라 顏淵事斯語하니 所以進於聖人이니 後之學聖人者는 宜服膺而勿失也니라 因箴以自警하노라

其視箴曰 心兮本虛하니 應物無迹이라 操之有要하니 視爲之則이라 蔽交於前하면 其中則遷하나니 制之於外하야 以安其內니라 克己復禮면 久而誠矣리라

其聽箴曰 人有秉彛는 本乎天性이언마는 知誘物化하야 遂亡其正하나니라 卓彼先覺은 知止有定이라 閑邪存誠하야 非禮勿聽하나니라

其言箴曰 人心之動이 因言以宣하나니 發禁躁妄이라야 內斯靜專하나니라 矧是樞機라 興戎出好하나니 吉凶榮辱이 惟其所召니라 傷易則誕하고 傷煩則支하며 己肆物忤하고 出悖來違하나니 非法不道하야 欽哉訓辭하라

其動箴曰 哲人知幾하야 誠之於思하고 志士勵行하야 守之於爲하나니 順理則裕오 從欲惟危니 造次克念하야 戰兢自持하라 習與性成하면 聖賢同歸하리라

愚按此章問答은 乃傳授心法切要之言이니 非至明이면 不能察其幾오 非至健이면 不能致其決이라 故로 惟顏子得聞之오 而凡學者亦不可以不勉也라 程子之箴이 發明親切하시니 學者尤宜深玩이니라

[훈고와 해석] 목(目)은 조건이다. 안연이 부자의 말씀을 듣고서 천리와 인욕의 사이를 이미 판연하게 분별하였다. 그러므로 다시 의심한 바 없이 곧바로 그 조목을 청한 것이다.

예가 아닌 것은 일신의 사욕이다. 말라勿는 것은 금지하는 말이다. 이는 마음이 〈한 몸의〉

주재가 되어, 사욕을 이기고 예로 돌아가는 바의 기틀이 된다. 일신의 사욕을 이기면 동작과 주선이 예에 맞지 않은 바 없으며, 일용의 사이에 천리가 유행하게 될 것이다.

사(事)는 〈『서경』(「說命 中」)에서 말한〉 '일에 종사한다[惟事事, 乃其有備, 有備無患.]'는 '사(事)' 자와 같다. 청사사어(請事斯語)는 안연이 그 이치를 말없이 알고, 또한 자신의 힘으로 이겨나 갈 수 있음을 스스로 깨달은 것이다. 그러므로 곧바로 나의 책임으로 삼아 의심하지 않았다.

○ 정자(伊川)가 말씀하였다.

"안연이 극기복례의 조목을 물으니, 부자께서 '예가 아니면 보지 말고, 예가 아니면 듣지 말고, 예가 아니면 말하지 말고, 예가 아니면 움직이지 말라.'고 하시니, 이 4가지는 일신의 작용이다. 마음으로 말미암아 몸 밖으로 응하니, 밖의 몸을 제재함은 마음을 함양하는 바이 다. 안연이 부자가 일러주신 말씀을 받들어 이를 일삼아 행하니, 이 때문에 성인의 경지로 나아갈 수 있었던 바이다. 후세에 성인을 배우려는 이는 이를 가슴에 간직하여 잃지 말아야 할 것이다. 이에 잠(箴)을 지어 나의 몸을 경계하는 바이다.

시잠(視箴)은 다음과 같다.

마음이여 본디 비어 사물에 응함에 자취가 없지만, 마음을 붙잡는 데에 요체가 있으니, 보 는 것이 법이 된다. 물욕의 가림이 눈앞에 사귀면 마음이 곧 옮겨가게 된다. 밖의 몸을 제재 하여 그 마음을 편안히 해야 한다. 몸을 이겨 예에 돌아가면 오랜 뒤에는 절로 진실해지리라.

청잠(聽箴)은 다음과 같다.

사람이 지닌 떳떳한 마음이란 천성에 근본 했지만, 지각(知覺)이 외물의 유혹으로 외물과 함께 동화하여, 마침내 본성의 정도를 잃게 된다. 탁월한 저 선각자는 지선(至善)에 그칠 줄 을 알고서 일정한 방향[定向]이 있었다. 〈밖으로〉 사악함을 막고 〈안으로〉 진실한 이치를 보 존하여, 예가 아니면 듣지 않았다.

언잠(言箴)은 다음과 같다.

사람의 마음이 움직임은 말로 인하여 베풀어진다. 말할 적에 조급함과 경망함을 금하여야 만이 마음이 고요하고 오롯하게 된다. 하물며 이는 추기(樞機)인 터라, 전쟁을 일으키는가 하면 좋은 일을 내기도 한다. 길흉과 영욕은 오직 말이 불러들이는 것이다. 너무 쉽게 말하면 공허[虛誕]하고, 너무 말이 많으면 지리하게 된다. 내가 함부로 말하면 남들도 거슬리는 말을 하고, 가는 말이 도리에 어긋나면 오는 말도 도리에 어긋난다. 예법이 아니면 말하지 말고 성인의 가르침을 공경히 받들어야 한다.

동잠(動箴)은 다음과 같다.

명철한 사람은 기미를 아는 터라 생각을 진실하게 하고, 뜻있는 선비는 행실에 힘쓴 터라 하는 일을 지킨다. 천리를 순응하면 여유가 있고, 인욕을 따르면 위태롭게 된다. 총망 중에도 잘 생각하고, 조심조심 스스로 몸가짐을 지녀야 한다. 습관이 성품과 더불어 이뤄지면, 성현 과 함께 돌아가리라."

나는 살펴보니 다음과 같다.

"이 장의 문답은 심법을 전수한 절실하고 긴요한 말씀이다. 지극히 총명하지 않으면 그 기미를 살필 수 없고, 지극히 굳세지 않으면 그 결단을 다 할 수 없다. 그러므로 오직 안자만이 이를 들을 수 있었다. 모든 배우는 이 또한 힘쓰지 않으면 안 된다. 정자의 사잠(四箴)은 친절하게 밝혀주었으니, 배우는 이는 더욱 깊이 음미해야 할 것이다."

[보補]

일신의 사욕은 육근(六根), 즉 안이비설신의(眼耳鼻舌身意)에 있다. 이를 집약하여 사물(四勿)로 말하면 안이설신(眼耳舌身)이다. 이의 욕구는 외적인 사물을 받아들이는 감각기관으로서의 눈과 귀, 그리고 내면으로부터 외부에 감응하는 표출기관으로서의 입과 몸을 들어 말하였다. 육체의 욕구는 바깥 사물을 받아들이는 것과 내면의 마음을 표출하는 2가지로 집약할 수 있다.

4개의 물(勿: 四勿)자는 보고 듣고 말하고 움직이기 이전에 그 마음을 삼가 지니고, 보고 듣고 말하고 움직이는 즈음에 그 기미를 삼가 방비하는 것이다. 이로 보면 사물(四勿)의 물(勿)이란 시청언동의 이전에는 경(敬)으로 존심(存心) 공부를, 시청언동 즈음에는 예와 비례(非禮)의 갈림길에서 그 조짐을 살펴 방비하는 성찰(省察) 공부를 겸하고 있다.

2. 중궁전지 仲弓全旨

이 장에서는 부자께서 중궁에게 인을 행함에 있어 정밀한 공부는 경(敬)과 서(恕)를 실제로 체득하여 자신을 살피는 데 있음을 가르쳐주고 있다.

6구[出門如見…在家無怨]는 하나의 뜻으로 밀접하게 연결된 것으로, 서(恕)는 경(敬)자에 이어서 쓴 것이다.

출문 2구[出門…如承大祭]는 경(敬)으로 몸가짐을 지님이며,

기소불욕 물시어인(己所不欲, 勿施於人)은 서(恕)로써 마음을 미뤄감이며,

재방무원 재가무원(在邦無怨, 在家無怨)은 경서(敬恕)의 효험이다.

경(敬)은 안으로 마음의 덕을 온전히 하는 데에 있고, 서(恕)는 바깥으로 사랑의 마음을 남에게 미루어 가는 것이다. 그러므로 경과 서는 사욕을 버리고 마음을 보존하는 것이며, 마음이 보존된 후에 인(仁)의 본체를 회복할 수 있다.

문밖을 나섬[出門]과 백성을 부림[使民]은 모두 융통성 있게 볼 필요가 있다. 출문[出門如見大賓] 구절은 시간으로 어느 때이든 공경하지 않음이 없으며, 사민[使民如承大祭] 구절은 공간으로 어느 일이든 공경하지 않음이 없음을 말한다. 다시 말하면, 문밖을 나선다[出門]는 것은 몸을 조심하지 않기에 십상인데, 이런 즈음에 큰 손님 뵙듯 한다는 것은 모르는 사람들 사이에서도 더욱 조심한다는 뜻이며, 백성을 부린다는 것은 백성들 앞에서 거만하기에 십상인데 큰 제사 받들듯이 한다는

것은 백성을 신처럼 경건한 마음으로 섬겨야 한다는 뜻이다. 이는 모두 경(敬)자의 뜻을 밝힌 것으로 몸가짐을 지키는[守身] 도리이다.

이처럼 공경으로 몸가짐을 지니는 것은 마음을 수렴하여 들이는 것이며, 서(恕)로써 남들에게 미쳐가는 것은 마음을 미루어 넓혀나가는 것이다. 안팎으로 원망이 없다[內外無怨]는 것은 나의 경서(敬恕)를 증험할 수 있기에 집주에서 '스스로 살펴보는 것이다.[自考]'고 말하였다.

안연과 중궁이 말한, 그 가르침을 받들어 힘쓰겠다는 청사(請事) 2자는 같지만, 공부의 방법과 그 기상은 다르다. 안연이 말한 청사(請事)란 공부함에 있어 재빠르게[徑捷], 또는 요약(要約)이라는 뜻이고, 중궁의 청사(請事)는 공부함에 있어 차츰차츰 쌓아가는 것[積累]과 치밀(緻密)하게 행한다는 뜻이다.

仲弓이 問仁한대

子曰 出門如見大賓하며 使民如承大祭하고 己所不欲을 勿施於人이니 在邦無怨하며 在家無怨이니라

仲弓이 曰 雍雖不敏이나 請事斯語矣로리이다

중궁이 인(仁)을 물으니, 부자께서 말씀하셨다.

"문밖을 나가서는 큰 손님을 뵙는 듯하며, 백성 부리기를 큰 제사 받들 듯하고, 내가 하고 싶지 않은 것을 남에게 베풀지 말아야 한다. 나라에 있어서는 원망이 없을 것이며, 집에 있어서는 원망이 없을 것이다."

중궁이 말하였다.

"제가 비록 명민하지 못하나 일러주신 말씀을 힘껏 행하겠습니다."

강설

중궁이 인을 하는 도를 여쭈자, 부자께서 중궁에게 경(敬)과 서(恕)를 통한 인의 실천 방안을 말씀하셨다.

"인을 하는 도란 마음가짐[存心]에서 벗어나지 않는다. 존심(存心)의 요체는 오로지 경과 서에 있다.

이를테면 문밖에 나갈 적에는 큰 손님을 보는 듯이 예의와 겸양으로 공경을 다 하고, 백성을 부릴 적에는 큰 제사를 받들 적에 신에게 공경하는 마음을 다하듯이 대하여야 하며,

남에 대해서는 내가 하고 싶지 않은 일을 그에게 베풀지 않으려는 하는 마음[恕]을 다해야 한다.

경을 행하면 사사로운 마음이 있지 않음으로 '인의 본체'가 세워지고, 서를 행하면 사사로운 마음이 뒤섞인 바 없으므로 '인의 작용'이 이뤄질 것이다.

이로 말미암아 밖으로 나라에 있어서는 나라의 사람들이 모두 나의 경과 서에 기뻐하여 원망한 바 없을 것이며, 안으로 집에 있어서는 집안사람들이 모두 나의 경과 서에 편안하여 원망한 바

없을 것이다.

　경을 주로하고 서를 행하여 나라와 집안에 원망이 없는 데에 이른다면 마음이 보존되고 천리를 얻게 되어 인은 곧 여기에 있을 것이다."

　중궁이 곧장 그 가르침을 자신의 사명으로 여겨 말하였다.

　"인을 행하는 데는 명민함만 같은 게 없는데, 제 바탕이 명민하지 못한다 할지라도, 청컨대 부자께서 말씀하신 경과 서를 받들어 노력하겠습니다. 감히 명민하지 못하다는 말로 핑계 댈 수 있겠습니까?"

集註

敬以持己하고 恕以及物이면 則私意無所容而心德全矣라 內外無怨은 亦以其效言之니 使以自考也라

○ 程子曰 孔子言仁에 只說出門如見大賓, 使民如承大祭하니 看其氣象컨대 便須心廣體胖하야 動容周旋中禮니 唯謹獨이 便是守之之法이니라

或問 出門使民之時엔 如此可也어니와 未出門使民之時엔 如之何니잇고 曰 此는 儼若思時也라 有諸中而後見於外하나니 觀其出門使民之時에 其敬如此면 則前乎此者敬을 可知矣라 非因出門使民然後有此敬也니라

愚按 克己復禮는 乾道也오 主敬行恕는 坤道也니 顏冉之學이 其高下淺深을 於此可見이라 然이나 學者誠能從事於敬恕之間而有得焉이면 亦將無己之可克矣리라

　[해석] 공경으로 몸가짐을 지니고 서로써 남에게 미쳐가면, 사사로운 생각이 〈마음과 몸에〉 용납되는 바 없어 마음의 덕이 온전할 것이다. 안팎으로 원망이 없다는 것은 또한 그 공효로 말한다. 이로써 스스로 살피도록 하였다.

　○ 정자伊川가 말씀하였다.

　"공자는 인을 말함에 있어 다만 '문밖을 나가면 큰 손님을 뵙는 듯하고, 백성 부리기를 큰 제사 받들 듯이 하라.'고 말하니, 그 기상을 보면 곧 마음이 드넓고 몸에 구김살이 없어 동작과 주선하는 일이 예에 맞은 것이다. 오직 자신만이 아는 마음을 삼가는 것이 곧 이를 지키는 법이다.

　어떤 사람이 물었다.

　'문밖을 나가고 백성을 부릴 적에 이처럼 행하는 것은 옳지만, 문밖을 나가지 않고 백성을 부리지 않을 적에는 어떻게 해야 합니까?'

　이는 엄숙히 생각할 때이다. 내면에 있어야 만이 밖으로 나타나는 법이다. 문밖을 나가고 백성을 부릴 적에 공경하는 것이 이와 같음을 보면, 이에 앞서 간직한 공경이 있었음을 알 수 있다. 문밖을 나가고 백성을 부리는 일을 계기로 해서 이런 공경이 생겨나는 것은

아니다."

나는 살펴보니 다음과 같다.

"극기복례는 하늘의 도[乾道: 奮發有爲]요, 공경을 주로 하고 서(恕)를 행하는 것은 땅의 도[坤道: 靜重持守]이다. 안자와 염자의 학문에 높낮이와 얕고 깊음을 여기에서 볼 수 있다. 그러나 배우는 이가 참으로 공경과 서의 사이에 노력하여 얻음이 있으면, 또한 장차 일신의 사욕을 극복하려는 데에 힘쓸 것조차 없을 것이다."

3. 사마장지 司馬章旨

이 장에서는 인을 행한다는 것은 마음을 보존하는 데 있음을 보여주었다.

사마우가 말이 많고 조급함은 마음을 보존하지 못하여 횡설수설하였기 때문이다. 이 때문에 어진 이는 말을 참는다는 것으로 말해주었다. 이는 그에게 말을 조심하여 마음을 보존코자 함이다. 이는 물줄기로부터 본원을 찾아 올라가는 공부이다.

마지막 절[爲之難…得無訒乎]에서는 말을 참아야 하는 이유를 밝혀주고 있다.

(1) 사마 2절지 司馬二節旨

인언(訒言)이라 말하지 않고 '기언야인(其言也訒)'이라 말함은 현재 인(仁)을 성취한 자를 들어 하나의 표본으로 삼은 것이다. 기(其)자와 야(也)자는 인을 성취한 자를 가리키는 글자이다.

주자는 집주에서 "마음을 보존하여 잃지 않아야 한다.[存心不放]"는 것이 말을 참을 수 있는 근원이요, 그 소이연(所以然)이라고 인식하였다. 그러나 이 절에서 언급하지 않은 것은 아래 절에서 말할 부분과 중복이 될까를 염려하여 잠시 생략한 것이다.

司馬牛 問仁한대

사마우가 인을 묻자,

集註

司馬牛는 孔子弟子니 名犁니 向魋之弟라

[훈고] 사마우는 공자의 제자다. 이름은 이(犁)이니, 상퇴(向魋)의 아우이다.(송나라 사람)

子曰 仁者는 其言也 訒이니라

부자께서 말씀하셨다.

"어진 이는 그 말을 참고 어렵게 하는 것이다."

> **강설**

사마우는 본래 말이 많은 사람인데, 그가 인을 행하는 도를 여쭈자, 부자께서 그에게 말을 삼가는 도리로 말씀하셨다.

"어진 이는 사람들과 말을 할 적에 말씨가 적고 가볍게 하지 않는다. 그대가 이를 알고서 말을 삼가면 인을 행하는 방법이 어찌 여기에서 벗어날 수 있겠는가."

> **集註**

訒은 忍也며 難也라

仁者는 心存而不放이라 故로 其言이 若有所忍而不易發이니 蓋其德之一端也라

夫子 以牛多言而躁라 故로 告之以此하사 使其於此而謹之하시니 則所以爲仁之方이 不外是矣리라

[훈고] 인(訒)은 참고 어렵사리 말하는 것이다.

[해석] 어진 이는 마음을 보존하여 잃지 않으므로 그 말을 참는 바 있어 쉽게 말하지 않는 것처럼 하니, 어진 덕의 한 실마리이다.

부자께서 사마우가 말이 많고 조급한 까닭에 이를 말하여, 그에게 말을 삼가도록 하였다. 인을 행하는 방법이 여기에서 벗어나지 않는다.

(2) 기언절지 其言節旨

위(爲: 爲之難)자는 모든 행위의 범칭으로 말한 것이지, 굳이 '인을 행한다[爲仁]'는 것으로 한정지어 말하지 않았으며, 난(難: 爲之難)자는 마음가짐을 위주로 말한 것이지, 힘써 행하는 데에 어려움이 있다는 말은 아니다. 단 조심하고 신중하여 어려워하고 삼간다는 뜻이다. 집주의 "마음이 항상 간직되어있다.[心常存]"는 것은 곧 '이를 행하기 어려운[爲之難]' 때문이다.

득무(得無: 言之得無訒) 2자에는 스스로 말을 참고 어려워하지 않을 수 없다는 점이 내재하여 있다. 억지로 입을 다물고 말하지 않는다는 뜻이 아니다.

曰 其言也 訒이면 斯謂之仁矣乎잇가
子曰 爲之難하니 言之得無訒乎아

〈사마우가 다시〉 물었다.
"그 말을 참고 어려워하면 인이라고 이르겠습니까?"

부자께서 말씀하셨다.

"행하는 것이 어려우니, 말하는 것을 참고 어려워하지 않을 수 있겠는가."

강설

사마우는 말조심한다는 것이 지극히 큰 인에 있어 미진한 공부라고 의심한 나머지, 또다시 여쭈었다.

"인의 도란 지극히 큰 것인데, 말을 참고 어려워하는 것만으로 이를 곧 인이라고 말할 수 있겠습니까?"

부자께서 그만한 이유에 대하여 다시 말씀하셨다.

"너는 어진 자가 말을 참고 어려워하는 겉모습만을 알았을 뿐, 어진 사람이 말을 참고 어려워하는, 그 내면의 까닭을 모른 것이다. 어진 사람의 마음은 일을 행하는 데에 있다. 일을 행한다는 것은 매우 어려운 일이다. 따라서 말을 참고 어려워하지 않을 수 있겠는가. 가볍게 행동하지 않는 자는 가볍게 말하지 않는다. 이것이 말을 참고 어려워하는 이유이다. 그런 마음을 간직함으로 말미암아 행하는 것을 어렵게 생각하는 것이다. 이런 마음을 간직하면 인(仁)이란 여기에서 벗어날 수 없다. 어찌 말을 참고 어려워하는 것을 쉽게 여기거나 가볍게 생각할 수 있겠는가."

集註

牛意仁道至大하야 不但如夫子之所言이라 故로 夫子又告之以此니라 蓋心常存이라 故로 事不苟하고 事不苟라 故로 其言이 自有不得而易者오 非强閉之而不出也라

楊氏曰 觀此及下章再問之語면 牛之易其言을 可知니라

○ 程子曰 雖爲司馬牛多言故로 及此나 然이나 聖人之言이 亦止此爲是니라

愚謂牛之爲人이 如此하니 若不告之以其病之所切하고 而泛以爲仁之大槪語之면 則以彼之躁로 必不能深思以去其病하야 而終無自以入德矣리라 故로 其告之如此니라 蓋聖人之言이 雖有高下大小之不同이나 然이나 其切於學者之身하야 而皆爲入德之要는 則又初不異也니 讀者其致思焉이어다

[해석] 사마우의 생각은 인의 도가 지극히 크므로, 부자께서 말씀하신 바에 그치지 않을 것이라고 여겼다. 이 때문에 부자께서 또다시 이로써 말씀해준 것이다. 마음이 항상 보존되어 있기에 일이 구차스럽지 않고, 일이 구차스럽지 않기에 그 말이 저절로 쉽게 나오지 않는 것이지, 억지로 입을 막고서 말하지 않으려는 것이 아니다.

[의론] 양씨[楊時]가 말하였다.

"이 장과 아래 장에서 두 번 다시 묻는 말을 살펴보면, 사마우가 말을 쉽게 하고 있음을

알 수 있다."

○ 정자(伊川)가 말씀하였다.

"비록 사마우가 말이 많은 까닭에 이를 언급하였지만, 그러나 성인의 말씀이 또한 여기에 그치는 것만으로도 옳은 일이다."

나의 생각은 다음과 같다.

"사마우의 사람됨이 이와 같으니, 만일 그에게 간절한 병통을 말해주지 않고, 그럭저럭 인(仁)을 행하는 대개만을 들어 그에게 말해주었다면, 사마우의 조급한 성질로 반드시 깊이 생각하여 그 병통을 버리지 못하여, 마침내 덕에 들어갈 수 없었을 것이다. 그러므로 그에게 이처럼 일러준 것이다.

성인의 말씀에는 비록 높낮이와 크고 작은 차이점이 있으나, 배우는 이의 몸에 절실한 것으로 모두 덕에 들어가는 요체가 되는 것만은 또한 애당초 다르지 않다. 독자는 여기에 그 생각을 다 하여야 할 것이다."

[보 補]

사마우의 말조심은 안연에 있어서의 비례물언(非禮勿言)에 해당하고, 중궁에 있어서의 경(敬) 공부의 일부에 해당하는바, 사마우로서는 광대한 인의 경지에 말조심이란 미진하다고 생각할만하다. 그러나 사물(四勿)이든 경(敬)이든 말조심이든 모두가 그 마음을 보존하여 잃지 않는 데에 있다는 점에서는 매한가지다. 단 근기의 고하와 조예의 우열이 있을 뿐이다.

4. 군자전지 君子全旨

이 장은 군자가 어느 곳에서나 어떤 일을 겪을지라도 언제나 자득한 삶을 누려야 한다는 점을 보여주고 있다. 따라서 군자의 삶은 "마음을 성찰하여 조금도 잘못이 없는[內省不疚]" 데에서 비롯됨을 주요 핵심으로 말하고 있다.

첫 구절의 "근심하지 않고 두려워하지 않는[不憂不懼]" 것 또한 현재 당면한 모든 일을 들어 범칭으로 말했지만, 언제나 난을 일으키는 환퇴를 형으로 둔 사마우의 입장에서 형제 사이의 변고에 대처하는 도리 또한 그 안에 들어있다.

"걱정하지도 두려워하지도 않는다."라는 '불우불구(不憂不懼)'의 불(不)자는 고의적으로 근심과 두려움을 억눌러 배제하려는 것은 아니다. 그러나 사마우의 입장에서 아직은 자연스럽게 근심과 두려움을 모두 떨쳐버릴 수 있는, 그런 경지까지는 이르지 못하였다. 따라서 근심과 두려움을 자제하고 너그러운 마음으로 지나치게 드러내지는 않아야 한다. 이처럼 대처하는 것만이 사마우의 두 번째 물음에 도움이 될 것이다.

내성[內省…何懼] 2구에서 말한, 근심하거나 두려워하지 않는다는 것은 군자가 내면으로 마음을 성찰하여 조금도 잘못이 없기 때문이다. 이를 다시 말하면, 집주에서 1차로 말한 '부끄러움이 없다

[無愧]는 것은 '잘못이 없는 것[不疚]'의 근본이요, 2차로 잘못이 없다는 것은 '근심하지 않고 두려워하지 않을 수 있는[不憂懼]' 근본이다. 이는 가장 먼저 마음에 부끄러움이 없어야 잘못이 없으므로 언제나 호연지기가 충만하여 두려움과 근심을 말끔하게 떨쳐버릴 수 있음을 말한다.

"어찌 근심하고 두려워하겠느냐.[何憂何懼]"는 하(何)자는 자연스럽게 근심과 두려움을 초탈한 경지의 오묘함을 보여주고 있다. 이는 근심과 두려움의 상황이 본래 존재하지만, 마음에 근심과 두려움이 없음을 말한다.

司馬牛 問君子한대
子曰 君子는 不憂不懼니라

사마우가 군자에 관해 물으니, 부자께서 말씀하셨다.
"군자는 근심하지 않고 두려워하지 않는다."

강설

사마우가 군자라는 사람은 어떠한가를 여쭈었다.

군자에는 세 부류의 사람이 있다. 지위에 있는 관료를 말하는 경우, 그저 점잖은 사람 정도를 말하는 범칭의 경우, 학덕이 성취된 인물로 말하는 경우이다.

부자께서 사마우는 환퇴와의 형제간이라는 혈연관계로 언제나 근심과 두려움이 많음을 알고 계셨다. 사마우가 군자의 여러 대상 가운데 가장 고귀한 성덕(成德) 군자의 실상을 구하려면 먼저 다음과 같이 하여야 한다는 점으로 말씀하셨다.

"여느 사람이란 으레 근심과 두려움에서 벗어나지 못한다. 근심[憂]이란 어려움이 닥치기에 앞서 마음 졸이는 것이며, 두려움[懼]이란 정작 어려움에 당면하여 덜덜 떠는 것이다. 그러나 군자는 어떤 처지에서나 스스로 만족하며, 일하기에 앞서 걱정하는 바를 찾아볼 수 없으며, 일에 임하여 두려워하는 바를 찾아볼 수 없다. 어진 이는 사욕이 없기에 걱정이 없고, 용맹스러운 이는 정의와 함께하기에 두려움이 없다. 군자가 군자다울 수 있는 바는 바로 여기에 있다."

集註

向魋作亂하야 牛常憂懼라 故로 夫子 告之以此니라

[해석] 그의 형 상퇴가 난을 일으켜, 사마우는 항상 근심하고 두려워한 까닭에 부자께서 이로써 일러준 것이다.

曰 不憂不懼면 斯謂之君子矣乎잇가
子曰 內省不疚어니 何憂何懼리오

〈사마우가 다시〉 물었다.

"근심하지 않고 두려워하지 않으면 이를 군자라 하겠습니까?"

부자께서 말씀하셨다.

"안으로 살펴 잘못이 없으니, 무엇을 근심하고 무엇을 두려워하겠느냐?"

> **강설**

사마우는 근심과 두려움을 억지로 외면에서 제재한다는 것으로 착각한 나머지, 이를 군자라 말할 수 없다는 의심을 안고서 또다시 여쭈었다.

"군자의 도는 지극히 큰 것인데, 이처럼 억지로 근심하지 않고 두려워하지 않는 것만으로 군자라고 말할 수 있겠습니까?"

부자께서 그가 말한 의중을 간파하고서 내면 성찰을 강조하여 말씀하셨다.

"그대는 이를 쉽게 생각하지 말라. 만약 한 점의 잘못이라도 있다면 양심의 가책으로 허전한 마음을 가눌 길이 없어 걱정 근심과 두려운 감정이 일어나게 될 것이다. 그러나 군자가 평소에 행하는바, 내면으로 나의 마음에 살펴 모두 잘못됨이 없기에, 하늘을 우러러 한 점의 부끄러움이 없고 아래로 땅을 마주하여 한 점의 부끄러움이 없다.

드넓은 하늘과 땅 사이에 한 점 잘못이 없는 고결한 마음과 몸으로 그 무엇을 근심하고 그 무엇을 두려워하겠는가. 이는 스스로 몸을 닦아 성대한 덕을 이룬 경지에 나아가지 못한 사람이라면 이를 능할 수 없다. 그대는 어찌하여 이를 군자의 도에 부족하다고 의심하는가."

> **集註**

牛之再問은 猶前章之意라 故로 復告之以此라

疚는 病也라

言由其平日所爲 無愧於心이라 故로 能內省不疚하야 而自無憂懼니 未可遽以爲易而忽之也라

○ 晁氏曰 不憂不懼는 由乎德全而無疵라 故로 無入而不自得이오 非實有憂懼而强排遣之也니라

[훈고와 해석] 사마우가 다시 물음은 앞장의 뜻과 같다. 그러므로 또다시 이처럼 일러준 것이다.

구(疚)는 병이다. 평소 행한바, 마음에 부끄러움이 없기에 안으로 성찰하여 잘못이 없어 스스로 근심과 두려움이 없음이니, 문득 쉽게 여겨 경솔히 생각해서는 안 됨을 말한다.

○ 조씨[晁說之]가 말하였다.

"근심하지 않고 두려워하지 않음은 덕이 온전하여 하자가 없는 데에서 연유한 것이므로

어느 곳을 갈지라도 자득하지 않음이 없다는 것이지, 실제 근심과 두려움이 있는 것을 억지로 배제하여 없애는 것이 아니다."

5. 인개장지 人皆章旨

이 장에서는 전체적으로 스스로 몸을 닦아 잘못이 없음이 곧 안심입명(安心立命)으로 하늘을 감격하게 할 수 있는 도라는 점을 보여주고 있다.

두 번째 절에서 '주어진 천명을 편안한 마음으로 받아들여야 한다.'는 부자의 말씀을 서술하고 있으나, 마지막 절에서는 스스로 몸을 닦아야 한다는 점에 더욱 큰 비중을 두고 있다. 이는 사마우로 하여금 공경하는 마음과 공손한 몸가짐을 극진히 닦아서 형제를 감화시키도록 한 것이지, 가까운 형제를 버려두고 멀리 있는 남들과 함께하라는 뜻은 아니다.

(1) 인개절지 人皆節旨

사마우의 말을 살펴보면, 그의 형 환퇴가 반란을 일으키기에 앞서 그런 일을 반드시 저지르리라고 예측한 것이다.

司馬牛 憂曰 人皆有兄弟어늘 **我獨亡**(무)로다

사마우가 근심에 쌓여 말하였다.
"사람들은 모두 형제가 있는데, 나만 유독 없어라."

> **강설**

사마우는 그의 형 환퇴가 난을 일으킬 조짐이 엿보이고, 아우 자기(子頎)와 자거(子車) 또한 형과 함께 악행을 저지를 것이라는 예감으로 마음에 항상 근심을 안고서 탄식하였다.

"남들은 모두 아무런 일 없이 즐겁게 지내는 형제가 있어 천륜의 즐거움을 누리고 있다. 그러나 나 홀로 이러한 변고를 만나 서로 편안하게 지낼 형제가 없으니, 이것이 나의 걱정이다."

> **集註**

牛有兄弟而云然者는 **憂其爲亂而將死也**라

[해석] 사마우는 형제가 있음에도 이처럼 말한 것은 그들이 난을 일으켜 장차 죽을까 걱정한 때문이다.

(2) 상문 2절지 商聞二節旨

사생과 부귀에 구태여 얽매일 것이 없고, 단 천명을 주로 하여 '순히 받아드린다[順受]'라는 데에 중점을 두고 있는바, 반드시 형제가 없는 것 또한 천명이요, 하늘의 뜻임을 보완하여 보아야 한다.

子夏曰 商은 聞之矣로니

자하가 말하였다.
"나는 들으니,

> **강설**

자하는 사마우의 마음을 달래주고자 일찍이 부자에게 들었던 말씀을 들추어 그를 위로하였다.
"그대는 형제가 없다고 걱정하지 말라. 나는 일찍이 부자에게 들은 말이 있다."

> **集註**

蓋聞之夫子라

[해석] 부자에게 들은 것이라 생각된다.

死生이 有命이오 富貴 在天이라호라

'죽고 사는 것은 명에 있고, 부와 귀는 하늘에 있다.'고 하였다.

> **강설**

"사람의 죽고 사는 것은 운명에 달려있고, 사람의 부귀란 하늘에 달려있다고 한다.
내가 들은 바로 살펴보면 형제가 있고 없음은 하늘의 뜻이요, 주어진 운명에 의한 것이다. 걱정한다고 한들 과연 무슨 도움이 되겠는가."

> **集註**

命은 稟於有生之初니 非今所能移요 天은 莫之爲而爲니 非我所能必이니 但當順受而已라

[해석] 운명이란 처음 태어날 적에 받아온 것이라, 지금에 와서 바꿀 수 있는 것이 아니요, 하늘이란 그런 일을 만들지 않았음에도 그렇게 된 것이니, 나로서 기필할 수 있는 게 아니다. 다만 순응하여 받아드릴 뿐이다.

(3) 경이절지 敬而節旨

경(敬)은 나의 몸을 닦는 공부요, 공(恭)은 남을 대하는 도리이다. 이 또한 몸을 닦는 하나의 일이다. 이는 전체적으로 수신의 중요성을 말하면서 수신(修身)과 대인(待人) 2부분으로 나누어 말하였다. 반드시 나에게 잘못이 없어야 공경을 이룰 수 있고, 남에게 예의를 갖추어야 공손함을 이룰 수 있다.

사해가 모두 형제[四海皆兄弟]라는 것은 나의 공경과 공손함으로 소원한 사람까지 하나가 되어 가까워질 수 있다는 것이지, 남들이 나에게 보답하느냐 않느냐는 중요하지 않다.

"어찌 형제가 없음을 걱정하겠는가[何患無兄弟]" 구절은 곧 앞에서 사마우가 푸념으로 말했던 "나 홀로 형제가 없다[我獨亡]"는 구절에 관한 대답으로, 사마우의 형제를 가리켜 말한다.

君子 敬而無失하며 與人恭而有禮면 四海之內 皆兄弟也니 君子 何患乎無兄弟也리오

군자가 공경하여 잃음이 없으며, 남들과 함께할 적에 공손하여 예절이 있으면 사해의 안에 있는 모든 이들이 모두 나의 형제이다. 군자가 어찌 형제가 없음을 근심하겠는가."

강설

"앞서 천명에 편안히 받아드리고, 또한 이를 뒤이어 자신이 해야 할 일들을 닦아야 한다. 그러므로 군자가 항상 몸과 마음과 동정을 삼가고 조심하여 잠시라도 공경하는 바를 잃지 않으며, 사람들과 함께할 적에 겸손한 마음으로 대하여 지나치지도 부족하지도 않은, 절문(節文)의 예의를 갖춰야 한다.

이처럼 공경하는 나의 몸가짐과 예의 바른 공손함으로 남들을 마주하면 나의 성대한 덕에 느낀 바 있어, 이 세상 모든 사람이 나를 사랑하고 공경하여 형제처럼 대할 것이다.

거리가 먼 남들까지도 나의 성대한 덕에 감화되어 형제처럼 가까이 지낼 수 있을 터인데, 하물며 가까운 혈연의 친형제를 감화시키지 못할 턱이 있겠는가. 그러므로 군자는 오직 나의 공경과 공손함이 미진한 것을 걱정할지언정, 어떻게 엄연히 존재하는 친형제를 버려두고 '나만이 홀로 없다.'고 걱정할 수 있겠는가. 나는 그대가 형제가 없다는 문제에 대해 걱정할 일이 없을 뿐 아니라, 또한 굳이 걱정할 필요가 없다고 생각한다."

集註

旣安於命하고 又當修其在己者라 故로 又言苟能持己以敬而不間斷하고 接人以恭而有節文이면 則天下之人이 皆愛敬之를 如兄弟矣라 蓋子夏欲以寬牛之憂하야 而爲是不得已之辭니 讀者 不以辭害意 可也니라

○ 胡氏曰 子夏四海皆兄弟之言은 特以廣司馬牛之意니 意圓而語滯者也라 唯聖人則無此病矣니라 且子夏知此로되 而以哭子喪明하니 則以蔽於愛而昧於理라 是以로 不能踐其言爾니라

[해석] 앞서 천명을 마음 편히 받아들이고, 또한 당연히 그 자신이 해야 할 일을 닦아야 한다. 그러므로 또한 "참으로 몸가짐을 삼가고 조심하여 간단이 없고 사람을 대함에 공손하여 절문이 있으면, 천하 사람이 모두 나를 사랑하고 공경하여 형제처럼 여긴다."고 말하였다. 이는 자하가 사마우의 근심을 풀어주고자 마지못해 이처럼 말한 것이다. 독자는 문장으로써 본뜻을 해치지 않아야 한다.

○ 호씨[胡寅]가 말하였다.

"자하의 '사해가 모두 형제'라는 말은 특별히 사마우의 마음을 너그럽게 달래주려는 것이다. 그가 말한 뜻이야 원만하지만, 말은 통하지 못한 점이 있다. 오직 성인만이 이런 병폐가 없다. 또 자하는 이런 도리를 알면서도 아들을 잃었을 적에 눈까지 멀었다.(『禮記』「檀弓」) 이는 자식 사랑에 눈이 가려서 이런 도리를 잊은 것이다. 이 때문에 정작 그가 한 말을 실천하지 못하였다."

6. 문명전지 問明全旨

이 장에서는 마음에 가림이 없는 것이 곧 밝음임을 말해주고 있다. 마음이 가려지면 혼미하여 남에게 속게 된다. 속지 않고서 사는 방법은 곧 나도 모르는 사이에 빠져드는, 어리석음에서 벗어나야 한다. 그 어리석음은 언제나 일상의 대인관계 속에서 일어나는 것이다.

남들을 헐뜯는 참소[譖]와 자신의 억울함을 하소연[愬]한다는 그 자체는 별 대수롭지 않은 일이다. 그럴 수도 있는 일이다. 그러나 남의 험담을 하는 둥 마는 둥, 또는 둘러서 서서히 중상모략하면 미쳐 그 사실을 깨닫지 못한다. 따라서 쉽사리 그를 의심하여 헐뜯는 이의 말을 깊이 믿게 되고, 자신의 억울한 사정을 피부에 와 닿도록 갑자기 절박하게, 간절하게 말하면 미쳐 자세히 살펴볼 여가가 없어 쉽사리 그의 하소연을 받아들이게 된다. 이렇게 해서 나도 모르는 사이, 그 사람에게 빠져드는 것이다.

따라서 서서히 젖어 드는 것과 피부에 와 닿는다는, 침윤(浸潤) 부수(膚受) 4자를 밝히는 데 중점을 두어야 만이 비로소 그의 중상모략과 하소연이 먹혀들지 않을 것이다. 이 점이 어려운 일이다.

"그런 일이 행해지지 않도록 한다."는 불행(不行) 2자에는 조금도 흔들리지 않는, 매우 고요한 마음을 말한다. 그가 나의 앞에서 아무리 수작과 농간을 부릴지라도 나의 마음은 털끝만큼도 흔들리지 않기 때문이다. 이것이 이른바 '선각자(先覺者)'이다. 이런 까닭에 이를 밝음[明]이라고 말한다. 그러나 밝음만으론 찬사가 부족했기에 또다시 아래에 원(遠)자를 들어 말하였다.

그러나 이 장을 살펴보면, 자장은 단지 밝음에 대해서만 물었는데, 부자께서 원(遠)자를 더하여 말씀한 것은 무엇 때문일까? 고차원의 세계를 좋아하는 사람들의 관점에서 밝음을 추구하는 대상은 으레 고차원의 경지에 있기에 도리어 가까운 인정으로 밝음을 잃어가는 줄을 모르기 때문이다. 부자께서 침윤지참 부수지소(浸潤之譖, 膚受之愬)를 두 차례 반복하여 말씀하신 것은 그 얼마나 간절한 마음에서 이처럼 말했는가를 알 수 있다. 밝음의 경지가 지극한 것이 곧 원(遠)이다. 이는 자장이 가까운 데에서 돌이켜 추구해야 함을 지적한 부분이다. 이처럼 보면 아래 단락의 중복된 말은 군더더기의 연문(衍文)이 아님을 알 수 있다.

子張이 問明한대
子曰 浸潤之譖과 膚受之愬 不行焉이면 可謂明也已矣니라
浸潤之譖과 膚受之愬 不行焉이면 可謂遠也已矣니라

　자장이 밝음을 물으니, 부자께서 말씀하셨다.
　"서서히 젖어 드는 참소와 살갗에 닿는 듯한 하소연을 하지 못하게 하면 밝다고 이를 것이다.
　서서히 젖어 드는 참소와 살갗에 닿는 듯한 하소연을 하지 못하게 하면 먼 안목이 있다고 말할 것이다."

강설

　자장이 어떻게 해야만 밝은 지혜의 선각자가 될 수 있을까를 여쭈자, 부자께서 고차원의 세계를 지향하여 오히려 가까이 있는 것을 살피지 못하는, 자장의 단점을 들어 말씀하셨다.
　"이른바 '밝음'이란 마음에 가린 바 없어 남들이 살피기 어려운 부분을 잘 살피는 것이다. 남들의 말에 마음이 가려 그에게 속는다면 어떻게 밝은 지혜라고 말할 수 있겠는가. 남들에게 속기 쉬운 부분으로 2가지가 있다. 하나는 남을 중상모략하는 말이며, 또 다른 하나는 자신에 대한 하소연이다.
　남을 중상모략하려는 사람은 서둘러 말하면 남들에게 자신의 말이 먹혀들지 않음을 알고 있다. 따라서 중상모략은 서서히 무젖어 들어야 한다. 어떤 일을 가탁하여 공교롭게 꾸민다거나, 냉랭한 말로 험담을 조장하여 차츰차츰 무젖어 들면서 급박하게 서두지 않는 것이 사람들에게 가장 깊이 먹혀들어 간다.
　자신의 억울한 사연을 하소연하는 자는 느슨한 말로는 남을 격동시킬 수 없음을 알고 있다. 하소연할 적에는 직접적인 말로써 애절하게 꾸며대어 가해한다거나, 지극히 잔혹한 말로써 자신의 위급함을 간곡하게 말하면, 사람을 가장 쉽게 격동시킬 수 있다.
　이 2가지는 지극히 살피기 어려운 일이다. 만일 그들의 거짓을 살펴 이런 일들을 행하지 못하도록 한다면 그들의 마음을 간파하였기에 그를 명철하다고 말할 수 있다.
　명철하다고 말할 뿐 아니라, 서서히 무젖어 드는 험담과 절박한 하소연을 결코 행하지 못하도록 한다면 이는 가까운 데에 가리지 않음이니, 멀리 보았다고 말할 수 있다. 그대가 밝음을 구하고자 한다면 또한 이 점을 살펴야 할 것이다."

集註

　浸潤은 如水之浸灌滋潤하야 漸漬而不驟也라 譖은 毀人之行也라

膚受는 謂肌膚所受 利害切身이니 如易所謂剝床以膚는 切近災者也라 愬는 愬己之寃也라

毀人者 漸漬而不驟면 則聽者 不覺其入而信之深矣오 愬寃者 急迫而切身이면 則聽者 不

及致詳而發之暴矣라 二者는 難察而能察之면 則可見其心之明而不蔽於近矣리라 此亦必因

子張之失而告之라 故로 其辭繁而不殺하야 以致丁寧之意云이라

○ 楊氏曰 驟而語之와 與利害不切於身者 不行焉은 有不待明者能之也라 故로 浸潤之譖과

膚受之愬 不行然後에 謂之明이오 而又謂之遠이니 遠則明之至也라 書曰 視遠惟明이라하니라

[훈고] 침윤(浸潤)은 물이 스며들고 불어나 서서히 젖어 들어 갑작스럽지 않음과 같다. 참소(譖訴)는 남의 행실을 헐뜯는 것이다.

부수(膚受)는 살갗에 직접 와 닿는 것으로 몸에 절실한 이해를 말하니, 『주역』에서 이른바 "침상을 깎아 살갗에 닿았음은 재앙이 매우 가까운 것이다."(「剝卦䷖」 六四爻)는 말과 같다. 하소연[愬]이란 자신의 원한을 알리는 것이다.

[해석] 남을 행실을 헐뜯는 자가 서서히 젖어 들어 갑자기 하지 않으면 그의 말을 듣는 자가 그의 말에 빠져듦을 깨닫지 못하고서 깊이 믿게 되고, 자신의 원한을 하소연하는 자가 급박하여 몸에 절실하게 말하면 그의 말을 듣는 자는 미쳐 자세히 살피지 못하고 갑자기 노여움을 일으키게 된다. 이 2가지는 살피기 어려운 일임에도 잘 살핀다면 그 마음이 밝아서 가까운 데에 가리지 않음을 볼 수 있다. 이 또한 자장의 잘못으로 인하여 말한 것이다. 그러므로 그 말씀을 줄이지 않고 거듭 말하면서도 간절한 뜻을 다하였다.

○ 양씨[楊時]가 말하였다.

"갑자기 남을 헐뜯는 말과 일신의 이해에 절실하지 않은 하소연을 행하지 못하게 하는 것은 밝은 자가 아닐지라도 이를 능할 수 있다. 그러므로 서서히 젖어 드는 참소와 살갗에 와 닿는 듯한 하소연이 행해지지 않도록 하여야만 이를 밝다 말하고, 또한 멀리 보았다고 말할 것이다. 멀리 보았다는 것은 밝음이 지극함이다. 『서경』에서 '멀리 볼 수 있는 것은 오직 밝음이다.'(「太甲」)고 하였다.

7. 문정장지 問政章旨

이 장에서는 상도(常道)와 변도(變道)로 나누어 정사를 말하였다. 그러나 이는 모두 믿음이 나라를 세워주는 요체임을 밝히고 있다.

첫 절에서는 만세에 변할 수 없는 영원한 도리[常經]를, 제2, 3절에서는 급박한 시세(時勢)에 의한 일시의 권도(權道: 方便)를 말하고 있다.

(1) 문정절지 問政節旨

족식(足食), 족병(足兵)의 족(足)자는 백성을 위해 해야 할 일로 말하였기에, 집주에서 말한 창름(倉廩)과 무비(武備)는 민간의 생활을 가리켜 말하며, 백성이 믿는다[民信之矣]는 것은 위정자의 공효로 보아야 한다.

옛적에 정전(井田)의 분배와 학교의 교육을 동시에 시행하였다. 원래 병사와 식량이 충분한 뒤에 비로소 신의(信義)를 논할 수 있는 것이 아니다. 다만 백성에게 인의가 젖어 들어 반드시 오랜 시간이 쌓여야 만이 신의의 효험을 얻을 수 있기 때문이다. 이런 이유에서 집주에서는 "교화가 시행된다.[敎化行]"는 구절을 "백성들이 믿는다."는 구절을 보완한 말이다. 음식, 병사, 믿음 3가지는 모두 백성을 위하는 위정자의 마음을 나타낸 것이다.

子貢이 問政한대
子曰 足食足兵이면 民이 信之矣리라

자공이 정사를 물으니, 부자께서 말씀하셨다.
"먹을 것이 넉넉하고 병사가 넉넉하면 백성이 위정자를 믿을 것이다."

강설

자공이 나라를 다스리는 정사를 여쭈자, 부자께서 국정에 관한 불변의 진리를 들어 말씀하셨다.

"정사는 백성의 삶과 그들의 마음을 다스리는 데 있을 뿐이다. 반드시 정전(井田)과 집터[廛肆]의 토지를 제정하고 세금을 박하게 거두어 백성의 먹을거리를 넉넉하게 해야 할 것이며,

대오(隊伍)를 정비하고 열병(閱兵)을 수시로 하여 백성을 지켜주는 병력을 넉넉하게 해야 할 것이며,

또 이에 반드시 평소 교화를 시행하면 백성들이 위정자에 대한 믿음으로 두 마음을 가지고서 떠나거나 배반하는 일이 없을 것이다.

이 3가지의 일은 국정을 다스는 데에 가장 큰 실마리이다."

集註

言倉廩實而武備修然後에 敎化行而民信於我하야 **不離叛也**라

[해석] 창고가 가득 채워지고 무비(武備: 軍備)가 닦여진 후에야 가르침이 행하여짐으로써 백성이 나를 믿고서 떠나거나 배반하지 않음을 말한다.

(2) 거병절지 去兵節旨

필부득이(必不得已)는 평소 3가지를 미리 갖춰놓지 못했는데, 느닷없이 변고가 일어난, 위급한

상황을 말한다.

이른바 '병사를 버린다.'는 거병(去兵) 또한 전혀 병사가 필요치 않다는 말이 아니다. 단 5명, 25명, 1백 명, 5백 명 단위로 구성된 병력의 결손을 보충할 겨를이 없으며, 창과 방패, 병거(兵車), 갑옷 따위의 훼손을 수리할 겨를이 없으며, 봄과 여름, 가을, 겨울에 시행하는 군사훈련을 할 겨를이 없음을 말한다.

子貢曰 必不得已而去ㄴ댄 於斯三者에 何先이리잇고
曰 去兵이니라

자공이 말하였다.
"반드시 마지못하여 버려야 한다면 이 3가지 중에서 무엇을 먼저 버려야 합니까?"
〈부자께서〉 말씀하셨다.
"병사를 버려라."

강설

자공은 부자의 말씀이 정사를 시행하는 데에 불변의 진리이긴 하나 태평무사할 적의 일이다. 만일 나라에 위급한 상황이 전개된 비상시국에서는 이를 어떻게 대처해야 할지에 대해 또다시 여쭈었다.

"아무런 일이 없을 적에는 이 3가지를 반드시 겸해야 하겠지만, 혹 예기치 못했던 부득이한 상황으로 그 가운데 하나를 버려야 한다면 병(兵), 식(食), 신(信) 3가지 가운데 무엇을 먼저 버려야 합니까?"

부자께서 그에게 비상시국의 대처에 대해 말씀하셨다.

"병사를 버려야 한다. 국가의 계획과 충분한 양식으로 인심을 굳게 단결시킬 수만 있다면 우리의 백성이 곧 우리의 병사들이다. 병사는 혹 버릴 수 있다."

集註

言食足而信孚면 則無兵而守固矣라

[해석] 먹을 것이 넉넉하고 믿음이 두터우면 병사가 없어도 나라를 지킴이 굳건함을 말한다.

(3) 거식절지 去食節旨

음식에는 목숨이 달려있고, 믿음이란 정신적 지주이다. 먹을 음식을 버린다는 것은 곧 죽음을 뜻한다. 따라서 음식을 버림은 평소 신의가 있는 백성들이 이처럼 위급한 경황에 이르러 더욱 대의로 격동, 분발함을 말해주는 것이다.

음식을 버릴지라도 백성의 믿음이 있으면 위정자는 백성들과 함께 목숨을 바쳐 나라를 지킬 수 있지만, 믿음이 없으면 죽음을 피하여 구차스럽게 살아남고자 할지라도 신하는 임금을 버리고 자식은 부모를 버림으로써 서로가 속이고 속아 백성은 자립할 수 없고 나라 또한 뒤이어 망하게 된다.

子貢曰 必不得已而去ㄴ댄 於斯二者에 何先이리잇고

曰 去食이니 自古皆有死어니와 民無信不立이니라

자공이 말하였다.

"반드시 마지못하여 버려야 한다면 이 두 가지 중에서 무엇을 먼저 버려야 합니까?"

〈부자께서〉 말씀하셨다.

"음식을 버려야 한다. 예로부터 모두 죽음이 있지마는 백성에게 믿음이 없으면 자립할 수 없다."

강설

자공이 또다시 한 단계 더 급박한 상황을 설정하여 여쭈었다.

"매우 극심한 변고가 있지 않다면 음식과 믿음이란 그 어느 것 하나 버릴 수 없는 것입니다. 그러나 사태가 더욱 어렵게 되어 마지못해 그중 하나를 버려야 한다면 음식과 믿음 그 두 가지 가운데 무엇을 먼저 버려야 합니까?"

부자께서 또다시 결연한 선택을 들어 자공에게 말씀하셨다.

"음식을 버려야 한다.

백성에게 음식이 없으면 반드시 죽기 마련이다. 그러나 예로부터 오늘날까지 이 세상에 태어나면 그 누구도 죽음을 피할 수는 없다.

만일 믿음이 없다면 서로 속고 서로 속이게 되어 설령 살아남는다고 하여도 스스로 설 수 없을 것이다. 차라리 편안한 마음으로 죽는 것만 못하다. 그러므로 음식이란 오히려 버릴 수 있지만, 믿음이란 결코 버릴 수 없다."

이를 살펴보면, 불변의 원칙으로 말한 경도(經道)와 일시적인 방편으로 말한 권도(權道)를 상호 응용하는, 부자의 경세(經世) 지략을 조금이나마 엿볼 수 있다.

集註

民無食必死라 然이나 死者는 人之所必不免이나 無信則雖生而無以自立이니 不若死之爲安이라 故로 寧死而不失信於民하야 使民亦寧死而不失信於我也니라

○ 程子曰 孔門弟子善問하야 直窮到底하니 如此章者는 非子貢이면 不能問이오 非聖人이면 不能答也니라

愚謂以人情而言하면 則兵食足而後吾之信이 可以孚於民이오 以民德而言하면 則信本人之所

固有ㄴ 非兵食所得而先也라 是以로 爲政者當身率其民하야 而以死守之오 不以危急而可棄
也니라

[해석] 백성에게 먹을 것이 없으면 반드시 죽기 마련이다. 그러나 죽음이란 사람으로서 반드시 면할 수 없는 일이지만, 믿음이 없으면 비록 살아남을지라도 스스로 서지 못할 것이니, 죽음을 편안함으로 삼는 것만 같지 못하다. 그러므로 〈위정자는〉 차라리 죽을지언정 백성에게 믿음을 잃지 아니하여, 백성으로 하여금 또한 차라리 죽을지언정 나에 대한 신의를 잃지 않도록 하여야 한다.

○ 정자(伊川)가 말씀하였다.

"공자 문하의 제자들은 질문을 잘하여 곧장 밑바닥이 다한 곳까지 파헤친다. 이 장 같은 경우는 자공이 아니면 물을 수 없고, 성인이 아니면 대답하지 못했을 것이다."

나의 생각은 다음과 같다.

"인정으로 말하면 병사와 먹을 것이 풍족한 뒤에 나의 믿음을 백성에게 미덥게 할 수 있고, 백성의 덕으로써 말하면 믿음이란 본디 사람에게 고유한 본성이니, 병사와 먹는 음식이 이보다 앞설 수 없다. 그러므로 정사를 하는 이는 몸소 백성의 솔선수범이 되어 죽음으로써 신의를 지켜야 하고, 위급하다 하여 이를 버려서는 안 된다."

[보 補]

어떤 이는 이 부분을 장순(張巡)과 허원(許遠)의 고사를 빌어 말하고 있다.

장순은 당 현종 때의 충신이다. 천보(天寶) 연간, 안녹산 난에 진원령(眞源令)으로 있으면서 의병을 일으켜 반란군을 막았다. 몇 달 동안 사수하였으나 구원병이 오지 않아 양식은 떨어지고 힘은 모두 소진되어 결국 수양성이 함락되었다. 그러자 태수 허원과 함께 순절하였다.

이런 일을 들어 다음과 같이 원용, 해석하였다.

"궁지에 몰리면 믿음만이 의지할 수 있다. 차라리 먹을 게 없어 죽을지언정 믿음을 저버리고 살 수는 없다. 예컨대, 장순과 허원은 작은 수양성으로 안록산의 강적에 대항하였다. 구원병이 이르지 않고 힘이 다함은 무비(武備)의 병(兵)을 버림이며, 심지어 그물로 참새를 잡고 굴을 파서 쥐를 잡아먹음은 먹을거리의 음식을 버림이며, 장순의 병사들이 마침내 한 사람도 배반하지 않음은 끝까지 믿음을 버리지 않은 것이다. 이런 일로 유추해보면 믿음이란 결코 가벼이 버릴 수 있는 도리가 아님을 볼 수 있다."[15]

믿음의 중요성은 또한 진시황을 통해서도 알 수 있다.

---

15 淸 孫奇逢 撰,『四書近指』권9. "或曰 勢窮獨信可仗, 寧無食而死, 不背信而生. 如唐張巡許遠 以睢陽城, 抗强敵, 援絶力盡, 是去兵也. 至羅雀掘鼠而食, 是去食也. 士卒 竟無一人叛者, 是終不去信也. 以此推之, 信不容輕去的道理自見."

진시황은 천하를 통일한 후, 권력으로 병사들을 부리고 포로처럼 백성을 부림으로써 2세까지도 가지 못한 채, 천하가 모두 배반하였다. 이는 백성의 믿음을 잃었기 때문이다.[16]

8. 극자장지 棘子章旨

이 장에서 극자성은 겉치레의 문장[文]을 버리고 내면의 바탕[質]만을 보존하고자 하였고, 자공은 문장을 보존하여 바탕을 분별하고자 하였다. 이는 두 사람 모두가 세간의 폐해를 구제하고자 문제의식을 들어 고심초사 말한 것이다. 다만 경문의 뜻에 따라 자공이 극자성에 대한 논박을 위주로 할 뿐, 서로의 모순점을 덧붙여 보아서는 안 된다.

(1) 극자절지 棘子節旨

극자성이 서두에 군자를 제시하여 말한 데에서, 그는 세상의 풍속을 전환하려는 사람임을 알 수 있다. 문(文)과 질(質)은 몸가짐[持身]과 일처리[應事]의 측면에서 말하였다. "이것뿐이다.[而已矣]"와 "어찌 굳이 …할 것이야.[何以爲]"라는 구절을 음미해보면 단호하기 이를 데 없는 말이다.

棘子成이 **曰 君子**는 **質而已矣**니 **何以文爲**리오

극자성이 말하였다.
"군자는 바탕만을 둘 뿐이니, 어찌 굳이 문장을 할 것이 있겠습니까?"

> **강설**

극자성은 당시의 사람들이 지나치게 문장을 숭상한 데 대해 혐오한 나머지, 다음과 같이 말하였다.
"군자가 귀중히 여기는 바는 몸가짐과 일처리에 있어 오직 진심 어린 마음, 미더운 신의, 진실함, 성실함을 바탕으로 삼을 뿐이다.
어찌 굳이 빛나게 나타내는, 겉치레의 문장을 숭상할 것이 있겠는가."

> **集註**

棘子成은 **衛大夫**라 **疾時人文勝**이라 **故**로 **爲此言**이라

[훈고] 극자성은 위나라 대부이다.

[해석] 당시 사람들의 문장이 지나침을 미워하여 이처럼 말하였다.

---

16 『論語學案』 권6. "秦得天下, 權使其士, 虜使其民, 不二世而天下叛之, 失民信也夫!"

(2) 석호절지 惜乎節旨

집주로 미뤄보면, 석호(惜乎) 2자에서 구두를 끊어야 한다. "그대의 말이 군자답다.[夫子之說君子也]"는 구절은 극자성을 칭찬한 말이며, "네 마리 말로서도 혀에서 나온 말을 따라잡지 못한다[駟不及舌]"라는 구절은 애석하게 여기는 이유가 여기에 있다.

子貢曰 惜乎라 夫子之說이 君子也나 駟不及舌이로다

자공이 말하였다.

"아쉽다. 그대의 말이 군자답지만 네 마리 말로서도 한번 혓바닥에서 나온 말은 따라잡지 못한다."

> **강설**

자공은 극자성의 말을 듣고 탄식하였다.

"애석하다. 그대의 말이 근본을 높이고 지엽적인 것을 억제하니 참으로 군자다운 뜻이다. 그러나 그처럼 말한 의중이야 좋지만, 그 말에는 병폐가 있다.

일단 한번 혓바닥에서 나온 말은 아무리 발 빠른 네 마리의 말을 몰아 뒤쫓아 갈지라도 발 없이 천 리 가는 말을 따라잡지 못한다. 참으로 애석한 일이다."

> **集註**
>
> 言子成之言이 乃君子之意나 然이나 言出於舌이면 則駟馬不能追之니 又惜其失言也라

[해석] 극자성의 말이 군자다운 뜻이나, 말이 혓바닥에서 한번 나오면 네 마리의 말로서도 뒤쫓아 따라잡을 수 없다. 또한 그의 실언을 애석해 하였다.

(3) 문유절지 文猶節旨

앞의 2구[文猶質也, 質猶文也]는 자공이 자신의 소견을 서술한 것으로, 이는 밀접하게 극자성의 말에 대칭을 이루고 있다.

2개의 '유(猶: 猶質, 猶文)'자는 문질을 대등한 관계로 이해하여, 그 중 어느 것이 가볍다거나 무겁지 않다는 뜻이다.

아래의 2구[虎豹之鞹, 猶犬羊之鞹]는 문장을 버린 극자성의 폐단을 말한 것으로, 문장이 없으면, 군자와 소인을 분별할 수 없다는 측면에 중점을 두고 있다.

文猶質也며 質猶文也니 虎豹之鞹이 猶犬羊之鞹이니라

문장도 바탕과 같으며, 바탕도 문장과 같다. 범과 표범의 무두질한 가죽은 개와 양의 무두질한 가죽과 같다."

강설

"천하의 일은 바탕이 없으면 설 수 없고 문장이 없으면 행할 수 없다. 문장을 바탕에 비교해 보면 문장과 바탕은 대등하다. 그러므로 바탕을 가볍게 여겨 버릴 수 없다. 바탕을 문장에 비교해 보면 바탕과 문장은 대등하다. 또한 문장만을 중시하여 보존할 수 없다. 이는 문장과 바탕이 서로 똑같음이 이와 같다.

또한 문장을 비유하면 털과 같고, 바탕을 비유하면 무두질한 가죽과 같다. 문장과 바탕이 모두 있어야 만이 군자와 소인을 분별할 수 있다. 이 또한 가죽과 털이 모두 있어야 범인지, 표범인지, 개인지, 양가죽인지 분별할 수 있음과 같다.

만일 그대의 말처럼 본다면 이는 모조리 문장을 버리고 바탕만을 남겨두어야 한다. 그렇다면 군자는 어떻게 소인과 다르다고 말할 수 있겠는가. 이는 모조리 털을 뽑아버린, 무두질한 가죽만을 남겨놓음과 같다. 범과 표범의 무두질한 가죽은 어찌 개와 염소의 가죽과 다르겠는가. 그대의 실언은 바로 여기에 있다."

集註

鞹은 皮去毛者也라 言文質等耳라 不可相無니 若必盡去其文而獨存其質이면 則君子小人을 無以辨矣라 夫棘子成은 矯當時之弊에 固失之過요 而子貢은 矯子成之弊에 又無本末輕重之 差하니 胥失之矣로다

[훈고] 곽(鞹)은 털을 제거한 가죽(무두질한 가죽)이다.

[해석] 문장과 바탕은 똑같으니, 어느 것 하나 없어서는 안 된다. 만일 반드시 그 문장을 버리고 바탕만을 남겨두면 군자와 소인을 분별할 수 없다. 극자성은 당시의 폐단을 바로잡으려는 데에 너무 지나친 잘못을 범하였고, 자공은 극자성의 폐단을 바로잡음에 또한 본말과 경중의 차이가 없다. 이는 모두 잘못한 것이다.

9. 애공장지 哀公章旨

이 장은 나라를 풍요롭게 하려면 먼저 백성이 풍요로워야 함을 보여준 것으로, "어찌하여 철법(徹法)을 쓰지 않는가.[盍徹]"라는 구절을 위주로 한다. 애공의 생각은 빠른 기간 내에 우선 떨어진 불똥을 끄고 서둘러 국가의 경제를 풍요롭게 하는 데 있다. 그러나 이는 백성에게 더 많은 세금을 수탈하지 않고서는 불가능한 일이다. 백성의 삶이 날로 곤궁하고 피폐하면 기본 경제가 무너짐에 따라 기본 양심을 잃게 되어 예기치 못한 후환을 가중할 뿐이다.

유약의 생각은 애공과는 달리 근본 문제를 해결하여 백성을 풍족하게 하는 데 있다. 오늘날 노나라 빈곤의 원인(遠因)을 살펴보면, 그동안 세금이 과중하여 백성의 삶이 곤궁함에 있었다. 곤궁한 삶의 근본적 문제점인 부세를 줄이고 백성을 풍요롭게 만듦이 국가 경제의 활성화에 대한 장기적 계책으로 인식하였다. 이는 세금의 수탈이 아닌 절약과 긴축으로 먼저 백성의 경제를 살려 국가 부흥을 꾀하고자 함이다.

유약의 이러한 인식은 일시의 미봉책으로 편의에 따라 방편에 따라 다스리려는 애공의 단기적 안목의 문제점을 간파하고서, 완곡한 말로 국가의 장구한 세월을 공고히 지탱해줄 수 있는 초석을 마련해준 것이다.

(1) 애공절지 哀公節旨

애공 12, 13년에 거듭된 병충해에다가 해마다 주(邾)나라와의 전쟁이 있었고, 또 제나라의 침범이 거듭되었다. 이 때문에 흉년이 들고 재용(財用)이 고갈되기에 이르렀다.

애공이 "이를 어떻게 해야 하는가."라는 말에는 이미 자기 나름으로 어떻게 해야 할지에 대한 방법을 가지고 있었다. 그런데도 유약에게 물은 것은 단 유약의 말을 빌려 자신의 목표를 달성시키는 데에 도움을 얻고자 했을 뿐이지, 유약의 의견을 귀담아들으려는 의지는 애당초 없었다.

哀公이 問於有若曰 年饑 用不足하니 如之何오

애공이 유약에게 물었다.
"올해 흉년으로 나라의 경제가 넉넉하지 못하니, 이를 어떻게 해야 하겠는가."

강설

노나라 애공은 백성의 어려움은 걱정하지 않은 채, 나라의 경제만을 걱정하여 유약에게 물었다.
"올해 흉년이 들어 나라의 경제가 부족하니, 장차 어찌하면 나라의 경제를 풍족하게 할 수 있겠는가."

集註

稱有若者는 君臣之詞라 用은 謂國用이라

公意蓋欲加賦以足用也라

[훈고] 유약의 이름을 말한 것은 임금과 신하 사이에 쓰는 말이다.
용(用)은 나라의 비용을 말한다.

[해석] 애공의 생각은 부세(賦稅)를 더하여 나라의 비용을 넉넉게 하려는 데 있다.

(2) 유약절지 有若節旨

합(盍)자는 별다른 의미 없이 완곡하게 쓴 글자로서, 애공으로 하여금 철법(徹法)을 거행했을 적의 좋은 점을 상상하도록 하였다. 부세를 적게 걷고 비용을 절약하여 백성을 후하게 대해야 함을 말하고 있다.

有若이 對曰 盍徹乎시니잇고

유약이 대답하였다.
"어찌하여 철법을 쓰지 않으십니까?"

강설

유약은 애공에게 부세를 줄이라는 뜻으로 다음과 같이 대답하였다.

"예전엔 10분의 1을 걷어드리는 철법을 행하여도 넉넉했었는데, 오늘날은 철법을 폐지하여 오히려 나라의 경제가 부족하게 되었습니다. 넉넉하고 부족함을 저울질해 본다면, 어찌 선왕을 본받아 철법을 시행하지 않을 수 있겠습니까?"

集註

徹은 通也며 均也라

周制에 一夫受田百畝하야 而與同溝共井之人으로 通力合作하야 計畝均收하니 大率 民得其九하고 公取其一이라 故로 謂之徹이라 魯自宣公稅畝하고 又逐畝什取其一하니 則爲什而取二矣라 故로 有若請但專行徹法은 欲公節用以厚民也라

　[훈고] 철(徹)이란 공통으로 일하고, 수확을 균등하게 분배함이다.

　[해석] 주나라의 제도에 한 농부가 백 이랑의 밭을 받아서, 도랑을 함께하고 정전을 함께하는 사람들과 일을 함께하여 농사를 짓고 밭이랑을 계산하여 수확을 균등하게 나눈다. 대체로 백성은 10분의 9를 얻고, 공(公: 나라)에서는 10분의 1을 취한다. 그러므로 이를 철(徹)이라고 말한다.

　노나라는 선공(宣公)으로부터 공묘(公畝)에서 세금을 받고, 또 사묘(私畝)마다 각기 10분의 1을 취하니, 이는 10분의 2를 취한 것이다. 그러므로 유약이 오로지 철법을 시행토록 청한 것은 애공이 비용을 절약하여 백성에게 후하게 하고자 함이다.

(3) 왈이절지 曰二節旨

"10분의 2를 받아도 내 오히려 부족하다.[吾猶不足]"는 '나[吾]'라는 글자는 전혀 백성을 생각지 않

고, 자신의 처지만을 고집한 말이다.

앞에서의 '여지하(用不足如之何)'는 어떻게 할 것인가를 고민하는 말인데, 이의 '여지하(如之何其徹也)'는 유약의 말을 의아하게 여기는 말이다.

曰 二도 吾猶不足이어니 如之何其徹也리오

〈애공이〉 말하였다.

"10분의 2도 내 오히려 부족한데, 어떻게 철법을 쓸 수 있겠는가."

강설

애공이 유약의 말을 이해하지 못하고 다시 물었다.

"나는 노나라에서 세금을 받아온 이후로 10분의 2를 취하였으나 국가의 비용은 오히려 부족하였다.

이처럼 부족한 형편에서 더 올리기는커녕 어떻게 10분의 1을 취하는 철법을 시행하여 세율을 낮출 수 있겠는가."

集註

二는 卽所謂什二也라

公以有若不喩其旨라 故로 言此以示加賦之意라

[훈고] 2는 이른바 10분의 2이다.

[해석] 애공은 유약이 자기의 뜻을 알지 못한다고 생각한 까닭에 이를 말하여 부세를 더할 뜻을 보였다.

(4) 백성절지 百姓節旨

애공이 유약의 말을 이해하지 못한 것은 목전의 탐욕에 눈이 가려 철법이란 단 백성에게 이로울 뿐, 군주에겐 불리하다고 인식하였기 때문이다. 이 때문에 유약은 철법을 시행하는 것이 곧 국가의 경제를 풍족하게 하는 것임을 말하였다. 이의 요지는 나라의 경제를 풍요롭게 한다는 측면에 중점을 두었고, 백성이 풍요롭다는 것은 철법의 시행을 돌려서 말한 데 지나지 않는다.

對曰 百姓이 足이면 君孰與不足이며 百姓이 不足이면 君孰與足이리잇고

〈유약이〉 대답하였다.

"백성이 풍족하면 임금은 누구와 함께 부족하며, 백성이 부족하면 임금은 누구와 함께 풍족하시겠습니까?"

강설

유약이 대답하였다.

"백성이 가난하느냐, 부를 누리느냐의 권한은 실로 임금에게 달려있으며, 임금의 빈부 또한 백성에게 근본하고 있습니다.

임금이 철법을 시행하여 백성에게 추징하는 부세를 어려움 없이 거둬들여 넉넉할 수 있다면, 백성이 풍족하여 부를 누리는데 임금 홀로 빈곤할 수 없습니다. 어느 누가 차마 임금을 부족하게 살도록 놓아두겠습니까?

만일 철법을 시행하지 않아서 백성들이 부세의 증가로 어려움을 겪게 되어 부족하다면, 백성이 가난하여 부족한데 임금 홀로 부를 누릴 수 없을 것입니다. 어느 사람과 함께 풍요로움을 누릴 수 있겠습니까?

이처럼 풍족하면 모두가 풍족하고 부족하면 모두가 부족하여, 임금과 백성은 하나입니다. 이로 보면 군주는 의당 먼저 백성을 위하여 철법을 시행하지 않을 수 없을 것입니다."

集註

民富면 則君不至獨貧이오 民貧이면 則君不能獨富라 有若이 深言君民一體之意하야 以止公之厚斂하니 爲人上者 所宜深念也니라

○ 楊氏曰 仁政은 必自經界始니 經界正而後에 井地均하고 穀祿平하야 而軍國之需 皆量是以爲出焉이라 故로 一徹而百度擧矣니 上下寧憂不足乎아 以二猶不足이어든 而敎之徹하니 疑若迂矣라 然이나 什一은 天下之中正이니 多則桀이오 寡則貉이니 不可改也라 後世에 不究其本而唯末之圖라 故로 征斂無藝하고 費出無經하야 而上下困矣니 又惡知盡徹之當務而不爲迂乎아

[해석] 백성이 부유하면 임금 홀로 가난에 이르지 않을 것이며, 백성이 가난하면 임금 홀로 부를 누리지 못할 것이다. 유약이 임금과 백성이 하나의 같은 몸이라는 뜻을 깊이 말하여, 애공이 세금을 많이 거두려는 일을 저지하였다. 위정자들은 깊이 생각해야 할 바이다.

○ 양씨[楊時]가 말하였다.

"어진 정사는 반드시 토지의 경계로부터 비롯된다. 경계가 바른 뒤에 정전의 토지가 똑같고 곡록이 공평하여, 군국(軍國)의 수요는 모두 이의 수입을 헤아려 이로써 지출을 삼는다. 그러므로 하나의 철법으로서 온갖 법도가 이루어지니, 위로 임금과 아래로 백성이 어찌 부족함을 근심하겠는가. 10분의 2도 오히려 부족하다고 여겼는데, 그런 그에게 철법의 시행을 가르쳤다는 것은 현실과 동떨어진 일이라고 의심할 수 있다. 그러나 10분의 1은 천하의 중도

(中道)요 정도(正道)이다. 이보다 많이 거두면 걸(桀)이요, 적게 거두면 오랑캐이다. 이는 바꿀 수 없는 법이다. 후세에 그 근본을 탐구하지 않고, 오직 그 지엽적인 것만을 도모한 까닭에 부세를 취하는데 법이 없어 〈아래 백성이 부족하게 되고〉 비용의 지출에 법도가 없어 〈위로는 군주가 부족하여〉 위아래 모두가 곤궁하게 된 것이다. 〈그런 그들이〉 또한 '어찌하여 철법을 쓰지 않느냐.'는 말이란 당연히 힘써야 할 일로서, 현실과 거리가 멀지 않은 것임을 어떻게 알 수 있겠는가."

[보補]

공자 사후에 유약은 공자와 닮았을 뿐 아니라, 말하는 것도 공자를 닮아 공자처럼 섬기려던 일[以有若似聖人, 欲以所事孔子, 事之.](『孟子』「滕文公 上」제4장)이 있었다.

『논어』에 수록된 유약의 말은 모두 4장(章)이다. 『논어』를 시작하는 「학이」첫 장의 부자의 말씀을 이어서 바로 그 뒤의 제2장에서는 효제(孝弟)가 곧 인(仁)을 행하는 근본임을 말하였고, 제12장에서는 예의 용(用)을 말하였고, 제13장에서는 신의(信義)에 대해 말하였다. 이는 모두 학문의 근본이 되는 것들이며, 이 장에서 말한 철법은 정치의 근본이다. 이로 보면 유자는 자신의 학문세계와 국가의 정치철학을 모두 겸비한 분이다.[17]

위의 말은 모두 성인다운 말들이니만큼, 그를 부자처럼 섬기려던 동문의 의도 또한 공감이 가는 부분이다.

10. 숭덕장지 崇德章旨

이 장에서는 마음을 다스리는 학문에 대해 논하고 있다.

덕이란 본성에 근본한 것이다. 그 고유한 바로 되돌아와야 한다. 의혹은 감정에서 발생하니, 본래 없었던 것임을 알아야 한다. 높음은 낮은 곳으로부터 일어나고, 밝음은 어두운 곳으로부터 열어나가는 것인데, 자장의 물음은 단 높고 밝음을 원했을 뿐, 어느 곳으로부터 탐구해 나가야 할 줄을 몰랐다. 이 때문에 부자께서 내면에 가깝고 몸에 간절한 공부를 일러준 것이다.

(1) 숭덕절지 崇德節旨

이는 주(主)자에 중점을 두고 보아야 한다. 먼저 진실한 마음을 주제로 삼아야 하기 때문이다. "의에 옮겨간다[徙義]"는 것은 어떤 일을 행할 적에 시의(時宜)에 적합하지 못하면 반드시 의리에 맞도록 옮겨가야 하고, 또한 부합되지 않음을 깨달았으면 또다시 옮겨가 모두 시의에 적합하게 해야 한다. 내면의 충신과 외적인 의(義) 밖에 또 다른 덕이 없으며, 충신을 주로하고 의에 옮겨가

---

17 『大全』該註. "勿軒熊氏曰 按論語有若之言, 凡四章. 一言仁, 一言禮, 一言信義, 皆爲學之大本; 一言徹法, 亦爲政之大經, 體用具矣."

는 것 이외에 또 달리 숭상할 게 없다.

子張이 問崇德辨惑한대
子曰 主忠信하며 徙義 崇德也니라

자장이 덕을 높이 쌓아가고 의혹을 분별한 데 관해 물으니, 부자께서 말씀하셨다.
"충신을 주로 하며 의(義)로 옮겨가는 것이 덕을 높이 쌓아가는 것이다."

[강설]
자장이 부자에게 여쭈었다.
"마음에 얻은 바를 덕이라 하니, 의당 높이 받들어 쌓아가야 할 바입니다. 어떻게 하면 이를 받들어 높이 쌓아갈 수 있겠습니까?
마음에 가린 바 있음을 의혹이라고 하니, 의당 분별해야 할 바입니다. 어떻게 하면 이를 분별하여 밝힐 수 있겠습니까?"
부자께서 자장에게 일러주셨다.
"덕이란 안으로는 마음에 근본하면서 밖으로는 하는 일에 막힘이 없는 것이다. 안으로 마음을 다하여 속임이 없고[忠], 성실하여 거짓이 없으며[信], 바깥으로 선으로 옮겨가려는 용기가 없다면, 덕이란 그 무엇으로 드높게 쌓아갈 수 있겠는가.
반드시 안으로는 충신을 위주로 마음에 간직하여 그 어떤 생각이라도 진실하지 않음이 없도록 하며, 또 바깥으로는 의(義)에 옮겨가 일에 나타나는바, 그 어떤 일이라도 적절하지 않음이 없도록 한다면 근본이 성립되어 날로 새로울 것이니, 어찌 덕이 높아가지 않겠는가."

[集註]
主忠信則本立이요 徙義則日新이라

[해석] 충신을 주로 하면 근본이 서고, 의(義)로 옮겨가면 날로 새로워진다.

(2) 애지절지 愛之節旨

앞의 2구[愛之欲其生, 惡之欲其死]는 2개의 '욕(欲)'자에 중점을 두고 있다. 이는 자신의 감정 여하에 따라 그렇게 될 수 없는 일을 집착하는 데에 있다.
그 아래 구절[旣欲其生, 又欲其死, 是惑也]에서는 '기(旣)'와 '우(又)' 2자에 중점을 두고 있다. 이는 감정의 기복이 변화무쌍함을 말해주는 것이다.
이 절은 모두 사랑과 미움의 감정을 그 어느 한 사람을 대상으로 집착하거나 변덕이 심한 데에서 일어나는, 시비분별의 상실이라는 그 극치를 말해주는 것이다.

愛之란 **欲其生**하고 **惡之**란 **欲其死**하나니 **旣欲其生**이오 **又欲其死** **是 惑也**니라

"사랑할 적에는 그가 살았으면 원하고, 미워할 적에는 그가 죽었으면 원한다. 앞서 살았으면 원했다가 또다시 죽었으면 원하는 그것이 미혹이다."

> **강설**

"그 미혹을 분별하고자 한다면 미혹하게 되는 그 이유를 알아야 만이 이를 논변할 수 있다.

사람이 죽고 사는 목숨이란 천명에 달린 것이기에, 본디 내가 주관할 수 있는 일이 아니다. 사랑할 적에는 그 사람이 살았으면 원하는 마음이 간절하고, 미워할 적에는 그 사람이 죽었으면 원하는 마음이 간절하다.

이 모두가 그 어느 한 사람을 대상으로, 자신의 감정의 기복에 따라 그를 사랑할 때는 앞서 그가 살기를 간절히 원했다가 그를 증오하게 되면 또한 그가 죽기를 원한다.

이는 마음에 주재가 없고 사리를 밝게 보지 못함이다. 미혹치고는 너무나 심한 것이다. 그것이 미혹이라는 사실을 깨달으면 이미 미혹을 분별하여 밝힐 줄 알 것이다."

> **集註**

愛惡는 **人之常情也**라 **然**이나 **人之生死有命**하니 **非可得而欲也**라 **以愛惡而欲其生死**면 **則惑矣**오 **旣欲其生**하고 **又欲其死**면 **則惑之甚也**라

[해석] 사랑하고 미워함은 사람의 떳떳한 감정이다. 그러나 사람이 살고 죽음은 천명이다. 내가 원한다고 해서 그처럼 되는 게 아니다. 사랑하고 미워하는 감정으로 그가 살고 죽기를 원한다면 미혹됨이요, 앞서 그가 살았으면 원하고, 또다시 그가 죽었으면 원한다면 미혹됨이 심하다.

[보 補]

애증의 감정은 미혹을 낳는다. 지혜롭지 못하여 시비와 선악을 분별할 줄 모름이 곧 미혹이다. 바꿔 말하면 미혹이란 욕정에 의해 어리석음을 범하는 행위다.

앞서 사랑하는 사람은 살았으면 원하고, 미워하는 사람은 죽었으면 원한다. 그리고 지난날 살았으면 원했던 사람을 오늘은 또다시 죽었으면 원하고, 지난날 죽었으면 원했던 사람을 오늘은 또다시 살았으면 원한다는 것은 감정에 의해 이성을 상실하여 마음의 주체를 망각한 처사이다. 이 때문에 감정이 일어나면 지혜가 사라지게 된다[惑生於情, 情之所蔽, 惑生焉, 情生智隔.]고 한다. 이처럼 미혹이란 감정에 치우쳐 이성을 상실한 일이다.

誠不以富오 **亦祇以異**로다

〈구설(舊說)에 의해 해석하면,〉 진실로 부를 누릴 수 없고 또한 다만 이상한 것만 취하게 된다."

〈착간(錯簡) 설로 해석하면,〉진실로 〈백성들이 칭송하느냐 않느냐는〉부(富: 景公有馬千駟)로써 일컬어지는 것이 아니라, 또한 다른 것[지조와 절개: 伯夷餓于首陽]으로 일컫는 것이다."

集註

此는 詩小雅我行其野之詞也라 舊說에 夫子引之하야 以明欲其生死者 不能使之生死하니 如此詩所言不足以致富而適足以取異也라

程子曰 此錯簡이니 當在第十六篇齊景公有馬千駟之上이라 因此下文亦有齊景公字而誤也니라

○ 楊氏曰 堂堂乎張也여 難與幷爲仁矣니 則非誠善補過하야 不蔽於私者라 故告之如此니라

[훈고] 이는 『시경』「소아 아행기야」의 문장이다.

[해석] 옛 주석에 의하면, "부자께서 이를 인용하여, 그가 살았으면 죽었으면 원하는 자가 그를 살게 하고 죽게 할 수 없다. 이는 시에서 '부(富)를 이루기는커녕 좋지 못한 이상한 것[不善之異]만 얻게 되었다.'는 말과 같은 뜻임을 밝힌 것이다."고 하였다.

정자[伊川]가 말씀하였다.

"이는 잘못 순서가 바뀐 문장이다. 의당 제16 「계씨(季氏)」편(제12장)의 '제경공유마천마사…(齊景公有馬千駟…)' 구절 위에 있어야 한다. 이의 아래 문장에 또 '제경공(齊景公)'이라는 글자 때문에 이로 인하여 잘못 바뀐 것이다."

○ 양씨[楊時]가 말하였다.

"당당하다. 자장이여. 그와 함께 인을 하기 어렵다.'('子張」제16장)고 하니, 그는 진실한 마음으로 선을 행하고 잘못을 보완하여 사욕에 가림이 없는 자가 아니기에 이처럼 일러준 것이다."

11. 제경장지 齊景章旨

이 장에서는 인륜을 밝힘이 정치를 세우는 근본임을 보여주고 있다. 군신(君臣), 부자(父子) 등으로 대답한 것은 곧 위나라에서 명분을 바로잡고자 한 뜻과 같다.

(1) 제경 2절지 齊景二節旨

군신부자(君臣父子) 4자는 명분에 따라 그 실상을 추구하려는 뜻이 매우 강하지만, 임금과 아비의 측면에 중점을 두고 있다.

먼저 윗사람이 제자리를 잡는 것이 곧 바른 정치이다. 반드시 군신의 대의와 부자의 사랑이 부합되는 곳에서 나라의 성패와 흥망을 논하여야 비로소 여기에서 경계한 속뜻을 알 수 있다. 따라

서 굳이 제나라에 있었던 실제 사건을 들추어 이를 증명할 것까지는 없다.

齊景公이 問政於孔子한대

제경공이 공자에게 정사를 물으니,

> **集註**
>
> 齊景公은 名杵臼라
>
> 魯昭公末年에 孔子適齊하시다
>
> > [훈고] 제경공의 이름은 저구(杵臼)이다.
> >
> > [해석] 노 소공(昭公) 말년에 공자는 제나라에 가셨다.

孔子 對曰 君君 臣臣 父父 子子니이다

부자께서 대답하셨다.

"임금은 임금다우며, 신하는 신하다우며, 아비는 아비다우며, 자식은 자식다워야 합니다."

> **강설**
>
> 제경공이 당면한 국정의 현안을 부자에게 여쭈었다.
>
> 당시 제경공은 임금으로서의 권위가 실추되어 상벌의 권한이 아래로 신하에게 옮겨갔고, 적서(嫡庶)의 내란으로 실정(失政)이 극심하였다.
>
> 이 때문에 부자께서 그에게 대답하셨다.
>
> "한 나라의 정사를 도모하려면 인륜을 바로잡는 것이 급선무입니다. 바깥으로 조정에서는 임금이 임금의 도리를 다하여 대권이 옮겨가지 않도록 한다면 이로부터 신하 또한 신하의 도리를 다하여 권위와 상벌을 참람하게 쓰지 않을 것이며,
>
> 안으로 가정에서는 아비가 아비의 도리를 다하여 사사로이 치우친 사랑을 끊는다면 자식 또한 자식의 도리를 다하여 자신의 분수를 편히 지켜나갈 것입니다.
>
> 나라가 바르게 되고 모든 교화를 다 함께 누리게 될 것이니, 나라를 다스리는 도리는 바로 여기에 있습니다."

> **集註**
>
> 此는 人道之大經이오 政事之根本也라 是時에 景公失政而大夫陳氏厚施於國하고 景公又多內嬖而不立太子하야 其君臣父子之間에 皆失其道라 故로 夫子 告之以此니라

[해석] 이는 인도의 큰 법이요, 정사의 근본이다. 그 당시 경공은 정사를 잘못하고 대부 진씨(陳氏)는 나라에 후히 베풀었으며, 경공이 또 안으로 사랑하는 후궁이 많아 태자를 세우지 못하여, 그는 군신과 부자 사이에 모두 그 도리를 잃었다. 이 때문에 부자께서 이로써 일러준 것이다.

(2) 선재절지 善哉節旨

부자의 생각은 경공이 훌륭한 임금과 아비가 되어주기를 바라는 데 있었다. 그러나 경공이 군신·부자를 모두 들어 말하고, 뒤이어서 모든 사람에게 그 책임을 나누어 가지고자 하였다. 경공의 생각이 이처럼 자신의 책임을 회피하니, 어떻게 임금으로서 신하를 다스리고 아비로서 자식을 제어할 수 있겠는가. 이 때문에 화를 피할 수 없었다.

公曰 善哉라 信如君不君하며 臣不臣하며 父不父 子不子면 雖有粟이나 吾得而食諸아

경공이 말하였다.
"좋은 말씀입니다. 참으로 임금이 임금답지 못하고 신하가 신하답지 못하고 아비가 아비답지 못하고 자식이 자식답지 못하면, 비록 곡식이 있은들 내가 먹을 수 있겠습니까?"

> **강설**

경공이 이에 느낀 바 있어 탄식하였다.
"훌륭하십니다. 부자의 말씀이여.
참으로 임금이 임금답지 못하고 신하가 신하답지 못하고 아비가 아비답지 못하고 자식이 자식답지 못하다면, 떳떳한 인륜은 폐하게 되고 재화와 혼란이 장차 일어날 것입니다.
설령 한 나라의 부를 독점하여 먹을 곡식이 있다고 할지라도 내 어떻게 이를 먹을 수 있겠습니까? 나는 이로써 부자의 말씀이 훌륭하심을 알겠습니다."

> **集註**

景公이 善孔子之言이로되 而不能用이러니 其後에 果以繼嗣不定으로 啓陳氏弑君篡國之禍하니라
○ 楊氏曰 君之所以君과 臣之所以臣과 父之所以父와 子之所以子는 是必有道矣라 景公이 知善夫子之言이로되 而不知反求其所以然하니 蓋悅而不繹者니 齊之所以卒於亂也니라

[해석] 경공은 공자의 말을 훌륭하게 여기면서도 따르지 않았다. 그 뒤에 과연 왕위를 계승할 태자를 정하지 못함으로써 진씨[陳恒]가 임금을 시해하고 나라를 찬탈케 하는 화를 열어주었다.

○ 양씨[楊時]가 말하였다.

"임금이 임금다운 바와 신하가 신하다운 바와 아비가 아비다운 바와 자식이 자식다운 바는 반드시 도가 있다. 경공이 부자의 말씀을 훌륭하게 여기면서도 그 소이연(所以然)을 돌이켜 탐구할 줄을 알지 못하였다. 이는 〈완곡한 부자의 말씀을〉 좋아하면서도 그 말 속에 담긴 깊은 뜻을 생각지 않은 자(「子罕」 제23장)이다. 제나라가 난으로 끝장을 보게 된 이유이다."

12. 편언장지 片言章旨

이 장에서는 사람이란 평소 믿음을 얻어야 한다는 뜻을 보여주고 있다.

앞 절[片言… 其由也與]에서는 부자께서 자로가 사람들로부터 믿음을 얻을 수 있었음을 칭찬하였고,

뒤 절[子路無宿諾]에서는 문인들이 자로의 수양이 평소에 있었음을 기록하여 부자의 말을 증명하였으나, 모두 실제의 일에 대해서는 언급하지 않았다.

(1) 편언절지 片言節旨

"반 마디 말로 옥사를 결단한다[片言可折]"는 것은 편언(片言)을 칭찬한 것이지, 옥사의 결단에 대한 말이 아니다. 기유야여(其由也與) 구절은 그 어떤 사실을 들어 말한 것은 아니다.

子曰 片言에 可以折獄者는 其由也與」저

부자께서 말씀하셨다.

"반 마디 말로도 옥사를 결단할 자는 유(자로)이다."

> **강설**

부자께서 자로를 칭찬하여 말씀하셨다.

"백성의 마음에 거짓이 많으므로 옥사를 결정하기 어려워진 지 오래다. 반 마디의 말로써 옥사의 시비곡직을 결단할 수 있는 자는 오로지 유일 뿐이다."

> **集註**

片言은 半言이오 折은 斷也라

子路忠信明決이라 故로 言出而人信服之하야 不待其辭之畢也니라

[훈고] 편언(片言)은 반 마디의 말이다. 절(折)은 끊음이다.

[해석] 자로는 마음을 다하고 믿음이 있고 명철하고 결단이 있으므로, 〈자로가〉 말을 하면

사람들이 믿고 따르기에 그의 말이 마저 끝나기를 기다리지 않았다.

(2) 자로절지 子路節旨

자로의 "마음을 다하고 믿음이 있고 명철하고 결단이 있다."는 충신명결(忠信明決) 4자에는 광범한 뜻이 담겨있다. 무숙락(無宿諾)은 바로 그 가운데 하나의 일이다. 평소 반 마디 말도 사람을 속인 적이 없었기에 정작 일에 임하여 반 마디 말로서도 사람들을 감복시킬 수 있었다.

子路는 無宿諾이러라

자로는 승낙한 것을 묵혀둠이 없었다.

강설

그러나 자로가 남들에게 신임을 얻을 수 있었던 것은 그가 평소 신임을 쌓아왔기 때문이다. 문인이 부자의 말씀으로 인하여 다음과 같이 기록하였다.

"자로는 평소에 자기 말에 대한 실천을 급히 여겨 일찍이 자신이 그러하겠다고 승낙한 것을 지체하거나 미적거리며 묵혀둔 적이 없었다."

말을 실천함은 마음을 다함이요 믿음[忠信]이며, 말의 실천을 급히 여김은 명철함이요 결단[明決]이다. 마음을 다하고 믿음이 있으면 차마 남들을 속이지 못하고, 명철하고 결단이 있으면 남들을 속이지 않는다. 그러므로 남들이 스스로 자로를 믿게 되고, 옥사는 절로 결단이 나는 것이다.

集註

宿은 留也니 猶宿怨之宿이라

急於踐言하야 不留其諾也라 記者因夫子之言而記此하야 以見(현)子路之所以取信於人者 由其養之有素也니라

○ 尹氏曰 小邾射(역)이 以句繹奔魯하야 曰使季路要我면 吾無盟矣라하니 千乘之國이 不信其盟 而信子路之一言하니 其見信於人을 可知矣라 一言而折獄者는 信在言前하야 人自信之故也니 不留諾은 所以全其信也니라

[훈고] 숙(宿)은 묵혀둠이니, 숙원(宿怨)의 숙(宿)자와 같다.

[해석] 〈자로는〉 말을 실천하는데 급하여 승낙한 일을 묵혀두지 않았다. 기록한 자가 부자의 말씀으로 인하여 이를 기록하여, 자로가 사람들에게 믿음을 얻게 된 바는 평소의 소양에서 유래된 것임을 나타내었다.

○ 윤씨[尹焞]가 말하였다.

"소주(小邾: 國名)의 역(射: 小邾大夫의 이름)이 구역(句繹: 지명)을 가지고 노나라로 도망하여 말하기를, '만일 계로(季路)가 나와 약속한다면, 나는 맹약을 하지 않을 것이다.'(『좌전』애공14년)고 하였다. 천승 제후의 맹약은 믿지 않고 자로의 한마디 말을 믿으니, 그가 남들에게 신임 얻음을 알 수 있다. 한마디 말로 옥사를 결단한다는 것은 그에 대한 믿음이 말하기에 앞서 있었기에 사람들이 스스로 믿었기 때문이다. 승낙한 일을 묵혀둠이 없었다 함은 그 믿음을 이뤄낸(全其信의 全은 成자와 같은 뜻) 것이다."

13. 청송전지　聽訟全旨

이 장에서는 부자께서 형벌 없는 세상, 죄인 없는 사회, 그 옛날 성군의 덕화를 생각하면서, 그렇게 만들겠다는 뒤 구절의 사(使: 必也使無訟)자에 중점을 두고 있다.

청송(聽訟)의 청(聽)은 이미 송사가 벌어진 이후의 일이니, 법으로 다스림이며, 사무(使無)의 사(使)는 송사가 있기 이전의 일이니, 덕으로 가르침을 말한다. 이는 형벌을 사용하여 그처럼 만드는 것이 아니다. 덕치주의(德治主義)의 말이 없는 교화와 보이지 않는 깊은 신뢰가 그처럼 만들어내는 것이다. 그러나 이 또한 정사의 대체를 논한 것일 뿐이다. 오(吾)자는 부자께서 스스로 다짐한 말이다.

子曰 聽訟이 吾猶人也나 必也使無訟乎ㄴ저

부자께서 말씀하셨다.
"송사를 판결함이 내 남들과 같으나, 반드시 송사를 없도록 할 것이다."

> **강설**

부자께서 근본을 숭상하는 정치를 생각하여 다음과 같이 말씀하셨다.

"송(訟)이란 송사(爭訟)이며, 청(聽)이란 판결을 말한다. 백성의 윗자리에서 정사를 하는 관리는 백성의 송사로 인하여 그들의 시비곡직을 듣고서 판결을 하는 자이다. 내 비록 여느 사람들보다 뛰어나지는 못하겠지만, 그래도 남들처럼 송사를 다스릴 수 있다. 그러나 이는 지엽을 다스리고, 흐르는 물줄기를 막는 데에 지나지 않는다.

반드시 그 근본을 바로잡고 그 원천을 막아야 한다. 그러므로 백성을 덕으로 인도하고 예로 가다듬어 그들에게 잘못에 대한 부끄러움을 알도록 가르치면 송사 그 자체가 절로 사라지게 될 것이다. 이것이 고귀한 가르침이다. 위정자는 의당 그 무엇을 숭상해야 할 것인가 알아야 한다."

> **集註**

范氏曰 聽訟者는 治其末 塞其流也니 正其本 清其源이면 則無訟矣리라

○ 楊氏曰 子路片言에 可以折獄이나 而不知以禮遜爲國하니 則未能使民無訟者也라 故로 又 記孔子之言하야 以見聖人不以聽訟爲難하고 而以使民無訟爲貴니라

[해석] 범씨[范祖禹]가 말하였다.

"송사를 판결한다는 것은 그 지엽을 다스리고 그 물줄기를 막는 일이다. 그 근본을 바르게 하고 원천을 맑게 하면 송사가 절로 사라진다."

○ 양씨[楊時]가 말하였다.

"자로가 반 마디 말로 옥사를 판단한다고 하나, 예양과 겸손으로 나라를 다스릴 줄 모르니 백성으로 하여금 송사가 없게 하지는 못할 사람이다. 그러므로 또 공자의 말씀을 기록하여 성인은 송사의 판결을 어렵게 여기지 않고, 백성으로 하여금 송사가 없도록 함을 고귀하게 여김을 보여준 것이다."

14. 자장전지 子張全旨

이 장에서는 위정자의 진실한 마음[誠心]이 고귀함을 논하고 있다. 진실하면 잠시의 끊어짐도 없기에 게으름이 없으며, 진실하면 속임이 없기에 마음과 몸을 다할 수 있다.

거(居: 居之無倦)와 행(行: 行之以忠) 2자는 수평의 관계로 보아야 한다. 거(居)는 위정자의 마음가짐으로 말하며, 게으름이 없다는 것은 처음부터 끝까지 한결같은 마음으로 그 일에서 떠나지 않음이다.

행(行)은 일처리를 말하며, 충심으로 한다는 것은 안이나 밖이나 한결같은 마음으로 하는 일에서 벗어남이 없는 것이다. 이는 순수한 왕도의 정치이다. 자장의 결점과 모순을 상대로 말한 것이다.

子張이 問政한대

子曰 居之無倦하며 行之以忠이니라

자장이 정사를 물으니, 부자께서 말씀하셨다.

"마음가짐에 게으름이 없으며, 일을 행함에 충심으로 다해야 한다."

강설

자장이 부자에게 정사에 대하여 여쭈자, 부자께서 다음과 같이 말씀하셨다.

"정사는 백성을 다스리는 일이며, 그것은 교육과 양육에 있다. 백성을 가르치고 길러주는 도는 오직 진실한 마음을 다하는 데에 있을 뿐이다. 백성을 가르치고 길러주려는 마음 자세는 반드시 처음에도 이와 같고 끝에도 이처럼 한결같아야 한다. 처음엔 예리하게 나가다가 끝에 가서 게을

러서는 안 된다.

　또한 백성을 가르치고 길러주는 정사를 정작 시행할 적에는 반드시 안으로도 이와 같고 밖으로도 이처럼 충심을 다하여야 한다. 한낱 겉으로만 어진 정사를 하는 것처럼 꾸미지 말고, 그 충심으로 다해야 한다.

　이처럼 시종 한결같고 안팎으로 거짓 없이 진실한 마음을 다한다면 훌륭한 정사가 이룩될 것이다. 정사하는 도가 이보다 더할 수 있겠는가."

> 集註

　居는 謂存諸心이니 無倦이면 則始終如一이오 行은 謂發於事니 以忠이면 則表裏如一이라

　○ 程子曰 子張少仁하야 無誠心愛民하니 則必倦而不盡心이라 故로 告之以此니라

　[훈고와 해석] 거(居)는 마음에 간직함이니, 게으름이 없으면 시작과 끝이 한결같고, 행(行)이란 일에 나타남이니, 충심으로 다하면 안팎이 한결같게 된다.

　○ 정자[伊川]가 말씀하였다.

　"자장은 인(仁)이 부족하여 백성을 사랑하는 진실한 마음이 없다. 반드시 게으르고 마음을 다하지 않을 것이기에 이를 일러주었다."

15. 박학어장 博學於章

子曰 博學於文이오 約之以禮면 亦可以弗畔矣夫ㄴ저

　부자께서 말씀하셨다.

　"널리 글을 배우고 예로써 요약하면 또한 〈도에〉 어긋나지 않을 것이다."

> 集註

　重出이라

　거듭나온 문장이다.(「雍也」 제26장)

16. 군자전지 君子全旨

　이 장은 군자와 소인의 마음 씀씀이 다른 점을 보여주고 있다. 군자는 자기만이 홀로 군자가 되는 것을 부끄럽게 여기고, 소인은 다 함께 소인되는 것을 좋아한다. 아름다움[美: 人之美]과 악함[惡: 人之惡]은 모두 한 사람에 대한 것으로 볼 수 있다.

　집주에서 간직한 바[所存]는 마음으로 말하며, 좋아하는 바[所好]는 감정으로 말한다. 유액장권(誘

掖獎勸)의 유도한다(誘)는 것은 좋은 말로 이끌고 달램이며, 부축한다(掖)는 것은 몸으로 붙잡아줌이며, 장(獎)이란 이미 잘한 것을 칭찬함이며, 권(勸)이란 아직 이르지 못한 것을 더욱 힘쓰도록 권면함이다.

子曰 君子는 成人之美하고 不成人之惡하나니 小人은 反是니라

부자께서 말씀하셨다.

"군자는 남들의 아름다움을 이뤄주고 남들의 악함을 이뤄주지 않는데, 소인은 이와 반대이다."

강설

부자께서 군자와 소인의 마음 씀씀이 다른 점을 말씀하셨다.

"군자의 마음가짐은 이미 후한 데다 그가 좋아하는바 또한 선에 있다.

그러므로 남들의 아름다운 점을 보았을 적에 그가 아직 아름다운 선을 이루기 이전이면 그를 이끌어주고 붙잡아 선을 행하도록 하고, 이미 선을 행하고 있을 적이면 그를 칭찬하고 더 힘쓰도록 권장하여 반드시 그의 아름다운 선을 성취하도록 마련해준다.

그리고 그의 악을 보았을 적에 그가 아직 잘못된 악을 이루기 이전이면 그를 잘못이 없도록 미리 타일러서 주의하도록 하고, 이미 악을 저지를 적이면 억제하고 저지하여 반드시 그의 악을 이루지 못하도록 하였다.

그러나 소인의 마음가짐은 이미 야박한 데다가 그가 좋아하는바 또한 악에 있다. 그러므로 남들이 아름다운 선을 이루지 못하도록 방해하거나 시기하며, 남들이 악을 범하도록 조장하거나 부추기는 것이다. 이처럼 군자의 행한 바와는 반대이다.

군자와 소인의 마음 씀씀이가 이처럼 다르다. 배우는 이는 이를 삼가지 않을 수 있겠는가."

集註

成者는 誘掖獎勸하야 以成其事也라

君子小人은 所存이 旣有厚薄之殊하고 而其所好 又有善惡之異라 故로 其用心不同이 如此니라

[훈고] 성(成)이란 이끌어주고 붙잡아주고 장려하고 권면하여 그 일을 이루도록 함이다.

[해석] 군자와 소인은 마음가짐에 이미 후박의 차이가 있고, 그 좋아하는바 또한 선악의 차이가 있다. 그러므로 그 마음 씀씀이 이처럼 다른 것이다.

17. 계강전지 季康全旨

이 장은 나라를 다스리려면 먼저 자기 몸이 올발라야 함을 보여주고 있다. 계강자의 생각은 남

들만을 바르게 하려는 데 있고, 부자의 뜻은 위정자 자신을 바르게 하려는 데 있다.

　정사는 바로잡음이다[政者正也]는 것 또한 정사라는 명제를 형식적으로 해석한 말이다. 자솔이정(子帥以正) 구절은 위정자 그 자기의 입장에서 남들을 바로잡을 수 있는 근본으로 말한 것인바, 나라의 기강을 진작하고 명분을 바로잡는 데에 중점이 있다.

　숙감부정(孰敢不正)의 감(敢)자를 음미하여보면, 사람들의 마음속엔 바르지 못한 일을 과감하게 단행하려는 의식이 잠재되어있음을 알 수 있다.

季康子 問政於孔子한대
孔子 對曰 政者는 正也니 子帥以正이면 孰敢不正이리오

　계강자가 공자에게 정사를 물으니, 부자께서 대답하셨다.
　"정사란 바로잡음이니, 그대가 바른 도로 거느리면 누가 감히 바르지 않겠는가."

　강설

　계강자가 수많은 정사 가운데 백성을 바로잡는 도를 공자에게 여쭈자, 부자께서 정사라는 개념과 솔선수범과 그에 따른 결과로 일러주셨다.

　"정사라 말함은 바로잡는다는 뜻이다. 사람들의 부정을 바로잡아주는 것이다. 그러나 자신이 바르지 못하고서는 남들을 잘못을 바로잡을 수 없다. 그대가 남들보다 앞장서서 스스로 몸을 바르게 하여 몸소 다른 사람의 본보기가 되어 백성을 거느린다면 백성들이 보고 느낄 수 있는 터전이 마련될 것이다. 그처럼 표본이 된다면 어느 누가 감히 바른 도로 돌아오지 않을 턱이 있겠는가."

　集註

　范氏曰 未有己不正而能正人者니라

　○ 胡氏曰 魯自中葉으로 政由大夫하니 家臣效尤하야 據邑背叛하야 不正甚矣라 故로 孔子以是告之하니 欲康子以正自克하야 而改三家之故어늘 惜乎라 康子之溺於利欲而不能也여

　[해석] 범씨[范祖禹]가 말하였다.
　"자신이 바르지 못하고서 남들을 바르게 할 수 있는 자는 없다."
　○ 호씨[胡寅]가 말하였다.
　"노나라는 중엽으로부터 국정이 대부에 의해 이뤄져 왔다. 가신들이 그 잘못을 본받아 읍을 점거하고 배반하여 바르지 못함이 심하였다. 이 때문에 공자가 이를 일러줌은 계강자가 바른 도로 스스로 다스려서 삼가(三家)의 지난 잘못[專橫僭濫]을 고치도록 원했던 것인데, 안타깝게도 계강자는 사리사욕을 탐닉하여 그 잘못을 고치지 못하였다."

18. 환도전지 患盜全旨

이 장에서는 도적을 막으려면 먼저 그 근원을 맑게 해야 함을 보여주고 있다. 계강자의 생각은 준엄한 국법으로 도둑을 다스리려는 데에 있고, 공자의 뜻은 먼저 위정자의 마음을 바로잡아 그 도적이 일어나지 않도록 하고자 하는 데 있다.

남의 물건을 훔치려는 마음은 욕심에서 일어나기에, 먼저 위정자가 탐욕을 부리지 않음을 고귀하게 여긴다. 위에서 탐욕을 부리지 않으면 아래에 청렴한 풍속이 이뤄지고 예의의 교화가 진작되기에, 설령 도둑에게 상을 주면서 도둑질하라고 할지라도 도둑질하지 않을 것이다. 이 세상에 백성에게 상을 주면서 도둑질하도록 권하는 위정자가 있겠는가. 이는 결코 도둑질하지 않음을 특별히 강조하는 가설일 뿐이다.

季康子 患盜하야 問於孔子한대
孔子 對曰 苟子之不欲이면 雖賞之라도 不竊하리라

계강자가 도둑을 근심하여 공자에게 물으니, 공자께서 대답하셨다.
"만일 그대가 탐욕을 부리지 않는다면 비록 상을 줄지라도 도둑질하지 않을 것이다."

강설

계강자는 노나라에 도적이 들끓어 백성들에게 피해가 큰 것을 근심한 나머지, 부자에게 도적을 저지할 방법을 여쭈었다.

돌이켜보면, 계씨의 집안에서 국권을 찬탈한 일은 노나라를 도둑질한 것이며, 계강자가 적자(嫡子)의 자리를 빼앗은 일은 제 집안을 도둑질한 것이다. 그는 노나라의 도둑 중에서도 가장 큰 도둑이다. 그런 그가 어떻게 백성들에게 도둑질한다고 꾸짖을 수 있겠는가. 도둑이 그처럼 들끓은 데에는 그만한 이유가 있다.

이 때문에 부자께서 다시 위정자의 솔선수범을 강조하여 대답하셨다.

"윗사람이란 아래 백성을 이끄는 표본이다. 만일 그대가 위에 있으면서 청백한 마음으로 절개를 지키는 데에 힘써 나라와 집안에서 탐욕을 일삼지 않는다면 백성은 그런 위정자를 보고서 또한 이를 고귀하게 여길 줄 알 것이다.

백성이 탐욕이 없음을 고귀하게 여길 줄 알면 도둑질하는 자에게 상을 주면서 도적질하도록 권한다고 할지라도 그들에게 부끄러워할 줄 아는 마음이 있어 스스로 도둑질하지 않을 것이다. 더는 도둑을 걱정할 일이 있겠는가."

集註

言子不貪欲이면 則雖賞民하야 使之爲盜라도 民亦知恥而不竊이니라

○ 胡氏曰 季氏竊柄하고 康子奪嫡하니 民之爲盜는 固其所也라 盍亦反其本邪아 孔子以不欲 啓之하니 其旨深矣로다 奪嫡은 事見春秋傳이라

[해석] 그대가 탐욕을 부리지 않으면 비록 백성에게 상을 내려 도둑질하도록 할지라도 백성 또한 부끄러움을 알고서 도둑질하지 않음을 말한다.

○ 호씨[胡寅]가 말하였다.

"계씨는 노나라의 국권을 도둑질하였고, 계강자는 적자의 자리를 빼앗았다. 백성이 도둑질 하는 데는 참으로 그럴만한 이유가 있다. 어찌 또한 그 근본이 되는 자신을 돌이켜 보지 않을 수 있겠는가. 부자께서 탐욕을 부리지 말라는 것으로 계도하시니, 그 뜻이 깊다. 적자의 자리 를 빼앗은 일은 『춘추좌전』(애공3년)에 보인다.

19. 여살전지 如殺全旨

이 장은 부자께서 선한 일[善機]로써 살생하려는 마음[殺機]을 막으려는 것이다. 계강자는 준엄한 법을 통하여 백성을 도로 몰아가고자 하였고, 부자는 자신이 남들보다 앞장서서 몸소 다른 사람의 본보기로서 백성을 선으로 이끌어 가도록 하였다. 이는 형벌에 의한 법치(法治)를 솔선수범의 덕 치(德治)로 바꾸고자 함이다.

자욕선(子欲善) 3자를 깊이 보아야 한다. 이는 모두 양심을 가지고 몸소 실천해야 한다는 면에서 선정(善政)과 선교(善敎) 또한 모두 그 가운데 있다.

군자지덕풍(君子之德風) 이하는 위정자가 선을 행하고자 하면 백성이 선을 행하게 되는 이유를 거듭 말한 부분이다. 풀 위에 바람이 부는 것은 위정자가 백성에게 군림함과 같은 일로, 군자의 덕이 충분히 소인을 눌려 이길 수 있음을 비유한 말이다.

季康子 問政於孔子曰 如殺無道하야 以就有道_ㄴ댄 何如하니잇고
孔子 對曰 子 爲政에 焉用殺이리오 子 欲善이면 而民이 善矣리니 君子之德은 風이오
小人之德은 草라 草上之風이면 必偃하나니라

계강자가 공자에게 정사를 여쭈었다.

"만일 도가 없는 이를 죽여서 도가 있는 데로 나아가게 하면 어떻겠습니까?"

부자께서 대답하셨다.

"그대가 정사하는데 어찌하여 살인하려고 하는가. 그대가 선을 행하고자 하면 백성이 선해지는 것이다. 군자의 덕은 바람이요, 소인의 덕은 풀이다. 풀 위에 바람이 불면 반드시 〈바람결 따라〉 휩쓸리기 마련이다."

강설

계강자는 끊임없이 법치주의를 잊은 적이 없었다. 앞서 도둑을 걱정한 것도, 여기에서 무도한 자를 처형하겠다는 것도 모두가 준엄한 국법으로 통치하려는 발상을 떨쳐버리지 못한 데서 비롯한 일이다. 이런 일련선상에서 다시 부자에게 정사를 여쭈었다.

"형벌 또한 정사하는 데 없어서는 안 될 것입니다. 만일 무도한 백성을 죽여서 모든 백성에게 국법의 두려움을 알도록 하여 도가 있는 사람들로 만든다면 어떻겠습니까?"

부자께서 대답하셨다.

"백성이 선하게 되는 바를 돌이켜보면 그들을 어떻게 이끄느냐에 달려있다. 오늘날 그대가 나라의 권력을 잡고서 정사함에 있어 백성을 죽여서는 안 된다는 점은 더이상 말할 나위가 없다. 그런데도 어떻게 사람을 죽이려고 생각하는가. 다만 그대가 선을 행하려는 마음을 가지고 몸소 선을 행하여 백성을 거느린다면 백성은 스스로 보고 느끼고 흥기한바 있어 절로 선으로 돌아가게 될 것이다.

그렇게 되는 까닭은, 군자(통치자)의 본분과 그 지위란 백성을 감동하게 하는 주체라 바람과 같고, 소인(백성)의 본분과 그 지위란 위정자에게 순응하는 객체라 풀과 같기 때문이다. 풀 위에 바람이 불면 풀잎은 반드시 바람결 따라 휩쓸리기 마련이다.

이로 보면 소인이란 군자에게 감동을 하는 바이니 어떻게 군자가 하고 싶은 대로 다스려지지 않을 수 있겠는가. 그대가 백성이 선하기를 원한다면 그대가 또한 먼저 선행의 바람을 일으키는 것이 옳은 일이다. 어떻게 백성을 죽이려고 생각할 수 있겠는가."

集註

爲政者는 民所視效니 何以殺爲리오 欲善則民善矣라 上은 一作尙이니 加也라 偃은 仆也라

○ 尹氏曰 殺之爲言이 豈爲人上之語哉리오 以身敎者는 從하고 以言敎者는 訟이온 而況於殺乎아

[해석] 위정자는 백성이 보고 본받는 대상이다. 어떻게 사람을 죽일 수 있겠는가. 〈위정자가〉 선을 행하고자 하면 백성이 선해지는 것이다.

[훈고] 상(上)은 어느 책에서는 상(尙)자로 쓰여 있으니, 더한다는 뜻이다. 언(偃)은 쓰러짐이다.

○ 윤씨[尹焞]가 말하였다.

"사람을 죽인다는 말을 어떻게 위정자로서 할 수 있는 말이겠는가. '몸으로 가르치는 자는 따르고, 말로써 가르치는 자는 시비를 따지는 법인데,'(『後漢書』「第五倫傳」) 하물며 백성을 죽일 수야?"

20. 문달장지 問達章旨

이 장에서는 선비란 실상에 힘쓰고 허명에 힘써서는 안 된다는 점을 말해주고 있다.

달(達)이란 주로 실상에 힘쓰는 것이며, 문(聞)이란 주로 명예에 힘쓰는 것이다. 전체의 문장은 달(達)을 위주로 말하려는 것이지, 문(聞)과 달(達)을 대등하게 말하려는 것은 아니다.

(1) 문달절지 問達節旨

자장은 어떻게 하는 것을 달이라고 말하는가에 대한 그 정의를 물은 것이지, 어떻게 해야 만이 비로소 달할 수 있을까 하는 그 방법론에 관해 물은 것이다.

子張問 士 何如라야 斯可謂之達矣니잇고

자장이 물었다.
"선비가 어떻게 해야 이에 달하였다고 이르는 것입니까?"

강설

자장이 물었다.
"선비의 행실이란 달함이 고귀합니다. 그러나 모든 일에 달하기까지는 반드시 그렇게 될 수 있는 연유가 있을 것입니다. 반드시 어떻게 해야만 달이라 말할 수 있겠습니까?"

集註

達者는 德孚於人而行無不得之謂라

[훈고] 달(達)이란 덕이 사람에게 미더움이 있고, 행하는 것마다 얻지 못함이 없는 것이다.

[보 補]

'달'이라는 것은 나의 하는 일들이 막힘없이 풀려나가는 것을 말한다. 즉 나라에서나 집에서나 하는 일마다 잘 되어가는 것이다.

집주에서 말한 "나의 덕이 사람들에게 믿음을 주어야 한다."는 것은 경문에서 말하지 않은 부분이다. 이는 아랫부분에서 말한 나의 몸을 닦고 사람의 반응을 살피고 겸손한 몸가짐을 종합하여, 이를 덕이라 말하였다. 이러한 실상이 모든 일을 잘되게 해주는 것이라고 인식한 것이다.

(2) 하재절지 何哉節旨

부자의 봉갈(棒喝)은 모두 하재(何哉)라는 힐책에 담겨있다.

子曰 何哉오 爾所謂達者여

부자께서 말씀하셨다.
"무엇을 말하느냐? 네가 말하는 '달'이라는 것은⋯."

강설

부자께서 도리어 자장에게 따져 물으셨다.
"무엇을 말하는가.
네가 말하는 '달'을 시험 삼아 나에게 말해보는 것이 좋겠다."

集註

子張은 務外하니 夫子 蓋已知其發問之矣라 故로 反詰之하야 將以發其病而藥之也시니라

[해석] 자장이 바깥으로 힘을 쓰니, 부자께서 벌써 그가 묻는 뜻을 아셨다. 그러므로 도리어 그에게 따져 물어, 장차 그의 병통을 파헤쳐 약을 쓰려는 것이다.

(3) 재방절지 在邦節旨

이는 자장이 생각하는 달에 대한 해석으로, 완전히 명예를 향해 치달림이다.

子張이 對曰 在邦必聞하며 在家必聞이니이다

자장이 대답하였다.
"나라에 있어도 반드시 〈명예가〉 들리며, 집에 있어도 반드시 〈명예가〉 들리는 것입니다."

강설

자장이 대답하였다.
"사람들은 오직 명예가 나타나지 않기에 행하는데 막힌 일이 많습니다. 제가 말하는 '달'이란 나라에 있어선 반드시 나라에 명예가 나타나고 집안에 있어선 반드시 집안에 명예가 나타난 것입니다."
이는 자장이 명예의 소문을 '달'이라고 인식하였다.

集註

言名譽著聞也라

[해석] 명예가 나타나고 알려짐을 말한다.

(4) 시문절지 是聞節旨

이는 단 '문'과 '달' 2자에 대한 논변이다.

子曰 是는 聞也라 非達也니라

부자께서 말씀하셨다.
"그것은 소문이지 달이 아니다."

강설

부자께서 그에 대해 논변하셨다.

"그대가 말한 나라와 집안에서 반드시 명예가 나타난다는 것은 나라와 집에서 명예의 소문이지, 나라와 집에서 달함을 말함이 아니다.

그중 하나는 진실하고, 그중 하나는 거짓이다. 그 둘은 외형상으론 비슷해 보이지만 실제로 다른 점이 있지 않겠는가."

集註

聞與達은 相似而不同하니 **乃誠僞之所以分**이니 **學者不可不審也**라 故로 **夫子旣明辨之**하고 **下文**에 **又詳言之**니라

[해석] 문(聞)과 달(達)은 서로 비슷하지만 다르다. 이는 진실과 거짓으로 나뉘는 바이니 학자는 이를 살피지 않을 수 없다. 그러므로 부자께서 이미 분명하게 분별하고, 아랫글에서 또 다시 자세히 말씀하셨다.

[보 補]

집주에서 말한 진실과 거짓의 구분은 아래의 경문 2절에서 말한 뜻을 앞서 들추어 말한 것이다. 소문이란 남들의 입에 의해 만들어져 나에게 들려오는 것임에 반하여 '달'이란 나의 실상이 남에게 전해지는 데에서 얻어지는 결과이다. 이처럼 출발점이 다르다. 이 때문에 나의 행동이 명예를 얻을 수 없음에도 생각지 않은 헛소문이 있을 수 있기에,『맹자』에서 이를 분명하게 '생각지도 않은 명예[不虞之譽]'(「離婁 上」)라 말하였다. 이처럼 헛소문이란 때론 우연으로, 때론 교정식위(矯情飾僞)에 의해 얻어질 수 있으나, 나의 하는 일이 모두 잘 된다는 보장은 없다.

(5) 부달절지 夫達節旨

부달야자(夫達也者) 구절은 곧 자장을 각성시키는 부분이다. 질박함[質]과 곧음[直]은 2가지 일이

다. 질박함이란 꾸미지 않음이며, 곧음이란 사곡(邪曲)의 반대이다. 하지만 이는 모두 하나의 진실한 마음일 뿐이다. 그러므로 집주에서 충신으로 한데 묶어 해석한 것이니만큼, 이를 나누어 말해서는 안 된다.

夫達也者는 **質直而好義**하며 **察言而觀色**하야 **慮以下人**하나니 **在邦必達**하며 **在家必達**이니라

"달이라 하는 것은 질박하고 올곧으면서도 의를 좋아하며, 말을 살피고 얼굴빛을 살펴보면서 생각하여 남들에게 몸을 낮추니, 나라에 있어서는 반드시 달하며, 집에 있어서도 반드시 달하는 것이다."

"이른바 '달'이란 막힘없이 일을 이루고자 하는 데에 마음을 두는 것이 아니다.

안으로는 질박하고 올곧음으로써 충신을 주로 하되, 바깥으로는 의를 좋아하여 행한바 시의(時宜)에 부합하고, 또한 사물을 접함에 남들의 말을 살펴 자신의 시비를 증험하고, 남들의 안색을 보면서 자신의 잘잘못을 증험해 보며, 또한 반드시 몸을 낮추어 자신을 다스리되 오로지 겸손한 마음으로 남들에게 몸을 낮추고자 생각해야 한다.

이는 모두가 자기 내면을 닦을 뿐, 남들이 알아주기를 구함이 아니다. 그러나 그의 몸에 덕이 닦여짐으로써 사람들은 그를 신임하여, 나라에 있어서는 나라에 믿음을 얻어 행하는 일마다 반드시 이뤄지지 않는 바 없으며, 집안에 있어서는 집안에 믿음을 얻어 행하는 일마다 반드시 이뤄지지 않는 바 없다. 이른바 '달'이란 이와 같은 것이다."

內主忠信而所行合宜하고 **審於接物而卑以自牧**하니 **皆自修於內**오 **不求人知之事**라 **然**이나 **德修於己而人信之**면 **則所行**이 **自無窒礙矣**리라

[해석] 마음에 충신을 주로 하여 행하는 바 시의(時宜)에 부합하고, 사람을 대함에 살피고 몸을 낮춰 스스로를 다스리니, 이는 모두 스스로 내면을 닦을 뿐, 남들이 알아주기를 구하지 않는 일이다. 그러나 나의 몸에 덕이 닦여져 남들이 믿게 되면 행하는 일마다 스스로 막힘이 없을 것이다.

[보 補]

모든 일이 막힘없이 잘 되어가기 위해서는 3단계의 노력이 필요하다.

첫째는 성심어린 마음으로 올바른 일처리이다. 이것이 곧 질박하고 올곧게 행할지라도 간혹 거침없이 행하여 시의에 부합되지 못한 점이 있을 수 있기에 반드시 일을 처리하는 데에 의(義)를 좋아해야 한다는 점이다.

둘째는 나의 잘잘못을 타인의 반응으로 다시 점검하는 것이다. 이것이 곧 저 사람의 말을 살피고 얼굴빛을 살펴보는 것이다. 내가 아무리 질박하고 올곧으며 의를 좋아하여 일처리를 잘했을지라도 남들이 나를 어떻게 받아들이고 있는가를 살펴야 한다. 자아에 도취하여 객관적 판단을 가벼이 넘겨서는 안 된다. 이 때문에 감히 자시(自恃)하지 말고, 남들의 수용 여부를 통해서 자신을 다시 되돌아보는 것이다. 『중용』에서 말한 "멀리 남들의 시비로 가까이 나의 몸에 잘잘못을 안다.[知遠之近]"(제33장 제1절)는 것은 이를 두고 말한다.

셋째는 대인관계에서의 겸손한 몸가짐이다. 이것이 곧 생각해야 할 일[慮]이다. 항상 이처럼 행하면서도 혹여 나도 모르는 사이에 잘못이 있을까를 생각하여 진심으로 남에게 몸을 낮춰야 한다. 설령 공로가 천하에 으뜸일지라도 교만으로 몸을 낮추지 않으면 실컷 잘하고서 욕을 얻는 경우가 적지 않기 때문이다. 이는 자신의 잘한 점을 자랑하지 않는 '무벌선(無伐善)'(「公冶長」 제25장)의 뜻이다.

이처럼 경문의 3구[質直…慮以下人]는 서로 맞물리면서 차츰차츰 아래로 내려오고 있다. 이는 모두 겉치레에 힘쓰고 고차원의 세계를 좋아하는 자들의 병세(病勢)에 가장 알맞은 처방이다.

(6) 부문절지 夫聞節旨

부문야자(夫聞也者) 구절은 바로 자장의 병통을 지적하여 타파한 곳이다.

앞에서 말한 얼굴빛을 살핀다[觀色]는 것은 오로지 남들의 안색을 가리키는 것이지만, 여기에서 말한 색(色)자는 폭넓은 의미로, 겉으로 드러나 볼 수 있는 외모의 모든 것을 색이라고 말하였다.

인(仁) 자에는 질박함[質], 올곧음[直], 의(義) 3항목을 갖추고 있다.

겉모습으로 인인 척 꾸미지만 행실은 실재 어긋난다[色取行違]는 것은 "질박하고 올곧으며 의를 좋아하는 것[質直好義]"과는 상반된다.

"스스로 옳다고 여겨 편안한 마음으로 의심하지 않는다.[居之不疑]"는 것은 남들이 자신의 거짓을 간파할까 두려워하여 그들이 의심하지 않도록 돋보여줄 뿐 아니라, 가짜 인[假仁]에 익숙한 나머지 자신마저도 인을 행하는 것으로 착각하여 태연하게 거처하기에 이름을 말한다. 이는 앞에서 말한 '찰언(察言), 관색(觀色), 하인(下人)'과는 상반된 것이다.

夫聞也者는 色取仁而行違오 居之不疑하나니 在邦必聞하며 在家必聞이니라

"'문'이란 겉모습으로 인을 꾸미나 행실이 어긋나고, 스스로 옳다고 편안하게 자처하여 의심하지 않으니, 나라에 있어서도 반드시 명예가 들리고, 집에 있어서도 반드시 명예가 들리는 것이다."

강설

"이른바 '문'이란 오로지 한결같은 마음으로 나의 명예가 남들에게 알려지기만을 추구하는 것이다.

겉모습을 잘 꾸며서 인이라는 이름을 덮어쓰고 있으나, 행실은 실로 모두 천리(天理)가 아닌 것으로, 인(仁)과는 어긋나는 일들이다. 이는 질박하고 올곧고 의를 좋아하는 사람과는 전혀 다른 면모이다.

또한 잘못된 자신의 행위를 스스로 옳다고 여겨 거리낌 없이 인이라고 안주하여 자족한 채, 전혀 의심이 없다. 이는 남들의 말과 안색을 살펴보면서 자신의 잘잘못을 반성하고 남에게 몸을 낮추려고 생각하는 자와는 전혀 다른 면모이다.

이는 모두가 실상에 힘쓰지 않고, 오로지 명예만을 추구하는데 힘쓴 자이다. 명예를 가까이하려는 데에 뜻이 있으면, 명예 또한 찾아오게 된다. 나라에 있어서는 헛된 명예가 온 나라에 드높아 반드시 알려지고, 집안에 있어서는 헛된 명예가 온 집안에 드높아 반드시 알려지게 된다.

이른바 '문'이란 이와 같은 헛된 명예이다. 사(師)여, 이를 분별하여 삼가 '문'을 '달'이라고 잘못 생각하지 않았으면 좋겠다."

集註

善其顏色以取於仁이나 而行實背(패)之하고 又自以爲是而無所忌憚하니 此는 不務實而專務求名者라 故로 虛譽雖隆이나 而實德則病矣니라

○ 程子曰 學者는 須是務實이오 不要近名이니 有意近名이면 大本已失이니 更學何事리오 爲名而學이면 則是僞也라 今之學者는 大抵爲名하니 爲名與爲利는 雖淸濁不同이나 然이나 其利心則一也니라

尹氏曰 子張之學이 病在乎不務實이라 故로 孔子告之는 皆篤實之事니 充乎內而發乎外者也라 當時門人이 親受聖人之敎로되 而差失有如此者은 況後世乎아

[해석] 겉모습을 잘 꾸며서 인을 취하나 행실은 실로 어긋나고, 또 스스로 옳다고 여겨서 꺼리는 바 없으니, 이는 실상을 힘쓰지 않고 오로지 명예를 구하는데 힘쓴 자이다. 그러므로 헛된 명예가 아무리 높을지라도 진실한 덕은 병든 것이다.

○ 정자(伊川)가 말씀하였다.

"배우는 이는 반드시 실상에 힘써야 할 것이요, 명예를 가까이해서는 안 된다. 명예를 가까이하려는 데에 뜻을 두면 큰 근본을 이미 잃은 것이다. 다시 무슨 일을 배워나갈 수 있겠는가. 명예를 위한 학문은 거짓이다. 오늘날 학자들은 대체로 명예를 위하고 있다. 명예를 위함과 이욕(利欲)을 위함은 비록 청탁(淸濁)이 같지 않으나 이욕을 챙기는 그 마음만은 한가지이다."

윤씨(尹焞)가 말하였다.

"자장의 학문은 그 병통이 실상에 힘쓰지 않는 데 있다. 그러므로 부자께서 그에게 일러주신 바는 모두 독실하게 행하는 일이다. 내면에 충만하여 바깥으로 나타나는 것들이다. 당시의 문인들이 성인의 가르침을 친히 받았음에도 이와 같은 잘못이 있었는데, 하물며 후세

에 있어서야."

[보 補]

거지불의(居之不疑)의 거(居)는 편안한 마음으로 자처함이며, 지(之)는 '인'을 가리키는 대명사이며, 불의(不疑)는 태연 자족하여 남들이 믿도록 만들고자 함이다.

만일 겉모습으로 인인 척 꾸미고 행실이 어긋날지라도 마음에 불안함을 느낄 수만 있다면 실상에 힘쓰려는 양심을 그래도 모두 잃어버린 것은 아니다. 오직 스스로 옳다고 여긴 나머지, 거리끼는바 없을 정도라면 이는 오로지 그가 헛된 명예를 얻고자 힘쓰고 있음을 찾아볼 수 있다.

실상이 있는 데에서 얻어진 명예라면 명예 또한 그 무엇이 나쁘겠는가. 실상이 없이 한낱 헛된 명예만을 얻는다면 교만한 마음은 날로 커나가고, 닦아나가는 노력은 날로 게을러지게 된다.

이 2가지는 서로 비슷한 것처럼 보이지만 행하는 모든 일이 통달한 자는 명예가 절로 나타나고, 헛된 명예를 얻은 자는 행하는 일이 꼭 통달한 것만은 아니다. 그 실상이 이처럼 똑같지 않다.[18]

21. 종유장지 從遊章旨

이 장은 모두 마음을 닦아가는 공부[心學]를 말해주고 있다.

첫 절을 통하여 상상해보면 이처럼 한가롭게 노니는 중에도 심성을 다스리는 공부를 잠시라도 잃지 않음을 볼 수 있다. 이 때문에 먼저 번지의 물음을 칭찬하고, 뒤이어 이에 대해 일러준 것이다. 3개의 비(非)자와 여(與: 非崇德與, 非修慝與, 非惑與)자는 부자께서 번지에게 가르쳐주신 바 친절함을 알 수 있다.

(1) 종유절지 從遊節旨

번지가 부자를 모시고 노니는, 그 어떤 곳에서든 그에 따른 공부만을 생각하는 마음을 엿볼 수 있다. 무우(舞雩)는 드높고 툭 뛰어있기에 숭덕(崇德)을, 나무숲이 햇살을 가리고 있기에 수특변혹(修慝辨惑)을 언급한 것이다.

樊遲 從遊於舞雩之下러니

---

18 『大全』該註. "慶源輔氏曰 使其色取行違, 而中不安焉, 則務實之心, 猶未盡喪也. 惟其自以爲是而無所忌憚, 此見其專務於名. 夫名生於實, 則名亦何害? 惟無實而徒有虛譽, 則驕矜之意 日生, 而進脩之力 日怠矣. 二者 雖若相似, 然所行通達者, 名譽自然著聞; 名譽著聞者, 所行未必通達, 其實 有不同如此."

曰 敢問崇德修慝辨惑하노이다

번지가 부자를 따라 무우 아래에서 노닐다가 여쭈었다.

"덕을 높이 쌓아가고, 사특함을 닦아 없애고, 미혹을 분별함에 대해 감히 여쭈옵니다."

강설

예전에 부자께서 무우 아래에서 한가로이 노닐 적에 번지가 모시고 따랐었는데 이를 계기로 부자에게 여쭈었다.

"마음에 얻은 이치를 덕이라 하는데 어떻게 하면 이를 높이 쌓아갈 수 있으며,

마음에 숨겨져 있는 악을 사특이라 하는데 어떻게 하면 이를 닦아 없앨 수 있으며,

마음에 의심이 있는 바를 미혹이라 하는데 어떻게 하면 이를 분변할 수 있겠습니까?

감히 부자께 이를 여쭈옵니다."

集註

胡氏曰 慝之字는 從心從匿하니 蓋惡之匿於心者라 修者는 治而去之라

[훈고] 호씨[胡寅]가 말하였다.

"특(慝)이란 글자는 마음 심(心)변에다가 숨길 익(匿)자를 붙여 쓰니, 이는 악을 마음에 숨김이다. 수(修)는 다스려서 버림이다."

(2) 선재절지 善哉節旨

선(善)이란 단지 그 물음이 자신의 도리를 위하는[爲己] 학문에 간절한 마음이 있음을 훌륭하게 여긴 것이다. 그러나 끝내 스승을 따라 노니는 데에서 벗어날 수 없었다. 큰 뜻을 보여준 증점의 경우는 기수에서 목욕하고 무우에서 바람을 쐬며 하늘 높이 나는 고고한 학처럼 초탈한 면모를 지녔던 것과는 사뭇 다른 경지이다.

子曰 善哉라 問이여

부자께서 말씀하셨다.

"참 좋은 물음이다."

강설

번지의 물음이 자신의 도리를 위하는 공부에 간절한 마음이 있으므로, 부자께서 그를 가상히 여기셨다.

"훌륭하다. 그대가 덕을 높이고, 사특함을 닦고, 미혹을 분별함을 물음이여. 바깥 것을 따라 내

면의 공부를 잊은, 세상 사람들과 비교하여 보면 번지는 그들과 매우 다르다."

集註

善其切於爲己라

[해석] 자신의 도리를 위하는 데 절실함을 훌륭하게 여김이다.

(3) 선사절지 善事節旨

덕을 높이 쌓아감은 존양(存養)의 공부에 속하니 마음에 고유한 이치를 보존함이며, 사특함을 닦아 없앰과 미혹을 분별함은 성찰과 극치(克治)의 공부에 속하니 마음에 본래 없었던 것을 제거함이다. 모두 마음 심(心)자를 주제로 삼고 있다.

해야 할 일을 먼저 서둘러 하면 참으로 쌓아가는 힘이 생겨나고, 얻어지는 것을 뒷전으로 여겨 생각지 않으면 조장(助長: 正助)의 병폐가 사라진다. 그러므로 이를 숭덕(崇德)이라 말한다.

악이란 마음속 깊이 숨겨져 있다가 생활에 따라 질풍처럼 일어나게 된다. 애써 극복하고 다스려도 나의 악을 모두 없애기 어렵다. 이런 사실을 알기에 남들의 악을 점검하고자 해도 그럴 겨를이 없는 것이다. 그러므로 이를 수특(修慝)이라 말한다.

성냄[忿]은 하루아침의 하찮은 일이지, 일생에 남긴 깊은 한이 아님에도 자신을 망각하여 어버이에게까지 화가 미쳐가니 관계된 바 매우 크다. 그러므로 이를 미혹[惑]이라 말한다. 미혹이 감정에 휘둘려 그 무엇이 큰일인지 작은 일인지 경중의 가치가 전도됨을 말한다. 집주에서 말한 "하루아침의 하찮은 일…알고서[知一朝之忿]"라는 지(知)자는 바로 미혹을 분별하는 데에 해당하는 부분이다.

先事後得이 **非崇德與**아 **攻其惡**이오 **無攻人之惡**이 **非修慝與**아 **一朝之忿**으로 **忘其身**하야 **以及其親**이 **非惑與**아

"해야 할 일을 먼저하고 얻어지는 것을 뒤로함이 덕을 높임이 아니겠는가.
나의 악을 다스리고 다른 사람의 악을 다스리지 않음이 사특함을 닦음이 아니겠는가.
하루아침의 분노로 그 몸을 잊고서 어버이에게 〈화가〉 미침이 미혹이 아니겠는가."

講說

"해야 할 일들은 결코 쉬운 것만은 아니다. 만일 꼭 내가 해야 할, 하기 어려운 일들을 먼저 서둘러 실행하고, 얻어지는 공효를 뒷전으로 생각하여 따지지 않는다면 욕심이 없는 순수한 천리의 마음이다. 나의 마음의 덕을 날로 높이 쌓아가는 바가 아니겠는가.

만일 오로지 나의 악을 다스릴 뿐 타인의 악을 다스릴 여가가 없다면 자기의 몸을 다스림이

진실하고도 간절하리니, 내 마음속에 숨겨진 사특한 악을 다스려 제거하는 바가 아니겠는가.

　하루아침의 작은 분노란 사람이 살아가는 데에 없을 수 없는 일이다. 이를 참는 것이 옳은 일임에도 도리어 나의 몸을 잊은 채, 아무런 고려 없이 잘못을 저질러 그 작은 분노로 인해서 어버이에게까지 화가 미친다면 이해의 경중이 도치되어 사리를 모르는 어리석음을 범하게 된다. 이처럼 사리를 분별할 줄 모르는 어리석음이 마음의 미혹이 아니겠는가. 이런 일이 미혹임을 안다면 이를 어떻게 대처할 줄 알 것이다. 번지여, 이 점에 힘써야 함을 모르겠는가.”

集註

先事後得은 猶言先難後獲也라 爲所當爲而不計其功이면 則德日積而不自知矣오 專於治己而不責人이면 則己之惡이 無所匿矣오 知一朝之忿爲甚微하고 而禍及其親爲甚大면 則有以辨惑而懲其忿矣라 樊遲 麤鄙近利라 故로 告之以此하니 三者는 皆所以救其失也니라

○ 范氏曰 先事後得은 上義而下利也니 人惟有利欲之心이라 故로 德不崇이오 惟不自省己過而知人之過라 故로 慝不修라 感物而易動者는 莫如忿이니 忘其身以及其親은 惑之甚者也라 惑之甚者는 必起於細微하나니 能辨之於早면 則不至於大惑矣라 故로 懲忿이 所以辨惑也니라

　[훈고] 선사후득(先事後得)은 “어려운 일을 먼저 하고 얻음을 뒤로 하라.”(「雍也」 제20장)는 말과 같다.

　[해석] 마땅히 해야 할 바를 행하면서 그 얻어지는 공을 생각지 않으면, 덕이 날로 쌓이면서도 스스로 알지 못할 것이며, 자신을 다스리는데 오롯이 하고 사람을 꾸짖지 않으면 나의 악이 숨겨진 바 없을 것이며, 하루아침의 분노는 매우 작은 일이요, 어버이에게 화가 미침이 매우 큰 일임을 알면 미혹을 분별하여 그 분노를 징계할 수 있다. 번지는 거칠고 저속하며 이욕을 가까이하기에 이로써 일러준 것이다. 이 3가지는 모두 그의 잘못을 바로잡은 것이다.
　○ 범씨[范祖禹]가 말하였다.

“해야 할 일을 먼저하고 얻음을 뒤로 함은 도의를 받들고 이욕을 하찮게 여김이다. 사람은 오직 이욕의 마음이 있기에 덕이 드높지 못하며, 스스로 자기의 잘못을 살피지 않으면서 남들의 허물만을 알기에 사특함을 닦지 못하며, 사물에 감응하여 동하기 쉬움은 분노만 한 게 없으니, 자신을 잊고 어버이에게 〈화가〉 미치면 미혹이 심한 것이다. 미혹이 심한 것은 반드시 미세한 데서 일어난다. 일찍이 이를 분별하여 알면 큰 미혹에 이르지 않을 것이다. 그러므로 분노를 징계함은 미혹을 분별하는 바이다.”

22. 애인장지 愛人章旨

이 장에서는 인과 지혜란 서로 필요로 함을 보여주고 있다. 그러나 인과 지혜를 수평으로 말해

서는 안 된다. 지혜가 인에 어긋나지 않으면서도 인을 이룰 수 있는 측면에 중점을 두어야 한다.

(1) 애인절지 愛人節旨

이 절에서는 인과 지혜를 수평으로 논하였다. 애인(愛人)과 지인(知人)은 인과 지혜의 작용을 말한다.

번지가 인에 대해 3차례 물은 바 있는데, 이는 가장 뒤에 물은 것이며, 지혜에 대해 2차례 물은 바 있는데, 이 또한 뒤에 물은 것이다.

樊遲 問仁한대
子曰 愛人이니라
問知한대
子曰 知人이니라

번지가 인을 여쭈자, 부자께서 말씀하셨다.
"사람을 사랑하는 것이다.
〈번지가〉 지혜를 여쭈자, 부자께서 말씀하셨다.
"사람을 알아보는 것이다."

강설

번지가 어떻게 하면 인을 행할 수 있는가를 여쭈자, 부자께서 드넓은 사랑으로 대답하셨다.
"인이란 사랑을 위주로 한다. 이 세상에 사랑해야 할 대상이 수없이 많다. 풀 한 포기, 돌멩이 하나라도 사랑하는 마음을 가져야 한다. 하지만, 그중에서도 가장 먼저 사람을 사랑하여야 한다. 멀고 가깝고 친근하고 소원한 사람들이 각기 다르지만, 그 어느 한 사람이라도 나의 사랑 속에 있지 않은 이가 없도록 하는 것이다."
"어떻게 하면 지혜라고 말할 수 있습니까?"
"지혜란 앎을 위주로 한다. 이 세상에는 알아야 할 일들이 수없이 많다. 저 높은 하늘로부터 보이지 않는 땅속의 이치까지 모두 알아야 할 대상이다. 하지만, 그중에서도 가장 먼저 사람을 알아볼 줄 알아야 한다. 지혜롭고 어리석고 어질고 불초한 사람들이 각기 다르지만, 어느 한 사람이라도 내가 알고 있는 가운데 있지 않은 이가 없도록 하는 것이다."

集註

愛人은 **仁之施**요 **知人**은 **知之務**라

[훈고] 사람을 사랑하는 것은 인의 베풂이며, 사람을 아는 것은 지혜의 일이다.

(2) 미달절지 未達節旨

미달(未達)은 번지가 이해하지 못했다고 직접 말한 게 아니다. 기록한 자가 번지의 곁에서 그의 마음과 모습을 보고서 이처럼 쓴 것이다.

樊遲 未達이어늘

번지가 이를 알지 못하자,

강설

번지는 사랑이란 모든 사람에게 두루 하고, 사람을 안다는 것은 이 사람 저 사람을 구분한 것인 바, 지혜는 인에 방해가 된다고 의심하여, 부자의 말씀을 이해하지 못하였다.

集註

曾氏曰 遲之意는 蓋以愛欲其周而知有所擇이라 故로 疑二者之相悖이라

[해석] 증씨[曾幾: 吉甫, 夏南人]가 말하였다.

"번지의 생각은 사랑이란 두루 하고자 하고 지혜는 선택하는 바 있다. 그러므로 두 가지가 서로 어긋난다고 의심하였다."

(3) 거직절지 擧直節旨

지혜에 의해 인이 이뤄지는 오묘함은 단 하나의 사(使: 能使枉者直)자에 있다. '그렇게 만든다[使]'는 것은 사람을 알아볼 줄 아는 지혜가 그처럼 만들어준 것임을 알 수 있다. 부정한 자를 정직한 자로 만들면 이미 인임에도 부자께서 지혜의 뜻만을 거듭 밝힌 것이다. 집주에서 "부정한 자를 바르게 만들었으면 곧 인이다.[使枉者直則仁矣]"고 말한 인(仁)자는 지(知)와 인(仁)이 모두 서로 필요로 한다는 뜻이다. 타당하고 원만한 말이다.

子曰 擧直錯(조)諸枉이면 **能使枉者直**이니라

부자께서 말씀하셨다.
"곧은 이를 들어 쓰고 모든 부정한 이를 물리치면, 부정한 이로 하여금 곧게 할 수 있다."

강설

부자께서 번지가 이해하지 못한 면을 엿보았다. 이 때문에 그에게 다시 말씀하셨다.
"그대는 무엇을 의심하는가. 만일 곧은 사람임을 알고서 그를 천거하여 등용하고, 간악하고 부

정한 자임을 알고서 그를 물리치면 인재의 취사(取捨)가 공정하고 격려된 바 있어, 부정한 자들이 모두 감동하고 선악을 분별하여 곧은 사람이 될 것이다."

부자의 뜻은 사람을 알아 선택하는 가운데 절로 많은 사람을 사랑하는 마음이 깃들어 있음을 말한 것이다.

集註

擧直錯枉者는 知也오 使枉者直은 則仁矣니 如此면 則二者不惟不相悖라 而反相爲用矣리라

[해석] 곧은 이를 들어 쓰고 부정한 자를 버려둠은 지혜이며, 부정한 자를 곧게 만들어주는 것은 인이다. 이처럼 하면 두 가지는 서로 어긋나지 않을 뿐 아니라, 도리어 서로가 쓰임이 되는 것이다.

(4) 향야절지 鄕也節旨

번지는 부자께서 인에 대해선 언급하지 않고 지인(知人)의 측면에서만 이 2구(擧直錯諸枉, 能使枉者直)를 보충한 것으로 잘못 이해했었다. 이 때문에 번지는 "지혜를 물었다.[問知]"고 말했을 뿐, 인을 물었다는 점에 대해서는 전혀 언급하지 않았다. 부정한 자를 정직하게 만듦이 곧 인을 겸하여 말한 것임을 스스로 깨닫지 못했기 때문이다.

樊遲 退하야 見子夏曰 鄕(향)也에 吾見(현)於夫子而問知호니 子曰 擧直錯諸枉이면 能使枉者直이라하시니 何謂也오

번지는 물러 나와 자하를 보고서 말하였다.

"조금 전에 내가 부자를 뵙고서 지혜를 물으니, 부자께서 '곧은 이를 들어 쓰고 많은 부정한 이를 버려두면 부정한 자를 곧게 할 수 있다.'고 하시니, 무슨 말씀인가."

강설

번지는 오히려 부자의 말씀을 깨닫지 못하였지만, 감히 다시 묻지 못한 채, 물러 나와 자하를 보고서 물었다.

"조금 전에 내 부자를 친견하고 지혜에 대해 여쭸더니, 부자께서 나에게 말씀하시기를, '곧은 이를 등용하고 부정한 이를 버려두면 부정한 자를 곧게 할 수 있다.'고 말씀하시니, 곧은 이를 들어 쓰고 부정한 이를 버린다는 말씀이야 내 그것이 지혜에 대한 말씀인 줄은 알겠지만, 부정한 자를 곧게 할 수 있다는 말씀은 과연 무엇을 말씀하신 것인지, 내 알 수 없다."

集註

遲以夫子之言으로 專爲知者之事하고 又未達所以能使枉者直之理라

[해석] 번지는 부자의 말씀을 오로지 지혜의 일로만 생각하였고, 또한 부정한 자를 곧게 만들어줄 수 있는 바의 이치를 알지 못하였다.

(5) 부재절지 富哉節旨

부재(富哉)란 형식적인 감탄의 말이지만, 그 안에 무한한 의미를 함축하고 있다. 아래 절에서 부자께서 말씀하신 폭넓은 뜻을 보여주고 있다.

子夏曰 富哉라 言乎여

자하가 말하였다.
"폭넓으신 말씀이여."

강설

자하는 번지의 말을 듣고서 감탄하였다.
"폭넓으신 부자의 말씀이여, 그 말씀 속에 담겨있는 뜻이 드넓어 단순히 지혜를 말하는 데에만 그치지 않으셨다."

集註

歎其所包者廣하야 不止言知라

[해석] 그 포괄한 바 드넓어 지혜를 말한 데에만 그치지 않았음을 찬탄하였다.

(6) 순유절지 舜有節旨

순임금과 탕임금의 고사를 인용하여, 인재를 천거하고 사악한 이를 버리는 표본으로 삼았다. 여러 제왕의 취사 또한 여기에서 벗어나지 않음을 보여주고 있다.

순임금을 고요를 천거하여 사사(士師)로 삼았고, 탕임금은 이윤을 천거하여 아형(阿衡)으로 삼았다. 천거하지 않은 이는 곧 버려둔 인물들이다. 이는 순임금과 탕임금이 사람을 알아보는 지혜이다. 이른바 "곧은 이를 들어 쓰고 여러 부정한 이를 버림이다.[擧直錯枉]"

불인자(不仁者)는 곧 바르지 못한 자이다. 그들이 멀어졌다[遠]는 것은 바르지 못한 이를 교화하여 정직한 자로 만듦을 말한 것이지, 그들을 멀리 추방했다는 말이 아니다. 이는 어진 사람을 뽑아 천거함으로 인해서 이러한 일이 이뤄진 것이다. 사람을 사랑하는 인이 곧 부정한 이를 정직하게 만든 것이다. 자하 역시 이를 분명하게 설명하지 않고 단 지(智)자만을 들어 토로하였다. 그러나 이미 '인' 자의 뜻을 들추어냈기에 번지 또한 부자께서 인을 겸하여 말씀한 것임을 비로소 깨닫게 되었다.

舜有天下에 選於衆하사 擧皐陶하시니 不仁者 遠矣오
湯有天下에 選於衆하사 擧伊尹하시니 不仁者 遠矣니라

"순임금이 천하를 다스릴 적에 많은 사람 가운데에서 고요를 가려 천거하니 어질지 못한 자가
멀어졌고,
　탕임금이 천하를 다스릴 적에 많은 사람 가운데에서 이윤을 가려 천거하니 어질지 못한 자가
멀어졌었다."

강설

"시험 삼아 제왕의 다스림으로 이를 살펴보면, 순임금이 요임금의 제위를 물려받아 우(虞)라는
천하를 소유하여 다스릴 적에 수많은 사람 가운데 고요라는 어질고 정직한 이를 선발하여 등용하
니, 이로 말미암아 천하는 모두 그의 인에 감화되어 어질지 못한 사람들이 모두 멀리 떠나갔다.
　탕임금이 상(商)이라는 천하를 소유하여 다스릴 적에 수많은 사람 가운데 이윤이라는 어질고
정직한 사람을 선발하여 등용하니, 이로 말미암아 천하는 그의 인에 감화되어 어질지 못한 자들은
모두 멀리 떠나갔다.
　어질고 어질지 못한, 수많은 사람 가운데 고요와 이윤을 천거함은, 사람을 알아보는 순임금과
탕임금의 지혜이다. 하지만, 어질지 못한 사람들이 멀리 떠나간 것을 순임금과 탕임금의 지혜라고
말해야 할까? 아니면 단순히 순임금과 탕임금의 지혜에만 그치는 것이 아니라고 말해야 할까? 그
대는 시험 삼아 이를 돌이켜 생각해보면, 부자의 말씀 속에 얼마나 깊은 뜻이 폭넓게 담겨있음을
알 수 있을 것이다."

集註

伊尹은 湯之相也라 不仁者遠은 言人皆化而爲仁하야 不見有不仁者하야 若其遠去爾니 所謂
使枉者直也라 子夏蓋有以知夫子之兼仁知而言矣니라

○ 程子曰 聖人之語 因人而變化하야 雖若有淺近者나 而其包含이 無所不盡을 觀於此章에
可見矣니 非若他人之言 語近則遺遠하고 語遠則不知近也니라

尹氏曰 學者之問也에 不獨欲聞其說이라 又必欲知其方하고 不獨欲知其方이라 又必欲爲其
事하니 如樊遲之問仁知也에 夫子告之盡矣로되 樊遲未達이라 故로 又問焉이로되 而猶未知其何
以爲之也러니 及退而問諸子夏然後에 有以知之하니 使其未喩면 則必將復問矣리라 旣問於
師하고 又辨於友하니 當時學者之務實也如是니라

　[훈고] 이윤은 탕임금의 재상이다.

　[해석] 어질지 못한 자가 멀어졌다는 것은 사람들이 모두 감화를 입어 어질게 됨으로써 어

질지 못한 자가 있는 것을 볼 수 없어 마치 그들이 멀리 떠나버린 것과 같음을 말한다. 이른 바 "부정한 이를 곧게 만들었다."는 것이다. 자하는 부자께서 인과 지혜를 겸해서 말씀하신 줄을 알고 있었다.

○ 정자(伊川)가 말씀하였다.

"성인의 말씀은 사람에 따라 변화하여 비록 천근(淺近)한 것처럼 보이나, 그 가운데 포괄된 바 극진하지 않음이 없음을 이 장을 살펴보면 알 수 있다. 다른 사람들의 말은 천근하게 말하면 고원(高遠)한 부분을 빠뜨리고, 고원하게 말하면 천근한 대목을 알지 못하는 것과는 다르다."

윤씨[尹焞]가 말하였다.

"배우는 자의 물음은 그에 대한 말을 듣고자 할 뿐 아니라 또한 반드시 그 방법을 알고자 하고, 그 방법을 알고자 할 뿐 아니라 또한 반드시 그 일을 행하고자 하였다. 번지가 인과 지혜를 물었을 적에 부자께서 모두 말씀해주었으나, 번지가 이를 알지 못하였기에 또다시 물었다. 하지만 오히려 이를 어떻게 해야 하는 줄을 알지 못하였고, 물러 나와 자하에게 물은 뒤에야 이를 알게 되었다. 만약 〈자하에게 물었을 적에도 이를〉 알지 못했다면 반드시 장차 〈그 누구에게〉 또다시 물었을 것이다. 이미 스승에게 묻고 또 벗에게 변론하니, 당시 학자들 의 실상에 힘씀이 이와 같았다."

23. 문우전지 問友全旨

이 장은 벗에게 대하는 도리를 논한 것으로, 충곡(忠告)이 주가 된다. 충이란 본래 벗에게 말해 줌을 계기로 해서 충이 있는 것은 아니지만, 충심 어리게 말해줌으로써 보다 간절한 것이다.

충(忠)은 마음을 다한 진심(盡心)이며, 도(道: 善之之)는 잘 타일러주는 진선(盡善)의 말인바, "좋은 말로 일러줌[善道]"은 곧 충곡의 완성이다.

불가즉지 이하[不可則止, 無自辱焉] 2구는 벗과의 우의를 온전히 함이요, 또한 충심(忠心)을 온전히 함이다.

子貢 問友한대
子曰 忠告(곡)**而善道之**호되 **不可則止**하야 **無自辱焉**이니라

자공이 벗에 대해 물으니, 부자께서 말씀하셨다.
"마음 다해 말해주고 좋은 말로 타이르되 안 되면 그만두어 스스로 욕됨이 없도록 하여야 한다."

강설

자공은 벗에게 대하는 도를 묻자, 부자께서 말씀하셨다.
"벗이란 서로가 인(仁)을 도와주는 자이다. 반드시 마음을 다해 말해주어야 한다. 그의 잘못을

알면 말하지 않을 수 없고, 말을 하려면 극진히 다하지 않을 수 없다. 또한 그 말을 잘하여 타이르고 자연스럽고 화기롭게 간곡히 깨우쳐 주어야 한다.

만일 마음을 다하여 좋은 말로 타일러주었음에도 그가 따르지 않으려고 생각하면 의당 그 기미를 보고서 그만두어야 한다. 지나친 충고는 도리어 우정을 멀어지게 만든다. 그러므로 스스로 욕되는 일을 취하여서는 안 된다.

처음에도 의리로 서로의 잘못을 바로잡아주어야 하고, 끝에도 의리로 교분을 온전히 지켜야 한다. 벗에 대하는 도는 이처럼 하면 다한 것이다."

集註

友는 所以輔仁이라 故로 盡其心以告之하고 善其說以道之라 然이나 以義合者也라 故로 不可則止니 若以數而見疏면 則自辱矣라

[해석] 벗이란 인을 돕는 자이기에 마음을 다하여 말해주고, 그 말을 좋게 잘하여 그를 타일러주어야 한다. 그러나 〈벗이란〉 의리로 만난 자이기에 안 되면 그만두는 것이다. 만일 자주 말했다가 멀어지게 되면 스스로 욕이 되는 것이다.

[보補]
집주에서 말한 '선기설이도지(善其說以道之)'는 그 뜻이 분명하지 못하다. 무엇이 '선기설(善其說)'이며, 도(道)는 어떤 도를 말한 것이지?

주자의 어록(語錄)에 의하면 "반드시 또한 교도(敎道)를 잘해야 비로소 될 것이다."고 하였다. 이로 보면 집주에서 말한 '도' 자는 곧 교도(敎道)를 말한다. 교도란 가르치고 타이르는 것이지, 인도한다는 도(導)자의 뜻은 아니다.

벗에게 잘못이 있으면 앞서 마음을 다해 일러주고 또다시 가르치고 타일러주되 반드시 그가 선에 이르러야 만이 그만두려고 한다면 이는 자주 말하여 오히려 소원해지는 잘못을 범하게 된다. 이처럼 벗 사이에 지나치게 자주 말하면 반드시 그 말을 받아들이지 않을 것이다.

이처럼 선도(善道)의 도(道)는 인도하다의 뜻이 아니라, 말하다의 뜻과 같다.[道 猶言也] 따라서 경문에서 말한 선도지(善道之)란 그 말씨나 얼굴빛을 부드럽게 잘하여 그를 타이르는 것이다.

벗에게 잘못이 있으면 당연히 마음을 다하여 숨김없이 충심으로 벗에게 말해주어야 할 것이다. 그러나 그에게 일러주는 즈음에 반드시 편안한 마음과 화기(和氣)로 그 말씨는 조용하게, 그 얼굴빛은 부드럽게 하면서 충고의 말을 건네야 한다. 하지만 이처럼 충심으로 그리고 부드럽게 말했음에도 그 벗이 나의 말을 따라주지 않으면 그만두어야 할 일이지, 자주 말하여 스스로 소원해지는 욕을 자초해서는 안 될 것이다.[19]

---

19 元 陳天祥 撰, 『四書辨疑』 권6. "善其說以道之, 語意不明, 不知如何是善其說? 道是如何道? 語錄曰 須又敎道

24. 이문전지 以文全旨

이 장에서는 사람들에게 벗의 도움이 어떤 것인가를 보여주고 있다.

벗에 힘입어 학문을 강론하여 앎을 다하고, 나아가 벗에 힘입어 인을 도와 행하는 데 힘쓰는 것이다. 집주에서는 학문과 인(仁) 2가지를 대등하게 말하고 있다. 사리로 살펴보면 주자의 말은 참으로 바뀔 수 없는 정설이다.

단 본문의 문맥은 우(友)자를 중간에 핵심으로 삼은바, 이문(以文: 학문)을 시초의 동기(動機)로, 보인(輔仁: 仁)은 종말의 귀착점으로 삼아 일련선상에서 문장을 완성해보면 또한 집주의 뜻에 어긋나지는 않을 것이다.

曾子曰 君子는 以文會友하고 以友輔仁이니라

증자가 말씀하였다.

"군자는 글로써 벗을 모으고, 벗으로써 인을 돕는다."

강설

증자는 벗의 유익함에 대해 논하였다.

"군자의 학문은 인을 구하는 데 있으며, 인이란 반드시 벗에 의해 이뤄지는 것이다.

벗은 괜스레 하릴없이 만나는 모임이 아니라, 학문의 글을 통해 만나는 것이다. 글에는 도가 실려 있다.[文以載道] 옛 시서(詩書)를 고증하고 때로 오늘날의 사물을 궁구함으로써 도의 이치가 더욱 밝아지는 것이다. 이처럼 벗에 의해 앎의 진전이 이뤄지는 것이다.

앎은 단순히 아는 데에 그쳐서는 안 될 뿐 아니라, 반드시 이를 실천하여 덕을 쌓아가야 한다. 그러나 인을 행한다는 것도 나의 일신만 행하는 데에 그치는 게 아니다. 잘한 일이 있으면 서로 권하고 잘못이 있으면 서로 바로잡아줌으로써 덕행이 날로 나아가는 것이다. 이처럼 벗에 의해 인의 실천이 이뤄지는 것이다.

군자가 벗에게서 얻은 도움이 이와 같다. 벗을 사귀려는 자는 어찌 군자 교우(交友)의 도로써 절충하지 않을 수 있겠는가."

集註

講學以會友면 則道益明하고 取善以輔仁이면 則德日進이니라

[해석] 학문을 강론하면서 벗을 만나면 도가 더욱 밝아지고, 선을 취하여 인을 도우면 덕이 날로 나아가게 된다.

得善始得, 以此知註文道字, 乃敎道也. 朋友有過, 旣盡心以告之, 而又加之以敎道, 須至於善而後已, 此正犯數斯疏矣之戒, 施之於朋友之閒, 必不能行. 蓋道, 猶言也. 善道之者, 善其辭色以言之也. 朋友有過, 固當盡心無隱, 竭忠以告之. 然其告之之際, 須當心平氣和, 善其辭色以爲言, 不從則止, 無得峻數以取自辱也."

제13 자로 子路 第十三

凡三十章이라

　모두 30장이다.

1. 자로장지 子路章旨

제1절에서는 정치란 위정자 자신에게 근본하고 있음을 말하고,
제2절에서는 정치란 꾸준한 지속성이 있어야 함을 말하였다. 이는 모두 하나의 뜻이다.

(1) 자로절지 子路節旨

　선지(先之)는 덕으로 솔선수범이 되어 백성을 이끈다는 뜻이며, 노지(勞之)는 해야 할 일들을 몸소 노력하여 권장하는 뜻으로 말하였다. 자신이 먼저하고 몸소 자신이 힘써야 한다는 것은 모두 마음에 근본을 두고 행하여나감이다.
　집주에서 말한 "백성이 명하지 않아도 행한다(不令而行)"는 것과 "백성이 아무리 힘들어도 원망하지 않는다(雖勤不怨)"는 것은 반드시 위정자가 먼저 솔선수범이 되어야 한다는 선(先)자와 위정자가 먼저 그 일에 힘써야 한다는 노(勞)자를 강조하여 정치인으로서의 당연한 의무를 강조한 말이지, 정치적 효과를 나타내는 데 중점을 두지 않았다.

子路 問政한대
子曰 先之勞之니라

　자로가 정사를 물으니,
　부자께서 말씀하셨다.
　"내가 몸소 먼저 앞서고 수고롭게 힘써야 한다."

　강설

　자로가 정사하는 도리를 묻자, 부자께서 말씀하셨다.
　"위정자가 올바른 몸가짐으로 백성이 따를 수 있도록 솔선수범을 보인다면 백성이 보고 느낀

바 있어 실행하는 기풍이 일어나지 않을 수 없다. 위정자 자신이 먼저 그 일에 힘써야 한다."

集註

蘇氏曰 凡民之行을 以身先之면 則不令而行이오 凡民之事를 以身勞之면 則雖勤不怨이니라

[해석] 소씨[蘇軾]가 말하였다.
"백성이 행해야 도리를 몸소 먼저 행하면 백성에게 명령하지 않아도 절로 행하여지고, 백성의 해야 할 일들을 몸소 힘쓰면 백성이 아무리 힘들어도 원망하지 않는다."

(2) 청익절지 請益節旨

자로가 선(先)·노(勞)자를 대수롭지 않게 여겨 다시 물음은 곧 게으를 수 있는 병의 근본 원인이다. 이 때문에 "게으름이 없어야 한다.[無倦]"는 무(無)자에 중점을 두고 말하였다. 이는 조심조심해야 할 정신이 담겨있는 부분이다. 위정자가 항상 솔선수범이 되어야 한다는 '선(先)'자와 그 일에 힘써야 한다는 '노(勞)'자에 마음을 두는 것이 곧 '게으름이 없는 위정자'이다. 이는 이른바 백성들에게 직접 도움을 주지 않으면서도 도움을 주는 정치이다.

請益한대
曰 無倦이니라

한 말씀 더해주시기를 청하자, 부자께서 말씀하셨다.
"이를 시종 게을리하지 말라."

강설

자로가 또다시 위정자가 먼저 솔선수범이 되고, 먼저 그 일에 힘쓰는 이외에 또 다른 도리가 더 있는가를 여쭈자, 부자께서 말씀하셨다.
"내, 무엇을 그대에게 더 말해줄 수 있을까? 오직 백성들보다 먼저하고 백성들보다 힘쓰는 것을 끊임없이 오래오래 지속하여야 한다. 처음부터 끝까지 게으름이 없도록 하여야 한다. 정사하는 도리가 어찌 이에 더할 수 있겠는가."

集註

吳氏曰 勇者는 喜於有爲而不能持久라 故로 以此告之시니라

○ 程子曰 子路問政한대 孔子旣告之矣오 及請益에 則曰 無倦而已라하고 未嘗復有所告하니 姑使之深思也라

[해석] 오씨(吳棫)가 말하였다.

"용감한 자는 일하는 것을 기뻐하지만 끈기 있게 오래 가지 못한다. 이 때문에 이런 말로써 일러준 것이다."

○ 정자(明道)가 말씀하였다.

"자로가 정사를 물었을 적에 공자가 이미 다 말해주었는데, 다시 한 말씀 더해주시기를 청하자, "이를 게을리하지 말라."고 말했을 뿐, 다시 새로운 뜻을 말하여준 바 없다. 이는 자로에게 깊이 생각하도록 함이다."

2. 중궁장지 仲弓章旨

이 장은 정치를 하려면 그 대체를 알아야 함을 알려준 것이다. 중궁은 일을 벌이지 않고 까다롭지 않은(簡易) 자로서 제후(雍也可使南面)의 기상이 있기에 부자께서 정사의 대체를 들추어 일러주었다.

앞의 절은 3항목을 수평으로 보아야 하는데, 이는 모두 가신(家臣)의 정치에 있어서의 대체이며, 뒤 절에서는 또한 인재 등용에 있어서의 대체를 말하고 있다.

(1) 중궁절지 仲弓節旨

가신에게 속한 일로는 법령, 금전, 양곡, 병사, 형벌, 예절, 제도 등 수많은 일들이 있다.

선유사(先有司)의 선(先)은 "훗날 그 일의 성과를 고찰한다(後考其成功)"는 후(後)자와 대칭되는 글자이다. 여기에서는 "먼저 인재를 얻어야 한다." 그리고 "먼저 그 책임을 전담시켜야 한다."는 2가지 뜻이 있다.

작은 잘못(小過)이란 백성들이 무심결에 저지른 잘못이다. 이를 관리의 잘못만으로 보아서는 안 된다. '용서한다(赦: 赦小過)'는 그 대상이란 무심결에 범한 작은 잘못에 국한되는 일이다. 이 때문에 반드시 집주에서 말한 "큰 죄는 징계하지 않을 수 없다."는 뜻을 종합, 보완하여 보아야 한다.

"덕 있는 자와 재능 있는 이를 천거한다.(擧賢才)"는 것은 고을과 마을에 숨은 인재를 새롭게 발탁한다는 것이지, 이미 벼슬에 오른 관리 가운데 현재(賢才)를 천거함이 아니며, 또한 그들을 천거하여 꼭 낮은 지위의 유사만을 삼는다는 뜻으로 국한하여 봐서도 안 된다.

仲弓이 **爲季氏宰**라 **問政**한대

子曰 先有司오 **赦小過**하며 **擧賢才**니라

중궁이 계씨의 가신이 되어 정사를 물으니, 부자께서 말씀하셨다.

"유사에게 먼저 일을 맡기고, 작은 허물을 용서하며, 어진 자와 재능 있는 이를 등용하여야

한다."

강설

중궁이 계씨의 우두머리 가신이 되어 공자에게 '고을을 다스리는 정사'에 대해 여쭈자, 부자께서 중궁에게 말씀하셨다.

"가신이란 한 사람이 여러 직책을 겸하는 것이다. 모든 일을 처리함에 있어서 반드시 먼저 그 일을 맡은 유사에게 분담하여 다스리도록 하고, 나는 오직 그들의 성과에 대한 잘잘못만을 살핀다면 아래 관료들이 나랏일에 보답할 수 있는 터전이 마련된다.

가신이란 수많은 옥사를 다스리는 자이다. 반드시 백성의 작은 허물을 용서하여 새로운 삶의 길을 열어준다면 국법의 가혹한 괴로움이 사라진다.

가신이란 수많은 책임을 담당한 자이다. 반드시 덕이 있고 능력이 있는 이들을 천거하여 벼슬에 등용한다면 그들은 모두 조정에 나아가 나라의 정사를 세워나갈 사람들이다. 이처럼 한다면 정사의 대체를 이미 온전하게 다 함이 아니겠는가."

集註

有司는 衆職也라 宰兼衆職이나 然事必先之於彼하고 而後考其成功이면 則己不勞而事必擧矣라

過는 失誤也라 大者는 於事或有所害하니 不得不懲이어니와 小者赦之면 則刑不濫而人心悅矣라

賢은 有德者요 才는 有能者니 擧而用之면 則有司皆得其人하야 而政益修矣니라

[훈고와 해석] 유사(有司)는 여러 직책을 맡은 이들이다. 가신(宰)이란 여러 직책을 겸하고 있으나 일은 반드시 그들에게 먼저 맡기고 그러한 뒤에 그 성공 여부를 살피면 자신은 수고롭지 않으면서도 모든 일들이 반드시 거행될 것이다.

과(過)란 실수와 오류이다. 큰 잘못은 정사에 간혹 해로운 바가 있으므로 징계하지 않을 수 없지만, 작은 허물을 용서하면 형벌을 남용하지 아니하여 인심이 기뻐하게 된다.

현(賢)은 덕이 있는 자이고, 재(才)는 능력이 있는 자이다. 이들을 들어 쓰면 유사마다 모두 알맞은 인재를 얻어 정사가 더욱 닦아지게 된다.

[보 補]

경문에서 말한 3가지는 모두 가신의 우두머리에게 있어 간절한 문제들이다.

'유사'는 가신의 우두머리로서 거느려야 할 사람들이며,

'형벌'은 가신의 우두머리로서 사용해야 할 일이며,

'현재(賢才)'란 가신의 우두머리로서 맡겨야 할 인물이다.

(2) 언지절지 焉知節旨

"어떻게 인재를 알아볼 수 있겠는가.[焉知]"라는 점은 집주에서 말한 것처럼 "중궁이 한 시대의 인재를 모두 알아볼 수 없을까를 염려한 것이다.[仲弓慮無以盡知一時之賢才]"는 '진(盡)'자에 의하면, 중궁이 인재를 전혀 모르는 것을 걱정함이 아니다. 단 많은 인재를 모두 다 알지 못할까를 걱정했을 뿐이다.

네가 아는 인재면 네가 천거하고, 다른 사람이 아는 인재면 그 사람이 천거하도록 한다면 이른바 "천하에 수많은 사람으로 천하의 모든 인재를 알고 천하의 인재를 천거함이다." 이는 천하를 통치할 수 있는, 더할 나위 없는 큰 기상이지만, 여기에서는 한낱 가신의 처지에서 물었던 본뜻을 고려하여 말해야 할 것이다.

日 焉知賢才而擧之리잇고
日 擧爾所知면 爾所不知를 人其舍諸아

"어떻게 어진 자와 재능 있는 이를 알아서 등용하는 것입니까?"
"네가 아는 사람을 등용하면 네가 알지 못하는 사람을 남들이 버려두겠느냐."

강설

중궁은 또다시 어진 이와 재능 있는 이를 모두 다 등용하기 어렵다는 점을 걱정하여 또다시 여쭈었다.

"어질고 재능 있는 자로서 숨어 사는 사람들이 한이 없는데, 한 사람의 보고 들은 바로써 어떻게 천하의 인재를 모두 알아보고서 등용할 수 있겠습니까?"

부자께서 말씀하셨다.

"어질고 재능 있는 현재를 모두 다 알 수 없겠지만, 또한 반드시 아는 사람이 있을 것이다. 단 네가 아는 사람을 천거하여 등용한다면 네가 알지 못하는 인재들을 남들이 또한 모두 조정으로 이끌고 나갈 것이다. 어느 누가 그들을 버리고 천거하지 않겠는가.

내 비록 모든 사람을 알 수 없겠지만 남들이 아는 인재가 곧 내가 아는 바와 같고, 내 비록 모든 인재를 천거하지 못했다고 할지라도 다른 사람이 천거함은 내가 천거한 것과 같다. 이로 보면 모든 인재를 알지 못한다고 굳이 염려할 게 있겠는가."

集註

仲弓 慮無以盡知一時之賢才라 故로 孔子告之以此니라

程子曰 人各親其親이라야 然後에 不獨親其親이니라 仲弓曰 焉知賢才而擧之오한대 子曰 擧爾所不知면 爾所不知를 人其舍諸아하시니 便見仲弓與聖人用心之大小라 推此義면 則一心可以

興邦과 一心可以喪邦이 只在公私之間爾니라

○ 范氏曰 不先有司면 則君行臣職矣오 不赦小過면 則下無全人矣오 不擧賢才면 則百職廢矣라 失此三者면 不可以爲季氏宰이온 況天下乎아

[해석] 중궁이 한 시대의 어질고 재능 있는 이들을 모두 알지 못할까 염려한 까닭에 공자께서 이로써 일러준 것이다.

[의론] 정자[明道]가 말씀하였다.

"사람이 각각 그 친한 이를 친히 하여야 만이 그 친한 이를 친히 하는데 그치지 않는다. 중궁이 '어떻게 하면 어질고 재능 있는 이를 알아서 등용할 수 있습니까?'라고 하니, 부자께서 '네가 아는 사람을 등용하면 네가 알지 못하는 사람을 남들이 버려두겠느냐.'라고 하셨다.

여기에서 중궁과 성인의 마음 씀씀이 크고 작음을 볼 수 있다. 이런 뜻을 미뤄보면, 하나의 마음이 나라를 흥성케 하고, 하나의 마음이 나라를 잃게 하는 것은 다만 공사(公私)의 사이에 달려있다."

○ 범씨[范祖禹]가 말하였다.

"유사에게 먼저 맡기지 않으면 임금이 신하의 직책을 행하게 되고, 작은 허물을 용서하지 않으면 아래에 온전한 사람이 없을 것이며, 어질고 재능 있는 이를 등용하지 않으면 모든 직책이 폐지될 것이다. 이 3가지를 잃으면 계씨의 가신도 될 수 없을 터인데 하물며 천하를 다스릴 수 있겠는가."

[보 補]

인재를 등용한다는 것은 멀리서 찾는 것이 아니다. 위정자에게 진정 인재를 좋아하는 마음이 있으면 천리 밖에서도 절로 찾아오기 마련이다. 이는 아래의 고사에서도 알 수 있다.

전국시절, 연(燕)나라 소왕(昭王)은 부왕을 살해하고 나라를 짓밟은 제나라에 대한 원수를 갚고자, 스승 곽외(郭隗)에게 인재를 천거해 달라고 하니, 이에 곽외는 다음과 같은 고사를 빗대어 답하였다.

"옛날 어떤 임금이 천리마를 구하려고 애를 썼으나 구하지 못했습니다. 이때 어떤 하급관료가 천금을 주면 천리마를 구해 오겠다고 하여, 왕은 그에게 천금을 주었는데, 죽은 천리마의 뼈를 사 왔습니다. 화가 난 임금이 어떻게 된 일이냐고 물으니 그가 말하기를, '천리마는 귀한 말이라 쉽사리 내놓으려고 하지 않습니다. 그런데 전하께서 죽은 천리마임에도 불구하고 5백금에 샀다는 소문이 난다면 천리마를 팔겠다는 사람들이 줄을 설 것입니다.'라고 답했습니다. 그의 말대로 얼마 후 천리마를 가진 사람들이 임금 앞에 몰려들었습니다."

곽외의 말을 들은 소왕이 "그럼 누구를 먼저 써야겠느냐?"고 묻자, 곽외는 "우선 저부터 기용하십시오!"라고 답했다. 소왕이 곽외를 귀히 대접하고 예를 다하니 과연 악의(樂毅)와 추연

(鄒衍) 등의 천하 인재가 찾아왔다.[20]

3. 위군장지 衛君章旨

이 장은 인륜을 밝히는 것이 정사를 행하는 근본임을 보여주고 있다. '정명(正名)' 2자는 장 전체의 주요 핵심이다.

앞의 2절[衛君…必也正名乎]은 위나라의 정치에 있어선 명분을 바로잡는 것이 우선임을 말하였고, 뒤의 2절[有是哉…無所苟而已矣]은 자로가 현실에 동떨어진 일로 여김에 따라, 다시 명분을 바로잡아야 하는 중요성을 자세하게 보여준 것이다.

(1) 위군절지 衛君節旨

당시 위나라의 임금, 출공(出公)은 애당초 부친을 받들려는 마음이 없었다. 부자는 반드시 그처럼 부도덕한 이를 임금으로 모시면서 벼슬하지 않았을 것이다. 아마 당시 부자께서 위나라에 계셨기에 자로가 이런 질문을 한 것으로 생각된다.

子路曰 衛君이 待子而爲政하시나니 子將奚先이시리잇고

자로가 여쭈었다.

"위나라의 임금이 부자께서 오시기를 기다리며 정사를 맡기려고 하는데, 부자께서는 장차 무슨 일을 가장 먼저 하시겠습니까?"

[강설]

부자께서 당시 위나라에 계셨는데, 자로가 여쭈었다.

"만일 위나라의 임금이 허심탄회하게 자리를 비워두고 부자를 모시어 정사를 맡기려고 한다면 부자께서 하실 일 가운데 장차 그 무슨 일을 먼저 하시렵니까?"

[集註]

衛君은 謂出公輒也라 是時는 魯哀公之十年이니 孔子 自楚 反乎衛하다

[훈고] 위군은 출공(出公) 첩(輒)을 말한다.

---

20 『資治通鑑』 권3. "昭王 於破燕之後, 弔死問孤, 與百姓同甘苦, 卑身厚幣, 以招賢者, 謂郭隗曰 齊因孤之國亂 而襲破燕, 孤極知燕小力少, 不足以報, 然誠得賢士, 與共國以雪先王之恥, 孤之願也. 先生 視可者, 得身事之! 郭隗曰 古之人君, 有以千金使涓人 求千里馬者, 馬已死, 買其骨五百金而返. 君大怒, 涓人曰 死馬且買之, 況 生者乎? 馬今至矣! 不期年, 千里之馬 至者 三. 今王必欲致士, 先從隗始, 況賢于隗者, 豈遠千里哉?"

[해석] 이때는 노 애공 10년(B.C. 485)이다. 공자께서 초나라에서 위나라로 돌아오셨다.

(2) 필야절지 必也節旨

괴외(蒯聵)는 부모에게 죄를 지어 다른 나라로 망명한 죄인이니만큼, 그는 부친 영공을 아버지로 모실 수도 없고, 애당초 그 아들 출공 첩을 자식으로 여길 수도 없는 처지이다. 따라서 출공 첩은 자식의 입장에서 위나라의 사람으로 하여금 다른 임금을 세우도록 주선할 수야 있겠지만, 어떻게 자식의 도리로써 제 아버지를 없는 것처럼 생각할 수 있겠는가.

출공은 자식으로서 엄연히 부친이 존재함에도 오히려 원수처럼 생각하였고, 할아버지인 영공은 실제 친자식이 있음에도 그 차례를 건너뛰어 손자에게 왕위를 물려주었다. 조(祖), 자(子), 손(孫) 3대의 명분이 모두 흐트러졌다. 이보다 더한 명분의 상실은 일찍이 없었다. 이 때문에 부자께서 명분을 바로잡는 일로 급선무를 삼은 것이다.

子曰 必也正名乎₁저

부자께서 말씀하셨다.
"반드시 명분을 바로잡을 것이다."

강설

부자께서 자로에게 말씀하셨다.
"정사란 인륜을 바로잡는 것보다 더 큰 일은 없다. 만일 내가 위나라의 정사를 맡는다면 반드시 먼저 군신·부자의 명분을 바로잡아, 그 명분의 실상에 부합하도록 할 것이다."
이는 그 당시 위나라의 명분이 바르지 못하였기에 부자께서 이처럼 말씀하신 것이다.

集註

是時에 出公이 不父其父而禰其祖하야 名實이 紊矣라 故로 孔子以正名爲先이라

謝氏曰 正名은 雖爲衛君而言이나 然爲政之道는 皆當以此爲先이니라

[해석] 그 당시 출공이 제 아비(괴외)를 아비로 모시지 않고 그 조부(영공)를 아비로 하여 사당에 모셨기에 명분과 실상이 흐트러진 것이다. 이 때문에 공자는 명분을 바로잡는 일로 급선무를 삼았다.
○ 사씨[謝良佐]가 말하였다.
"명분을 바로잡는다는 것은 비록 위나라 임금, 출공의 일 때문에 이처럼 말씀하셨지만, 그러나 정사를 하는 도는 모두 이를 급선무로 삼아야 한다."

(3) 유시절지 有是節旨

당시 출공 첩이 왕위에 즉위한 지, 벌써 8년이나 되었다. 자로가 말한 "현실에 동떨어진 일이다."는 것은 부자께서 명분을 바로잡는 일이 출공 첩의 정치에 장애가 될까 두려워함이다.

子路曰 有是哉라 子之迂也여 奚其正이시리잇고

자로가 말하였다.
"이런 일을 하시다니요? 부자의 동떨어진 일이여. 어떻게 그 일을 바로잡겠습니까?"

강설

자로는 명분을 바로잡겠다는 말씀을 듣고서 경망스럽게 대답하였다.
"어떻게 이런 일을 하신다니요? 부자께서 명분을 바로잡겠다는 말씀은 위나라의 현실과는 너무나도 동떨어진 일입니다. 정사를 한다는 것은 그 시대에 화급한 일을 먼저 구제해야 할 일인데, 어떻게 명분을 바로잡겠다는데에 얽매이십니까?"

集註

迂는 謂遠於事情이니

言非今日之急務也라

　[훈고] 우(迂)란 현실 사정과 거리가 멂을 말하니,

　[해석] 오늘날의 급선무가 아님을 말한다.

(4) 야재절지 野哉節旨

야(野)라는 것은 정밀한 견해와 침잠(沈潛)한 생각이 없음이며, 궐여(闕如)는 감히 스스로 옳다고 여기지 않는 마음을 말한다.

子曰 野哉라 由也여 君子 於其所不知에 蓋闕如也니라

부자께서 말씀하셨다.
"저속하다, 유(자로)여. 군자는 그 모르는 것에 대해서는 빼놓는 것이다."

강설

부자께서 자로를 꾸짖어 말씀하셨다.
"비루하고 저속하다, 유의 사람됨이여. 군자는 집안과 나랏일에 있어 모르는 부분이 있으면 잠시 그 의심된 부분을 빼놓고 남들에게 물어야 하는 법인데, 어떻게 이처럼 경망스럽게 말대꾸하는가. 유는 군자의 도리에 부끄러운바 있을 것이다."

집註

野는 謂鄙俗이니

責其不能闕疑而率爾妄對也라

[훈고] 야는 비루하고 저속함을 이른다.

[해석] 자로가 의심난 부분을 놓아두지 않고서 경솔하게 부질없이 대답함을 꾸짖음이다.

(5) 명불 2절지 名不二節旨

이 2절은 반설(反說)로, 명분을 바로잡지 않을 수 없음을 강조하였다.

명불정(名不正) 3자는 병폐의 근원이다. 아래 여러 가지의 폐단은 모두 여기로부터 비롯된 것이다.

언불순(言不順) 구절로부터 예악불흥(禮樂不興)까지는 명분을 바로잡지 못한 폐해가 나의 몸에 미침에 대해 말하였고,

형벌(刑罰) 이하의 구절은 명분을 바로잡지 못한 폐해가 백성에게 미침에 대해 말하였다.

여기에서 말한 예악이란 옥과 비단을 예물로 보내는 예절, 그리고 종과 북을 두드리는 음악 등을 말한 게 아니라, 다만 일에 있어서의 이치이다.

일을 행하는 데에 그 이치를 잃게 되면 상과 형벌 그 어느 것 하나 절도에 맞는 일이 없다. 그러나 유독 형벌만을 말함은 그 해악 중에서도 큰 폐해를 들어 말한 것이다.

"손발을 둘 곳이 없다[無所措手足]"는 것은 곧 악한 일을 하려고 해도 악한 일을 할 수 없고, 선을 행하여도 선 또한 형벌을 면할 수 없다는 것으로, 꼼짝달싹할 수 없음을 말한다.

名不正則言不順하고 言不順則事不成하고

"명분이 바르지 못하면 말이 순조롭지 못하고, 말이 순하지 못하면 일이 이뤄지지 않는다."

강설

"내 반드시 먼저 명분을 바로잡으려는 것은 현실과 동떨어진 일이 아니다. 또한 명분이란 관계되는 바 크기 때문이다. 만일 임금과 신하, 그리고 아버지와 자식이라는 명분이 그 실상에 걸맞지 못하여 올바르지 못하다면 호칭을 할 적에 거슬리거나 막힘이 있어 순조롭지 못할 것이다. 예를 들면, 할아버지를 아버지의 항렬에다가 둔다든지, 아버지를 원수처럼 여기면 호칭을 하는 데에

많은 어려움이 야기될 것이다.

　호칭이 이처럼 어긋난다면 말을 할 적에 스스로 어긋난 바 많아서 하는 일마다 이뤄질 수 없다. 예컨대, 아버지를 원수처럼 생각한 나머지 병력을 동원하여 저지한다거나 할아버지를 아버지의 항렬에 두어 그 지위를 계승한다면 어떻게 나랏일에 체모가 설 수 있겠는가. 이처럼 호칭이 순조롭지 못하면 일에 나타나는바 절로 어긋나게 되어 이뤄지는 일이 없을 것이다."

　集註

　楊氏曰 名不當其實이면 則言不順하고 言不順이면 則無以考實而事不成이라

　　[해석] 양씨[楊時]가 말하였다.

　　"명분이 그 실상에 걸맞지 않으면 말이 순조롭지 못하고, 말이 순조롭지 못하면 그 실상을 상고할 수 없어 일이 이루어지지 못할 것이다."

事不成則禮樂이 不興하고 禮樂이 不興則刑罰이 不中하고 刑罰不中則民無所措手足이니라

　"일이 이뤄지지 못하면 예악이 일어나지 못하고, 예악이 일어나지 못하면 형벌이 맞지 아니하고, 형벌이 맞지 아니하면 백성이 그 어디에도 손발을 둘 수 없다."

　강설

　"일이 이뤄지지 않으면 한 몸의 거동은 반드시 전도되고 차서가 없으므로 괴리와 불화로써 예악이 일어나지 못한다.

　예악이 일어나지 못하면 정사를 시행하는 데 반드시 법전이 문란하고 옥사가 자주 일어남으로써 형벌이 알맞지 않다.

　형벌이 알맞지 않으면 잘못을 저지른 자는 오히려 요행으로 모면하고, 선한 이가 도리어 재앙을 입음으로써 백성들이 나갈 길과 피할 길을 알지 못하게 되어 손발을 둘 수 없다.

　명분이 바르지 못하면 그 폐단은 하나같이 이와 같음에 이를 것이니, 아무리 좋은 정치를 하고자 해도 할 수 있겠는가."

　集註

　范氏曰 事得其序之謂禮요 物得其和之謂樂이니 事不成이면 則無序而不和라 故로 禮樂不興이오 禮樂不興이면 則施之政事에 皆失其道라 故로 刑罰不中이니라

　　[의론] 범씨[范祖禹]가 말하였다.

　　"일이 그 차례를 얻음을 예라 하고, 사물이 그 조화를 얻음을 악(樂)이라 한다. 일이 이뤄지

지 못하면 차례가 없고 조화를 잃은 까닭에 예악이 일어나지 못하고, 예악이 일어나지 못하면 정사에 베푸는 일들이 모두 그 도리를 잃게 된다. 그러므로 형벌이 알맞지 않다."

(6) 군자절지 君子節旨

이 절은 명분을 바로잡으려는, 정명(正名) 사상을 말해주고 있다.

'명지(名之)' 2자는 아래의 문장을 일으켜주는 말이며, 이를 뒤이어서 '언(言)'과 '행(行)'자는 모두 이름 '명(名)'자에 근거를 두고 말하였다.

2부분의 '필(必: 必可言, 必可行)'자는 힘주어 강조한 글자로, 반드시 노력하여 꼭 이처럼 해야 한다는 뜻이다.

'군자어기언' 이하[君子於其言, 無所苟而已矣] 2구는 긴밀하게 앞부분에 이어서 결단을 내린 말이다.

그 명분을 말로 표현하는 데 구차스러움이 없어야 한다. 반드시 명분이 올발라야 이를 말로 표현할 수 있고, 말로 표현할 적에 거슬림이 없어야 이를 행동으로 옮길 수 있다. 요컨대, 단 하나의 명분을 바로잡으면 모든 것이 갖춰지게 된다.

집주에서 "하나의 일이 구차하다[一事苟]"는 것은 "명분이 바르지 못함[名不正]"을 말하고, "그 나머지 일들이 모두 구차스럽다.[其餘皆苟]"는 것은 "호칭이 순조롭지 못하다[言不順]"는 구절 이하의 뜻을 말한다.

故로 **君子 名之**ㄴ댄 **必可言也**며 **言之**댄 **必可行也**니 **君子 於其言**에 **無所苟而已矣**니라

"그러므로 군자는 그 명분을 붙이면 반드시 말할 수 있고, 말을 한다면 반드시 행할 수 있으니, 군자는 그 말에 구차한 바가 없어야 할 따름이다."

강설

"그러므로 정사를 다스리는 군자는 명분이 바르지 못하면 말이 순조롭지 못하기에, 만에 하나 명분이 있으면 반드시 그 실상에 맞도록 말해야 함을 알아야 하고, 말이 순조롭지 못하면 일이 이루어지지 않기에, 만에 하나 말이 있으면 반드시 그 실상에 맞도록 행함이 있어야 함을 알아야 한다.

따라서 명분이란 반드시 말할 수 있어야 한다. 이처럼 그 말은 명분을 말함이며, 말이란 반드시 행할 수 있어야 한다. 이처럼 말이란 행실의 기조가 된다.

군자는 말을 함에 있어 오직 그 명분을 헤아려 바로잡고, 시행하는 일이 순리대로 되어 구차한 바 없을 뿐이다. 말이 구차하지 않으면 일이 이루어지고, 예악이 일어나고, 형벌이 절도에 맞는 것은 모두 바른 명분에 의해서이다. 그렇지 않으면 그 폐단을 면할 수 있겠는가. 이 때문에 나라

를 다스리려면 반드시 앞서 명분을 바로잡으려는 것이다. 그대는 어찌하여 이를 현실에 동떨어진 일이라고 생각하는가."

集註

程子曰 名實相須니 一事苟면 則其餘 皆苟矣리라

○ 胡氏曰 衛世子蒯聵 恥其母南子之淫亂하야 欲殺之라가 不果而出奔한대 靈公 欲立公子 郢이러니 郢辭하다 公卒에 夫人立之한대 又辭어늘 乃立蒯聵之子輒하야 以拒蒯聵라 夫蒯聵는 欲殺 母라 得罪於父하고 而輒은 據國以拒父하니 皆無父之人也니 其不可有國也 明矣라 夫子爲 政에 而以正名爲先하시니 必將具其事之本末하야 告諸天王하고 請于方伯하야 命公子郢而立 之면 則人倫正하고 天理得하야 名正言順而事成矣리라 夫子告之之詳이 如此로되 而子路終不 喩也라 故로 事輒不去라가 卒死其難하니 徒知食焉不避其難之爲義오 而不知食輒之食爲非 義也니라

[해석] 정자(明道)가 말씀하였다.

"명분과 실상은 서로를 필요로 한다. 하나의 일이 구차스러우면 그 나머지는 모두 구차스 럽게 된다."

○ 호씨(胡寅)가 말하였다.

"위나라 세자 괴외(蒯聵)가 어머니 남자(南子)의 음란한 행위를 부끄럽게 여겨 죽이려다가 뜻을 이루지 못하고 도망쳤다. 영공이 공자 영(郢: 둘째 아들)을 세우고자 했으나, 공자 영이 사양하였다. 영공이 죽고 부인이 다시 영을 세우려고 하였지만, 영은 또다시 사양하였다. 이 에 괴외의 아들, 첩(輒)을 세워 제 아버지인 괴외를 막도록 하였다.

괴외는 어머니를 죽이려다가 아버지에게 죄를 얻었고, 첩은 나라를 차지하고서 제 아버지 를 가로막았다. 그들은 모두 아비가 없는 사람들이다. 그들은 나라를 소유할 수 없음이 분명 하다.

부자가 정사하는데 명분 바로잡음을 우선으로 하시니, 반드시 장차 그 일의 본말을 갖추어 서 천자에게 고하고 방백에게 청하여 공자 영을 명하여 그를 세우면 인륜이 바르고 천리가 제대로 되어서 이름이 바르고 말이 순하고 일이 이뤄졌을 것이다.

부자께서 이처럼 자세히 말씀하셨으나, 자로는 끝까지 깨닫지 못하였다. 이 때문에 출공 첩을 섬기다가 마침내 그 난에 휘말려 죽었다. 자로는 그저 녹을 먹으면 그의 난을 피하지 않는 것을 대의라고 생각할 줄 알았을 뿐, 출공 첩의 녹을 먹는 그 자체가 대의가 아님을 알지 못하였다."

4. 지청장지 遲請章旨

이 장은 부자께서 세상을 다스리는 학문으로 번지(樊遲)의 소견을 넓혀주려는 것으로, "윗사람이 예를 좋아하고 의를 좋아하고 믿음을 좋아하면…"이라는 3단락[上好禮…則民莫敢不用情]에 중점을 두고 있다.

첫 절[樊遲請學稼…吾不如老圃]은 번지의 물음으로 인해서 완곡한 말로 거절한 것이며,

그 아래 절[樊遲出…焉用稼]은 번지가 물러감으로 인하여 매우 그를 꾸짖어 깨닫도록 함이다.

(1) 지청절지 遲請節旨

농사일과 채전일을 배우려고 청함은 단 거칠고 비루하며 잇속에 가까운 일이지, 채전을 일구면서 초야에 은둔하여 세상사를 잊으려는 뜻은 전혀 없다.

'불여(不如: 不如老農)'는 2가지로 해석된다. "그들만 못하다"의 뜻과 "그들과 같지 않다"의 뜻이 있다. 전자의 해석의 경우, 농사의 경험이 많은 그들에게 배우라는 뜻이 된다. 우리나라 언해본의 경우 이를 따라 "노농(老農)만 같지 못하다."고 해석하였다. 후자의 경우는 그들의 익혀온 것과 내가 닦아온 것이 다르다는 점이다. 즉 '불사(不似)'라는 말과 같다. "그들과 같지 않다"는 것은 우리의 학문이 노농(老農), 노포(老圃)와 차이점이 있음을 말한다.

순임금은 역산(歷山)에서, 이윤은 신야(莘野)에서 몸소 밭갈이하였지만, 당시 그들이 그런 처지에서 그런 일을 할 수밖에 없었다. 하지만 번지는 성인의 문하에서 학문을 닦는 자이다. 그가 당시 배워야 할 일은 과연 무엇일까?

樊遲 請學稼한대

子曰 吾不如老農호라

請學爲圃한대

曰 吾不如老圃호라

번지가 농사짓는 일을 배우고자 청하니, 부자께서 말씀하셨다.

"나는 늙은 농부만 못하다."

채전 가꾸는 일을 배우고자 청하니, 부자께서 말씀하셨다.

"나는 늙은 채전 일꾼만 못하다."

> **강설**

예전에 번지는 농사일에 힘씀을 살림살이의 떳떳한 도리라 생각하여 농사짓는 일을 배우려고 이를 청하자, 부자께서 부드러운 말씨로 거절하셨다.

"농사짓는 일은 오직 늙은 농부가 잘 알고 있다. 나는 늙은 농부만 못하다. 어떻게 너를 위해 농사짓는 일을 일러줄 수 있겠는가."

또 채전을 가꾸는 일이 농사일에 비해 쉽다고 여겨, 채전 가꾸는 일을 배우고자 청하자, 부자께서 또다시 부드러운 말씨로 거절하셨다.

"채전을 가꾸는 일은 오직 늙은 채전 일꾼이 더 잘 알고 있다. 나는 늙은 채전 일꾼만 못하다. 어떻게 너를 위해 채전 가꾸는 일을 일러줄 수 있겠는가."

集註

種五穀曰稼오 種蔬菜曰圃라

[훈고] 오곡 가꾸는 것을 가(稼)라 하고, 채소 가꾸는 것을 포(圃)라 한다.

(2) 지출절지 遲出節旨

'소인(小人)'은 아래 백성의 지위로 말한다. 농사와 채전에다가 지혜와 힘을 다한다면 안으로는 자신을 완성할 수 없고, 밖으로는 사람을 다스릴 수 없다. 그 무슨 일을 이룰 수 있겠는가.

樊遲 出커늘
子曰 小人哉라 樊須也여

번지가 나가자, 부자께서 말씀하셨다.
"소인이로구나, 번수(번지)여."

강설

번지는 부자께서 말씀하신 뜻을 깨닫지 못한 채, 물러나 밖으로 나가자, 부자께서 번지의 지향과 나아가는 길이 저속하고, 또한 끝까지 일러준 뜻을 깨닫지 못할까 염려한 나머지, 다시 뒤이어 그를 꾸짖으셨다.

"농사와 채전 가꾸는 것은 일반백성들이 할 일이다. 번지는 단 이런 일들만을 물으니, 참으로 소인이로구나, 번지여."

集註

小人은 謂細民이니 孟子所謂小人之事者也라

[훈고] 소인은 일반백성을 말한다. 맹자가 말한 "소인(아랫사람)의 일"이다.

(3) 상호절지 上好節旨

이의 전체 요지는 "늙은 농부만 못하다[不如老農]"는 구절에 있다.

3곳의 '상(上: 上好禮 등)'자는 '소인(아랫사람)'을 상대로, 호례(好禮)·호의(好義)·호신(好信)은 학가(學稼)·학포(學圃)를 상대로 말하였다.

학문을 통하여 예와 의와 믿음을 좋아하여 자기를 다스리고 남을 다스리는 자를 '지위에 있는 위정자[上]'라 하고, 학문으로 자기를 다스릴 수 없어 남으로부터 다스림을 받는 자를 '일반백성[民]'이라고 한다.

上이 好禮則民莫敢不敬하고 上이 好義則民莫敢不服하고 上이 好信則民莫敢不用情이니 夫如是則四方之民이 襁負其子而至矣리니 焉用稼리오

"윗사람이 예를 좋아하면 백성이 감히 공경치 않을 리 없고,
윗사람이 의를 좋아하면 백성이 감히 승복하지 않을 리 없고,
윗사람이 믿음을 좋아하면 백성이 감히 진실하지 않을 리 없다.
이와 같으면 사방의 백성들이 포대기로 갓난아이를 업고 찾아올 것이니, 어디에 농사짓는 일을 쓸 수 있겠는가."

강설

"어쩌면 번지는 대인의 일에 대해 일찍이 들은 적이 없다는 말인가. 지위에 있는 윗사람으로서 진정 예를 좋아하여 마음을 다하여 몸가짐이 장엄하면, 그런 그의 예는 백성의 마음을 엄숙하게 만듦으로써 백성들은 감히 공경하지 않을 수 없을 것이다.

윗사람으로서 진정 의를 좋아하여 마음을 다해 모든 일에 시의적절하게 대처한다면 그런 그의 의는 백성의 마음을 감복시킴으로써 백성들은 감히 승복하지 않을 수 없을 것이다.

윗사람으로서 진정 믿음을 좋아하여 마음을 다하여 아랫사람을 속이지 않는다면, 그런 그의 믿음은 넉넉히 백성의 마음을 견고하게 함으로써 백성들은 감히 진실하지 않을 수 없다.

이처럼 예절, 의리, 믿음을 좋아하여 백성들이 공경하고 굴복하고 진실하게 되면 위정자로서의 지위에 머물면서 위정자로서의 덕망이 있기에 사방의 백성들이 포대기로 갓난아이를 업고서 그를 찾아와 밭갈이하려고 모여들 것이다. 언제 그 자신이 농사일에 힘을 쓸 수 있겠는가.

농사일과 채전일은 일반 백성들의 일이며, 예절·의리·믿음은 위정자로서의 일이다. 농사일이 필요하지 않다면 채전을 가꾸는 일 또한 힘쓸 일이 아님을 미뤄 알 수 있다. 번지는 어찌하여 굳이 일반 백성의 일을 선택하여, 대인(大人)으로서의 몸가짐을 지니려 들지 않는 걸까?"

集註

禮義信은 大人之事也라 好義則事合宜라 情은 誠實也라 敬服用情은 蓋各以其類而應也라

襁은 織縷爲之하야 以約小兒於背者라

○ 楊氏曰 樊須遊聖人之門而問稼圃하니 志則陋矣라 辭而闢之 可也어늘 待其出而後에 言其非는 何也오 蓋於其問也에 自謂農圃之不如하시니 則拒之者 至矣라 須之學이 疑不及此하야 而不能問하니 不能以三隅反矣라 故로 不復하시고 及其旣出하야는 則懼其終不喩也하야 求老農老圃而學焉이면 則其失愈遠矣라 故로 復言之하야 使知前所言者意有在也시니라

[훈고와 해석] 예절・의리・믿음은 대인(위정자)의 일이다. 의리를 좋아하면 모든 일이 시의(時宜)에 부합된다.

정(情)은 성실함이다. 공경・승복・진실함은 각각 그 유에 따라 감응해오는 것이다.

강(襁)은 실로 짜서 만든 것으로 갓난아이를 업을 적에 두르는 포대기이다.

○ 양씨[楊時]가 말하였다.

"번지는 성인의 문하에서 학문을 닦으면서 농사일과 채전 가꾸는 일을 물음은 그 뜻이 비루하다. 번지에게 직접 말하여 그의 잘못을 질책함이 옳은 일인데 그가 나간 뒤에 그의 잘못을 말한 것은 무슨 까닭인가? 번지의 물음에 대해 부자께서 스스로 '농사꾼과 채전 일꾼만 같지 못하다.'고 말한 것만으로도 지극히 거절함이다. 번지의 학문 조예는 이에 대해 의심할 줄조차 모름으로써 다시 묻지 않았다. 이는 하나를 일러주면 나머지 세 모퉁이를 되돌려 생각하지 못함이다.

이 때문에 부자께서 다시 말씀하지 않으시고 번지가 나간 후엔 그가 끝까지 이를 깨닫지 못하여, 늙은 농부와 늙은 채전 일꾼을 찾아 배운다면 그 잘못이 더욱 커질 것을 두려워하였다. 이 때문에 다시 이를 말하여 조금 전에 말했던 것은 그 뜻이 다른 데 있음을 알도록 함이다."

[보 補]

좋아한다는 3부분의 '호(好: 好禮, 義, 信)'자는 모두 자기의 마음을 다하여 내심에 근원을 두고 밖으로의 작용에까지 이르러 감을 말한다. 예를 들면, 믿음을 좋아하여 성실한 마음, 거짓 없는 마음으로 정사를 하는 데에 성실하게 임하는 것이다.

이에 감화를 입은 백성들이 "감히 그처럼 되지 않을 수 없다."는 3부분의 '막불감(莫敢不)' 3자는 백성이 절로 이처럼 됨을 나타낸 것으로, 백성을 감화시킨 면에 대해 말하였다. 이를 도표화하면 다음과 같다.

上			民 莫敢不		
	內	外		內	外
好禮	莊敬持己	臨民莊敬	敬	嚴肅民心	無敢慢
好義	合宜處事	擧措得宜	服	悅服民心	無私議
好信	眞實不欺	政令誠實	用情	堅固民心	無詐欺

그리고 이를 뒤이은 3구[夫如是…襁負其子而至矣]는 바야흐로 지대한 공효로 말하였다. 사방의 백성들이 이르러 온다는 것은 그를 찾아와 농사짓는 사람이 많음을 극대화한 말로서, 위정자는 굳이 농사짓는 일에 힘쓸 게 없음을 나타냄이며, "갓난아이를 업고온다[襁負其子]"는 것 또한 자손 대대로 그를 위해 농사지을 것이라는 뜻을 담고 있다.

5. 송시전지 誦詩全旨

이는 『시경』을 배우는 이란 마음에 깨달은 바 있어 정사하는 데에 실제 쓸 수 있어야 함을 보여주고 있다.

집주에서 말한 '본인정' 이하[詩本人情…見政治之得失] 4구는 시란 정사하는데 바탕이 됨을 말하였고, '기언' 이하[其言溫厚和平, 長於風諭] 2구는 시란 말을 하는데 바탕이 됨을 말한다.

『시경』은 본래 이처럼 유용함이 있다. 따라서 시를 잘 외워서 그처럼 유용하게 써야 귀중한 것이지, 『시경』을 외워 배우면서도 유용하게 쓰지 못함은 경전을 탐구한 노력이 지극하지 못하였기 때문이다. 만약 마음에 시를 경험하면서 그 속에 흠뻑 무젖어 관통하고 몸에 체득하여 절실하게 온전하고 확실하다면 또한 어찌 무능함을 걱정할 게 있겠는가.

어느 곳에서나 적절한 일처리를 '달(達)'이라 하고, 어떤 사람의 도움도 필요로 하지 않음을 '전(專: 專對)'이라고 말한다.

끝부분의 '다(多)'자는 바로 『시경』 3백 편을 뜻하는, '삼백(三百)'이라는 글자와 상응하고 있다.

子曰 誦詩三百호되 **授之以政**에 **不達**하며 **使**(시)**於四方**에 **不能專對**하면 **雖多**나 **亦奚以爲**리오

부자께서 말씀하셨다.

"『시경』 3백 편을 외우고서도 정사를 맡겨주면 일처리 할 줄을 모르고, 사방 제후 나라에 사신을 가서 홀로 제대로 대답하지 못하면 아무리 『시경』을 많이 읽었다 하나 또한 그 무엇에 쓰겠느냐?"

> **강설**

부자께서 경전을 배워 궁리한 자는 의당 실용성을 추구해야 한다는 점을 가르쳐주었다. 경전을 탐구한다는 것은 장차 이를 쓰려는 것이다.

"『시경』 3백편 전체를 암송한다는 것은 많은 분량이다. 『시경』에는 정사를 잘 해낼 수 있고 풍류의 장점 또한 이미 갖춰져 있다. 따라서 『시경』을 배우면 당연히 정사하는 데에 막힘없이 통달하고 잘 처리할 줄을 알아야 한다.

그러나 정사를 맡겨주었음에도 사리를 알지 못하여 일처리에 어둡고 사방 제후의 나라에 사신

으로 가서 제대로 대답하지 못하여 제삼자의 도움이 필요하다면 아무리 많은 시를 암송했다 할지라도 또한 무슨 소용이 있겠는가. 경전을 탐구하는 이는 그 실용성을 추구함이 옳다."

集註

專은 獨也라 詩本人情하고 該物理하야 可以驗風俗之盛衰하고 見政治之得失하며 其言이 溫厚和平하야 長於風諭라 故로 誦之者必達於政而能言也라

○ 程子曰 窮經은 將以致用也니 世之誦詩者果能從政而專對乎아 然則其所學者는 章句之末耳니 此는 學之大患也니라

[훈고] 전(專)은 '혼자서'라는 뜻이다.

[해석] 시는 사람의 감정에 근본하고 사물의 이치를 갖추고 있어, 풍속의 흥망성쇠를 징험할 수 있고 정치의 시비득실을 볼 수 있으며, 그 말은 온후하고 화평하여 풍자를 통해 깨우쳐 주는 장점이 있다. 그러므로 『시경』을 외워 배우는 자는 반드시 정사에 통달하고 말을 잘할 수 있다.

○ 정자(伊川)가 말씀하였다.

"경서를 탐구한다는 것은 장차 쓰려는 것이다. 이 세상에 『시경』을 배우고 외우는 이들이 과연 정사를 잘하고 홀로 대답을 잘할 수 있을까? 이로 보면 그들이 배웠던 것은 한낱 지엽적인 장구만을 외웠을 뿐이다. 이는 배우는 이들의 큰 걱정거리이다."

6. 기신전지 其身全旨

이 장은 당시 임금들이 백성을 다스리는 법령은 자세히 다루면서도 정작 자신이 행하는 바를 가볍게 여기기 때문에 이를 말씀하신 것이다. 백성을 교화하려는 자는 자신이 먼저 모범이 되어야 함을 보여주었다.

앞 단락[其身正 不令而行]에 중점을 두어 말하였고, 뒤 단락[其身不正 雖令不從]은 반설로 뒤를 이어 말하였다. 몸가짐이 올바른 임금 또한 어찌 백성을 다스리는 법령을 버릴 수 있겠는가. 단 명령만을 일삼지 않는다.

'명령을 내린다.'는 것은 참으로 왕의 말 한마디가 얼마나 큰가를 보여줌이다. 그러나 "명령을 내리지 않아도 절로 행하여진다.[不令而行]"는 것은 보다 왕의 마음이 순수해야 함을 밝힘이다.

子曰 其身이 正이면 不令而行하고 其身이 不正이면 雖令不從이니라

부자께서 말씀하셨다.

"그 몸이 바르면 명령을 내리지 않아도 절로 행하여지고, 그 몸이 바르지 못하면 아무리 명령할지라도 따르지 않는다."

강설

부자는 정사의 근본을 바르게 해야 한다는 점에 대해 말씀하셨다.

"위정자가 백성을 가르침은 명령하는 데 있는 게 아니라, 그 자신의 몸가짐에 달려있다. 진정법을 제정하고 또한 자신이 법이 되어 몸가짐이 바르면 법의 근원이 있으므로, 어떤 행위를 하지 말라는 법령이 없을지라도 그 가르침이 저절로 시행될 것이다.

만일 욕심을 방종하고 법도를 폐지하여 그 자신이 부정하면 백성을 이끌고 교화하는 근본이 없으므로, 아무리 하지 말라는 법령을 수없이 내린다고 할지라도 백성은 또한 이를 비아냥거리며 따르지 않을 것이다. 나라를 다스리는 자는 그 근본을 바로잡지 않을 수 있겠는가."

7. 노위전지 魯衛全旨

이 장에서는 노나라와 위나라의 정치가 한꺼번에 쇠퇴함을 탄식한 말이다. 이는 노 애공 7년(B.C.488: 공자 64세)과 위 출공 5년(B.C.497)에 있었던 일이다.

노나라는 주나라의 예를 보존하였고, 위나라는 많은 군자가 있었기에 주공(周公)과 강숙(康叔)의 유풍이 그때까지도 남아있었다. 그러나 이를 진작시킬 사람이 없는 까닭에 그 쇠퇴함을 탄식하였다. 여기에는 한편으론 이를 애석하게 여기면서도 또 다른 한편으로는 이렇게 되어주기를 바라는 뜻을 담고 있다.

子曰 魯衛之政이 兄弟也로다

부자께서 말씀하셨다.
"노나라와 위나라의 정사는 형제처럼 닮았다."

강설

부자는 느낀 바 있어 탄식하셨다.

"예전에 주공을 노나라에, 강숙을 위나라에 봉하였다. 본래 형제의 나라였다. 오늘날 기강과 법도로 말하면 그 쇠퇴한 정사 또한 똑같은 형제라 하겠다. 나는 주공과 강숙의 후예가 모두 똑같음이 또한 한결같이 이와 같은 줄이야 생각지도 못하였다."

集註

魯는 周公之後오 衛는 康叔之後니 本兄弟之國이오 而是時衰亂하야 政亦相似라 故로 孔子嘆之시니라

[훈고와 해석] 노나라는 주공의 후예이며, 위나라는 강숙의 후예로서 본래 형제의 나라였다. 그 당시 쇠퇴하고 혼란하여 정사 또한 서로 똑같은 까닭에 부자께서 이를 탄식하였다.

8. 자위전지 子謂全旨

이 장은 부자께서 살림살이를 잘한 공자 형(公子荊)을 칭찬하면서 이와 반대로 호사를 누리는 벼슬아치를 풍자하였다. 당시 대대로 국록을 받는 대가 들은 대부분 호기를 부리고 사치하면서 대의를 잃은 지 오래다. 그러나 유독 공자 형만은 그렇지 않다. 이 때문에 부자께서 그를 칭찬한 것이다.

"살림살이를 잘하였다[善居室]"에 대해 집주에서는 "절도가 있다.[有節]"는 측면에 중점을 두어 말하였고, "살림살이 형편의 차례를 따랐다.[循序]"는 점은 부수적인 말이다.

"절도가 있다."는 것은 만족할 줄을 앎을 말한다. 만족할 줄 알면서 대처할 수 있음은 모두 욕심이 적은 마음에서 연유함이다. 바야흐로 이것이 '선(善)'자의 근원이다.

대충 모아두고, 완벽하게 갖추고, 아름답게 꾸미는 것으로 살펴보면 공자 형은 살림의 형편을 따라서 갖춰나갔을 뿐, 조금도 서두르거나 조급하게 다그치는 마음이 없음을 알 수 있고, 부족하나마 그럭저럭 대충 모아두고, 부족하나마 그럭저럭 완벽하게 갖추고, 부족하나마 그럭저럭 아름답게 꾸미는 데에서 또한 공자 형이 살림살이에 절도가 있고 호사를 다 누리려는 마음이 없음을 볼 수 있다. 어진 이가 아니고서 어떻게 이처럼 할 수 있겠는가.

子 謂衛公子荊하사되 **善居室**이로다 **始有**에 **曰苟合矣**라하고 **少有**에 **曰苟完矣**라하고 **富有**에 **曰苟美矣**라하니라

부자께서 위나라 공자 형(荊)에 대해 말씀하셨다.

"그는 살림살이를 잘한다. 처음 살림살이를 마련할 적에 '제법 모여졌다'라 하고, 조금 부유할 적에 '제법 완전하다'라 하고, 부유할 적에 '제법 아름답다'라고 하였다."

강설

부자께서 위나라 대부 공자 형의 살림살이에 대해 말씀하셨다.

"그는 집안 살림살이를 잘한 사람이다.

재산과 기물을 처음 마련하였을 때, 공자 형은 마음으로 '내 오늘날 살림살이가 부족하나마 제법 모아 놓았다.'고 여겼다. 어지간히 모아놓은 것 이외에 더 이상 바라는 마음을 가지지 않았다.

재산과 기물을 어지간히 마련하였을 때, 공자 형은 마음으로 '내 오늘날 살림살이가 부족하나마 제법 완벽하게 갖췄다.'고 여기고서 어지간히 완벽하게 갖춘 이외에 더 이상 추구하는 마음을 가지지 않았다.

　　재산과 기물을 풍부하게 소유하게 되어서는, 공자 형의 마음은 '내 오늘날 살림살이가 부족하나마 제법 아름답다.'고 여겼다. 어지간히 아름다운 것 이외에 더 이상의 것을 사모하는 마음을 가지지 않았다.

　　살림살이의 형편에 따라 차츰차츰 갖춰나가면서 서둘러 빨리 갖추려는 누가 없었으며, 그럭저럭 절도를 두었을 뿐, 극도로 아름답게 하려는 마음이 없었다. 공자 형이 살림살이를 잘한 점은 이와 같다. 공자 형의 풍모를 듣는 사람 또한 작게나마 부끄러운 마음을 지니게 될 것이다."

> **集註**
>
> 公子荊은 衛大夫라 苟는 聊且粗略之意라 合은 聚也요 完은 備也라
>
> 言其循序而有節하야 不以欲速盡美累其心이라
>
> ○ 楊氏曰 務爲全美면 則累物而驕吝之心生이라 公子荊이 皆曰苟而已라하니 則不以外物爲心하야 其欲이 易足故也니라

　　[훈고] 공자 형(荊)은 위나라의 대부이다. 구(苟)는 '부족하나마, 조금이나마'라는 뜻이다. 합(合)은 모아놓음이며, 완(完)은 구비함이다.

　　[해석] 그 살림살이의 차례를 따라서 절도가 있어, 빨리하려고 서둘거나 지극히 아름답게 하려는 데에 그 마음을 얽매이지 않았음을 말한다.

　　○ 양씨[楊時]가 말하였다.

　　"완전하고 아름답게 하려는 데에 힘쓰면 재물에 얽매여 교만하고 인색한 마음이 생겨나기 마련이다. 공자 형이 모두 '부족하나마 제법이군.'이라고 말함은 곧 바깥 재물에 마음을 두지 않아 그 욕구를 쉽게 만족할 수 있었기 때문이다."

9. 자적전지 子適全旨

　　이 장은 위나라 백성을 통하여 왕도(王道)의 전모를 밝히고 있다.

　　위나라 백성의 수효가 많음을 감탄한 데에는 2가지의 뜻이 담겨있다. 하나는 백성이 많으므로 은택이 널리 베풀 수 있음을 다행으로 여김이며, 또 다른 한편으론 백성이 많음에도 불구하고 그들을 잘 다스리는 방법이 없음을 애석하게 여김이다.

　　"백성의 수효가 많다."는 '서의재(庶矣哉)' 3자를 깊이 음미해 보아야 한다. 여기에는 부자께서 천하 백성을 사랑하는 마음이 흘러넘치고, 선왕의 유택(遺澤)과 삼대의 왕도 정치가 종합되어 있다. 아래에서 2차례를 걸쳐 여기에다가 "그 무엇을 더해야 하는가[何加]"라는 대목에 이르러서 많은 백성을 부유하게 하고, 많은 백성을 가르쳐야 한다는 도리가 '서의재' 3자에 갖춰져 있다. 이런 도리를 번지의 물음을 통하여 하나하나 언급한 것이다.

집주에서 말한 "전토와 마을을 제정하고 세금을 적게 거둔다.[制田里 薄賦斂]"는 것과 "학교를 세우고 예의를 밝힌다.[立學校 明禮義]"는 구절을 부지(富之)와 교지(敎之)라는 2부분의 '지(之)'자에 붙여보아야만 그 실상의 귀결점을 알 수 있다. 수많은 백성에게 부를 누리도록 정치를 한다면 백성의 삶이 두터워지고, 부를 누린데다가 가르침이 더해지면 백성의 덕성이 올바르게 된다.

인구의 수효가 많음은 백성에게 달려있고, 부유하게 하고 가르침은 모두 위정자의 책임이다. 이는 곧 제왕이란 통치자로서의 임금이자, 교육자로서의 스승 역할을 겸하고 있음을 알 수 있다.

子 適衛하실새 冉有 僕이러니

부자께서 위나라를 가시는 길에 염유가 공자의 말을 몰았는데,

강설

예전에 부자께서 위나라를 가시는 길에 염유는 부자를 모시고서 수레를 몰았다.

集註

僕은 御車也라

[훈고] 복(僕)은 수레를 몰아감이다.

子曰 庶矣哉라

부자께서 말씀하셨다.
"백성이 많구나."

강설

부자께서 위나라에 인구의 수효가 많은 것에 느낀 바 있어 탄식하셨다.
"참으로 많구나. 위나라의 백성이여."
수많은 사람을 보면서 마음속 깊이 그에 따른 감개가 있었던 것 같다.

集註

庶는 衆也라

[훈고] 서(庶)는 수많은 사람이다.

冉有曰 旣庶矣어든 又何加焉이리잇고
曰 富之니라

염유가 여쭈었다.

"이처럼 백성이 많으면 또 무엇을 더해야 하겠습니까?"

"그들을 부유하게 만들어야 한다."

강설

염유가 부자의 말씀을 듣고서 여쭈었다.

"나라를 다스릴 적에 백성의 수효가 적음을 걱정하는 법인데, 오늘날 위나라에 이처럼 인구가 많습니다.

그렇다면 이처럼 수많은 백성에게 그 무엇을 더해야 합니까?"

부자께서 말씀하셨다.

"백성의 수효가 많음에도 부를 누리지 못하면 그들이 삶을 누릴 수 없다. 반드시 전토와 가옥을 제정하여 분배하고 세금을 적게 거두어 그들의 삶이 부유하도록 마련해주어야 한다. 오늘의 위나라를 지난날 태평성대의 위나라처럼 만들어야 한다. 수많은 백성을 보호할 수 있는 도리는 바로 여기에 있다."

集註

庶而不富편 則民生不遂라 故로 制田里, 薄賦斂以富之라

[해석] 백성이 많음에도 불구하고 부유하지 못하면 백성의 삶을 누릴 수 없다. 그러므로 전토와 마을을 제정하고 세금을 적게 거두어 그들을 부유하도록 해주어야 한다.

曰 旣富矣어든 又何加焉이리잇고

曰 敎之니라

〈염유가〉 다시 여쭈었다.

"이처럼 부유하면 또 무엇을 더해야 하겠습니까?"

"그들을 가르쳐야 한다."

강설

염유가 부자의 말씀을 듣고서 또다시 여쭈었다.

"백성의 빈곤을 걱정하였는데 오늘날 부를 누린다면 또한 부를 누린 후에는 여기에 무엇을 더해야 합니까?"

부자께서 다시 말씀하셨다.

"부를 누림에도 불구하고 가르치지 않으면 본성을 회복할 수 없다. 반드시 학교를 세우고 예의를 밝혀서 그들을 가르쳐야 한다. 오늘의 위나라를 지난날 모든 백성을 새롭게 진작시켰던 예전의 위나라처럼 만들어야 한다. 그 많은 사람이 부를 누린 후에 길이 보전할 수 있는 바는 바로 여기에 있다."

그러나 안타까운 일은 위나라엔 수많은 백성을 소유하여 왕도정치를 펼칠 수 있는 기반이 마련되었고, 부자는 이를 다스릴 수 있는 능력을 갖췄음에도 끝까지 단 한 번도 부자를 등용하지 않았다. 참으로 개탄스러운 일이다.

集註

富而不敎면 則近於禽獸라 故로 必立學校, 明禮義以敎之라

○ 胡氏曰 天生斯民에 立之司牧하야 而寄以三事라 然自三代之後로 能擧此職者는 百無一二라 漢之文明과 唐之太宗은 亦云庶且富矣나 西京之敎 無聞焉이오 明帝는 尊師重傅하고 臨雍拜老하야 宗戚子弟 莫不受學하며 唐太宗은 大召名儒하고 增廣生員하니 敎亦至矣라 然而未知所以敎也라 三代之敎는 天子公卿이 躬行於上하야 言行政事 皆可師法하니 彼二君者 其能然乎아

[해석] 부유함에도 가르치지 않으면 짐승에 가깝다. 그러므로 반드시 학교를 세우고 예의를 밝혀서 그들을 가르쳐야 한다.

○ 호씨[胡寅]가 말하였다.

"하늘이 이 백성을 내려주고 이에 사목(司牧: 위정자)을 내세워 3가지 일(父生, 師敎, 君治.)을 맡겨주었다. 그러나 삼대 이후로 이 직책을 들어 잘 시행한 자는 백 명 가운데 한둘도 없었다. 한(漢) 문제·명제와 당 태종 또한 백성도 많고, 부유했으나 서경(西京: 前漢의 文帝)의 가르침은 알려진 바 없고, 명제는 사부(師傅)를 높이 받들고 몸소 옹(雍: 太學)에 나아가 늙은이에게 절하고 종친의 자제들이 모두 수학하였으며, 당 태종은 큰선비를 불러들이고 생원의 수효를 더하니 그들의 가르침 또한 지극하다 하겠다.

그러나 가르침이 되는 근본[躬行心得]을 알지 못하였다. 삼대의 가르침은 천자와 공경이 위에서 몸소 행하여 말과 행실과 정사를 모두 스승 삼고 본받을 만하였다. 그러나 저 명제와 태종 두 군주가 그처럼 할 수 있었을까?"

10. 구유전지 苟有全旨

이 장은 부자께서 세상에 등용되었다면 이러한 공효가 있을 것임을 스스로 생각함이다. 이는 어느 임금이 나를 등용해주면 그들의 기대를 저버리지 않는다는 것으로, 끝까지 등용해주기를 바라는 뜻을 나타내고 있다.

"나를 등용해준다면[用我]"이라는 말은 한번 시험 삼아 잠시 맡김이 아니라, 바로 국정을 나에게 맡겨주고 나의 말을 따름을 뜻한다. '구유(苟有)' 2자는 기대와 희망이 매우 간절한 말이다.

주자가 말하였다.

"부자께서 나라를 다스리면 1년 사이에 지난날 좋지 못한 제도들을 모두 개혁하고, 3년이 되면 경제가 부유하고 병력이 강성하며 교육이 시행되고 백성이 감복하게 됨을 상상해 볼 수 있다."

子曰 苟有用我者면 朞月而已라도 可也니 三年이면 有成이리라

부자께서 말씀하셨다.

"만일 나를 등용하는 이가 있다면 단 1년 만이라도 좋다. 3년이면 성공이 있을 것이다."

강설

부자께서 느낀 바 있어 말씀하셨다.

"오늘날 만일 어느 임금이 나를 등용하여 그 나라의 정사를 맡겨준다면 단 열두 달, 만1년이라는 짧은 세월이라 할지라도 지난날의 폐단을 개혁하고 폐지되었던 일들을 부흥시킴으로써 조금이나마 나라의 강령과 기강이 세워져 볼 만한 나라로 만들어낼 것이다.

그리고 나에게 3년만 더 나라를 맡겨준다면 예컨대 경제 국방 교육 풍속 등의 치적(治績)이 크게 갖춰진 성공이 있을 것이다. 그러나 애석하게도 세상에는 나를 등용해주는 임금이 없다. 나 또한 어찌할 수 없다."

集註

朞月은 謂周一歲之月也라 可者는 僅辭니 言紀綱布也오 有成은 治功成也라

○ 尹氏曰 孔子歎當時莫能用己也라 故로 云然이니라

愚按 史記에 此蓋爲衛靈公不能用而發이라

[훈고와 해석] 기월(朞月)은 한 해, 열두 달을 두루 거침이다. 가(可)란 '겨우'라는 말이니 기강이 펼쳐짐을 말하며, 유성(有成)이란 치적이 이뤄짐이다.

○ 윤씨[尹煒]가 말하였다.

"공자는 당시 자신을 등용해주지 않음을 탄식하여 이처럼 말씀하신 것이다."

나는 살펴보니 다음과 같다.

"『사기』에 의하면, 이는 위령공이 공자를 등용하지 않았던 까닭에 이런 말씀을 하신 것이다."

11. 선인전지 善人全旨

부자 당시 위정자들은 잔혹한 사형 따위의 포악한 정치로 일관하여 어진 정치로 다스릴 줄을 몰랐다. 따라서 부자께서 선량한 위정자들이 오랜 기간에 걸쳐 인도하는 감화를 통하여 그들을

감동하게 해야 함을 생각하였다.

앞의 "착한 사람이 백 년 동안 나라를 다스리면 또한 잔혹한 이를 감화시켜 살인의 형벌을 쓸 필요가 없다."는 2구는 옛사람의 말을 인용한 것으로, 이를 가볍게 스쳐 지나갈 수 있다. 단 마지막 구절, "진실하다! 그 말이여."라는 부분에 중점을 두고 보아야 한다.

"진실하다[誠哉]"는 탄식은 오늘날의 현실에서 이를 헤아려보면 참으로 옛사람의 말이 나를 속이지 않음을 말한다. 여기에는 크게 개탄하고 사모하면서 그러한 선정을 오늘날 조금이나마 보고자 하는 마음이 담겨있다.

子曰 善人이 爲邦百年이면 亦可以勝殘去殺矣라하니 誠哉라 是言也여

부자께서 말씀하셨다.

"'선량한 임금이 백 년 동안 나라를 다스리면 또한 잔혹한 이를 감화시켜 살인의 형벌이 사라진다.'라고 하니, 진실하다! 그 말이여."

강설

부자께서는 선량한 임금의 다스림을 생각하셨다.

"옛사람의 말에 의하면, '선량한 임금이 여러 대를 이어서 나라를 다스리면서 백 년이라는 유구한 세월에 이르면 그들의 선량한 정사와 선량한 교육으로 백성의 감화와 믿음이 깊어지게 된다. 따라서 잔혹한 사람을 가르쳐 악을 범하지 않도록 함으로써 형벌과 사형의 제도가 쓸모없어 이를 버리게 될 것이다.'고 하였다.

오늘의 현실로 살펴보면 그 옛말은 진정 거짓이 아니다. 오늘의 시대에는 선량한 임금을 찾아볼 수 없는데 옛사람의 말에서 선량한 임금을 만나볼 수 있고, 선량한 임금이 대를 이어서 백 년이라는 오랜 세월을 이어온 적이 없는데 옛사람의 말에서 백 년이라는 장구한 선정을 들을 수 있었다.

아! 옛사람의 그 말은 개탄한 마음에 이처럼 말한 것이었을까? 사모하는 마음에 이처럼 말한 것이었을까? 어찌하여 나의 마음에 감개를 일으켜 이토록 잊지 못하게 만드는 것일까?"

集註

爲邦百年은 言相繼而久也라 勝殘은 化殘暴之人하야 使不爲惡也오 去殺은 謂民化於善하야 可以不用刑殺也라 蓋古有是言이어늘 而夫子稱之시니라

程子曰漢自高惠로 至于文景에 黎民醇厚하야 幾致刑措하니 庶乎其近之矣로다

○ 尹氏曰 勝殘去殺은 不爲惡而已니 善人之功 如是오 若夫聖人은 則不待百年하고 其化亦 不止此니라

[해석] 나라를 백 년 동안 다스린다는 것은 여러 대를 이어서 오랫동안 전승해 옴을 말한다.

승잔(勝殘)은 포악한 사람을 감화시켜 악한 짓을 하지 못하도록 함이다. 거살(去殺)은 백성이 선에 감화되어 형벌과 사형의 제도가 쓸모없음을 말한다. 예전에 이런 말이 있었는데 부자께서 이를 들어 말씀하신 것이다.

[의론] 정자[明道: 見文集對策中語]가 말씀하였다.

"한 고조·혜제로부터 문제·경제에 이르기까지 백성이 순박하고 온후하여 거의 형벌을 쓰지 않기에 이르렀다. 이는 바로 여기에 가까운 일이다."

○ 윤씨[尹煇]가 말하였다.

"잔혹한 이를 감화시켜 살인의 형벌 제도가 사라진다는 것은 악한 일을 범하지 않도록 하는 데 그칠 뿐이다. 선량한 임금의 치적은 이와 같다. 성인이라면 백 년의 세월이 필요하지 않고, 그 감화(感化) 또한 이 정도에 그치지 않는다."

12. 여유전지 如有全旨

이 장에서는 왕도(王道)는 짧은 세월에 이뤄지지 않음을 보여주고 있다.

'여유(如有)' 2자는 우러러 사모하여 바라는 뜻이다. 백성에게 모두 어진 마음이 나오도록 함은 어진 마음이 깊이 함양됨을 말한다. 이는 어진 정치에 오랫동안 잦아들지 않으면 그렇게 될 수 없다. 이는 선량한 임금 정도로 이룩할 수 있는 일이 아니다.

『사서회참(四書滙參)』에 의하면, "삼년유성(三年有成)이란 단 성인의 교화가 거행됨을 말하고, '인(仁)'이란 성인의 교화가 깊이 적셔짐이다."라고 말하였다. 이로 보면 집주에 쓰인 논지가 정밀함을 알 수 있다.

子曰 如有王者라도 必世而後仁이니라

부자께서 말씀하셨다.

"만일 왕도를 행한 임금이 나온다고 할지라도 반드시 한 세대가 지난 뒤에 어질게 될 것이다."

강설

부자께서 천하에 왕도정치가 이뤄지기를 바라면서 말씀하셨다.

"정치를 말하는 사람들은 누구나 왕도정치에 의한 인(仁)을 들먹거린다. 그러나 인이란 하루아침에 이뤄지는 게 아니다. 만일 왕도정치를 구현할 수 있는 성군(聖君)이 천명을 받아 나온다고 할지라도 반드시 오랜 세월의 축적이 필요하다. 30년이라는 유구한 세월이 흐른 뒤에야 가능한 일이다. 백성들에게 인(仁)으로 적셔주고 의(義)로 어루만져주는 교화가 끊임없어야 만이 그들이 예(禮)에 훈도되고 음악에 감화됨으로써 비로소 성인의 어진 정치가 이뤄졌다고 말할 수 있다. 왕도란 이처럼 갑자기 이룰 수 없다. 어떻게 일시에 이룰 수 있겠는가."

集註

王者는 謂聖人受命而興也라 三十年爲一世라 仁은 謂敎化浹也라

程子曰 周自文武로 至於成王而後에 禮樂興하니 卽其效也라

○ 或問 三年必世遲速不同은 何也오 程子曰 三年有成은 謂法度紀綱有成而化行也라 漸民以仁하고 摩民以義하야 使之浹於肌膚하고 淪於骨髓하야 而禮樂可興이 所謂仁也니 此非積久면 何以能致리오

[훈고] 왕자(王者)란 성인이 천명을 받아 왕위에 오름을 말한다. 30년을 1세라 한다. 인(仁)은 교화가 무젖어 듦을 말한다.

[해석] 정자(程子)가 말씀하였다.

"주나라가 문왕·무왕으로부터 성왕에 이른 뒤에 예악이 흥성함이 곧 그 효험이다."

○ 혹자가 물었다.

"'3년'이니 '반드시 한 세대'이니 말하는데, 더디고 빠름이 똑같지 않음은 무엇 때문입니까?"

정자(伊川)가 말씀하였다.

"3년이면 성공이 있다.'는 것은 법도와 기강이 이루어져 교화가 행하여짐을 말한다. 백성을 인으로 적셔주고 백성을 의로써 어루만져주어 백성들의 피부에 젖어 들고 골수에 스며들어 예악이 일어나는 것을 이른바 '인'이라고 말한다. 이는 오랜 세월 쌓이지 않으면 어떻게 이처럼 이룰 수 있겠는가."

13. 구정전지 苟正全旨

이 장에서는 위정자가 바른 몸가짐을 지님이 곧 정치를 돕는 근본임을 보여주고 있다.

"정사를 한다從政"는 것은 전적으로 신하의 처지에서 말한다.

"정사하는데 무슨 어려움이 있겠는가從政何有"라는 구절은 위정자 자신은 물론이고 백성을 바르게 한다는 뜻이 그 가운데 담겨있고, "나의 몸가짐이 바르지 못하면 남들을 어떻게 바르게 할 수 있겠는가如正人何"라는 구절에는 몸가짐이 바르지 못한 위정자란 정사를 할 수 없다는 의미 또한 그 가운데 담겨있다. 이는 노나라의 삼가(三家)와 진나라의 육경(六卿) 등을 풍자한 경계의 말이다.

子曰 苟正其身矣면 於從政乎에 何有며 不能正其身이면 如正人에 何오

부자께서 말씀하셨다.

"참으로 그 몸가짐이 바르면 정사하는 데에 무슨 어려움이 있으며, 그 몸가짐이 바르지 못하면

어떻게 남들을 바르게 할 수 있겠는가."

강설

부자께서 근본을 바로잡는 위정자의 교화를 말씀하셨다.

"나라를 다스리는 신하로서 인륜강상을 무너뜨리지 않고 법에 어긋남이 없어 몸가짐이 바르면 위로는 임금을 보필하고 아래로는 백성을 거느릴 수 있다. 정사를 행하고 백성을 바로잡는 데에 그 무슨 어려움이 있겠는가.

그러나 자신이 바르지 못하면 바르지 못한 몸으로 백성을 바로잡을 수 없다. 바르지 못한 몸으로 어떻게 남들을 바로잡을 수 있겠는가. 이로 보면 나라를 다스리는 신하는 나의 바른 몸을 급선무로 삼지 않을 수 있겠는가."

14. 염자전지 冉子全旨

이 장은 염유의 잘못을 깨우쳐주고 참람한 권력을 행사하는 계씨를 경계한 말씀이다.

'그 계씨 집안일[其事]'이라는 구절에 중점을 둔 것으로, 이는 군신의 대의명분을 바로잡음이다. 염유의 대답은 노나라의 '국정'이라 말했지만, 국정이란 계씨의 사가(私家)에서 다룰 수 없는 일이다. 이 때문에 부자께서 모른 척하면서 은근한 말씀으로 그들을 꾸짖었다.

'국정[政]'과 '집안일[事]'이란 사안의 대소로 논하지 않는다. 단 공(公)과 사(私)의 측면에서 구분하는 것이다. 염유가 말한 '정(政)'자를 '사(事)'자로 바꿔 말함은 부자의 춘추필법으로서 촌철살인의 필삭(筆削)이다.

'여유정' 이하[如有政…吾其與聞之] 3구는 부자께서 당연히 들었어야 할 국정을 듣지 못했음을 나타냄이다. 국정이라 말하기 어렵다면 그것은 반드시 노나라의 국정이 아닌, 계씨 집안의 일[家事]임을 알 수 있다. 이는 사가(私家)의 일임을 증명한 것으로, 그다지 중요하지 않다.

冉子 退朝어늘
子曰 何晏也오
對曰 有政이러이다
子曰 其事也로다 **如有政**인댄 **雖不吾以**나 **吾其與聞之**니라

염자가 조회에서 물러 나오자, 부자께서 물었다.
"어째서 늦었느냐?"
〈염자가〉 대답하였다.
"정사가 있었습니다."
부자께서 말씀하셨다.

"계씨 집안일이었구나. 만일 나랏일이었다면 내가 벼슬에 있지 않을지라도 나도 함께 들었을 것이다."

강설

염유는 계씨의 가신이 되어 그의 사조(私朝)에서 물러 나와 부자를 찾아뵙자, 부자께서 염유에게 물었다.

"퇴조에는 일정한 시간이 있는 법인데, 오늘은 무슨 일로 이처럼 늦었느냐?"

이에 염유가 대답하였다.

"국정이 있기에 함께 의논하느라 이처럼 늦은 줄 미처 몰랐습니다."

부자께서 그를 꾸짖어 말씀하셨다.

"이는 반드시 계씨 집안의 일일 것이다. 만일 국정이었다면 그 일은 반드시 나라의 조정인 공조(公朝)에서 나왔을 것이며, 반드시 공조에서 의논해야 할 일이다. 내 일찍이 대부의 뒤를 따른 터라, 내 비록 그들과 함께 등용되지 못하였지만, 내 마땅히 참여하여 들을 수는 있다. 어찌하여 당연히 들었어야 할 일을 듣지 못했겠는가. 오늘날 이런 사실을 듣지 못했다. 그것은 반드시 국정이 아님을 알 수 있다."

부자께서 국정에 대한 대의명분을 논변하심이 이와 같다. 이는 계씨를 억누르고 염유를 가르치는바 또한 크지 않겠는가.

集註

冉有時爲季氏宰라

朝는 季氏之私朝也라 晏은 晩也라 政은 國政이오 事는 家事라 以는 用也라

禮에 大夫雖不治事라도 猶得與聞國政이라 是時에 季氏專魯하야 其於國政에 蓋有不與同列議 於公朝하고 而得與家臣謀於私室者라 故로 夫子爲不知者而言하되 此必季氏之家事耳라 若 是國政이면 我嘗爲大夫하니 雖不見用이나 猶當與聞이어늘 今旣不聞하니 則是非國政也라 語意 與魏徵獻陵之對略相似하니 其所以正名分, 抑季氏하야 而敎冉有之意 深矣로다

[해석] 염유는 당시 계씨의 가신이었다.

[훈고] 조(朝)는 계씨 사가(私家)에서의 조회이다. 안(晏)은 늦음이다. 정(政)은 나라의 정사이고, 사(事)는 집안의 일이다. 이(以)는 등용이다.

[해석] 『예기』에 의하면, 대부는 비록 나랏일을 다스리지 않을지라도 함께 참여하여 국정을 들을 수 있다. 그 당시 계씨가 노나라를 전횡하여 그 나라의 정사를 동렬과 함께 공조(公朝) 에서 의론하지 않고 홀로 가신들과 사실에서 상의하였다. 그러므로 부자께서 모른 척하면서, "이것은 반드시 계씨 집안의 일이다. 만일 국정이라면 내 일찍이 대부인 터라, 비록 나를 등

용하지 않았으나 오히려 참여하여 들었을 것이다. 그런데도 지금 이런 사실을 듣지 못하였다. 이는 국정이 아니다."고 말하였다. 이 말뜻이 '위징(魏徵)이 넌지시 모르는 척 헌릉으로 대답한 것'[21]과 조금 유사하다. 명분을 바르게 하고 계씨를 억제하면서 염유를 가르치는 뜻이 깊다.

15. 정공장지 定公章旨

이 장은 나라의 흥망이란 임금의 마음이 근신하느냐 방자하느냐에 의해 결정지어짐을 보여주고 있다. 그러나 정공은 언어 측면에서 한 마디 중요한 말을 찾으려고 하자, 부자는 정공에게 마음의 측면에서 한 마디 중요한 말을 찾도록 하였다.

앞부분[問一言而可以興邦…不幾乎一言而興邦乎]에서는 '지(知)'자에 중점을 둔 것으로, 일단 임금 노릇을 하기 어려움을 안다면 곧 "나의 말을 어기지 않는 즐거움"을 생각지 않는다.

뒷부분[一言而喪邦…不幾乎一言而喪邦乎]에서는 '낙(樂)'자에 중점을 둔 것이다. 일단 많은 사람이 나의 말을 어기지 않고 따르는 것을 즐거움으로 삼음은 임금 노릇을 하기 어려움을 모르는 일이다. 조심하는 마음, 방자한 마음이 한 나라의 흥망에 관계된바 이와 같다.

(1) 정공절지 定公節旨

정공이 하찮은 한마디의 말을 통하여 지대한 국가의 흥망을 추구한다는 것 그 자체가 경솔한 마음이다. 이 때문에 부자는 먼저 꼭 그렇다고 확신할 수 없음을 전제하고, 뒤이어서 확신할 수 있음을 말하여 그를 경계시키고 있다.

定公이 **問一言而可以興邦**이라하나니 **有諸**잇가
孔子 對曰 言不可以若是其幾也어니와

정공이 물었다.
"한마디의 말로써 나라가 흥성한다고 하는데, 이런 말이 있습니까?"
부자께서 말씀하셨다.
"한마디 말로써 꼭 그렇다고 기약할 순 없지만,

---

21 위징이 넌지시 모르는 척 헌릉이라 대답한 것[魏徵獻陵之對]: 당 태종의 부인이 죽자, 태종은 그를 위해 누각을 짓고 그 위에 올라 부인의 능을 바라보았다. 어느 날 위징과 함께 누각에 올라 "보이는가?"라고 묻자, 위징은 부인의 능을 바라보면서 묻는다는 사실을 알면서도 시치미를 떼고 태종에게 "보이지 않습니다." "모친 헌릉을 바라본 줄 알았는데 부인의 능을 보았느냐?"라고 하여, 태종이 눈물을 흘리며 누각을 헐도록 했던 고사이다.

강설

정공이 부자에게 물었다.

"훌륭한 말이란 나라를 다스리는 데 도움이 될 것입니다. 한마디 중요한 말을 가지고서 나라를 일으킬 수 있는 효과를 얻을 수 있다고 말하는데, 과연 그러한 말이 있습니까?"

부자께서 대답하셨다.

"한 마디 말이란 지극히 작은 것이며, 나라를 일으킨다는 것은 크나큰 일입니다. 이처럼 하찮은 한마디 말로써 나라를 일으킬 수 있다는 큰일을 기필할 수야 없다."

集註

幾는 期也니 詩曰 如幾如式이라하니라

言一言之間에 未可以如此而必期其效라

[훈고] 기(幾)는 기약이니, 『시경』에 "기약하듯이 법이 되듯 하였다."(「小雅 北山之什 楚茨」)고 한다.

[해석] 말 한마디 사이에 이처럼 반드시 그런 효과를 기약할 수 없음을 말한다.

(2) 인지절지 人之節旨

"임금 노릇 하기 어려우며, 신하 노릇 하기 쉽지 않다.[爲君難, 爲臣不易]"는 2구는 본래 수평으로 말한 것인데, 부자께서 이를 인용함에 있어서는 앞구절의 "임금 노릇 하기 어렵다[爲君難]"는 뜻만을 취했을 뿐이다.

단 임금[君]이니 신하[臣]이니 직접 말하지 않고 위군(爲君)·위신(爲臣)이라 말함은 공연히 그 지위만을 차지하고 있는 게 아니라, 반드시 분명하게 군신으로서 당연히 행해야 할 도리가 있음을 볼 수 있다.

人之言曰 爲君難하며 爲臣不易라 하나니

사람들의 말에 '임금 노릇 하기 어렵고 신하 노릇 하기 쉽지 않다.'고 하니,

강설

"하지만 또한 그럴만한 게 있습니다. 사람들의 말에 의하면, '임금이 된 사람이란 위로는 천명의 존폐가 달려있고 아래로는 인심의 거취에 관계된다. 임금으로서의 나라를 다스리는 책임이 매우 어려운 일이다. 신하가 된 이란 천명이 그를 힘입어 길이 보존되고 민심이 그를 힘입어 보존되는 것이기에 신하로서 다스리는 책임 또한 쉽지 않다.'고 합니다. 당시 사람들의 말이 이와 같습니다."

集註

當時有此言也라

[해석] 당시에 이런 말이 있었다.

(3) 여지절지 如知節旨

'안다[知]'는 것은 부질없이 아는 게 아니라, "임금 노릇 하기 어렵다[爲君難]"는 말 한마디를 체득하고 인식함이 참으로 아는 것이다. 안다는 '지(知)'자에 임금 스스로 책망하고 스스로 닦아야 한다는 뜻을 담고 있다. 임금 노릇 하기 어려움을 아는 것이 곧 임금 노릇 하기 어려운 부분이다. 임금 노릇 하기 어려운 부분이 곧 나라를 흥성하게 만들어주는 곳이다. "만일 …안다면[如知]"이라는 글자에 임금을 각성시켜주는 뜻이 담겨있다.

如知爲君之難也ㄴ댄 不幾乎一言而興邦乎잇가

만일 임금 노릇 하기 어려운 줄을 안다면, 한마디 말로서 나라를 흥성하게 하는 것을 기약하지 않겠습니까?"

강설

"이른바 '임금 노릇 어렵다'는 것은 한마디의 말에 지나지 않습니다. 그러나 만일 임금이 그 말로 인하여 임금 노릇 어렵다는 사실을 깨닫는다면 반드시 두려워하고 조심스러운 마음으로 나라의 정사를 도모하여 감히 게으르거나 경솔하지 않을 것입니다. 이런 마음가짐으로써 천명은 견고하게 되고 민심은 돌아오게 될 것입니다.

이로 보면 '임금 노릇 어렵다.'는 한마디 말이란 나라를 흥성하게 해주는 데에 가깝지 않겠습니까?"

集註

因此言而知爲君之難이면 則必戰戰兢兢하고 臨深履薄하야 而無一事之敢忽하리니 然則此言也豈不可以必期於興邦乎아 爲定公言이라 故로 不及臣也시니라

[해석] 이 말로 인하여 임금 노릇 하기 어려움을 알면 반드시 조심하고 또 조심하여 깊은 연못에 임하는 듯하고 살얼음을 밟듯이 하여 어느 한 가지 일이라도 감히 소홀함이 없을 것이다. 그렇다면 이 말이 어찌 반드시 나라를 흥성케 한다고 기필하지 않겠는가. 정공을 위한 말이기에 신하에 관해서는 언급하지 않았다.

(4) 일언절지 一言節旨

앞서 말한 "사람의 말人之言"이란 당시 사람들의 말이고, 여기에서의 "사람의 말人之言"이란 임금 자신의 말이다.

'유기언(唯其言)' 3자에는 좋은 말과 좋지 않은 말이 모두 그 가운데 포괄되어 있으며, 임금 스스로 "나의 말을 어기지 말고 따르라."는 것은 임금 노릇이 어려움을 모르기 때문이다.

曰一言而喪邦이라하나니 **有諸**잇가

孔子 對曰 言不可以若是其幾也어니와 **人之言曰 予無樂乎爲君**이오 **唯其言而莫予違也**라 하나니

〈정공이〉 물었다.

"한마디 말로 나라를 잃는다고 하는데, 있습니까?"

부자께서 대답하셨다.

"한마디 말로서 꼭 그렇다고 기약할 순 없지만, 사람의 말에 '내, 임금이 된 것은 즐거울 게 없고, 오직 말을 하면 나의 말을 어기지 말라.'고 하였으니,

강설

정공이 또다시 물었다.

"잘못된 말은 일을 그르칠 수도 있습니다. 그러나 한마디의 말로써 나라를 잃을 수 있다고 하니, 과연 그러한 말이 있습니까?"

부자께서 대답하셨다.

"한 마디의 말이란 지극히 작은 것이며, 나라를 잃음이란 큰 화입니다. 하찮은 한마디의 말로써 그처럼 나라를 잃게 되는 화라고 딱히 말할 수는 없습니다.

그러나 또한 그럴만한 게 있습니다. 당시 어느 임금이 이처럼 말하였습니다.

'임금의 책임이란 지극히 막중하기에 나는 임금의 자리에 있다는 게 기쁘지 않다. 오직 내가 한번 말하면 신하와 백성들이 나의 말에 공경하고 순종하여 오직 받들어 따를 뿐, 감히 나의 말을 어기지 않는 것이 곧 임금으로서의 즐거움이다.'고….."

集註

言他無所樂이오 **惟樂此耳**라

[해석] 다른 것은 즐거운 바가 없고 오직 이것만을 즐길 뿐임을 말한다.

(5) 여기절지 如其節旨

첫 2구[如其善而莫之違也, 不亦善乎]는 단지 아래 문장을 일으키고 있으므로 가볍게 보아야 하고, 그 아래 2구[如不善而莫之違也 不幾乎一言而喪邦乎]에 중점을 두어야 한다. 그것은 나라를 잃게 되는 물음에 대한 대답이기 때문이다.

여기선[如其善而莫之違也, 不亦善乎] 구절은 너무 좋은 부분으로 말해서는 안 된다. 단 이해 상관이 없어야 선한 것이다. 요순의 선정으로서도 '그건 아니 될 일'이라고 탄식했던 일과 어긋나는 일들이 없지 않았음을 반드시 알아야 한다. "나의 말을 어기지 말고 따르라는 선[莫違之善]" 또한 이처럼 말해야 그래도 나쁘지 않을 것이다. 이의 핵심은 완전히 "좋지 못한 말임에도 어기지 말고 따르라[不善莫違]"는, 잘못된 측면에 집중되어 있다.

살펴보건대, 앞 절에서 말한 "말하면 나의 말을 어기는 일이 없도록 하라[唯其言而莫予違也]"는 것은 신하와 백성을 모두 겸하여 말하였고, 여기에서 말한 "나의 말을 어기지 말라[莫之違]"는 것은 신하만을 가리킨다.

如其善而莫之違也ㄴ댄 不亦善乎잇가 如不善而莫之違也ㄴ댄 不幾乎一言而喪邦乎잇가

만일 그 말이 선한 것이기에 어기지 말고 따르라고 한다면 이 또한 좋은 일이 아니겠습니까? 만일 그 말이 선하지 않음에도 어기지 말고 따르라고 한다면 한마디 말로써 나라를 잃게 된다고 기약하지 않을 수 있겠습니까?"

강설

"이른바 '나의 말을 어기지 말고 따르라'는 것은 단 한마디의 말에 지나지 않습니다. 만일 임금이 하는 말이 선하기에 신하들에게 그 말을 어기지 않고 따르라고 한다면 하나의 조정에서 임금과 신하가 하나가 되어 서로 어긋나는 일이 없이 모두 국가가 보존되고 안정될 터이니 이 또한 좋은 일이 아니겠습니까?

그러나 만일 좋지 못한 말을 했음에도 신하 또한 그 말을 어기지 말고 따르라고 한다면 다시는 충언을 간하지 못함으로써 임금은 교만하고 신하는 아첨하게 될 것입니다. '나의 말을 어기지 말고 따르라.'는 한마디 말이 나라를 잃게 하는 데에 가깝지 않겠습니까?

이는 무엇을 말해주는가. 나라는 절로 흥성해지는 것이 아닙니다. 임금의 마음, 한 생각을 조심한 데에서 나라가 흥성하게 되는 것입니다. 나라는 절로 잃는 게 아닙니다. 임금의 마음, 한 생각을 마음대로 한 데에서 잃게 되는 것입니다. 나라를 통치하는 위정자는 이러한 점 또한 깨달아야 할 것입니다."

集註

范氏曰 如不善而莫之違면 則忠言不至於耳하야 君日驕而臣日諂하리니 未有不喪邦者也라

○ 謝氏曰 知爲君之難이면 則必敬謹以持之오 唯其言而莫予違면 則讒諂面諛之人이 至矣

리니 邦未必遽興喪也로되 而興喪之源이 分於此라 然此非識微之君子면 何足以知之리오

[해석] 범씨[范祖禹]가 말하였다.

"만일 선하지 않는 말임에도 이를 어기지 않고 따른다면 충성스런 말을 다시 듣지 못하여 임금은 날로 교만하고 신하는 날로 아첨하여 나라를 잃지 않을 자가 없을 것이다."

○ 사씨[謝良佐]가 말하였다.

"임금 노릇이 어려운 줄을 알면 반드시 조심하고 삼가면서 나라를 부지할 것이며, 오직 내가 말하면 나의 말을 어기지 말고 따르라 하면 참소하고 아첨하는 사람이 찾아들 것이다. 나라가 반드시 갑자기 흥성하거나 잃지는 않을지라도 흥망의 근원은 바로 여기에서 나뉠 것이다. 그러나 이는 기미를 아는 군자가 아니면 어찌 이를 알 수 있겠는가."

16. 섭공전지 葉公全旨

이 장에서는 정치란 민심을 얻는 일이 근본임을 보여주고 있다.

"가까이 있는 사람이 좋아하고 멀리 있는 사람은 찾아온다.[近者說, 遠者來]"는 것은 선정에 의한 효과이지만 이처럼 되기까지에는 반드시 까닭이 있다. 이 때문에 집주에서 "그 은택을 입었다.[被其澤]", "그 풍화를 들었다.[聞其風]"고 말한 것이다.

따라서 2개의 '자(者: 近者, 遠者)'자는 전적으로 위정자 그 자신이 어떻게 하느냐에 따라 나타나는 귀결이다. 이는 부자께서 섭공으로 하여금 "백성의 마음이 그에게 귀의하느냐 않느냐"로 그 자신의 정사를 살펴보게 하고자 함이다.

"가까이 있는 사람이 좋아하고 멀리 있는 사람이 찾아온다.[近者說, 遠者來]" 2구는 수평으로 말함과 아울러 하나의 뜻으로 연결 지어 말하였다.

葉(섭)公이 問政한대

子曰 近者 說(열)하며 遠者 來니라

섭공이 정사를 물으니, 부자께서 말씀하셨다.

"가까운 이들이 좋아하고, 먼 곳에 있는 이들이 찾아오게 하는 것입니다."

[강설]

초나라 섭공이 부자에게 정사를 묻자, 부자께서 그에게 말씀하셨다.

"정사를 한다는 것은 백성의 마음을 얻는 일이 고귀합니다. 반드시 가까이 고을에 있는 백성들이 모두 나의 은택을 입어 좋아하는 마음을 갖도록 하고, 고을 밖 멀리 있는 백성들이 모두 나의 풍화를 듣고서 찾아오려는 마음을 갖도록 한다면 정사를 잘한다고 말할 수 있습니다.

섭공 또한 그들이 좋아하고 그들이 찾아오도록 할 수 있는, 그러하게 된 까닭[所以然]을 생각하셔야 할 것입니다."

集註

被其澤則說하고 聞其風則來라 然必近者說而後에 遠者來也니라

[해석] 그 혜택을 입으면 기뻐하고, 그 풍화를 들으면 찾아오게 될 것이다. 그러나 반드시 가까이 있는 백성이 기뻐하여야만 멀리 있는 백성이 찾아오게 된다.

17. 거보전지 莒父全旨

이 장에서는 작은 고을을 다스리는 데에도 반드시 원대(遠大)한 정사를 베풀어야 함을 보여준 것이다. 이는 자하의 도량이 협소하기에 그의 정치 규모 또한 원대하지 못하다. 이런 연유로 부자께서 영원하고 넓고 큰 왕도정치를 일러준 것이다.

앞의 2구[無欲速, 無見小利]는 비루하고 천근한 것[卑近]과 작은 잇속[小利]에 대한 경계를 보여줌이며,

뒤의 2구[欲速則不達, 見小利則大事不成]는 비루하고 천근한 것과 작은 편익에 대한 폐단을 미루어 밝혀줌이다.

욕속(欲速)의 '욕(欲)'은 마음에 꼭 그렇게 하려는 생각으로 말하였고, 견소리(見小利)의 '견(見)'은 마음에 인식한 바로 말하였다. 이는 모두가 위정자의 마음가짐으로써 자하를 경계한 말이다.

불달(不達)의 '달(達)'은 이것으로 말미암아 저것까지 통해가는 것이다. 만일 정사하는 데에 질서 없이 서두르면 먼저 해야 할 일, 뒤에 해야 할 일, 늦춰야 할 일, 서둘러야 할 일들을 한꺼번에 뒤죽박죽 시행하게 되어 반드시 장애가 있기 마련이다.

'이(利)'란 금전의 잇속[財利]을 말한 게 아니다. 편익(便益)이라는 말과 같다. 어느 한 지방, 어느 한 시기에 국한되는 도움이란 작은 편익[小利]이고, 온 천하와 만세에 길이 도움이 되는 일은 큰 편익[大利]이다.

子夏 爲莒父(거보)宰라 問政한대
子曰 無欲速하며 無見小利니 欲速則不達하고 見小利則大事不成이니라

자하가 거보 고을의 원님이 되어 정사를 여쭈자, 부자께서 말씀하셨다.
"속히 하려고 서둘지 말 것이며 작은 편익을 보아서는 안 된다.
속히 하려고 서두르면 달성하지 못하고 작은 편익에 이끌리면 큰일을 이루지 못할 것이다."

강설

자하가 거보 고을의 원님이 되어 부자께 정사를 묻자, 부자께서 자하에게 말씀하셨다.

"정사하는 데에는 2가지 폐단이 있다.

하나는 바야흐로 일을 시작하면서 곧바로 그 효과를 보고자 함은 빨리 성취하려고 서두는 것이다. 그대는 반드시 빨리하려고 서둘지 않아야 한다.

또 다른 하나는 얄팍한 일로써 국지적이고 일시적인 잇속을 도모함은 작은 편익만을 알기 때문이다. 그대는 반드시 작은 편익을 보지 않아야 한다.

백성을 양육하고 교육하는, 모든 일에는 자연의 질서와 원대한 규모가 있다. 그런데도 만일 서둘러 일을 성취하고자 한다면 일조일석의 짧은 시간에 기한을 둠으로써 선후의 질서를 잃게 되어 정사가 소통되지 못할 것이다.

작은 편익을 따지게 되면 한 자, 한 치 하찮은 잇속을 탐닉하여 원대한 일을 망각함으로써 큰일을 달성하지 못할 것이다.

이는 빨리하고자 서둘러서는 안 되는 이유이자, 작은 편익을 보아서는 안 되는 까닭이다. 그대는 정사하는 데 원대한 정치에 힘써야 한다. 따라서 비루하고 천근한 것과 작은 편익에 대해 경계하지 않을 수 있겠는가."

集註

莒父는 魯邑名이라

欲事之速成이면 則急遽無序하야 而反不達이오 見小者之爲利면 則所就者小하고 而所失者大矣리라

○ 程子曰 子張問政에 子曰 居之無倦하며 行之以忠이라 하시고 子夏問政에 子曰 無欲速하며 無見小利라하시니 子張은 常過高而未仁하고 子夏之病은 常在近小라 故로 各以切己之事告之시니라

[훈고] 거보(莒父)는 노나라 고을 이름이다.

[해석] 일을 속히 이루려고 하면 조급히 서둘러 질서가 없으므로 도리어 달성할 수 없고, 작은 편익을 챙기려 들면 이뤄진 바 작고 잃는 바 클 것이다.

○ 정자(明道)가 말씀하였다.

"자장이 정사를 물을 적에 부자는 '마음가짐을 게으름이 없게 하고, 행하기를 충심으로 하라.'(「顏淵」) 하였고, 자하가 정사를 물을 적에 부자는 '속히 하고자 서두르지 말며, 작은 편익을 보지 말라.'고 하였다.

자장은 항상 지나치게 고고하여 어질지 못하고, 자하의 병은 항상 비근(卑近)하고 작은 데에 있는 까닭에 각기 그들의 몸에 절실한 일로 일러주었다."

18. 어공장지 語孔章旨

이 장에서는 올곧음이라는 개념이 가장되어서는 안 된다는 점을 보여주고 있다.

섭공이 말한 올곧음이란 하찮은 행위에 지나지 않은 것으로 천리와 인정에 벗어난 일이며, 부자께서 말씀하신 올곧음이란 큰 예절의 입장에서 말한 것으로 천리와 인정을 토대로 이뤄진 것이다.

(1) 어공절지 語孔節旨

올곧은 마음을 '직도(直道)'라 하고, 올곧은 몸을 '직궁(直躬)'이라 한다. 섭공이 이에 하나의 궁(躬)자를 들어 말한 것은 올곧은 마음을 말한 게 아니다.

양양 이하其父攘羊 而子證之 2구에서 남의 양을 훔친 아버지의 잘못을 증언할 수 있다면 그 밖의 다른 사람에 대해서야 오죽했을까? 양을 훔치는 정도를 가지고 아버지의 잘못을 증언했다면 그 밖의 다른 일은 말하지 않아도 미뤄 알 수 있다.

葉公이 語孔子曰 吾黨에 有直躬者하니 其父 攘羊이어늘 而子 證之하니이다

섭공이 부자에게 말하였다.

"우리 고을에 몸을 올곧게 행하는 자가 있습니다. 그 아버지가 남의 양을 훔쳤는데 아들이 이를 일러바쳤습니다."

> **강설**

섭공이 공자에게 말하였다.

"올곧은 도를 행하지 못한 것은 사람들이 대부분 그 자신과 가까이 좋아하는 사람들에게 사심으로 대하기 때문입니다. 오늘날 우리 고을 함께하는 사람 가운데 그의 몸을 올곧게 실천한 자가 있습니다.

그 아버지가 제집에 절로 들어온 양을 훔쳤는데 그의 아들이 이를 사실대로 일러바쳤습니다. 가까이 사랑하는 사람으로서 어버이보다 더 가까운 사람이 없음에도 이처럼 숨김없이 사실대로 말했습니다. 그의 올곧음을 알만합니다."

> **集註**

直躬은 直身而行者라 有因而盜曰攘이라

[훈고] 직궁(直躬)이란 몸을 올곧게 행하는 사람이다. 어떤 계기로 인하여 훔치는 것을 양(攘)이라고 한다.

(2) 오당절지 吾黨節旨

올곧음[直]이란 진실한 마음으로 행하고 양심의 흡족함에 그치는 것이다. 아버지와 아들이 서로 숨겨줌은 천리상으로 당연히 이처럼 주선해야 할 일이며, 인정상으로도 이처럼 할 수밖에 없는 일이다. 이 때문에 "올곧음은 그 가운데에 있다."고 말하였다.

孔子曰 吾黨之直者는 異於是하니 父爲子隱하며 子爲父隱하나니 直在其中矣니라

공자께서 말씀하셨다.
"우리 고을에 올곧은 자는 이와 다릅니다. 아버지는 자식을 위해 숨겨주고 자식은 아버지를 위해 숨겨주니, 올곧음은 그 가운데 있습니다."

강설

부자께서 말씀하셨다.
"우리 노나라 사람들이 말하는 올곧은 사람이란 그와는 다릅니다. 아들에게 어쩌다 잘못이 있으면 아버지는 당연히 아들의 잘못을 올바른 도리로 타이르고 가르치지만, 또한 아들을 위해 남들에게 알려지지 않도록 숨겨주는 것이며, 아버지에게 어쩌다 잘못이 있으면 아들 또한 아버지를 위하여 은근히 간언하고 만류하지만, 또한 아버지를 위해 남들에게 알려지지 않도록 숨겨주는 것입니다.

서로서로 숨겨주는 일이 올곧지 않은 일처럼 보이지만, 아버지와 아들이 서로 숨겨주어 남들에게 알려지지 않도록 함은 천리에 순응하는 일이며 마음에 편한 일입니다. 비록 올곧음을 추구하지 않았지만, 올곧음이란 서로서로 숨겨주는 가운데 있는 것입니다.

만일 아버지와 아들이 서로서로 그 잘못을 일러바친다면 이는 천리로 보나 인정으로 보나 모두 어긋난 일입니다. 어떻게 그런 사람을 올곧다고 말할 수 있겠습니까?"

集註

父子相隱은 天理人情之至也라 故로 不求爲直이나 而直在其中이니라

○ 謝氏曰 順理爲直이니 父不爲子隱하고 子不爲父隱이면 於理順耶아 瞽瞍殺人이어든 舜竊負而逃하야 遵海濱而處니라 當是時하야 愛親之心 勝하니 其於直不直에 何暇計哉리오

[해석] 아버지와 아들이 서로 숨겨줌은 천리와 인정의 지극함이다. 그러므로 올곧음을 구하지 않아도 올곧음은 그 가운데에 있다.

○ 사씨[謝良佐]가 말하였다.
"이치에 순응함이 올곧음이다. 아버지가 아들을 위하여 숨겨주지 않고 아들이 아버지를 위하여 숨겨주지 않음이 이치에 순응한 일일까? 고수가 사람을 죽였다면 순임금이 남몰래 고수를 등에 업고 도망하여 아무도 없는 바닷가에서 살았을 것이다. 이럴 때를 당하여서는 어버이를 사랑하는 마음이 우선이다. 올곧으니 올곧지 않으니 어느 겨를에 이를 생각하겠는가?"

[보 補]

논변해서는 안 될 논변, 도리에 맞지 않은 신념, 대의에 걸맞지 않은 용맹, 힘써서는 안될 법, 이 4가지는 천하를 크게 어지럽힐 문제점들이다.[22] 섭공이 말한 올곧은 자는 도리에 맞지 않은 신념으로 이 세상의 부자 사이를 어지럽힌 패륜적 행위이다.

그런데도 이런 일을 들어 논한 계기는 그 무엇일까? 이의 고사는 『여씨춘추』에 실려 있다.

"초나라에 몸을 올곧게 행하는 자가 있다. 그 아버지가 남의 양을 훔치자, 이런 사실을 왕에게 고발하였다. 왕이 그 아비를 붙잡아 죽이려 하자, 올곧게 행하는 자가 그 부친을 대신하여 죽기를 청하였다. 그를 죽이려 하자, 관리에게 고하였다.

'부친이 훔친 양을 고발함은 또한 올곧은 믿음이 아니겠습니까? 부친의 죽음을 대신함은 또한 사랑의 효성이 아니겠습니까?'

초나라 왕이 그 말을 듣고서 처벌하지 않았다.

공자가 이런 사실을 전해 듣고서 말씀하셨다.

'이상한 일이다. 올곧은 몸을 지닌 자의 믿음이여. 하나의 부친을 통하여 두 차례나 명예를 얻었다. 이렇게 올곧은 몸을 지닌 믿음일랑 차라리 없는 것만 못하다.'

살펴보면, 섭공은 이런 사실을 생략하여 논술하였고 여불위의 기록은 그 사실의 전모를 적고 있다. 양을 훔친 그 부친을 고발한 일은 여염 항간에 하찮은 이의 자질구레한 일인 터라, 높은 관리의 귀를 깜짝 놀랍게 할만한 일이 아니다. 아마 반드시 초나라에서 이런 처분을 내린 일이 있었기에, 섭공이 공자를 찾아뵌 자리에서 그를 그처럼 추켜올린 것이다."[23]

위의 지문을 살펴보면, 이 일은 그 당시 초나라를 회자한 하나의 사건이었다. 당시 화제의 사건을 부자에게 물은 데서 문답이 비롯된 것이다. 그러나 부자 사이의 불고지죄(不告知罪)는 예외로 전해온 오랜 상례이다.

"우리가 말하는 인정에는 천리(天理) 내에 존재하는 인정이 있는가 하면 천리를 벗어난 인정이 있다. 천리를 벗어난 인정이란 행할 수 없는 일이다. 천리 내에 존재하는 인정이란 또한 그것이 곧 천리이다. 예컨대, 아비가 자식을 위해 숨겨주고 자식이 부친을 위해 숨겨주는 유이다. 그러므로 오늘날의 법률에 친속 사이는 서로 숨겨줄지라도 불고지죄를 묻지 않는다. 그 누가 인간의 도리를 벗어난 법률이 있다고 말하는가. 도리에 어긋난 법률은 선왕의 법이 아니다."[24]

---

22 『呂氏春秋』 권11. "辨而不當論, 信而不當理, 勇而不當義, 法而不當務, 大亂天下者, 必此四者也."

23 清 焦袁熹 撰, 『此木軒四書說』 권5, "呂氏春秋云 楚有直躬者, 其父竊羊而謁之上, 上執而將誅之. 直躬者, 請代之, 將誅矣, 告吏曰 父竊羊而謁之, 不亦信乎? 父誅而代之, 不亦孝乎? 荊王 聞之, 乃不誅也. 孔子 聞之曰 異哉! 直躬之爲信也. 一父而再取名焉, 故直躬之信, 不若無信. 按論語, 葉公 述此事, 畧矣. 不韋 所記, 盖得其實也. 攘羊證父, 若但在民間, 則是細人瑣行, 不應便喧動公卿之耳, 必楚國有此處分, 故見孔子, 猶盛稱之."

24 『四書蒙引』 권7, "凡言人情, 有天理內之人情, 有天理外之人情. 天理內之人情 可爲也. 天理外之人情 不可爲

이처럼 부자 사이는 서로의 잘못을 숨겨줄지라도 불고지죄에 해당하지 않음은 선왕의 바른 법임을 명시하고 있다. 이런 사실을 외면하고 부친의 잘못을 팔아 자신의 올곧음과 효자의 이름을 훔치는 행위는 패륜으로 다시 생각해볼 가치가 없음을 아래와 같이 말하고 있다.

"부자간에 서로 숨겨주는 것은 인정으로 보나 천리로 보나 바른 일이다. 이 때문에 올곧다고 말하는바, 이는 참으로 그러하다. 그러나 이 또한 숨겨주는 데 그칠 뿐, 더는 아니다. 만약 밖에 나가서 '우리 부친이 훔친 게 아니다.'라고 그 사실을 왜곡하여 논변하는 것 또한 올바른 일이 아니다.

그렇게 엄정한 공자의 춘추 필법에서도 임금을 위해 잘못을 숨겨주고 어버이를 위해 잘못을 숨겨주었다. 이 때문에 노나라의 잘못으로 임금에게 욕된 일이라면 이를 숨겨주었다. 그러나 욕이 될지라도 그 잘못이 노나라에 있지 않으면 또한 그 사실을 숨기지 않았다.

그처럼 숨겨주는 것은 바로 공도(公道)라는 명분을 내세워서 그 사실을 밝힐 수 없고, 아무리 효성스러운 자손일지라도 그런 사실 자체를 바꿀 수도 없기에 그냥 덮어두는 것이다. 그러므로 이처럼 숨겨주는 일을 살펴보면 올곧음은 바로 그 가운데 있다. 어떻게 부친의 잘못을 들춰내는 일을 올곧음으로 삼을 수 있겠는가. 『논어』(述而)에서 진 사패(陳司敗)가 같은 성씨의 부인을 맞이한 노나라 소공(昭公)이 예를 아는 사람인가를 물었을 적에 공자는 그 사실을 숨긴 채, 직접 언급하지 않았다. 그런 대목을 살펴보면 그 임금을 위해 숨겨주는 일을 분명하게 알 수 있다."25

19. 번지전지 樊遲全旨

이 장에서는 인(仁)이란 안으로 마음을 보존하여 언제나 모든 일에 막힘없이 통한 것을 귀중히 여김을 보여주고 있다. 이는 마음가짐을 위주로 말하였다.

거처공 이하[居處恭, 執事敬, 與人忠] 3구는 이러한 마음을 보존함이며,

수지이적 이하[雖之夷狄, 不可棄也] 2구는 이런 마음을 언제나 길이 간직해야 함을 말하고 있다.

공(恭)·경(敬)·충(忠)은 모두 하나의 인이지만 그 처지의 대상에 따라 그 이름을 달리한 것이다. 이른바 "마음의 간직함에 따라 그 이치가 얻어짐"이다.

'거처공(居處恭)'은 사물을 마주하기 이전, 고요할 적의 몸가짐이며,

'집사경(執事敬)'은 사물을 마주하여 동할 적의 일처리 대응이며,

也. 蓋天理內之人情. 亦卽天理也. 如父爲子隱子爲父隱之類, 故今之律, 親屬得相容隱而不坐罪, 孰謂法律有外於道理哉? 其與道理背者, 非先王之法也."

25 淸 李光地 撰,『讀論語箚記』권하, "父子相隱, 以其爲情理之正, 故曰直, 此固然矣. 然亦止於隱而已, 若出而辨其非攘, 則又非直也. 春秋之法, 爲尊者諱, 爲親者諱, 故於魯國之惡, 辱則諱之, 然辱而曲非在我, 則又不諱是, 則其諱也, 乃公道之不可奪, 孝子慈孫不能改者也. 故觀其隱則直在其中, 奈何揚親之惡以爲直乎? 以夫子答司敗之言觀之, 意極分明."

'여인충(與人忠)' 또한 동할 적에 남들과의 만남을 말한다.

단 구절에 따라 살펴보면 내가 처한 모든 곳에서 인을 추구함이며, 장 전체로 보면 어느 곳에서든 인을 추구하지 않은 바가 없다.

인은 모든 이치를 포괄하고 있기에 하나하나 이치가 있는 곳에 따라 존재하는 것이 모두 인이다. 인이란 그 전체의 이치가 유행하면서 그치지 않으면 하나하나 사물의 이치를 일관하니 그치거나 끊어짐이 없어야 인이라고 말한다.

樊遲 問仁한대
子曰 居處恭하며 執事敬하며 與人忠을 雖之夷狄이라도 不可棄也니라

번지가 인에 관해 여쭈자, 부자께서 말씀하셨다.

"홀로 거처할 적에는 몸가짐을 엄숙하고 반듯하게 가져야 하고,

일을 할 적에는 마음가짐을 흐트러지지 않도록 하고,

남들과 함께 할 적에는 마음을 다해 속임이 없어야 한다.

이는 비록 외진 오랑캐 땅을 가더라도 버려서는 안 된다."

강설

번지가 인을 구하는 도를 여쭈자, 부자께서 말씀하셨다.

"인이란 곧 사람의 마음이다. 마음이란 그 어느 곳이든, 어느 때이든 있지 않은 데가 없다.

그러므로 하릴없이 홀로 거처할 때는 반드시 몸가짐을 공손히 엄숙하고 반듯하게 지녀서 감히 방자해서는 안 된다.

일을 대하여서는 처음부터 끝까지 반드시 마음가짐을 흐트러지지 않도록 오롯한 마음으로 조심조심하여 감히 가볍게 일처리를 해서는 안 된다.

남들과 함께 할 적에는 반드시 나의 마음을 성심껏 다하여 감히 자신의 마음을 속이지 않아야 한다.

위 3가지의 마음가짐을 반드시 지녀야 한다. 설령 저 멀리 오랑캐 땅을 간다고 할지라도 또한 공순·공경·성심의 마음가짐을 굳건히 지켜 버리거나 잃어서는 안 된다.

이는 마음이란 어느 때이든 간직해야 하며, 도리란 어느 때이든 끊임이 없어야 함을 말한다. 인이란 어찌 여기에서 벗어날 수 있겠는가."

集註

恭은 主容이오 敬은 主事니 恭見於外하고 敬主乎中이라 之夷狄不可棄는 勉其固守而勿失也라

○ 程子曰 此是徹上徹下語니 聖人이 初無二語也라 充之면 則睟面盎背오 推而達之면 則篤恭而天下平矣니라

胡氏曰 樊遲問仁者三에 此最先이오 先難次之오 愛人其最後乎ㄴ저

[훈고와 해석] 공(恭)은 용모를, 경(敬)은 일처리를 위주로 말하니, 공손함은 외모로 나타나고 공경함은 마음을 위주로 말한다. 오랑캐 땅에 갈지라도 버려서는 안 된다는 것은 그런 마음가짐을 굳게 지켜서 잃지 않도록 격려함이다.

○ 정자[明道]가 말씀하였다.

"이는 위아래로 통하는 말이다. 성인은 애당초 두 가지의 말이 없다. 이를 자기의 몸에 확충하면 얼굴이 윤택하고 몸이 빛나고, 이를 미루어 남에게 대하면 공손한 마음이 독실하여 천하가 다스려질 것이다.[26]"

호씨[胡寅]가 말하였다.

"번지가 인에 대해 여쭌 것은 모두 3차례이다. 이는 첫째 물음이며, '어려운 것을 먼저 행해야 한다.'(『雍也』)는 것은 그다음이며, '사람을 사랑한다.'(『顔淵』)는 것은 마지막 물음이다."

20. 자공장지 子貢章旨

이 장에서는 선비란 실제 행위를 중하게 여김을 논한 것으로, 실행이 근본이고 재주는 지엽이다. 첫 절에서 말한 인물은 본말이 모두 온전한 선비로서 가장 훌륭한 인물이고,
제2절에서 말한 인물은 근본을 세운 선비이며,
제3절에서 말한 인물은 절개를 지키는 선비이다.
이를 요약하면 모두 실제 행위가 있는 자이다.
마지막 절에서 말한 인물은 실행이 없는 선비를 말한 것으로, 굳이 선비의 대열에 널 수 없다.

(1) 자공절지 子貢節旨

"몸을 행한다.[行己]"는 것은 포괄한 뜻이 넓고, "부끄러움을 안다.[有恥]"는 것은 마음에 하지 않는 바 있음이며, "욕되게 하지 않는다.[不辱]"는 것은 그의 재예가 뛰어나 일처리를 넉넉히 잘할 수 있음을 말한다. 그러나 그의 재예가 일처리를 넉넉히 잘할 수 있다는 것은 단순히 사신의 일에 그치는 것만은 아니다. 사신의 일을 들어 말한 것은 특별히 그 가운데 큰일을 들어 말했을 뿐이다.

따라서 집주에서 "단 능란한 말솜씨를 귀중히 여기는 것이 아니다.[不獨貴於能言]"고 말하였다. 이는 반드시 예의를 지키는 몸가짐, 올바른 일처리를 겸하여 말한다. 바야흐로 이는 자공이 이르지 못한 부분을 지적하여, 이에 힘쓰도록 권한 말씀이다.

---

26 공손한 …다스려질 것이다.: 이는 『중용』 제33장[詩曰不顯惟德 百辟其刑之 是故君子篤恭而天下平]에 근거한 것으로, 보이지 않는 덕을 '공손한 마음이 독실함'에 비추어 말하였다. 내면의 마음이 독실하게 공손하면 이로 미루어 천하를 통치할 수 있음을 말한다.

子貢이 問曰 何如라야 斯可謂之士矣잇고
子曰 行己有恥하며 使(시)於四方하야 不辱君命이면 可謂士矣니라

자공이 여쭈었다.

"어찌하여야 선비라고 하겠습니까?"

부자께서 말씀하셨다.

"몸을 행함에 부끄러운 줄을 알고 사방으로 사신을 나가서 임금의 명을 욕되게 하지 않으면 선비라고 말할 만하다."

> **강설**

자공이 공자에게 여쭈었다.

"선비라 일컫는 데에는 반드시 그 실상이 있어야 합니다. 반드시 어떻게 하여야 만이 선비의 실상을 다하여 이에 선비라 말할 수 있겠습니까?"

부자께서 자공에게 말씀하셨다.

"선비란 재예와 지조, 이 2가지를 모두 온전히 갖춤을 귀중히 여긴다.

반드시 몸을 행하는 것은 염치를 큰 절개로 삼는다. 의리가 아닌 일을 모두 부끄럽게 생각하여 이를 행하지 않는다면 이는 그 근본을 세움이다.

사방 제후의 나라로 사신을 나갈 적에는 제후를 마주하여 강하게 할 때와 유하게 할 때 시의적절하게 대처하여 임금이 나에게 맡긴 일을 욕되게 하지 않아야 한다.

이는 그 지조에 이미 옳지 못한 일에 대해 행하지 않은 바가 있고, 그 재예 또한 넉넉히 일처리를 잘할 수 있기에, 이를 선비라 말하기에 부끄러울 게 없다."

> **集註**

此는 其志有所不爲而其材足以有爲者也라 子貢能言이라 故로 以使事告之하시니 蓋爲使之難이 不獨貴於能言而已니라

[해설] 이는 그의 지조에 하지 않는 바가 있으며, 그 재목은 넉넉히 일을 잘할 수 자이다. 자공은 말솜씨에 능한 자이다. 이 때문에 사신의 일로써 일러주었다. 사신으로서의 어려운 일은 오직 능란한 말솜씨를 귀중히 여김이 아니다.

(2) 기차절지 其次節旨

"부끄러움을 안다.[有恥]"는 것은 모든 일에 구차스러움이 없음을 말한다. '효제(孝弟)'란 바로 몸소 실행하는 일 가운데 하나이다.

종족과 고을 사람이란 그를 가까이에서 살펴보기에 반드시 진실하기 마련이다. 이 때문에 그들

의 평가를 들추어 근거로 삼지만, 여기에서 말한 대상은 종족과 마을 사람들에 한정되는바, 이 또한 천지신명에게 통하고 온 천하에 빛나는 효제가 아니다.

曰 敢問其次하노이다
曰 宗族이 **稱孝焉**하며 **鄕黨**이 **稱弟焉**이니라

"감히 그 다음가는 선비를 여쭤겠습니다."
"종족이 그를 효자라 일컬으며, 고을에서 그를 공손하다고 일컫는 자이다."

강설

자공이 또다시 물었다.

"감히 여쭈옵건대 그 버금가는 선비는 어떠합니까?"

부자께서 자공에게 말씀하셨다.

"여기에 어느 한 사람이 있다. 안으로는 일가들이 그를 효자라 일컫고, 밖으로는 고을에서 그를 공손한 사람이라고 일컫는다면 그는 재예에 비록 부족한 면이 있을지라도 큰 근본은 이미 세워진 자이다. 그를 버금가는 선비라 말할 것이다."

集註

此는 **本立而材不足者**라 **故**로 **爲其次**라

이는 근본은 섰으나 재목이 부족한 자이므로 그다음이 된다.

(3) 언필절지 言必節旨

'신(信)'과 '과(果)'는 말과 행동의 표준이다. 그러나 그 병폐는 2개의 '필(必: 必信 必果)'자에 있다. 필(必)이란 가부를 따지지 않고 기어이 신실하고 과감하고자 집착함을 말한다.

집주에서 말한 "식견이 얕다[識淺]"고 함은 지식으로 말하고, "도량이 좁다[量狹]"고 함은 스스로 지켜온 몸가짐으로 말한다. 이를 너무 나쁘게 말해서는 안 된다. 야무지고 단단한 속이 좁은 그릇[硜硜]에도 드넓은 천지의 마음이 담길 수 있고, 소인 또한 군자의 맥을 간직할 수 있기 때문이다.

曰 敢問其次하노이다
曰 言必信하며 **行必果 硜硜然小人哉**나 **抑亦可以爲次矣**니라

"감히 그 다음가는 선비를 여쭤겠습니다."

"말을 반드시 미덥게 하며 행함을 반드시 과단하게 하는 것이 또록또록한 소인이기는 하나 또한 그다음이 될 것이다."

강설

자공이 또다시 물었다.

"감히 묻자옵건대 그다음의 선비는 어떠합니까?"

부자께서 말씀하셨다.

"여기에 어느 한 사람이 있다. 말을 할 적에는 옳고 그름을 따지지 않고 반드시 고집스러운 믿음이 있으며, 일을 행할 적에는 가부를 가리지 않고 반드시 고집스러운 과감한 결단이 야무지게 또록또록하여 식견이 얕고 도량이 좁은 소인이 있다. 그러나 악한 사람은 아니다. 속이고 허망하고 구차스럽고 천박한 이들과 함께 말할 수 없다.

그는 효제의 근본과 재예의 지말을 모두 갖추지 못하여 비록 보잘 게 없으나 자신의 몸가짐을 지킨 바는 엄격하다. 이 또한 그다음 가는 선비라 말할 수 있다."

集註

果는 必行也라 硜은 小石之堅確者라 小人은 言其識量之淺狹也라

此는 其本末 皆無足觀이나 然亦不害其爲自守也라 故로 聖人猶有取焉이오 下此則市井之人이니 不復可爲士矣니라

[훈고] 과(果)는 기어이 행함이다. 경(硜)은 작은 돌멩이의 야무지고 단단함이다. 소인은 그 식견과 도량이 얕고 좁음을 말한다.

[해석] 이는 그 도의의 근본과 재예의 지말에 모두 볼만한 게 없지만, 또한 그 몸을 지키는 데에 나쁘지 않다. 이 때문에 성인이 아쉬운 대로 그를 취한 것이다. 그 이하의 사람은 시정잡배이다. 더 이상 선비랄 수 없다.

(4) 금지절지 今之節旨

'한 말이나 한 말 두 되들이[斗筲]'란 좀스러운 사람을 말한다. 그는 작은 그릇이어서 쉽게 가득 차고, 그 쓰임이 귀하지 않다는 점을 말한다. 그의 가슴속에 받아들일 수 있는 것은 세속의 이욕이 있을 뿐, 다시는 도덕이 없으며, 세속의 감정이 있을 뿐, 다시는 명예나 절개가 없다. 그는 곧 시정잡배로서 말씨가 진실하지 못하고 행실이 방종한 자이다.

曰 今之從政者는 何如하니잇고

子曰 噫라 斗筲(초)²⁷之人을 何足算也리오

"요즘 정치하는 사람들은 어떠합니까?"

"아, 좀스러운 사람을 어떻게 선비의 축에 넣어 말할 수 있겠는가."

강설

자공이 또다시 여쭈었다.

"요즘 정치를 한다는 대부들은 그 선비의 바탕에 있어 어떠합니까?"

부자께서 탄식하셨다.

"아, 한 말이나 한 말 두 되 정도의 좀스러운 사람들이란 도의의 근본과 재예의 지말을 전혀 볼만한 게 없으며, 언행 또한 취할 게 없다. 어떻게 그를 선비의 축에 넣어 말할 수 있겠는가. 그대가 선비가 되고자 한다면 또한 선비의 법을 취함이 옳다."

부자는 야무지게 또록또록한 소인까지도 저버리지 않았다. 하지만 그마저도 못한 자는 시정잡배로 조행(操行)이 없는 사람이다. 한 말이나 한 말 두 되 정도의 좀스러운 사람들이란 아무리 작은 재주가 있을지라도 그것은 권력과 이욕, 그리고 지위와 국록을 탈취하고 탐착하는 도구에 지나지 않을 뿐이다. 이는 부자가 말한 비부(鄙夫: 마음 씀씀이가 너절하고 어리석은 자)이자, 맹자가 말한 천장부(賤丈夫)가 모두 이런 부류이다. 나라에서 어떻게 이런 사람을 등용할 수 있겠는가. 그러므로 선비의 열에 넣어 말할 가치조차 없다.

集註

今之從政者는 蓋如魯三家之屬이라 噫는 心不平聲이라 斗는 量名이니 容十升이오 筲는 竹器니 容斗二升이니 斗筲之人은 言鄙細也라 算은 數也라 子貢之問이 每下라 故로 夫子 以是警之시니라 ○ 程子曰 子貢之意는 蓋欲爲皎皎之行하야 聞於人者오 夫子告之는 皆篤實自得之事니라

[훈고] 요즘 정치하는 자란 노나라 삼가 따위와 같은 이들이다. 희(噫)는 마음이 언짢은 데서 나오는 소리다. 두(斗)는 양기(量器)의 이름으로 열 되들이 용기이며, 초(筲)는 대나무로 만든 그릇으로 한 말 두 되들이 용기이다. 한 말이나 한 말 두 되 정도의 사람이란 비루하고 좀스러움을 말한다. 산(算)은 수에 넣어 세는 것이다.

[해석] 자공의 물음이 갈수록 낮아지기에 부자께서 이런 말씀으로 그를 경계한 것이다.

○ 정자(伊川)가 말씀하였다.

"자공의 뜻은 고결한 행실로 남들에게 명성을 듣고자 함이며, 부자께서 그에게 일러줌은 모두 독실하고 스스로 만족해하는 일이다."

---

27 筲: 이의 독음은 사전을 살펴보면 '소'로 쓰여 있으나, 언해본에 '초'로 쓰여 있다. 여기에서는 언해본을 따라 '초'로 표기하였음을 밝혀둔다.

21. 부득전지 不得全旨

이 장은 부자께서 도를 전수하기 위한 고심을 말하고 있다.

중행(中行: 中道)의 인물은 포부가 본래 높은 데다가 행실이 독실하고, 몸가짐을 지킴이 분명한 데다가 식견도 통하는 사람이다.

이러한 중도의 인물을 얻지 못한 까닭에 차선책으로 그에 버금가는, 뜻이 큰 광자(狂者)와 고집스러운 견자(狷者)를 생각한 것이다. '필야(必也: 必也狂狷乎)' 2자에는 뜻이 큰 광자와 고집스러운 견자를 버려두고 달리 함께 할 수 있는 사람이 없다는 뜻이 담겨있다.

집주의 "한갓 삼가고 후중한 사람만을 얻으면 스스로 진작하여 행할 수 있다고 기필할 수 없다. [徒得謹厚之人 則未必能自振拔而有爲也]"는 2구에는 그 자리에 걸맞은 사람을 비워둘 수 없다는 점을 말해주고 있다. 단순히 삼가고 후중한 사람이란 단 일을 이뤄내지 못한다는 점으로 말할 뿐, 원래 위선의 향원(鄕愿)과는 진실과 거짓의 차이가 있다.

뜻이 큰 광자는 활달한 기백이 있기에 그 어떤 일이든 담당하여 일어설 수 있고, 고집스러운 견자는 옹골찬 근골이 있기에 그 어떤 일이든 딱 버티고서 흔들리지 않는다. 그들의 미치지 못한 부분을 격려하여 앞으로 나가도록 하고, 그들의 지나친 부분을 재제하고 억제하는 데 있다.

이처럼 뜻이 큰 사람과 고집스러운 사람을 버리지 않고 모두 받아들여, 뜻이 큰 사람에게는 부족한 행실에 힘써 실천함으로써 그의 견해가 거칠지 않도록 하고, 고집스러운 자에게는 부족한 앎을 다하여 밝은 지혜를 다하여 그의 지조가 협소하지 않도록 한다면 중도에 가까운 인물을 만들 수 있다.

子曰 不得中行而與之ㄴ댄 必也狂狷(견)乎ㄴ저 狂者는 進取오 狷者는 有所不爲也니라

부자께서 말씀하셨다.

"중도의 선비를 얻어서 함께하지 못할 바에는 반드시 뜻이 큰 사람이나 고집스러운 사람과 함께 할 것이다.

뜻이 큰 사람은 앞으로 나아가 옛사람의 법을 취하고, 고집스러운 사람은 옳지 않은 일을 행하지 않는 바가 있다."

강설

부자께서 도를 전수할 사람을 생각하면서 말씀하셨다.

"도란 반드시 함께 할 수 있는 자를 얻은 뒤에 전해지는 법이다. 나는 여태껏 중도를 지닌 선비로서 큰 뜻과 곧은 절개가 모두 온전하고 지행이 도에 부합된 이를 얻어, 그에게 도를 전하지 못하였다. 그럴 바에는 내가 함께할 사람은 반드시 뜻이 큰 사람, 그리고 고집스러운 사람이다.

뜻이 큰 사람은 지극히 고매한 뜻을 지니고서 원대한 경지에 이를 것을 스스로 다짐하여 앞으로 나아가면서 하는 일마다 옛사람의 법을 취하며, 고집스러운 사람은 자기 몸을 아끼고 사랑하기

에 의롭지 못한 일이란 단연코 행하지 않는 바가 있다.

　뜻이 큰 사람은 의지가 있고 고집스러운 사람은 절개가 있다. 이런 사람들을 얻어서 부족한 면은 격려하고 지나친 부분을 억제한다면 오늘날 뜻이 큰 사람과 고집스러운 사람들이 훗날 또한 중도를 행하는 자와 함께하면서 도에 돌아갈 수 있을 것이다. 아, 이러한 사람이 아니라면 그 누구와 함께하겠는가.”

集註

行은 道也라 狂者는 志極高而行不掩이오 狷者는 知未及而守有餘라

蓋聖人 本欲得中道之人而教之나 然旣不可得이오 而徒得謹厚之人이면 則未必能自振拔而有爲也라 故로 不若得此狂狷之人이니 猶可因其志節而激厲裁抑之하야 以進於道오 非與其終於此而已也라

○ 孟子曰 孔子豈不欲中道哉시리오마는 不可必得이라 故로 思其次也시니 如琴張曾晳牧皮者는 孔子之所謂狂也니라 其志嘐嘐然曰 古之人古之人이여하되 夷考其行而不掩焉者也니라 狂者又不可得이어든 欲得不屑不潔之士而與之하시니 是狷也니 是又其次也니라

[훈고] 행(行)은 도이다. 광(狂)이란 뜻이야 지극히 높지만, 행실이 뒤따르지 못하고, 견(狷)이란 지혜는 미치지 못하지만, 몸가짐을 지키는 데에는 넉넉하다.

[해석] 성인은 본디 중도의 인물을 얻어서 가르치고자 했지만 이런 인물을 얻지 못하였다. 이에 한낱 삼가고 후중한 사람을 얻으면 스스로 진작하여 행할 수 있다고 기필할 수 없다. 이 때문에 뜻이 크고 고집스러운 사람을 얻은 것만 못하다. 그들은 그래도 그의 큰 뜻과 고집스러운 절개로 인하여 그들의 부족한 면을 격려하기도 하고 지나친 부분을 제재하기도 하여 도에 나아가게 할 수 있기 때문이다. 그들이 지금의 이 자리에서 끝나는 것을 허여하심이 아니다.

　○ 맹자가 말씀하셨다.

　“공자께서 어찌 중도의 사람을 얻고자 않았겠는가. 반드시 그런 이를 얻을 수 없는 터라, 그다음의 인물을 생각한 것이다. 금장·증석·목피와 같은 이들은 공자께서 말씀하신 ‘뜻이 큰 사람’들이다. 그들의 뜻이야 고고하여 ‘옛사람이여, 옛사람이여.’라고 말하지만, 그들의 행실을 살펴보면 자기의 말을 실천하지 못한 자들이다.

　뜻이 큰 사람 또한 얻지 못할 바엔 의롭지 못한 일을 달갑게 여기지 않는 선비를 얻어서 함께 하고자 한다. 이런 사람이 고집스러운 자이다. 이 또한 뜻이 큰 사람에 버금가는 자이다.”(「盡心 下」)

[보 補]

　성인의 도학은 성인에 의해 성인으로 이어가는(聖聖相承) 것이다. 성인이 성인을 얻어 도를

전할 수 없다면 성인이 될 수 있는 사람을 길러서 도를 전할 수밖에 없다. 이는 뜻이 큰 사람과 고집스러운 사람의 덕을 모두 겸한 중도의 사람을 지향하는 것으로, 중도의 사람은 다음과 같다.

"중도의 사람이란 뜻이 큰 사람(狂人)처럼 지극히 고매한 이상을 지니면서도 빈틈없는 정밀함을 지니고, 고집스러운 사람(狷者)처럼 굳은 지조를 지니면서도 또한 과격한 행위에는 이르지 않은 자이기에 그런 인물을 얻기란 지극히 어려운 것이다."[28]

22. 남인전지 南人全旨

이 장은 부자께서 꾸준한 마음[恒心]이 없이 변덕스러운 사람들을 경계하신 말이다.

첫 절에서는 남쪽 지방의 말을 서술하여 그 말이 참으로 좋음을 감탄하면서도 오히려 무당과 의원을 빌려 사람들을 깨우쳐주고 있다.

제2~3절에서는 『주역』을 인용하여, 일찍이 『주역』을 읽지 않음으로써 이를 알지 못하고 경계하지 않음을 탄식하였다. 그리고 뒤이어 사람들이 마침내 부끄러움을 사게 되는 이유까지 말하여, 다시 남쪽 사람들이 말한 뜻을 한층 더 바싹 채찍질하고 있다.

이 때문에 무당과 의원을 중시한 것처럼 보이지만, 부자께서 좋은 말이라고 칭찬함은 항심이 없는 자란 어떠한 일도 할 수 없다는 사실을 알려주는 데에 있다. 이로 보면, 천근한 시쳇말에도 지극히 심오한 이치가 담겨있다. 그러나 여기에 그치지 않고 성인의 말씀에 따라 더더욱 경계의 마음을 늦추지 않고 잘 따라야 할 것이다.

주자가 말씀하였다.

"'승(承)'이란 '받들어 올리다(奉承)'의 뜻으로 쓰인 '승(承)'자와 같다. 남들이 나에게 수치와 모욕을 준다는 말과 같다. '점을 쳐보지 않았을 뿐이다(不占而已)'는 것은 단지 『주역』의 글을 읽지 않아서 이런 이치를 모른다'는 뜻이다."

子曰 南人이 有言曰 人而無恒이면 不可以作巫醫라하니 善夫라

부자께서 말씀하셨다.

"남방 사람들이 말하기를 '사람으로서 변함없는 꾸준한 마음이 없으면 무당과 의원 노릇도 할 수 없다.'고 하는데, 참으로 좋은 말이다."

강설

부자께서 말씀하셨다.

"남녘지방 사람들의 속담에 이런 말이 있다.

---

28 元 劉因 撰, 『四書集義精要』 권22, "朱子曰 中行之人, 有狂者之志而所爲精密, 有狷者之節不至過激, 故極難得."

'사람으로서 변함없는 꾸준한 마음이 없는 자는 성심이 부족하기에 무당이 되어 신명을 만날 수도 없을 것이며, 의술에 정밀하지 못하여 환자의 목숨을 맡길 수 없을 것이다.'

'변함없는 꾸준한 마음'이 없는 사람은 무당과 의원 노릇도 할 수 없는데 하물며 덕을 닦고 공을 세우는 큰일을 어떻게 할 수 있겠는가. 남녘 사람들의 속담은 깊지 않으면서도 그 뜻이 원대하니 참으로 좋은 말이라 하겠다.″

集註

南人은 南國之人이라 恒은 常久也라 巫는 所以交鬼神이오 醫는 所以寄死生이라 故로 雖賤役이나 而尤²⁹不可以無常이니 孔子稱其言而善之시니라

[훈고와 해석] 남인(南人)은 남쪽 나라 사람이다. 항(恒)은 변함없이 꾸준함이다. 무(巫)는 신명과 교감하는 자이고, 의원은 생사를 맡은 자이다. 그러므로 비록 천한 일이라 하지만 더더욱 변함없는 꾸준한 마음이 없어서는 안 된다. 이 때문에 공자는 그들의 말을 칭찬하면서 훌륭하다고 여겼다.

不恒其德이면 或承之羞라하니

'그 덕을 변함없이 꾸준히 지니지 않으면 그 누군가가 나에게 부끄러움을 안겨줄 것이다.'고 하니,

강설

″그러나 남녘 사람만이 이러한 말을 한 것은 아니다.『주역』의 「항괘(恒卦䷟)」 구삼(九三) 효사(爻辭)에 의하면, '사람이 그 덕을 변함없이 꾸준히 지니지 않으면 나의 마음을 살펴봄에 잘못한 일들이 많아 반드시 밖으로 그 누군가가 나에게 수모를 안겨줄 것이다. 이 때문에 남들이 모두 수치와 모욕을 그에게 안겨준다.'라고 하니,『주역』에서 말한바 이와 같다.″

集註

此는 易恒卦九三爻辭라 承은 進也라

[훈고] 이는『주역』「항괘(䷟)」 구삼의 효사이다. 승(承)은 받들어 올림이다.

子曰 不占而已矣니라

---

29 尤:『논어통(論語通)(元 胡炳文 撰) 권7에서 유(猶: 猶不可以無常) 자로 바꿔 쓰고 있으나,『논어집주대전』은 물론 그 밖의『논아찬소(論語纂疏)』(宋 趙順孫 撰) 권7, 그리고『논어찬전(論語纂箋)(元 詹道傳 撰) 권7에서도 모두 우(尤)자로 쓰여 있다. 2가지의 뜻이 모두 통하는바, 굳이 바꿀 게 없다고 생각한다.

부자께서 말씀하셨다.

"점을 쳐보지 않아서 몰라서일 뿐이다."

강설

부자께서 그 말을 인용하시고 또다시 말씀하셨다.

"이는 그 점을 쳐보지 않아서 몰랐기 때문이다. 군자가 『주역』에서 말한 그 점을 살펴보면 변함 없이 꾸준하지 않으면 부끄러움을 사게 된다는 사실을 알고서 두려운 마음으로 반성했을 것이다. 사람으로서 변함없이 꾸준한 마음이 없는 자는 남방 사람들의 말을 깊이 생각하여 경계할 줄을 알아야 하고, 『주역』의 괘사를 음미하면서 경계할 바를 알아야 한다."

集註

復加子曰하야 以別易文也로되 其義未詳이라

楊氏曰 君子於易에 苟玩其占이면 則知無常之取羞矣니 其爲無常也는 蓋亦不占而已矣라하니

意亦略通이니라

　　[해석] 여기에 다시 자왈(子曰)을 더하여 『주역』의 문장과 구별하였지만, 그 뜻이 자세하지 않다.

　　양씨[楊時]가 말하기를, "군자가 『주역』에 있어서 참으로 그 점괘를 음미해 보았더라면 변함없 이 꾸준함이 없으면 부끄러움을 사게 됨을 알 수 있었을 것이다. 그가 변함없이 꾸준함이 없다 는 것은 또한 점을 쳐보지 않아서 몰라서일 뿐이다."고 하니 그가 말한 뜻 또한 대략 통하는 말이다.

23. 화이전지 和而全旨

이 장은 화(和)와 동(同)의 차이점을 엄격하게 분별하였다.

화와 동은 모두 남들과 함께 어울려 일하는 측면에서 말한 것으로, 앞 구절[和而不同]에서는 군자 의 화(和)에, 뒤 구절[同而不和]에서는 소인의 동(同)자에 중점을 두어 말하였다. 화는 도의로 함께 함이며, 동은 사의(私意)로 함께하는 것이다. 도의로 함께하면 구차스러움이 없고, 사의로 끼리끼리 함께하면 화합할 수 없다.

도의로 함께하는 '화' 그 자체가 '사의로 끼리끼리 함께하지 않음[不同]'이며, '사의로 끼리끼리 함 께하지 않음'이 바로 도의로 함께하는 '화'이다.

子曰 君子는 和而不同하고 小人은 同而不和니라

부자께서 말씀하셨다.

"군자는 도의로 함께할 뿐, 사의로 끼리끼리 함께하지 않으며, 소인은 사의로 끼리끼리 함께할 뿐, 도의로 함께하지 못한다."

강설

부자께서 도의로 함께하는 화(和), 사의로 끼리끼리 함께하는 동(同)의 차이에 대해 논변하셨다.

"군자와 소인은 마음이 다르기에 일처리 또한 똑같지 않을 수밖에 없다. 군자의 마음은 공정하다. 사람들과 함께 할 적에 애당초 괴리된 마음이 없이 오로지 도리만을 보고서 옳고 그름을 분별한다. 나는 군자의 마음이 공정하여 도의로 함께하기에 구차스레 남들과 어울리지 않는다는 사실을 알고 있다.

소인의 마음은 사심과 사욕으로 가득 차 있다. 사람들과 함께 어울릴 적에 자신의 욕구를 이루고자 아부의 마음으로 사람을 대한다. 오로지 사리사욕에 따라 가부를 생각한다. 나는 소인이 사람들과 끼리끼리 함께하는 것을 보면서 많은 사람과 함께하지 못한다는 사실을 알고 있다.

도의로 함께한다는 화(和), 사의로 끼리끼리 함께한다는 동(同)이 이처럼 상반된 것인바, 사람으로서 이를 논변하지 않을 수 있겠는가."

集註

和者는 無乖戾之心이오 同者는 有阿比之意라

○ 尹氏曰 君子는 尙義라 故로 有不同이오 小人은 尙利하니 安得而和리오

[훈고] 화(和)란 남들에게 어깃장 부리는 마음이 없음이며, 동(同)이란 아부하며 가까이한다는 뜻이다.

○ 윤씨[尹焞]가 말하였다.

"군자는 도의를 높이기에 아부하면서 가까이하지 않고, 소인은 잇속만을 챙기니 어떻게 남들과 도의로 함께할 수 있겠는가."

[보 補]

군자와 소인의 화(和)·동(同)과 주(周)·비(比)는 전혀 상반된 속성을 가지고 있다. 주(周)와 비(比)는 남들을 대하여 널리 사랑하느냐, 끼리끼리 사랑하느냐를 말하는 것으로, 군자와 소인의 마음가짐으로 말하였다. 하지만, 화(和)와 동(同)은 사람들과 어울리면서 시비와 가부의 측면에서 말한 것으로, 수많은 군자와 수많은 소인들이 서로 함께 접촉하고 서로 함께 모의하는 측면에서 말한다. 이는 군자의 모임과 소인배의 작당을 말한다.

24. 향인전지 鄕人全旨

이 장은 어떻게 사람을 취하느냐를 말해주는 것으로, 같은 사람들과 함께해야 함을 보여주고

있다. 자공은 많은 사람이 좋아하고 싫어하는, 군중심리에 따라 그 사람을 살펴보고자 하였고, 부자는 그 어떤 부류의 사람들이 그를 좋아하고 싫어하느냐에 따라 그 인품이 결정된다고 보았다.

자공이 물은 2곳의 '하여(何如: 鄕人皆好之何如 皆惡之何如)'는 고을의 수많은 사람이 그를 좋아하고 싫어하면 '그는 어떤 사람인가'를 말한 것으로, 자공은 모두 그런 그가 어진 사람인가를 생각함이며, 부자가 답한 2곳의 '미가(未可)'는 모두 그가 어진 사람인지 확정 지을 수 없음을 말하였다.

마지막 2구(不如鄕人之善者好之, 其不善者惡之)를 종합하여 보아야 비로소 그 뜻을 알 수 있는바, 이는 다만 한 사람에 관해 말하였다. '불여(不如)' 2자는 문장의 끝까지 관통하고 있다. "착한 이들이 좋아함[善者好之]"은 그들 자신의 선과 같기 때문이며, "착하지 못한 이들이 미워함[不善者惡之]"은 그들 자신의 행위와 다르기 때문이다.

이는 어디까지나 자신의 주관적 판단으로 먼저 그 좋아하고 싫어하는 고을 사람들이 착한 자인지 악한 자인지를 분명하게 살펴봐야 하는 것이지, 오로지 고을의 많은 사람이 모두 좋아하느냐 싫어하느냐를 위주로 그 사람을 평가해서는 안 된다. 이는 고을 사람들의 선악에 따른 호불호를 통하여 선비를 취하는 불변의 법칙이다.

子貢이 問曰 鄕人이 皆好之면 何如니잇고
子曰 未可也니라
鄕人이 皆惡之면 何如니잇고
子曰 未可也니라 不如鄕人之善者 好之오 其不善者 惡之니라

자공이 부자에게 여쭈었다.
"고을 사람이 모두 좋아하면 어떻습니까?"
"옳지 못하다."
"고을 사람이 모두 미워하면 어떻습니까?"
"옳지 못하다. 고을 사람 가운데 착한 이들이 좋아하고 착하지 못한 이들이 미워하는 것만 못하다."

강설

자공이 부자께 여쭈었다.
"어진 이는 많은 사람에게 사랑받기 마련입니다. 만일 한 고을 모든 사람이 모두 그를 좋아한다면 어떠하겠습니까? 이를 어진 사람이라 말할 수 있겠습니까?"
"고을 사람이 모두 좋아한다면 그는 세속과 함께하고 비천한 일을 함께 한 자가 아니라고 할 수 있겠는가. 그의 어짊을 믿을 수 없다."
자공이 또다시 여쭈었다.
"어진 이는 사람들에게 미움을 사는 경우가 많습니다. 만일 한 고을 모든 사람이 모두 그를 미워한다면 어떻습니까? 그를 어질다고 말할 수 있겠습니까?"

"고을 사람이 모두 미워한다면 그는 세상을 속이거나 세속과 어긋난 사람이 아니라고 할 수 있 겠는가. 그의 어짊을 믿을 수 없다.

좋아하고 미워하는 공정한 마음은 많은 사람이 함께하는 데 있지 않다. 선악의 구별은 각기 부류에 따라 나뉘는 법이다. 고을 사람이 모두 어질다고 좋아하는 것보다는 고을 사람 가운데 선한 자들이 좋아하는 것만 못하고, 고을 사람이 모두 그의 어짊을 미워하는 것보다는 고을 사람 가운데 선하지 못한 이들이 미워하는 것만 못하다.

그의 마음과 행실이 아름다워서 군자로부터 믿음을 얻기에 넉넉하고, 마음가짐이 올곧아서 또한 소인들과 구차스레 함께하지 않는다. 반드시 이와 같아야 만이 그를 어질다고 말할 수 있다."

集註

一鄕之人은 宜有公論矣라 然其間에 亦各以類自爲好惡也라 故善者好之하고 而惡者不惡면 則必其有苟合之行이오 惡者惡之하고 而善者不好면 則必其無可好之實이라

[해석] 한 고을 많은 사람에게는 당연히 공론이 있기 마련이다. 그러나 그들 사이에는 또한 각기 부류에 따라 그 나름 좋아하고 미워한다. 이 때문에 착한 이들이 좋아하고 악한 이들이 미워하지 않으면 반드시 구차하게 야합하는 행실이 있었을 것이며, 악한 이들이 미워하고 착한 이들이 좋아하지 않으면 반드시 그에겐 좋아할 만한 실상이 없었을 것이다.

25. 이사전지 易事全旨

이 장은 군자와 소인의 마음가짐과 사람을 대하는 바가 똑같지 않음을 밝힌 것으로, 군자와 소인은 당시 경대부로서 정치를 담당한 이들의 인격으로 말한다.

"군자는 섬기기 쉬우나 환심을 사기 어렵다."라는 것은 공정하지 못한 일로써 군자의 환심을 사기 어렵고, "소인은 섬기기 어려우나 환심을 얻기 쉽다."라는 것은 공정하지 못한 일로써 소인의 비위를 맞추기 쉬움을 말한다.

똑같은 관료라 할지라도 각기 감정이 다르기에 '이(而: 易事而, 難事而)'자와 '급기(及其: 及其使人也)'자로써 역접(逆接)을 삼은 것이다. 이러한 글자를 통하여 군자와 소인배의 양상을 모두 나타내고 보여주는 절묘한 문장이다.

아랫사람으로서 직분상 당연히 해야 할 일을 행하면서 그에게 힘을 바치는 것을 '섬긴다[事]'라고 말하고, 그의 비위를 맞춰 환심을 사는 것을 '기쁘게 한다[悅]'라고 말한다. 그러나 환심 사기 어려우나 섬기기 쉽다면 그를 기쁘게 하려는 일들은 모두 변하여 당연히 섬겨야 할 일만을 하게 되고, 환심을 얻기 쉬우나 섬기기 어렵다면 당연히 섬겨야 할 일들은 모두 변하여 환심을 사는 일이 될 것이다. 이는 이의 문장 밖에 숨어있는 다른 뜻으로 말하였다.

집주에서 이에 대해 공(公)·사(私)·서(恕)·각(刻) 4자로 구분 지어 말함은 가장 정밀한 논지이다.

子曰 君子는 易事而難說(열)也니 說之不以道면 不說也오 及其使人也하얀 器之니라
小人은 難事而易說也니 說之雖不以道라도 說也오 及其使人也하얀 求備焉이니라

부자께서 말씀하셨다.

"군자는 섬기기는 쉬우나 기쁘게 하기는 어렵다. 바른 도의를 따라 기쁘게 해드리지 않으면 기뻐하지 않고, 군자가 사람을 쓸 적에는 각자의 그릇에 맞추어 쓴다.

소인은 섬기기는 어려우나 기쁘게 만들어주기는 쉽다. 그를 기쁘게 하는 일이 비록 바른 도의를 따르지 않을지라도 기뻐하고, 소인이 사람을 쓸 적에는 완전히 갖춰진 이를 찾는다."

강설

부자께서 똑같은 관료라도 군자와 소인의 마음 씀씀이가 다른 점에 대해 논하셨다.

"군자는 편하고 쉽게 섬길 수 있으나 그의 마음을 기쁘게 해드리기는 어렵다. 무엇 때문일까? 군자의 마음은 오직 공정하다. 만약 바른 도리를 따르지 않고 교묘한 아첨으로 그를 기쁘게 해주고자 하면 그는 반드시 바른 도리에 따라 그런 잘못된 행위를 마다하며 기뻐하지 않을 것이다. 그의 마음을 기쁘게 하는 것 또한 어려운 일이 아니겠는가.

군자는 사람을 쓸 적에 저 자신을 미루어 생각하면서 그들의 능력에 맞추어 일을 맡긴다. 따라서 장점만 있으면 모두 제 능력을 다할 수 있다. 군자를 섬긴다는 것 또한 이처럼 쉬운 일이 아니겠는가.

소인이란 섬기기 어렵지만, 그의 마음을 기쁘게 사로잡기는 쉽다. 무엇 때문일까? 소인의 마음은 오로지 저 자신을 위한 사심뿐이다. 따라서 바른 도리를 떠나 부정한 방법으로 그를 받들지라도 그는 또한 제 생각에 따라서 바른 도리를 잊은 채, 기뻐할 뿐이다. 소인의 마음을 기쁘게 사로잡기란 또한 이처럼 쉬운 일이 아니겠는가.

소인은 사람을 쓸 적에 자신의 무능함은 생각지 않은 채, 남들에게 각박하게 대하여 반드시 완전한 사람, 모든 게 갖춰진 사람만을 찾는다. 이 때문에 남들에 대한 바람과 꾸지람이 그칠 날이 없다. 소인을 섬기기란 또한 이처럼 어려운 일이 아니겠는가.

군자와 소인은 이처럼 상반되기에 이에 대해 말하지 않을 수 없다."

集註

器之는 謂隨其材器而使之也라

君子之心은 公而恕하고 小人之心은 私而刻하니 天理人欲之間은 每相反而已矣니라

[훈고] 기지(器之)는 그들의 재목에 따라서 쓰는 것을 말한다.

[해석] 군자의 마음은 공정하고 나 자신을 미루어 너그럽게 남을 생각하고, 소인의 마음은 제 몸만을 챙기고 남들에겐 각박하다. 군자 소인의 천리와 인욕의 사이는 언제나 상반될 뿐이다.

26. 태이전지 泰而全旨

이 장에서는 군자의 태연함[泰], 소인의 교만함[驕]의 차이를 논변하였다. 태연함과 교만함은 군자와 소인에게 있어 밖으로 내보여준 기상이지만, 이의 실상은 그들의 마음에 근본하고 있다.

집주에서 '태(泰)'자에 대해 '안서(安舒)' 2자로 주해를 붙였다. '안(安)'이란 자연스럽고 자유자재하여 서둔다거나 허둥대는 모습이 없음이며, '서(舒)'란 너그럽고 자득하여 급박한 구김살이 없다.

'교(驕)'자에 대해 '긍사(矜肆)' 2자로 주해를 붙였다. '긍(矜)'이란 주제넘게 자신을 높이기 좋아하고 제 잘난 체하는 것이며, '사(肆)'란 예법을 벗어나 방자하게 설쳐대는 것이다.

子曰 君子는 泰而不驕하고 小人은 驕而不泰니라

부자께서 말씀하셨다.
"군자는 의젓하여 거드럭거리지 않으며, 소인은 거드럭거리며 의젓하지 못하다."

강설

부자께서 군자와 소인의 각기 다른 기상에 대해 말씀하셨다.
"군자와 소인은 마음가짐이 각기 다르기에, 그의 몸에 풍기는 기상 또한 다르기 마련이다.

군자는 도리를 따라 마음이 고결하고 몸에 구김살이 없기에 언제나 자연스럽고 의젓함을 찾아볼 수 있을 뿐, 주제넘게 잘난 체, 거드럭거리는 모습을 찾아볼 수 없다.

소인이란 일신의 욕심에 부림을 당하여 기운이 넘쳐나고 의지가 충만하기에 언제나 주제넘게 자신을 높이기 좋아하고 제 잘난 체, 거드럭거릴 뿐, 의젓한 모습을 찾아볼 수 없다. 군자와 소인의 기상이 이처럼 다르다."

集註

君子는 循理라 故로 安舒而不矜肆하고 小人은 逞欲이라 故로 反是니라

[해석] 군자는 천리를 따르기에 자연스럽고 구김살이 없어 주제넘게 자신을 높이기 좋아하거나 예법을 벗어나 방자하게 거드럭거리지 않으며, 소인은 욕심을 부리기에 군자와 반대이다.

27. 강의전지 剛毅全旨

이 장은 인을 행할 수 있는 데에 가까운 바탕을 말하여, 배우는 이들에게 이를 통하여 더욱 학문에 힘써야 함을 보여준 것이다.

강·이·목·눌(剛毅木訥) 4가지 덕목으로 인을 추구하는 데에 힘쓴다면 결코 선천적으로 타고난 바탕에 그치지 않을 것이다. 이와 반대로 살펴보면 나약하고, 무르고, 화려하고, 말재간이 있는 이들이란 반드시 인의 행하는 것과는 거리가 멂을 알 수 있다.

주자가 말씀하였다.

"강직하고, 굳세고, 소박하고, 어눌하지 못한다면 반드시 이를 바로잡아 이러한 자리에 이르도록 힘써야 한다."

子曰 剛毅木訥이 近仁이니라

부자께서 말씀하셨다.

"강직하고 굳세고 질박하고 어눌함은 인에 가깝다."

강설

부자께서 사람들에게 아름다운 바탕을 확충하여 인을 추구하기를 바라는 마음에서 다음과 같이 말씀하셨다.

"사람의 타고난 기질은 각기 다르다. 그러나 인을 행하기 좋은 바탕은 그 어떤 것일까?

강직하여 굽히지 않는 강인함과 용맹스러운 바탕,

의연하여 굳세고 참을성 있게 지키는 바탕,

나무처럼 질박하여 화려하게 꾸미지 않는 바탕,

말을 떠듬적거려 말재간이 없는 바탕이 있다.

위 4가지는 모두 타고난 아름다운 바탕이다. 그러나 이는 하늘에서 내려준 것일 뿐, 아직은 인을 행하는 공부에 힘을 기울이지는 않은 상태이다.

하지만 어진 이의 마음은 사사로운 욕심이 없다. 따라서 강직하고 굳세면 물욕에 굽히지 않을 것이다. 어진 이의 마음은 언제나 잘 보존하여 방탕하지 않는다. 따라서 질박하고 말을 더듬적거리면 겉만 보기 좋게 꾸미는 데에 힘쓰지 않을 것이다. 요컨대 이는 모두 인을 행하는 데에 가까운 일들이다.

이처럼 선천적으로 인을 행할 수 있는 바탕을 타고난 데다가 후천적으로 인을 추구하는 수행에 힘쓴다면 머지않아 인과 하나가 될 것이다."

集註

程子曰 木者는 質樸이오 訥者는 遲鈍이니 四者는 質之近乎仁者也니라

楊氏曰 剛毅則不屈於物欲이오 木訥則不至於外馳라 故로 近仁이니라

[훈고와 해석] 정자(伊川)가 말씀하였다.

"목(木)은 질박함이며, 눌(訥)은 말씨가 떠듬적거리고 어둔함이다. 이 4가지는 인을 행할 수 있는 데에 가까운 바탕이다."

양씨[楊時]가 말하였다.

"강직하고 굳세면 물욕에 굽히지 않고, 질박하고 어눌하면 밖으로 치달리는 데에 이르지 않기에 인을 행하는 데에 가까운 바탕이다."

28. 자로전지 子路全旨

이 장에서는 선비란 모든 덕을 하나도 빠뜨림 없이 함양하여야 하고, 또한 그 대상에 따라 적절히 베풀어야 함을 말해주고 있다. 이는 자로의 부족한 면을 지적하여 그의 덕을 성취시켜주고자 함이다.

"간곡하고 지극한 마음, 자상하게 권면하는 가르침, 화사하고 기뻐하는 얼굴빛[切切偲偲 怡怡如也]" 이하는 하나의 구절로써 선비가 선비다울 수 있는 기상이 이와 같아야 함을 총괄적으로 말해준 것이다. 노력해야 할 공부는 모두 여기에 있다. 덕성의 존엄함, 예악의 문장, 극치(克治) 함양의 공부가 하나도 빠짐없이 넉넉해야 만이 비로소 이처럼 자연스럽게 넘쳐나는 기상을 얻게 되어 남들이 상상할 수 없는 경지와 감탄을 받게 될 것이다.

또한 벗과 형제를 나누어 말한 것은 벗에게 전혀 은정(恩情)이 없는 것은 아니지만 도의[義]를 위주로 하고, 형제에게 전혀 도의가 없는 것은 아니지만 은정을 위주로 하기 때문이다. 반드시 선비는 이를 함양하여 성취하여야 만이 중화(中和)의 지극한 성정으로 그 어느 곳에서나 모두 적절하지 않음이 없을 것이며, 결코 베푸는 대상을 혼동한 데에 이르지 않을 것이다. 이는 특별히 자로의 공부를 위한 설법이다.

子路 問曰 何如라야 斯可謂之士矣잇고
子曰 切切偲偲하며 怡怡如也면 可謂士矣니 朋友엔 切切偲偲오 兄弟엔 怡怡니라

자로가 공자께 물었다.

"어떻게 해야 이에 선비라고 말할 수 있겠습니까?"

부자께서 말씀하셨다.

"간곡하고 지극한 마음, 자상하게 권면하는 가르침, 화사하고 기뻐하는 얼굴빛을 갖추면 선비라고 말할 수 있다. 벗에게는 간곡하고 지극한 마음, 자상하게 권면하는 가르침으로 대해야 하고 형제에게는 화사하고 기뻐하는 얼굴빛을 지녀야 한다."

강설

자로가 공자에게 여쭈었다.

"선비는 참으로 여느 사람들보다 뛰어난 자입니다. 과연 어떻게 하여야 만이 선비라 말할 수 있습니까?"

부자께서 자로에게 말씀하셨다.

"선비의 바탕과 성품이란 중화를 귀중히 여긴다. 반드시 간곡하고 지극하여 애틋한 마음이 있어야 하고, 매우 자상하게 권면하여 일러주는 가르침이 있어야 하고, 또 아주 화사하고 기뻐하는 얼굴빛이 있어야 한다. 이는 은정과 도의를 모두 겸하고 덕성에 치우침이 없는 것인바, 그런 그를 선비라고 말하기에 부끄러움이 없을 것이다.

그러나 또한 이를 베푸는 대상을 혼동해서는 안 된다. 벗이란 도의로 맺은 사람들이다. 매우 간곡하고 지극한 마음, 자상하게 권면하는 가르침으로 대해야 만이 벗에게 잘 대처하는 일이며, 간곡한 마음과 자상한 가르침 또한 베풀어야 할 데에 잘 베푼 일이다. 이로 미뤄보면 벗처럼 도의로 만난 그 나머지 부류의 사람들에게도 잘못 대함이 없음을 알 수 있다.

형제란 하늘이 내려준 사랑으로 태어난 사람들이다. 화사하고 기뻐하는 얼굴빛으로 대하여야 형제에게 잘 대처하는 일이며, 화사하고 기뻐하는 얼굴빛 또한 베풀어야 할 데에 잘 베푼 일이다. 이로 미뤄보면 형제처럼 사랑으로 만난 그 나머지 일가친척들에게도 잘못 대함이 없음을 알 수 있다.

이처럼 은정과 도의를 온전히 다하고 베푸는 대상에 구별이 있다. 선비가 선비다울 수 있는 바는 바로 이와 같다. 유여, 그대는 이를 아는가?"

> **集註**
>
> 胡氏曰 切切은 懇到也오 偲偲는 詳勉也오 怡怡는 和悅也니 皆子路所不足이라 故로 告之오 又恐其混於所施면 則兄弟有賊恩之禍하고 朋友有善柔之損이라 故로 又別而言之니라

[훈고와 해석] 호씨[胡寅]가 말하였다.

"절절(切切)은 간곡하고 지극한 마음이며, 시시(偲偲)는 자상하게 권면하는 가르침이며, 이이(怡怡)는 화사하고 기뻐하는 얼굴빛이다. 이는 모두 자로에게 부족한 바이기에 이를 일러준 것이다. 하지만 또한 그 베푸는 대상을 바르게 알지 못하면 형제에게는 은혜를 해치는 화가 있게 되고, 벗에게는 아첨하는 잘못이 있을까 두려운 마음에 또다시 이를 구별하여 말하였다."

29. 선인전지 善人全旨

이 장은 부자께서 전쟁에 대해 거듭 경계하고자 한 데 뜻이 있다. 당시 열국의 제후들은 끊이지 않은 전쟁을 일으켜 백성을 예리한 창칼 끝으로 몰아갔다. 부자는 이처럼 차마 볼 수 없는 참상을 익히 보아왔기에 이런 말씀을 한 것이다. 이를 뒤이어 수록한 다음 문장을 살펴보면 이런 점을 다시 알 수 있다.

여기에서 말한 '선인(善人)'이란 자애롭고 선량한 통치자를 말한다. 그는 "전쟁에 속임수도 마다하지 않는[兵不厭詐]" 교활한 이들과는 분명 다른 인물이다. "착한 사람이 백성을 가르친다."라는 것은 본말을 모두 들어 말하였지만, 이의 대의는 단 백성들이 선하여지도록 7년이라는 오랜 세월

을 가르쳐야 만이 백성 또한 선한 이의 가르침에 감화되어 절로 윗사람을 사랑하고 그들을 위해 목숨을 바칠 수 있기 때문에 전쟁터에 나아가는 것 또한 가능하다는 뜻이다.

子曰 善人이 教民七年이면 亦可以卽戎矣니라

부자께서 말씀하셨다.

"자애롭고 선량한 통치자가 백성을 가르친 지 7년이면 그들 또한 전쟁터에 나아갈 수 있다."

강설

부자께서 자애롭고 착한 통치자의 교화에 대해 칭찬을 아끼지 않았다.

"군사를 동원하여 전쟁을 치르는 것은 큰일이다. 어떻게 이런 전쟁을 가벼이 여겨 백성을 부릴 수 있겠는가. 자애롭고 선량한 통치자가 안으로 진실한 마음을 지니고 밖으로 진실한 정사를 베풀고, 이에 백성들에게 효도·공경·충성·믿음으로 교화하여 그들의 성품을 함양하고 농사에 힘쓰도록 이끌어 그들의 삶을 후히 하고 여기에다가 무예를 익혀 7년이라는 오랜 세월에 쌓이다 보면 백성은 그의 가르침에 감화되어 스스로 윗사람을 사랑하고 그를 위해 목숨을 바치는 대의를 알게 될 것이다.

그러한 백성이라면 또한 전쟁터에 나아가 비분강개한 마음으로 적을 막아낼 수 있다. 자애롭고 선량한 통치자가 백성을 가르치되 이처럼 오랜 세월이 흐른 뒤에야 전쟁터에 내보낼 수 있다. 국가의 존망이 달린 전쟁터에 백성을 군사로 동원하는 일을 어찌 쉽사리 말할 수 있겠는가."

集註

教民者는 教之以孝弟忠信之行과 務農講武之法이라 卽은 就也오 戎은 兵也라 民知親其上死其長이라 故로 可以卽戎이라

○ 程子曰 七年云者는 聖人度其時可矣니 如云朞月三年百年一世大國五年小國七年之類니 皆當思其作爲如何라야 乃有益이니라

[훈고와 해석] 백성을 가르친다는 것은 효도·공경·충성·믿음의 행실, 그리고 농사에 힘쓰고 무예를 닦는 법으로 가르침을 말한다. 즉(卽)은 나아감이며, 융(戎)은 군사(전쟁)이다. 백성이 윗사람을 사랑하고 어른을 위하여 목숨을 바칠 줄 알기에 전쟁터에 나아갈 수 있다.

　○ 정자伊川가 말씀하였다.

"7년이라 함은 성인이 그 정도 시간이면 가능하다고 가늠한 것이다. 만1년이니, 3년이니, 백년이니, 일세(一世)이니, 대국은 5년 소국은 7년이라는 유와 같다. 이는 모두 마땅히 그 기간에 어떤 일을 했을까를 생각해야 배움에 도움이 될 것이다."

30. 이불전지 以不全旨

이 장에서는 백성을 가르치지 않고서 전쟁터로 몰아세우는, 위정자의 잘못을 심각하게 질책하여, 백성이란 가르치지 않으면 안 됨을 말해주고 있다.

평소 백성을 가르쳐 감화되었다면 전쟁에 동원해도 괜찮고, 동원하지 않아도 괜찮겠지만, 가르치지 않은 백성이란 앞서 나라를 위한 대의 그 자체를 알지 못하고, 또한 무술을 사용할 줄조차 모른다. "백성을 죽음의 땅에 버렸다."라는 데에는 이러한 2가지의 뜻을 겸하고 있다.

子曰 以不教民戰이면 是謂棄之니라

부자께서 말씀하셨다.

"평소 가르치지 않은 백성을 전쟁터에 내몰면, 이는 백성을 죽음의 땅에 버리는 것이다."

강설

부자께서 백성을 전쟁터에 가벼이 동원하는 자에 대해 경계의 말씀을 하셨다.

"백성이란 나라의 근본이다. 평소 훈련되지 않은 백성을 갑자기 전쟁터에 내세운다면 백성들은 '앉아' '차렷' '공격' '찔러' 등의 훈련을 전혀 알지 못할 것이며, 또한 윗사람을 사랑하고 어른을 위해 목숨을 바치는 의리를 알지 못함으로써 패망의 화를 면치 못할 것이다. 이는 마치 굶주린 범에게 살덩이를 던져주는 것처럼 그 스스로가 백성을 죽음의 땅에 버린 일이라고 말할 것이다. 이로 보면 백성을 다스리는 위정자는 백성을 죽음의 땅에 버린 일을 거울삼지 않을 수 있겠는가."

集註

以는 用也라

言用不教之民以戰이면 必有敗亡之禍니 是棄其民也라

[훈고] 이(以)는 사용함이다.

[해석] 가르치지 않은 백성을 동원하여 전쟁을 치르면 반드시 패망의 화를 당할 것이다. 이는 그 백성을 죽음의 땅에 버리는 것임을 말한다.

제14 헌문 憲問 第十四

胡氏曰 此篇은 疑原憲所記라
凡四十七章이라

호씨[胡寅]가 말하였다.
"이 편은 원헌(原憲)의 기록한 바로 생각된다."
모두 47장이다.

[보補]
『논어』 20편 가운데 제14편은 총 47장에 1,340자로 가장 많은 분량을 차지하고 있다. 그뿐만 아니라, 그 어느 편보다도 공문(孔門) 제자의 출처와 언행을 논하는 가운데, 춘추시대의 인물을 평가하는바 많은 것이 특징이다.

여기에 나타난 춘추시대의 인물에는 두 부류가 있다. 관료와 도가류의 인물이다.

당시의 관료로는 비침(裨諶), 세숙(世叔), 행인자우(行人子羽), 자산(子産), 자서(子西), 관중(管仲), 맹공작(孟公綽), 장무중(臧武仲), 변장자(卞莊子), 공숙문자(公叔文子), 진문공(晉文公), 제환공(齊桓公), 소홀(召忽), 공숙문자(公叔文子), 중숙어(仲叔圉), 축타(祝駝), 왕손가(王孫賈), 진성자(陳成子), 거백옥(蘧伯玉), 공백료(公伯寮) 등 20여 인에 대한 평가이다.

도가류의 인물로는 미생묘(微生畝), 신문(晨門), 하괴(荷蕢), 원양(原壤) 등 4인이 바로 그들이다. 부자 당시 도가의 사상이 완성되었다거나 도교로 발전하지는 못했지만, 도가의 원류에 해당하는 인물이 이미 존재했음을 말해주는 것이다. 그리고 당시 관료 등에 대한 평가 역시 부자 학문의 본령에 해당하는 것은 아니다.

그리고 이 편을 원헌의 기록으로 의심된다는 데에는 3가지 이유 때문이다.

"본편의 첫 장 헌문치(憲問恥)에서 성씨를 쓰지 않고 바로 이름만을 썼다. 이는 그 스스로 기록했다는 첫 번째 증거이다.

다른 장에서는 부자께서 제자를 말할 적에는 그의 이름을 불렀고, 증자, 유자, 염자 문인들이 그 스승을 기록할 적에는 자(子)라는 존칭을 붙였고, 그 스승이 아닌 경우에는 모두 자(字)를 쓰고 있다. 이 때문에 「옹야(雍也)」 제3장에서 "원사를 가신으로 삼았다[原思爲之宰]"고 하여, 원헌(原憲)의 자를 쓰고 있으나, 여기에서는 직접 그의 이름만을 쓰고 있다. 이는 그 스스로 기록했다는 두 번째 증거이다.

이 편의 제2장[問克伐怨欲不行] 첫머리에서 별도로 그 누구의 이름도 쓰지 않은 채, 제1장에 이어서 쓰고 있다. 이는 그 스스로 기록했다는 세 번째 증거이다."[30]

이로 보면 『논어』는 제자가 부자의 언행을 서술했는가 하면, 부자와 자신에 관한 부분을 직접 서술하여, 동문 및 재전(再傳) 제자인 제삼자의 손을 빌리지 않은 예도 있음을 볼 수 있다.

1. 헌문전지 憲問全旨

이 장은 부자께서 원헌(原憲)에게 나라를 다스릴 수 있는 능력을 갖춰야 함을 격려하는 데에 그 뜻이 있다.

원헌의 지조와 절개는 가난을 마음 달게 여기고 도를 지키니, 몸가짐을 지키는 데에 어려움이 없다. 하지만 나라를 다스리는 경륜(經綸)에 있어서는 어려움이 없지 않다. 이 때문에 나라를 다스릴 수 있는 능력을 갖춰야 함을 말해주었다. 이는 이미 잘하는 부분으로 인해서 그가 미치지 못한 부분을 닦아 넓혀나가도록 유도함이다.

나라에 도가 있느냐[有道]와 없는냐[無道]라는 2구절은 대등하게 말했지만, 나라에 도가 있을 적의 경국제세(經國濟世)의 능력에 중점을 두고 있다. 나라에 도가 있을 때 벼슬에 나가 공업을 세우지 못한다면, 단 자그만 청렴과 세세한 근신으로 그 무슨 일을 이룩할 수 있겠는가.

여기에서 개인의 수행도 중요하지만, 나라를 다스릴 수 있는 능력이 없다는 것, 즉 수기(修己)·치인(治人) 가운데 그 일면만을 갖춤은 내면의 숭고한 덕과 밖으로 위업을 갖춘[德崇業廣] 선비로 인정할 수 없음을 알 수 있다.

憲이 **問恥**한대
子曰 邦有道에 **穀**하며 **邦無道**에 **穀**이 **恥也**니라

원헌(原憲)이 부끄러움을 여쭈자, 부자께서 말씀하셨다.
"나라에 도가 있을 때 녹만을 먹으며, 나라에 도가 없을 때 녹을 먹는 것이 부끄러움이다."

강설

어느 날 원헌은 곧은 절개를 지닌 바탕을 자부하여 부자에게 여쭈었다.
"이 세상을 살면서 어떤 것이 부끄러운 일입니까?"
부자께서 그에게 말씀하셨다.

---

30 『大全』該註. "趙氏曰 憲問恥, 不書姓而直書名, 其爲自記之證, 一也. 他章, 夫子稱弟子則名之; 曾子有子冉子門人之所記, 則以子稱; 非其師者, 皆稱字, 如原思爲之宰, 亦以此稱, 而此書名, 其爲自記之證, 二也. 下章問克伐怨欲不行, 不別起端而聯書之, 其爲自記之證, 三也."

"군자가 절개를 지키는 일이 고귀하지만, 나라를 다스릴 수 있는 경륜을 더욱 귀중히 여긴다. 만일 나라에 도가 있어 벼슬에 나아가 나라를 다스릴 수 있는 때임에도 제대로 다스리는 경륜이 없는 채, 무위도식으로 녹만을 축낸다면 이는 태평성세에 도를 행할 수 있는 능력이 없는 자이다. 무능함이란 선비로서 부끄러운 일이다.

나라에 도가 없을 때는 은둔으로 독선(獨善)을 할 시기임에도 이에 은둔하지 않고 국록만을 탐한다면, 혼란한 세상에 절개를 지키지 못한 채, 지위만을 노리는 일이다. 절개를 지키지 못한 또한 선비로서 부끄러운 일이다. 이 2가지 모두 선비로서 부끄러운 일이다."

원헌은 정녕 부자의 말씀을 듣고서 이를 계기로 절개를 지키면서도 나라를 다스릴 수 있는 경륜을 쌓아나갈 수 있었을 것이다.

集註

憲은 原思名이라 穀은 祿也라

邦有道에 不能有爲하고 邦無道에 不能獨善하고 而但知食祿은 皆可恥也라 憲之狷介로 其於邦無道穀之可恥엔 固知之矣로되 至於邦有道穀之可恥하아는 則未必知也라 故로 夫子因其問而幷言之하야 以廣其志하야 使知所以自勉而進於有爲也시니라

[훈고] 헌(憲)은 원사(原思)의 이름이다. 곡(穀)은 녹봉이다.

[해석] 나라에 도가 있는데 하는 일이 없으며, 나라에 도가 없는데 홀로 그 몸을 선하게 지키지[獨善其身] 못한 채, 단 녹만을 먹을 줄 안다는 것은 모두 부끄러움이다.

헌(憲)의 고집스러운 절개[狷介]로 그는 나라에 도가 없는데 녹을 먹는 일이 부끄러움이라는 데에 대해서는 참으로 알고 있었지만, 나라에 도가 있는데 〈무위도식으로〉 녹만을 받음이 부끄러움이라는 부분에 대해서는 꼭 알았다고 단정할 수 없다. 이 때문에 부자께서 그의 물음으로 인해서 아울러 〈무위도식으로 녹만을 받음이 부끄러움임을〉 말하여 그 생각의 폭을 넓혀주었고, 스스로 힘써서 나랏일을 할 수 있는 데에 나아가야 한다는 점을 알도록 하였다.

2. 극벌장지 克伐章旨

이 장에서는 인(仁)이란 사사로운 마음을 억지로 제재하는 데에 있지 않고, 사사로운 마음, 그 자체의 뿌리가 없어야 함을 보여주고 있다.

이는 아예 병의 뿌리를 없애어 본원을 맑게 하는 것과 뿌리를 남겨둔 채 흐르는 물줄기만을 막으려는, 이 2가지에 대한 차이로 말한 것이지, 자연스럽게 행함과 애써 노력하는 데에 대한 구별이 아니다. 바꿔 말하면 어떻게 닦아가야 하는가에 대한 수행의 방법론이지, 경지와 조예의 우열로 말한 게 아니다.

(1) 극벌절지 克伐節旨

남을 이기길 좋아함(克)과 자랑함(伐)은 의기양양한 기운이 넘친 데에서 나온 것이다. 이는 자신이 남다른 것을 소유했다고 자부한 데에서 일어나는 마음이다.

원망(怨)과 탐욕(欲)은 허탈과 부러움으로 기운이 빠진 데서 나온 것이다. 이는 자신이 소유하지 못한 허전함에서 일어나는 마음이다. 원망은 실망에서 비롯되고 탐욕은 집착을 낳는다.

"행하지 않는다.[不行]"는 것은 이런 생각들을 강압적으로 억제하는 것인바, 발본색원과는 근본적으로 다른 양상이다.

'가이위인(可以爲仁矣)'의 의(矣)자는 어미 조사이다. 이는 판단과 결정을 나타내는 종료사이다. 이로 보면 그는 분명히 그것을 인(仁)이라고 잘못 생각하고 있음을 보여주는 글자이다.

克伐怨欲을 不行焉이면 可以爲仁矣잇가

"이기길 좋아하고, 자랑하며, 원망하고, 탐욕의 마음을 밖으로 행하지 않으면 이를 인이라 하겠습니까?"

강설

원헌은 자신의 능한 바로써 다시 부자에게 여쭈었다.

"사람에게는 으레 우겨서 남을 이기길 좋아하고, 자랑하여 스스로 긍지를 느끼고, 원망하여 성내며 한을 품고, 욕심으로 탐착이 있기 마련입니다. 오늘날 이런 마음을 억제하여 밖으로 행하지 않는다면 사심이 없는 인이라 할 수 있겠습니까?"

集註

此亦原憲以其所能而問也라

克은 好勝이오 伐은 自矜이오 怨은 忿恨이오 欲은 貪欲이라

[해석] 이 또한 원헌이 그 자신의 능한 바로써 물은 것이다.

[훈고] 극(克)은 이기기를 좋아함이며, 벌(伐)은 스스로 자랑함이며, 원(怨)은 성내고 한함이며, 욕(欲)은 탐욕이다.

(2) 가이절지 可以節旨

'가이위난의(可以爲難矣)'의 난(難)자는 이기고픈 마음을, 자랑하고픈 마음을, 원망하는 마음을, 탐욕스러운 마음을 억제하여 행하지 않기란 참으로 어렵고 괴롭고 피곤하고 고달프다는 뜻을 표현한 말이다.

"인에 대해서는 나는 모르겠다.[仁則吾不知]"고 말함은 원헌에게 그 마음의 본원이 어떤 상태인지를 스스로 참구하여 깨닫도록 하려는 것이다. 이는 원헌을 경각시키는 말이다.

안연이 사사로운 몸을 이겨 예로 회복한다[克己復禮]는 것은 적을 정복하는 공부이고, 중궁이 경을 주로 하여 서를 행한다[主敬行恕]는 것은 적을 방어하는 공부라면, 원헌이 "이 4가지[克伐怨慾]를 밖으로 행하지 않는다."는 것은 적을 집안에 남겨두는 격이다. 어찌 잘못된 일이 아니겠는가.

子曰 可以爲難矣어니와 仁則吾不知也케라

부자께서 말씀하셨다.
"어렵다고 하겠지만, 인에 대해서는 나는 알지 못하겠다."

강설

부자께서 원헌에게 말씀하셨다.
"여느 사람들의 마음이란 이기고, 자랑하고, 원망하고, 욕심의 생각이 싹트면 반드시 바깥으로 나타나며, 스스로 이를 자제하지 못한다. 오늘날 이를 밖에서 자제하여 행하지 않는다는 것은 참으로 여느 사람의 마음으론 어려운 일이다.

하지만 인이란 혼연(渾然)한 천리의 전체로 한 점의 사사로운 마음이 없어야 한다. 따라서 마음속에 이기고, 자랑하고, 원망하고, 욕심내는 생각이나 얽매임 그 자체가 절로 없는 자이다. 그러므로 이 4가지의 마음을 묻어둔 채, 한낱 밖으로 행하지 않는 것만으로 이를 인이라고 말할 수 있을까? 나로서는 알 수 없는 일이다."

이 4가지의 마음을 억제하여 밖으로 행하지 않는다는 것은 안으로 사사로운 마음을 묻어두고서 자제하는 것에 불과한 것이지, 그 자체의 잘못된 뿌리가 없는 게 아니다. 그처럼 잠재된 병근(病根)을 인이라고 말할 수 없다. 인이란 사사로운 마음 그 자체가 없기에 이를 자제할 필요조차 없다. 배우는 이가 이런 점을 살펴보면 인의 본체가 그 어떤 것인 줄을 알 수 있을 것이다.

集註

有是四者而能制之하야 使不得行이면 可謂難矣로되 仁則天理渾然하야 自無四者之累하니 不行은 不足以言之也라

○ 程子曰 人而無克伐怨欲은 惟仁者能之오 有之而能制其情하야 使不行은 斯亦難能也니 謂之仁則未也라 此聖人開示之深이니 惜乎라 憲之不能再問也여

或曰 四者不行은 固不得爲仁矣라 然이나 亦豈非所謂克己之事求仁之方乎아

曰 克去己私하야 以復乎禮면 則私欲不留而天理之本然者得矣어니와 若但制而不行이면 則是未有拔去病根之意오 而容其潛藏隱伏於胸中也니 豈克己求仁之謂哉아 學者 察於二者之間이면 則其所以求仁之功이 益親切而無滲漏矣리라

[해석] 이 4가지의 마음을 제재하여 밖으로 행하지 않도록 함은 어려운 일이라고 말할 수 있지만, 인은 천리가 혼연하여 스스로 4가지의 얽매임 그 자체가 없다. '행하지 않는다.'는 것은 인이라고 말할 수 없다.

○ 정자(伊川)가 말씀하였다.

"사람으로서 우겨대고, 자랑하고, 원망하고, 탐욕스러운 마음 자체가 없는 것은 오직 어진 자만이 능할 수 있으며, 이런 마음을 지니고서도 그런 심정을 억제하여 밖으로 행하지 않도록 하는 것 또한 어려운 일이긴 하지만, 인이라고 말할 수는 없다. 이는 부자께서 가르쳐주심이 깊은데, 애석하게도 원헌이 다시 묻지 않았다.

혹자가 말하였다.

'4가지를 행하지 않음은 참으로 인이라고 말할 수 없겠지만, 또한 어찌 이른바 몸을 극복하는 일과 인을 구하는 방법이야 아니겠는가?'

이에 대해 〈이천(伊川)이〉 말씀하였다.

몸의 사욕을 이겨서 예에 회복되면 사욕이 남아있지 않고 천리의 본연을 얻을 수 있다. 하지만 단 밖으로 제재하여 행하지 않는다면, 이는 병의 뿌리를 뽑으려는 생각이 없어 그런 마음을 가슴속에 보이지 않게 감춤을 용납한 것이다. 어떻게 몸을 극복하고 인을 구하는 공부라고 말할 수 있겠는가. 배우는 이들이 〈극기(克己)와 제재하여 행하지 않는다는〉 이 2가지 사이를 살펴보면 인을 구할 수 있는 바의 공부가 더욱 친절하여 빈틈이 없을 것이다."

[보 補]

밖으로 제재하여 행하지 않는다[克伐怨欲 不行]는 것은 돌멩이에 억눌린 풀[壓石之草]과도 같다. 자랑하고 원망하는 마음이 가슴속에 잠재되어 있음에도 이를 억눌러 참는 것일 뿐이다. 그 뿌리가 제거되지 않았기에 돌멩이를 걷어내면 오히려 더욱 잘 자라나는 것과 같다. 그런 마음을 잠시 억눌러 멈출 수는 있을지라도 모종의 일에 부딪히면 자기도 모르는 사이에 다시 일어나기 마련이다.

이 때문에 "그처럼 하고 싶은 마음을 억지로 억눌러 참으면 그 억눌린 마음은 오히려 더욱 용솟음친다.[止動歸止 止更彌動]"(『信心銘』)고 하였다. 마치 농촌에서 호미를 들고 잡초를 뽑을 적에 뿌리를 제거하지 않은 채, 흙으로 덮어버리면 우선 겉보기에 잡초가 없는 것처럼 깨끗하지만, 머지않아 다시 잡초가 무럭무럭 자라나는 것과도 같다. 또한 물을 막을 적에 그 물줄기만을 막는 것은 그 본원을 막아버리는 것만 같지 못하다.

원헌이 극벌원욕을 행하지 않는다는 것은 그 가지와 잎을 친 것이요, 그 흐르는 물줄기를 막은 것이다. 그러나 안자의 극기복례는 그 뿌리를 제거하고, 그 원류를 막은 것이다. 이 때문에 일시의 미봉책으로 행하지 않는다[不行]는 것은 사심의 뿌리를 근본적으로 제거하지 못한 까닭에 안연처럼 혼연한 천리의 인(仁)을 성취할 수 없다.

3. 사이전지 士而全旨

이 장에서는 선비의 마음이란 의식주(衣食住)의 안일에 얽매임이 없어야 함을 말해주고 있다. 회거(懷居)의 회(懷)자에는 2가지의 뜻이 있다. 탐착과 연연의 마음이다. 아직 얻지 못하였을 적에는 집요한 탐착에서 벗어나지 못하고, 이미 얻은 후엔 마음속에 간직한 채, 연연하면서 잊지 못하는 것이다.

회거(懷居)의 거(居)란 궁실(宮室), 기용(器用), 성색(聲色), 화리(貨利) 등 일상의 생활에 안락을 주는 도구, 즉 나의 몸을 즐겁게 해주는 모든 도구가 모두 여기에 속한 것으로 그 범주가 광범위하다.

"선비가 될 수 없다.[不足爲士]"는 것은 단 안락한 생활을 탐착하고 연연한다[懷居]는 측면에서 이를 단정 지어 말하였다. 공부하는 이가 안락한 의식주에 탐착하거나 연연하면 그의 마음은 이미 바깥으로 치달려 내면으로 지향할 수 없기 때문이다. 부귀를 원하는 마음과 도의를 행하려는 마음이 가슴속에서 교전하여 이미 부귀의 측면으로 기울어버린 것이다. 그의 식견과 지취(志趣)가 비루하고 품행이 저속한 자를 어떻게 선비라고 말할 수 있겠는가.

子曰 士而懷居면 不足以爲士矣니라

부자께서 말씀하셨다.
"선비로서 편안한 것들을 생각하면 선비라고 하지 못할 것이다."

강설

부자께서 선비란 물욕의 얽매임에서 벗어나야 한다는 뜻으로 말씀하셨다.
"선비를 귀중히 여기는 것은 도의를 사모하고 물욕을 잊었기 때문이다. 만약 선비로서 안락한 생활을 연연하여 이를 떨쳐버리지 못하면 그의 식견과 취향이 비루하므로 선비라고 말할 수 없다. 그러므로 선비란 도의로 정욕을 제어하고 천리로 인욕을 제재하지 않을 수 있겠는가."

集註

居는 謂意所便安處也라

[훈고] 거(居)란 마음에 편안하게 여긴 곳을 말한다.

4. 방유전지 邦有全旨

이 장에서는 군자가 시의(時宜)에 따라 적절하게 대처하는 도리를 논한 것이다. 그러나 이는 신하의 처신만을 말한 게 아니다. 나라를 통치하는 최고의 권력자가 이런 세상을 조장해서는 안 된다는 점을 경계한 말이기도 하다.

위언(危言)·위행(危行)의 위(危)자는 고준함을 말한다. 그러나 군자가 고의로 고준하고 엄격하며 격렬히 하려는 것이 아니다. 절개로 도의를 지키면서 세속의 비루한 일을 따르지 않기에 세속인의 관점에서 보면 그가 고준하고 엄격하고 격렬하게 보일 뿐이다. 군자는 그저 마땅히 말해야 할 것을 말하고 마땅히 행해야 할 것을 행하였을 뿐, 일상의 도리에서 벗어나지 않는다. 이를 고준한 말과 품행, 즉 '위언'·'위행'이라고 말한다.

언손(言孫)의 손(孫)이란 아첨과 나약함을 말한 게 아니다. 이 또한 의당 도리에 따라 이처럼 해야 할 적에 그처럼 한다는 것이다. 예를 들면 공자가 양화(陽貨)에게 도리에 따라 그저 대답한 (「陽貨」 첫 장) 예가 바로 그것이다.

子曰 邦有道엔 危言危行하고 邦無道엔 危行言孫이니라

부자께서 말씀하셨다

"나라에 도가 있으면 말과 행실을 고준하게 하고, 나라에 도가 없으면 행실은 고준하게 하되 말은 겸손하게 해야 한다."

강설

부자께서 군자의 처세에 대해 말씀하셨다.

"군자의 언행이란 시의(時宜)에 맞춰 행하여야 한다. 나라에 도가 있으면 군자의 곧고 바른 바를 이룰 수 있다. 그 말을 고준하게 하여 남들이 감히 말하지 못한 바를 말하고, 그 행실을 고준하게 지녀 남들이 감히 행하지 못한 바를 행하여야 한다.

그러나 나라에 도가 없으면 군자의 곧고 바른 바를 이룰 수 없다. 또한 그 행실을 고준하게 지녀 몸을 지키는 도리는 변함이 없지만, 말이란 다소 낮추고 손순(遜順)함을 더하여 저 위정자의 성낸 마음을 격동시켜서는 안 된다.

행실에 있어 어느 때나 변함이 없는 것은 군자 몸가짐의 곧은 절개고, 말에 있어서는 때로 감히 다하지 않음은 한 몸을 보존하는 밝은 지혜이다. 군자란 오로지 시의를 살피면서 명철하게 움직이는 것이다."

集註

危는 高峻也오 孫은 卑順也라

尹氏曰 君子之持身은 不可變也어니와 至於言하야는 則有時而不敢盡하야 以避禍也라 然則爲國者 使士言孫이면 豈不殆哉아

[훈고] 위(危)는 고준함이며, 손(孫)은 낮추고 손순함이다.

[해석과 의론] 윤씨[尹焞]가 말하였다.

"군자의 몸가짐은 변할 수 없지만, 말에 대해서는 때로는 감히 〈할 말을〉 다하지 않고서 화를 피해야 한다. 그렇다면 나라를 다스리는 자가 선비에게 말을 겸손하게 하도록 만들면 어찌 나라가 위태롭지 않겠는가."

[보 補]

도의가 있는 시대와 없는 시대의 구분은 간단하다. 말하기 무서운 시대, 그것은 곧 폭력과 무도가 횡행하는 세상이다. 한 시대에 마음대로 말하기 무섭게 만든 통수권자, 하고 싶은 말을 할 수 없는 사회로 조장하는 통수권자, 그는 곧 포학무도한 군주의 상징이다.

진시황 당시 분서갱유(焚書坑儒)를 통해 선비의 입에 자물쇠를 걸었고, 한무제 당시는 비난의 말은커녕 그런 생각을 했다는 이유만으로 처형되는 복비죄(腹誹罪), 즉 장탕(張湯)이 안이(顔異)를 집어넣기 위하여 만들어낸, 뱃속으로 비아냥거리고 마음속으로 비방했다[腹誹而心謗]는 죄목까지 마련하였다. 궁예의 관심법(觀心法) 또한 이런 경우이다. 아무런 근거도 없이 자신의 심중만으로 처벌하는 군주의 국가 폭력이다.

후대에 이르러 복비죄는 사라졌지만, 여전히 지금까지도 조정과 제왕을 비방하다 곤욕을 치르거나 죽음을 맞은 자 적지 않다. 이런 시대에 명철보신(明哲保身)의 선비로서 말조심하지 않을 수 있겠는가. 하지만 선비의 입을 막은 것은 곧 진시황의 멸망을 불러일으킨 이유 중의 하나였다. 이러한 실례는 근대와 현대에서도 자행되는 현재진행형이 아닌지 묻고 싶다.

5. 유덕전지 有德全旨

이 장에서는 겉치레의 말과 혈기의 용맹을 덕(德)과 인(仁)인 양, 가장하는 자들을 위해 말하였다.

내면의 덕과 인은 외면의 말과 용맹을 겸할 수 있지만, 외면의 말과 용맹은 내면의 덕과 인을 진실하게 할 수 없음을 나타내어, 몸을 닦는 자에게 그 어느 것을 귀중하게 여겨 닦아야 할 것인가를 알려주고, 사람을 살펴보는 자에게 그 어느 것을 숭상해야 할지를 알려주고자 함이다.

덕은 말을 잘할 수 있는 내면의 실상이며, 언어란 덕에서 피어난 꽃이며, 인은 진리로 용맹의 뿌리이며, 용(勇)은 인에서 나온 혈기이다.

유덕자필유언(有德者必有言)과 인자필유용(仁者必有勇)이라는 2곳의 필(必)자는 참으로 그렇게 된다는 말이다. 오직 덕과 인의 내면에서 말과 용맹을 찾아보아야 한다. 이는 고요와 침묵의 덕스러운 몸가짐 속에서 아름다운 말씨가 절로 나오게 되고, 응집된 정신과 수렴된 기운의 인에서 강하고 굳센 용기가 절로 보존되어 있음을 알아야 한다.

위와는 반대로 유언자불필유덕(有言者不必有德)과 용자불필유인(勇者不必有仁)이라는 2곳의 불필(不必)자는 원활하게 보아야 한다. 이는 결코 그렇게 할 수 없다는 말이 아니라, 반드시 겸했다고 장담할 수 없음을 말해주는 것이다.

子曰 有德者는 必有言이어니와 有言者는 不必有德이니라
仁者는 必有勇이어니와 勇者는 不必有仁이니라

부자께서 말씀하셨다.

"덕이 있는 자는 반드시 말을 잘할 수 있지만, 말만 잘한 자는 반드시 덕을 둘 수 없다. 어진 자는 반드시 용맹이 있지만, 용맹만 자는 반드시 어짊이 있는 것은 아니다."

강설

부자는 몸을 닦아가는 자와 사람을 살펴보는 자를 위해 말씀하셨다.

"덕이 있는 사람은 안으로 두터이 쌓아 밖으로 광채가 흐르므로 반드시 말을 잘하기 마련이다. 그러나 한낱 말만을 잘하는 자는 겉모습만 장엄하기에 반드시 덕을 지니지 못하리라고 생각된다.

어진 사람이란 올바른 진리와 씩씩한 기운이 있으므로 반드시 용기가 있다. 그러나 한낱 용기만 지닌 사람은 때로는 혈기에 의지하여 반드시 인을 지니지는 못한다.

이로 보면 몸을 닦는 자는 의당 덕과 인을 급선무로 삼아야 할 것이며, 사람을 살펴보는 이는 어떻게 말과 용기를 귀중하게 여길 수 있겠는가."

集註

有德者는 和順積中하야 英華發外오 能言者는 或便佞口給而已라 仁者는 心無私累하야 見義必爲오 勇者는 或血氣之强而已니라

○ 尹氏曰 有德者는 必有言이어니와 徒能言者는 未必有德也오 仁者는 志必勇이어니와 徒能勇者는 未必有仁也니라

[해석] 덕이 있는 자는 화순한 마음이 속에 쌓여 아름다움이 밖으로 나타나고, 말에 능한 자는 혹 말재간이 있어 입으로만 잘할 뿐이다. 어진 자는 마음에 사사로운 누가 없어 의리를 보면 반드시 행하지만, 용맹이 있는 자는 혹 혈기의 강함이 있을 뿐이다.

○ 윤씨[尹焞]가 말하였다.

"덕이 있는 자는 반드시 말을 잘할 수 있지만, 한갓 말만을 능한 자는 반드시 덕이 있는 것은 아니다. 어진 자는 반드시 용맹스러운 의지가 있지만, 용맹만 있는 사람은 반드시 어짊이 있는 것은 아니다."

6. 남궁전지 南宮全旨

이 장에서는 성현이란 덕의(德義)를 숭상하고 무력을 배제한다는 뜻을 보여주고 있다. 남궁 괄이 덕의와 무력을 함께 들어 물었으나, 부자께서 단 그가 덕을 숭상한다는 점만을 칭찬하셨다.

무력을 억제하고 덕의를 신장시키려는 뜻이 절로 나타나 있다.

남궁 괄이 평소 지녀온 인식은 선한 사람에게 복을 내리고 악한 자에게 재앙을 내리는 것을 천도의 정론이라 생각해왔다. 그러나 부자는 우임금과 후직처럼 훌륭한 덕을 지녔음에도 천하를 소유하지 못했고, 당시의 권력자들은 예(羿)나 오(奡)처럼 흉악함에도 천수(天壽)를 누림에 대해 괴이쩍게 생각하였다. 이 때문에 부자께서 대답하지 않음은 당신의 권력자를 억누르고 자신을 내세우는 것처럼 보이는 혐의를 피함이다.

그러나 주자 또한 다음과 같이 말하였다.

"이 또한 부자께서 천명에 관해 드물게 말한 뜻이다. 천명의 기수(氣數)에 관한 바는 믿기 어려운 일이지만, 몸을 닦아 행함은 나에게 달려있음을 알 수 있다. 성인은 화복에 대해 생각지 않지만, 인과응보 또한 분명하다."

부자는 아무런 대답을 하지 않았고, 남궁 괄이 말없이 밖으로 나감은 이미 말이 없는 가운데 서로 하나가 된 것이다. 단 옆에 있는 제자들이 덕을 숭상하는 남궁 괄의 마음을 알지 못할까 두려운 마음에 또한 그를 분명하게 칭찬하였다. 부자께서 남궁 괄의 인품을 허여하고, 또다시 그의 마음가짐을 인정함은 모두 부자의 말씀 속에서 찾아볼 수 있다.

"군자로구나, 이 사람이여![君子哉若人]"라는 구절은, 아래의 "덕을 숭상하는구나, 이 사람이여![尙德哉若人]"라는 구절을 이끌어 일으키는 말이다.

南宮适이 **問於孔子曰 羿**는 **善射**하고 **奡**는 **盪舟**호대 **俱不得其死**어늘 **然禹稷**은 **躬稼而有天下**하시니이다

夫子 不答이러시니

南宮适이 **出**커늘

子曰 君子哉라 **若人**이여 **尙德哉**라 **若人**이여

남궁 괄이 공자에게 여쭈었다.

"예는 활쏘기를 잘하였고, 오는 육지에서 배를 끌고 다녔으나 모두 제명대로 살지 못하였습니다. 그러나 우임금과 후직은 몸소 농사지었지만, 천하를 가지셨습니다."

부자께서 아무런 말씀이 없으시다가 남궁 괄이 나가자 말씀하셨다.

"군자답다, 이 사람이여! 덕을 숭상하는구나, 이 사람이여!"

강설

남궁 괄이 그 당시 권력을 중히 여기고 도덕을 경시함에 대한 유감을 가지고서 부자에게 여쭈었다.

"하나라 '예'라는 사람은 활을 잘 쏜다는 칭찬을 받았고, '오'라는 사람은 육지에서 배를 끄는 장

사였습니다. 그처럼 당찬 기운을 그들 스스로 자부하였습니다. 그들은 참으로 한 시대의 영웅이라 할 것입니다. 그러나 예는 그의 신하 한착(寒浞)에게 죽임을 당하였고, 오는 하후(夏后) 소강(少康)에게 베임을 당하여 모두가 제명대로 살지 못한 채, 비명횡사했습니다. 무력이란 이처럼 믿을 수 없습니다.

우임금은 홍수를 다스리고, 후직과 몸소 씨앗을 뿌리며 농사일하였습니다. 그들은 모두 백성에게 덕을 입혀주었습니다. 이 때문에 우임금은 친히 순임금의 제위를 물려받았고, 후직의 후손은 무왕에 이르러서 상나라를 정벌하여 천하를 소유하였습니다. 큰 덕을 지닌 자에 대한 하늘의 보답을 이처럼 누리신 것입니다."

남궁 괄이 말한 뜻은 예와 오를 당시 권력자에 비유하였고, 우임금과 후직으로 부자를 비유한 것이다. 그러므로 부자는 그 시대를 슬퍼하고 자신을 드높여줌에 대해 뭐라고 대답할 수 없었다.

남궁 괄 또한 부자의 뜻을 알고서 다시는 묻지 않고 밖으로 나가자, 부자께서 그제야 남궁 괄을 칭찬하셨다.

"권력을 천히 여기고 덕을 중히 여기니 군자답다, 이 사람이여! 어쩌면 그처럼 인품이 고상도 할까? 덕을 숭상하는구나, 이 사람이여! 어쩌면 그처럼 마음이 올바를까? 그와 같은 그를 어떻게 오늘날 시대의 권력 따라 쫓아가는 자들과 견줄 수 있겠는가."

集註

南宮适은 卽南容也라

羿는 有窮之君이니 善射하야 滅夏后相而簒其位러니 其臣寒浞이 又殺羿而代之하니라 奡는 春秋傳에 作澆하니 浞之子也라 力能陸地行舟러니 後爲夏后少康所誅라

禹平水土하고 曁稷播種하야 身親稼穡之事러니 禹受舜禪而有天下하고 稷之後는 至周武王하야 亦有天下하니라

适之意는 蓋以羿奡로 比當世之有權力者하고 而以禹稷으로 比孔子也라 故로 孔子不答이라 然이나 适之言如此하니 可謂君子之人而有尙德之心矣니 不可以不與라 故로 俟其出而贊美之니라

[훈고와 해석] 남궁 괄은 곧 남용이다.

예(羿)는 유궁(有窮)의 임금이다. 활을 잘 쏘았는데, 하후(夏后) 상(相)을 멸망시키고 제위를 찬탈하였지만, 그의 신하 한착(寒浞)이 또다시 예를 죽이고 그 지위를 대신하였다.

오(奡)는 『춘추좌전』에 요(澆)로 쓰여 있는바, 한착의 아들이다. 그의 힘은 육지에서 배를 끌고 다니는 정도였는데, 훗날 하후 소강(小康)에게 죽임을 당하였다.

우임금은 홍수와 토지를 다스리고 후직과 함께 씨앗을 뿌리며 몸소 농사일하였다. 우임금

은 순임금의 제위를 물려받아 천하를 얻었고, 후직의 후예는 주나라 무왕에 이르러서 또한 천하를 소유하였다.

[의론] 남궁 괄이 말한 뜻은 예와 오로써 당세의 권력자에 비유하고, 우임금과 후직을 공자에 비유하였다. 이 때문에 부자께서 대답하지 않은 것이다. 그러나 남궁 괄의 이와 같은 말은 군자다운 사람으로서 덕을 숭상하는 마음이 있다고 말할 만하다. 그를 허여하지 않을 수 없기에 그가 나간 뒤에야 그를 찬미하였다.

7. 군자전지 君子全旨

이 장에서는 인도(仁道)란 다하기 어려움을 보여주고 있다. 이는 군자를 격려하고 소인을 징계한 것으로, 군자처럼 인에 대한 굳건한 의지가 있을지라도 어느 순간에 잘못을 범할 수도 있는데, 그 의지마저 없는 소인배야 오죽하겠는가. 군자와 소인에 관한 삿된 마음과 올바른 마음으로 말하였다.

군자에게 어쩌다 우연한 잘못이 있다면 당연히 이를 엄격하게 방비해야 하고, 소인에게 반드시 우연으로 얻을 수 없는 일은 서둘러 성찰해야 한다.

따라서 군자도 잘못할 수 있다는, '유의부(有矣夫)'는 상상으로 헤아려보는 말이며, 소인에겐 도저히 있을 수 없다는, '미유(未有)' 2자는 결연한 뜻으로 말했다.

子曰 君子而不仁者는 有矣夫어니와 未有小人而仁者也니라

부자께서 말씀하셨다.
"군자로서 어질지 못한 자는 있지만, 소인으로서 어진 자는 없다."

강설

부자는 사람들에게 인에 힘쓰라는 뜻으로 격려하셨다.

"인이란 마음이 천리로 순수하고 온전하여 한 점의 사욕이 없다. 이를 보존하기는 매우 어렵지만 잃기는 매우 쉽다. 군자는 참으로 인에 마음을 두고 있다. 그러나 존양 성찰의 공부에 조금이라도 지극하지 못한 바 있으면 천리는 단절되어 불인(不仁)이 일어나기 마련이다.

소인은 본심을 잃고 살기에 설령 잠시 어쩌다 천리가 싹튼다고 할지라도 분분한 사욕을 이겨낼 수 없다. 이 때문에 소인으로서 인을 성취한 사람을 일찍이 찾아볼 수 없었다.

군자는 인에 대한 공부를 정밀하게 하지 않을 수 있겠는가. 소인이란 자포자기를 편히 여기는 사람이다."

集註

謝氏曰 君子 志於仁矣나 然이나 毫忽之間에 心不在焉이면 則未免爲不仁也니라

[해석] 사씨[謝良佐]가 말하였다.

"군자가 인에 뜻을 둘지라도 잠깐 사이에 마음이 인에 있지 않으면 불인함을 면치 못한다."

8. 애지전지 愛之全旨

이 장에서는 자식에 대한 큰 사랑과 임금에 대한 큰 충성의 표준을 세워준 것으로, 자식을 사랑할 줄만 알고 고생시킬 줄을 모르거나 임금에게 충성할 줄만 알고 가르칠 줄 모르는 자를 위해 이를 말하였다.

사랑[愛]과 충성[忠]은 부모와 신하의 마음으로 말하였고, '고생시킴[勞]'과 '가르침[誨]'은 자식과 임금이 해야 할 일로 말하였다.

그렇게 하지 않을 수 있겠느냐는, 능물(能勿) 2자는 사람들을 일깨워주는 부분으로 여기에 중점을 두고 보아야 한다. 그렇게 할 수밖에 없는 필연의 도리와 사세(事勢)를 말해주는 것이다. 자식에게 힘든 일을 시킴은 큰마음으로 자식을 사랑함이다. 힘든 일을 시키지 않으면 그 어떤 사랑도 이룰 수 없다. 임금에게 성군이 되도록 가르침은 바로 큰 충성이다. 임금을 제대로 가르치지 않으면 그 어떤 충성도 이룰 수 없다.

임금에게 가르침[誨]과 간함은 똑같지 않다. 가르침이란 화기롭고 편안한 마음으로 말하는 것임에 반하여, 간한다는 것은 격렬한 어조로 그의 잘못을 바로잡음이다.

子曰 愛之란 能勿勞乎아 忠焉이란 能勿誨乎아

부자께서 말씀하셨다.

"자식을 사랑한다면 고생시키지 않을 수 있을까?

임금에게 충성한다면 가르치지 않을 수 있을까?"

강설

부자께서 임금에게 충성하고 자식을 사랑하는 준칙을 내세워 말씀하셨다.

"부모가 자식을 사랑함은 애틋한 인정이다. 그러나 자식을 사랑한다면 반드시 크게 성취되기를 바라는 마음에 그를 징계하고 그를 가르쳐서 날마다 우려와 근면과 두려움과 힘써야 할 일로 고생시켜야 한다. 아무런 고생을 시키지 않고 편히 쉬도록 하고 싶지만 진정 자식을 사랑하는 마음에 그만둘 수 있겠는가.

신하가 임금에게 충성함은 인륜의 대의이다. 그러나 충성을 다하려면 오직 슬기로운 임금이 되기를 바라는 마음에 충심으로 말씀드리고 어려운 일을 이룩할 수 있도록 날마다 도리와 인의로 이끌어야 한다. 그저 임금의 뜻을 받들며 가르치지 않고 싶지만 진정 나라를 위하는 충성스러운 마음에 그만둘 수 있겠는가.

그러므로 부모와 신하가 된 이는 의당 그 도리를 다해야 하지만, 자식과 임금 또한 각기 부모와 신하의 애틋한 마음을 알아야 한다."

集註

蘇氏曰 愛而勿勞는 禽犢之愛也요 忠而勿誨는 婦寺之忠也라 愛而知勞之면 則其爲愛也 深矣요 忠而知誨之면 則其爲忠也 大矣니라

[해석] 소씨[蘇軾]가 말하였다.

"사랑할 뿐 고생시키지 않음은 새와 짐승의 사랑이며, 충성할 뿐 가르치지 않음은 부인과 내시의 충성이다. 사랑하면서도 고생시킬 줄을 알면 자식을 사랑하는 마음이 깊고, 충성하면서도 가르칠 줄을 알면 임금에 대한 충성이 클 것이다."

[보 補]

부모에게 있어 자식이란 분신의 정도가 아니라, 나의 생명과도 같은 존재이다. 우리의 속담에 눈에 넣어도 아프지 않을 자식이라고들 말한다. 눈엣가시 하나만 있어도 참을 수 없는데, 얼마나 자식이 사랑스러우면 그처럼 말했을까? 자식을 잃고서 눈이 멀었기에, 자식 잃은 슬픔을 상명(喪明)이라고 한다. 자식 사랑은 이런 것이다.

그러나 총애하는 자식은 버릇없기 마련이고, 버릇없는 자식치고 집안을 망치지 않을 수 없다.[寵兒未嘗不驕, 驕兒未嘗不敗.] 자식과 집안을 한꺼번에 망쳐버린 원흉은 부모의 맹목적 사랑이라 말하지 않을 수 없다. 자식을 사랑하는 마음과 자식을 가르치려는 대의는 언제나 부모의 가슴속에서 상충하기 마련이다. 이 때문에 한유(韓愈)는 글공부 떠나는 아들 부(符)에게 주었던 「부독서성남(符讀書城南)」 끝부분에서 "자식 사랑의 마음으로 몸이나 잘 챙기고 편히 지냈으면 하는 생각과 그래도 앞날을 위해 학문에 힘쓰라 준엄히 질책하고자 하는 대의의 마음이 서로 어긋나기에, 정작 너에게 건네줄 권학의 시를 지어놓고서도 망설여진다.[恩義有相奪 作詩勸躊躇]"라고 함이 바로 부모의 마음이다.

9. 위명전지 爲命全旨

이 장에서는 정(鄭)나라가 국서(國書: 辭命)를 잘 작성한다는 점을 가상히 여기면서 인재 등용의 효과를 보여주었고, 또한 나랏일을 보살피는 네 사람의 공무(公務)를 밝히고 있다.

정나라는 약소국가이다. 지리적으로 진(晉)과 초(楚)의 두 강대국 사이에 끼어 있어 국서에 관계되는바, 매우 중대한 현안이다. 이러한 상황에서 국서를 작성한다는 것은 가장 어려운 일임에도, 능력 있는 인재를 가려서 그처럼 어려운 일을 잘 맡겼다는 데에 중점이 있다.

국서를 작성할 적에 앞서 대충 초고를 잡고 다시 토론하고 또 수식하고 또 윤색하여 문장이

거칠지도 않고 엉성하지도 않았다. 이 때문에 주자는 이에 대해 집주에서 "자세히 살피고 정밀하다.[詳審精密]"고 말했다.

초고에는 비침(裨諶)을, 토론에는 세숙(世叔)을, 수식에는 자우(子羽)를, 윤색에는 자산(子産)을 들어 씀으로써 그들의 재예에 맞추어 그 지혜를 다하도록 하였다. 이 때문에 주자는 이에 대해 집주에서 "각기 그 장점을 다하였다.[各盡所長]"고 말했다.

이처럼 네 사람을 나란히 배열하여, "그 네 사람의 마음이 하나가 되어 만들어낸 아름다운 문장이다. 정나라의 적절한 인재 등용을 엿볼 수 있다."고 말하여도 좋고, 집정자인 자산을 위주로 말하여 "자산이 세 사람을 배제하지 않고 각기 그들의 장점을 사용하였다."고 평하는 것 또한 나쁘지 않다.

자우에게만 유독 관직을 말하고, 자산은 거주하던 곳의 지명을 나타내고 있다. 이 또한 생략할 수 없는 일이다.

주자가 말씀하였다.

"춘추시대의 국서만 해도 여전히 도리를 논했는데, 전국시대의 말들은 그저 이해만을 말하였다."

子曰 爲命에 裨諶(침)이 草創之하고 世叔이 討論之하고 行人子羽 修飾之하고 東里子産이 潤色之하니라

부자께서 말씀하셨다.

"정나라의 외교 문서[辭命]를 작성할 적에 비침이 초고를 잡고, 세숙이 토론하고 행인 자우가 수식하고, 동리 자산이 윤색하였다."

강설

부자께서 정나라의 외교문서인 국서가 훌륭한 점을 칭찬하셨다.

"이웃 나라와의 외교에 있어서 국서의 문장을 잘 쓰지 않을 수 없다. 오늘날 정나라의 외교문서를 살펴보면 네 사람의 합작으로 훌륭한 문장을 자랑하고 있다.

정나라에 인접 국가와의 외교에 관한 일이 있으면 국서를 마련하지 않을 수 없으며, 해야 할 일들을 생각지 않을 수 없다.

비침은 모사에 능란한 인물이다. 그에게 처음 초고를 맡겨서 당면한 일들의 대의를 세우고[草] 체제를 창조[創]케 했다. 비침에게 초고를 맡기면 이처럼 국서의 규모가 벌써 정하여진 게 아니겠는가.

그러나 그 내용의 규모가 이미 확정되었을지라도 이를 다시 살펴보고 논증하다 보면 그래도 미진한 부분이 있기 마련이다. 세숙은 견문이 드넓은, 박문강기(博聞强記)의 문사(文士)이다. 그에게 다시 전고(典故)를 찾아 토론하고 궁구하여 이에 부합되도록 하고[討], 의리의 잘잘못을 강구하고 의론하여 시의적절함을 추구하도록[論] 하였다. 세숙의 손을 거쳐 토론이 끝나면 그 고증과 논변이 이미 자세하지 않겠는가.

그러나 고증과 논변으로 자세할지라도 이에 대해 삭제할 것은 삭제하고 첨가할 것은 첨가해야 할 필요가 있다. 행인 벼슬에 있는 자우는 필삭(筆削)에 뛰어난 인물이다. 그에게 다시 이의 수식을 맡겨 지나치게 번잡한 부분은 삭제하고(修), 너무 생략된 부분은 첨가하도록(飾) 하였다. 행인 자우의 손에서 수식이 끝나면 꼼꼼히 살피고 헤아림이 적절하지 않겠는가.

이처럼 꼼꼼히 살피고 헤아림이 적절할지라도 이에 대해 더욱 돋보이도록 문채를 더하지 않을 수 없다. 동리에 사는 자산은 또한 이를 뒤이어서 윤색하면서 해묵어 진부한 것은 새롭게 바꾸고 저속한 것은 고상하게 만들었다. 자산의 손길을 거치면 찬란한 광채가 쏟아지는 하나의 외교문서가 태어나지 않을 수 없었다.

이처럼 네 사람이 한마음이 되어 국서를 작성하였기에 인접 국가와의 외교에 잘못된 일이 적었다. 그 모두가 네 신하의 힘이었다. 아, 네 신하가 이룩한 국서에 힘입어 정나라의 국운이 이처럼 이어지게 된 것이다."

集註

裨諶以下 四人은 皆鄭大夫라

草는 略也오 創은 造也니 謂造爲草藁也라 世叔은 游吉이니 春秋傳에 作子大叔이라 討는 尋究也오 論은 講議也라 行人은 掌使之官이오 子羽는 公孫揮也라 修飾은 謂增損之라 東里는 地名이니 子産所居也라 潤色은 謂加以文采也라

鄭國之爲辭命에 必更此四賢之手而成하니 詳審精密하야 各盡所長이라 是以로 應對諸侯에 鮮有敗事라 孔子言此는 蓋善之也시니라

[훈고] 비침 이하 네 사람은 모두 정나라의 대부이다.

초(草)는 대략 쓴 것이며, 창(創)은 체제를 만듦이니, 초고(草藁)를 만드는 것이다.

세숙은 유길(游吉)이다. 『춘추좌전』에는 자태숙(子太叔)으로 쓰여 있다. 토(討)는 찾고 궁구함이며, 논(論)은 강구하고 의론함이다.

행인은 사신을 맡은 벼슬이다. 자우는 공손휘(公孫揮)이다. 식(飾)이란 더하거나 빼는 것이다.

동리는 땅이름이다. 자산이 살던 곳이다. 윤색은 문채를 더하는 것이다.

[해석] 정나라에서 사명(辭命: 외교문서)을 만들 적에 반드시 이 네 사람의 손을 거쳐서 이루어졌는데, 자세히 살피고 정밀하게 각각 그들의 장점을 다하였다. 이 때문에 제후들과의 대응에 실패하는 일이 적었다. 공자께서 이를 말한 것은 이점을 훌륭하게 여긴 것이다.

[보 補]

이는 문장을 쓰는 표본이기도 하다. 이 네 사람의 장점을 빌릴 수 없다면 한 사람이 그

역할을 하나하나 갖춰야 한다. 그리고 글을 쓰는 사람은 도량이 넓어야 한다. 속이 좁음은 자기를 내세우는, 아상(我相)의 집착에서 비롯된다.

위에서 보는 바와 같이 "옛적의 어진 이들은 오로지 하나의 훌륭한 문장을 추구하였을 뿐, 자신을 내세우지 않았다. 세숙이 비침의 초고를 토론하였다 하여 비침이 한을 품은 적이 없고, 자산이 자우의 수식을 윤색하였다 하여 자우가 이를 부끄럽게 여긴 적이 없다. 후세에 이를수록 이와 반대가 된 까닭에 그 문장이 옛사람과 비교하면 손색이 있다."[31]

10. 혹문장지 或問章旨

이 장은 부자께서 세 대부에 대해 인품을 논평하였다.

3단락[或問子産…無怨言]은 물음에 따라 대답하여 포폄(襃貶)한 가운데에 충후한 뜻이 담겨있다. 자산과 관중에게 칭찬할만한 일이 있기에 그들의 장점을 들추어 말하였고, 자서에 대해서는 그저 그를 도외시하였을 뿐, 구체적으로 그의 잘못에 대해 말하지 않았다.

(1) 혹문절지 或問節旨

자산의 정치를 살펴보면, 밭에 봉혁(封洫)을 만들고 나라에 형서(刑書)를 주조(鑄造)하는 등, 엄격한 일이 많았지만, 그의 마음만큼은 실로 너그러웠다.

백성들의 삶이 너무 힘들고 피폐하여 차마 볼 수 없었기에 봉혁의 제도를 통해서 그들을 구휼하였다. 이는 백성을 사랑하는 마음으로 은혜를 베푼 것이다.

백성들의 음란과 사치스러운 행위를 차마 볼 수 없었기에 형서를 주조하여 그들을 제재하였다. 이 또한 백성을 사랑하는 마음으로 준엄함을 통하여 은혜를 베푼 것이다.

或이 **問子産**한대
子曰 惠人也니라

어떤 사람이 자산을 여쭈자,
부자께서 말씀하셨다.
"자애로운 사람이다."

강설

춘추시대에 정나라에는 자산이 있었고, 초나라에는 자서가 있었으며, 제나라에는 관중이 있었

---

31 『大全』 該註. "洪氏曰 古之賢者, 求辭命之善爾, 不有其已也. 故世叔討論而裨諶不以爲歉, 子産潤色而子羽不以爲羞, 後世爲命者, 反是, 此辭命所以有愧於古也."

다. 그들은 당대의 삼걸(三傑)로 일컬어 왔다. 이 때문에 어떤 사람이 정나라 대부인 자산의 인품이 어떠냐고 물은 것이다.

이에 부자께서 자산의 마음가짐으로 대답하셨다.

"자산의 은택에 대해 정나라의 백성들이 노래 부르며 칭송하였다. 그는 백성을 사랑하고 은혜를 입혀준 사람이라 하겠다."

集註

子産之政이 不專於寬이나 然이나 其心則一以愛人爲主라 故로 孔子以爲惠人이라하니 蓋擧其重而言也라

[해석] 자산의 정사가 오로지 너그러운 것만은 아니었다. 하지만 그의 마음만큼은 하나같이 백성을 사랑하는 마음으로 주를 삼았다. 이 때문에 공자는 자애로운 사람이라고 말하였다. 이는 그의 중요한 부분을 들어 말함이다.

(2) 자서절지 子西節旨

'피재피재(彼哉彼哉)'란 "그 사람! 그 사람!"이라는 말과 같다. 단 그에 대해 한마디도 언급하지 않았다. 집주에서 말한, '왕'이라는 호칭을 분수 넘게 일컬었고, 부자의 등용을 저지하고, 백공(白公)의 난을 불러들인 일 등에 대해 부자는 일체 입에 담지 않았다.

問子西한대
曰 彼哉彼哉여

자서에 대해 여쭈자,
"그 사람! 그 사람!"

강설

어떤 사람이 초나라 대부, 자서의 인품이 어떠냐고 다시 묻자, 부자께서 말씀하셨다.
"그 사람! 그 사람!"
이는 그에 대해 가부를 논할 것조차 없는 자로 인식하여 그를 도외시한 말이다.

集註

子西는 楚公子申이니 能遜楚國하고 立昭王하야 而改紀其政하니 亦賢大夫也라 然이나 不能革其僭王之號하고 昭王欲用孔子에 又沮止之하고 其後에 卒召白公하야 以致禍亂하니 則其爲人可知矣라

彼哉者는 外之之詞라

[해석과 의론] 자서는 초나라 공자 신(申)이다. 그는 초나라를 사양하고 소왕(昭王)을 세워 정사를 개혁하고 기강을 세웠는바, 그 또한 어진 대부이다. 그러나 왕이라는 참람한 칭호를 고치지 못하였고, 소왕이 공자를 등용하려고 할 적에 또한 이를 저지하였으며, 그 뒤엔 마침내 백공(白公)을 불러들여 혼란을 초래하였다. 이로 보면 그 사람됨을 알 수 있다.

피재(彼哉)란 도외시하는 말이다.

(3) 문관절지 問管節旨

첫머리의 '인야(人也)' 2자는 아래 문장과 연결 지어 읽되, 곧바로 공이 있는 관중으로 말하지 않았다. 아래의 문장에 내려가서야 비로소 관중의 공로를 남들이 심복하기에 충분하다는 점을 밝혀주고 있다.

단 부자께서 입을 열자마자 '그 사람(人也)'이라 말한 것으로, 관중을 가볍게 보아서는 안 된다. '그 사람' 즉 관중은 백씨의 3백 호를 빼앗아 그의 일생을 곤궁하게 만들었던 장본인이다. 이는 관중을 위주로 말한 것인바, 백씨에게 공이 없다는 사실을 빌려 관중에게 큰 공이 있음을 표현한 것이다.

당시 삼걸(三傑) 가운데 관중이 으뜸이고, 그다음은 자산이며, 그다음은 자서이다.

問管仲한대
曰 人也 奪伯氏騈邑三百하야늘 飯疏食沒齒호대 無怨言하니라

(일설에 의한 토: 飯疏食호되 沒齒 無怨言하니라)

관중에 대해 여쭈자, 부자께서 말씀하셨다.
"이 사람이 백씨의 병읍(騈邑) 3백 호를 빼앗았는데, 〈백씨가〉 거친 밥을 먹으며 죽어갔지만 〈관중을〉 원망하는 말이 없었다."

(일설: 백씨가 거친 밥을 먹었지만, 죽을 때까지 〈관중을〉 원망하는 말이 없었다.)

[강설]

어떤 사람이 또다시 제나라 대부, 관중의 인품이 어떠냐고 묻자, 부자께서 대답하셨다.
"이 사람은 환공을 도와 천하를 평정한 공이 있었다. 이에 환공은 일찍이 대부 백씨의 병읍 3백 호를 빼앗아 관중에게 봉해주었다. 그러나 백씨는 곤궁한 삶을 달게 여기며 거친 밥을 먹으면서 죽을 날까지, 자신의 땅을 차지한 관중을 원망한 적이 없었다. 그것은 백씨가 마음속 깊이 관중의 공로에 굴복하였기 때문이다. 그의 공로가 남들을 굴복시킨 것으로 본다면 그의 인품을 알 수 있다."

이처럼 부자의 논평을 통하여 세 사람의 인품이 정해지게 되었다.

集註

人也는 猶言此人也라 伯氏는 齊大夫라 騈邑은 地名이라 齒는 年也라 蓋桓公奪伯氏之邑하야 以與管仲하니 伯氏自知己罪而心服管仲之功이라 故로 窮約以終身하되 而無怨言이라 荀卿所謂與之書社三百而富人莫之敢拒者卽此事也라

○ 或問 管仲子産 孰優오

曰 管仲之德은 不勝其才오 子産之才는 不勝其德이라 然이나 於聖人之學엔 則槪乎其未有聞也니라

[훈고] 인야(人也)란 '이 사람'이란 말과 같다. 백씨는 제나라 대부이다. 병읍은 땅 이름이다. 치(齒)는 나이이다.

[해설] 제환공이 백씨의 식읍을 빼앗아 관중에게 봉해주었다. 백씨는 스스로 자기의 죄를 알고서 관중의 공로에 마음으로 복종하였다. 이 때문에 〈백씨는〉 곤궁한 삶으로 생을 마치면서도 관중을 원망하는 말이 없었다. 순경(荀卿)이 이른바 "〈관중에게〉 서사(書社) 3백 호를 주었으나, 그 땅의 주인, 부인(富人: 백씨)이 감히 대항하지 않았다."(『荀子』「仲尼」)는 것이 곧 이 일이다.

○ 어떤 사람이 물었다.

"관중과 자산 중에 어느 누가 더 나은 인물인가."

이에 주자가 말씀하였다.

"관중의 덕은 그 재주보다 훌륭하지 못하고, 자산의 재주는 그 덕보다 훌륭하지 못하다. 그러나 성인의 학문에 대해서는 모두 들은 바 없었다."

[보 補]

관중에 대한 부자의 평가는 2가지이다. 하나는 그가 남긴 위업으로 말하면 언제나 부자의 찬탄을 얻는다. 그것은 백성들에게 끼친 그의 공덕을 높이 산 것이다. 그러나 또 다른 하나는 그의 도덕성에 대한 평가이다. 성인의 학문이란 곧 수기치인(修己治人)으로 이어진다는 사실에 대해서는 전무한 상태이므로 부자의 비난을 받는 부분이다.

부자는 도덕적 가치 기준을 우위에 두고 있지만, 현실적인 위업에 대해서 그의 공적을 폄하하지 않았다. 현 정치 또한 이와 같다. 도덕성이 다소 모자랄지라도 백성에게 남긴 은택이 크다면 그 나름의 가치를 인정해주어야 한다. 그러나 그것마저도 없다면 역사에서 그를 무어라고 평가할까?

11. 빈이전지 貧而全旨

이 장에서는 어느 생활에서의 처지가 더욱 어려운 삶이며 용이한 삶인가를 논한 것으로, 이는 그 현실의 상황과 인정을 겸하여 말하였다.

"빈한한 생활에서도 원망이 없다."는 데에는 2부류가 있다. 하나는 타고난 천성이 담박하여 주어진 현실을 편안한 마음으로 받아들이는 것이며, 또 다른 하나는 후천적인 각고의 노력에 의한, 학문의 힘으로 이뤄지는 경우이다.

"부유한 생활을 누리면서 교만이 없다.[富而無驕]"는 것은 부유한 생활에서도 몸가짐을 근신하고 수렴(收斂)하여 스스로 몸을 낮춘다는 뜻이다. 이 때문에 빈부에 따른 처신에 어렵고 쉬운 차이가 있다. 그 어려움을 안다면 의당 힘써 지켜나가야 할 것이요, 그 쉬운 줄을 알았다면 한층 처신하기 쉬운 부분에서 몸가짐을 잃으셔야 하겠는가.

'원망이 없다[貧而無怨]'는 것은 '아첨이 없다[貧而無諂]'는 것과는 다른 차원의 세계이다. '아첨이 없음'은 비굴하지 않은 삶으로 단순히 몸가짐을 지키는 경지라면, '원망이 없음'은 자신을 돌이켜 천명에 순응하는 경지이다. 천명에 순응하는 경지는 이미 몸가짐을 지키는 단계를 벗어나 점차 안빈낙도의 경지로 접어드는 단계이다. 이로 보면, 아첨하지 않은 데에서 출발하여 중간단계에 하늘을 원망하지 않고 마지막으로 안빈낙도의 초탈경지에 이르는 것이다.

子曰 貧而無怨은 難하고 富而無驕는 易하니라

부자께서 말씀하셨다.
"가난하면서 원망이 없기는 어렵고, 부유하면서 교만함이 없기는 쉬운 것이다."

강설

부자께서 인지상정으로 사람들을 격려하셨다.

"가난이란 참으로 감내하기 힘든 역경이다. 가난한 삶을 살면서 하늘을 원망하거나 남을 탓하는 마음이 없음은 반드시 그의 마음이 태연하여 의리와 천명을 편안한 마음으로 받아들이는 자만이 가능한 일이다. 따라서 이는 실로 여느 인정으로는 도저히 이처럼 행하기 어려운 일이다. 이처럼 가난한 삶에서의 어려움이란 진정 고난의 길이다. 부유한 삶에 처신하는 것과 비교해 볼 때 더더욱 그 어려움을 찾아볼 수 있다.

부유함은 안락한 삶의 순경(順境)이다. 부유한 삶 속에서 교만하거나 자랑하려는 마음이 없음은 의리를 지키면서 조금만 삼가고 억제할 줄은 아는 사람이라면 모두가 가능한 일이다. 따라서 이는 여느 사람의 인정으로도 쉬운 일이다. 그러나 이처럼 쉽다고 말하지만, 참으로 쉬운 일도 아니다. 가난한 삶의 처신과 비교할 적에 다소 쉽다는 점을 느낄 뿐이다. 그러므로 그 어려운 부분에 더욱 힘쓰고, 그 쉬운 일이라 하여 경홀히 여겨서는 안 된다."

集註

處貧難하고 **處富易**는 **人之常情**이라 **然**이나 **人當勉其難**이로되 **而不可忽其易也**니라

[해석] 가난에 처신하기 어렵고 부유함에 처신하기 쉬움은 사람이면 누구나 다 같은 마음이다. 그러나 사람은 그 어려운 바에 힘써야 하지만, 그 쉬운 일도 소홀히 여겨서는 안 된다.

[보補]

가난한 삶에 처신하기 어려움은 광해군 당시 이이첨(李爾瞻)이 죽음을 앞두고 형장에서 남긴 유언에서 알 수 있다. '배고픔을 조금만 참았더라면'이라는 뜻의 소인기(少忍飢) 3자는 이를 말해주는 것이다.

이이첨은 원래 명문의 후손이었다. 워낙 어려운 생활에서도 고고한 선비였다. 그 어느 날, 그의 아내가 배고픔을 이기지 못해 벽지의 풀기가 붙은 흙을 긁어먹는 것을 우연히 보고서 절치부심한 결과, 과거에 합격했고 마침내 광해군의 재상까지 올랐다. 그러나 가난이 포원이 되어 무소불위(無所不爲)와 가렴주구(苛斂誅求)를 자행하다가 결국 형장의 이슬로 사라지는 즈음에 소인기(少忍飢) 3자를 되뇌면서 생을 마감했다. 이처럼 가난의 어려움 속에서 진정 꿋꿋이 견뎌내는 삶이 과연 쉬운 일일까? 자기 혼자만이 아니고 온 가족이 겪는 빈곤은 차마 눈으로 보기 어려운 일임을 알고 있다. 그러나 수많은 제2의 이이첨을 오늘도 우리의 현실 속에서 만나고 있는 것은 아닐지?

12. 맹공전지 孟公全旨

이 장에서는 맹공작(孟公綽)이 그 직책에 걸맞지 않은 인물이라는 점을 내세워, 노나라의 관리 등용이 잘못되었음을 은연중 풍자한 말이다.

부자께서 맹공작이라는 인물은 노나라 대부에 걸맞지 않은 인물이라는 점을 분명하게 말하면서도 노나라를 직접 들어 말하지 않고, 오히려 우회적으로 등나라와 설나라를 예로 들어 말하였다. 그뿐만 아니라, 갑자기 그의 단점을 말하지 않고 먼저 그의 장점을 들추어 다소 완곡한 말씨로 돌려서 말씀하셨다.

가신의 우두머리인 가노(家老)는 인망(人望)을 중시하지만, 대부는 그 지위에 걸맞은 재능이 없으면 그 직책을 맡길 수 없다. 이 때문에 맹공작은 하나의 가노가 되기에는 넉넉하지만, 대부란 걸맞지 않은 인물이다.

가노의 경우라면 당대의 부호로 손꼽히는 조씨(趙氏)나 위씨(魏氏)의 집안을 다스리기에도 넉넉한 인물이다. 하물며 이보다 작은 집안쯤이야 말할 나위가 없다. 그러나 대부가 된다는 것은 작은 나라인 등나라와 설나라조차 다스리기 어려운 인물인데, 하물며 이보다 큰 노나라를 맡길 수 있겠는가.

子曰 孟公綽(작)이 **爲趙魏老則優**어니와 **不可以爲滕薛大夫**니라

부자께서 말씀하셨다.

"맹공작은 조씨와 위씨 집안에 가신의 우두머리가 되기에는 충분하지만, 등과 설나라의 대부마저 될 수 없다."

강설

부자는 노나라 인재 등용의 잘못에 대해 개탄하셨다.

"내, 노나라 대부 맹공작을 살펴보니, 청렴하고 고요하며 욕심이 적은 사람으로 인망이 있다. 그런 그는 조씨나 위씨 등의 큰 집안 살림을 도맡은 가노(家老)로서 탐욕스러운 자를 깨우치고 조급한 자를 다스리기에는 넉넉한 사람이다.

그러나 대부란 나라의 수많은 일과 어려운 일을 다스릴 수 있는 능력을 지닌 사람이 아니면 안 된다. 맹공작에게는 그런 능력이 부족하다. 등나라와 설나라처럼 작은 나라일지라도 그 나라의 대부가 될 수 없을 것이다."

이를 살펴보면 노나라에서 사람을 잘못 썼다는 점을 찾아볼 수 있다.

集註

公綽은 **魯大夫**라 **趙魏**는 **晉卿之家**라 **老**는 **家臣之長**이라 **大家**는 **勢重而無諸侯之事**하고 **家老**는 **望尊而無官守之責**이라 **優**는 **有餘也**라 **滕薛**은 **二國名**이라 **大夫**는 **任國政者**라 **滕薛**은 **國小政繁**하고 **大夫**는 **位高責重**하니 **然則公綽**은 **蓋廉靜寡欲而短於才者也**라

○ **楊氏曰 知之弗豫**하야 **枉其才而用之**면 **則爲棄人矣**니 **此君子所以患不知人也**라 **言此則孔子之用人**을 **可知矣**니라

[훈고와 해석] 공작은 노나라 대부이다. 조씨와 위씨는 진나라 경(卿)의 집안이다. 노(老)는 가신의 우두머리이다. 대가(大家)는 세력이야 크지만, 제후의 일이 없고, 가노(家老)는 덕망은 높으나 관리[官守]로서의 직책이 없다. 우(優)는 넉넉함이다.

등과 설은 두 나라의 이름이다. 대부는 국정을 맡은 자이다. 등과 설은 나라는 작으나 정사가 많으며, 대부는 지위가 높고 책임이 중하다. 이로 보면 맹공작은 청렴하고 고요하여 욕심이 적지만 재능이 부족한 자이다.

○ 양씨[楊時]가 말하였다.

"미리 알지 못하여 그 재목을 잘못 쓰면 사람을 버리게 된다. 이는 군자가 사람을 알지 못하는 것을 근심하는 이유이다. 〈부자께서〉 이처럼 말씀하였는바, 부자의 용인술(用人術)을 알 만하다."

13. 자로장지 子路章旨

이 장에서는 인격의 성취[成人]에 대한 고귀함을 논하였다. 성인(成人)이란 완전한 인간상, 또는 인격의 완성체라는 뜻이다.

첫 절[子路問成人…亦可以爲成人矣]에서는 인도(人道: 인격)의 전체에 대한 것으로 이의 중점은 '함양(涵養)'에 있고,

아래 절[今之成人者…亦可以爲成人矣]에서는 인격의 전체 가운데 일부 중대한 부분만을 들어 말한 것으로 이의 중점은 '절개'를 밝히는 데에 있다.

인격의 대완성[大成]은 성인의 경지에 이르렀을 적에 가당한 말이다. 여기에서는 자로의 견지에서 오늘날의 성취를 토대로 하여 옛사람의 완벽한 인격을 갖춰나가도록 권면한 말이다.

(1) 자로절지 子路節旨

약(若: 藏武仲 이하 4인)자는 '어떤, 어떤 사람을 들어서'라는 뜻이니, 이런 등등의 사람들과 같아야 함을 말하며, 아래 역가이위성인(亦可以爲成人)의 역(亦)자는 위의 약(若)자와 상응한다. 이처럼 네 사람의 장점을 들어 하나의 종합된 표본으로 만들려는 것은 단 그들의 지혜, 재예 따위의 타고난 바탕에다가 예악의 학습을 더 하여 덕의 완성체가 되기를 바라는 데에 있다.

타고난 바탕은 하늘에 달려있으나 학문을 닦아감은 사람에게 달려있다. 따라서 이의 전체 문장은 '예악으로 꾸민다'는, 문지(文之: 文之以禮樂) 2자가 가장 중요한 핵심이다. 예절로 다듬어 가면 지나치게 치우친 부분을 절제하여 중정(中正)의 도에 귀결되고, 음악으로 다듬어 가면 괴려(乖戾)된 부분을 탈바꿈시켜 화평한 경지로 나아가게 된다.

이는 모두가 덕성을 함양하는 공부에 속하는 것으로, 네 사람의 장점을 취하고 네 사람의 단점을 버리는 것이다. 단점을 버림은 곧 예악으로 꾸미는 데에 있다. 이처럼 예악에 의해 중정의 경지에 이르면 지혜는 가혹하게 살피는 잘못으로 흘러가지 않고, 청렴은 지나치게 엄격한 잘못을 범하지 않고, 용맹은 혈기에 부림을 당하지 않고, 재예는 단순히 기교에만 익숙한 잘못을 범하지 않을 것이다.

이처럼 지혜·청렴·용맹·재예 등 하나의 장점으로 지목하는 데에서 벗어나 전체의 완성체가 이뤄져야 만이 비로소 그 지혜·청렴·용맹·재예 등을 제대로 갖춘 인물이 되는 것이다.

子路 問成人한대
子曰 若藏武仲之知와 公綽之不欲과 卞莊子之勇과 冉求之藝에 文之以禮樂이면 亦可以爲成人矣니라

자로가 성인(成人)을 여쭈자, 부자께서 말씀하셨다.

"장무중의 지혜, 맹공작의 탐내지 않음, 변장자의 용맹, 염구의 재예에다가 예악으로써 꾸미면 또한 성인이라고 할 것이다."

강설

자로가 완전한 인격체를 지닌 사람에 대해 여쭈자, 부자께서 말씀하셨다.

"이른바 완전한 인격체의 인간상이란 선천적으로 지인용(智仁勇)의 덕과 재예(才藝)를 갖추고서 후천적인 예악의 학습이 있어야 한다.

지혜가 있어야 이치를 탐구할 수 있다. 반드시 장무중과 같은 지혜를 갖춰야 하고,

청렴하여야 마음을 함양할 수 있다. 반드시 맹공작처럼 욕심이 없어야 하며,

용기가 있어야 힘써 행할 수 있다. 반드시 변장자와 같은 용기와 있어야 하고,

재주가 있어야 모든 일에 널리 응할 수 있다. 반드시 염구와 같은 재예가 있어야 한다.

네 사람의 장점을 모두 겸하고 또다시 예절로 절제하고 음악으로 융화하여 치우치거나 강한 병폐를 없앤다면 혼연(渾然)하게 재주가 온전하고 덕이 갖추어지며, 순수하게 중정하고 화락하여 완전한 인격체를 이룰 것이다."

集註

成人은 猶言全人이라 武仲은 魯大夫니 名紇이라 莊子는 魯卞邑大夫라

言兼此四子之長이면 則知足以窮理하고 廉足以養心하고 勇足以力行하고 藝足以泛應이오 而又節之以禮하고 和之以樂하야 使德成於內而文見乎外면 則材全德備하야 渾然不見一善成名之迹이오 中正和樂하야 粹然無復偏倚駁雜之蔽하야 而其爲人也亦成矣라 然이나 亦之爲言은 非其至者니 蓋就子路之所可及而語之也라 若論其至인댄 則非聖人之盡人道면 不足以語此니라

[훈고] 성인(成人)이란 완전한 사람[全人]이라는 말과 같다.

무중(武仲)은 노나라 대부, 이름은 흘(紇)이다.

장자(莊子)는 노나라 변읍(卞邑)의 대부이다.

[해석] 이 네 사람의 장점을 겸하면 지혜는 넉넉히 이치를 궁구할 수 있고, 청렴은 넉넉히 마음을 함양할 수 있으며, 용맹은 넉넉히 힘써 행할 수 있고, 재예는 넉넉히 모든 일에 응할 수 있다. 여기에 또다시 예로써 절제하고 음악으로써 조화를 이뤄서 안으로는 덕을 성취하고 밖으로 문채가 나타나게 되면 재능이 온전하고 덕이 갖춰져, 혼연하여 한 가지의 선으로 이름을 이루는 자취가 나타나지 않고 중정과 화락으로 순수하여 다시는 치우치거나 뒤섞인 폐단이 없어 그 사람됨 또한 완성될 것이다.

그러나 '또한[亦: 亦可以]'이라는 말은 성인(成人)의 최고 지극한 경지는 아니다. 이는 자로가

미칠 수 있는 바로써 말한 것이다. 만일 그 지극한 부분을 논한다면 인도(人道)를 극진히 다한 성인이 아니면 이를 말할 수 없다.

(2) 금지절지 今之節旨

견리 이하[見利思義, 見危授命, 久要不忘平生之言] 3구는 모두 성실한 마음을 근본으로 삼아, 이 3가지의 일을 대등한 관점에서 말하였다. 이는 돈독하고 성실한 사람이다. 집주에서 말한 충신지실(忠信之實) 구절은 3구절을 총괄하여 말한 것이기에, 어느 한 부분으로 구분 지어 보아서는 안 된다.

앞 절[子路問成人…亦可以爲成人矣]에서 자로의 부족한 면을 말한 것이라면, 여기에서는[今之成人者…亦可以爲成人矣] 그 버금가는 사람을 통하여 차츰차츰 위로 나아가도록 이끌어주는 말이다.

앞서 자신의 마음을 다하고 믿음직한[忠信] 기풍이 있는 사람이라면 이를 기조로 온전한 함양이 있어야 하나, 만일 들뜨거나 겉치레가 심한 사람이라면 먼저 가장 근본이 되는 성실한 마음을 지니도록 이끌어야 한다.

오랜 약속[久要]이란 평소 다짐의 말이며, 또한 의를 생각한다[思義]는 것은 청렴이며, 목숨을 바친다[授命]는 것은 용맹이다.

집주에서 말한 "재예와 지혜가 갖추어지지 않았다.[才智未備]"는 것은 지혜와 재예의 부족함을 말하고, "예악이 갖추어지지 않았다.[禮樂未備]"는 것은 문장이 부족함을 말한다.

曰 今之成人者는 何必然이리오 見利思義하며 見危授命하며 久要에 不忘平生之言이면 亦可以爲成人矣니라

〈부자께서 이어서〉 말씀하셨다.

"오늘날의 성인(成人)이란 어찌 꼭 그러하겠느냐? 이끗을 보고 의리를 생각하며, 위태로움을 보고서 목숨을 바치며, 오랜 약속을 실천하여 평소의 말을 잊지 않으면 또한 성인이라고 할 것이다."

강설

부자께서 또다시 말씀하셨다.

"내가 말한 완전한 인격체란 인간의 도리를 두루 갖춘 자로 말한다. 그러나 오늘날에 말하는 완전한 인격체란 어찌 굳이 재예에다가 지혜와 예의와 음악을 두루 겸비한 자를 말하겠는가.

오직 이끗을 보고서 의리에 옳은가 그른가를 생각하여 구차스럽게 재물에 탐욕을 부리지 않으며, 위태로운 일을 당하여 나의 목숨을 바쳐 삶을 버리어 구차스럽게 죽음에서 벗어남이 없으며, 오랜 옛 약속은 반드시 실천하여 평소의 다짐했던 말을 잊지 않아야 한다.

이 정도만 할 수 있다면 설령 재예와 예의와 음악을 두루 갖추지 못한다고 할지라도 극진한 마음과 미더움의 실상이 있는 것인바, 이미 큰 근본은 성립된 자이다. 그 또한 완전한 인격체의 버금가는 사람이다.

오늘날 완전한 인격체의 버금가는 사람으로 말미암아 한 걸음 더 앞으로 나아간다면 앞서 말한 완전한 인격체에 미칠 수 있을 것이다. 유(자로)여, 바로 이에 힘써야 한다."

集註

復加曰字者는 旣答而復言也라

授命은 言不愛其生하야 持以與人也라 久要는 舊約也오 平生은 平日也라

有是忠信之實이면 則雖其才知禮樂이 有所未備나 亦可以爲成人之次也니라

○ 程子曰 知之明, 信之篤, 行之果는 天下之達德也니 若孔子所謂成人은 亦不出此三者라

武仲은 知也오 公綽은 仁也오 卞莊子는 勇也오 冉求는 藝也니 須是合此四人之能하고 文之以禮樂이면 亦可以爲成人矣라 然而論其大成이면 則不止於此라 若今之成人은 有忠信而不及於禮樂하니 則又其次者也니라

又曰 臧武仲之知는 非正也니 若文之以禮樂이면 則無不正矣리라

又曰 語成人之名인댄 非聖人이면 孰能之리오 孟子曰 唯聖人然後可以踐形이라하니 如此라야 方可以稱成人之名이니라

胡氏曰 今之成人以下는 乃子路之言이니 蓋不復聞斯行之之勇이오 而有終身誦之之固矣라하니 未詳是否라

[훈고와 해석] 다시 '왈(曰)'자를 더 쓴 것은 이미 대답하고서 다시 이어 말하였기 때문이다.

수명(授命)은 그 생명을 아끼지 않고서 목숨을 가져다 남에게 바침이다. 구요(久要)는 옛 약속이며, 평생(平生)은 평일이다.

이처럼 충심과 신실한 실상이 있으면 비록 그 재주와 지혜, 예의와 음악에 갖추지 못한 바 있을지라도 또한 성인(成人)의 버금이 될 수 있다.

○ 정자(伊川)가 말씀하였다.

"지혜가 밝고, 믿음이 도탑고, 행함이 과단 있게 함은 천하에 모든 이가 다 함께 지닌 덕이다. 공자가 말하는 성인 또한 이 3가지에서 벗어나지 않는다.

장무중은 지혜롭고, 맹공작은 어질고, 변장자는 용맹하고, 염구는 재예가 있다. 반드시 네 사람의 능한 바를 종합하고 예악으로 꾸민다면 또한 성인이 될 수 있다. 그러나 그 크게 이룬 자(大成)로 논하면 여기에 그치지 않는다. 오늘날의 성인과 경우에는 충성되고 믿음은 있으나 예악이 미치지 못하니, 또 그다음 가는 자이다."

〈정자(明道)가〉 또 말씀하였다.

"장무중의 지혜는 바르지 않다. 만일 예악으로써 꾸미면 바르지 않을 수 없다."

〈정자(伊川)가〉 또 말씀하였다.

"성인(成人)이라는 이름을 말하려면 성인(聖人)이 아니고서는 그 누가 이처럼 할 수 하겠는가. 맹자는 '오직 성인(聖人)만이 형체의 본연 이치를 잘 행한다.[踐形]'('盡心 上」)고 하였다. 이처럼 행하여야 비로소 성인(成人)이라는 이름을 붙일 수 있다."

호씨[胡寅]가 말하기를, "금지성인(今之成人) 이하는 자로의 말이다. 그에게 다시는 '들으면 바로 행하는' 용맹은 없고 '종신토록 외워대는 고루함'이 있다."고 한다. 그의 말이 옳은지 그른지는 자세하지 않다.

[보補]

호씨[胡寅]가 '금지성인(今之成人)' 이하를 부자의 말씀이 아닌, 자로의 말이라고 의심한 데에는 그만한 이유가 충분히 있다. 주자 또한 호씨 설에 찬동을 표하고 있다.

"'금지성인(今之成人)' 이하에 대해 호씨는 자로의 말이라고 하였는데, 그의 말이 옳은 것으로 생각된다. 성인이 아마 이처럼 하향적으로 말하지 않는다. 이것이 첫째 이유이다.

그리고 '견리사의(見利思義)'로부터 '구요불망평생지언(久要不忘平生之言)'까지의 3구는 이는 자로가 이미 잘하고 있는 일인데, 또다시 이처럼 말하지 않았을 것이다. 이것이 둘째 이유이다.

자로가 자기의 능한 바를 스스로 말한 까닭에 호씨는 '종신토록 자신의 잘한 점을 자랑[終身誦之]'하는 고루함을 버리지 못했다고 말한 것이다.

주자의 문인 아부(亞夫)가 물었다.

'그렇다면 부자께서 어찌하여 뒤이어 한 말씀도 없는 것입니까?'

주자는 '아마 자로가 부자의 문하를 물러 나와 혼자서 한 말이라 생각되지만, 이 또한 알 수 없다.'라고 말하였다."[32]

또 다른 이유로 경문에서 말한 '하필연(何必然)' 3자는 자로가 앞서 말한 부자의 말씀을 의심한 나머지 '어찌 굳이 꼭 그래야만 하는가.'라는 자로의 말로 본 것이다.[33]

이는 곧 자로의 '종신송지(終身誦之)'의 고루함이자, '좋은 말을 들으면 바로 행하던[聞斯行之]' 용맹을 다시는 찾아볼 수 없음을 보여준 것이다. 바꿔 말하면, 부자의 말씀을 들었으면 바로 행할 일이지, 왜 굳이 자신이 이미 잘한 일들을 다시 들추어 말하는가를 말한다.

---

32 『朱子語類』권44. "今之成人者以下, 胡氏 以爲是子路之言, 恐此說却是. 蓋聖人不應只說向下去, 且見利思義, 至久要不忘平生之言 三句, 自是子路已了得底事, 亦不應只恁地說. 蓋子路以其所能而自言, 故胡氏以爲有終身誦之之固也. 問若如此, 夫子安得無言以繼之? 曰却又恐是他退後說, 也未可知."

33 宋 趙順孫 撰, 『論語纂疏』권7. "愚謂何必然三字, 似以前說爲疑. 三者 又皆子路之所能, 故胡氏 疑其爲子路之言."

14. 자문장지 子問章旨

이 장에서는 시중(時中)의 어려움을 말해주고 있다.

첫 절[子問公叔文子於公明賈]에서 "말하지 않고[不言], 웃지 않고[不笑], 취하지 않는다.[不取]"는 것은 분명 일상의 중도에서 벗어난 일들이다. 이 때문에 부자께서 이를 물어 사람들에게 거짓으로 꾸민 정[矯情]은 중도가 아님을 알려주려는 것이다.

따라서 아래 절[公明賈對曰…豈其然乎]에서 공명가가 대답한 "때에 맞게 말하고[時言], 즐거울 때 웃고[樂笑], 의리에 맞게 취한다[義取]"는 말은 공숙문자가 중도에 맞게 행동하였음을 보여주려는 것이다. 그러나 부자께서 그에 말을 다시 의심하여 받아들이지 않음은 시중(時中)의 도리가 그처럼 쉽지 않음을 알려주려는 것이다. 이로 보면 상하 2절의 뜻은 모두가 중도(中道)를 유지하고자 함이다.

(1) 자문절지 子問節旨

사람으로서 감정이 있고 육체가 존재하는바, 어떻게 말하고 웃고 취하는 일을 모두 끊어버릴 수 있겠는가. 이는 사람이면 누구나 가질 수 있는 보통의 마음으로 도저히 이해하기 어려운 찬사이다. 이 때문에 부자께서 그 진실을 파헤쳐 밝히고자 하였다.

공명가에게 공숙문자를 물었던 것은 그가 평소 공숙문자의 가르침을 받아왔기에 반드시 그의 인품에 대해 잘 알고 있으리라고 여겼기 때문이다.

子 問公叔文子於公明賈曰 信乎夫子 不言不笑不取乎아

부자께서 공명가에게 공숙문자를 물었다.
"참으로 그분이 말하지 않으며, 웃지 않으며, 취하지 않느냐?"

> **강설**

부자께서 위나라 대부 공숙문자를 모셨던 공명가에게 그의 인품을 물으셨다.

"사람들이 공숙문자에 대해 칭찬하기를, '말하지 않으며, 웃지 않으며, 취하지 않는다.'고들 한다. 참으로 그분은 과연 조용히 말수가 없으며, 편안한 얼굴로 웃지 않으며, 청렴하여 남의 물건을 취하지 않는가."

> **集註**

公叔文子는 衛大夫公孫枝也라 公明은 姓이오 賈는 名이니 亦衛人이라

文子爲人을 其詳不可知나 然이나 必廉靜之士라 故로 當時에 以三者稱之라

[훈고] 공숙문자는 위나라 대부 공손지(公孫枝)이다. 공명(公明)은 성이요, 가(賈)는 이름이니, 그 또한 위나라 사람이다.

[해석] 공숙문자 사람 됨을 자세히 알 수 없으나 반드시 청렴하고 고요한 선비일 것이다. 그러므로 당시에 이 3가지 일로써 그를 칭찬한 것이다.

(2) 공명절지 公明節旨

공명가의 말은 공숙문자를 칭송하던 자들의 지나친 점을 말해주고자 했으나, 그러한 자신의 말이 더욱 지나쳤다는 점을 미처 알지 못하였다.

"말하지 않고 웃지 않고 취하지 않는다."는 것은 한쪽으로 치우쳐 중도를 상실한 행실이다. 그러나 "말해야 할 때에 맞추어 말하고[時言], 즐거울 때 웃고[樂笑], 의리에 맞게 취한다.[義取]"고 함은 결국 시중(時中)에 의한 행실이다.

"그가 참으로 그러한가?[其然]"라는 부자의 말씀은 여전히 공명가의 말에 따라 살펴본 것이며, "어떻게 그가 그럴 수 있겠느냐?[豈其然乎]"는 부자의 말씀은 그에 대한 의심을 떨쳐버릴 수 없었기 때문이다. 이는 시중(時中)의 경지가 매우 어려운 일인데 그가 이처럼 할 수 있을까? 그를 의문시한 데에서 나온 생각임을 덧붙여 보아야 한다.

公明賈 對曰 以告者 過也로소이다 夫子 時然後言이라 人不厭其言하며 樂然後笑라 人不厭其笑하며 義然後取라 人不厭其取하나니이다
子曰 其然가 豈其然乎리오

공명가가 대답하였다.

"말을 전한 사람이 지나쳤습니다. 그분은 말해야 할 때 말한 터라, 사람들이 그의 말을 싫어하지 않았고, 즐거운 후에 웃는 터라, 사람들이 그의 웃음을 싫어하지 않았고, 의로운 후에 취한 터라, 사람들이 그의 취함을 싫어하지 않은 것입니다."

부자께서 말씀하셨다.

"그가 그러한가? 어떻게 그가 그처럼 할 수 있을까?"

강설

공명가가 대답하였다.

"사람들이 말하지도 않고 웃지도 않고 취하지도 않는다고 말을 전한 것은 그 실상보다 지나친 말입니다.

우리 그분께서 말하지 않은 것은 아니지만, 말을 해야 할 때 말하였으므로 사람들은 그분의 말을 좋아하여, 이를 말하지 않았다고 전한 것입니다.

웃지 않는 것은 아니지만, 즐거워서 웃어야 할 때 웃었으므로 사람들은 그분의 웃음을 싫어하지 않아서, 이를 웃지 않았다고 전한 것입니다.

　취하지 않는 것은 아니지만, 의리로 마땅히 취해야 할 것을 취하였으므로 사람들은 그분이 취한 것을 싫어하지 아니하여, 이를 취하지 않았다고 전한 것입니다."

　참으로 공명가의 말이 사실이라면 공숙문자는 시중(時中)을 얻은 군자이다. 그러므로 부자께서 그를 의심하여 말씀하셨다.

　"너희 그분이 말해야 할 때 말하고 즐거울 때 웃고 의리로 맞게 취하기를, 진정 그대가 말한 것처럼 하였는가?

　그렇다면 말하지 않고 웃지 않고 취하지 않는 것만으로도 어려운 일인데, 말해야 할 때 말하고 즐거울 때 웃고 의리로 맞게 취한다는 것은 더욱 어려운 일이다. 어떻게 그가 과연 그대의 말처럼 시의적절한 시중을 하였다고 말할 수 있을까?"

　부자는 공숙문자가 꼭 그렇지 못할 것이라고 배척하지도 않았고, 또한 그가 그럴 인물이라고 가벼이 허락하지도 않았다. 이는 곧 부자의 중후한 마음과 시비의 공정함을 모두 여기에서 찾아볼 수 있다.

> **集註**
>
> 厭者는 苦其多而惡之之辭라 事適其可면 則人不厭而不覺其有是矣라 是以로 稱之或過하야 而以爲不言不笑不取也라 然이나 此言也는 非禮義充溢於中하야 得時措之宜者면 不能이니 文子 雖賢이나 疑未及此로되 但君子與人爲善이오 不欲正言其非也라 故로 曰其然가 豈其然乎아하니 蓋疑之也라

　[훈고와 해석] 염(厭)이란 그 많은 것을 괴로워하여 싫어한다는 말이다. 행하는 일이 그 옳은 도리에 맞으면 사람이 싫어하지 않아서 이런 것이 있는 것조차 깨닫지 못하였다. 이 때문에 그에 대한 칭찬이 혹 지나쳐서 "말하지도 않고, 웃지도 않고, 취하지도 않는다."고 생각한 것이다. 그러나 이런 말은 예의가 마음속에 충만하여 시의에 맞게 조처한 자가 아니면 능할 수 없다. 공숙문자가 어질다지만 이 정도에는 미치지 못하리라 의심된다. 하지만 단 군자는 '남들이 선을 하도록 인정하고 돕는 것[與人爲善: 與, 猶許也, 助也.]'(『孟子』「公孫丑 上」)이지, 그의 잘못을 바로 말하려고 하지 않는다. 이 때문에 "그가 그러한가? 어떻게 그가 그처럼 할 수 있을까?"라고 말하니, 이는 그를 의심한 것이다.

15. 장무전지 臧武全旨

　이 장에서는 장무중이 임금에게 강요, 협박한 죄를 나타내고 있다.

　첫 구절에서 "장무중이 방 땅을 점거했다.[臧武仲以防]"는 것은 하나의 사안에 해당하고, 그 나머지 3구[求爲後於魯…吾不信也]는 그 사안에 대한 단안이다.

장무중 이방(臧武仲 以防)의 '이(以)'자는 역사가가 역사를 기록하는 필법이다. 임금에게 강요, 협박할 수 있었던 전제는 오직 "방 땅을 점거함으로써[以防]"라는 측면에서 찾아볼 수 있다.

장무중이 죄를 지어 주(邾)나라로 도망갔지만, 그의 죗값은 그의 선조에 대한 제사를 지내지 못하게 할 정도의 큰 죄는 아니었다. 따라서 사람들은 그의 후계자를 세워달라는 장무중의 요청을 불쌍하게 여겨, "선조에 대한 제사를 차마 끊어지지 않도록 함은 장무중의 효심이며, 후손의 혈통을 차마 끊어지지 않도록 함은 자식에 대한 사랑이다."고 동정했을 뿐, "임금에게 강요, 협박하려는" 그의 속내를 간파한 사람은 일찍이 없었다. 이 때문에 부자는 그의 속내를 파헤쳐 그의 안중에 임금이 없는 참람한 마음[無君之心]을 징벌하여, 후세에 신하로서 임금에게 강요, 협박하는 자들의 경계로 삼았다.

子曰 臧武仲이 以防으로 求爲後於魯하니 雖曰不要君이나 吾不信也하노라

부자께서 말씀하셨다.

"장무중이 방 땅을 점거하고서 노나라에 후계자를 요구하니, 비록 임금을 강요하지 않았다고 말하지만 나는 믿을 수 없다."

강설

부자께서 장무중이 충심으로 임금을 받드는 마음이 없음을 꾸짖으셨다.

"장무중은 죄를 범하여 주(邾)나라로 달아난 죄인이기에 고을을 소유할 수 없는 자이다. 그는 다시 주나라에서 자신의 봉읍이었던 방(防)을 점거한 채, 노나라 조정에 사람을 보내어 후사(後嗣)를 이어달라고 청하였다.

장무중이 형식적으로 봉읍인 방 땅을 피하여 후사를 청한 것은 나타난 행위로 보면 분명 봉읍에서 벗어나 청한 일이니만큼 옳은 일이지만, 굳이 방 땅을 찾아가 그 주변에서 주청한 것은 무엇 때문일까? 이는 나에게 배반할 수 있는 바탕이 있음을 자시하고서 임금을 협박, 반드시 자신의 의견을 관철하려는 속셈이다. 비록 그의 요청이 부득이 어쩔 수 없는 데에서 나온 처사라고 말들 하지만, 이는 그 자신이 믿을 만한 구석이 있는 것을 가지고서 임금을 강요, 협박한 일이 아니라는 사실을 나는 도저히 믿을 수 없다."

부자께서 이처럼 말한 것 또한 춘추필법의 주심(誅心: 또는 誅意. 속마음을 꾸짖음)이다. 그의 나타난 행위로 잘잘못을 평가할 뿐 아니라, 그의 속내와 동기를 들여다보아야 한다. 마치 간음을 하지 않았을지라도 마음으로 간음을 범한 그 사실을 들어 말한 것과 같다.

集註

防은 地名이니 武仲所封邑也라 要는 有挾而求也라 武仲이 得罪奔邾러니 自邾如防하야 使請立後而避邑하야 以示若不得請이면 則將據邑以叛하니 是要君也라

○ 范氏曰 要君者는 無上이니 罪之大者也라 武仲之邑을 受之於君하니 得罪出奔이면 則立後

在君이오 非己所得專也어늘 而據邑以請하니 由其好知而不好學也니라

楊氏曰 武仲이 卑辭請後하니 其跡은 非要君者나 而意實要之니라 夫子之言은 亦春秋誅意之

法也시니라

[훈고] 방(防)은 땅 이름이다. 무중(武仲)을 봉한 고을이다. 요(要)는 무얼 끼고서 요구하는 것이다.

[해석] 장무중이 죄를 지어 주(邾)로 달아났다가 주에서 다시 방읍(防邑)으로 들어간 뒤에 사신을 보내어 후계자를 세워줄 것을 청하면서 방읍을 피했지만, 이로써 만일 자신의 주청을 들어주지 않는다면 장차 방읍을 점거하여 배반할 것임을 보여준 것이다. 이것이 임금을 강요, 협박한 행위이다.

○ 범씨[范祖禹]가 말하였다.

"임금을 강요한 것은 〈마음에〉 임금이 없는 일이니만큼 큰 범죄이다. 장무중의 봉읍은 임금에게서 받았다. 죄를 지어 달아났으면 후계자를 세우는 일은 임금에게 있는 것이지, 자기의 마음대로 할 일이 아니다. 그런데도 봉읍을 점거하여 이를 주청함은 그가 지혜를 좋아하면서도 학문을 좋아하지 않은 데서 연유한 것이다."

양씨[楊時]가 말하였다.

"장무중이 겸손한 말씨로 후계자를 주청했는바, 그 행적이야 임금에게 강요한 것은 아니지만, 그 의중은 실로 임금을 강요한 일이다. 부자의 말씀 또한 『춘추』에서 속마음을 질책하는 법[誅意: 誅心]이다."

16. 진문전지 晉文全旨

이 장은 제환공과 진문공의 보이지 않는 부분을 나타내고 있다. 두 임금의 패업은 모든 사람이 다 알고 있다. 이는 그들의 드러난 부분이다. 그러나 두 임금이 행했던 일처리에는 속임수와 올바름의 차이가 있다. 사람들이 그 점을 모르고 있는바, 이는 그들의 숨겨진 부분이다.

첫 구절[晉文公 譎而不正]에서는 진문공의 속임수를 말하는 휼(譎)자에 중점을 두었고, 아래 구절[齊桓公 正而不譎]에서는 제환공의 올바름을 말하는 정(正)자에 중점을 두고 있다. 속임수[譎]와 올바름[正]은 모두 그들이 시행한 일로 말한다.

패업은 일찍이 제환공으로부터 비롯되었다는 사실로 보면, 제환공을 먼저 말해야 함에도 여기에서 오히려 진문공을 먼저 말하고 제환공을 뒤에 말하였다. 이처럼 진문공의 휼이부정(譎而不正)에서 거꾸로 제환공의 정이불휼(正而不譎)로 거슬러 올라간 것은 진문공의 패업이 제환공의 패업에 비해 보다 더욱 변질하였음을 말해준다.

제환공의 패업은 그래도 정도에서 크게 벗어나지 않았다. 제환공의 경우, 선왕의 인의 정치를 겉으로나마 보여줬다는 것은 고대 성군의 인정(仁政)을 표방해야 한다는 사실을 인지한 때문이다. 그러나 진문공의 경우, 그러한 의식마저 사라져 더욱 저속하고 비하되어가는 시세의 변화世變를 보여준 것이다. 이 때문에 부자의 말씀은 제환공에 대해 선왕처럼 바른 정치를 했다고 인정한 것은 아니다. 세상의 변화가 더욱 빨라짐에 대해 보이지 않은 개탄의 마음을 담고 있다.

子曰 晉文公은 譎而不正하고 齊桓公은 正而不譎하니라

부자께서 말씀하셨다.
"진문공은 속임수로 바르지 못했고, 제환공은 바른 처사로 속이지 않았다."

강설

부자께서 제환공과 진문공의 보이지 않는 면모를 파헤쳐 말씀하셨다.
"제환공과 진문공의 마음은 모두 바르지 못하다. 그러나 그들의 일처리로 비교해 보면 제환공은 그래도 진문공에 비해 더 훌륭한 점이 있다.

진문공은 음모로써 승리를 취하고 오로지 속임수만을 일삼아 바른 도리를 따르지 않았다. 그는 초나라가 송나라를 포위하자, 오히려 조나라와 위나라를 정벌하여 초나라의 군사가 그들을 구원하지 않을 수 없도록 만들었고, 정작 초나라가 송나라의 포위를 풀자, 다시 조와 위에게 두 나라가 국교를 맺도록 했다.

진문공은 주나라 왕실이 쇠약할 적에 천하 제후를 거느리고서 주나라 왕을 찾아 조회하려고 했다가 도리어 온(溫) 땅의 회합에서 신하의 신분으로서 천자를 불러들였고, 희공(僖公) 29년 6월, 여러 제후 대부들이 적천(翟泉)에서 맹세할 적에 아랫사람으로서 윗사람인 왕세자 호(虎)를 불러들여 천자의 나라가 열국과의 맹약을 주선함으로써 주나라 왕실을 능욕하였다. 이런 처사로 살펴보면 그가 어떤 인물인지 알 수 있다.

제환공은 곧 의리를 들추어 말하는바, 그래도 정도를 아는 자로서 속임수를 위주로 하지 않았다. 그는 초나라가 굴복하지 않자, 주나라 왕실을 받들지 않았다는 대의를 들어 그를 꾸짖었고, 초나라가 굴복하자 여사(如師)에서 양국의 맹세로 마무리 지었다.

희공 5년, 총애하는 애첩으로 인해 왕세자를 바꾸려 하자, 수지(首止)의 맹세에서 이를 저지하고 세자를 세우는 대법(大法)의 원칙을 제정하여 한 차례 천하를 바로잡았다.

희공 9년, 여러 제후가 규구(葵丘)의 모임에서 5가지 맹약을 결성하였다.

첫째, 태자를 바꾸지 말 것, 첩을 정실로 맞이하지 말 것,

둘째, 덕 있는 자를 높일 것,

셋째, 노인을 받들고 어린이를 사랑할 것,

넷째, 하급 관리는 대물림하지 말 것, 대부를 마음대로 죽이지 말 것,

다섯째, 강줄기를 돌리지 말 것, 곡식을 독점하지 말 것 등을 맹약하여 제왕의 대금(大禁)을 밝혔다.

이런 일련의 일들을 살펴보면 그를 알 수 있다.

제환공과 진문공이 오패(五覇)의 한 사람으로 잘한 일과 잘못한 죄는 반반이지만, 두 사람의 우열 차이는 이처럼 하늘과 땅 사이다. 그러나 이 또한 두 사람의 일처리로 논한 것일 뿐, 그들의 마음으로 미뤄보면, 그 모두가 겉으로 인의를 가장하여 속임수를 썼을 뿐이다. 어떻게 그들을 선왕의 왕도에 견주어 말할 수 있겠는가."

集註

晉文公은 名重耳요 齊桓公은 名小白이라 譎은 詭也라

二公은 皆諸侯盟主니 攘夷狄以尊周室者也라 雖其以力假仁하야 心皆不正이나 然이나 桓公伐楚에 仗義執言하야 不由詭道하니 猶爲彼善於此요 文公則伐衛以致楚하야 而陰謀以取勝하니 其譎甚矣라 二君他事 亦多類此라 故로 夫子言此하야 以發其隱이시니라

[훈고] 진문공의 이름은 중이(重耳)요, 제환공의 이름은 소백(小白)이다. 휼(譎)은 속임수다.

[해석] 두 임금이 모두 제후의 맹주로서, 이적을 물리치고 주나라 왕실을 높인 자이다. 비록 그들은 무력으로 인(仁)을 가장하여 마음이 모두 바르지 못하다. 그러나 환공은 초나라를 정벌할 적에 대의를 들어 말하고 속임수를 쓰지 않았다. 오히려 그(환공)는 이(문공)보다 훌륭하다고 하겠다. 문공은 곧 위나라를 치는 척하다가 초나라에 들이닥쳐 음모로 승리를 취하였다. 그 속임수의 정도가 심하다. 두 임금의 다른 일처리 또한 이와 같은 유가 많다. 이 때문에 부자는 이를 말하여 그들의 보이지 않는 마음을 밝힌 것이다.

[보 補]

제환공이 진문공보다 좀 더 낫다는 것은 고작 일처리의 측면에서 평가한 것일 뿐이다. 그러나 진문공은 참으로 속임수만을 써왔고, 제환공은 순수한 정도로 일처리를 한 사람임을 말함은 아니다. 부자께서 제환공에 대해 "바른 처사로 속이지 않았다."고 말한 것은 진문공을 기준으로 한 논평이며, 주자가 집주에서 "마음으로 말하면 두 사람 모두 바르지 않다."고 말한 것은 하은주 삼대의 선왕을 기준으로 한 논평이다.

17. 환공장지 桓公章旨

이 장에서는 부자께서 관중의 공업을 높이 평가하신 부분이다.

자로가 "관중은 어질지 못하다."고 비난함은 마음의 덕으로 말함이며, 부자께서 "그는 어질다."고 칭찬함은 백성에게 베푼 사랑이다. 이처럼 자로가 관중을 비난의 초점은 마음이요, 부자께서

인정한 부분은 현실에 나타난 그의 공적이다.

(1) 환공절지 桓公節旨

공자 규(糾)를 죽인 것은 노나라이지만, 실제론 제환공의 사주와 협박에 의해서이다. 이 때문에 "환공이 죽였다."고 말한다.

소흘(召忽)을 들어 말함은 그와 함께했던 관중을 예로 들기 위함이다. 따라서 소흘의 죽음을 가상하게 여김은 곧 관중이 죽지 않는 점을 부끄럽게 여긴 때문이다.

자로는 용맹한 자이다. 소흘의 죽음을 가상히 여기고 관중이 죽지 않음을 어질지 못하다고 생각함은 "위태로움을 보면 목숨을 바쳐야 한다."는 신하의 도리를 인식한 데에서 비롯된 것이다.

子路曰 桓公이 **殺公子糾**하야늘 **召忽**은 **死之**하고 **管仲**은 **不死**하니 **曰 未仁乎**ㄴ저

자로가 말하였다.

"환공이 공자 규를 죽이자 소흘은 그를 위해 죽었고 관중은 죽지 않았습니다. 〈제 생각엔〉 관중은 어질지 못합니다."

강설

자로는 관중의 처신을 의롭지 못한 인물로 인식한 나머지, 이를 부자에게 여쭈었다.

"관중과 소흘은 똑같이 공자 규의 신하였습니다. 환공이 공자 규를 죽이자, 소흘이 그 난에 목숨을 바친 일은 신하로서 마땅한 일입니다. 그러나 관중은 옥에 갇히기를 자청하여 죽음을 모면했습니다.

저의 관점에서 이 일을 말하면, 관중은 일찍이 섬겼던 옛 주인을 잊고서 원수를 섬긴 것입니다. 그의 잔인한 마음과 도리에 어긋난 일을 범했으니, 그를 어질다고 말할 수 없을 것입니다."

集註

按春秋傳에 **齊襄公無道**한대 **鮑叔牙 奉公子小白 奔莒**하고 **及無知弑襄公**에 **管夷吾召忽**이 **奉公子糾奔魯**러니 **魯人納之未克**하야 **而小白入**하니 **是爲桓公**이라 **使魯殺子糾而請管召**하니 **召忽**은 **死之**하고 **管仲**은 **請囚**러니 **鮑叔牙言於桓公**하야 **以爲相**이라 **子路 疑管仲忘君事讐**하니 **忍心害理**하야 **不得爲仁也**라

[훈고와 해석] 『춘추좌전』을 살펴보니, 제양공이 무도하여, 포숙아는 공자 소백(小白: 齊桓公)을 받들고 거(莒)로 달아났다. 무지(無知)가 양공을 시해함에 미쳐 관중(管夷吾)과 소흘은 공자 규를 모시고 노나라로 피신했는데, 노나라 사람들의 〈후원으로〉 제나라에 들여보냈으나 〈소백과의 전투에서〉 이기지 못하고, 결국 소백이 〈제나라에〉 들어가게 되었다. 그가 바

로 환공이다.

이에 노나라에 공자 규를 죽이고 관중과 소홀을 압송하라 요청하자, 소홀은 그를 위해 자결하였고, 관중은 죄인으로 압송되기를 청하였다. 포숙아가 환공에게 말하여 관중을 재상으로 삼았다.

자로는 관중이 옛 주인을 잊고 원수를 섬김은 잔인한 마음이며 천리를 해친 일이니만큼 그런 그를 어진 사람이라 말할 수 없다고 의심하였다.

(2) 규합절지 九合節旨

"제후를 규합함(糾合諸侯)"이란 제후의 나라끼리 서로 사신이 오가면서 전쟁을 종식하고, 상호의 언쟁과 비방을 버리고 서로가 예의를 갖추는, 평화의 시대를 말한다.

"무력을 사용하지 않았다.(不以兵車)"는 것은 모두 신의로 제후를 굴복시킴으로써 이에 힘입어 백성의 생명이 보전될 수 있었다. 이는 관중의 공이 가장 큰 부분으로서 바로 여기에서 그의 인을 알 수 있다.

"누가 그의 인과 같겠는가.(如其仁)"라는 것은 무력에 의해 백성의 생명을 해친 춘추시대의 제후를 상대로 말한다. 살펴보면, 관중은 공자 규의 스승이었지, 규의 신하가 아니다. 이는 바로 제나라의 신하이다. 소백이 들어와 즉위함에 미쳐 제나라에는 새 임금이 서고, 또한 포숙아가 있었다. 관중의 처지에서 보면 그가 반드시 자신을 천거하여 훗날에 공을 세울 수 있음을 알았다. 굳이 죽음이라는 소절(小節)에 얽매일 게 있겠는가. 부자께서 그의 인이 크다고 일컫은 것 또한 그가 굳이 죽을 필요도 없고, 또한 그의 큰 공이 있었기 때문이다.

子曰 桓公이 **九**(糾)**合諸侯**호되 **不以兵車**는 **管仲之力也**니 **如其仁, 如其仁**이리오

부자께서 말씀하셨다.

"환공이 제후를 규합하였으나 무력을 사용하지 않은 것은 관중의 힘이었다. 누가 그의 어짊만 같겠는가? 누가 그의 어짊만 같겠는가?"

> **강설**

부자께서 그 마음의 도덕성보다는 그의 현실적 공적을 높이 사 말씀하셨다.

"그대는 관중이 죽지 않음을 인이 아니라고 하지만, 또한 그에게 어진 이로서의 공로가 큼을 모른 것이다. 환공이 천하의 제후를 규합하여 그들을 거느리고 주나라를 높이 받들고 오랑캐를 물리칠 수 있었던 것은 당시에 대의를 밝혀 그들을 굴복시켰고 큰 믿음을 가지고 그들을 통일한 데에 있다. 그 당시 군사의 위력을 빌리지 않았지만, 또한 따르지 않는 제후들이 없었던 것은 모두 관중이 그를 도운 힘이었다.

이에 관중의 공로는 위로 왕실에 있었고, 은택은 아래로 천하에 미친 것이다. 그는 어진 사람으로서의 큰 공이 있다. 열국의 대부로서 어느 누가 그의 인처럼 행한 사람이 있겠는가. 어느 누가 그의 인처럼 행한 사람이 있겠는가. 공자 규를 위해 목숨을 바치지 않았다는 하나의 일로 인하여 그의 공을 무시한 나머지 어질지 못하다고 그를 경멸할 수 있겠는가.”

集註

九는 春秋傳作糾하니 督也니 古字通用이라 不以兵車는 言不假威力也라 如其仁은 言誰如其仁者니 又再言以深許之라 蓋管仲雖未得爲仁人이나 而其利澤及人하니 則有仁之功矣라

[훈고] 구(九)는 『춘추좌전』에는 규(糾)자로 썼는데 독(督)자의 뜻이니, 고자에 통용된다. 불이병거(不以兵車)는 위력을 빌리지 않음을 말한다.
여기인(如其仁)은 누가 그의 인과 같은 자가 있겠느냐는 말이다. 또 두 번 말하여 깊이 허락한 것이다.

[해석] 관중이 비록 어진 사람이라 말할 수 없으나 그의 은택이 사람에게 미쳤으니 어진 이로서의 공이 있다.

18. 관중장지 管仲章旨

이 장에서도 또한 부자께서 관중의 공업을 크게 여기고 있다. 자공이 관중을 책망함은 그가 죽지 않은 것만으로도 잘못인데, 또다시 제환공을 보필하였다는 점에 중점을 두고 있다. 그러나 부자께서는 그가 제환공을 도운 측면에서 그의 위대한 공업을 찬탄하고 있다.

따라서 마지막 절[豈若匹夫匹婦之爲諒也, 自經於溝瀆而莫之知也]에서는 반언(反言)으로 관중은 응당 자신의 몸을 아껴야 하고 작은 절개를 위해 스스로 목숨을 끊어서는 안 된다는 점을 보여주었다. 이 또한 자공이 앞에서 말한 ‘불능사(不能死)’ 3자에 대한 질책을 타파한 것이다.

(1) 관중절지 管仲節旨

자공은 부자 문하에 있어 지혜로운 제자이다. 관중이 죽지 않은 것까지야 그럴 수도 있을 법한 일이지만, 그가 다시 제환공을 섬겼다는 것은 너무 심하다고 여겼기에 인이 아니라고 말한 것이다.

子貢曰 管仲은 非仁者與ㄴ저 **桓公**이 **殺公子糾**어늘 **不能死**오 **又相之**온여

자공이 말하였다.
“관중은 어진 사람이 아닙니다. 환공이 공자 규를 죽였는데 죽지도 않고서 또 그를 도움이여.”

강설

자공 역시 관중에 대해 자로와 같은 견해를 견지하여 여쭈었다.

"제가 관중을 살펴보니, 그는 어진 사람이 아닙니다. 환공이 공자 규를 죽였는바, 환공은 관중의 원수입니다. 공자 규의 난에 죽지 못했던 일은 그만두더라도 환공을 따라 보필했다는 것은 잔인한 마음으로 도리를 해친 일인바, 어진 사람으로서 진정 이처럼 할 수 있는 것입니까?"

集註

子貢 意不死猶可어니와 **相之則已甚矣**라

[해석] 자공은 관중이 죽지 않은 것이야 그래도 그렇다지만, 그를 도움은 너무 심하다고 생각했다.

(2) 상환절지 相桓節旨

자공은 관중이 또다시 제환공을 돕기까지 한 점에 대해 단죄하였기에 부자께서 먼저 "또다시 도왔다."는 그의 말을 이어서 해석하되 일광천하(一匡天下) 구절에 중점을 두고 있다.

패제후(覇諸侯)는 관중이 제환공을 도운 데에서 이룩된 것이고, 천하를 바로 잡은 공은 제환공으로부터 비롯된 것이며, 백성이 오늘날까지 그의 은택을 입을 수 있었던 것 또한 천하를 바로잡은 데에서 유래하였다. 이는 그의 위대한 공로이지, 비판의 대상이 될 수 없음을 말해주는 것이다.

마지막 2구[微管仲 吾其被髮左衽矣]는 가설이다. 만약 그 당시 관중이 없었더라면 이런 화가 발생하였을 것이라는 점을 밝혀, 관중의 은택을 거듭 밝히고 있다.

子曰 管仲이 **相桓公 霸諸侯**하야 **一匡天下**하니 **民到于今**히 **受其賜**하나니 **微管仲**이면 **吾其被髮左衽矣**러니라

부자께서 말씀하셨다.

"관중이 환공을 도와서 제후의 패자가 되어 한 차례 천하를 바로잡았다. 백성이 지금에 이르기까지 그가 내려준 은택을 받고 있다. 관중이 없었다면 우리는 그 머리를 풀어헤치고 옷섶을 왼편으로 하는 오랑캐가 되었을 것이다."

강설

부자께서 자공에게 말씀하셨다.

"그대는 관중이 환공을 도왔던 일을 인이 아니라고 의심하지만, 관중의 인이 천하 후세에 미친 바는 바로 그가 환공을 도왔기 때문임을 알지 못한 데에서 비롯된 것이다. 관중이 환공을 도와 40년간 국정을 다스렸기에 환공을 중국의 맹주가 되게 하여 천하에 패권을 누리게 된 것이다.

그 당시 주나라의 왕실을 높여 군신의 대의를 바로잡았고, 오랑캐를 물리쳐 내외의 방비를 엄격히 하였다. 그가 천하를 바로잡음이 이와 같았다. 이 때문에 당시의 백성들이 그의 은택을 입었을 뿐 아니라, 오늘날까지 중국의 의관 문물이 융성하여 모두가 평안할 수 있었던 것, 그 모두가 관중이 한번 바로잡아준 공로에 의한 것이다.

지난날 관중이 환공을 도와 천하를 바로잡지 않았었더라면 그 당시 중국은 아마 오랑캐의 나라가 되었을 것이며, 오늘날 우리는 머리칼을 풀어헤치고 옷깃을 왼쪽으로 여미는 오랑캐가 되었을 것이다. 오늘날 어떻게 이처럼 그의 혜택을 입고서 살아갈 수 있었겠는가.”

集註

霸는 與伯同이니 長也라 匡은 正也라 尊周室, 攘夷狄은 皆所以正天下也라 微는 無也라 衽은 衣衿也니 被髮左衽은 夷狄之俗也라

[훈고] 패(霸)는 패(伯)와 같으니, 어른이다. 광(匡)은 바로잡음이다.
주나라 왕실을 높이고 이적을 물리침은 모두 천하를 바로잡은 바이다.
미(微)는 없음이다. 임(衽)은 옷섶이다. 머리를 풀어헤치고 옷섶을 왼쪽으로 함은 오랑캐의 풍속이다.

[보補]
관중은 심덕으로 그의 인을 허락한 게 아니라, 특별히 그의 공적을 들어 그의 인을 인정한 것이다. 우리가 머리를 풀어헤치고 살았을 것이라는 말은 마치 9년 홍수 다스려준 우임금이 없었다면 사람들은 모두 죽었을 것이라는 뜻과 같다.

(3) 기약절지 豈若節旨

이 절은 밀접하게 앞 절을 이어서, 관중에게 이처럼 큰 공이 있었는바, 그가 죽지 않았던 것은 그 나름대로 뜻한 바가 있었기 때문임을 밝혀주고 있다.

기약(豈若) 2자는 아래 구절과 일관되어 있기에 그 뜻을 이어서 보아야 한다.

양(諒)은 작은 신의[小信]를 말한 것으로, 앞에서 말한 위대한 공로[大功]와 대조를 이루고 있다. 스스로 남모를 골짜기에서 목을 맨다[自經]는 것은 작은 신의[諒]에 해당한다. 부자께서 관중의 공을 칭찬한 것 또한 그가 죽어야 할 의무가 없었기 때문이다. 그렇지 않다면 훗날 아무리 큰 공이 있을지라도 그 잘못에 대해 속죄할 수 없었을 것이다.

豈若匹夫匹婦之爲諒也라 自經於溝瀆而莫之知也리오

“어찌 〈식견 없는〉 필부필부들이 작은 신의를 지키기 위하여 스스로 골짜기에서 목을 매어 〈천하 후세 사람들에게〉 알려짐이 없는 것처럼 죽을 수 있겠는가.”

강설

"관중이 죽지 않았기에 그의 공로가 천하 후세까지 이처럼 남겨주었다. 이는 천하 후세에 관중이 있었음을 알려준 것이다. 어떻게 한낱 무지한 지아비 지어미처럼 작은 절개만을 지키기 위해 목숨을 버릴 수 있겠는가. 조금이라도 격분한 마음이 있으면 마침내 원대한 일을 잊고서 스스로 남모를 골짜기에서 목을 매어 천하 후세의 사람들이 그가 누구였는지도 알지 못하게 죽어가는 것처럼 할 수 있겠는가.

관중이 환공을 도운 것은 참으로 어진 자가 그 죽음을 중히 여긴 일인데 그대는 또한 환공을 도운 일로 어질지 못하다고 하니, 어찌하여 한낱 무지하고 식견 없는 지아비처럼 자결하기를 원하는가."

集註

諒은 小信也라 經은 縊也라

莫之知는 人不知也라 後漢書引此文할에 莫字上에 有'人'字라

○ 程子曰 桓公은 兄也요 子糾는 弟也니 仲私於所事하야 輔之以爭國은 非義也니 桓公殺之雖過나 而糾之死 實當이라 仲始與之同謀하니 遂與之同死 可也오 知輔之爭爲不義하고 將自免以圖後功도 亦可也라 故로 聖人不責其死而稱其功이라 若使桓弟而糾兄하야 管仲 所輔者正이어늘 桓奪其國而殺之면 則管仲之與桓은 不可同世之讐也라 若計其後功而與其事桓이면 聖人之言이 無乃害義之甚하야 啓萬世反覆不忠之亂乎아 如唐之王珪魏徵은 不死建成之難하고 而從太宗하니 可謂害於義矣라 後雖有功이나 何足贖哉리오

愚謂 管仲은 有功而無罪라 故로 聖人獨稱其功이로되 王魏는 先有罪而後有功하니 則不以相掩이 可也니라

[훈고] 양(諒)은 작은 신의이다. 경(經)은 목맴이다.

[해석] 막지지(莫之知)는 사람들이 누구인지 알지 못함이다. 『후한서』에서 이 문장을 인용했는데, '막(莫)'자 위에 '인(人)'자가 있다.(「應劭列傳」)

○ 정자(伊川)가 말씀하였다.

"환공은 형이요, 공자 규는 아우이다. 관중이 섬겼던 사람을 사사롭게 도와 나라를 다툰다는 것은 의가 아니다. 환공이 공자 규를 죽임은 비록 잘못이지만, 공자 규의 죽음은 실로 마땅하다. 관중이 처음부터 공자 규와 함께 꾀하였으니 끝까지 함께 죽어도 옳은 일이며, 그를 도와 나라를 다툼이 옳지 않음을 알고서 스스로 죽음을 면하고 장차 후일의 공을 도모한 것 또한 옳다. 그러므로 성인이 그 죽음에 대해 꾸짖지 않고 그의 공을 일컬었다.

　　만일 환공이 아우이고 공자 규가 형이었다면 관중이 보필한 바가 바른 일이고, 환공이 자규의 나라를 빼앗고 자규를 죽였다면 관중은 환공과 세상을 함께 할 수 없는 원수이다.

　　만일 부자께서 그 훗날의 공을 계산하여 관중이 환공을 섬긴 일을 옳다고 허여한다면 성인의 말씀은 이에 의를 해함이 심하고 만세에 반복 불충의 난을 열어주지 않겠는가. 당나라의 왕규와 위징이 '건성(建成)의 난'[34]에 죽지 않고 태종을 따른 일은 의를 해쳤다고 말할 것이다. 훗날 비록 공이 있었으나 어찌 잘못에 대한 속죄가 되겠는가."

　　나의 생각은 다음과 같다.

　　"관중은 공이 있을 뿐, 죄가 없었던 까닭에 성인이 유달리 그의 공을 일컬었으나, 왕규와 위징은 먼저 잘못이 있고 뒤에 공이 있는바, 이는 공으로 그의 죄를 덮을 수 없다."

19. 공숙전지 公叔全旨

　　이 장에서는 어진 이를 천거한 공숙문자(公叔文子)의 아름다움을 나타내어, 역으로 그렇지 못한 위정자들을 풍자하였다.

　　문장의 구조를 살펴보면, 첫 문장(公叔文子之臣大夫僎, 與文子同升諸公)에서는 공숙문자가 이처럼 훌륭한 일을 했다는 하나의 안건을 제시하였고, 아래 문장(子聞之曰 可以爲文矣)에서는 그에 대한 평가요, 단안(斷案)이다.

　　공숙문자에게 문(文)이라는 시호가 어떻게 쓰였는지? 정작 위나라에서는 공숙문자가 대부 선(大夫 僎)을 추천한 일에 대해선 잘 알려지지 않는다. 공숙문자의 '문'에 대한 시호는 "조정의 반열 제도를 마련하였고, 제후들과의 외교에 위나라의 사직에 욕을 끼치지 않았다고 하여 '문' 자를 쓴 것이다.[請諡, 諡以貞惠文子. 盖以修其班制, 以與四鄰交, 衛國之社稷不辱, 故諡以文.]"

　　이처럼 애당초 '문'이라는 시호는 그 대부 선을 추천하여 함께 조정의 대부가 되었다는 의미로 '문'자를 쓴 것이 아니다. 부자께서 특별히 그의 가신(家臣)이었던 선(僎)을 조정에 천거했다는 한 가지 일, 그것만으로도 '문'이라는 시호에 부끄러울 게 없음을 말한다.

　　주인과 가신이라는 신분에 얽매여 국가의 동량(棟樑) 인재를 줄곧 수하에 버려두었다면 그 얼마나 혼미하고 비루한 일이었겠는가. 그러나 그런 신분의 차이를 따지지 않고 자신의 지위와 대등한 대부의 자리에 어진 이를 천거하였다. 그 얼마나 빛나고 고명한 일인가. 이는 부자께서 시법(諡法)을 빌어 그의 인재 등용에 대한 끝없는 감탄과 사모의 마음을 표한 것이지, 그 밖의 정치와

34　건성의 난: 태종은 본디 당 고조(唐高祖)의 아들 22명 가운데 둘째인 진왕(秦王)이었는데, 각처에서 봉기하는 비적을 토벌하여 큰 공을 세우자 고조가 총애하였다. 626년 6월, 그의 형인 태자 건성(建成)과 둘째 아우 제왕 원길(齊王元吉)이 반란을 꾀하였으나 일이 발각되어 도망가는데 태종은 직접 활을 쏘아 두 형제를 죽였으며, 건성의 아들 승도(承道)·승덕(承德)·승훈(承訓)·승명(承明)·승의(承義)와 원길의 아들 승업(承業)·승난(承鸞)·승장(承獎)·승유(承裕)·승도(承度) 등 10명의 조카들을 사형시켰다.(『唐書』권79, 「高祖諸子列傳」) 왕규와 위징은 일찍이 태자 이건성(李建成)을 섬겨 벼슬하였으나, 건성이 태종에게 살해되고 태종이 즉위하자 다시 태종을 섬겼으므로 원수를 섬겼다는 비판이 있게 되었다.

외교 따위는 보잘 게 없어 '문'이라는 시호를 쓰기에 부족하다는 말은 아니다.

公叔文子之臣 大夫僎이 與文子로 同升諸公이러니

공숙문자의 가신으로서 대부가 된 선(僎)이 공숙문자와 함께 조정으로 올라갔다.

강설

일찍이 공숙문자의 가신이었던 이가 훗날 조정의 대부가 되었다. 그의 이름은 선(僎)이다. 옛 주인이었던 공숙문자와 함께 수레를 타고서 조정에 올라가 대부 반열에 섰다. 이는 신분의 차이를 잊고서 어진 이를 천거한 것이다. 참으로 옛 대신의 풍모에 부끄러움이 없는 사람이다.

集註

臣은 家臣이오 公은 公朝니

謂薦之與己同進하야 爲公朝之臣也라

[훈고] 신(臣)은 가신이다. 공(公)은 공조이다.

[해석] 그를 천거하여 자기와 함께 벼슬에 나아가 조정의 신하가 되었음을 말한다.

子 聞之하시고 曰 可以爲文矣로다

부자께서 이 말을 들으시고 말씀하셨다.
"〈그의 시호를〉 문(文)이라 말할 만하다."

강설

부자께서 그런 사실을 전해 듣고서 그를 칭찬하셨다.
"'문'이라는 시호는 이치를 순응하여 아름다움을 이룬 이에게 붙이는 글자이다. 오늘날 공숙에게 '문'이라는 시호가 주어진 데에 대해서 그 나머지 일은 알 수 없지만, 그가 선(僎)을 천거했던 하나의 일만 보더라도 이치를 순응한 아름다운 풍모이다. 이는 '문'이라는 시호를 쓰기에 충분한 일이다. 이 어찌 분에 넘치는 시호라 하겠는가."

集註

文者는 順理而成章之謂니 諡法에 亦有所謂錫民爵位曰文者라

○ 洪氏曰 家臣之賤而引之하야 使與己幷이 有三善焉하니 知人이 一也오 忘己 二也오 事君이 三也니라

[해석] '문'이란 이치에 순응하여 문장을 이룸을 말한다. 시호의 법에 또한 "백성에게 벼슬

주는 것을 '문'이라 한다."는 설이 있다.

○ 홍씨[洪興祖]가 말하였다.

"미천한 가신을 이끌어서 그를 자기와 함께 나란히 한 데에는 3가지 잘한 점이 있기 때문이다. 인재를 알아봄이 첫째요, 몸을 잊음이 둘째요, 임금을 섬김이 셋째이다."

[보補]

집주에서 말한 '순리이성장(順理而成章)'의 순리(順理)란 그 재능과 덕망이 대부되기에 넉넉한 인물이므로 그를 추천한 일이 곧 순리임을 말한다. 만약 무능하고 덕망이 없는 이를 사정(私情)에 얽매여서, 또는 이해관계로 등용했다면 그것은 순리라 말할 수 없는 일이다.

성장(成章)이란 가신의 미천한 신분에 대해 아무런 혐의를 가지지 않고 자신과 함께 동렬 대부가 되었다는 점이 곧 아름다운 일을 성취한 것이다.

20. 자언장지 子言章旨

이 장에서는 인재의 등용이 나라를 다스리는 데에 그 얼마나 중요한 일인가를 밝혀주고 있다.

첫 절[子言衛靈公之無道也]에서는 위나라 임금의 무도함을 꾸짖었고,

그 아래 절[仲叔圉…奚其喪]에서는 계강자의 의심으로 인하여 나라를 보전할 수 있었던 그 이유를 보여주고 있다.

(1) 자언절지 子言節旨

첫 구절[子言衛靈公之無道也]은 기록한 자가 그 큰 뜻만을 요약한 것이다.

상(喪) 자의 훈고에 대해 "지위를 잃다.[喪位]"라고 말하니, 이는 나라를 잃은 것과는 다르다. 예컨대, 죽임을 당하거나 추방을 당하는 일 따위가 모두 임금의 지위를 잃은 일들이다.

子 言衛靈公之無道也러시니
康子曰 夫如是로되 **奚而不喪**이니잇고

부자께서 위령공의 무도함을 말씀하시니, 계강자가 말하였다.
"이와 같음에도 어찌하여 그 지위를 잃지 않은 것입니까?"

[강설]

부자께서 일찍이 "위령공은 무도한 임금이다."고 말씀하셨다.
계강자가 이로 인하여 여쭈었다.

"임금이 도가 있으면 나라가 흥성하고, 도가 없으면 지위를 잃은 법입니다. 오늘날 영공이 이처럼 무도함에도 어찌하여 그 지위를 잃지 않은 것입니까?"

集註

喪은 **失位也**라

[훈고] 상(喪)은 지위를 잃음이다.

(2) 중숙절지 仲叔節旨

중숙어 이하[仲叔圉⋯治軍旅] 3구는 위령공이 신하를 잘 등용했다는 점을 위주로 말한 것이지, 세 사람의 재능을 위주로 말함이 아니다.

세 사람은 본디 현인이 아니고, 영공 또한 어진 군주가 아니다. 다만 영공은 그처럼 총명하게 그들의 장점을 잘 파악하여 등용하였고, 그들에게 그에 의해 등용됨을 즐겁게 생각하여 혼신의 힘을 다하도록 하였기에 결국 나라를 보전할 수 있었다. 여기에서 인재의 등용이 나라를 다스림에 있어 가장 중요한 일임을 볼 수 있다.

마지막 "어찌 그 지위를 잃겠느냐.[奚其喪]" 구절은 앞의 "어찌하여 그 지위를 잃지 않은 것입니까?[奚而不喪]"라는 구절에 상응한 문장이다.

孔子曰 仲叔圉(어)는 **治賓客**하고 **祝鮀**는 **治宗廟**하고 **王孫賈**는 **治軍旅**하니 **夫如是**니 **奚其喪**이리오

부자께서 말씀하셨다.

"중숙어는 빈객을 다스리고, 축타는 종묘를 다스리고, 왕손가는 군사를 다스렸다. 이처럼 하였는데, 어찌 그 지위를 잃겠는가."

강설

공자께서 그에게 말씀하셨다.

"영공이 무도하지만, 그는 사람을 잘 알아보고서 그들에게 걸맞은 직책을 잘도 맡겼다.

중숙어는 대화에 뛰어난 사람이다. 그를 등용하여 국빈에 대한 일을 주관하여 가는 사신을 보내고 오는 사신을 맞이하도록 하였다.

축타는 제례에 뛰어난 사람이다. 그를 등용하여 종묘를 다스려 사계절의 제례를 주관하도록 하였다.

왕손가는 용병술에 뛰어난 사람이다. 그를 등용하여 군사를 다스려 열병과 훈련 따위의 일들을 주관하도록 하였다.

세 사람의 능력은 모두 훌륭하였고, 영공은 각기 그들의 능력에 알맞게 등용함이 이와 같았다. 이 때문에 인접 국가와의 능란한 외교에 의해 나라의 어려움은 중숙어에 힘입어 사전에 막았고, 신명을 섬김에 있어 제례가 밝음으로 나라의 복은 축타에 힘입어 연장되었으며, 외적의 침략을 방어하는 데 뛰어난 책략이 있었기에 나라의 위험은 왕손가에 힘입어 국위가 선양되었다.

그러니 어찌 영공이 군주의 지위를 잃는 데까지 이를 수 있겠는가. 무도한 영공으로서도 인재를 등용하여 나라를 보존할 수 있었는데, 하물며 영공처럼 무도하지 않는, 도가 있는 임금이 훌륭한 천하의 인재까지 등용한다면 오죽하겠는가. 인재란 나라에 유익함이 이와 같다.”

集註

仲叔圉는 卽孔文子也라

三人은 皆衛臣이니 雖未必賢이나 而其才可用이오 靈公用之에 又各當其才라

○ 尹氏曰 衛靈公之無道는 宜喪也로되 而能用此三人하야 猶足以保其國하니 而況有道之君이 能用天下之賢才者乎아 詩曰 無競維人이면 四方其訓之라하니라

[훈고] 중숙어는 곧 공문자이다.

[해석] 세 사람은 모두 위나라 신하이다. 비록 반드시 어질다고는 못하지만, 그 재능만큼은 쓸 만하였고, 영공이 그들을 등용함에 또한 각기 그 재능에 알맞도록 임명하였다.

○ 윤씨[尹焞]가 말하였다.

“영공의 무도함은 의당 지위를 잃어야 함에도 이 세 사람을 등용하여 오히려 나라를 보전하였다. 하물며 도가 있는 임금이 천하의 어진 이와 유능한 이를 등용한다면 오죽하겠는가. 『시경』에 이르기를 ‘인재의 등용보다도 더 강함이 없다. 사방의 사람들이 그를 법으로 삼을 것이다.’(「大雅 抑」)고 하였다.”

[보 補]

율곡선생은 「동호문답(東湖問答)」의 첫 부분에서 “임금의 재예와 지혜가 출중하여 호걸스러운 신하를 부리면 나라가 다스려지고, 임금의 재예가 부족할지라도 어진 신하를 찾아 맡기면 다스려진다.[人君才智出類, 駕馭豪傑則治; 才雖不足, 能任賢者則治.]”고 하였다. 위령공이 왕위를 잃지 않음은 후자의 경우이다. 이러한 역사의 사실은 제환공과 한 소열[劉備]에게서도 찾아볼 수 있다.

율곡선생은 이어서 다음과 같이 논하고 있다.

“제환공은 음란한 음악과 여색을 멀리한 적이 없었고, 한소열[劉備]의 허벅지는 부질없이 말안장 위에서 여위어 갔다. 그들에게 만일 어질고 지혜로운 신하를 두어 보좌를 얻지 못했더라면 제환공은 패업을 이룩하지 못했을 것이고, 소열은 작은 땅을 소유하기에도 어려웠을 것이다. 그러나 환공이 관중을 등용함으로써 제후를 규합하여 천하를 한 차례 바로잡는 공

업을 이룩했고, 소열이 제갈량을 등용함으로써 촉한을 점유하여 한실의 적통을 계승할 수 있었다."[35]

21. 기언전지 其言全旨

이 장은 오로지 큰소리치며 부끄러워하지 않는 자를 위해 말한 것으로, "부끄러워하지 않으면" 이라는 불작(不怍) 2자에 중점을 두고 있다.

뒤 구절[則爲之也難]은 그 부끄러워하지 않는 마음을 단죄한 것으로, 이는 "말을 삼가고 행동을 민첩하게 해야 한다."는 뜻과는 다르다. 이는 사람들의 입을 닫도록 함이 아니라, 말을 실천하기를 바라는 뜻이다.

子曰 其言之不怍이면 則爲之也 難하니라

부자께서 말씀하셨다.
"말을 부끄러워하지 않으면 실행하는 것이 어렵다."

> **강설**
>
> 부자께서 쉽게 말하는 사람을 경계하셨다.
> "반드시 실천하려는 마음을 지닌 사람은 반드시 그 역량이 어떠하고 사세가 어떠한가를 뒤돌아보기 마련이다. 그러므로 멋대로 함부로 말할 수 없다.
> 만일 경솔하고 방자하게 전혀 생각 없이 큰소리를 치면서 스스로 높은 체하여 조금도 부끄러운 마음이 없음은 그 모두가 반드시 실천하려는 의지가 없기 때문이며, 한낱 허튼소리로 사람을 속이는 일이다. 말을 한다는 것 또한 어려운 일이 아니겠는가. 사람이란 어떻게 말을 쉽게 할 수 있겠는가."

> **集註**
>
> 大言不慚이면 則無必爲之志하야 而自不度其能否矣니 欲踐其言이나 豈不難哉아
>
> [해석] 큰소리치는 말을 부끄러워하지 않음은 반드시 실천하려는 의지가 없어 스스로 그의 능력 여부를 헤아리지 않음이니, 그 말을 실천하려고 해도 어찌 어렵지 않겠는가.

22. 진성장지 陳成章旨

이 장에서는 군신의 대의를 바로잡고자 함이다.

---

35 "齊桓公 聲色不絶乎耳目, 漢昭烈 髀肉空銷於鞍馬, 使無賢智之士爲之輔佐, 則桓公不得爲令主, 昭烈難有其尺地. 然而桓公能用管仲, 昭烈能用諸葛亮, 或糾合諸侯以成一匡之功, 或跨有漢川以綿赤帝之祚."

첫 구절[陳成子弑簡公]은 문제의 주체를 나타낸 말이고,

그 아래 구절[孔子沐浴而朝…不敢不告也]은 임금에게 고하는 것과 신하에게 고하는 것, 2항목으로 나누어 보아야 한다.

부자가 진성자의 토벌을 청함은 천하가 다스려지느냐 어지러워지느냐라는 큰 관건에 해당한 일임에도, 만약 부자께서 이를 빌어 노나라의 조정을 진작시키려 했다고 말한다면 이는 도리어 부자의 의도를 축소한 것이라 하겠다.

(1) 진성절지 陳成節旨

이 구절은『논어』를 기록한 자의 말이다. 이는 "최자가 제나라 군주를 시해했다."는 문장의 예와 같다.

陳成子 弑簡公이어늘

진성자가 간공을 시해하자,

> **강설**
>
> 예전에 제나라 대부 진성자가 그의 임금 간공을 시해하자,

> **集註**
>
> 成子는 齊大夫니 名恒이오 簡公은 齊君이니 名壬이니 事在春秋哀公十四年이라
>
> [훈고] 성자는 제나라의 대부, 이름은 항(恒)이다. 간공은 제나라 임금이니, 이름은 임(壬)이다. 이 일은『춘추』애공 14년(B.C. 481)에 기록되어 있다.

(2) 공자절지 孔子節旨

목욕하고서 조회에 나간 것은 감히 그 일을 가볍게 여기지 못해서이다.

진항(陳恒)의 이름을 직접 말함은 큰 역적임을 밝힘이며,

시군(弑君)이란 큰 악행을 나타냄이며,

청토(請討)는 대의를 바로잡고자 함이다.

孔子 沐浴而朝하사 告於哀公曰 陳恒이 弑其君하니 請討之하소서

공자께서 목욕하고 조회하여 애공에게 고하였다.

"진항이 그 임금을 시해하였으니, 청컨대 그를 토벌하십시오."

강설

당시 공자께서 벼슬을 그만두었지만, 목욕재계한 후에 조회의 자리에서 애공에게 고하였다. "진항이 임금을 죽였습니다. 이는 왕법에 용서하지 못할 자입니다. 청컨대 임금은 군사를 일으켜 그를 정벌하여 천하에 대의를 펼쳐야 할 것입니다."

集註

是時에 孔子 致仕居魯라 沐浴齊戒以告君은 重其事而不敢忽也라 臣弑其君은 人倫之大變이라 天理所不容이니 人人得而誅之은 況隣國乎아 故로 夫子雖已告老나 而猶請哀公討之시니라

[해석] 그 당시 공자께서 벼슬을 그만두고 노나라에 계셨다. 목욕재계하고 임금에게 고함은 그 일을 중히 여겨 감히 소홀히 할 수 없기 때문이다.

신하가 그 임금을 시해함은 인륜의 큰 변이며, 천리에 용납하지 못할 바이다. 사람마다 그를 죽여야 하는데, 하물며 이웃 나라에서야. 이 때문에 부자께서 비록 이미 늙어 벼슬을 그만두었음에도 오히려 애공에게 토벌하기를 청하신 것이다.

(3) 공왈절지 公曰節旨

애공의 잔약하고 어리석고 용열함을 "세 집안의 사람(맹손·숙손·계손)에게 고하도록 하라."는 한마디 말에서 보는 듯하다.

公曰 告夫三子하라

애공이 말하였다.
"저 세 집안의 사람에게 고하도록 하라."

강설

노나라의 정권은 그 당시 세 집안에 있었으므로 애공은 자유로울 수 없었다. 이 때문에 무기력한 대답을 하였다.
"그대가 맹손·숙손·계손 삼가에게 말하라."
이는 애공의 지지부진함을 알 수 있으며, 부자께서 토벌을 청한 마음이 어렵게 된 것이다.

集註

三子는 三家也니 時에 政在三家하야 哀公不得自專이라 故로 使孔子告之라

[훈고] 삼자는 삼가이다.

[해석] 당시의 정권이 세 집안에 있어 애공이 마음대로 못하였기에 공자에게 이 사실을 그

들에게 말하도록 하였다.

(4) 이오절지 以吾節旨

이 절은 부자께서 토벌을 청할 수밖에 없었던 그 배경에 대한 설명으로, "나는 대부임에도 또한 감히 고하지 않을 수 없었는데, 하물며 군주에 있어서야."라는 뜻을 보여주고 있다. 이는 애공이 직접 삼가에 명하지 못함을 개탄한 데 중점을 두고 있다.

孔子曰 以吾從大夫之後라 不敢不告也호니 君曰 告夫三子者온여

공자께서 말씀하셨다.

"내, 대부의 뒤에 따르기에 감히 고하지 않을 수 없어서인데, 임금이 '세 집안에 고하라.'고 하는 구나."

강설

공자는 조회에서 물러 나오면서 혼잣말로 푸념하셨다.

"임금을 시해한 역적은 왕법으로 마땅히 토벌해야 한다. 내 일찍이 대부의 뒤를 따른 옛 관료인 터라, 감히 이 사실을 고하지 않을 수 없었다. 그런데도 임금이 스스로 세 집안에 명령을 내리지 못하고 나더러 세 집안에 고하라 하심은 무슨 까닭인가."

부자의 이 말씀은 임금을 애처롭게 여기는 마음이 지극하다.

集註

孔子出而自言如此라 意謂弑君之賊은 法所必討요 大夫謀國하니 義所當告어늘 君乃不能自命三子而使我告之邪아

[해석] 공자께서 조회에서 나오면서 혼자서 이처럼 말씀하신 것이다. 그 뜻은 '임금을 시해한 역적이란 법으로 마땅히 토벌해야 할 바이며, 대부는 나라의 일을 꾀하니 의리상 마땅히 고해야 할 바임에도 임금이 스스로 이를 세 집안에 명하지 못하고 나더러 그들에게 고하게 하는구나.'라는 것이다.

(5) 지삼절지 之三節旨

부자는 그 일이 시행되지 못하리라는 점을 분명히 알고 계셨다. 다만 임금의 명을 받들어 만에 하나라도 이뤄지기를 간절히 바란 것이다.

세 집안의 사람들이 말한 '안 된다.[不可]'는 것은 제나라는 강성하고 노나라는 쇠약하여 그 형세

가 당적 할 수 없고, 또한 제나라의 일은 우리나라와 무관하다는 인식 때문이다.

"내, 대부의 뒤를 따르기에 감히 고하지 않을 수 없었다."는 구절은 부자께서 말할 수밖에 없는 당면한 입장을 언급함과 아울러 "나는 벼슬을 그만둔 대부로서도 또한 감히 고하지 않을 수 없었는데, 하물며 현재 지위에 있는 대부로서 어떻게 그럴 수 있느냐?"라는 뜻을 보여준 것이다. 이의 중점은 세 집안의 사람들을 경계한 데에 있다.

앞에서와 여기에서 2차례 말한 불감(不敢: 不敢不告也)이라는 글자를 살펴보면 모두 격렬하고 심한 말로 다그친 가운데 "감히 간악한 일을 키워서도 안 될 것이요, 감히 혼란을 방종해서도 안 된다."라는 뜻을 보여주고 있다.

之三子하야 告하신대 不可라하야늘
孔子曰 以吾從大夫之後라 不敢不告也니라

〈공자께서〉 세 사람에게 찾아가 말하였으나, "옳지 않다."고 하니, 공자께서 말씀하셨다.
"내, 대부의 뒤를 따르기에 감히 이 사실을 고하지 않을 수 없었다."

강설

이로 말미암아 부자께서 임금의 명을 받들어 세 집안의 사람을 찾아가 말씀하셨다. 그러나 세 집안의 사람 또한 노나라의 진항이다. 당연히 모두가 안 된다고 거절할 수밖에 없었다. 따라서 부자께서 진항의 토벌을 청한 마음은 더욱 어렵게 되었다.

이로 인해 공자는 다시 그들의 면전에서 격렬하고 심한 말로 다그쳤다.

"임금을 시해한 일은 제나라의 큰 변고이며, 적을 토벌함은 참으로 노나라의 대의이다. 내가 그대들을 찾아와 말한 것은 내 일찍이 대부를 역임한 적이 있는 터라, 역적을 토벌하는 일을 그대들에게 감히 말하지 않을 수 없었기 때문이다. 하물며 현직에 있는 대부로서 국정을 맡은 자들이 이를 안 된다고 말함은 무엇 때문인가."

부자의 이 말씀은 세 집안의 사람을 경계한 바 크다.

集註

以君命往告로되 而三子는 魯之强臣으로 素有無君之心하야 實與陳氏聲勢相倚라 故로 沮其謀 而夫子復以此應之하시니 其所以警之者 深矣로다

○ 程子曰 左氏記孔子之言曰 陳恒弑其君에 民之不予者 半이니 以魯之衆으로 加齊之半이면 可克也라하니 此非孔子之言이라 誠若此言이면 是는 以力이오 不以義也라 若孔子之志는 必將正 名其罪하야 上告天子하고 下告方伯하야 而率與國以討之니 至於所以勝齊者하야는 孔子之餘事 也니 豈計魯人之衆寡哉아 當是時하야 天下之亂이 極矣라 因是足以正之면 周室其復興乎ㄴ저

魯之君臣이 終不從之하니 可勝惜哉아

胡氏曰 春秋之法에 弑君之賊은 人得而討之하니 仲尼此擧는 先發後聞이라도 可也니라

[해석] 임금의 명으로 찾아가 말하였지만, 세 집안의 사람은 노나라의 강한 신하라 본래 임금을 무시하는 마음이 있어 실제로 진항과 함께 그 위풍과 기세를 서로 의지하고 있다. 이 때문에 〈토벌에 대한〉 그 모의를 막은 것임에도 부자께서 다시 이처럼 말씀하심은 그들을 경계한 바 크다.

○ 정자(伊川)가 말하였다.

"좌씨(左氏: 『春秋左傳』의 저자)가 공자의 말을 기록하면서 '진항이 그 임금을 시해했을 적에 동참하지 않은 백성이 절반이다. 노나라의 백성에다가 제나라의 절반 수효를 더하면 이길 수 있다.'고 말한 것은 부자의 말씀이 아니다.

참으로 좌씨가 말한 바와 같다면 이는 힘으로 말한 것이지, 도의로 말함이 아니다. 공자의 뜻은 반드시 그 죄명을 바로잡아 위로는 천자에게 고하고 아래로는 방백에게 고하여 여국(與國: 우호국가 내지 동맹국가)을 거느리고서 진항을 토벌하려는 것이지, 제나라를 이길 수 있다는 문제에 대해서는 공자로서는 그다지 중요하지 않은 일이다. 어찌 노나라 사람의 많고 적음을 헤아렸겠는가.

그 당시 천하의 혼란은 극에 이르렀다. 이 일을 계기로 〈군신의 대의를〉 바로잡았더라면 주나라 왕실은 다시 흥성했을 것이다. 노나라의 군신이 끝까지 〈공자의 뜻을〉 따르지 않으니, 애석함을 이루 말할 수 없다."

호씨[胡寅]가 말하였다.

"『춘추』의 법에 임금을 시해한 역적은 어느 사람이나 토벌해야 한다고 하니, 부자의 이런 거사는 먼저 시행하고 뒤에 알렸을지라도 옳은 일이다."

23. 자로전지 子路全旨

이 장은 마음이 곧고 진실한 신(純臣)의 도리를 보여준 것으로, "임금을 속이지 말라[勿欺]"는 구절을 위주로 한다. 아래에서 "임금의 면전에서 그 잘못을 과감하게 간한다[犯]"는 것은 단 임금을 속이지 않는 마음으로 과감하게 간하는 일이기에, 이는 물기(勿欺) 구절에 속할 뿐이다.

이처럼 "속이지 말라."는 것은 오로지 과감하게 간하는 터전이 될 뿐 아니라, 과감하게 간하는 일들이 모두 속이지 않은 마음에서 우러나와야 한다. 이 때문에 접속사 이(而)자를 사용하여 상하 문장을 이어준 것이다.

子路 問事君한대

子曰 勿欺也요 而犯之니라

자로가 임금 섬기는 것을 물으니, 부자께서 말씀하셨다.

"속이지 말고 바로 앞에서 과감하게 간하는 것이다."

강설

자로가 신하로서 임금을 극진히 섬기는 도리를 여쭈자, 부자께서 자로의 부족한 면을 들어 말씀하셨다.

"신하가 임금을 섬김에 있어 상하의 정이 떠나면 속이기에 십상이고, 존비의 신분이 엄격하면 바로 앞에서 과감하게 간하기 어렵다.

임금을 섬기는 이는 평소 조정에 나아가 말씀을 드리고 힘을 다하여 행하되, 반드시 안으로는 그 마음을 다하고, 밖으로는 그 분수를 다하여 속여서는 안 된다.

임금이 혹 도를 따르지 않거나 인에 뜻을 두지 않으면 반드시 임금의 앞에서 과감하게 간하여 설령 임금의 노여움을 사더라도 이를 걱정하지 않아야 한다. 신하로서 임금을 섬기는 도리는 이처럼 하면 극진한 것이다."

集註

犯은 謂犯顏諫爭이라

○ 范氏曰 犯은 非子路之所難也요 而以不欺爲難이라 故로 夫子 告以先勿欺而後犯也시니라

[훈고] 범(犯)은 얼굴을 마주 대하여 간함을 말한다.

○ 범씨[范祖禹]가 말하였다.

"바로 앞에서 과감하게 간하는 일은 자로에게 있어 어려운 일이 아니다. 속이지 않음이 어렵기에 부자께서 먼저 속이지 말라 하시고, 범간(犯諫)을 뒤이어 말하였다."

[보 補]

"속이지 말라."는 것은 『대학』에서 말한 성의(誠意)의 무자기(毋自欺)와 같다. 따라서 이는 격물치지와 신독에 근본하고 있다.

성의의 전제는 격물치지이다. 무지에 의해 거짓을 진실로 잘못 인식하고서도 이를 밀어붙일 경우, 고집과 아만으로 남들을 이기기 좋아하는[好勝] 병폐를 낳게 된다. 이는 앞서 부자께서 지적한 바와 같이 자로는 모르는 것도 아는 것처럼 우기는 문제가 없지 않았다. 이는 자로의 궁리(窮理) 공부에 문제가 있음을 말해주는 것이다. 이러한 자로가 자신의 뜻을 관철하기 위해 무리한 거짓말도 할 가능성이 없지 않다.

성의의 공부란 나만이 알 수 있는 그 마음을 삼가는, 신독(愼獨)에 근본하고 있는 바, 이에 대해 다음과 같이 논급하고 있다.

"임금을 섬길 적에 속이지 않는 일을 근본으로 삼는다. 하지만 임금을 속이지 않는다는 것

은 매우 어려운 일이다. 반드시 평소에 진실한 신독의 노력이 있어 마음과 몸이 한결같아야
만 이처럼 할 수 있다. 요즘 사람들은 그 자신이 여색과 재물을 좋아하면서도 그 임금에겐
여색과 재물을 멀리하라고 간하고 있다. 이 모두가 자신을 속이고 임금을 속이는 일이다."[36]

속이지 않는다는 것은 이처럼 평상시 모든 언행에 성심성의를 다하는 마음을 말한다. 그
마음은 남들이 볼 수 없는 지극히 은미한 부분이다. 이러한 성심은 임금에 대한 충성과 나라
를 사랑하는 마음에서 나온 것이요, 또한 이치를 궁구하고 나만의 마음을 삼가는, 궁리에 근
본을 두고 있다. 따라서 털끝만큼이라도 명예를 가까이한다거나 잇속을 따르려는 따위의 사
심이 있어 안팎이 다르면 그것은 곧 자신을 속이고 임금을 속이는 일이다.

그러나 임금을 속이려는 마음이 없을지라도 바로 앞에서 임금의 잘못을 과감하게 간하지
않는다면 남의 허물을 덮어 숨겨주는 잘못이 없지 않고, 잘못을 과감하게 간할지라도 속이려
는 마음을 떨쳐버리지 못하면 교정식위(矯情飾僞)의 병폐가 없지 않을 것이다. 이 점을 경계
하지 않으면 안 된다.

24. 군자전지 君子全旨

이 장에서는 군자와 소인의 의지와 취향[志趣]이 다른 점을 밝히고 있다.

위로 천리(天理)의 극처(極處)에 이르지 않으면 곧 아래로 인욕의 극처로 이르고, 군자가 아니
면 소인이다. 결코 천리와 인욕의 중간, 군자와 소인의 중립이란 있을 수 없다. 절충이라는 이름
으로 회색분자를 합리화할 수는 없다.

달(達)자는 지(知)와 행(行)을 겸하여 말한 것으로, 이는 모두 한 생각[一念]이 일어나는 데에서
천리와 인욕을 분별해야 한다. 군자와 소인이 나뉘는 그 처음이야 털끝만큼이나 작은 하나의 생
각에 지나지 않지만, 나중에 군자와 소인이 앎과 실행은 하늘과 땅만큼 현격한 사이가 벌어지게
된다. 이 때문에 집주에서는 "군자는 고명한 데로 날로 나아가고[日進]" "소인은 낮은 데로 날로
나아간다[日究]"는 말로써 2곳의 달(達)자를 해석하였다.

子曰 君子는 上達하고 小人은 下達이니라

부자께서 말씀하셨다.
"군자는 위로 향하고, 소인은 아래로 치달린다."

강설

부자께서 군자와 소인의 조예에 큰 차이가 있음을 분별하여 말씀하셨다.

---

36 『大全』該註. "雙峯饒氏曰 事君, 以不欺爲本, 然不欺甚難. 須是平日於愼獨上, 實下工夫, 表裏如一, 方能如
此. 今人自家好色好貨, 却諫其君勿好色好貨, 皆是欺君."

"천리란 본래 고명한 것이다. 군자는 천리를 따르므로 그가 알고 행하는바 날로 차츰차츰 고명한 곳으로 향상되니, 위로 천리의 극처에 오르지 않을 수 있겠는가.

인욕이란 본래 더럽고 비천한 것이다. 소인은 인욕을 따르므로 그가 알고 행하는바 날로 차츰차츰 비루한 수렁으로 치달리니 아래로 인욕의 극처에 빠지지 않을 수 있겠는가.

이처럼 나아간 바가 각기 다른 것은 애당초 천리와 인욕이라는 한 생각에서 나눠진다. 배우는 이는 이를 살피지 않을 수 있겠는가."

集註

君子는 循天理라 故로 日進乎高明하고 小人은 徇人欲故로 日究乎汚下라

[해석] 군자는 천리를 따르기에 날로 높고 밝은 데로 나아가고, 소인은 인욕을 따르기에 날로 더럽고 낮은 곳으로 다하게 된다.

[보 補]

순천리(循天理), 순인욕(徇人欲)은 상달(上達)과 하달(下達)의 근원이며, 진고명(進高明), 구오하(究汚下)는 상달하달의 결과이다. 사람의 마음에는 모든 이치를 다 갖추고 있지만, 때로 인욕에 의해 천리를 빼앗김으로 이를 되돌려놓는 공부가 있어야 한다. 천리를 회복하여 일호의 사욕에 얽매임이 없으면 드높고, 일호의 사의(私意)에 가리지 않으면 밝게 된다. 그러나 이목구비와 사지의 욕구를 따르면 더욱 탐욕과 혼탁한 곳으로 치달려가기에 더럽게 되고, 더욱 구차스럽고 천박한 곳으로 흘러가면 낮아지는 것이다. 앞으로 나아가면 오를수록 더욱 높아지고, 내려가면 잠길수록 더욱 낮아지게 된다.[37]

25. 고지전지 古之全旨

이 장에서는 고금 학자들의 마음을 분별하여 오늘날 남들에게 보여주기 위한 위인(爲人)의 학문을 징계하고, 예전의 자신의 몸을 닦아나가는 위기(爲己)의 학문을 따르도록 사람들을 격려한 것이다.

'위기, 위인'이라는 위(爲) 2자에 관한 집주에서는 모두 욕(欲)자로 바꿔 썼다. 이는 군자와 소인이 똑같은 학문을 하되 이처럼 그들의 원하는 바가 다름을 말해주는 것이다.

자신의 도리를 위한 위기의 학문은 날로 내면으로 수렴하여 소박하고 진실하지만, 남들에게 보여주기 위한 위인의 학문은 날로 경박하고 천로(淺露)하게 된다.

옛사람의 위기 학문은 곧 천지와 동참하여 천지의 화육(化育)을 도와 만물이 모두 제자리를 잡

---

37 『大全』該註. "胡氏曰 循天理徇人欲, 上達下達之原也; 進高明究汚下, 上達下達之效也. 人心萬理皆具, 人欲或得以奪之, 故有待於反之也. 能復乎天理而不以一毫私欲自累, 則高矣; 不以一毫私欲自蔽, 則明矣; 苟徇乎耳目口鼻四肢之欲, 益趨於貪濁之地, 則汚矣; 益流於苟賤之域, 則下矣. 進則升而愈崇, 究則沈而愈卑."

고 양육되는 성인만의 능사에 이르지만, 자신의 몸에서 온전함을 추구하지 않는 바 없다. 그러나 오늘날 사람들의 위인 학문은 몸을 조심하고 행실을 닦아나감에 있어 결국은 남들이 알아주기를 추구하는 가식에 지나지 않는다.

子曰 古之學者는 爲己러니 今之學者는 爲人이로다

부자께서 말씀하셨다.

"예전의 학자는 자신의 도리를 닦고자 하였는데, 오늘날의 학자는 남들이 알아주기를 원한다."

강설

부자께서 고금 학자의 마음 씀씀이가 다른 점을 분별하여 말씀하셨다.

"예나 제나 학문을 닦아가는 일이야 똑같지만, 그 마음 씀씀이만은 전혀 다르다. 예전의 학자들은 앎을 다하고 행하는 데 힘쓰되 그 마음은 오로지 모든 이치를 밝히지 못하고 모든 행실이 갖춰지지 못할까를 두려워하여, 반드시 그 자신에게서 이를 얻고서야 그만두었다. 그들의 마음은 이처럼 자신의 도리를 위해 닦아감에 매진하였다.

오늘날의 학자 또한 앎을 다하고 행하는 데에 힘쓰고 있다. 그러나 그들의 마음은 오로지 나의 선이 남들에게 칭찬받지 못하고, 나의 덕이 남들에게 알려지지 못할까를 고심하고 두려워하여, 반드시 남들에게 알려진 후에야 그만두니, 그들이 남들에게서 얻어지는 것을 이처럼 갈구하고 있다.

이는 고금의 학자들이 서로 다를 수밖에 없는, 그 마음가짐이다. 배우는 이들은 이 점을 논변하지 않을 수 없다."

集註

程子曰 爲己는 欲得之於己也오 爲人은 欲見知於人也니라

○ 程子曰 古之學者는 爲己로되 其終至於成物이러니 今之學者는 爲人이로되 其終至於喪己니라

愚按 聖賢論學者用心得失之際에 其說多矣라 然이나 未有如此言之切而要者하니 於此에 明辨而日省之면 則庶乎其不昧於所從矣리라

[해석] 정자(伊川)가 말하였다.

"몸을 위한다는 것은 자기의 몸에서 얻고자 함이요, 사람을 위한다는 것은 남들이 알아주기를 원함이다."

○ 정자(伊川)가 말하였다.

"예전의 학자는 자기의 도리를 위하나 마침내 남들까지 이뤄주는데 이르렀지만, 오늘날의 학자는 남들이 알아주기를 원하나 마침내 자기의 몸까지 잃는 데 이른다."

나는 살펴보니 다음과 같다.

"성현께서 배우는 이들의 마음 씀씀이 잘잘못에 관한 부분을 논하여 말씀한 바 많다. 그러나 이 말씀처럼 절실하고도 긴요한 부분은 있지 않았다. 이를 분명히 논변하여 날로 살피면 그 어느 것을 따라야 할지 밝게 아는 데에 가까울 것이다."

26. 거백장지 蘧伯章旨

이 장에서는 성인과 현인이 서로 신뢰하여 마음으로 상통하고 있음을 보여주고 있다. 심(心)자를 위주로 하여, 공자와 거백옥이 마음으로 사귐에 사신이 그러한 마음을 알고서 잘 말하였기 때문에 공자 또한 마음으로 거백옥을 사모하면서 그 사신을 찬탄하고 아름답게 여긴 것이다.

(1) 거백절지 蘧伯節旨

사신은 노비에 속한 사람이 아니다. 그 또한 신하 중에서 어진 이를 가려서 사신으로 보낸다. 그가 "허물을 적게 하려고 한다.[寡過]"는 한마디 말을 살펴보면 이러한 점을 알 수 있다.

蘧伯玉이 使(시)人於孔子어늘

거백옥이 사람을 보내어 공자에게 문안을 드리자,

강설

거백옥은 위나라의 어진 대부이다. 부자께서 위나라에 계실 적에 그와 좋은 교분을 나누었다. 훗날 부자께서 노나라로 돌아오시자, 거백옥은 부자를 사모한 마음에 사람을 보내어 부자의 안부를 물었다.

集註

蘧伯玉은 衛大夫니 名瑗이라 孔子居衛에 嘗主於其家러시니 旣而反魯라 故로 伯玉使人來也라

[훈고] 거백옥은 위나라 대부, 이름은 원(瑗)이다.

[해석] 공자가 위나라에 거처할 적에 일찍이 그의 집에 머물었는데, 그 후 노나라로 돌아온 까닭에 거백옥이 사람을 보내온 것이다.

(2) 공자절지 孔子節旨

"무슨 일을 하느냐?[何爲]"는 것은 거백옥의 최근에 하는 일들이 평소 부자께서 이미 알고 있는 바와 같은가를 물음이며, 사신이 대답한 욕과(欲寡) 구절[夫子欲寡其過而未能也]은 하나의 구절로 끊

지 않고 이어가면서 마치 그 옆에서 그의 말을 듣는듯한 느낌을 주고 있다.

　몸으로 짓는 허물은 쉽게 떨쳐버릴 수 있으나 마음으로 범하는 허물을 없애기는 어렵다. 허물을 적게 하고자 하면 항상 그 능하지 못한 바를 절로 발견할 수 있다. 그 능하지 못한 바를 스스로 적게 하고자 깨달아야만 바야흐로 이것이 마음을 닦는 진실한 공부이다.

　시호시호(使乎使乎) 구절은 거백옥의 마음을 잘 아는 것[知心]과 그의 마음을 말로 잘 표현한 것[善辭] 2가지 뜻을 겸하고 있지만, 그의 마음을 알았다[知心]는 측면에 중점을 두고 있다.

孔子 與之坐而問焉曰 夫子는 何爲오
對曰 夫子 欲寡其過而未能也니이다
使者 出커늘
子曰 使乎使乎여

　공자께서 그와 함께 앉아서 물었다.
　"그분은 무슨 일을 하느냐?"
　"그분은 그 허물을 적게 하려 하나 그렇게 되지 않나 봅니다."
　사신이 나가자, 부자께서 말씀하셨다.
　"사신답구나. 사신다워…!"

강설

　부자께서 거백옥을 존경하였기에 그 사신을 공경하여 그와 함께 앉아 이야기를 나누던 중에 그에게 물었다.

　"그대 부자께서 요즘은 어떻게 몸을 닦고 계시는가?"

　사신이 대답하였다.

　"우리 부자께서 별다른 일은 하는 게 없고, 다만 그 마음에 스스로 그 허물을 적게 하고자 하지만 마음처럼 적게 하지는 못하였습니다."

　'허물을 적게 하려고 한다.'는 말에서 거백옥의 성찰(省察)과 극치(克治)의 마음을 엿볼 수 있으며, '그처럼 되지 못한다.'는 말에서 또한 거백옥이 성찰과 극치의 공부가 언제나 미치지 못한 듯, 언제나 부족하게 여기는 마음을 엿볼 수 있다. 거백옥이 지닌 마음을 사신이 이처럼 말하리라고 어찌 생각이나 하였겠는가.

　이에 사신이 나가자, 부자께서 그를 칭찬하셨다.

　"사신은 거백옥의 마음을 안 사람이며, 말을 잘한 사람이라 말할 수 있다. 그는 참으로 훌륭한 사신이라고 말해야 할 것이다."

　거백옥처럼 어진 사람이 아니라면 이와 같은 마음을 간직하지 못했을 것이며, 사신처럼 어질지 못했더라면 거백옥의 마음가짐을 미처 알지 못했을 것이다.

與之坐는 敬其主以及其使也라 夫子는 指伯玉也라 言其但欲寡過而猶未能하니 則其省身克己하야 常若不及之意를 可見矣라 使者之言이 愈自卑約이나 而其主之賢益彰하니 亦可謂深知君子之心而善於詞令者矣라 故로 夫子再言使乎하야 以重美之시니라

按莊周稱伯玉行年五十而知四十九年之非라하고 又曰 伯玉行年六十而六十化라하니 蓋其進德之功이 老而不倦이라 是以로 踐履篤實하고 光輝宣著하야 不惟使者知之라 而夫子亦信之也시니라

[훈고와 해석] 사신과 함께 앉은 것은 그 주인을 공경하는 마음이 사신에게까지 미친 것이다. 부자는 거백옥을 가리킨다. 그는 다만 허물을 적게 하고자 하나 아직은 그처럼 하지 못한다고 말하니, 그가 자신을 성찰하고 몸의 사욕[一己之私]을 이겨나감에 항상 미치지 못하는 것처럼 한다는 뜻을 볼 수 있다.

사신의 말은 스스로 더욱 낮추고 간략하면서도 그 주인의 어짊을 더욱 나타내주었다. 이 또한 군자의 마음을 깊이 알고 말을 잘 표현한 자라고 말할 만하다. 따라서 부자께서 2차례나 사신답다고 거듭 말씀하여 찬탄하였다.

장주(莊周: 莊子)의 말을 살펴보면, "거백옥은 쉰 나이에 마흔아홉의 잘못을 알았다."고 하였고, 또한 "거백옥은 예순이 되어서는 예순에 모든 일이 절로 이뤄졌다."(『莊子』 「則陽」)고 하니, 덕행이 증진되어가는 그의 공부가 늙어서까지도 게으르지 않았다. 이 때문에 실천이 독실하고 밝은 빛이 나타나, 사신만이 그를 아는 게 아니라, 부자 또한 그를 믿고 계셨다.

[보 補]

거백옥이 마음을 다스리는 공부를 살펴보면, 허물을 적게 하여 장차 허물이 없는 데에 이르고, 능하지 못한 것을 장차 능한 데까지 이르게 하려는 것이다.

27. 불재기장 不在其章

子曰 不在其位하얀 不謀其政이니라

부자께서 말씀하셨다.
"그 지위에 있지 않으면 그 정사를 꾀하지 않는다."

重出이라

거듭나온 문장이다.(「泰伯」 제10장)

28. 증자전지 曾子全旨

이 장에서는 증자가 사람들에게 자신이 처한 제자리에서 그 생각이 벗어나지 말아야 함을 보여주고 있다. 그 요체는 「간괘(艮卦☶)」의 상사(象辭: 卦象)에서 말한 의의와 같다.

자신의 거처한바 그 자리에 있으면 마음에 생각하는바 또한 그 자리에 그치게 된다. 단 반드시 몸가짐을 조심하는[居敬] 공부가 있어야만 마음이 오롯하여 벗어나지 않고, 반드시 이치를 궁구하는 [窮理] 공부가 있어야만 마음이 정명(精明)하여 벗어나지 않는다. 이는 군자가 아니면 할 수 없는 일이다.

曾子曰 君子는 思不出其位니라

증자가 말씀하였다.
"군자는 생각이 그 제자리를 벗어나지 않는다."

> **강설**

증자는 「간괘」의 상사(象辭)를 인용하여 사람을 가르쳤다.

"사람의 마음에는 생각이 있다. 그 생각은 현재 제자리의 테두리에서 벗어나지 않음이 고귀하다. 그러므로 군자는 「간괘」의 그친다[艮爲止]는 괘상(卦象)을 보고서 조석으로 도모하고 생각하는 바가 현재의 제자리에 있을 뿐, 그 밖에 있지 않다. 현재 나 자신이 처해있지 않은 일들을 생각할 게 없다."

군자의 생각이 현재 제자리에 근본하여 그침이 이와 같다. 그렇다면 그 제자리를 벗어나 생각하는 사람은 또한 길흉의 점을 칠 필요조차 없는 것이다.

> **集註**

此는 艮卦之象辭也니 曾子蓋嘗稱之어늘 記者因上章之語而類記之也라

○ 范氏曰 物各止其所라야 而天下之理 得矣라 故로 君子所思 不出其位라야 而君臣上下大小 皆得其職也니라

[해석] 이는 『주역』「간괘☶」의 상사이다. 증자가 일찍이 이를 말하였는데, 『논어』를 기록한 자가 윗장의 말로 인하여 같은 유에 따라 기록하였다.

○ 범씨[范祖禹]가 말하였다.

"만물이 각각 제자리를 얻어야 만이 천하의 이치가 얻어지는 것이다. 그러므로 군자의 생각하는 바가 그 제자리에서 벗어나지 않아야 만이 군신, 상하, 대소가 모두 그 직분을 얻을 수 있다."

29. 군자전지 君子全旨

이 장에서는 군자의 경솔한 말을 바로잡고 게으른 행동을 경계해야 한다는 마음가짐을 보여주고 있다.

치(恥: 恥其言)는 부끄럽게 여긴다는 뜻이고, 과(過: 過其行)에는 용맹하게 행하고자 하는 뜻이 있다. 이는 모두 마음의 측면에서 말한 것으로, 다른 곳에 비해 더욱 간절한 경계이다.

집주에 비추어 말과 행동을 모두 수평으로 보아야 하지만, 이(而: 恥其言而過其行)자를 음미해 보면 이를 2가지로 나누어 보는 가운데 또한 서로 연결 지어 말하고 있다.

子曰 君子는 恥其言而過其行이니라

부자께서 말씀하셨다.
"군자는 그 말하는 것은 부끄러워해야 하고 그 행실은 넉넉히 해야 한다."

[강설]

부자께서 사람들에게 말과 행실을 삼가도록 격려의 말씀을 하셨다.

"말이란 쉽사리 많게 되므로 군자는 그 말을 부끄럽게 여겨서 마치 부끄러운 일이 있는 듯 감히 말을 다 하려고 하지 않아야 한다.

그러나 행하는 일은 항상 부족한 것이 걱정이다. 군자는 그 행실을 반드시 지나칠 만큼 두 배로 고무하여 넉넉하게 해야 한다.

이는 말과 행동이 서로 돌아보면서 언행이 일치되고 군자가 군자다울 수 있는 바가 여기에 있다."

[集註]

恥者는 不敢盡之意요 過者는 欲有餘之辭라

[훈고] 치(恥)는 감히 말을 다하지 않는다는 뜻이며, 과(過)는 행동을 넉넉하게 하고자 하는 말이다.

30. 도자장지 道者章旨

이 장은 성인과 현인이 서로 얻은 바를 증명하는 말이다.

부자께서는 오직 도를 몸소 체득하였기에 실로 그 능함이 없음을 보았고, 자공은 오직 성인을 깊이 알았기 때문에 그 말씀이 자신에 대한 겸손의 말임을 확신한 것이다.

(1) 도자절지 道者節旨

인자(仁者), 지자(知者), 용자(勇者)는 모두 하나의 군자이며, 불우(不憂), 불혹(不惑), 불구(不懼)는 모두 군자의 도이다.

인, 지, 용은 모두 군자에 귀속시켜 말하였기에 "이미 덕을 성취한 자는 인을 우선으로 삼는다."고 말한 것이다.

子曰 君子道者 三에 我無能焉하니 仁者는 不憂하고 知者는 不惑하고 勇者는 不懼니라

부자께서 말씀하셨다.

"군자의 도 3가지 가운데 내 능한 게 하나도 없다.

어진 자는 근심하지 않고, 지혜로운 자는 의심하지 않고, 용감한 자는 두려워하지 않는다."

강설

부자께서 자신을 꾸짖으면서 사람들을 격려하셨다.

"성덕(成德) 군자의 도는 3가지이다. 나 자신을 돌이켜 보면 그중 한 가지도 능한 게 없다.

어진 자는 천리로 인욕을 극복하여 자연스럽게 자적하여 얽매인 데가 없기에, 순경(順境)이든 역경(逆境)이든 근심하지 않는다. 그러나 나는 걱정이 없지 않다. 이로 보면, 군자의 인을 능하지 못한 것이다.

지혜로운 자는 이치에 밝음으로 자연스럽게 순응하여 막힘이 없기에, 어려운 일이든 쉬운 일이든 의심하지 않는다. 그러나 나는 의혹이 없지 않다. 이로 보면, 군자의 지혜를 능하지 못한 것이다.

용기가 있는 자는 도의와 함께하는 왕성한 혈기를 지녔기에, 그 어떤 중대한 일을 맡고서도 놀라거나 두려워하지 않는다. 그러나 나는 두려움이 없지 않다. 이로 보면, 군자의 용기를 능하지 못한 것이다. 그러하니만큼 성덕 군자의 3가지 도에 감히 힘쓰지 않을 수 있겠는가."

集註

自責以勉人也라

[해석] 자신를 꾸짖으면서 남들을 권면함이다.

(2) 자도절지 自道節旨

자도(自道)는 자신에 대해 겸허하게 말한 것이다. 대체로 사람들은 남들의 앞에서 자신에 대해 말할 적에는 항상 뒤로 물러서기 때문에 스스로 겸손해하는 뜻이 그 안에 담겨있다. 집주에서 말한 "겸손한 말과 같다.[猶云謙辭]"는 유운(猶云) 2자에 이런 의미가 있다.

子貢이 曰 夫子 自道也샷다

자공이 말하였다.

"부자께서 스스로 말씀하신 것입니다."

강설

자공이 말하였다.

"이는 특별히 우리 부자께서 자신을 이처럼 말씀하신 것이다. 내가 알기로는 부자께서 참으로 인이 지극하시고 지혜가 극진하며 용맹을 힘입지 않고서도 넉넉하신 분이시다. 모든 덕에 아주 여유작작하신 분이신데, 또한 군자의 3가지 도에 있어서 참으로 능하지 못함이 있겠는가."

集註

道는 言也니 自道는 猶云謙辭라

○ 尹氏曰 成德은 以仁爲先하고 進學은 以知爲先이라 故로 夫子之言이 其序有不同者는 以此니라

[훈고] 도(道)는 말씀이다. '스스로 말씀하셨다'는 것은 '겸손한 말이라는 것과 같다.

○ 윤씨[尹焞]가 말하였다.

"덕을 이룬 군자는 인을 우선으로 삼고, 배워나가는 학자는 지혜를 우선으로 삼는다. 그러므로 부자의 말씀에 그 차례가 같지 않음은 이 때문이다."

31. 방인전지 方人全旨

이 장은 학문이란 먼저 자신의을 다스림을 급선무로 삼아야 함을 보여주었다.

"그를 어질다고 말해야 할까?[賢乎哉]"라는 현(賢)자는 그를 칭찬한 말이 아니라 오히려 깎아내린 말이며, 호재(乎哉)는 의문의 감탄사이다. "나는 겨를이 없다[我則不暇]"는 것은 부자께서 자신을 낮추어 말씀하신 것인바, 부자 자신을 낮추는 이 말씀이 곧 자공의 잘못을 깊이 억제한 것이다.

따라서 독자는 반드시 허심탄회한 마음으로 이 2구절[賜也賢乎哉, 夫我則不暇]을 원만하게 보아야만 비로소 그를 억제하여 가르치고자 하는 부자의 마음을 이해할 수 있다.

대체로 한가한 겨를을 뜻하는 '가(暇)'라는 한 글자는 배우는 이들의 큰 병폐이다. 부자께서 일평생 분발하여 학문을 좋아한 나머지 늙음이 찾아오는 것조차 모른 채, 위편삼절(韋編三絶) 하셨던 것으로 살펴보면 진정 죽는 그 날까지 잠시도 한가롭게 여유를 즐긴 적이 없으셨다. 이는 장난삼아서 하신 말씀이 아니다.

子貢이 方人하더니

子曰 賜也는 賢乎哉아 夫我則不暇로라

자공이 사람들의 우열을 비교하자, 부자께서 말씀하셨다.

"사(자공)는 어질다고 말할까? 나는 그럴 겨를이 없다."

강설

자공은 일찍이 사람들의 장단점 비교하기를 좋아하였다. 이는 자신을 닦아 가는데 간절한 일이 아니다. 부자께서 부드러운 말씀으로 그를 경계하셨다.

"사(자공)가 사람을 비교하는 데 힘씀은 반드시 그 자신을 닦음이 지극하여 여력이 있기 때문이다. 그를 어진 사람이라고 말해야 할까?

나 같은 사람은 몸소 제대로 하지 못한 바 있어 내 한 몸을 다스리기에도 급급하여 한가한 겨를이 없다. 어떻게 남들의 우열을 견줄 겨를이 있겠는가."

부자의 이 말씀은 자공을 경계한 바 지극하다.

集註

方은 比也라 乎哉는 疑辭라

比方人物而較其短長은 雖亦窮理之事나 然이나 專務爲此면 則心馳於外하여 而所以自治者疎矣라 故로 褒之而疑其辭하고 復自貶以深抑之니라

○ 謝氏曰 聖人責人에 辭不迫切而意已獨至 如此시니라

[훈구] 방(方)은 비교함이며, 호재(乎哉)는 의문사이다.

[해석] 인물을 견주어 그 장단점을 비교함 또한 이치를 궁구하는 일이나, 오로지 여기에 힘쓰면 마음이 밖으로 치달려서 자신을 다스리는 바는 허술해질 것이다. 이 때문에 그를 칭찬[賢]한 척하면서도 그 의문사[乎哉]를 붙여 말하였고, 다시 부자 자신을 폄하하면서 자공을 깊이 억제한 것이다.

○ 사씨[謝良佐]가 말하였다.

"성인께서 사람을 꾸짖음에 박절하게 말씀하지 않지만, 경계의 뜻은 이미 남들이 따라올 수 없는[獨至] 경지에 이름이 이와 같다."

32. 불환전지 不患全旨

이 장은 사람들에게 위기(爲己)의 학문을 보여준 것이다.

2구[不患人之不己知, 患其不能也]는 하나의 뜻으로 연결된 말이다. "자신을 알아주지 않는다.[不己知]"는 뜻은 은연중 능(能)자를 포괄하여 자기의 능력을 알아주지 않음을 말하고, 기(其)자는 그

위 구절의 기(己)자를 따라 자기의 무능함을 걱정해야 함을 말한다.

불능(不能: 患其不能) 2자는, 만 분에 일이라도 다 하지 못함이 있으면 능하였다고 말할 수 없다. 능하지 못하였다고 걱정하는 그 마음이 곧 나 자신의 능하지 못한 부분이 없도록 추구함이기에, 자신의 도리를 위하는(爲己) 실제의 공부이다.

子曰 不患人之不己知오 患其不能也니라

부자께서 말씀하셨다.

"사람들이 나를 알아주지 않는다 근심하지 말고, 〈나 자신의〉 능하지 못함을 근심하여야 한다."

강설

부자께서 학자들에게 간절한 경계의 말씀을 하셨다.

"세상 사람들이 나를 알아주고 칭찬하는 말은 나와 아무런 관계가 없다. 그러므로 사람들이 나를 알아주지 않음을 걱정하지 말라. 오직 나 자신의 학문에 있어 이치를 밝게 알지 못하고, 행동하는 데에 그 실상을 실천하지 못할까를 나의 마음에 반성하여 조금이라도 부족함이 없도록 큰 걱정을 해야 할 것이다.

오늘날 이를 걱정하지 않고, 오히려 남들이 나를 알아주지 않는다고 걱정한다. 이를 어찌하겠는가. 군자는 또한 자신이 닦아나갈 바를 추구할 뿐이다."

集註

凡章에 指同而文不異者는 一言而重出也오 文小異者는 屢言而各出也라 此章은 凡四見而文皆有異하니 則聖人於此一事에 蓋屢言之니 其丁寧之意를 亦可見矣라

[해석] 여러 장에 그 뜻이 같으면서 문장이 다르지 않음은 똑같은 말을 거듭 언급함이며, 문장마다 조금 다름은 여러 차례 말하되 각기 달리 말한 것이다.

이 장은 4차례나 말했지만, 문장은 모두 조금씩 다르다. 성인이 이 하나의 일에 여러 차례 말함은 그 간절한 부탁의 뜻을 또한 볼 수 있다.

[보 補]

이 장을 4차례 말했다 함은 다음과 같다.

첫째 「학이」편에서는 "남들이 나를 알아주지 않는다 걱정하지 말고 남들을 알지 못할까 걱정해야 한다."고 하였고,

둘째 「이인」편에서는 "나를 알아주지 않는다 걱정하지 말고 남들이 알아줄 수 있는 것을 추구해야 한다."고 하였으며,

셋째 「위령공」편에서는 "군자는 나의 무능함을 병으로 생각하고, 남들이 나를 알아주지 않

음을 병으로 여기지 않는다."고 하였다.

이 장과 아울러 4차례 말했다.[38]

33. 불역전지 不逆全旨

이 장에서는 자세히 살피는 것을 명철이라 잘못 인식한 사람을 위해 말한 것으로, 이는 모두 자연스러운 총명을 귀하게 여긴다는 뜻이다.

역(逆)과 억(億)은 제 생각이나 편견으로 미뤄보는 것임에 반하여, 선각(先覺)이란 의리로 관조함을 말한다. 억(抑: 抑亦先覺者)자는 문장을 전환하는 어조사이다. 선각의 의미에 중점을 귀결코자 이 어조사를 사용한 것이다.

선각이란 마치 밝은 거울로 사물을 비추어 봄에 어여쁘고 추악한 얼굴이 숨김없이 드러나는 것과 같다. 언제나 그런 일이 있기에 앞서 깨달음이 있어야 한다.

시현호(是賢乎) 3자는 선각자에 대한 찬사이며, 현(賢)자는 위에서 말한 선각자에 대한 실상이다.

子曰 不逆詐하며 **不億**(臆)**不信**이나 **抑亦先覺者** **是賢乎**ㄴ저

부자께서 말씀하셨다.

"남들이 나를 속이지 않을까 미리 생각지 않고, 또 남들이 나를 믿지 않을까 억측하지 않을 일이나, 아니 그러면서도 먼저 알아차린 자가 어진 것이다."

강설

부자께서 선각자를 생각하며 다음과 같이 말씀하셨다.

"세상 사람 중에는 두 부류의 양상이 있다. 하나는 사람들에 대해 지나치게 방어하는 자로서 미리 추측하여 단정하는 사심(私心)이 많고, 또 다른 하나는 미리 생각하지 않는 사람으로서 소인의 계책에 빠져 말려든 자이다. 미리 앞서 저 사람이 나를 속일 거라는, 나를 믿어주지 않을 거라는 선입견을 품음은 곧 진실하지 못한 마음이다. 그러나 소인의 계책에 휘말리는 것 또한 지각이 없는 자이다.

여기에 어느 한 사람이 있다. 그는 애당초 저 사람이 나를 속이리라고 미리 생각지도 않고, 저 사람이 나를 의심하리라고 예측하지도 않는다. 선입견은 곧 자신의 편견이거나 개인감정에 의한 의심 덩어리이다. 따라서 이는 진실하지 못한 마음이자, 자신의 불이익을 지나치게 염려하는 따위의 사심 때문에 일어나는, 지나친 방어의식이다.

---

38 위와 같음. "新安陳氏曰 四見者, 學而篇, 不患人之不己知, 患不知人也. 里仁篇, 不患莫己知, 求爲可知也. 衛靈公篇, 君子 病無能焉, 不病人之不己知也. 與此章爲四."

　　그러나 앞서 이처럼 예단하지 않아야 하지만, 정작 저 사람이 나를 속이려거나 나를 의심하려는 찰나에 곧바로 그 사실을 알고서 먼저 깨달아야 한다. 그것은 마치 거울처럼 밝고 빛나는 그의 마음으로 직관(直觀)하여 그 어떤 사물이든 은폐할 수 있다거나 곡해하는 일이 없기 때문이다. 이와 같은 이를 어찌 어진 사람이라고 말하지 않겠는가. 이처럼 밝은 마음을 지니지 못하면 나도 모르는 사이, 소인의 계책에 휘말려 구렁텅이에 빠지게 된다.

　　이로 보면 세상 사람들이 흔히 말하는, 일을 잘 살피는 것으로 명철하다고 잘못 인식한 자, 바꿔 말하면, 항상 왜곡된 편견 속에 자신이 빠져 있는 자란 명철한 선각의 지혜가 없다는 점을 파악하여, 진실한 마음과 명철한 지각으로 사람을 대하는 법을 알아야 한다.”

集註

逆은 未至而迎之也오 億은 未見而意之也라 詐는 謂人欺己오 不信은 謂人疑己라 抑은 反語辭라 言雖不逆不億이나 而於人之情僞에 自然先覺이라야 乃爲賢也라

○ 楊氏曰 君子一於誠而已라 然이나 未有誠而不明者라 故로 雖不逆詐, 不億不信이라도 而 常先覺也라 若夫不逆不億이라가 而卒爲小人所罔焉이면 斯亦不足觀也已니라

　　[훈고] 역(逆)은 닥치지 않은 일을 미리 맞이함이며, 억(億)은 아직 나타나지 않는 것을 미리 생각함이다. 사(詐)는 남들이 나를 속임이며, 불신(不信)은 남들이 나를 의심함이다. 억(抑)은 반어사이다.

　　[해석] 비록 미리 생각지 않고 억측하지 않지만, 그 사람의 진실과 거짓을 자연스럽게 먼저 깨달아야 만이 어질다고 말한다.

　　○ 양씨[楊時]가 말하였다.

　　“군자는 진실한 마음으로 한결같이 대할 뿐이다. 그러나 진실하면 명철하지 않은 자가 없다. 그러므로 비록 사람이 나를 속이는 일을 미리 생각지 않고, 믿지 않을까 억측하지 않으면서도 항상 먼저 깨닫는 것이다. 만일 미리 생각지 않고 억측하지 않다가 마침내 소인에게 속는다면 이 또한 보잘 게 없다.”

34. 미생전지 微生全旨

　　이 장은 세상을 걱정하는 성인의 마음을 보여주고 있다. 미생묘는 은둔을 지향하는 도가의 인물로, 나라에 도가 없으면 은둔해야 한다는 말에 집착한 나머지, 도로써 천하를 바꾸려는 성인의 마음을 알지 못하였기에 그를 꾸짖은 것이다.

　　서서(栖栖)는 사방을 주류하면서 멈추지 않고 서성거린다는 뜻이다. 영(佞)이란 위로는 임금에게 유세하고, 아래로는 공경(公卿)과 이야기할 적에 아첨으로 그들의 뜻에 부합되기를 추구하는

유가 바로 그것이다.

"아첨하는 자가 아닌가.[無乃爲佞乎]"라는 말은 직접 부자를 아첨한 자로 지적함이 아니다. 부자가 사방을 서성거리는 이유를 찾아보았지만, 그 이유를 분명히 알 수 없어 이처럼 말한 것이다. 여(與: 栖栖者與)자와 호(乎: 爲佞乎)자는 부자를 힐책하는 말이다.

부자의 대답 가운데 두 곳의 야(也: 非敢爲佞也, 疾固也)자는 부자께서 사방을 서성거리며 불안해할 수밖에 없는 이유를 말해주는 글자이다.

"감히 아첨하려는 것이 아니다.[非敢爲佞]"는 것은 부자가 참으로 벼슬을 구하고자 아첨하려는 게 아니다. 이어서 "고집불통을 미워한다.[疾固]"고 말함은 미생묘가 곧 고집불통임을 말한다.

微生畝 謂孔子曰 丘는 何爲是栖栖者與오 無乃爲佞乎아

미생묘가 공자에 대해 말하였다.

"구(丘: 공자)는 무얼 위해 그처럼 서성거리는 것일까? 아첨하는 자가 아닌가."

강설

미생묘는 세상을 잊고서 은둔함을 고상하게 생각한 자이다. 부자가 두루 열국(列國)을 돌아다니는 것을 보고서 말하였다.

"공자는 무얼 위해 그처럼 사방 제후를 찾아 서성거리며 미련 없이 떠나가지 못하는 것일까? 아첨하여 세상에 등용되기를 구함이 아닌가."

集註

微生은 姓이오 畝는 名也라 畝名呼夫子而辭甚倨하니 蓋有齒德而隱者라 栖栖는 依依也라 爲佞은 言其務爲口給以悅人也라

[훈고와 해석] 미생은 성이요, 묘는 이름이다. 미생묘가 부자의 이름을 직접 부르면서 그의 말이 매우 거만하다. 아마 그는 나이와 덕이 높은 자로서 은둔한 사람일 것이다.

서서(栖栖)는 의의(依依)와 같다.

위영(爲佞)은 말재간으로 사람을 기쁘게 하는 데에 힘씀을 말한다.

孔子曰 非敢爲佞也라 疾固也니라

공자께서 말씀하셨다.

"내 감히 아첨하려는 게 아니라, 고집불통을 미워함이다."

강설

부자께서 그의 말로 인하여 대답하셨다.

"내 일찍이 아첨한 자를 증오해 왔다. 감히 아첨으로 세속을 따를 수 없다. 참으로 세상의 도가 혼탁하다. 이를 만회함은 하늘이 만들어주는 게 아니라, 인간의 노력에 달려있다.

이처럼 세상을 구제하는 데에 노력하지 않으면 반드시 사람들을 멀리하고 세상을 피하여 오직 자신의 외고집만으로 소통하지 못할 것이다. 이는 곧 내가 싫어하는 바이다. 그대가 나의 마음을 알겠는가."

> 集註

疾은 惡也오 固는 執一而不通也라

聖人之於達尊에 禮恭而言直이 如此하시니 其警之 亦深矣라

[훈고] 질(疾)은 미워함이다. 고(固)는 하나만을 고집하여 변통이 없음이다.

[해석] 성인이 삼달존(三達尊)에 있어 예의를 공손히 갖추면서도 말씀의 올곧음이 이와 같으니, 그를 경계한 뜻 또한 깊다.

[보 補]

미생묘는 은둔에 집착한 나머지, 천하를 도로써 바꾸려는 성인의 마음을 모른 자이다. 바로 그것이 고집불통이다.

"부정한 도로써 벼슬을 추구함은 군자도 이를 부끄럽게 여긴다. 이는 현자도 행하지 않은 일인데, 하물며 성인이야. 오직 성인은 도를 지니고서 천하의 중책을 맡고 있기에 도를 행할 만한 하면 행하고 그만두어야 하면 그치는 것이지, 일정한 고집불통의 잣대는 없다. 어찌 고집하는 일이 있겠는가. 고집함은 '나'라는 존재를 내세우는 견해이다. 성인에게는 '나'라는 생각을 내세우는 마음이 없는데, 무슨 고집불통이 있을 수 있겠는가."[39]

35. 기불전지 驥不全旨

이 장은 천리마[驥馬]를 들어 군자의 덕을 밝히려는 것이지, 천리마라는 그 자체를 말하려는 게 아니다. 이는 『시경』의 비유[比體]와 같다. 군자에게 있어 재예(才藝)란 천리마의 힘과 같은 존재이다. 따라서 덕과 재예에 관한 경중의 가치개념을 밝혀, 배우는 이들에게 덕에 대해 힘쓰기를 권함은 말밖에 담긴 뜻[言外之意]이다.

子曰 驥는 不稱其力이라 稱其德也니라

부자께서 말씀하셨다.

---

39 明 劉宗周 撰, 『論語學案』 권7. "枉道求合, 君子恥之, 此在賢者 有所不爲, 而況聖人乎? 惟聖人 體道任重, 時行則行, 時止則止, 未嘗有一定之權, 何固之有? 固者, 我見也. 聖人無我, 何固之有?"

"천리마란 그 힘으로 말한 게 아니라, 그 덕을 일컬은 것이다."

강설

부자는 천리마를 빌려 군자의 덕에 대해 논하셨다.

"천리마란 멀리 달릴 수 있는 강한 힘이 없는 것은 아니지만, 천리마라는 그 이름은 무거운 짐을 짊어지고 멀리 달려가는 힘으로 말한 것이 아니다. 오직 잘 숙련되어 양순하기에 사람을 물어뜯거나 발길질하지 않으며, 날뛰거나 도망하지 않는다. 이 때문에 쉽게 다룰 수 있다. 천리마란 그런 덕을 일컬은 것이다."

위의 말을 살펴보면 사람으로서 군자다울 수 있는 바는 재예에 있는 게 아니라, 덕으로 말한 것임을 알 수 있다.

集註

驥는 善馬之名이라 德은 謂調良也라

○ 尹氏曰 驥雖有力이나 其稱在德하니 人有才而無德이면 則亦奚足尙哉리오

[훈고] 기(驥)는 좋은 말의 이름이다. 덕(德)은 길이 잘 들고 선량함을 말한다.

○ 윤씨[尹焞]가 말하였다.

"천리마는 뛰어난 힘이 있으나 그 일컬음은 덕에 있다. 사람이 재주만 있고 덕이 없으면 또한 어찌 숭상할 만하겠는가."

[보 補]

집주에서 말한 '조(調)'는 잘 숙련되어 쉽게 다룰 수 있음이며, '양(良)'은 잘 길들여 있어 사람을 물어뜯거나 발길질하지 않음을 말한다.

좋은 말의 힘은 군자의 재예를, 잘 길들여 있고 선량함이란 군자의 덕을 비유하였다. 그러나 천리마의 덕은 천리를 달릴 수 있는 그 힘을 버리자는 게 아니다. 그 막강한 힘을 어떻게 잘 쓰느냐에 있다. 천리를 달리는 당찬 힘을 잘 길들어 쓰는 게 바로 덕이다. 길들여 있지 않은 말은 한낱 성깔 사나운 야생마에 지나지 않는다.

군자의 덕 또한 마찬가지이다. 군자의 덕은 재예를 버리자는 게 아니다. 그 재예를 도덕적으로 사용하려는 것이다. 예를 들면 염구(冉求)의 재예는 정사를 잘하는 데에 있다. 그 재예를 계씨에게 부도덕하게 사용하지 않고 훌륭한 성군(聖君)을 위해 왕도를 펼치는 데에 썼다면 부자로부터 "우리의 무리가 아니다."는 질책을 받지 않았을 것이다.

36. 혹왈장지 或曰章旨

이 장에서는 은혜를 입은 이와 원수에 대한 보복과 베풂을 적절히 해야 한다는 점을 보여준 것으로, 전체적인 면에서는 원수 갚음[報怨]을 위주로 말하였다.

혹자의 말은 원수에게 후히 대하려다가 오히려 공정성을 잃은 것이기에 부자는 그 공정성을 헤아려 지나치게 후한 데에 잃지 않도록 경계하였다.

(1) 혹왈절지 或曰節旨

그 어떤 사람이 원수에 대한 사람들의 보복이 지나치게 격렬함을 보고서 이를 바로잡고자 다음과 같이 말한 것이다.

或이 曰 以德報怨이 何如하니잇고

어떤 사람이 말하였다.
"덕으로 원수를 갚는 것이 어떠합니까?"

> **강설**

어떤 사람이 원한에 사무친 감정으로 보복이 지나치다고 여겨 다음과 같이 여쭈었다.
"사람들이 은혜와 원수를 지나치게 분명히 따지는 마음 때문에 두터웠던 풍속이 나날이 야박해지고 있는 만큼, 나의 원수를 오히려 사랑의 은혜로 보답함이 어떠합니까?"

> > **集註**
> >
> > ### 或人所稱은 今見老子書라 德은 謂恩惠也라
> >
> > 어떤 사람이 일컬은 말은 현재 노자의 책(『道德經』「恩始」제63장)에 보인다. 덕은 은혜를 말한다.

(2) 하이절지 何以節旨

이는 반문(反問)으로 그를 힐책하는 것인바, 혹자의 잘못된 말을 지적하였다.

子曰 何以報德고

부자께서 말씀하셨다.
"〈그렇다면〉 무엇으로 은덕을 갚겠는가."

> **강설**

부자께서 형평에 걸맞지 않은 그의 말을 꾸짖으셨다.
"원한이란 은혜의 반대이다. 원수를 은혜로 갚는다면 정작 나에게 은혜를 입혀준 이에게는 또한 무엇으로 어떻게 보답하겠는가. 이는 원수에게 후히 하고 은인에겐 오히려 박하게 대한 것인바, 원수와 은인에 대한 보답이 모두 그 형평성을 잃은 것이다."

集註

言於其所怨에 旣以德報之矣면 則人之有德於我者를 又將何以報之乎아

　　[해석] 그 원수에게 있어서 이미 덕으로 갚는다면 나에게 은덕을 입혀준 사람에게는 또한 무엇으로써 보답할 것인가를 말한다.

(3) 이직절지 以直節旨

　이 절에서는 다만 지공무사(至公無私)의 정직한 도리로 원수를 갚는 데에 중점을 두어 말하면서도 은인에겐 은혜로 보답해야 한다는 뜻으로 이를 보충하고 있다.
　지공무사의 바른 법을 따라 원수를 갚아야지, 굳이 원수에게 은덕으로 갚을 필요는 없다. 은덕은 은덕으로 갚아야 하지, 어떻게 원수에게 은혜로 보답할 수 있겠는가.
　"곧은 도리로 원수를 갚아야 한다.[以直報怨]"는 첫 구절은 혹자의 물음에 대해 긴밀한 대답이며, "은덕은 은덕으로 갚는다.[以德報德]"는 아래 구절은 은덕에 대한 보답의 적절함을 밝힘과 동시에 은혜를 잘못 사용해서는 안 된다는 점을 보여준 것이다.

以直報怨이오 以德報德이니라

　"곧은 법으로써 원수를 갚고, 은덕으로써 은덕을 갚아야 한다."

강설

　"나에게 원한이 있는 사람이라면 개인적인 원한의 감정에 휩쓸리지 않고 오직 바르고 곧은 법에 따라 갚아야 한다. 아무리 원수일지라도 그 사람 됨됨이 사랑할만한, 취할만하면 사사로운 원한이 있다 하여 그와 함께 다시 선하게 할 수 있는, 공정한 마음[公心]을 잃어서는 안 된다.
　하지만 그 사람 됨됨이 도저히 용납될 수 없는, 미워할 수밖에, 버릴 수밖에 없는 처지라면 악을 다스리는 공공의 법[公典]에 따라 대처해야 할 일이지, 개인의 원수에 대한 보복이라는 혐의 때문에 공정한 법의 처리를 마다할 것은 없다. 그에 적법한 형벌을 따라 처리할 일인바, 이는 원수에 대한 보복이라 말하지만, 그 얼마나 공평하고 충후(忠厚)한 일이 아니겠는가.
　세상에는 잊어야 할 것과 잊어서는 안 될 일이 있다. 내가 베푼 은혜는 잊어야 하지만 받은 은혜는 잊어서는 안 된다. 물론 은덕을 입은 데에는 대소의 차이가 있다. 당연히 보답해야 할 은덕이라면 반드시 잊지 않고 그에 걸맞은 은덕으로 보답함이 옳은 일이다. 만일 굳이 은덕으로 원수를 갚는다면 이 또한 그 모종의 사심에 의한 것이지, 천리의 올바른 도리가 아니다."

集註

於其所怨者에 愛憎取舍를 一以至公而無私 所謂直也라 於其所德者에 則必以德報之오 不可忘也니라

○ 或人之言은 可謂厚矣라 然이나 以聖人之言觀之면 則見其出於有意之私하야 而怨德之報 皆不得其平也니 必如夫子之言然後에 二者之報 各得其所라 然이나 怨有不讐而德無不報니 則又未嘗不厚也라 此章之言이 明白簡約하되 而其指意曲折反覆하야 如造化之簡易易知而 微妙無窮하니 學者 所宜詳玩也니라

[해석] 그 원한이 있는 자에게 사랑과 증오, 받아드림과 버림을 한결같이 지극히 공정하게 사심 없이 대함이 이른바 곧음이다. 은덕을 입은 그 사람에게는 반드시 은덕으로써 갚아야 지, 잊어서는 안 된다.

○ 혹자의 말이 후하다고 말할 것이다. 그러나 성인의 말씀으로 살펴보면 그는 사사로운 마음에서 나온 것으로, 원수와 은혜에 대한 보답이 모두 형평성을 얻지 못한 것이다. 반드시 부자의 말씀처럼 하여야 만이 2가지의 보답이 각각 그 제자리를 얻을 수 있다. 그러나 원수 는 원수로 갚지 않고 은덕은 보답하지 않은 바 없다. 이 또한 일찍이 후하지 않은 게 아니다.

이 장의 말은 명백하고 간략하면서도 그 뜻이 곡절하고 반복하여, 마치 천지의 조화처럼 간단하고 쉬우며 알기 쉬우면서도 미묘함이 무궁하다. 학자는 이를 자세히 음미해야 한다.

37. 막아장지 莫我章旨

이 장은 부자께서 자신이 닦아야 할 도리인 위기(爲己)의 학문을 자공에게 보여주었다.

"나를 아는 사람이 없다.[莫我知]"는 '지(知)'자는 말없이 마음으로 서로가 이해하고 알아줌이니, "나를 알아주지 않음을 걱정한다.[患莫知]"는 지(知)자의 뜻과는 전혀 다른 것이다.

첫 부분과 아래 문장에 모두 "나를 알아줄 사람이 없다.[莫知]"는 뜻으로 총괄하고 있다. "나를 아는 자는 그 하늘뿐이다.[知我者 其天乎]"는 마지막 구절은 첫 구절[莫我知也夫]과 상응한 것으로, 하 늘만이 나를 알 것이라는 말은 곧 사람들은 나를 알지 못할 것이라는 뜻이다.

(1) 막아절지 莫我節旨

"나를 아는 사람이 없다.[莫我知]"고 함은 아래 문장에서 말한 "하늘만이 나를 알 것이라.[知我者其 天乎]"는 뜻과 상응하고 있다. 이는 "명철한 제왕이 태어나지 않아 세상 사람들이 나를 종주로 삼을 줄 모른다."의 뜻으로 말한 게 아니다. 자신의 도리를 차례차례 닦아가는 성인의 학문이 어두워질 까를 염려한 말일 뿐이다.

자공은 평소 성인의 학문을 추구하면서 고상하고 기이하며 세상 사람들이 모두 알아주는 명성이 빛나게 나타나는 데에서 추구한 바가 많았고, 평범하고 담박한 가운데 심오하고도 정미(精微)한 진리가 있음을 오히려 알지 못하였다. 이 때문에 부자께서 스스로 탄식하면서 자공의 물음을 유도하였다.

子曰 莫我知也夫ㄴ저

부자께서 말씀하셨다.
"나를 아는 사람이 없다!"

강설

부자께서 스스로 개탄의 말씀을 하셨다.
"오늘날 세상에 내가 어떻게 닦아나가는 사람인 줄 아는 이가 없다."
이는 자공의 물음을 유도하여 위로 천리에 도달[上達天理]하는 학문을 닦아나가도록 하기 위함이다.
바꿔 말하면 "나를 아는 사람이 없다!"는 '나'는 부자, 즉 성인을 말한 것으로, 이는 "성인을 아는 사람이 없다."는 뜻이다. 성인이란 어떤 존재이며, 성인이 성인다울 수 있는 것은 그 무엇일까?

集註

夫子自歎하야 **以發子貢之問也**시니라

[해석] 부자는 스스로 탄식하여 자공의 물음을 끌어낸 것이다.

[보 補]
막아지(莫我知)의 아(我)자는 도(道)자의 뜻으로 바꿔보아야 한다. 아래로 사람의 일을 배우고 위로 천리(天理)에 이를 수 있는 오묘함이란 여느 사람이 알 수 없기에 "나를 아는 사람이 없다!"고 말하였다. 사람의 일이란 천리에서 벗어날 수 없으며, 천리는 사람의 일에 갖춰져 있다. 이를 성취하면 바로 성인이다. 아(我)자는 바로 '도'를 말함과 아울러 성인을 말하고 있다.

(2) 하위절지 何爲節旨

성인의 학문은 "하늘을 원망하지 않고 사람을 탓하지 않는다."는 것으로부터 말하고 있다. 이는 자신을 돌이켜 스스로가 닦아가는 것이지, 자신 밖의 일을 보지 않는다. 따라서 하늘을 원망하고 남을 탓하는 자는 반드시 자신이 닦아야 할 도리에 힘쓰지 않은 자에 지나지 않는다.
하학(下學)은 하학인사(下學人事)이다. 이는 아래로 사람이 닦아야 할 일들을 닦아가는 것이다. 그

것은 사물에 나아가 탐구하고 토론하며 탐색하고 실천함이다. 이처럼 모든 도리를 통달하여 오묘한 경지에 다다름이 곧 위로 천리에 도달한 경지이다. 천리는 어디에서 얻어지는가. 아래로 사람이 닦아야 할 일에서 비롯된다. 이는 차례에 따라 차츰차츰 닦아가는 학문의 순서이다.

따라서 하학이상달(下學而上達)의 이(而)자는 위아래의 문장을 이어주는 접속사로써, 형이하의 거친 부분으로부터 형이상의 정밀한 경지에 나아가고, 애써 노력하는 것으로부터 자연스럽게 행하는(安而行之) 경지에 나아감이다. 하지만 그사이에는 오히려 수많은 단계와 절차가 담겨있다. 주자의 집주에서 말한 순서점진(循序漸進)의 진(進)자는 곧 상달(上達)의 달(達)자의 뜻이다. 상달의 경지에 이르기까지 수많은 단계를 차례차례 서서히 나아가야 함을 말해주는 것이다.

"나를 아는 자는 그 하늘뿐이다."라는 구절은 진정 성인을 알 수 있는 존재는 오직 하늘뿐이라는 말이다. 이는 하늘이 주관하는바 곧 이치이기 때문이다. 성인의 진리는 곧 하늘의 진리이다. 바꿔 말하면, "하늘만이 안다."라는 것은 진리만이 진리를 알 수 있다는 말이다. 이 때문에 진리로 충만하지 못한 이는 성인을 알 수 없기에, 오직 성인만이 성인을 알 수 있고, 어진 이만이 어진 이를 알 수 있다.

"그 하늘뿐이다."라는 기천호(其天乎)의 기(其)와 호(乎)자에는 곧 여느 사람들은 도저히 알지 못한다는 뜻이 함축되어 있다.

子貢曰 何爲其莫知子也잇고
子曰 不怨天하며 不尤人이오 下學而上達하노니 知我者는 其天乎ㄴ저

자공이 말하였다.
"어찌하여 부자를 알 사람이 없다고 하십니까?"
부자께서 말씀하셨다.
"하늘을 원망하지 않고 사람을 허물하지 않으며 아래로부터 배워 위에 도달하니, 나를 아는 자는 그 하늘뿐이다."

강설

자공은 이를 이상히 여겨 부자에게 여쭈었다.
"부자의 도는 의당 사람들이 모두 알고 있는 터인데, 어찌하여 부자를 아는 사람이 없다고 말씀하십니까?"
부자께서 자공에게 말씀하셨다.
"남다른 일을 내세워 고상하게 행동하는 자는 처음엔 사람들에게 그 이름이 알려질 수 있겠지만, 내가 하는 일은 그들과는 다르다. 하는 일이 잘 풀리거나 막히는 것, 그리고 일신의 영화와 오욕, 그 모든 것은 천명에 의한 일이다. 내가 어려운 시대를 만나 천명을 얻지 못했지만, 또한 자신을 돌이켜 보면 마음에 한이 된 바 없다. 어찌 감히 하늘을 원망하랴.

벼슬에 등용되거나 버림받는 것, 그리고 얻거나 빼앗기는 그 모든 것은 사람에게 관계되는 일이다. 내 버림받은 시대를 만나 사람들과 함께하지 못하였지만, 또한 자신을 돌이켜 보면 마음에 한이 된 바 없다. 어찌 감히 사람을 탓하겠는가.

이처럼 하늘을 원망하지 않고 사람을 탓하지 않음은 남에게 책임을 돌리지 않고 오직 자신에게 책임을 돌려 스스로 자신을 성찰하여 스스로 닦아가는 것인바, 그 누가 부자를 성인이라고 알아볼 수 있겠는가.

그뿐만 아니라 오직 일상생활에 노력하여 인간의 도리상 가까운 부분에 힘을 다하여 행여 모르는 일이 있으면 반드시 알아야 할 바를 알고자 하며, 능하지 못한 일이 있으면 반드시 행하여야 할 바를 행하고자 할 뿐이다. 이와 같은 노력으로 나의 앎은 나날이 정밀하여지고 나의 행실은 나날이 향상되어간다. 이것이 곧 아래로 사람의 도리를 배워 위로 천리에 이르는, 하학상달(下學上達)이라고 말한다.

이처럼 아래로 사람의 도리를 배워나간다는 것은 고차원의 세계를 추구하지 않고 가까이 가장 평범하고 진실한 데에서 추구하는 공부이다. 이는 여느 사람들과 함께할 수 없는, 진정 고매하고 심오한 경지이지만, 이는 일상의 생활에서 이뤄지는 일이기에, 사람들을 깜짝 놀랍게 할만한 신비한 세계가 아니다. 그들이 어떻게 이런 경지를 알 수 있겠는가. 이처럼 겉으로 보면 그 모두가 여느 사람들과 남다른 점이 없어 나의 경지를 알아볼 수 없다.

그렇다면 나를 알아줄 존재는 오직 저 하늘일 뿐이다. 위로 하늘의 진리와 하나가 되어 성인이 하는 일을 하늘이 어기지 못하고 하늘이 하는 일을 성인이 받들고 있다. 이런 그 경지란 여느 사람으로서는 도저히 상상하지 못할 세계이다. 이 때문에 나를 알아볼 사람이 없으며 하늘만이 날 알 것이다. 사람들이 나를 알지 못함은 바로 진리와 하나가 된 경지를 모르기 때문이다."

集註

不得於天而不怨天하고 不合於人而不尤人이오 但知下學而自然上達하니 此但自言其反己自修하야 循序漸進耳오 無以甚異於人而致其知也라 然이나 深味其語意면 則見其中自有人不及知而天獨知之之妙라 蓋在孔門에 唯子貢之智 幾足以及此라 故로 特語以發之어늘 惜乎라 其猶有所未達也여

○ 程子曰 不怨天, 不尤人은 在理에 當如此니라

又曰 下學上達은 意在言表니라

又曰 學者는 須守下學上達之語니 乃學之要라 蓋凡下學人事면 便是上達天理라 然이나 習而不察이면 則亦不能以上達矣니라

[해석] 천명으로 〈잘돼가는 일과 나의 영화를〉 얻지 못하여도 하늘을 원망하지 않고, 사람과 부합되지 못하여 〈버림받고 뜻을 이루지 못하여도〉 사람을 허물하지 않는다. 다만 아래로

부터 배워서 자연히 위로 이르는 것만을 알 뿐이다. 이는 다만 스스로 그 몸을 돌이켜 스스로 닦으며 차례를 따라 차츰차츰 나아갈 뿐, 사람들과 매우 남다른 일을 통하여 '그들이 알아주기를 추구(致其知: 求其知)'하지 않음을 말한다.

　그러나 그 말의 뜻을 깊이 음미해 보면 그 가운데 사람들은 미처 알지 못하고, 나름대로 하늘만이 알 수 있는 그 오묘함이 있음을 찾아볼 수 있다. 부자의 문하에서 오직 자공의 지혜만이 거의 이에 미칠 수 있는 까닭에 특별히 이를 말하여 그에게 되묻도록 했었는데, 안타깝게도 그는 오히려 깨닫지 못한 바 있었다.

　○ 정자(明道)가 말씀하였다.

"하늘을 원망하지 않고 사람을 허물하지 않음은 이치에 있어 마땅히 이처럼 하여야 할 것이다."

　또 말씀하였다.

"아래로 배워서 위로 이른다는 그 뜻은 말 밖에 담겨있다."

　또 말씀하였다.

"배우는 자가 반드시 하학상달의 말을 고수하는 것이 곧 학문의 요체(要諦)이다.(명도의 말씀) 이는 무릇 아래로 인사를 배우면 곧 위로 천리에 이르는 것이다. 그러나 익히 접하면서도 살피지 않으면 또한 위로 천리에 이르지 못할 것이다.(이천의 말씀)"

38. 공백장지 公伯章旨

이 장에서는 천명을 편안한 마음으로 받아들여야 한다는 뜻을 보여주고 있다.

(1) 공백절지 公伯節旨

　공백료가 자로를 무고한 일은 사악한 자가 정도를 헤치려 함이며, 경백이 공백료를 죽이고자 함은 천하의 공론이 살아있음을 말해주는 것이다.

公伯寮 愬子路於季孫이어늘
子服景伯이 **以告曰 夫子 固有惑志於公伯寮**하나니 **吾力**이 **猶能肆諸市朝**니이다

　공백료가 계손에게 자로를 참소하자, 자복경백이 이 사실을 말하였다.

"부자(계손씨)가 공백료의 말에 현혹되어 〈자로를 의심하니,〉 내 힘으로도 오히려 〈공백료를 죽여〉 저잣거리에 시체를 내걸 수 있습니다."

　강설

　예전에 자로가 계씨의 가신으로 있었는데, 노나라 사람 공백료가 계씨에게 자로의 일을 중상모

략하였다. 이는 그의 도가 펼쳐지는 것을 저지하려는 의도였다. 노나라 대부 자복경백이 그런 사실을 부자에게 알려주었다.

"우리 계손씨가 공백료의 말에 현혹되어 자로에 대한 신임이 머지않아 흔들릴 것입니다. 단 대부로서의 저의 힘만으로도 오히려 공백료를 처단하여 그의 주검을 저자와 조정에 걸어 어진 이를 무고한 그의 죄를 바로잡고자 합니다."

集註

公伯寮는 魯人이라 子服은 氏요 景은 諡요 伯은 字이니 魯大夫子服何也라 夫子는 指季孫이니 言其有疑於寮之言也라 肆는 陳尸也니 言欲誅寮라

[훈고와 해석] 공백료는 노나라 사람이다.

자복(子服)은 씨요, 경(景)은 시호요, 백(伯)은 자이니, 노나라 대부 자복하(子服何)이다.

부자는 계손씨를 가리킨다. 계손이 공백료의 말에 〈자로를〉 의심함을 말한다. 사(肆)는 시체를 널어놓음이니, 공백료를 죽이고자 함을 말한다.

(2) 도지절지 道之節旨

장행 이하[道之將行也與…命也] 4구는 범칭으로 말하였고, 마지막 구절[公伯寮其如命何]에서 비로소 공백료에 중점을 두어 말하였다.

子曰 道之將行也與도 命也며 道之將廢也與도 命也니 公伯寮 其如命에 何리오

부자께서 말씀하셨다.

"도가 장차 행하는 것도 천명이며, 도가 장차 폐하는 것도 천명이다. 공백료가 그 나의 천명을 어찌할 수 있겠는가."

강설

부자께서 나의 운명이 하늘의 뜻임을 밝혀, 자로를 달래주고 공백료를 경계하는 뜻으로 자복경백을 깨우쳐 주셨다.

"그대는 구태여 공백료를 벨 게 없다. 나의 도가 행하여지는 것도, 그렇지 못한 것도 모두 천명에 있다. 가령 당시의 조정에서 나를 등용하여 나의 도가 펼쳐진다면 이는 나의 천명이 잘 풀린 때문이다.

그러나 나를 등용하지 않아 나의 도가 장차 버려지는 것 역시 나의 운명이 궁한 때문이다. 나의 도가 행하여지는 것도, 그렇지 못한 것도 모두 천명에 있음이 이와 같다.

그러므로 오늘날 나의 천명이 막힘없이 통한다면 설령 공백료가 중상모략한다고 할지라도 또

한 자로의 도는 끝내 버려지지 않을 것이며, 오늘날 나의 운명이 막혀 곤궁하다면 공백료가 중상모략하지 않는다고 할지라도 또한 자로의 도는 어차피 펼쳐질 수 없을 것이다. 공백료가 하늘의 뜻으로 정해진 운명을 어떻게 할 수 있겠는가.

이런 사실을 안다면 공백료는 중상모략할 것이 없고, 자로는 걱정할 것이 없고, 자복경백 또한 굳이 공백료를 죽일 필요가 없다."

集註

謝氏曰 雖寮之愬行이라도 亦命也니 其實은 寮無如之何라

愚謂 言此以曉景伯하고 安子路而警伯寮耳니 聖人이 於利害之際에 則不待決於命而後泰然也니라

[해석] 사씨[謝良佐]가 말하였다.
"비록 공백료의 참소가 먹혀들지라도 또한 천명이다. 그 실상은 공백료가 어찌할 수 없는 것이다."

[의론] 나의 생각은 다음과 같다.
"이를 말하여 자복경백을 깨우쳐 주고 자로의 마음을 달래주고 공백료를 경계한 것일 뿐이다. 성인은 이해의 즈음에 운명으로 결단한 뒤에 태연함은 아니다."

[보 補]
"성인 그 자신은 운명에 대해 말하지 않는다. 대체로 운명에 대해 말한 대상은 모두가 일반 사람을 위해서 언급한 것이다. 그 어떻게 할 수 없는, 막다른 처지에 이르렀을 적에 비로소 운명이라 여기고 이를 달게 받아들여야 함을 말한다.

이 장에서 말한 운명은 자복경백을 위해 말한 것으로, 중상모략하든 않든 그 모두가 운명에 달려 있음을 말한다. 성인은 등용되면 도를 행하고 버림받으면 감추는 것인바, 일찍이 어쩔 수 없는, 급박한 처지에 이르지 않았는바, 굳이 운명을 말할 필요가 있겠는가.

가장 하등의 사람은 운명이 있다는 사실조차 모르고, 그다음의 인물은 운명이 있는 줄 알면서도 이해와 시비를 따지며 운명을 거부하고, 그다음 인물은 운명을 편안한 마음으로 받아들이는 것이며, 성인의 경지에 이르면 곧 운명에 대해 말할 필요성이 없다."[40]

주자는 공백료가 중상모략한 시점에 대해 다음과 같이 추정하였다.
"이는 부자께서 자로에게 삼가(三家)의 삼도(三都) 성채를 헐어버리고 그들이 소장한 병기(兵器)를 내놓도록 한 때에 있었던 일이다. 이는 자로의 일신에 관한 화복이 아니라, 공자의

---

40 『大全』該註. "朱子曰 聖人不言命, 凡言命者, 皆爲衆人言也. 到無可奈何處, 始言命, 如此章命也, 是爲景伯說. 聖人 用之則行, 舍之則藏, 未嘗到無可奈何處, 何須說命? 如下一等人, 不知有命; 又一等人知有命, 猶自去計較; 中人以上, 便安於命; 到得聖人, 便不消得言命."

도에 대한 흥폐가 여기에 달려 있었다."

이처럼 공백료가 자로를 중상모략함은 곧 부자를 저지하려는 데에 있었다. 이러한 이유에서 부자께서는 자로의 거취 문제로 말씀하지 않고, 오직 도의 흥폐를 천명에 부쳐 말하였다.

"그가 천명을 어떻게 할 수 있겠는가.[其如命何]"라는 말은 그와 시시비비를 따질 게 없음을 말해주는 것이다.

부자는 일찍이 "그가 나를 어떻게 할 수 있겠는가.[其如予何]"라는 말을 2차례[子曰 天生德於予, 桓魋 其如予何?(「述而」), "匡人, 其如予何?"(「子罕」)] 언급하였다. 이는 천명이 부여된 나를 그들이 어떻게 해칠 수 없다는 뜻이다. 그러나 여기에서 말한 바는 도를 행하느냐 못하느냐는 나의 운명이 하늘에 있음을 말한다.

39. 현자전지 賢者全旨

이 장에서는 현인의 출처와 거취는 그 시대의 대의에 따름을 보여준 것으로, 현자(賢者) 2자가 전체의 뜻을 총괄하고 있다. 3차례 말한 '그다음 사람[其次]'이라는 것은 피하여 떠나가는 차례를 가리키는 것이지, 어진 사람의 조예에 대한 우열의 차이를 말함이 아니다.

피(辟)자는 은(隱)자의 뜻과는 다르다. 은둔한다는 은(隱)이란 전혀 벼슬에 나서지 않으려는 마음에 영원히 묻혀 살려는 것임에 반하여, 피한다는 피(辟)자는 벼슬에 나서려는 마음은 있으나 시대의 상황이 뜻처럼 되지 않아서 깊은 고뇌를 안고 일시적으로 피신한 것이다.

세(世)는 지(地)와 차이가 있는 것으로, 공간의 넓고 좁음, 즉 널리 온 천하의 한 시대로 말하면 세(世), 국지적인 이 나라 저 나라로 말하면 지(地), 즉 제후의 땅을 말한다. 집주에서 말한 "어지러운 나라를 떠나 다스려진 나라로 간다."라는 것 또한 "그 나라가 여기보다는 더 나은 나라이다."라는 뜻으로 말한다.

군자는 도의를 중히 여기는 사람들이다. 그런 그들이 이런 유를 피해 떠나갔다는 말속에 개탄하는 마음이 담겨있는 것으로, 쇠퇴한 시대임을 알 수 있다.

子曰 賢者는 辟(避)世하고

부자께서 말씀하셨다.
"어진 자는 혼란한 세상을 피하고,

강설

부자께서 쇠퇴한 시대를 개탄하여 말씀하셨다.
"도덕을 지닌 어진 사람의 출처와 거취는 오직 시대에 따라 결정할 뿐이다. 무도한 천하를 만나면 세상을 피해 몸을 숨기고서 맑은 시대가 오기만을 기다리는 것이다."

集註

天下無道而隱이니 **若伯夷太公**이 **是也**라

[해석] 천하에 도가 없으면 숨는다. 백이와 태공 같은 이가 이렇다.

其次는 辟地하고

그다음은 혼란한 지방(나라)을 피하고,

강설

"천하의 세상을 피한 자의 그다음으로는 어지러운 나라를 버리고 다스려진 나라를 찾아가니, 혼란의 지역을 피하는 자이다."

集註

去亂國, 適治邦이라

[해석] 혼란한 나라를 버리고 태평한 나라로 찾아감이다.

其次는 辟色하고

그다음은 예모 잃은 얼굴빛을 피하고,

강설

"혼란의 지역을 피하는 사람에 그 버금가는 자는 예우를 갖추지 않고서 불공스러운 모습이 보였을 적에 떠나가니, 예의 잃은 얼굴을 피하는 자이다."

集註

禮貌衰而去라

[해석] 예모가 쇠퇴하여 떠나감이다.

其次는 辟言이니라

그다음은 〈임금과의 의론이 서로 맞지 않아〉 말을 피하는 것이다."

강설

"예의 잃은 얼굴을 피하는데 버금가는 자는 혹 임금의 말과 서로 맞지 않음으로써 떠나가는 것이다. 어긋나는 말을 피하는 자이다."

이는 그들의 처지가 다르므로 그들이 피한 바가 똑같지는 않지만, 그 귀추는 몸을 조촐이 한데 있다. 세상의 도의가 쇠퇴함 또한 매우 개탄하지 않을 수 있겠는가.

集註

有違言而後去也라

○ 程子曰 四者는 雖以大小次第言之나 然이나 非有優劣也오 所遇不同耳니라

[해석] 어긋나는 말이 있는 뒤에 떠나감이다.
○ 정자(明道)가 말하였다.
"4가지는 비록 크고 작은 차례로 말하였으나 우열이 있는 것이 아니며, 만나는 처지가 같지 않았을 뿐이다."

40. 작자전지 作者全旨

이 장은 성인이 세상을 걱정하여 개탄하는 말이다.

작(作)자는 피(辟)자의 뜻과 다르다. 피(辟)란 저곳을 피해서 이곳을 찾은 것으로, 세상을 피하기는 하지만 여전히 좋은 시대, 맑은 정치를 기다린다는 뜻이 있다. 그러나 작(作)이란 좋지 못한 조짐을 보고서 벌떡 일어나 떠나가는 것이다. 한번 떠나가면 다시는 되돌아보지 않는다.

대충 "일곱 사람이다.[七人]"고 말한 데에는 한없는 서글픈 마음에 그들의 이름을 하나하나 들어 말하지 못한 뜻이 담겨있다.

子曰 作者 七人矣로다

부자께서 말씀하셨다.
"자리에서 박차고 일어나 은둔하러 떠나간 자가 일곱 사람이나 된다."

강설

부자께서 세상을 근심하는 마음으로 말씀하셨다.

"어진 이들의 거취로 세상 도의의 흥망성쇠를 가늠할 수 있다. 오늘날 도가 행하여지지 못할 줄을 알고서 은둔하고자 떠나간 사람이 일곱 사람이나 된다. 어진 사람들의 은둔이 이처럼 많으니, 세상의 쇠퇴한 도의를 어찌 깊이 개탄하지 않을 수 있겠는가."

集註

李氏曰 作은 起也라

言起而隱去者 今七人矣라

不可知其誰何니 必求其人以實之면 則鑿矣니라

[훈고] 이씨[李郁]가 말하였다.
"작(作)은 자리에서 일어나 떠나감이다."

[해석] 일어나 은둔하고자 떠나간 자가 오늘날 일곱 사람임을 말한다.

[의론] 그 누구인지는 알 수 없다. 반드시 그 사람을 찾아서 채워놓으려고 한다면 이는 지나친 천착이다.

41. 자로전지 子路全旨

이 장에서는 성인과 현자의 처세에 관한 차이점을 보여주고 있다.

자로가 석문 땅에서 하루를 묵게 된 것 또한 우연이었다. 새벽 성문을 여는 문지기의 "어디에서 왔는가.[奚自]"라는 물음과 자로의 "공자를 따라왔다.[自孔氏]"는 대답은 모두 무심으로 주고받은 말이다. 그러나 마지막 "안 될 줄을 알면서도 그처럼 하는 사람"이라는 구절은 부자를 풍자하는 말이다. 그의 말은 부자의 마음을 간파한 것처럼 보이지만, 그는 성인을 아는 것 같으면서도 제대로 알지 못한 자이다.

성인의 경지에서 세상을 바라보는 시각은 다스릴 수 없는 시대가 없다고 본다. 성인의 도란 행하지 못한다거나 안 될 일이 없기 때문이다. 그러나 현인의 입장에서는 다스릴 수 없는 시대가 있다. 이는 그의 조예와 능력의 한계 때문이다. 따라서 새벽 성문을 여닫는 문지기가 자신의 처지에서 한 몸을 깨끗이 하고자 문지기와 야경꾼[抱關擊柝] 같은 미관말직에 은둔하여 자처한 것은 훌륭한 일이다. 그러나 자신의 기준으로써 부자 또한 대등한 선상에서 평가하려는 것은 성인의 경지가 어떤 것인지 알지 못한 채, 자신의 처지에서 자신만을 알았기 때문이다.

子路 宿於石門이러니
晨門이 曰奚自오
子路曰 自孔氏로라
曰 是 知其不可而爲之者與아

자로가 석문에서 하룻밤을 묵었는데, 새벽 성문지기가 자로에게 말하였다.
"어디에서 오셨소?"
자로가 대답하였다.
"공자를 따라 여기에 왔습니다."
"그 안 될 줄을 알면서도 그처럼 하는 사람 말이오?"

자로는 부자를 따라 사방을 주류하다가 우연히 석문 땅에서 하룻밤을 묵게 되었는데, 그 당시 새벽 성문을 여닫는 문지기가 자로에게 물었다.

"그대는 어디에서 누구를 따라서 여기에까지 오셨소?"

자로가 대답하였다.

"저는 공자를 모시면서 여기까지 왔습니다."

새벽 성문지기가 느닷없이 자로를 비아냥거린 말씨로 뇌까렸다.

"그대가 말한 공자란 세상을 다스릴 수 없다는 사실을 뻔히 알면서도 미련을 버리지 못한 채, 그렇게 다스려보려는, 그런 사람이 아니오? 그대가 그런 그를 따르니 그대 또한 매우 고생이 많겠습니다."

集註

石門은 地名이라 晨門은 掌晨啓門이니 蓋賢人隱於抱關者也라 自는 從也니 問其何所從來也라 胡氏曰 晨門은 知世之不可而不爲라 故로 以是譏孔子라 然이나 不知聖人之視天下에 無不可爲之時也니라

[훈고] 석문(石門)은 땅 이름이다. 신문(晨門)은 새벽에 성문을 여는 것을 맡는 자이니, 아마 어진 사람으로서 낮은 벼슬[抱關]에 은둔한 자이다. 자(自)란 부터[從]이니, 그 어느 곳에서 왔는가를 물음이다.

[의론] 호씨[胡寅]가 말하였다.

"새벽 문지기는 세상을 구제할 수 없음을 알고서 아예 하지도 않았다. 그러므로 이로써 공자를 꾸짖은 것이다. 그러나 성인이 천하를 봄에 있어서는 다스리지 못할 시대가 없음을 알지 못하였다."

42. 자격장지 子擊章旨

이 장에서는 성인이 행하기 어려운 일을 하고자 한다는 뜻을 보여준 것으로, "천하를 다스리려는 데에 마음이 있다."는 유심(有心) 2자를 주제로 삼고 있다.

삼태기를 걸머진 은자는 부자께서 "천하를 다스리려는 데에 마음이 있다."는 사실을 알면서도 도리어 꾸짖기에, 부자는 그의 말로 인하여 스스로 무심(無心)할 수 없다는 점을 역설하였다.

집주의 여러 곳에서 말한 망(忘: 未嘗忘天下, 不能一日忘也, 嘆其果於忘世 등)자는 바로 유심(有心)과 상반되는 글자이다.

(1) 자격절지 子擊節旨

부자께서 세상을 다스리려는 데에 마음 두고 있음을 굳이 경쇠 소리를 빌어 전하려고 한 것은 아니다. 때마침 경쇠를 치는 즈음에 이러한 마음이 드러난 것이다.

삼태기를 걸머진 은자가 부자의 문 앞을 지나면서 이런 말을 한 것은 부자를 질시한 말이지, 부자를 찬미함이 아니다. 하지만 또한 풍자의 뜻이 담겨있는 것은 아니다.

子 擊磬於衛러시니
有荷蕢而過孔氏之門者曰 有心哉라 擊磬乎여

부자께서 위나라에서 경쇠를 치셨는데, 삼태기를 걸머지고 공자의 문 앞을 지나는 자가 말하였다. "마음이 있구나. 경쇠를 치는 소리여."

강설

부자께서 어느 날 위나라에 계실 적에 우연히 경쇠를 쳤는데 자신도 모르는 사이에 세상을 근심하는 마음이 경쇠 소리에 담겨있었다.

때마침 삼태기를 걸머지고 길을 걷던 한 은자가 부자께서 머무시던 집 앞을 지나치다가 경쇠 소리를 듣고서 탄식하였다.

"천하를 다스리려는 데에 마음이 있구나. 이 사람의 경쇠 소리여."

集註

磬은 樂器라 荷는 擔也오 蕢는 草器也니

此荷蕢者 亦隱士也라 聖人之心이 未嘗忘天下어늘 此人이 聞其磬聲而知之하니 則亦非常人矣라

[훈고] 경(磬)은 악기이다. 하(荷)는 짊어짐이며, 궤(蕢)는 풀로 짜 만든 도구이다.

[해석] 이 삼태기를 짊어진 자 또한 숨은 선비이다. 성인의 마음은 일찍이 천하를 잊은 적이 없는데, 이 사람이 그 경쇠 소리만 듣고서 이처럼 안 것으로 보면, 그 또한 범상한 사람이 아니다.

(2) 기이절지 旣而節旨

조금 뒤의 풍자한 말은 처음 탄식했던 것과는 전혀 다른 의미로, 앞뒤 부분이 이어지지 않는다. 비재경경(鄙哉硜硜)은 또한 실속 없이 띄워놓고 하는 말[虛說]이며, 그 아래 4구절[莫己知也…淺則揭]이 바로 비루한 경쇠 소리를 말해주는 부분이다. 단 그 자신이 말하고자 한 뜻을 『시경』 구

절을 인용하여 표현한 것으로, 이는 부자의 잘못을 바로잡는 말 같으면서도 풍자하는 뜻이 담겨 있다.

旣而曰 鄙哉라 硜硜乎여 莫己(기)知也어든 斯已(이)而已矣니 深則厲오 淺則揭니라

얼마 후 말하였다.

"비루하다. 또록또록한 경쇠 소리여. 자기를 알아줄 사람이 없으면 이에 그쳐야 할 뿐이다. 물 길이 깊으면 옷을 벗지 않고 건너고, 얕으면 옷을 걷고 건너느니라."

강설

한참 동안 말없이 듣고 있다가 다시 비아냥거리며 말했다.

"비루하다. 이 사람이여. 어쩌면 그렇게도 경쇠 소리가 또록또록하여 이처럼 변통을 모르는 것일까?

군자가 조정에 나아가 벼슬을 한다는 것은 세상 사람들이 나를 알아주어 써주었기 때문이다. 오늘날엔 임금과 신하 사이에 서로 통하는 교제가 없으니, 나를 알아줄 사람이 없다. 이는 시대의 추세에 따라 그만둘 때 그만두어야 한다.

저 시냇물을 건너는 사람들을 보지 못했는가. 깊은 물을 건널 적에는 위험에 대비하여 홑옷을 입은 채로 건넌다. 이를 옷을 입고서 건넨다는 여(厲)라 한다. 얕은 시냇물을 건널 적에는 옷을 걷어 올리고서 건넌다. 이를 옷을 걷어 올린다는 게(揭)라고 말한다. 이는 시냇물의 얕고 깊음에 따라서 적절하게 대처하는 것이다.

그러나 오늘날 사람들이 나를 알아주지 않음에도 그만두지 않으니, 어쩌면 그렇게도 시대의 치란(治亂)에 따라 적절하게 대처하지 못하는지? 참으로 경쇠 소리가 또록또록 울려오는구나."

集註

硜硜은 石聲이니 亦專確之意라 以衣涉水曰厲오 攝衣涉水曰揭라 此兩句는 衛風匏有苦葉之 詩也니 譏孔子人不知己而不止하야 不能適淺深之宜라

[훈고와 해석] 경경(硜硜)은 돌소리니, 또한 오롯하고 분명한 뜻이다. 옷을 입은 채로 물을 건너는 것을 여(厲)라 하고, 옷을 걷어 올리고서 건너는 것을 게(揭)라고 한다. 이 2구절은 『시경』「위풍(衛風) 포유고엽(匏有苦葉)」의 시이다. 공자는 사람들이 자기를 알아주지 않음에도 그치지 않으니, 깊고 낮은 데에 시의적절하지 못함을 비아냥거림이다.

[보 補]

『이아(爾雅)』의 주해에 의하면, 물길이 무릎 아래면 옷을 걷어 올리고 건너는 것을 게(揭)라 하고, 허리춤 이상의 깊이에서는 옷을 입고서 건너는 것을 여(厲)라고 한다.[由膝以下爲揭,

由帶以上爲厲.]

이에 대해 우암(尤庵)은 "깊은 물을 건널 적에는 행여 수해를 입을까 두려운 마음에 별도의 홑옷을 입고서 이에 대비한다."고 하였다. 여(厲)란 수해라는 말과 같으니, 이는 수해를 대비하는 것이라고 하였다.[41]

(3) 과재절지 果哉節旨

과재(果哉)라는 말은 위에서 언급한, 삼태기를 걸머진 은자의 말에 바싹 붙여서 말한 것이며, "미련 없이 세상을 잊는다는 것은 어렵지 않다.[末之難矣]"는 말 또한 부자 자신의 마음을 표현한 것이다.

집주에서 "또한 사람의 출처를…말한다면[且言人之出處]"이라는 차언(且言) 2자를 자세히 살펴보면, 과재(果哉) 구절을 하나의 소절(小節)로 삼아야 한다. '또한'이라는 용어는 저것도 있고 다시 이런 것도 있다는 뜻으로 전자와 후자를 나열할 적에 쓰는 말이기 때문이다. 이는 삼태기를 걸머진 은자의 처세에 대해 비아냥거리거나 깎아내리는 말이 아니다. 순전히 그를 세상에 나오도록 그 마음을 움직여 보기 위함이다.

세상을 잊고 산다는 것은 어렵지 않다. 안 되는 일을 되게 하려고 노력하는 일이 어렵다. 성인은 차마 천하를 잊을 수 없는 마음 때문에 세상을 다스림이 어려운 일인 줄 알면서도 차라리 그 어려운 일을 선택한 것이다. 이는 앞서 은자가 부자를 풍자한 '유심재(有心哉)' 구절과 대조되는 부분이다.

子曰 果哉라 末之難矣니라

부자께서 말씀하셨다.

"미련 없이 세상을 잊음이여. 그렇게 하기는 어려움이 없다."

강설

부자께서 그의 말을 듣고서 탄식하셨다.

"그는 아무런 미련 없이 이 세상을 영원히 떠나 세상사를 과감하게 잊은 자이다. 어진 자로서 차마 그처럼 할 수 없는 일을 그처럼 쉽게 처신한 것이다.

또한 사람의 출처에 있어서 어려운 일이란 의당 그만두고 물러설지라도 오히려 그 어느 하루도 천하를 잊지 못하는 마음이다. 남들이 나를 알아주지 않는다고 하여 곧장 그만두는 일은 자신의 절의를 조금이라도 깨끗하게 지킬 줄 아는 사람이라면 가능한 일이니만큼, 이 또한 어려운 일이 아니다.

---

41 『壺山集, 論語集註詳說』, "尤庵曰 涉深者, 恐有水害, 故別著單衣以備之. ○ 厲, 猶害也, 蓋備厲也."

그렇다면 나의 마음은 어떤가. 어지러운 이 세상을 미련 없이 잊을 수 없다. 나의 또록또록한 경쇠 소리에는 나도 모르는 사이, 오늘날 현실에 행하기 어려운 일을 선택한 나의 마음이 담겨있었던 모양이다. 삼태기를 짊어진 그대 또한 이런 나의 마음을 알기나 하는지!"

集註

果哉는 嘆其果於忘世也라 末은 無也라

聖人은 心同天地하야 視天下猶一家하고 中國猶一人하야 不能一日忘也라 故로 聞荷蕢之言하고 而嘆其果於忘世니라 且言人之出處를 若但如此면 則亦無所難矣라하니라

[훈고] 과재(果哉)란 세상을 잊은 데 과감함을 탄식한 말이다. 말(末)은 없음이다.

[해석] 성인의 마음은 천지와 같아서 천하를 한 집안처럼 생각하고, 중국을 한 사람처럼 생각하여 어느 하루도 잊은 적이 없다. 그러므로 삼태기를 짊어진 이의 말을 듣고 그가 세상을 잊은 데에 과감함을 탄식하였다. 그리고 또한 사람의 출처를 단 그처럼 한다면 그 역시 어려운 바 없음을 말한다.

43. 고종장지 高宗章旨

이 장은 옛사람들이 상례(喪禮)를 대처한 권도(權道: 方便)를 보여준 것이다.

자장은 국정을 도맡은 임금으로서 적지 않은 삼년상 동안 말하지 않을 수 없음을 의심했는데, 부자는 옛 제도를 인용하여 삼년상 동안 말하지 않아도 되는 이유를 밝혀주었다.

(1) 고종절지 高宗節旨

양(諒)은 양(梁)자로, 음(陰)은 암(闇)으로 써야 한다. 초상시 거처하는 의려(倚廬: 廬幕)를 말한다. 햇살이 밝게 비추는 곳과 반대가 되는 뜻이다. 천자가 그런 곳에서 거상(居喪)하였기 때문에 붙여진 이름이다.

"무슨 말입니까?(何謂)"라는 자장의 물음에는 자식의 도리를 다하려다가 나라에 혼란이 일어날까를 두려워함이다.

子張이 曰 書云高宗이 諒陰(양암)三年을 不言이라하니 何謂也잇고

자장이 말하였다.

"『서경』에 '고종이 초상에 양암(諒陰: 梁闇)에 거처하면서 3년 동안 말하지 않았다.'(「商書 說命」) 고 하니, 무슨 말입니까?"

강설

자장이 제왕의 거상(居喪)에 대해 의문이 있어 여쭈었다.

"『서경』 「상서 열명」에 의하면, '상나라 임금 고종이 초상을 당하여 양암에서 3년 동안 아무런 말을 하지 않았다.'고 합니다.

하지만 천자란 천하를 다스리는 주인입니다. 3년 동안 한마디 말을 하지 않는다면 신하는 명을 아뢸 곳이 없어 천하는 혼란에 빠지게 될 터인데, 『서경』에서 말한 뜻은 과연 무엇을 말하는 것입니까?"

集註

高宗은 商王 武丁也라 諒陰은 天子居喪之名이니 未詳其義라

[훈고] 고종은 상나라 왕 무정(武丁)이다. 양암(諒陰)은 천자가 상중에 거처하는 의려(倚廬)의 명칭이나, 그 뜻이 자세하지 않다.

[보 補]

자장은 임금이란 그처럼 삼년상 동안 말하지 않을 수 없음을 의심하여 이를 물은 것이나, 삼년 상이란 신분 고하를 불문하고 자식으로서의 당연한 도리라는 사실을 생각지 않고, 오로지 이해관 계에서 말하고 있다.[42]

양암에 관한 설은 자세하지 않지만, 옛적에 천자가 초상시 거처했던 의려(倚廬)임은 분명하다.

"『의례』 「상복사제(喪服四制)」의 양암 3년에 대한 정현(鄭玄)의 주에 의하면, 양(諒)은 옛적에 양(梁)자로 썼는데, 문 위에 댄 차양梱을 양(梁)이라 한다. 암(闇)의 독음은 '암'으로 집[闇]을 여(廬)라고 말하니, 의려(倚廬)의 여(廬)를 말한다. 『의례』의 전병주미(剪屛柱楣) 구절에 대한 정현의 주에서 '주미(柱楣)는 이른바 양암(梁闇)이 바로 그것이다.'라고 한다. 『서경』「열명(說命)」에서 "왕(高宗)이 양암에서 택우(宅憂)하였다."라는 것은 양암에서 거상하였음을 말한다. 양암에 대한 뜻은 주자가 만년에 직접 말한 것이라고 한다.[43]

(2) 하필절지 何必節旨

"자신들의 직책을 총괄하여 총재에게 결재를 받는다.[總己以聽]"는 것은 전곡(錢穀)과 병형(兵刑) 따위를 맡은 관료들이 제각기 예전에 맡은 바의 정무를 관장하여 총재의 처분을 따르고, 총재는

---

42 宋 張栻 撰, 『論語解』 권7. "子張 疑人君之不可以三年不言也, 故有此問. 此特以利害論, 而未究夫事理之實也."

43 『大全』 該註. "覺軒蔡氏曰 喪服四制, 諒闇三年, 鄭注云 諒古作梁, 楣謂之梁. 闇讀如鶉鷯之鷯, 闇謂廬也, 卽倚廬之廬. 儀禮剪屛柱楣, 鄭氏謂柱楣, 所謂梁闇, 是也. 書云王宅憂諒陰, 言居喪於梁闇也. 按諒陰之義, 先人得於先師晚年面命者, 如此."

그들의 책임을 묻는 것이다. 이처럼 한다면 뒤를 이은 임금이 임금의 통치를 한시적으로 신하에게 맡겨 자식의 도리를 다하고, 백관은 신하의 도리를 다하여 보필을 성취함이 상하 모두에게 당연한 도리이다. 이처럼 함으로써 임금이 말하지 않아도 잘못된 정치가 없는 것이다.

子曰 何必高宗이리오 古之人이 皆然하니 君薨커시든 百官이 總己하야 以聽於冢宰 三年하나라

부자께서 말씀하셨다.
"어찌 고종뿐이겠는가. 옛사람들이 모두 다 그러하였다. 임금이 죽으면 백관이 자기의 직책을 총괄하여 총재에게서 듣기를 3년을 한다."

강설

부자께서 삼년상은 떳떳한 도리임을 자장에게 일러주셨다.
"초상에 있어서 3년 동안 말을 하지 않은 것은 유독 고종만 그러했던 것은 아니다. 예전의 임금들은 모두가 그러했었다. 3년상이란 천하에 떳떳한 법이요, 옛사람들의 공통된 도리였기 때문이다.[此天下之常經, 古人之通道故耳.]

그러나 3년 동안 말하지 않을 수 있었던 까닭은 임금이 죽은 뒤 새로 왕위를 계승한 임금이 초상 중에 있으면 모든 관리는 자신의 맡은 바의 일을 다스리되 총재에게 그 일을 아뢰어 3년 동안 국사를 처리하였다. 이는 새로 등극한 임금이 말해야 할 일들을 총재가 모두 대신하여 처분한 것이다. 그러므로 임금은 3년 동안 말을 하지 않아도 된다. 이로 보면 고종 또한 옛사람의 도리를 따라 행했을 뿐인데, 그대는 또한 무엇을 의심하는가."

集註

言君薨則諸侯亦然이라 總己는 謂總攝己職이라 冢宰는 太宰也라 百官聽於冢宰라 故로 君得以三年不言也라

○ 胡氏曰 位有貴賤이나 而生於父母는 無以異者라 故로 三年之喪은 自天子達於庶人이라 子張非疑此也오 殆以爲人君三年不言이면 則臣下無所稟令하야 禍亂或由以起也라 孔子告以聽於冢宰하시니 則禍亂은 非所憂矣니라

[훈고와 해석] '임금이 죽으면'이라고 말하였는바, 〈천자만이 아니라〉 제후 또한 그러했다. 총기(總己)란 자기 직책을 총괄하여 지킴을 말한다. 총재(冢宰)는 태재(太宰)이다. 백관이 총재에게 처분을 듣는 까닭에 임금은 3년을 말하지 않을 수 있었다.

○ 호씨[胡寅]가 말하였다.
"지위엔 귀천이 있으나 부모에 의해 태어남은 차이가 없다. 그러므로 3년 상은 천자로부터

서민에 이르기까지 한가지이다. 자장은 이를 의심한 게 아니라, 임금이 되어 3년을 말하지 않으면 신하는 명령을 받을 곳이 없어서 혹 이로 말미암아 화란(禍亂)이 일어나지나 않을까 염려한 것이다. 공자께서 총재의 처분을 듣는다고 말씀하시니, 화란은 근심할 바가 아니다.

44. 상호전지 上好全旨

이 장에서는 임금 그 자신이 백성의 준칙이 되어야 함을 바라는 뜻이 담겨있다.

여기에서 말한 예(禮)는 상하의 명분 측면에서 말하며, 그 핵심은 온통 하나의 호(好)자에 있다. 위정자가 진심으로 예를 좋아하여 자신을 닦고 이를 미루어 정사에 시행해야 함을 말한다. 따라서 위정자가 예를 좋아해야 한다는 것은 단 백성을 다스리는 데에 필요하기에 그처럼 좋아해야 한다는 것을 전제로 말함이 아니다. 백성을 부리기 쉬움은 윗사람이 예를 좋아하는 가운데 자연스럽게 얻어지는 결과이다. 이처럼 윗사람이 하는 대로 아랫사람이 따라 한다[上行下效]는 관계를 하나의 즉(則: 好禮則民易使)자로 명쾌하게 밝혀주었다.

子曰 上이 好禮則民易使也니라

부자께서 말씀하셨다.
"위에서 예를 좋아하면 백성 부리기 쉽다."

강설

부자께서 최고의 통치자란 예를 존숭하여 나라를 다스려야 한다는 점을 가르쳐 주셨다.

"예는 상하의 사이를 분별하여 백성의 마음을 안정시켜주는 것이다. 만일 위정자가 진심으로 예를 좋아하여, 예로써 몸을 닦아 보거나 듣거나 말하거나 움직이는[視聽言動], 그 모든 것들을 반드시 예로써 행하고, 이를 정치에 베풀어서 온 누리의 전형(典型)과 풍속의 훈화(訓化)를 반드시 예로 다져야 한다.

이처럼 위정자 그 자신이 예의의 표준이 되면, 온 누리에 널리 예의가 펼쳐짐에 따라 백성의 분수가 정립되어 백성은 모두가 윗사람을 섬기는 것이 당연한 일임을 알게 됨으로써 태평한 시대에는 나랏일에 달려와 힘쓰고, 위란의 시대에는 국난극복에 앞다투어 목숨 바쳐 행여 뒤질세라 두려워할 것이다. 이와 같은 백성들에게 무슨 강압적인 형벌로 몰아세울 게 있으며, 화급하게 독촉할 것이 있겠는가. 이처럼 통치자가 예를 진심으로 좋아하면 백성을 쉽게 다스릴 수 있지 않겠는가."

集註

謝氏曰 禮達而分定이라 故로 民易使니라

[해석] 사씨[謝良佐]가 말하였다.

"예가 〈아래 백성에게〉 전달되어 분수가 정립되므로 백성을 부리기 쉽다."

[보 補]

이 장에서는 국정의 대체를 논하였다. 통수권자가 스스로 밝혀야 할 것은 형법과 정치의 제도가 아니다. 바로 그 자신이 예의를 사랑하는 데에 있다. 나라에 다스리는 위정자는 반드시 나라에 예의를 밝혀야 한다. 이의 중요성은 '예달분정(禮達分定)' 4자에 있다. 이 구절은 『예기』「예운(禮運)」에 보인다. 임금이 몸소 행한 예의가 아래의 백성에게 전달되어 백성 그 모두가 분수를 모르는 이가 없음을 말한다.

백성이 제 분수를 깨달으면 태평성대에는 예의염치의 질서가 유지되어 몰염치한 행위를 하지 않을 것이며, 나라에 위란(危亂)이 닥치면 백성들은 분수를 저버리고 구차스럽게 목숨을 유지하기보다는 차라리 편안한 마음으로 분수를 지켜 죽음만 같지 못하다는 정신이 있기에, 사람들은 모두가 나라와 임금을 위해 기꺼이 죽음을 선택하여 불의의 삶을 영위하지 않을 것이다. 이것이 바로 국정의 중요성이 어디에 있고, 국민의 정신무장이 그 누구에게서 비롯된 것인가를 말해주는 부분이다.

45. 자로전지 子路全旨

이 장에서는 경(敬)이라는 한 글자가 성인의 학문에 있어 상하로 통하는 요체(要諦)임을 말해주고 있다. 한결같이 공경으로 몸을 닦아나가면 군자로서 해야 할 도리를 다하여 사람을 편안하게 해주고 나아가 백성을 편안하게 함이 모두 그 가운데에 포괄되어 있다.

자로가 재차 물었던 "이처럼 할 뿐입니까?[如斯而已乎]" 이하의 문장은 모두 자로의 부족한 점으로 인하여 그 의의를 밝혀준 데에 지나지 않는다.

자로가 앞서 질문한 여사(如斯)는 자기 몸을 닦는, 그 이외에 또 다른 부분으로 확장하고자 함이며, 아래에서 말한 여사(如斯)는 사람을 편안하게 해주는[安人], 그 밖에 또 다른 차원에서의 더 이상 존재할 수 없는, 전체적인 규모를 추구하고자 함이다.

"사람을 편안하게 한다.[安人]"는 것은 자신을 닦은 나머지에 얻어진 결과요, 경의 지극한 경지이다. 그러나 한 단계 더 나아가 "백성을 편안하게 한다.[安百姓]"는 것은 자기의 몸을 닦는 경지가 더 이상 존재할 수 없는 지극한 세계요, 안인(安人)의 확장이자, 극치이다.

그러나 '나의 몸[己]'과의 대칭으로 쓰인 '인(人)'자와 인류의 전체로 말한 '백성'과는 대소와 원근의 차이가 있는 것처럼 보이지만, 그 모두가 "경으로 자신을 닦는다.[修己以敬]"는 한 마디에서 벗어나지 않는다.

하지만 이는 나의 몸에서 사람으로, 사람에게서 백성으로 억지로 확충해나가야 만이 더 멀리 그리고 커지는 것이 아니며, 고의로 미루어 가야만이 멀리까지 전해지는 것도 아니다. 집주에서 말한 것처럼 "자연스럽게 사람과 백성에게 미쳐가야 한다.[自然及物]" 그렇다고 주자의 집주에서 말한바, 역시 하는 일 없이 가만히 앉아있으면 절로 된다는 말도 아니다. 무릇 기강과 법도, 지혜와 밝음 등이 모두 하나의 수기(修己) 안에 포괄되어 있다. 따라서 수기만을 들어 말해도 안인(安人)과 안백성(安百姓)은 모두 그 가운데에 있다.

마지막 2구[修己以安百姓 堯舜其猶病諸]는 요순에 중점을 두어 말한 게 아니다. 다시는 더 이상이 없다는 뜻에 중점을 두고 있다. 요순도 오히려 이를 부족하게 생각했음은 곧 몸을 닦는 도를 지극히 다하기가 어렵다는 점을 보여준 것이다.

子路 問君子한대
子曰 修己以敬이니라
曰 如斯而已乎잇가
曰 修己以安人이니라
曰 如斯而已乎잇가
曰 修己以安百姓이니 修己以安百姓은 堯舜도 其猶病諸시니라

자로가 군자를 물으니 부자께서 말씀하셨다.
"몸을 닦되 공경으로 하여야 한다."
"이와 같을 뿐입니까?"
"몸을 닦아서 사람을 편안히 해야 한다."
"이와 같을 뿐입니까?"
"몸을 닦아서 백성을 편안히 해야 한다. 몸을 닦아서 백성을 편안히 함은 요순도 오히려 이를 부족하게 여기셨다."

강설

자로가 물었다.
"어떻게 하여야 만이 군자가 될 수 있습니까?"
부자께서 군자의 내외(內外), 동정(動靜)을 도리를 들어 자로에게 말씀하셨다.
"군자의 성대한 덕이란 자기의 마음에서 벗어나지 않는다. 자기에게 있는 바를 닦아 한결같은 공경으로 삼가고 두려워하여 게으르거나 방탕한 마음이 없으면 천리가 보존되고 인욕이 들어오지 않을 것이다. 이것이 군자다운 바이다. 공경이란 일에 따라 움직일 때나 일이 없어 고요할 적이나 모두 갖춰있어, 마음과 몸이 하나가 되고 아래로 인사(人事)를 배워 위로 천리에 이르는 데에 모두 통하는 공부이다. 집안을 가다듬고 나라를 다스리고 천하를 평정하는 근본이 여기에서 쌓여가는 것이다."

자로는 부자께서 말씀하신 뜻을 깨닫지 못하고서 이를 가볍게 여겨 다시 여쭈었다.

"군자의 도는 이처럼 자신의 몸을 닦는 데에만 그치는 것입니까?"

부자께서 다시 말씀하셨다.

"지극히 공경을 다 하면 마음과 기운이 평화스러워서 고요할 땐 마음이 거울처럼 고요한 호수처럼 밝게 비어있고, 움직일 땐 바르고 곧게 행하여야 하는 일마다 저절로 도리에 맞음으로써 그의 다스림이 미치는 곳에 사람들이 편안함을 얻게 된다. 공경으로 나의 몸을 닦아 사람들을 편안히 해줄 수 있다."

자로는 또다시 부자께서 말씀하신 뜻을 깨닫지 못하고서 이를 하찮게 여겨 말하였다.

"군자의 도는 이처럼 사람을 편안히 해주는 데에 그치는 것입니까?"

부자께서 또다시 말하였다.

"시행하는 일들이 도리에 적절하여 장차 수많은 백성이 제각기 편안하게 될 것이다. 이는 공경으로 몸을 닦아 백성을 편안히 해주는 것이다.

몸을 닦아 백성을 편안히 해주는 큰 공효는 요순과 같은 성군의 마음으로도 이를 항상 부족하게 여겼다. 이는 결코 군자가 아니고서는 감당할 수 없는 일인데, 그대는 어찌하여 이를 군자의 도에 미진하다고 생각하는가."

集註

修己以敬은 夫子之言이 至矣盡矣어늘 而子路少之라 故로 再以其充積之盛 自然及物者로 告之하니 無他道也라 人者는 對己而言이오 百姓則盡乎人矣라 堯舜猶病은 言不可以有加於此니 以抑子路하야 使反求諸近也니라 蓋聖人之心이 無窮하야 世雖極治나 然이나 豈能必知四海之內 果無一物不得其所哉리오 故로 堯舜도 唯以安百姓爲病이니라 若曰 吾治已足이라하면 則非所以爲聖人矣니라

○ 程子曰 君子修己以安百姓하고 篤恭而天下平이니 唯上下一於恭敬이면 則天地自位하고 萬物自育하야 氣無不和而四靈畢至矣리라 此는 體信達順之道니 聰明睿知 皆由是出이니 以此로 事天饗帝니라

[해설] 몸을 공경으로 닦는다는 부자의 말씀이 지극하고 극진함에도 자로가 이를 하찮게 여긴 까닭에 다시 공경이 축적되어 성대함에 저절로 사람에게 미쳐가는 것으로 말해주니, 이밖에 다른 도리가 없다.

사람[人]이란 나[己]의 대칭으로 말하고, 백성이란 모든 사람을 들어 말한 것이다.

요순으로서도 오히려 이를 병으로 여겼다는 것은 이에 더할 게 없음을 말하여, 자로를 억제하여 가까운 데에서 돌이켜 추구하도록 함이다. 성인의 마음은 다함이 없다. 세상이 지극

히 다스려졌다 할지라도 어떻게 반드시 천하의 수많은 사람 가운데 과연 한 사람이라도 제자리를 얻지 못한 자가 없다고 장담할 수 있겠는가. 그러므로 요순으로서도 오히려 백성을 편안케 다하지 못함을 병으로 생각하였다. 만일 나의 다스림이 이미 만족스럽다고 생각하면, 이는 성인답지 못한 바이다.

○ 정자(伊川)가 말하였다.

"군자가 몸을 닦아서 백성을 편안히 하고, 독실하게 공경하면 천하가 다스려질 것이다. 오직 위아래 사람이 모두 하나같이 공경하면 천지가 스스로 제자리를 얻고 만물이 스스로 양육되어서 기운이 화기롭지 않음이 없어 사령(四靈: 기린 봉황 거북 용)의 상서가 모두 이르러 올 것이다. 이는 진실한 이치를 체득하여 화기(和氣: 順)가 통하는(體信達順) 도이다. 총명예지는 모두 이처럼 〈공경으로 진실한 마음에서〉 나온 것인바, 이런 마음으로써 하늘을 섬기고 상제를 받드는 것이다."

[보補]

체신달순(體信達順)이란 『주자어류(朱子語類)』에 의하면, 체신(體信)의 신(信)은 진실한 이치[實理]이며, 체(體)는 체득함이다. 이는 '진실로 이 도를 체득하여 일호라도 거짓이 없음이니,[是實體此道於身, 無一毫之僞.]' 곧 지성(至誠)의 도리를 극진히 다함이다.[體信, 只盡這至誠道理.] 다시 말하면, 천하의 대본(大本)인 미발(未發)의 중도를 다한 뜻[體信, 是致中底意思.]인바, 충(忠)을 주로 말한다.

달순(達順)의 순(順)은 단 화기(和氣)이며[順只是和氣, 달(達)은 통함이다. 천하의 달도(達道)인 '중절(中節)의 화(和)를 천하에 미루어 감에 통하지 않음이 없는, 그 어느 사물이든 제자리를 얻지 못함이 없는[達順: 是發而中節, 推之天下而無所不通也, 無一物不得其所.]' 도이다. 이처럼 달순이란 중절의 화를 다한 뜻[達順, 是致和底意思]인바, 서(恕)를 주로 말한다.

위와 같이 체신달순이란 곧 충(忠)을 주로 하여 서(恕)를 행함[體信達順, 卽是主忠行恕]이다. 그러나 충서, 즉 체신달순의 전제는 부자가 말씀하신 공경이다. 공경만이 체신달순의 도를 이룰 수 있으며, 또한 총명예지를 낳아주는 모태이다.[言能恭敬, 則能體信達順; 聰明睿知皆由此出者, 言能恭敬自然心便開明.]

바꿔 말하면, 오롯한 마음으로 흐트러짐이 없는 경이란 지혜 총명을 가져다준다. 사람이 총명하지 못함은 단 심신(心身)의 태만으로 혼미한 데에서 유래한다. 따라서 오롯한 마음으로 경을 하면 자연스럽게 사리를 통달할 수 있다.[敬則自是聰明. 人之所以不聰不明, 止緣身心惰慢便昏塞了. 敬則虛靜自然通達.] 이러한 논조는 『중용』(제21장)에서 말한 "진실하면 밝음을 얻는다.[誠則明]"는 것과 같다.

위를 종합해보면, 이천은 부자께서 공경으로 몸을 닦는다는 것이란 실천[行]으로는 주충행서(主忠行恕), 즉 체신달순(體信達順)으로써 자신의 몸가짐과 사람을 대하고, 인식[知]으로는 격물치지의 총명예지를 얻을 수 있다고 생각하였다. 이처럼 경이란 군자의 도에 있어 지행

(知行)을 닦아주는 견인차로서, 또는 그 기조로 인식하였음을 알 수 있다.

46. 원양전지 原壤全旨

이 장에서는 공자가 옛 친구를 후히 대하는 면모를 보여준 것으로, 예(禮)자를 주제로 삼고 있다. 이는 전체적으로 무례하게 걸터앉아 기다리는, 거만한 모습을 미워한다는 뜻으로, "예라는 것은 어찌 나 자신 하나만을 위해 마련된 것이겠는가."라는 말과 같다. 이 때문에 공자께서는 몸가짐을 바르게 세우는 도리로 그를 경계하고 격려하였다.

그뿐만 아니라, "어려서 버릇이 없고, 장성하여 칭찬할만한 것이 없다.[幼而不孫弟, 長而無述焉]"는 2구는 지난날 잘못된 일들을 소급하여 그를 꾸짖은 것이다.

"늙어서까지 빨리 죽지 않는다.[老不死]"는 구절은 오늘의 현재 시점을 가리키는 것으로, "거만하게 걸터앉아 기다린다."는 뜻과 관련지어 보아야 한다.

"이것이 남들에게 피해를 주는 도적이다.[是爲賊]"는 구절은 어릴 적부터 성장하여 늙음까지를 총괄하여 말한다.

"지팡이로 그의 정강이를 툭툭 치셨다.[叩以杖]"는 것은 눈앞에서 그의 걸터앉은 거만스러운 모습을 용납하지 않음과 아울러 앞으론 제발 이처럼 하지 말라는 경계이다.

原壤이 夷俟러니
子曰 幼而不孫弟하며 長而無述焉이오 老而不死 是爲賊이라하시고
以杖叩其脛하시다

원양이 걸터앉아서 부자를 기다리자, 부자께서 말씀하셨다.

"어려서 공손하지 못하고, 장성하여 일컬을 만한 일이 없고, 늙도록 부질없이 죽지 않는 이것이 도적이다."

지팡이로 그의 정강이를 툭툭 치셨다.

강설

원양은 부자의 옛 친구로 도가의 인물이다. 부자께서 다가오는 것을 뻔히 보고서도 볼썽사납게 걸터앉아 기다렸다. 이는 고의로 부자에게 거만하게 대하려는 것이 아니라, 예의의 구속받지 않은 생활이 몸이 배여 거침없이 행동하였기 때문이다.

부자께서 그의 무례함을 꾸짖으셨다.

"사람이 세상에 태어나 어렸을 적에는 어른이 계시면 의당 겸손과 순종으로써 공경의 도를 다하여야 하고, 장성하여 성인이 되어서는 의당 자립하여 사람들에게 칭찬받을 만한 바가 있어야 한다.

너는 어려서부터 어른에게 버릇이 없어 겸손하지 못하였고, 장성하여서는 세월을 헛되이 보내어 일컬을 만한 덕행이 없으며, 오늘날 늙은 몸으로 차라리 일찍이 세상을 떠나 미풍양속을 해치는 좀과 같은 존재를 모면했어야 함에도 또한 죽지도 않은 채, 예의의 가르침을 따르지 않고 떳떳한 인륜을 폐지하고 풍속을 어지럽히니, 이는 남들에게 해악을 끼치는 도적이다."

이에 하나하나 그의 잘못을 세어가면서 그를 꾸짖고, 다시 지팡이를 들어 그의 정강이를 툭툭 치면서 다시는 걸터앉지 못하도록 경계하였다.

集註

原壤은 孔子之故人이니 母死而歌라 蓋老氏之流로 自放於禮法之外者라 夷는 蹲踞也오 俟는 待也니 言見孔子來而蹲踞以待之也라 述은 猶稱也라 賊者는 害人之名이니 以其自幼至老히 無一善狀而久生於世하야 徒足以敗常亂俗하니 則是賊而已矣라 脛은 足骨也라 孔子旣責之하시고 而因以所曳之杖으로 微擊其脛하야 若使勿蹲踞然이시니라

[훈고와 해석] 원양은 공자의 옛 친구이다. 그의 모친이 죽었음에도 노래하였다. 그는 노자의 무리로서 스스로 예법을 벗어나 거침이 없는 자인 듯하다.

이(夷)는 걸터앉음이다. 사(俟)는 기다림이니, 공자가 오는 것을 보면서도 걸터앉아 기다림을 말한다.

술(述)은 일컬음이다. 적(賊)은 사람을 해치는 자의 명칭이다.

그는 어릴 적부터 늙을 때까지 하나의 착한 일이 없는 채, 오랫동안 세상을 살면서 한갓 떳떳한 윤리를 해치고 풍속을 어지럽혔다. 곧 이것이 도적일 따름이다.

경(脛)은 정강이뼈이다. 공자는 앞서 그를 꾸짖고 이어 짚으시던 지팡이로써 살며시 그의 정강이를 툭툭 쳐서 그에게 걸터앉지 말도록 하려는 것이다.

[보 補]

부자께서 지난날 옛 친구 원양의 모친상 때, 그를 돕고자 널을 만들어주었는데 정작 상주인 그는 나무 위에 올라가 노래를 불렀다. 그 당시 부자께서 못 들은 척, 그의 앞을 지나쳐버리자, 제자들이 물었다.

"선생께서는 왜 만류하지 않으십니까?"

"나는 듣자니, 친한 사람이란 그 친할 수 있는 바를 잃어서는 안 되며, 옛 친구는 그 옛 친구가 될 수 있는 바를 잃어서는 안 된다고 한다."[44]

---

44 『家語』권8, "孔子之舊曰原壤, 其母死, 夫子將助之以木槨. 子路曰 由也, 昔者 聞諸夫子, 無友不如己者, 過則勿憚改, 夫子憚矣, 姑已若何? 孔子曰 凡民有喪, 匍匐救之, 況故舊乎? 非友也, 吾其往, 及爲槨, 原壤登木曰 久矣, 予之不託於音也. 遂歌曰 狸首之斑然, 執女手之卷然. 夫子 爲之, 隱佯不聞以過之, 子路曰 夫子屈節而極於此, 失其與矣, 豈未可以已乎? 孔子曰 吾聞之, 親者 不失其爲親也; 故者, 不失其爲故也."

부자는 이처럼 그의 무례함을 뻔히 보고서도 내버려 둔 것은 큰 잘못을 지적하면 더 이상 앞으로 친구로서의 관계 지속이 어렵기 때문이다. 따라서 이를 눈감아버림으로써 옛 친구와의 우정을 온전히 지속하였다. 그러나 거만하게 기다리는 것을 용납하지 않음은 작은 예절을 경계하여 가르침을 다하려는 뜻이다. 부자의 성대한 덕이 절도에 맞음으로써 주선하는 모든 일에 이처럼 나타남을 찾아볼 수 있다.

47. 궐당장지 闕黨章旨

이 장은 성인께서 어린아이를 가르치는 도를 보여주었다. 이 또한 예(禮)자를 주제로 삼고 있다.

어린아이로서 예를 따르지 않기에 부자께서 그에게 예를 익히도록 주선한 것이다. 이는 그의 거짓과 교만한 마음을 억누르고, 그의 덕성을 키워주려는 뜻이다.

(1) 궐당절지 闕黨節旨

이 절에서 말한 익(益)이란 학문의 성취로 말함이며, 아래 절에서 말한 구익(求益)은 공부하려는 마음으로 말하였다.

집주에서 말한 총이지(寵異之)란 "그를 달리 여겨 중용(重用)한다."는 말과 같다.

闕黨童子가 將命이어늘
或이 問之曰 益者與잇가

궐당의 어린아이가 명을 받들자, 어떤 사람이 물었다.
"〈이 아이의 학문이〉 진취가 있는 자입니까?"

> 강설

궐이라는 고을에 사는 어린아이가 부자를 찾아와 문하에서 공부했는데, 부자께서 그에게 빈주(賓主)의 명을 전하는 일을 하도록 하였다.

이에 혹자가 그를 의심하여 여쭈었다.

"어른들의 회동 자리에서 손님과 주인의 명을 전함이란 결코 쉬운 일이 아님에도 동자에게 그런 일을 맡겼다는 것은 반드시 남다른 학문의 진취가 있어 부자께서 그 아이를 총애한 나머지 그를 불러 시킨 것입니까?"

> 集註

闕黨은 黨名이라 童子는 未冠者之稱이라 將命은 謂傳賓主之言이라

或人이 **疑此童子學有進益**이라 **故**로 **孔子使之傳命**하야 **以寵異之也**라

[훈고와 해석] 궐당(闕黨)은 고을[黨: 5백 호의 고을]의 명칭이다. 동자는 갓을 쓰지 않은 미성년 자를 일컫는다. 장명(將命)이란 손님과 주인의 말을 전하는 사람[심부름하는 사람]이다.

어떤 사람이 이 어린아이의 학문에 진취가 있었던 까닭에 부자께서 그에게 명을 전하도록 하여 남달리 총애하는 일인가를 의심한 것이다.

[보 補]

"주자는 집주에서 달항(達巷)은 당명(黨名)이라 하고, 또한 궐당(闕黨)은 당명(黨名)이라 하였다. 나(陳士元)는 달항과 궐당이라는 두 곳의 지리를 살펴보았지만, 현재 어느 지방에 있는지 알 길이 없다.

맹강씨(孟康氏)는 '달항당인은 항탁(項橐)'이라 말하였고, 순자[荀卿氏]는 '중니가 궐당에 거처하자, 궐당의 자제들은 물건을 나누어줄 적에 부모를 모시는 사람이 많이 가져야 함을 모르는 자가 없었다. 이는 공자가 효제로 그들을 교화시켰기 때문이다.'(『荀子』「儒效篇」제8)고 말하였다.

또한 중니가 살았던 마을을 궐리(闕里)라 한다. 『괄지지(括地志)』에 의하면, '궐리는 연주(兗州) 곡부(曲阜) 서남쪽 3리에 있다.'고 하며, 『수경(水經)』 주에서는 '공자의 사당 동남쪽 5백보 거리에 쌍석궐(雙石闕)이 있다. 이는 영광전(靈光殿)의 남궐(南闕)이다. 또한 영광전 터전 동쪽에 양관궐(兩觀闕)이 있다. 궐리라는 뜻은 여기에 근본한 것으로 생각되며, 아마 궐당이라는 지명 또한 궐리에 가까운 데서 붙여진 지명일 것이다.'[45]

(2) 오견절지 吾見節旨

선생이란 나이가 많은 자를 말한 것이지, 스승을 가리킴은 아니다. 겸손해야 학문의 진보를 받아들일 수 있는데, 동자는 겸손하지 않고 오만하였기에 진보를 구하려는 것이 아니다[非求益]고 말하니, 이 구절은 바로 '익자여(益者與)' 구절과 상응하고 있다.

성(成)자는 바로 성인(成人)의 성(成)자로서 동자(童子)와 상대적으로 본 것이지, 학문에 성취가 있다는 것은 아니다. 끝부분에서 그를 억제하여 가르친다는 뜻을 보완하고 있다.

子曰 吾 見其居於位也하며 **見其與先生幷行也**호니 **非求益者也**라 **欲速成者也**니라

부자께서 말씀하셨다.

---

45 明 陳士元 撰, 『論語類考』 권3, 「地域考」, "朱子曰 達巷, 黨名. 又曰闕黨, 黨名. 元按二黨地里, 今不知何在. 孟康氏云 達巷黨人, 項橐也. 荀卿氏云 仲尼居於闕黨, 闕黨之子弟, 罔不知有親者多取, 孝弟以化之也. 又仲尼所居之里, 謂之闕里. 括地志云 闕里, 在兗州曲阜西南三里. 水經註云 孔廟東南五百步, 有雙石闕, 卽靈光之南闕. 又靈光殿基之東, 有兩觀闕, 闕里之義, 蓋本於此, 而闕黨之稱, 或亦近闕里者與!"

"나는 그가 어른의 자리에 앉아있음을 보았으며, 그가 선생과 나란히 걷는 것을 보았다. 그는 학문에 나아가기를 구하는 자가 아니라, 서둘러 어른들의 반열이 되기를 원하는 자이다."

강설

부자께서 그의 진취를 총애하여서가 아니라, 가르치기 위함이라는 뜻으로 그에게 말씀하셨다.

"예에 의하면, 어린아이가 어른을 모시고 앉을 적에는 반드시 모퉁이에 앉아야 한다. 그런데도 그 아이는 어른이 앉은 자리에 버젓이 앉은 채, 모퉁이에 앉은 예를 따르지 않았다.

예에 의하면, 어린아이가 어른을 모시고 걸을 적에는 반드시 어른의 뒤를 따라 걸어야 한다. 그런데도 그 아이는 어른들과 어깨를 나란히 한 채, 뒤따르는 걷는 예를 따르지 않았다.

그 어린아이는 겸허한 마음으로 어른에게 몸을 낮추어 학문을 닦아나가고자 추구한 자가 아니다. 이는 어린아이로서의 본분을 지키지 못하고 서둘러 어른의 반열로 끼고자 하였다. 이런 연유에서 그에게 심부름을 시켜서 또한 어른과 어린이의 질서를 살펴보도록 하고, 사양하는 거동을 익혀 그의 교만한 마음을 없애주려고 한 데서 비롯된 일이다."

이는 그의 교만과 서두르는 마음을 억제하여 가르치려는 것이지, 그를 남달리 총애하여 중용(重用)함이 아니다.

集註

禮에 童子當隅坐隨行이라 孔子言 吾見此童子에 不循此禮하니 非能求益이오 但欲速成爾라 故로 使之給使令之役하야 觀長少之序하고 習揖遜之容하니 蓋所以抑而教之오 非寵而異之也라

[훈고와 해석] 예에 의하면, "동자는 마땅히 모퉁이에 앉고 어른의 뒤를 따른다."라고 하였다. 공자는 "내가 이 아이를 보니, 이런 예를 따르지 않으니 학문에 더 나아가기를 구하려는 것이 아니라, 다만 서둘러 어른이 되고자 하였을 뿐이다. 그러므로 그에게 심부름하는 일을 주어 어른과 젊은이의 차례를 살피고 겸손한 모양을 익히게 하려는 것이다."고 말씀하시니, 이는 그를 억제하여 가르치신 것이지, 총애하여 남달리 여김이 아니다.

제15 위령공 衛靈公 第十五

凡四十一章이라

모두 41장이다.

1. 위령장지 衛靈章旨

이 장에서는 성인의 생애에 일대 시련과 고난을 겪으면서도 몸은 곤궁하되 도는 실로 곤궁하지 않음을 보여주고 있다.

위령공이 진법(陣法)을 물음에 대해, 부자는 예교(禮敎)를 들어 전쟁의 구실을 막아 당시 우리 의 도가 있음을 알려주고 미련 없이 위나라를 떠나갔으며, 어려움에 직면한 제자에 대해서는 군자 의 도리로 소인의 마음을 변화시켜 편안한 마음으로 어려움을 받아들이도록 하였다. 이 모두가 현실의 상황이 아무리 어려울지라도 도에 있어서는 곤궁하지 않다.

(1) 위령절지 衛靈節旨

부자는 일찍이 내(萊) 땅의 병사를 퇴각시켰고, 삼도(三都)의 성을 무너뜨렸으며, 또한 "내, 전쟁 을 한다면 반드시 이길 수 있다."고 말씀한 바 있다. 이로 보면, 어찌 병법에 관하여 익숙하지 못한 바 있겠는가.

당시 위나라에 시급한 일은 군사에 관한 일이 아니다. 위령공은 아들 괴외(蒯聵)를 추방하고 손자 첩(輒)을 태자로 세워 대통(大統)의 소목(昭穆)을 상실하였다. 이는 훗날 종묘의 제사에 크게 어긋남이 있을 것이다. 군사의 진법을 물었을 적에 부자께서 이를 대답지 않고 오히려 조두(俎豆) 를 들어 말한 데에는 훗날을 근심하는 깊은 뜻이 담겨있다.

『사기(史記)』를 살펴보면, "진법을 물었던 그 이튿날, 공자와 이야기를 나누던 중, 위령공은 공 자의 말에 관심을 기울이지 않은 채, 하늘에 날아가는 기러기를 바라보는 일이 있었다. 이 때문에 부자께서 위나라를 떠나갔다."고 한다. 그러나 이 장에서는 진법을 위주로 살펴볼 뿐, 굳이 위령공 의 예우에 관한 문제점까지 살펴볼 필요가 없다.

衛靈公이 問陳於孔子한대

孔子 對曰 俎豆之事는 **則嘗聞之矣**어니와 **軍旅之事**는 **未之學也**라 하시고
明日에 **遂行**하시다

위령공이 공자에게 진법을 물으니,

공자께서 "제례[俎豆]에 관한 일이라면 일찍이 들었지만, 군사에 관한 일은 배우지 못하였다."고 하시고. 그 이튿날 떠나가셨다.

> **강설**

공자께서 위나라에 이르렀을 적에, 위나라는 바야흐로 제나라와 연합하여 진(晉)나라를 정벌하려고 하였다. 위령공이 공자를 보자마자 진법을 물었다.

공자께서는 물어야 할 일을 묻지 않고 오히려 묻지 않아야 할 것을 물은 데 대해 완곡하게 대답하셨다.

"저는 어려서부터 예를 익혀왔습니다. 종묘에서 제사음식을 올리고 제례를 거행하는 데 관한 말이야 일찍이 들은 바 있지만, 군사를 동원하는 진법에 대해 일찍이 배우지 않았습니다. 어떻게 배우지 않는 일을 허튼소리로 대답할 수 있겠습니까?"

위령공은 물어서는 안 될 일을 물은 것인바, 그는 결코 나라를 다스릴 수 없는 사람임을 알 수 있다. 이 때문에 공자는 그 이튿날 곧바로 떠나셨다. 이른바 서둘러야 할 때 서둘러 떠난 것이다.

> **集註**

陳은 **謂軍師行伍之列**이라 **俎豆**는 **禮器**라

尹氏曰衛靈公은 **無道之君也**어늘 **復有志於戰伐之事**라 **故**로 **答以未學而去之**시니라

[훈고] 진(陳)은 군사 항오의 대열이다. 조두(俎豆)는 제례에 사용되는 그릇이다.

[해석] 윤씨[尹焞]가 말하였다.

"위령공은 도가 없는 임금인데, 다시 전쟁의 일에 마음을 두었기에 진법을 배운 적이 없다고 대답하고서 위나라를 떠나셨다."

(2) 재진절지 在陳節旨

이 절에서 먹을 양식이 떨어졌다는 것은 다음 절에서 말하게 될, '궁(窮)'자에 대한 복선이다.

在陳絶糧하니 **從者 病**하야 **莫能興**이러니

진나라에 계실 적에 양식이 떨어지자, 따르는 제자들이 굶주림으로 일어서지도 못했다.

강설

이윽고 위나라를 떠나자, 초소왕(楚昭王)이 사람을 보내어 부자를 초빙하였다. 이때 진(陳)나라와 채(蔡)나라에서 부자의 등용으로 자신의 나라가 불리할까를 염려한 나머지, 군대를 동원하여 진나라를 지나가는 부자를 포위하는 바람에 7일 동안 굶주림에 시달렸다. 당시 부자를 따르던 제자들은 모두 굶주림에 지쳐 일어설 수조차 없었다.

集註

孔子 去衛適陳하시다 興은 起也라

[해석] 공자가 위나라를 떠나 진나라에 가셨다.

[훈고] 흥(興)은 일어섬이다.

(3) 자로절지 子路節旨

"군자 또한 곤궁함이 있습니까?[君子亦有窮]"라는 것은 일상의 도리로 말함이며,
"군자에게 참으로 곤궁함이 있다.[君子固窮]"는 것은 천명으로 말함이며,
"소인은 곤궁하면 넘치게 된다."는 말은 중요하지 않다.

子路 慍見(현)曰 君子 亦有窮乎잇가
子曰 君子 固窮이니 小人은 窮斯濫矣니라

자로가 성을 내며 부자를 뵙고 말하였다.
"군자 또한 곤궁함이 있습니까?
부자께서 말씀하셨다.
"군자는 참으로 곤궁하니, 소인은 곤궁하면 이에 넘치게 된다."

강설

자로는 이처럼 굶주림을 겪으면서 부화를 이기지 못하여 얼굴이 붉으락푸르락하며 말하였다.
"군자의 몸에는 도를 간직하고 있으니, 의당 하늘의 보살핌과 사람들의 도움을 받음으로써 으레 곤궁함을 당하지 않아야 할 터인데, 또한 이처럼 곤궁한 때가 있습니까?"
부자께서 천명을 들어 자로에게 말씀하셨다.
"곤궁하고 통달하며, 벼슬을 얻고 잃음이란 피할 수 없는 천명에 달린 것이지, 나의 잘잘못에 있지 않다. 군자에게 참으로 곤궁한 때가 있지만, 소인이 곤궁하면 이에 넘쳐서 그릇된 일을 범하는 것과는 다르다. 그러므로 오늘날의 곤궁함 또한 서로 모두가 편안한 마음으로 이를 받아들이는 데에 있을 뿐이다."

集註

何氏曰 濫은 溢也라 言君子固有窮時하니 不若小人窮則放溢爲非니라

程子曰 固窮者는 固守其窮이라하니 亦通이니라

○ 愚謂聖人은 當行而行하야 無所顧慮하고 處困而亨하야 無所怨悔를 於此可見이니 學者 宜 深味之니라

[훈고와 해석] 하씨[何晏]가 말하였다.

"남(濫)은 넘침이다. 군자에게 참으로 곤궁한 때가 있다. 소인이 곤궁하면 방탕하고 넘쳐서 그릇된 잘못을 범하는 것과는 다르다."

정자[伊川]가 말씀하기를, "고궁(固窮)이란 그 곤궁함을 굳건히 지킨다."고 하니, 이 또한 통 하는 말이다.

○ 나의 생각은 다음과 같다.

성인은 마땅히 행하여야 할 일을 행하면서 두리번거리거나 이런저런 생각을 하는 바 없 고, (大義의 용단) 곤궁함에 처하여서도 〈마음과 도는〉 형통하여 원망하거나 후회하는 바 없음 (大義에 안주)을 여기에서 볼 수 있다. 배우는 자는 이를 깊이 음미해야할 것이다.

[보 補]

전체적으로 집주에서 말한 "마땅히 행하여야 할 일을 행한다."는 당행이행(當行而行) 4자 를 위아래의 문장에 나누어 붙여보면, 대의(大義)의 용단(勇斷)에 따라 위나라를 떠나는데 과 감하였기에 진나라의 어려움에 만나서도 대의에 따라 편안하게 받아드렸다. 이는 똑같은 상 황에서 이뤄진 하나의 일이다.

반드시 도를 펼칠 수 있는 도는 나의 능력에 관계되지만, 내가 도를 펼칠 수 있는 시대를 만남 은 저 사람에게 달려 있으며, 곤궁하지 않는 도는 나에게 있다. 하지만, 나를 곤궁하게 만드는 것은 저 사람에게 있다.

이 때문에 이윤(伊尹)은 탕임금의 왕도를 보좌할 수 있는 바탕으로서 일찍이 신(莘) 땅의 들녘에서 어려움을 겪었고, 태공은 주나라의 창업을 도울 수 있는 덕을 지니고서도 위수(渭 水)에서 낚시질하며 어려운 삶을 살았다.

2. 사야장지 賜也章旨

이 장에서는 자공에게 근본이 있는 학문이 그 무엇인가를 보여준 것이다.

첫 절[賜也…者與]은 자공이 박학(博學)에 힘씀으로 인하여 물음의 실마리를 열어줌이며,

그 아래 절[對曰…一以貫之]은 자공이 장차 깨달음을 얻을 수 있기에 이를 분명하게 보여준 것 이다.

다학이지(多學而識)의 다(多)는 일이관지(一以貫之)의 일(一)자와 대칭으로 말한다. 다(多)는 수많은 객관 사물을 대상으로 말하고, 일(一)은 주관 자아의 마음을 대상으로 말한다.

(1) 사야절지 賜也節旨

"많이 배워서 기억한다.[多學而識]"는 것은 하나하나 배워서 알아가는 것을 말한다. 깨달음으로 관조한다는 것과는 다른 양상이다. "너는 내가 그런 …사람이라 생각하느냐?[汝以予爲]" 4글자는 곧 자공이 평소 성인에 대해 잘못 인식한 부분을 각성시켜준 것이며, 여(與: 之者與)자는 의문사로 그의 깨달음을 열어주고자 함이다.

子曰 賜也아 女 以予로 爲多學而識(지)之者與아

부자께서 자공에게 말씀하셨다.
"사(자공)야, 너는 내가 많이 배워서 기억한 것이라고 생각하느냐?"

> **강설**

부자는 자공에게 깨달음의 근본이 그 어디에 있는가를 탐구하는 학문을 가르쳐주셨다.
"사여, 너는 학문을 닦아온 지 오래다. 너는 내가 천하 사물의 이치에 대해 두루 아는 것이 오로지 많은 학문을 익히고 또한 이를 모두 마음에 기억하여 잊지 않은 때문이라고 생각하느냐?"

> **集註**

子貢之學이 多而能識矣니 夫子欲其知所本也라 故로 問以發之시니라

[해석] 자공의 학문은 참으로 많고 잘 기억하고 있기에, 부자는 그 〈앎의〉 근본이 되는 바를 알려주고자, 이를 물어서 그를 촉발시킨 것이다.

(2) 대왈절지 對曰節旨

자공이 '그렇다'고 대답한 연(然)자는 무심결에 불쑥 튀어나온 말이다. 자공의 의식 속에 이러한 인식이 뿌리 깊이 박혀있었기 때문이다. 그러나 곧바로 뒤이어서 '그런 게 아닙니까?'라는 비(非)자는 자공이 재빠르게 말을 전환한 부분이다.

오직 많이 배워서 기억한 것으로 잘못 인식해 왔음을 말해주는, '그렇습니다[然]'라는 대답을 살펴보면, 자공의 학문은 일찍이 이처럼 노력해왔음을 알 수 있다. 그러나 부자의 물음이 심상치 않음을 곧 깨닫고서, 많이 배워서 기억한 것이 아닌[非], 또 다른 인식세계가 있는가를 불현듯 생각하게 된 것이다.

對曰 然하이다 非與잇가

〈자공이〉 대답하였다.
"그렇습니다. 그런 게 아니라는 것입니까?"

> 강설

자공은 평소 자신이 생각해온, 그리고 노력해온 경험으로 서슴없이 대답하면서도 미심쩍어했다.
"이 세상의 모든 이치란 사물에 산재되어 있는바, 반드시 많이 배워서 기억하여야 만이 비로소 두루 알 수 있을 것입니다. 부자께서도 그러하시리라 믿습니다. 그러나 이치란 무궁하지만 보고 듣는 데에는 한계가 있습니다. 혹시 부자의 학문은 그렇지 않은 것입니까?"
이는 자공이 반신반의의 상태에서 장차 깨달음을 얻을 수 있는 기미를 보여준 것이다.

> 集註

方信而忽疑하니 蓋其積學功至而亦將有得也라

[해석] 바야흐로 믿고 있다가 문득 의심하였다. 그의 학문이 쌓이고 공부가 지극하면, 그 또한 장차 얻음이 있을 것이다.

[보 補]

집주에서 "그 또한 장차 얻음이 있을 것이다.[亦將有得]"는 역(亦)자는 증자(曾子)처럼 그 역시 깨달음을 얻을 수 있다는 가능성을 보여준 것이다.

(3) 비야절지 非也節旨

'아니다.[非也]'의 야(也)자는 앞에서 말한 "그렇지 않습니까?[非與]"라는 여(與)자의 의문사(?)에 상응하여, 서둘러 '많이 배워서 기억'한 것이 아님을 증명해주는 결어조사(!)이다.
여기에서 말한 일이관지(一以貫之)는 한 마음의 이치[一心之理]가 탁 트여 모든 사물의 이치를 관조[萬象畢照]함을 뜻한다. 배우는 이들은 반드시 앞서 널리 배우고 많은 것을 알아가는[博學多識] 노력이 쌓여야 만이 비로소 일이관지의 깨달음을 얻을 수 있다.

曰 非也라 予는 一以貫之니라

〈부자께서〉 말씀하셨다.
"아니다. 나는 하나로 모든 것을 관통한다."

> 강설

부자는 곧바로 이를 확정지어 말씀하셨다.

"나는 많이 배워서 기억하는 것이 아니다. 만물이란 하나의 이치에 근본하고 있다. 마음속에 갖춰진 하나의 이치에 근본하여 이 세상에 존재하는 만사와 만물의 이치를 관통하는 데에 있을 뿐이다. 굳이 많이 배워서 기억함에 있겠는가. 사(자공)여, 그대 또한 일이관지에서 그 실마리를 찾아봄이 옳을 것이다."

集註

說見第四篇이라 然이나 彼以行言이오 而此以知言也라

○ 謝氏曰 聖人之道 大矣라 人不能遍觀而盡識이니 宜其以爲多學而識之也라 然이나 聖人 豈務博者哉리오 如天之於衆形에 匪物物刻而雕之也라 故로 曰予一以貫之라하시니 德輶如 毛라하나 毛猶有倫이어니와 上天之載 無聲無臭아 至矣니라

尹氏曰 孔子之於曾子에 不待其問而直告之以此로되 曾子 復深喩之曰唯라하고 若子貢則先 發其疑而後告之로되 而子貢終亦不能如曾子之唯也하니 二子所學之淺深을 於此可見이니라 愚按 夫子之於子貢에 屢有以發之나 而他人不與焉하니 則顔曾以下 諸子所學之淺深을 又 可見矣니라

[해석] 〈일이관지에 대한〉 설명은 제4 이인편(里仁篇)(제15장)에 보인다. 그러나 저기에서는 행(실천)으로 말하였지만, 여기에서는 앎(인식)으로 말하였다.

○ 사씨[謝良佐]가 말하였다.

"성인의 도는 광대하기에 사람들이 두루 보고 모두 알 수 없다. 그들이 많이 배워서 기억하는 것으로 생각함은 당연한 일이다. 그러나 성인이 어찌 널리 배우는데 힘쓰는 사람이겠는가. 하늘이 수많은 만물의 형상을 창조할 적에 물건마다 하나하나 아로새겨 만듦이 아님과 같다. 이 때문에 '나는 하나로 모든 일을 관통한다.'고 말하였다. '덕의 가벼움이 터럭과 같다고 말하지만, 터럭이란 오히려 비유할 대상이 있다. 하늘의 이치처럼 소리조차 없고 냄새조차 없어야 만이 지극한 경지이다.(『중용』제33장)'"

윤씨[尹焞]가 말하였다.

"부자는 증자에게 있어 물음조차 없이 곧바로 일이관지를 말해주었지만, 증자 또한 이를 깊이 깨닫고서 곧바로 '예! 그렇습니다.'라고 대답하였다. 그러나 자공의 경우는 먼저 그 의문을 일으켜준 뒤에 일이관지를 말해주었지만, 자공은 결국 또한 증자처럼 곧바로 '예! 그렇습니다.'라고 명쾌하게 대답하지 못하였다. 두 사람의 학문에 얕고 깊은 조예를 여기에서 볼 수 있다."

나는 살펴보니 다음과 같다.

"부자께서 자공에게 여러 차례 말씀해주었지만, 그 밖의 다른 제자는 이에 함께하지 못하였다. 안자·증자 이하, 여러 제자의 학문에 얕고 깊은 조예 또한 찾아볼 수 있다."

[보 補]

"하늘이 수많은 만물의 형태에 대해 물건마다 하나하나 아로새겨서 만든 것이 아니다."는 것은 하늘에 하나의 원기(元氣)가 유행하면 삼라만상은 절로 태어나고 절로 성장하고 절로 모습을 갖추고 절로 제 나름대로 빛깔을 지니는 것이지, 만물 하나하나를 들어 꾸며주는 것이 아니다. 그렇듯이 성인 또한 하나의 대본원(大本原)에서 유출되어, 보면 절로 밝은 눈을 가지고, 들으면 절로 밝은 귀를 가지고, 용모는 절로 온화하고 공손하며, 부자 사이에 있어서는 사랑으로, 군신 사이에 있어서는 충의로 이뤄지는 것이다. 하나의 큰 근본[大本]에서 유출하여 수많은 도리를 이루는 것인바, 하나의 이치로 모든 것을 관통해나가는 것임을 말한다.[46]

"덕의 가볍기가 털과……냄새조차 없어야 만이 지극한 경지이다."는 것은 형용할 수 없는 천도(天道)를 말한다. 성인의 일이관지 경지 또한 한량(限量)할 수 없고 형용할 수 없는 오묘한 경지이다. 말을 붙일 수 없는, 언어도단의 세계이다. 따라서 "많이 배워서 기억한다."는 것은 말로 형용할 수 있는, 학자의 경지로 그 지식의 한계가 어느 정도라고 한량하고 형용할 수 있다. 이 때문에 성인의 오묘한 일이관지의 경지를 말로 형용할 수 없는 천도를 빌어 찬탄한 말이다.[47]

3. 유지전지 由知全旨

이 장은 학문이란 실제로 자득(自得)함을 고귀하게 여김을 보여주었다. 덕을 아는 사람이 드묾은 그 실천이 지극하지 못한 까닭에 그 의미를 참으로 깨닫지 못했기 때문이다.

여기에서는 "덕을 아는 사람[知德者]"이라는 지(知)자에 중점을 두어야 한다. 이는 곧 함양한 후에 얻어지는 깨달음이요, 체험한 가운데 얻어진 견해이다. 부자가 자로에게 덕에 힘써 나아가기를 바라는 것이다.

子曰 由아 知德者 鮮矣니라

부자께서 말씀하셨다.
"유(자로)야, 덕을 아는 사람이 적구나."

강설

부자께서 자로를 불러 말씀하셨다.

---

46 『大全』 該註. "問如天之於衆形, 匪物物刻而雕之也. 朱子曰 天只是一氣流行, 萬物自生自長自形自色, 豈是粧
點得如此? 聖人只是一箇大本大原裏, 出視自然明, 聽自然聰, 色自然溫, 貌自然恭, 在父子則爲仁, 在君臣則
爲義. 從大本中流出, 便成許多道理, 只是這箇一, 便貫將去."

47 위와 같음. "問謝氏解此章末, 學中庸引詩語, 只是贊其理之妙耳. 曰固是到此, 則無可得說了. 多學而識之則
可說到, 一以貫之則不可說矣."

"마음에 얻은 의리를 덕이라고 한다. 실로 그 덕을 소유하고서 진정한 그 의미를 알면 내면으로 덕성(德性)을 중히 여기고 바깥에 나타난 일들을 가볍게 여겨, 일체 곤궁함과 통달, 얻음과 잃음 등에 스스로 마음의 동요가 없을 것이다. 나는 그런 사람을 찾아보았지만, 또한 쉽지 않다. 너는 덕을 아는 데 힘써 나아야 할 것이다."

集註

由는 呼子路之名而告之也라 德은 謂義理之得於己者니 非己有之면 不能知其意味之實也니라

○ 自第一章으로 至此는 疑皆一時之言이니 此章은 蓋爲慍見發也라

[훈고와 해석] 유(由)는 자로의 이름을 불러 그에게 일러준 것이다. 덕은 의리를 〈행하여〉 몸에 얻음을 말한다. 몸소 이를 소유하지 않으면 그 의미의 실상을 알지 못한다.

○ 제1장으로부터 여기까지는 의심컨대 모두가 한꺼번에 같은 때 일러준 말이다. 이 장은 자로가 성낸 일 때문에 이를 말씀한 것인 듯싶다.

4. 무위전지 無爲全旨

이 장은 순임금의 무위(無爲) 정치를 찬탄하였다. 성인이 성대한 덕으로 백성을 교화하는 것은 모든 성인이 다 같은 바이지만, 유독 순임금만은 요임금의 뒤를 이어서 제위(帝位)에 올랐고 많은 인재를 신하로 두었다. 이는 그 어느 역대 성인들도 얻지 못했던 일을 순임금만이 홀로 누리셨다. 앞서 요임금이 이미 태평성대의 터전을 닦아놓았고, 뒤이어 훌륭한 신하들이 제각기 맡은 바의 일을 다스려 순임금은 더 이상 해야 할 일이 없었다. 그러나 이는 모두가 결국 순임금의 덕을 위주로 얻어진 것들이다.

주자가 말씀하였다.

"순임금이 제후들의 조회를 받고(朝覲), 사방 제후들의 나라를 순수(巡狩)하고, 천하의 산천을 다스리고(封山濬川), 팔원(八元: 帝嚳高辛氏의 여덟 才子. 伯奮, 仲堪, 叔獻, 季仲, 伯虎, 中熊, 叔豹, 季狸.)과 팔개(八凱: 顓頊高陽氏의 여덟 才子. 蒼舒, 隤敳, 檮戭, 大臨, 尨降, 庭堅, 仲容, 叔達.)를 벼슬에 천거하였고, 사흉(四凶: 共工, 驩兜, 鯀, 三苗)을 처형한 것 등은 순임금의 정치에 나타난 발자취들이다. 그러나 이는 모두 28년 동안, 요임금을 모시면서 섭정(攝政)한 기간에 있었던 일들이다. 정작 순임금이 천자 지위에 올라서는 9관(官)과 12목(牧)을 임명하는 데 지나지 않았을 뿐, 그 후에는 다른 일이 없었다. '몸을 공손히 하고 반듯하게 임금 자리에 계셨을 뿐이다.'는 구절은 오직 순임금의 공손한 위덕(威德)의 용모만을 찾아볼 수 있으니, 더욱더 그 무위의 자취를 알 수 있다."

子曰 無爲而治者는 其舜也與신저 夫何爲哉시리오 恭己正南面而已矣시니라

부자께서 말씀하셨다.

"하는 일 없이 잘 다스린 자는 순임금이시다. 무엇을 하였는가. 몸을 공손히 하고 반듯하게 임금 자리에 계셨을 뿐이다."

강설

부자께서 위로 순임금의 정사의 융성함을 가상히 여겨 말씀하셨다.

"예로부터 제왕으로서 천하를 통치한 임금이 많았지만, 하는 일 없이 천하가 스스로 태평성대에 이른 성군은 오직 순임금이다. 순임금은 성대한 덕으로 백성을 감화시켰고, 또한 요임금의 뒤를 이어서 인재를 얻어 중대한 직책을 맡긴 까닭에 무위(無爲)의 정사를 누릴 수 있었다.

순임금은 과연 무엇을 하였을까? 오직 옷자락을 드리우고 단정히 팔짱을 끼고서 몸의 거동을 공손히 한 채, 남면의 높은 제위(帝位)에 반듯하게 있는 것만을 볼 수 있었다. 사람들이 순임금에게서 볼 수 있었던 것은 오로지 이것뿐이었다. 몸을 공손히 한 이외에 작위가 있는 자취를 찾아볼 수 있겠는가. 참으로 순임금은 무위로 다스렸다."

集註

無爲而治者는 聖人德盛而民化하야 不待其有所作爲也라 獨稱舜者는 紹堯之後하고 而又得人以任衆職이라 故로 尤不見其有爲之迹也라 恭己者는 聖人敬德之容이니 旣無所爲라 則人之所見이 如此而已니라

[해석] 무위로 다스렸다는 것은 성인의 덕이 성대한 까닭에 백성이 감화되어서 그 일하는 바의 발자취가 필요하지 않았다. 오직 순임금만을 일컬음은 요임금의 뒤를 이었고, 또한 인재를 얻어 많은 직책을 맡긴 까닭에 더욱더 그에게서 일하는 자취를 찾아볼 수 없었다. 몸을 공손히 한다는 것은 성인의 공경과 덕이 있는 용모이다. 이미 하는 일이 없는 터라, 사람들이 찾아볼 수 있는 것이라면 이와 같은 모습뿐이었다.

[보 補]

"몸을 공손히 한다.[恭己]"는 것은 앞 편에서 말한 "몸을 공경으로 닦는다.[修己以敬]"는 뜻과 같다. 겉모습에서 찾아볼 수 있는 것은 이처럼 공경스러운 용모뿐이었다. 이는 천하를 다스리는 도란 정미(精微)하여 엿보기 어렵기에 사람들이 볼 수 있는 것은 이처럼 바깥에 보이는 것만을 볼 수 있었기 때문이다.

그러나 정작 순임금의 마음만큼은 널리 베풀고 많은 사람을 구제하려는[博施濟衆] 것으로 고뇌하였고, 자기의 몸을 닦아 백성을 편안하게 해주려는[修己以安百姓] 것으로 항상 노심초사하여 마음 한편엔 자신의 정치에 대해 언제나 부족하게 여기는 마음으로 살았다. 이로 보면 그 내면의 정신세계를 범인으로서 쉽사리 알 수 없었기에 외형상 보이는 것으로, 하는 일이 없는 순임금만을 보았을 뿐이다.

5. 자장장지 子張章旨

이 장은 행하는 일에 이로울 수 있는 도는 성의(誠意)에 있음을 보여준 것이다.
제1, 2절[子張問行…雖州里行乎哉]에서는 행하는 일마다 이로울 수 있는 이치를 논하였고,
제3절[立則見其參於前也…夫然後行]에서는 그 말미암아 행할 수 있는 공효를 미루어 말하였고,
마지막 절[子張 書諸紳]에서는 자장이 이를 기록하여 잊지 않고자 하였다.
전체의 문장은 하나의 성(誠)자에 중점을 두고 있다.

(1) 자장절지 子張節旨

자장이 여쭤본 행(行)이란 "일을 행한다.[行事]"의 행(行)이 아니라, 행하는 일마다 막힘이 없이 잘 풀려나갈 수 있는, 그런 행위가 그 무엇인가를 물은 것이다.

子張이 問行한대

자장이 행할 수 있는 도리를 여쭈자,

강설

자장이 부자에게 여쭈었다.
"사람의 처세에 어떻게 행하면 하는 일마다 막힘없이 이로울 수 있습니까?"

集註

猶問達之意也라

[해석] 달(達)에 대해 물은 뜻(「顏淵」 제20장)과 같다.

(2) 언충절지 言忠節旨

충신(忠信)과 독경(篤敬)이란 성의(誠意)이다. 이는 하는 일마다 잘 풀릴 수 있도록 마련해주는 그 방법론으로 말한 것일 뿐, 행실의 본질에 대해 말한 것이 아니다. 아래 절[立則…夫然後行]에서 비로소 행에 대한 공부를 말해주고 있다.
만맥(蠻貊)이란 먼 지방을 들어서 가까운 지방을 포괄하였고, 주리(州里)란 가까운 곳을 들어 먼 곳까지를 포괄하였다.
앞 단락의 충신과 독경에 중점이 있고, 뒤 단락[言不忠信…行乎哉]은 가볍게 이어 쓴 것이다.

子曰 言忠信하며 行篤敬이면 雖蠻貊之邦이라도 行矣어니와 言不忠信하며 行不篤敬

이면 雖州里나 行乎哉아

부자께서 말씀하셨다.

"말이 충성스럽고 미더우며 행실이 돈독하고 공경하면 비록 오랑캐의 나라일지라도 행할 수 있지만, 말이 충성스럽지 않고 미덥지 못하며 행실이 도탑지 않고 공경하지 못하면 비록 고을과 마을인들 행할 수 있겠는가."

강설

부자께서 자장에게 일러주셨다.

"이른바 행실이란 자기의 몸에서 추구할 따름이며, 나의 몸을 닦아가는 것은 말과 행실에 달려있다. 말을 할 적에 충심을 다하고 미덥게 하며, 행할 때는 독실하고 후히 하며 공경하고 삼간다면 그 성의는 사람에게 감동을 줄 수 있다. 말을 하면 남들이 믿어주고 행하면 남들이 믿어주니, 설령 저 멀리 남쪽 끝, 북녘 끝 오랑캐의 나라에서도 또한 안 되는 일이 없이 행할 수 있다.

그러나 말을 하면 거짓으로 충심과 믿음이 없고, 행하는 일마다 방종하여 독실하고 공경하는 마음이 없다면 나의 성의가 없기에 남들에게 감동을 줄 수 없다. 따라서 내가 그 무슨 말을 하든 남들이 받아들이지 않고 어깃장을 놓으며, 그 행하는 일마다 남들에게 거부감을 주어 비아냥거림을 당하게 될 것이다. 그러므로 가까운 고을과 제 마을에서마저도 행할 수 있겠는가.

이처럼 행하는 일의 이해(利害) 여부는 마음의 진실 여부에 있음을 알 수 있다."

集註

子張은 意在得行於外라 故로 夫子反於身而言之하시니 猶答干祿問達之意也라

篤은 厚也라 蠻은 南蠻이오 貊은 北狄이라 二千五百家爲州라

[해석] 자장의 뜻은 몸 밖에서 행하는 것을 얻는 데에 있었다. 그러므로 부자는 자기 몸에 돌이켜보는 것으로 말씀하시니, '간록(干祿)'(「爲政」 제18장)과 '문달(問達)'(「顏淵」 제20장)에 대해 대답한 뜻과 같다.

[훈고] 독(篤)은 두터움이다. 만(蠻)은 남쪽 야만인이며, 맥(貊)은 북쪽 오랑캐이다. 2천5백 호를 주(州)라고 한다.

(3) 입즉절지 立則節旨

이는 성의를 보존하는 공부이다. 입(立: 立則見其參於前也)이란 사물을 접촉하기 이전, 마음이 고요할 적의 함양(涵養) 공부이고, 수레에 있다.[在興: 在興則見其倚於衡也]는 것은 사물을 접촉할 당시 또는 그 이후, 마음이 동할 적의 성찰(省察) 공부이다. 이 2가지를 예로 들어 어느 곳이나 어느 때나 이러한 성의를 떠난 곳이 있어서도 안 되고, 성의를 떠난 때가 있어서도 안 됨을 보여준 것이다.

"눈앞에 함께함을 본다.[見其參]"는 것과 "멍에에 의지해 있음을 본다.[見其倚]"는 두 개의 견(見)자는 마음으로 느끼는 것이지, 눈의 감각[視覺]으로 본 것이 아니다. 항상 염념불망(念念不忘)으로 어디에서나 어느 때나 동할 적이나 고요할 적이나 마음속으로 굳건히 이를 지켜 항상 눈여겨봄[常目在之]을 말한다.

"그런 후에야 행할 수 있다.[夫然後行]"는 것은 충신독경의 공부가 이런 경지에 이르러야 만이 행할 수 있다. 그렇지 않으면 오히려 행할 수 없음을 말한다.

이는 자장이 충신독경의 공부에 힘쓰도록 채찍질한 것이지, 그 결과의 효험에 중점을 두어 말함은 아니다.

立則見其參(참)於前也오 在輿則見其倚於衡也니 夫然後行이니라

서 있으면 그것[忠信篤敬]이 눈앞에 함께 있음을 볼 수 있고, 수레를 타면 그것이 멍에에 실려있음을 보아야 한다. 그런 뒤에야 행할 수 있다."

강설

"그러나 충신(忠信)과 독경(篤敬)이란 갑자기 일시에 엄습(掩襲)하여 억지로 할 수 있는 것이 아니다. 반드시 말하기 이전, 행하기 이전의 한 생각 한 생각이 모두 충신과 독경을 잊지 않아야 한다. 이처럼 사물을 접촉하기 이전, 고요할 적부터 함양의 공부로 미리 충신독경의 도리를 축적해 나가야 한다. 이것이 서 있을 때 충신과 독경의 이치가 나의 앞에 있는 듯하다는 뜻이다.

정작 일에 임하여 말할 적이나 행할 적에는 언제나 충신과 독경을 함께하여 이를 눈여겨보면서 나의 몸에서 떠나는 일이 없도록 해야 한다. 이처럼 사물을 접촉하면서 성찰의 공부로 자신의 충신과 독경의 이치에 미진한 부분이 있는가를 살피는 것이다. 이것이 수레를 타고 있을 때 충신과 독경의 이치가 수레의 멍에 위에 실려있는 듯하다는 것이다.

이처럼 한 후에야 만이 모든 말과 모든 행실이 저절로 충신과 독경을 다하여 나의 몸에서 잠시도 떨쳐버릴 수 없다. 이 때문에 가까이는 고향 땅에서, 멀리는 오랑캐의 나라에서까지 모두 안되는 일이 없이 행할 수 있다."

集註

其者는 指忠信篤敬而言이라 參은 讀如毋往參焉之參이니 言與我相參也라 衡은 軛也라

言其於忠信篤敬에 念念不忘하야 隨其所在하야 常若有見하야 雖欲頃刻離之라도 而不可得然後에 一言一行이 自然不離於忠信篤敬하야 而蠻貊可行也라

[훈고] 그것[其]이란 충신과 독경을 가리켜 말한다. 참(參)은 "〈두 사람이 이야기하는 가운데〉 끼어들지[參] 말라."(『예기』「曲禮」)는 '참(參)'자와 같이 읽어야 하니, 나와 서로 함께함을

말한다. 형(衡)은 멍에이다.

[해석] 그 충신과 독경을 한 생각 한 생각마다 잊지 않고서 그 있는 곳을 따라 항상 보는 것처럼 하여, 비록 잠시 이를 떨쳐버리려고 하여도 떨쳐버릴 수 없어야 만이 한마디의 말과 하나의 행실이 저절로 충신과 독경에서 떠나지 않게 되어 오랑캐의 나라에서까지도 행할 수 있음을 말한다.

[보 補]
집주를 살펴보면, 주자는 성(誠)에 대한 공부를 3단계로 나누어 말하였다.
충신독경이란 성을 위한 공부의 조목이다.
첫째는 공부의 방법론이다. "한 생각 한 생각마다 잊지 않고서 그 어디에서나 항상 충신독경을 보는 것처럼 한다.[念念不忘, 隨其所在, 常若有見.]"는 것은 성(誠)을 존양하기 위한, 실천의 구체화를 말해주는 것이다.
둘째는 성(誠)과 자아(自我)와의 일체(一體)이다. "잠시라도 충신독경을 떨쳐버리려고 해도 떨쳐버릴 수 없어야 한다.[雖欲頃刻離之而不可得]"는 것은 나의 몸이 곧 성이고, '성'이 곧 나의 몸이므로 혼륜(渾淪)한 한 덩이로 분리될 수 없음을 말한다. 진리의 본체와 나의 몸이 하나 됨을 말한다. 즉 대우주의 진리를 소우주의 자아에 실어, 대자연의 본체와 주관자아의 개체가 하나로 융합됨을 말해주는 것이다.
셋째는 주관과 객관세계와의 일체이다. 진리와 나의 몸이 일체가 되었기에 나의 몸으로 대하는, 그 어떤 객관 사물이든 진리와 하나가 되는 것이다. 마치 연금사(鍊金師)의 손을 닿은 족족 금덩이로 변화하는 것처럼, 주관과 개관이 둘이 아닌 하나의 경지이다. 따라서 나의 몸에서 유출되는 모든 언행이 곧 법이요 진리이다. 이 때문에 성인의 말씀은 음악이오, 몸은 곧 척도(尺度)가 되는 것이다. 이것이 곧 한마디의 말과 하나의 행실이 저절로 충신과 독경에서 떠나지 않은 경지[自然不離於忠信篤敬]이다.

(4) 서저절지 書諸節旨

큰 띠에 부자의 말씀을 기록함은 가슴에 새기려는 간절한 뜻을 보여준 것이다. 자장이 만년에 이르러 모든 일에 간절하고 진실하였음을 찾아볼 수 있다.

子張이 書諸紳하니라

자장이 그 말씀을 큰 띠에 적었다.

[강설]
자장이 부자의 말씀을 듣고서 자신에게 간절한 공부임을 깨달았다. 이에 허리띠에 그 말씀을

기록하여 언제나 잊지 않으려 하였다.

이는 충신독경에 대한 가르침을 한결같이 눈여겨 봄으로써 앞에 있는 듯이, 멍에 위에 실려있는 듯이 보는 것 또한 그의 마음에 상상으로 인해서 이처럼 나타나게 될 것이다. 자장 또한 성인의 가르침을 잘 받아들인 제자라고 말하겠다.

集註

紳은 大帶之垂者라 書之는 欲其不忘也라

○ 程子曰 學要鞭辟近裏著己而已니 博學而篤志하고 切問而近思하며 言忠信하고 行篤敬하야 立則見其參於前이오 在輿則見其倚於衡이니 卽此是學이니라 質美者는 明得盡하고 査滓便渾化하야 却與天地同體오 其次는 惟莊敬以持養之니 及其至則一也니라

[훈고] 신(紳)은 아래로 늘어뜨리는 큰 허리띠이다. 그 말씀을 적은 것은 그것을 잊지 않고자 함이다.

○ 정자(明道)가 말씀하였다.

"학문이란 이면에 가깝게 채찍질해 나아가 자기 몸에 밀접하게 붙임[著己]을 필요로 할 뿐이다. '널리 배우고 뜻을 독실하게 지니며, 묻는 것을 절실히 하고 생각을 가깝게 하며,'(이는 致知의 近裏著己) '말을 충성스럽고 미덥게 하며, 행실을 도탑고 공경히 하며, 서 있으면 그 충신독경이 앞에서 함께하는 것처럼 〈마음에 잊지 않고서 항상〉 보며, 수레에 있으면 그것이 멍에에 실려있는 듯이 보는 것'(이는 力行의 近裏著己)이 곧 제대로 된 학문이다. 〈안연 이상의 제자로〉 바탕이 아름다운 이는 명철함이 다하여 〈견해가 투철하고, 사의(私意)와 인욕의〉 찌꺼기가 곧장 모두 소멸하여 천지와 더불어 일체(一體)가 되고, 그 버금가는 학자들은 오직 장경(莊敬)으로써 몸가짐을 지니고 함양해야 한다. 그러나 그 지극한 경지에 이르면 한 가지이다."

6. 직재장지 直哉章旨

이 장에서는 부자께서 위나라 두 대부, 사어(史魚)와 거백옥의 훌륭한 점을 밝혀준 것으로, 사어는 시세(時世)에 따라 그 절개를 변하지 않았고, 거백옥은 시세를 살펴보면서 자기 뜻을 펼쳤다고 칭찬한 말이다.

'곧다[直哉]'와 '군자답다[君子哉]'는 감탄사로 쓰인, 두 개의 재(哉)자는 두 사람 모두에게 지극히 찬탄하는 말이다. 단 2가지의 일을 들어 말한 것일 뿐, 굳이 서로의 우열을 비교하여 말함은 아니다.

(1) 직재절지 直哉節旨

'곧은 사어[直哉史魚]'라는 첫 구절은 구체적 내용을 아직 말하지 않은 상태의 허설(虛說)이고, 그 아래 2구[邦有道…如矢]에서 그 정직한 사실을 들어 보여주고 있으나, 반드시 방무도(邦無道)의 측면에 중점을 두어야 한다.

유도(有道)와 무도(無道)는 두 사람이 살았던 위나라에 밀착시켜 말한 것인바, 이는 위나라에 위급한 사변이 있었느냐 없었느냐의 뜻으로 썼을 뿐이다.

직(直)은 타고난 선천적 기품으로 이뤄진 것이다.

子曰 直哉라 史魚여 邦有道에 如矢하며 邦無道에 如矢로다

부자께서 말씀하셨다.

"곧도다. 사어여. 나라에 도가 있어도 화살처럼 곧으며, 나라에 도가 없어도 화살처럼 곧도다."

강설

부자께서 위나라에 어진 신하가 있음을 칭찬하셨다.

"아첨한 풍속이 만연한 시점으로부터 곧은 도가 천하에 나타나지 못해온 지 오래였다. 그런데 여기에 조금도 굽히지 않은, 곧은 사람이 있다.

위나라 대부 사어여! 그는 나라에 도가 있을 땐 세상이 다스려졌다고 해서 조정에 바른말과 곧은 의론을 숨기지 않고 간하니, 그 곧음이 화살과도 같았다.

또한 세상이 혼란하다 하여 조정에 바른말과 곧은 의론을 조금도 굽히지 않고 간하니, 그 곧음 또한 화살과도 같았다.

위나라의 조정에 따라 시대의 변화가 없지 않았지만, 그의 절개는 굽히거나 흔들림이 없었다. 그를 곧은 사람이라 말하지 않을 수 있겠는가.

集註

史는 官名이라 魚는 衛大夫니 名은 鰍라 如矢는 言直也라

史魚自以不能進賢退不肖라하야 旣死로되 猶以尸諫일새 故로 夫子稱其直하니 事見家語하다

[훈고] 사(史)는 벼슬 이름이다. 어(魚)는 위나라의 대부, 이름은 추(鰍)이다. 화살 같다는 것은 곧음을 말한다.

[해석] 사어는 스스로 어진 거백옥을 추천하지 못하고 어질지 못한 미자하(彌子瑕)를 물리치지 못하였다고 하여, 죽어서까지도 오히려 주검으로써 간하였다. 이 때문에 부자께서 그의 곧음을 칭찬하셨다. 이 일은 『가어』(「困誓」)에 보인다.

[보 補]

『가어』「곤서(困誓)」에 보이는 내용은 다음과 같다.

위령공이 어진 거백옥을 등용하지 않고, 오히려 불초한 미자하를 등용하자, 사어가 간하였으나, 위령공은 그의 말을 받아들이지 않았다. 사어는 임종에 그의 아들에게 유언을 남겼다.

"내가 위나라의 조정에 거백옥을 등용하도록 하지 못하였고, 미자하를 물리치지 못하여, 임금의 잘못을 바로잡지 못했다. 내가 죽거든 제대로 예의를 갖춘 장례를 치르지 말라. 문 아래에 나의 시체를 두는 것만으로도 나의 초상에 예를 다한 것이다."

그의 아들이 그 말대로 하였다. 위령공이 조문하면서 의아하게 생각하여 묻자, 사실대로 고하니, 이에 위령공은 깜짝 놀라 잘못을 뉘우치고 그의 말을 따랐다고 한다.

우리나라의 경우, 『삼국사기』에 의하면, 주검으로 간했던 김후직(金后稷)이 사어처럼 곧은 신하였다. 그는 신라 지증왕의 증손으로, 이찬(伊湌)으로서 580년(진평왕 2) 병부령(兵部令)을 지냈는데, 진평왕이 지나치게 사냥을 즐기므로 상소를 올려 사냥을 그만둘 것을 간하였다. 그러나 진평왕은 그의 간언을 받아들이지 않았다. 그는 결국 진평왕이 사냥 다니는 길목에 자신을 묻어달라는 유언을 남기고 죽었다. 훗날 왕이 사냥을 나가는 길에 마치 '사냥 가지 마시오!'라는 듯한 소리가 들려왔다. 그 까닭을 묻자, 어느 신하가 김후직의 유언을 알려주었다. 이런 면에서 김후직은 우리나라의 곧은 신하, 사어(史魚)라고 하겠다.

(2) 군자절지 君子節旨

'군자답다 거백옥이여[君子哉蘧伯玉]'라는 첫 구절 또한 구체적 사실을 말하지 않은 허설(虛說)이고, 그 아래 2구[邦有道則仕, 邦無道則可卷而懷之]에서 바로 군자다운 실상을 보여주고 있으나, 이 또한 방무도(邦無道)의 측면에 중점을 두고 있다.

君子哉라 蘧伯玉이여 邦有道則仕하고 邦無道則可卷而懷之로다

군자답다 거백옥이여, 나라에 도가 있으면 벼슬을 하고, 나라에 도가 없으면 거두어 감출 것이다."

강설

공명심(功名心)이 날로 팽배한 이후, 천하에 군자를 찾아보기 어려워진 지 오래였다. 그런데 여기에 도를 펼 때 펴고, 감출 때 감출 줄 아는 군자다운 사람이 있다.

위나라 대부 거백옥이여! 나라에 도가 있을 때는 시대를 보고서 벼슬하여 도를 펼쳤으며, 나라가 무도하면 그 조짐을 알고 물러나 자신의 도를 거두어들이고서 드러내 보이지 않을 사람이다. 그의 출처는 시의(時宜)에 적절하게 대처하니, 군자가 아니고서는 이처럼 할 수 있겠는가."

伯玉出處合於聖人之道라 故로 曰君子라 卷은 收也오 懷는 藏也니 如於孫林父甯殖放弒之
謀에 不對而出이 亦其事也니라

○ 楊氏曰 史魚之直은 未盡君子之道오 若蘧伯玉然後에 可免於亂世니라 若史魚之如矢면
則雖欲卷而懷之라도 有不可得也니라

[훈고와 해석] 거백옥의 출처는 성인의 도(부자의 用行舍藏)에 부합되기에 군자라고 말하
였다.

권(卷)은 거두어드림이며, 회(懷)는 간직함이니, 예컨대 거백옥이 손림보(孫林父)와 영식
(甯殖)이 임금을 추방하고 시해하고자 모의할 적에 대답하지 않고 나가버린 것 또한 그러한
일이다.

○ 양씨[楊時]가 말하였다.

"사어의 곧음은 군자의 도에 미진하다. 거백옥처럼 하여야만 어지러운 세상에 화를 면할
수 있다. 사어의 화살같이 곧음은 비록 수렴하여 감추고자 하여도 감추지 못할 것이다."

[보 補]

곧음[直]이란 덕의 일부분이며, 군자란 덕을 성취한 자에 대한 이름이다.[48] 사어는 타고난
기품이 강직하여 난세에도 참지 못하는, 일신의 안위를 생각지 않은 충직한 인물임엔 재론
할 여지가 없다. 그러나 거백옥은 "나를 등용하면 도를 펼치고 버리면 도를 감출 줄 아는
사람이다."[49]

하지만 거백옥의 생애를 살펴보면, 네 왕조를 거쳐 벼슬하면서 실제로 벼슬을 그만두고
물러난 적이 없었다. 따라서 가권이회지(可卷而懷之)의 가(可)자는 도의가 있는 세상에 벼슬
하여 도를 펼칠 수 있는 군자가 아니라면 도의가 없는 세상에 도를 안고서 물러날 수 없음을
나타낸 것이다. 바꿔 말하면 가(可)자에는 가능·허용·인정·추측을 나타내는 말이다. 가권
이회지(可卷而懷之)란 그럴 수도 있다는, 과거사가 아닌 미래 추측형의 용어이다. 무도한 시
대를 만났다면 그렇게 했을 인물임을 말해주는 것이다. 이로 보면 사어의 곧음은 실제 있었
던 사실을 들어 말한 것이라면, 거백옥의 수렴(收斂), 퇴장(退藏)은 미연(未然)에 그 가능성을
인정한 말이다.

권이회지(卷而懷之)의 지(之)자는 도(道)를 가리키는 대명사이다. 회지(懷之)란 즉 회도(懷
道), 도를 품고 드러내지 않는다는 뜻이다.

---

48 『大全』 該註. "胡氏曰 直者, 德之一端; 君子者, 成德之名."
49 위와 같음. "新安陳氏曰 伯玉有道則仕, 無道卷懷, 近於夫子之用則行舍則藏."

7. 가여전지 可與全旨

이 장에서는 말해야 할 때 말하고 침묵해야 할 적에 침묵할 줄 아는, 절도에 맞게 대처하기 어렵다는 점을 보여주고 있다. 그러나 이의 중점은 사람을 알아보는 데에 귀결된다.

사람을 잃는다[失人]거나 말을 잃는다[失言]는 병폐는 지혜롭지 못한 데에서 비롯하기에 특별히 '지혜로운 자[知者]'를 들어 말한다.

불실인(不失人), 불실언(不失言)이라는 두 개의 불(不)자는 앞의 문장과 대응하여 수평으로 말하였다. 즉, 경문에서 말한 역불실언(亦不失言)이라는 역(亦)자에는 말해야 할 때 말하여 실언하지 않음으로[不失言] 사람을 제대로 안다[知人]는 뜻이 포괄되어있는 것이지, 실언하지 않는다는 것이 곧 사람을 잃지 않는다[不失人]는 부분에 있는 하나의 항목이라는 말이 아니다.

子曰 可與言而不與之言이면 **失人**이오 **不可與言而與之言**이면 **失言**이니 **知者**는 **不失人**하며 **亦不失言**이니라

부자께서 말씀하셨다.

"함께 말해야 할 데 말하지 않으면 사람을 잃고, 함께 말하지 않아야 할 적에 말을 하면 실수로 잘못 말한 것이다. 지혜로운 자는 사람을 잃지 아니하며, 또한 말을 잘못하지도 않는다."

강설

부자께서 언어와 침묵의 적절함에 대해 말씀하셨다.

"사람이 사람을 만나 언어와 침묵을 절도에 맞게 대처한다는 것은 결코 쉬운 일이 아니다. 그와 말을 해야 할 때는 반드시 그와 이야기를 나누어야 함에도 그와 대화를 나누지 않는다면 그와 꼭 해야 할 말을 하지 않은 것이다. 이것이 곧 함께해야 할 사람을 잃은 것이다.

그와 말하지 않아야 할 적에는 그와 이야기를 나눠서는 안 된다. 그런데도 도리어 그에게 말한다면 이는 그와 말할 필요가 없다는 점을 모르고서 헛소리를 지껄인 것이다. 이것이 곧 실수로 잘못 말한, 실언이라고 한다.

이러한 잘못은 모두 지혜의 부족에서 비롯된 것이다. 지혜로운 이는 거울처럼 밝은 식견과 저울처럼 공정한 척도가 일찍이 마음속에 갖추어져 있기에 사람을 만나면 곧 해야 할 말과 해서는 안 될 기미(幾微)를 명철하게 판단하는 것이다. 따라서 그와 말해야 할 시점임을 알면 그와 이야기를 나누어 사람을 잃은 잘못에 이르지 않고, 또한 그와 말해서는 안 될 시점임을 알면 그와 필요 없는 말을 하지 않음으로써 또한 말실수를 범하는데 이르지 않는다. 언어와 침묵에 있어 각기 시의적절(時宜適切)하게 대처하는 것이 지혜로운 일이다."

[보 補]

이는 사람과의 만남에서 기미를 아는 명철한 지혜[自交際而言之, 明見幾之智.]를 강조한 문장이다.

그 어떤 사람을 대상으로 언어와 침묵이 이뤄지는가는 그 의견을 달리하여 말한 경우가 없지 않다. 주자는 그의 저서, 『논어정의(論語精義)』(권8上)에서 사양좌(謝良佐)의 말을 다음과 같이 수록하고 있다.

"일러주어야 할 만한 사람에게 일러주지 않는다면 후학(後知)이 선지자(先知者)에게 그 무슨 도움을 받을 수 있겠는가. 말해줄 수 없는 사람이라면 아무리 시끄럽게 떠들어도 그가 받아들이지 않을 것이다. 지혜롭지 못한 자는 반드시 이 중에 하나의 잘못을 범할 것이다."[50]

주자는 이에 대해 그의 『사서혹문(四書或問)』(권20)에서 사양좌의 설에 대해 다음과 논평하였다.

"이 장에 관한 해설로는 사씨가 본의(本義)에 가깝게 말하였다. 단 오로지 사람을 가르치는 부분에 국한 지어 말하였는바, 이 또한 지나치게 구속된 것이며, 사리(事理)에도 미진한 바 있다."[51]

사양좌는 단 가르침을 베푸는, 사제지간을 위주로 말하였다. 이는 가르칠만한 제자에게 일러주지 않으면 그 제자를 잃은 것이며, 가르치지 못할 제자에게 아무리 일러주어도 받아들이지 못하기에 좋은 말을 쓸모없이 지껄인 말실수라는 것이다.

주자의 그에 관한 비평은 실언(失言)과 실인(失人)에 함축된 의미가 광범위함으로 단순히 사제의 범주에 그치지 않음을 시사(示唆)해주는 것이다. 많은 사람과의 접촉에서 큰일이던 작은 일이던, 일시이거나 영원하거나 나와 함께 일할 수 있는 사람, 함께 상의할 수 있는 사람 등이 모두 여기에 포괄되는 것이다.

8. 지사전지 志士全旨

이 장에서 부자는 인(仁)을 온전히 성취해야 한다는 데에 중점을 두고 있다.

지사(志士)와 인인(仁人)은 그 마음가짐이 모두 인(仁)을 주로 한다. 삶을 추구함이 어찌하여 인을 해하는 일이며, 목숨을 바치는 것이 어찌하여 인을 이루는 것일까? 이는 나의 마음이 편안하냐 않냐는 점에서 따져보아야 한다. 마음에 부끄러움으로 편안치 못한 삶을 영위하는 것은 살아도 산 것이 아니다. 이 때문에 자신의 옳은 신념을 성취코자 마음 편히 죽음을 선택할지언정, 구차스러운 삶을 추구하지 않는다.

여기에서 굳이 지사와 인인이라 말한 것은 굳건한 뜻을 지닌 사람(志士)은 비분강개하여 죽음에 나아가고, 덕을 이룬 사람(仁人)은 편안한 마음으로 죽음에 나아가기 때문이다. 이는 두 부류의 사람을 말한 것이지, 우열을 구분하려는 것은 아니다.

子曰 志士仁人은 無求生以害仁이오 有殺身以成仁이니라

부자께서 말씀하셨다.

---

50 "謝曰 可與言而不與言, 則後知 何賴於先知? 不可與之言, 則强聒而不受. 不知者, 則必有一於此矣."
51 "此章之說, 謝氏庶幾得之, 但專以敎人爲言, 則亦太拘, 而於事理, 亦有所未盡耳."

"뜻 있는 선비와 어진 사람은 삶을 구하고자 인을 해하는 일이 없고, 몸을 바쳐 인을 이루는 것이다."

강설

부자는 사람에게 온전한 인에 힘쓰도록 말씀하셨다.

"삶을 좋아하고 죽음을 싫어하는 것은 사람이면 누구나 다 같은 마음이다. 오직 뜻있는 선비와 덕을 이룬 어진 자만이 강상(綱常)의 윤리에 있어 마땅히 죽어야 할 때 죽음을 선택함이 도리에 옳은 일이기에 마음이 편하다. 결코 구차한 삶을 구하고자 인(仁)을 해쳐서는 안 된다. 차라리 몸을 버리고 목숨 바쳐 도리를 따라 편안한 마음으로 인을 이룰 뿐이다. 뜻있는 선비와 어진 사람이 세상의 도의에 관계되는 바 적다고 말할 수 있겠는가."

集註

志士는 有志之士오 仁人은 則成德之人也라

理當死而求生이면 則於其心에 有不安矣니 是害其心之德也라 當死而死면 則心安而德全矣리라

○ 程子曰 實理를 得之於心 自別이니 實理者는 實見得是하고 實見得非也라 古人有捐軀隕命者하니 若不實見得이면 惡能如此리오 須是實見得生不重於義, 生不安於死也라 故로 有殺身以成仁者하니 只是成就一箇是而已니라

[훈고] 지사(志士)는 뜻있는 선비요, 인인(仁人)은 덕을 이룬 사람이다.

[해석] 도리에 마땅히 죽어야 할 때 삶을 구하면 그 마음이 편치 않다. 이는 그 마음의 덕을 해하는 것이다. 죽어야 할 때 죽으면 마음이 편안하고 덕이 온전하다.

○ 정자(伊川)가 말씀하였다.

"진실한 이치를 마음에 얻음이 스스로 각별함이다. 진실한 이치란 진실하게 옳은 일을 깨닫고 진실하게 그른 일임을 깨달은 것이다. 몸을 버리고 목숨을 버린 옛사람이 있다. 그가 만약 진실하게 깨닫지 못하였다면 어떻게 이처럼 목숨을 바칠 수 있었겠는가. 반드시 삶이란 대의보다 중하지 않고, 삶이 죽음보다 편치 않음을 진실하게 보았다. 이 때문에 몸을 바쳐 인을 이룬 자가 있다. 그는 다만 하나의 옳은 일이라는 소신을 성취하였을 뿐이다."

[보補]

정이천의 말을 살펴보면 살신성인을 이루기까지에는 3단계가 있다.

첫째는 진리에 대한 참다운 인식이다. 그것이 절대 진리임을 알 뿐, 그 밖의 어떤 가치도 이와는 바꿀 수 없다는 가치인식이다.

둘째는 필연(必然)의 소신(所信)이다. 자신이 옳다고 인식한 그 세계를 반드시 자신이 실

천에 옮겨야 한다는 소신이 있어야 한다. 진리를 인식하였을지라도 소신이 없으면 이를 실천으로 옮겨갈 수 없기 때문이다.

셋째는 실천의 성취이다. 소신을 실천하여 한 점 부끄러움이 없는 생을 편안한 마음으로 받아들이는 것이다. 그것은 곧 자신이 옳다고 인식한 세계를 성취했을 뿐이다.

9. 자공전지 子貢全旨

이 장에서는 인(仁)을 성취할 수 있는 바탕에 대해 말하고 있다. 이는 자공이 오로지 인을 행하는 데 도움이 되는 사람을 찾도록 한 것만은 아니다. 단 자신이 존재하는 그 어느 곳에서나 인을 행하는 데에 도움이 되는 사람을 취하여 인(仁)의 순수한 경지에 이르기를 추구하도록 하였다.

'반드시 먼저 연장을…'이라는 필선(必先) 2자는 장인(匠人)이 작업 들어가기에 앞서 챙겨야 할 도구이다. 즉 인을 하려면 먼저 어진 이를 섬기고 벗을 사귀는 것이 곧 좋은 연장을 챙기는 장인과도 같다. 이는 참으로 중요한 부분이다. 그러나 보다 더 중요한 것은 그런 일을 하고자 하는, 본인의 강한 정신과 군건한 의지가 필요하다. 이러한 뜻을 반영하여 말한, '그 일을 잘하려면'이라는 '공욕선기사(工欲善其事)'의 욕(欲)자에 담긴, 자신의 의욕이 더욱 중요하다.

다시 말하면, 연장을 말하는 기(器)자는 대부·선비의 비유이며, 예리하다는 이(利)자는 대부와 선비의 어짊[賢]과 인(仁)을 비유한 말이다. 이(利)자를 원활하게 보아야 한다. 이는 대부 가운데서도 현자(賢者), 선비 가운데서도 인자(仁者)만이 나의 인(仁)에 도움이 됨을 말한다. 그러나 현자와 인자를 찾아 섬기고 벗을 삼는 것도 중요하지만, 현자를 섬기고 인자를 벗으로 사귀려는 자신의 그 마음이 더욱 중요한 것이다.

자공으로 말하면, 그는 네 마리의 말이 이끄는 수레를 타면서 줄지어 말을 탄 시종(侍從)들의 호위를 받을 정도의 부유한 사람이다. 그에게 부족한 면은 어진 대부와 선비가 없다는 것이 아니다. 오직 현인을 섬기고 어진 이를 벗하려는, 그 정신자세의 결핍이 문제점이다. 『공자가어』에서 말한 것처럼 자공은 "자기보다 못한 사람을 좋아하였다."(「六本篇」)는 점을 보면 부자께서 이를 말할 수밖에 없는 사실을 가늠할 수 있다.

子貢이 問爲仁한대

子曰 工欲善其事ㄴ댄 **必先利其器니 居是邦也하야 事其大夫之賢者하며 友其士之仁者니라**

자공이 인을 행함에 대해 물으니, 부자께서 말씀하셨다.

"장인이 그 일을 잘하려면 반드시 먼저 그 도구가 예리해야 한다. 나라에 있어서는 대부 중에 어진 이를 섬기고, 선비 중에 어진 이를 벗해야 한다."

강설

자공이 부자에게 인을 여쭈었다. 인이라는 본질에 관한 물음이 아니라, 인을 행하려면 어떻게 힘써야 하느냐는, 용력(用力)의 방법을 추구하고자 함이다.

부자께서 자공의 문제점을 은연중 들어 자공에게 말씀하셨다.

"그대는 많은 장인을 보지 못하였는가. 그가 하는 일을 잘하려고 한다면 반드시 그에 앞서 그가 사용할 도구가 예리해야 한다. 이는 그 연장의 예리함을 힘입으려는 것이다.

하물며 인을 행하기에 앞서 힘입을 대상이 없을 수 있겠는가. 군자는 그 나라에 살면서 위로는 대부가 있으니 반드시 그중에서도 어진 이를 섬겨야 하며, 아래로는 선비가 있으니 반드시 그중에서도 어진 이를 벗으로 삼아야 한다. 어진 대부를 섬기면 본받을 바 있으므로 엄숙한 마음이 생기고, 어진 선비를 벗 삼으면 닦아갈 바 있으므로 격려의 뜻이 일어날 것이다. 이는 인을 행하는 바에 도움이 된다. 그렇지 않다면 닦아나가는 데에 도움이 되지 않는다. 이는 제 할 일을 잘하고자 하면서도 앞서 그 연장을 예리하게 손보지 않은 격이다. 어찌 옳은 일이라 할 수 있겠는가."

集註

賢은 以事言이오 仁은 以德言이라

夫子嘗謂子貢悅不若己者라 故로 以是告之하시니 欲其有所嚴憚切磋하야 以成其德也시니라

○ 程子曰 子貢問爲仁이오 非問仁也라 故로 孔子告之以爲仁之資而已시니라

[훈고] 현(賢)이란 일처리로 말하고, 인(仁)이란 마음의 덕으로 말한다.

[해석] 부자는 일찍이 "자공이 자기보다 못한 이만을 좋아한다."(『家語』「六本」)고 말하였다. 이 때문에 이란 말로써 자공에게 일러주신 것이다. 그것은 그가 〈어진 대부를 섬기면서〉 근엄하고 조심[嚴憚]하며 〈어진 벗과 사귀면서〉 절차탁마(切磋琢磨)하여 그 덕을 성취한 바 있기를 바라는 마음 때문이다.

○ 정자[伊川]가 말씀하였다.

"자공은 인을 행하는 것에 관해 물은 것이지, 인 그 자체를 물음이 아니다. 그러므로 공자는 인을 행할 수 있는 바탕으로 말씀하였을 뿐이다."

[보補]

『가어』의 내용은 다음과 같다.

부자께서 말씀하셨다.

"내가 죽은 후에 상(商: 子夏)은 날로 나아가고, 사(賜: 子貢)는 날로 줄어들 것이다."

증자가 여쭈었다.

"무슨 말씀이십니까?"

"상(자하)은 자기보다 더 훌륭한 사람들과 함께하는 것을 좋아하는데, 사(자공)는 자기보다 더 못한 사람들과 함께하는 것을 좋아한다. 착한 사람과 함께하면 마치 난초 향기가 물씬대는 꽃집을 들어가 오래 있노라면 향기를 묻히려 하지 않으려 해도 절로 향기가 배어들고, 착하지 못한 사람과 함께하면 어물전을 들어가 오래 있노라면 비린내를 묻히려 하지 않으려 해도 또한 절로 비린내가 잦아들기 마련이다. 단사(丹砂: 朱砂)를 간직한 자는 붉은 물이 들고, 옻칠을 간직한 자는 검은 물이 든다. 이 때문에 군자는 반드시 함께 거처하는 사람을 조심하여 가려야 한다."[52]

이로 보면, 자공 그 자신은 일찍이 부를 누리면서도 교만한 마음이 없다[富而無驕]고 자부했지만, 그 교만한 마음이 아직도 수그러들지 않았기에 어진 이들에게 하심(下心)을 하지 못한 것이다. 이처럼 한번 뿌리박힌 병근(病根)은 생각지도 않은 데에서 나타나게 됨을 스스로 성찰, 근신하여야 함을 경계한 말이다.

10. 안연전지 顔淵全旨

이 장은 부자께서 시대의 편의에 따른 제도의 손익(損益)을 통하여 길이 만세에 폐단이 없는 왕도(王道)를 밝힌 것이다.

"성인이 순임금과 하은주 삼대(三代)의 일을 살펴 가장 적절한 제도를 선택, 만세에 바뀔 수 없는 법전을 마련하여, 안연에게 이를 일러준 것은 오직 안연만이 제왕(帝王)을 보좌할 만한 재주를 지녀 여기에 참여할 수 있었기 때문이다."[53]

앞의 4구[行夏之時…樂則韶舞]는 나라를 다스리는 대경대법(大經大法)이며,

뒤의 4구[放鄭聲…佞人殆]는 나라를 다스리는 데 크게 경계할 점들이다. 이는 천하를 통치하는 데에 해야 할 일과 해서는 안 될 일을 총괄하여 제시한 것이다.

"하나라의 역법(曆法)을 쓴다.[行夏時]"는 것은 왕도에 있어 정삭(正朔)을 급선무로 삼는다. 모든 일을 다스림은 춘하추동 12개월의 달력에 의해 처리되기 때문이다.

"은나라의 수레를 탄다.[乘殷輅]"는 것은 일상생활에 사용하는 도구란 화려하기보다는 질박하고 견고함을 숭상하기 때문이다. 이를 미루어 의복과 음식, 기물(器物) 등의 사용기준을 미뤄 알 수 있다.

"주나라의 면류관을 쓴다.[服周冕]"는 것은 신을 받드는 제사엔 화려하고 고귀함을 숭상하기 때문이다. 이를 미루어 제사에 사용되는 여타의 문장과 채색 또한 얼마나 화려한 것인지를 미루어

---

52 "孔子曰 吾死之後, 則商也日益, 賜也日損. 曾子曰 何謂也? 子曰 商也, 好與賢己者處; 賜也, 好與不若己者處. 與善人居, 如入芝蘭之室, 久不聞其香, 則與之化矣; 與不善人居, 如入鮑魚之肆, 久不聞其臭, 亦與之化矣. 丹之所藏者 赤, 漆之所藏者 黑. 是以, 君子 必愼其所與處焉."

53 宋 張栻 撰, 『論語解』 권8. "聖人監四代之事而損益之, 以爲百王不易之典, 以此答顏淵, 惟顏子可以與於斯也."

알 수 있다.

"음악은 소무로 한다.[樂則韶舞]"는 것은 민심을 순화하고 풍속을 바꾸는 데에는 음악의 효과보다 더 큰 것이 없기 때문이다. 순임금의 음악을 본받으면 따라서 반드시 순임금의 정치를 본받음임을 알 수 있다.

"정나라의 음탕한 음악을 버리고, 아첨하고 말 잘하는 사람을 멀리해야 한다."라는 것은 이를 미루어 바르지 못한, 음성(淫聲)과 여색(女色), 그리고 금전(金錢)과 재리(財利)까지도 멀리해야 함을 알 수 있다.

안자는 일찍부터 천하를 다스리는 도에 대해 스스로 강구하여 소양이 쌓아왔기에 여기에서는 평천하의 대경대법(大經大法)과 경계해야 할 대상만을 들어 말해준 것이다. 안연의 평소 소양과 조예는 그 자신의 학문 경지를 드러낸 위연탄장(喟然歎章)(「子罕」제10장)과 인의 실천방법을 물었던 문인장(問仁章)(「顔淵」제1장)을 종합하여 보면 이를 알 수 있다. 이는 안연이 지닌 천덕(天德)이다. 이러한 토대 위에서 평천하의 왕도를 말하여준 것이다. 앞서 자신의 내면에 천덕이 갖춰있어야 만이 밖으로 왕도를 말해줄 수 있기 때문이다. 이를 내성외왕(內聖外王)의 도라고 말한다.

顔淵이 問爲邦한대

안연이 나라 다스림을 여쭈자,

강설

안연은 부자께서 가장 사랑한 제자이다. 그는 가난하고 불우한 생활 속에서도 안빈낙도로 학문을 좋아하여 이미 하늘에서 받아온 덕[天德]을 닦아, 성왕(聖王)을 보좌하여 왕도를 펼칠[王佐之才] 수 있는 아성(亞聖)이셨다. 맹자가 말하였듯이, 안연이 우임금 당시에 태어나 그 처지가 바뀌었더라면 안연 역시 우임금처럼 세 차례나 집 앞을 지나가면서도 들어가지 않은 채, 치산치수(治山治水)에 매진하였을 것이라고….

이 때문에 그는 항상 도를 행하려는 뜻이 있어 왕도를 강구하는 마음이 간절하였기에, 부자에게 나라를 다스리는 도를 물은 것이다. 그러나 안연은 천하를 통치할 수 있는 성자(聖者)로서 평천하의 도를 물으면서도 겸손한 마음으로 천하가 아닌, '제후나라[邦] 다스리는 도'를 물었다.

集註

顔子는 王佐之才라 故로 問治天下之道어늘 曰爲邦者는 謙辭니라

[해석] 안자는 왕(천자)을 보좌할 인재(伊尹, 周公의 유)이므로 천하 다스리는 도를 물은 것인데, "나라(제후국) 다스림"이라 말한 것은 겸손한 말이다.

子曰 行夏之時하며

부자께서 말씀하셨다.
"하나라의 달력[曆法]을 쓰며,

강설

부자께서 그 사실을 알고서 제후 나라를 다스리는 도라기보다는, 천하를 다스리는 도로써 말씀하셨다.

"천하를 다스리는 도는 수없이 많다. 그러나 하늘을 경외하고 백성이 일할 수 있도록 마련해주는 일 가운데 가장 중요한 것은 1년 12개월, 춘하추동을 정하는 '때[時]', 즉 정삭(正朔)을 바로잡는 역법(曆法)보다 더 큰 일은 없다.

하지만 정삭의 역법은 시대에 따라 다름으로 한 가지가 아니다. 천하를 다스림에 있어 하늘의 도를 받들고 백성이 일할 때[民時]를 마련해주고자 한다면 너는 반드시 하나라의 역법[夏時]을 사용하여 12월령(月令)을 바로잡아 인정(人正)의 월건(月建)을 따름이 좋을 것이다."

集註

夏時는 謂以斗柄 初昏建寅之月로 爲歲首也라 天開於子하고 地闢於丑하고 人生於寅이라 故로 斗柄建此三辰之月을 皆可以爲歲首하야 而三代迭用之라 夏以寅하니 爲人正이오 商以丑하니 爲地正이오 周以子하니 爲天正也라 然이나 時以作事하니 則歲月은 自當以人爲紀라 故로 孔子 嘗曰 吾得夏時焉이라 하신대 而說者以爲夏小正之屬이라하니 蓋取其時之正 與其令之善이오 而於此에 又以告顏子也시니라

[해석] 하시(夏時: 하나라의 역법)는 북두성의 자루가 초저녁 하늘에 인방(寅方: 북동쪽)을 가리키는 달로 세수(歲首: 정월) 삼음을 말한다. 하늘은 자회(子會)에 열리고, 땅은 축회(丑會)에 이뤄지고, 사람은 인회(寅會)에 태어난다. 그러므로 북두성의 자루가 자(子), 축(丑), 인방(寅方) 3곳[三辰: 辰, 日月所會 十二次也.]을 가리키는 달로써 모두 정월을 삼아, 삼대에 서로 번갈아 가며 사용해 왔다. 하나라는 인월(寅月)로 정하여 인정(人正)을, 상나라는 축월(丑月)로 정하여 지정(地正)을, 주나라는 자월(子月)로 정하여 천정(天正)을 삼았다. 그러나 사람들은 사계절에 따라 일을 하므로 한 해의 열두 달은 의당 인정(人正)으로 법을 삼아야 한다. 그러므로 부자는 일찍이 "나는 하나라의 역법(曆法)을 얻었다."(『禮記』「禮運」)고 하였는데, 이에 대해 설명한 자는 "하소정(夏小正)의 유이다."고 말하였다. 〈이는 일찍이 부자께서〉 사계절의 올바름[建寅爲春]과 월령(月令)의 좋은 점[乘時作事]을 취해 〈하시(夏時)를 따르려고 생각해 왔는데,〉 이에 또한 안자에게 말해준 것이다.

[보 補]

자연의 변화는 어디에서 가장 쉽게 볼 수 있을까? 그것은 춘하추동의 유행이다. 이 때문에 부자는 『주역』 「혁괘(革卦☲☱)」의 대상(大象)에서 군자는 자연변화를 본받아 역법을 다스려 사계절을 밝힌다[象曰 澤中有火, 革. 君子 以, 治曆明時.]고 하였다.

	春			夏			秋			冬		
夏曆	정월	2	3	4	5	6	7	8	9	10	11	12
商曆	2	3	4	5	6	7	8	9	10	11	12	정월
周曆	3	4	5	6	7	8	9	10	11	12	정월	2

부자는 평소 "나는 주나라의 예를 배웠다. 나는 주나라의 제도를 따를 것이다.[吾學周禮, 吾從周.]"(『中庸』제29장)고 말씀하셨지만, 자월(子月: 음력 11월)을 세수(歲首)로 한 주나라의 정삭(正朔)을 수긍하지 않았다. 하은주 삼대의 역법(曆法)을 대비하면 다음과 같다.

하력을 따르는 이유는 계절이 바르다는 점이다. 1·2·3월은 봄, 4·5·6월은 여름, 7·8·9월은 가을, 10·11·12월은 겨울이라고 말함이 사계절의 바른 이름이며, 계절 따라 농사일 하기에 좋은[乘時作事], 즉 월령에 있어서도 좋다는 점이다. 만약 주나라의 정삭을 따를 경우, 하력(夏曆: 현 음력)에 비해 두 달이 앞서감으로 3·4·5월이 봄, 6·7·8월이 여름, 9·10·11월이 가을, 12·1·2월이 겨울이 된다. 이처럼 춘하추동의 이름이 맞지 않고, 또한 농사일 하는 데에 어긋나게 된다.

이처럼 춘하추동의 명제와도 차이가 있을 뿐 아니라, 사계절의 이치[實理]에도 어긋나고 있다. 이에 대해 주자는 다음과 같이 말하였다.

"양기(陽氣)는 황종(黃鐘: 12律의 하나. 음력 11월)에서 비롯된다. 그달의 월건(月建)은 자(子)로 양기의 시작이지만 아직은 양기가 땅속에 잠겨있기에 만물이 생동할 수 없다. 즉 봄으로서의 역할을 수행한다고 말할 수 없는 부분이다. 양기는 축월(丑月: 12월)을 지나 인월(寅月: 정월)로 전환되면서 양기의 성대한 덕이 동방(東方)의 목(木)에 있게 되어, 봄의 기운이 이에 비로소 응하게 된다. 천지로 말하면 만물이 발생하는 조화가 나타나고, 사람으로 말하면 농사일하는 차례가 분명하다. 이 때문에 부자는 하력(夏曆)을 취한 것이다."[54]

이처럼 상나라와 주나라가 정삭을 변경하여 천하 사람의 이목을 새롭게 하였으나, 사계절과 오행이 모두 정도에 맞지 않는바, 의당 하나라의 정삭을 따라야 함을 말한 것이다.

"하늘은 자회(子會)에…사람은 인회(寅會)에 태어났다."는 것은 "소강절의 『황극경세서(皇

---

54 『四書或問』, 권20, 「論語」. "曰陽氣, 雖始於黃鍾, 而其月爲建子, 然猶潛於地中, 而未有以見其發生之功也. 歷丑轉寅, 盛德在木, 而春氣應焉. 以言乎天地, 則生物之功 著; 以言乎人, 則作事之序 明. 此孔子所以有取於夏時也."

極經世書)』에서 나온 말이다. 12회(會)를 1원(元)이라 하고, 1만8백 년을 1회라 한다. 즉 12만9천 6백 년을 1원이라 하는데, 이는 우주의 발생으로부터 종말까지를 말한다. 처음 1만8백 년 만에 처음 하늘이 열리고, 또다시 1만8백 년을 거쳐서야 지구가 처음 형성되고, 또다시 1만8백 년을 거쳐서야 사람이 처음으로 태어남을 말한다.

소강절은 인회(寅會)에다가 처음으로 하나의 개물(開物) 2자를 주해로 썼다. 처음에는 만물이 존재하지 않았다. 단 기(氣)만이 가득 차 있었을 뿐이다. 하늘이 열린 조금 후에 곧 한덩어리의 찌끼가 그 가운데 생겨나기 시작하였다. 처음엔 질척한 연질(軟質)이었다가 시간이 흐르면서 점차 견고하게 채워져 갔다. 오늘날 산의 모습이 위에서 아래로 내려오면서 물결 따라 출렁거리며 흘러내려가는 모래의 형세이다. 이런 지형을 통하여 먼저 하늘이 있는 후에 비로소 땅이 있었고, 하늘과 땅이 교감함으로써 비로소 생물이 나타나게 된 것이다."[55]

이처럼 생물의 창조를 대표하여 "사람은 인회(寅會)에 태어났다."고 말한 것인바, 하력(夏曆)의 인정(人正)은 인본주의(人本主義)를 상징하는 정삭이다. 이처럼 인간중심의 세계는 사람의 일에 가장 적절한 편의를 위해 자연계를 이해하고 이를 수용한 제도라 하겠다.

乘殷之輅하며

은나라의 나무 수레를 타며,

[강설]

"선왕의 제도에는 벼슬하지 못한 사람은 수레를 탈 수 없으며, 벼슬에 따라 수레의 제도가 다름으로 상하의 분수와 위덕(威德)을 분별하는 데에는 노(輅)보다도 더 큰 것이 없다. 나라를 다스리면서 수레의 제도를 갖추고자 한다면 너는 반드시 은나라의 소박하고 견고한 나무 수레[木輅]를 타야한다. 이는 중도에 알맞은 소박함이다."

[集註]

商輅는 木輅也니 輅者는 大車之名이라

古者에 以木爲車而已러니 至商而有輅之名하니 蓋始異其制也라 周人은 飾以金玉하니 則過侈而易敗라 不若商輅之朴素渾堅而等威已辨하니 爲質而得其中也니라

[훈고] 상나라의 천자 수레는 나무 수레[木輅]이다. 노(輅)는 큰 수레(金輅, 玉輅, 象輅, 革輅, 木輅)의 이름이다.

---

55 宋 趙順孫 撰, 『論語纂疏』 권8. "(朱子)語錄曰 此是邵子皇極經世中說. 經世書, 以元統十二會, 爲一元; 一萬八百年, 爲一會. 初間一萬八百年, 而天始開; 又一萬八百年, 而地始成; 又一萬八百年, 而人始生. 邵子於寅上, 方始註一開物字. 蓋初間未有物, 只是氣塞, 及天開些子後, 便有一塊查滓在其中. 初則溶軟, 後漸堅實, 今山形自高而下, 便如水漾沙之勢, 以此知必是先有天方有地, 有天地交感, 方始生物出來."

[해석] 예전에는 목재로 수레를 만들었을 뿐인데, 상나라에 이르러서 노라는 명칭이 생기게 된 것은, 처음으로 그 제도를 달리 한 때문이다. 주나라 사람의 수레는 금옥으로 치장하였다. 이는 지나치게 사치스럽고, 부서지기 십상이다. 소박하고 견고하면서도 상하의 등급과 권위가 분별 되는 상나라 천자의 나무 수레만 같지 못하다. 질박하면서도 그 중도를 얻었기 때문이다.

[보 補]

주자는 주나라 수레의 사치스러움에 대해 다음과 같이 말하였다.

"수레는 사람이 타고 발로 밟는 도구이다. 그 용도가 비천한 것이다. 수레는 빨리 달리면서 흔들거리고 무거운 짐을 싣고 멀리까지 달려가야 한다. 그 자체가 힘든 일을 맡은 것이다. 또한 한 채의 수레를 만들기까지에는 많은 기술자의 힘을 종합하여야 한다. 따라서 그 비용이 많이 소모되는 물건이다. 천하게 사용되는 물건을 고귀하게 꾸민다는 것, 그 자체가 그 물건에 걸맞지 않다. 힘든 일을 하는 데에 사용될 기구를 화려하게 꾸민다면 쉽게 부서지기 마련이다. 그렇지 않아도 많은 경비가 소모되는데 사치스럽게 꾸미기 위해 또다시 막대한 경비를 들인다면 나라의 재물을 잃게 된다. 이 때문에 주나라의 황금 수레[金輅]와 주옥의 수레[玉輅]를 지나치게 사치스럽다고 말한 것이다."[56]

이런 이유에서 명실상부하고 실용적인 상나라의 나무 수레를 가장 적절하다고 생각하였다.

服周之冕하며

주나라의 면류관을 쓰며,

[강설]

"면류관이란 작은 물건이지만 우리의 몸, 가장 높은 부위에 사용하는 것이다. 그리고 신을 섬기는 데 사용되는 일체 제물, 또는 도구는 신을 위하여 풍성하고 화려하게 받드는 것이지, 자신의 사치를 위함이 아니다. 따라서 의전(儀典)을 엄숙히 행하고 제도를 바르게 하는 데에는 면류관보다 더 큰 것이 없다. 나라를 다스리면서 의관을 중히 하고자 한다면 너는 반드시 화려하면서도 중도에 알맞은 주나라의 면류관을 써야 할 것이다. 이는 중도에 알맞은 화려함이다."

[集註]

周冕有五하니 祭服之冠也라 冠上有覆하고 前後有旒하니 黃帝以來로 蓋已有之로되 而制度儀

---

56 『四書或問』, 권20, 「論語」. "或問周輅爲過侈? 曰 輅者, 身之所乘, 足之所履, 其爲用也 賤矣. 運行振動, 任重致遠, 其爲物也 勞矣. 且一器而百工聚焉, 則爲費也 廣矣. 賤用而貴飾之, 則不稱; 物勞而華飾之, 則易壞; 費廣而又增費之, 則傷財, 此周輅之所以爲過侈與!"

等이 至周始備라 然이나 其爲物小而加於衆體之上이라 故로 雖華而不爲靡하고 雖費而不及奢하니 夫子取之는 蓋亦以爲文而得其中也라

[해석] 주나라의 면류관에는 5가지(袞冕, 驚冕, 毳冕, 絺冕, 玄冕)가 있다. 제복(祭服)에 사용하는 관이다. 관 위에는 덮개가 있고, 앞뒤에는 구슬을 꿰어 드리운 수술이 있다. 이는 황제(黃帝: 軒轅氏) 이후로 이미 있었던 것이나, 제도와 의등(儀等: 의식과 등급)이 주나라에 이르러서야 비로소 갖춰졌다. 그러나 그 물건은 작고, 가장 몸 위에 쓰는 것이므로 비록 화려할지라도 사치스럽지 않고, 아무리 비용이 들더라도 낭비에 이르지 않는다. 부자께서 이를 취함은 또한 화려하면서도 그 중도를 얻었기 때문이다.

樂則韶舞오

음악은 순임금의 소무로 하고,

강설

"음악에는 내함(內涵)과 외연(外延)이 있다. 음악에 내재한 정신과 사상은 음악가의 내면의 덕성을 반영하고, 볼 수 있고 들을 수 있는 노래와 춤사위에는 음악가의 행적에 나타난 위업을 반영해주는 것이다. 따라서 공훈을 나타내고 덕업을 빛내는 데에는 음악보다 더 앞서는 것이 없다. 나라를 다스리면서 음악을 마련하여 공덕을 나타내려고 한다면 너는 반드시 진선진미(盡善盡美)한 순임금 음악인 소무를 취하여야 한다."

集註

取其盡善盡美라

[해석] 순임금 음악의 그 지극히 선하고 지극히 아름다움을 취한 것이다.

放鄭聲하며 遠佞人이니 鄭聲은 淫하고 佞人은 殆니라

정나라의 음악을 버리고 말재간으로 아첨하는 사람을 멀리해야 한다. 정나라의 음악은 음란하고, 말재간으로 아첨한 사람은 〈나라를〉 위태롭게 한다."

강설

"천하를 다스리는 대경대법(大經大法)이란 의당 세워야 하지만, 평천하에 큰 폐단을 일으키는 것 또한 경계해야 한다. 너는 천하를 다스리는데 해가 되는, 정나라 음악을 멀리하여 귀에 가까이 해서는 안 되며, 천하를 다스리는데 해가 되는, 말재간으로 아첨하는 사람을 멀리하여 그를 만나서는 안 된다.

무엇 때문일까? 바른 음악(雅樂)이란 눈과 귀에 즐거움을 줄 뿐 아니라, 덕성을 밝혀 인격을 완성 해주지만, 정나라의 음악은 삿된 즐거움으로 사람의 마음을 음탕하게 흔들어놓기 때문이다.

훌륭한 인재를 등용함은 곧 정치의 근본을 세우는 본령이다. 임금을 바르게 보필하여 나라의 초석을 견고히 해줌에 반하여, 말재간으로 아첨하는 사람은 시비의 흑백을 어지럽혀 나라를 위태 롭게 만들기 때문이다.

이 2가지의 일을 경계하면서, 위에서 언급한 4가지의 대경대법을 지켜나간다면 천하를 다스리 는 도란 더 이상 존재할 수 없다."

集註

放은 謂禁絶之라 鄭聲은 鄭國之音이오 佞人은 卑諂辯給之人이라 殆는 危也라

○ 程子曰 問政이 多矣로되 惟顔淵告之以此라 蓋三代之制는 皆因時損益이로되 及其久也엔 不能無弊어늘 周衰에 聖人不作이라 故로 孔子斟酌先王之禮하야 立萬世常行之道하야 發此以 爲之兆耳시니 由是求之면 則餘皆可考也니라

張子曰 禮樂은 治之法也오 放鄭聲 遠佞人은 法外意也라 一日不謹이면 則法壞矣니 虞夏君 臣이 更相戒飭은 意蓋如此니라

又曰 法立而能守면 則德可久하고 業可大니라 鄭聲佞人은 能使人喪其所守라 故로 放遠之니라

尹氏曰 此所謂百王不易之大法이니 孔子之作春秋는 蓋此意也라 孔顔이 雖不得行之於時나 然이나 其爲治之法을 可得而見矣니라

[훈고] 방(放)은 금지하여 끊음이다. 정성(鄭聲)은 정나라의 음악이다. 영인(佞人)은 아첨하 며 말을 잘하는 사람이다. 태(殆)는 위태로움이다.

○ 정자(伊川)가 말씀하였다.

"정사에 대한 물음이 많았지만, 오직 안연에게만 이를 일러주었다. 삼대의 제도는 모두 시 대에 따라 덜거나 더하였는데 오랜 세월이 흐른 후엔 폐단이 없지 않았다. 주나라의 쇠퇴기 에 성왕(聖王)이 나오지 않음으로써 공자는 선왕의 예를 가늠하여 만세에 영원히 행할 수 있 는 도를 세워 이를 밝혀 조짐을 삼으시니, 이를 따라서 추구하면 그 나머지를 모두 살펴볼 수 있을 것이다."

장자(橫渠)가 말씀하였다.

"예와 음악은 정치의 대법(大法)이요, 정나라의 음악을 버리고 말재간으로 아첨하는 사람 을 멀리한다는 것은 대법 밖의 뜻이다. 하루만 삼가지 않아도 법이 무너지는 것이다. 순임금 과 우임금이 군신 사이로 서로 경계하고 조심한 뜻이 대체로 이와 같다."

〈장자가〉 또 말하였다.

"법이 세워져 잘 지켜나가면 덕이 오래가고 사업이 커질 것이다. 정나라 음악과 말재간으로 아첨한 자는 사람의 그 지키는 바를 잃게 만듦으로 버리거나 멀리해야 한다."

윤씨[尹焞]가 말하였다.

"이는 이른바 '모든 제왕이 다시는 바꿀 수 없는 대경대법'이다. 부자께서 『춘추』를 지으신 데에는 아마 이러한 뜻이 담겨있을 것이다. 부자와 안연은 그 당시 이를 행하지 못했으나 그 다스리는 법을 여기에서 찾아볼 수 있다."

[보 補]

『시경』「국풍」에 나타난 15제후국 가운데 가장 음란한 음악으로 대표되는 나라는 위(衛)·정(鄭) 두 나라이다. 그러나 부자께서 위나라의 음악을 말하지 않음은 정나라의 음악이 더욱 더 음란하기 때문이다. 위나라의 시[衛風]는 모두 39편인데 그중 음탕하고 난잡한 시는 겨우 4분의 1이나, 정나라의 시[鄭風]는 모두 41편인데 그중 음탕하고 난잡한 시는 7분의 5를 넘는다. 위나라의 시는 그래도 남자가 여인을 유혹하는 음악임에 반하여, 정나라의 음악은 여인이 남자를 유혹하는 노래로 그 가락이 더욱 음탕한 까닭에 정나라 음악만을 들어 경계한 것이다.[57]

소인배에는 두 부류가 있다. 부들부들한 자와 사납고 포학한 자이다. 이런 부류의 소인배들이 나라에 끼치는 화는 부들부들한 아첨꾼이 사납고 포학한 자보다 더 무섭고 크다. 사납고 포학한 자는 보통 중간 정도의 임금으로서도 오히려 그런 그를 멀리할 줄 알기에 그들의 해는 오히려 적다. 그러나 부들부들하면서 말재간이 있는 자는 아첨과 사특한 짓으로 사람에게 기쁨을 주고 가깝게 만들기에 총명한 임금으로서도 오히려 그에게 현혹당하여 나라가 멸망함에도 끝까지 그의 실체를 깨닫지 못한 경우가 있다. 부자께서 말재간으로 아첨한 자를 들어 경계함 또한 소인배 중에 더 질이 나쁜 소인배를 들어 말한 것이다.[58]

11. 인무전지 人無全旨

이 장은 부자께서 걱정이 사라지게 할 수 있는 도리를 보여주었다.

"멀리 생각한다.[遠慮]"는 것은 사리를 탐구하여 앎이 지극한 데에서 얻어지는 것이지, 고원한 것을 취하여 생각하라는 것이 아니다. 경영하고 계획하는 일들을 지극한 선으로 다져야 만이 저 멀리 만 리 밖과 백 년의 장구한 세월에도 평안과 무사함을 보장할 수 있다. 근우(近憂)는 멀리 생각하지 않은 데에서 얻어지는 결과로 보아야 한다.

---

57 『大全』該註. "或問鄭衛之音, 皆爲淫奔, 夫子獨欲放鄭, 何也? 朱子曰 衛詩三十九, 淫奔之詩, 纔四之一; 鄭詩四十一, 淫奔之詩, 已不啻七之五. 衛猶男悅女之詞, 鄭皆女惑男之語."

58 위와 같음. "張氏好古曰 小人之禍國家, 柔惡尤可畏於剛惡. 剛惡桀黠强暴, 中才之主, 猶畏而遠之, 爲害猶淺; 惟柔佞者, 諂諛側媚, 使人喜愛親暱, 聰明之君, 猶爲所惑, 有覆亡而終不悟者. 夫子擧佞人, 亦以小人之尤者言也."

子曰 人無遠慮면 必有近憂니라

부자께서 말씀하셨다.

"사람이 멀리 생각지 않으면 반드시 가까운 날에 근심이 있을 것이다."

> **강설**

부자께서 사람들에게 훗날의 어려움을 미리 생각하여 이에 대처해야 한다는 점을 보여주셨다.

"세상사의 이런저런 숱한 어려움과 변고는 덧없는 것이지만, 먼저 염려하고 미리 생각하면서 이를 살핌이 귀중하다. 그러므로 지혜로운 사람은 어려움이 싹트기 이전에 없애며, 재앙이 일어나지 않을 적에 없앰은 그에게 깊은 사려가 있었기 때문이다.

만일 목전의 안일을 탐닉한 나머지, 멀리 생각지 않으면 후일에 대한 대비가 소홀하여 반드시 어느 날 아침 생각지도 못한 재앙이 겪게 되어 곧 근심이 있을 것이다. 그러므로 사람이 살아가는 데에는 멀리 생각하지 않을 수 없다."

> **集註**

蘇氏曰 人之所履者는 容足之外에 皆爲無用之地나 而不可廢也라 故로 慮不在千里之外면 則患在几席之下矣리라

[의론] 소씨[蘇軾]가 말하였다.

"사람이 밟고 있는 땅은 발붙인 곳 이외는 모두 쓸모없는 땅이지만 버릴 수 없다. 그러므로 천리 밖을 생각지 않으면 앉은 자리 아래에 근심이 있을 것이다."

12. 이의전지 已矣全旨

이 장은 부자께서 많은 사람이 덕을 좋아하였으면 바라는 마음에서 이처럼 말씀하신 것이다. 「자한(子罕)」 제17장에서 이미 이를[子曰 吾未見好德 如好色者也] 말씀하신 바 있는데, 여기에서는 '이의호(已矣乎)' 3자를 더하고 있다. 예전에는 그래도 그러한 사람을 만나볼 수 있지 않을까? 기대하는 마음에서 그처럼 말했었는데, 여기에서는 그런 희망마저 사라진 나머지 '이의호(已矣乎)' 3자를 첨가한 것이다. 이는 사람을 경계하는 뜻이 더욱 간절하다.

子曰 已矣乎라 吾未見好德을 如好色者也케라

부자께서 말씀하셨다.

"할 수 없구나. 나는 덕 좋아하기를 여색을 좋아하는 것처럼 하는 자를 보지 못하겠구나."

강설

부자께서 덕을 좋아하는 사람을 찾아보기 어려움에 대해 가슴 아파하는 마음으로 말씀하셨다.
"여색을 좋아하듯이 덕을 좋아해야 한다고, 내 일찍이 탄식해온 것은 그러한 사람을 보려는 마음 때문이었다. 그러나 이제는 그만두어야 할까 보다.
내 끝내 덕 좋아하기를 참으로 여색을 좋아하듯이 덕을 좋아하는 사람을 찾아볼 수 없다. 어찌 세도(世道)와 인심을 위하여 개탄하지 않을 수 있겠는가."

集註

已矣乎는 歎其終不得而見之也라

[해석] 이의호(已矣乎)는 그런 사람을 끝내 볼 수 없음을 탄식함이다.

13. 장문전지 臧文全旨

이 장은 부자께서 장문중이 벼슬자리를 훔쳤다는 것으로써 어진 사람을 가린 그의 마음을 꾸짖음이다.
첫 구절[臧文仲, 其竊位者與]에서는 구체적인 내용을 말하지 않은 허설(虛說)이고, 그 아래[知柳下惠之賢而不與立也]에서 바로 그가 벼슬자리를 도둑질한 사실을 보여주고 있다.
"그 벼슬자리를 훔쳤다.[其竊位者與]"는 기(其)자와 여(與)자는 매우 원만하게 말한 것으로, 이는 "어떻게 그 지위를 과연 도둑질하여 얻을 수 있는가. 무엇 때문에 어진 이를 질투하는가."라고 말한 뜻과 같다. 이로 보면 이는 어진 이에 대해 질투하는 그의 마음을 심하게 꾸짖는 것이지, 그가 벼슬자리를 도둑질한 사실을 강력히 증명하고자 함은 아니다.
장문중은 대부로서 어진 사람을 천거하는 일이 곧 그의 본분임에도 오늘날 유하혜의 어짊을 뻔히 알고서도 조정에 세우지 않았다. 자신의 소유가 아닌 것을 소유하면 도둑질하여 훔쳤다고 말한다. 장문중은 그의 벼슬까지도 거처해야 할 자리가 아니기에 "지위를 훔쳤다.[竊位]"고 말하였다.

子曰 臧文仲은 其竊位者與,ㄴ저 知柳下惠之賢而不與立也로다

부자께서 말씀하셨다.
"장문중은 그 지위를 도적질한 자이다. 유하혜의 어짊을 알고서도 조정에 함께 서지 않았다."

강설

부자께서 장문중이 어진 사람을 가린 죄를 벌하는 뜻으로 말씀하셨다.
"신하로서 벼슬에 있으면 양심에 부끄러움이 없어야 한다. 만일 자신이 그 지위에 걸맞지 않음을 알면서도 일신의 사리사욕으로 벼슬자리를 차지한다면 이는 그 지위를 도적처럼 훔친 것이나 진배없다. 장문중과 같은 이는 벼슬자리를 훔친 자라 하겠다.

무엇 때문에 이처럼 말하는가. 높은 지위의 신하란 어진 이를 천거하여 나라를 잘 다스려야 만이 그 지위에 걸맞은 일이라 한다. 장문중은 유하혜의 어짊을 알고서도 도리어 그를 하급 관료에 앉혀 억눌렀을 뿐, 그를 천거하여 자신과 함께 조정에 서지 않았다. 이는 일신만을 위하는 사리사욕으로 그 지위를 차지하여 자신의 소유로 삼았을 뿐, 다시는 국가를 위하여 어진 사람을 맞이하는 벼슬자리로 생각지 않았다. 그의 이런 행위가 벼슬자리를 도적질하여 훔친 것이 아니고 무엇이겠는가."

集註

竊位는 言不稱其位而有愧於心을 如盜得而陰據之也라 柳下惠는 魯大夫 展獲이니 字 禽이오 食邑柳下하여 諡曰惠라 與立은 謂與之幷立於朝라

范氏曰 臧文仲이 爲政於魯에 若不知賢이면 是不明也오 知而不擧면 是蔽賢也라 不明之罪는 小하고 蔽賢之罪는 大라 故로 孔子 以爲不仁이라하고 又以爲竊位라하니라

[훈고] 절위(竊位)는 그 지위에 걸맞지 않아 양심에 부끄러움이 마치 도적질하여 남모르게 간직한 것과 같음을 말한다.

유하혜는 노나라 대부 전획(展獲)이니, 자는 금(禽)이고, 유하(柳下)에 식읍을 두었으며, 시호는 혜(惠)이다.

여립(與立)이란 그와 함께 조정에 섬을 말한다.

[의론] 범씨[范祖禹]가 말하였다.

"장문중이 노나라에 정사하면서 만일 어진 이를 알아보지 못했다면 이는 지혜가 밝지 못함이요, 알면서도 그를 천거하지 않았다면 이는 어진 이를 가림이다. 지혜가 밝지 못한 죄는 작지만, 어진 이를 가린 죄는 크다. 그러므로 부자께서 '장문중은 어질지 못하다' 하였고, 또한 '벼슬자리를 훔쳤다'고 말씀하신 것이다.

[보補]

장문중은 진즉부터 유하혜의 어짊을 알고 있었다. 그렇다면 장문중은 무엇 때문에 유하혜를 버린 것일까? 남의 물건을 훔치는 도둑은 언제나 남들이 보고서 자신의 절도를 증언할까 두려워한다. 장문중은 높은 지위에 올랐고, 또 그 나름의 장점이 있다. 그러나 유하혜와 함께 조정에 서면 그에 의해 자신의 단점이 드러날까를 두려워한 것이다. 이 때문에 그를 가려 벼슬에 오르지 못하도록 하였다.[59]

---

59 『大全』該註. "雙峯饒氏曰 竊人物者, 恐人見得, 便證出他來. 臧文仲自居上位, 亦自有所長. 若與柳下惠幷立, 便被他形出己之短, 所以蔽而不進之."

이로 보면, 장문중이 유하혜를 알고서도 추천하지 않음은 결국 일신의 사리사욕만을 충족
고자 국가의 기둥이 되는 어진 이를 버린 것이다.

14. 궁자전지 躬自全旨

이 장에서는 자기의 몸을 성찰하면서 남들과 함께할 수 있는 도에 대해 논하였다. 남보다 자신
을 더 자책해야 한다는, 앞의 2구[躬自厚而薄責於人]에서 원망을 멀리할 수 있는 이유를 찾아야 한다.

子曰 躬自厚而薄責於人이면 則遠怨矣니라

부자께서 말씀하셨다.
"몸소 스스로 두터이 〈꾸짖고〉, 남에게 바라는 게 적으면 원망이 멀어질 것이다."

> **강설**

부자께서 사람들에게 원한을 적게 할 수 있는 도를 보여주셨다.
"많은 사람의 마음은 자신을 꾸짖는 데는 항상 너그럽고, 남을 꾸짖는 데는 항상 각박하다. 이
것이 남들에게 원한을 사는 이유이다. 만일 몸소 자신을 많이 꾸짖어 조금이라도 용서하는 마음
이 없고, 사람을 적게 꾸짖어 애당초 완벽하게 갖춰짐을 추구하는 마음이 없다면 어떨까? 이렇게
하면 원한이 사라지지 않을까?
그처럼 자신을 후히 꾸짖으면 자신은 더욱 닦여지므로 원한이 없을 것이며, 남을 바라는 게 적
으면 사람이 쉽게 따르게 되어 원한을 불러들이지 않을 것이다. 그러면 사람의 원한은 절로 멀어
지게 되는 법이다."

> **集註**

責己厚故로 身益修하고 責人薄이라 故로 人易從하니 所以人不得而怨之니라

[해석] 자신을 꾸짖음이 두터우므로 나의 몸은 더욱 닦여지고, 남을 꾸짖음이 박하기에 사
람이 쉽게 나를 따른다. 이 때문에 사람들이 그를 원망하지 않는다.

[보補]
이는 자신을 닦아가고 남을 대하는 데에 당연한 도리일 뿐, 원망을 멀리하기 위해 그러는
것은 아니다. 원망이 사라지는 것은 자연스러운 결과이다.[60] 여기에는 그 누구를 원망할 것
이 없고, 원망을 불러드리지 않는다는 2가지의 뜻이 있다.
주자가 말씀하였다.

---

60 『大全』 該註. "新安陳氏曰 此脩己待人, 當然之理也, 非爲求遠怨而後爲之. 遠怨, 乃自然之效耳."

"여기에서 말한 '책(責)'자는 '요구하다[求責]'라는 '책(責)'을 말한 것이지, '책망한다[咎責]'의 '책(責)'이 아니다. 만일 무도하게 횡포 부린 자로 말하면 그를 사람 취급할 이유가 없으므로 그를 꾸짖을 필요조차 없다. 그런 사람에게 오히려 조금이나마 꾸짖을 게 있겠는가. 꾸짖음은 마땅치 않다."[61]

따라서 "궁자후(躬自厚)의 후(厚)자는 자책(自責)을 거듭함이다. 자책하고 또 자책하면서 수없이 그만두지 않음을 말한다. 여백공(呂伯恭: 呂祖謙 1137~1181)이 젊은 시절, 몹시 성질이 거칠고 편협하고 성급한 데다가 입맛까지 까다로워서 마음에 맞지 않으면 밥상을 걷어차기 일쑤였다.[少時 性氣粗暴, 嫌飮食, 不如意, 便敢打破家事.](『晦庵集』 권54, 「答路德章」) 그러던 어느 날, 병으로 몸져누워 『논어』를 읽다가 이 구절에 이르러 느낀 바 있어, 다시는 그런 몹쓸 짓을 하지 않았다. 그는 마침내 한결같이 너그럽고 후하여 까탈을 부리지 않았다. 이를 기질변화의 표본이라 말할 만하다."[62]고 하였다.

15. 불왈전지 不曰全旨

이 장은 일 처리의 세밀함에 대한 경계이다.

'불왈여지하여지하(不曰如之何如之何)'의 왈(曰)자는 마음과 입으로 어떡하면 좋을까를 헤아려 보는 말이며, 두 개의 여지하(如之何)는 거듭 연이어 살펴보면 바야흐로 익히 생각하고 성찰하여 일에 대처함을 엿볼 수 있다.

그렇지 않은 경우, 하나는 혼미하고 어리석으므로 어떻게 대처해야 할지를 모른 자이며, 또 다른 하나는 조급하거나 허튼짓으로 어떻게 할까를 생각조차 하지 않은 자이다. 일을 망치는 데에는 이런 두 부류의 사람이 있다.

"내 어찌할 수 없다.[吾末如之何]"고 말함은 그들을 끊어버리는 것으로, 도리어 그들을 깊이 경각시키는 말이다.

子曰 不曰如之何如之何者는 吾末如之何也已矣니라

부자께서 말씀하셨다.

"어떻게 할까 어떻게 할까 익히 생각지 않는 자는, 내 어떻게 할 수 없을 뿐이다."

[강설]

부자께서 사람들에게 일 처리를 꼼꼼하게 살피고 또 거듭 깊이 생각해야 함을 가르쳐주셨다.

---

61 『四書或問』, 권20, 「論語 衛靈公」. "此章之云責者, 乃求責之責, 非咎責之責. 若以橫逆言之, 則直無責人之理, 不應猶以薄責爲言矣."

62 『大全』 該註. "朱子曰 厚, 是自責得重, 責了又責, 積而不已之意. 呂伯恭少時性褊急, 只因病中讀論語, 至躬自厚而薄責於人, 遂一向如此寬厚和易, 此可爲變化氣質之法."

"사람이 일을 처리함에 반드시 깊이 생각하고 살펴서 대처하려는 마음이 자신에게 먼저 있어야만 남의 말을 받아들일 수 있으며, 일에 대해 생각하면 반드시 잘할 수 있다. 진정 마음과 입으로 이 일을 장차 어떻게 할까? 이 일을 장차 어떻게 할까? 깊이 생각지 않은 자는 경솔한 마음으로 함부로 행동하여 그 일을 반드시 실패로 이끌 것이다.

아무리 그를 구제해주려고 해도 도움이 되지 않는다. 나 역시 그를 위해 그 어떤 것도 해줄 수 없다. 일 처리를 꼼꼼하게 살피지 않을 수 있겠는가."

集註

如之何如之何者는 熟思而審處之辭也라 不如是而妄行이면 雖聖人이라도 亦無如之何矣니라

[해석] 여지하여지하(如之何如之何)란 익히 생각하고 살펴서 대처한다는 말이다. 이처럼 신중하지 않고 경거망동하면 아무리 성인이라도 또한 어떻게 해줄 수 없다.

[보 補]
첫 번째 '어떻게 할까?'라는 말은 생각하면서 대처하려는 것이며, 두 번째 '어떻게 할까?'라는 말은 익히 생각하고 꼼꼼히 살펴 대처함을 말한다.[63]

16. 군거전지 群居全旨

이 장에서는 허물없이 가까이 지내는 벗[燕朋]에 대한 폐해를 말하고 있다.

의(義)는 천리(天理)의 공정함이요, 소혜(小慧)는 사욕에 의한 잘못된 기교일 뿐이다. "하는 말들이 대의에 미치지 않는다.[言不及義]"는 것은 식견 없는 촌부에게 이러한 부분이 많고, "작은 재주 부리기를 좋아한다.[好行小慧]"는 것은 사악하고 모험을 좋아하는 무리에게 이러한 양상을 흔히 볼 수 있다.

子曰 群居終日에 言不及義오 好行小慧면 難矣哉라

부자께서 말씀하셨다.
"여럿이 온종일 지내면서도 말이 대의에 미치지 않고, 작은 재주 부리기를 좋아하면 어렵다."

강설

부자께서 학자를 경계해 말씀하셨다.
"군자가 같은 유끼리 모임을 중히 여기는 것은 서로 함께 덕을 이루려는 것이다. 만일 한 사람도 아닌 많은 사람이 모여서, 그것도 한때가 아닌 온종일 오랜 시간을 보내면서 이야기하는 것이

---

63 『大全』 該註. "雙峯饒氏曰 上言如之何, 是思而處之; 下言如之何, 是思之熟而處之審也."

라곤 우스갯소리와 농담으로 시시덕거리며 올바른 의리에 미치지 못한다거나, 행하는 것이라곤 서로 함께 악을 조장하여 모두 악에 물들고, 사사로운 작은 지혜를 좋아한다면 그들은 방탕, 편벽, 사악, 그리고 사치의 마음이 더욱 커지고 위험한 일을 행하고 요행만을 추구하는 일에 익숙해질 것이다.

이는 덕에 들어가지 못할 뿐 아니라, 장차 근심과 해가 될 것이다. 또한 사람 노릇을 하기 어렵지 않겠는가. 사람들은 이를 스스로 경계할 줄을 알아야 한다."

集註

小慧는 私智也라

言不及義면 則放辟邪侈之心 滋하고 好行小慧면 則行險徼倖之機 熟이라 難矣哉者는 言其無以入德而將有患害也라

[훈고] 소혜(小慧)는 사사로운 지혜이다.

[해석] 하는 이야기들이 의(義)에 미치지 않으면 방탕하고 편벽되며 사악하고 사치하는 마음이 커나가며, 작은 지혜 행하기를 좋아하면 험악한 일을 행하고 요행을 바라는 일에 익숙해진다. 어렵다[難矣哉]는 것은 덕에 들어갈 수도 없고 장차 근심과 해가 있음을 말한다.

[보補]

여기에서 말한 '군거종일 언불급의(群居終日 言不及義)'는 『예기』 「학기(學記)」에서 말한 연붕(燕朋), 연비(燕辟: 燕譬)와 같은 뜻이다.

"허물없는 벗[燕朋]이란 스승의 가르침을 거스르고, 허튼 비유[燕辟]는 학문을 무너뜨린다."라는 해당 주해에서 다음과 같이 해석하고 있다.

"허물없는 벗들이 서로 존경하는 마음이 없으면 스승의 가르침을 거스르게 됨을 말한다. 그리고 허튼 비유란 이해하기 어려운 뜻을 때로 비유의 가설로 학문을 무너뜨리고 한낱 우스갯소리로 버릇없이 구는 것은 학문을 버리는 길임을 말한다."[64]

이는 시쳇말로 재미있는 친구이다. 가르침엔 도움이 되지 않지만, 만나면 온종일 심심하지 않은 벗이다.

집주에서 말한 자(滋: 邪侈之心 滋)자와 숙(熟: 徼倖之機 熟)자는 군(群)자와 종(終: 群居終日)자를 이어서 말하였다. 이는 많은 사람과 종일 어울리면서 삿된 마음과 요행을 추구하는 일이 팽배하고 익숙해 감을 말한다.

"덕으로 들어갈 수 없다.[無以入德]"고 함은 현재의 관점에서 말하며, "장차 근심과 해가 있을 것이다.[將有患害]"고 함은 훗날을 미루어서 말한 것이다.

---

64 "燕朋逆其師, 燕辟廢其學." 註: "燕朋, 謂燕褻朋友, 不相尊敬, 則違逆師之敎道. 燕辟, 謂義理難曉, 時須假設譬喩而墮學之, 徒好褻慢笑之, 是廢學之道也."

17. 군자전지 君子全旨

이 장에서는 어떻게 일 처리를 하는 것이 군자의 도인가에 대해 말하고 있다.

첫머리와 끝부분에 두 곳의 '군자'가 상응하면서 의(義)를 위주로 하였고, 뒤의 3구[禮以行之, 孫以出之, 信以成之]는 모두 의(義)에 근거하여 말하였다.

예(禮)은 중도[中]이고, 손(孫)은 화기로움[和]이며, 신(信)은 진실함[誠]이다. 모두가 의(義)에 존재하는 작용이며, 또한 이는 한 시기에 한꺼번에 이뤄지는 것으로 어떠한 선후의 차례가 있는 것도 아니고, 이것이 저것을 이뤄주는 것도 아니다.

일 처리를 이처럼 한다면 어떻게 그를 군자라고 말하지 않을 수 있겠는가. 군자란 학문이 이미 지극함과 함양이 이미 온전함을 겸하여 말한 것이다. 의·예·손·신은 각기 하나의 일이지만 동시에 모두 사용할 수 있으며, 또한 이러한 경지는 정작 일에 맞닥뜨려서 억지로 힘쓰는 것이 아니다. 모두가 평소부터 경(敬)을 위주로 하고 의를 정밀하게 닦은 공부에 근본함을 알아야 한다.

子曰 君子는 義以爲質이오 **禮以行之**하며 **孫以出之**하며 **信以成之**하나니 **君子哉**라

부자께서 말씀하셨다.

"군자는 의를 바탕으로 삼고서 예로써 행하고 겸손으로써 내보이고 믿음으로써 이루는 것이니 이를 군자라 한다."

[강설]

부자께서 일을 어떻게 처리해야 하는가의 도리를 밝혀주셨다.

"사람이 일처리에 있어 지극히 잘하기는 어렵다. 군자가 반드시 의리로써 일처리의 근본을 삼는다. 의란 일의 시비를 강직하게 결단하는 것이다. 옳은 일을 옳다 하고, 옳지 않은 일을 옳지 않다고 분명히 결정하는 것이다. 이는 모든 일에 응하여 시의적절하게 함을 그 바탕으로 세워야 한다. 마치 집을 짓는 데에 주춧돌을 다지는 것처럼 모든 일의 초석은 곧 의에 바탕을 두어야 한다.

위에서 말한 것처럼 의란 결단을 위주로 하지만, 의를 행하되 법도와 규구(規矩)의 예를 저버리거나 어긋나면 제 마음대로 행하게 된다. 그러므로 의를 행하되 반드시 절문(節文)을 두어 너무 지나치거나 미치지 못한 폐단이 없도록 법도와 규구를 따라 행하여야 한다.

그러나 예 또한 엄격한 데에 가깝다. 겸손한 마음으로 대하지 않으면 스스로 고상하여 남들에게 오만하게 대할 것이다. 그러므로 나의 얼굴과 나의 말씨, 그리고 나의 몸가짐을 반드시 겸손한 마음으로 자연스럽고 화순한 아름다움을 지녀야 한다.

그러나 예의에 맞게 행하고 겸손할지라도 미더움의 진실이 보이지 않으면 그 또한 결국 위선[矯情飾僞]으로 귀결될 것이다. 그러므로 반드시 성실하게 처음부터 끝까지 모두 진실한 마음과 참다운 이치로 일관해야 한다.

만일 이처럼 노력한다면 그 일처리는 더할 나위 없이 아름답고 훌륭하여[盡善盡美] 조금도 구차스러움이 없을 것이다. 이것이 곧 군자의 도이다. 참으로 그를 군자라 말할 만하다."

集註

義者는 制事之本이라 故로 以爲質幹이오 而行之必有節文하며 出之必以退遜하며 成之必在誠實이니 乃君子之道也니라

○ 程子曰 義以爲質은 如質幹然이라 禮行此하고 孫出此하고 信成此하니 此四句는 只是一事니 以義爲本이니라

又曰 敬以直內면 則義以方外오 義以爲質이면 則禮以行之하고 孫以出之하고 信以成之니라

[해석] 의란 일을 제재하는 근본이다. 그러므로 이를 바탕의 근간으로 삼고, 의를 행하되 반드시 절문이 있고, 표출하되 반드시 겸손으로 하고, 이루되 반드시 성실함에 있으니, 이것이 곧 군자의 도이다.

○ 정자[明道]가 말씀하였다.

"의를 바탕으로 삼음은 바탕과 근간과도 같다. 예로써 이를 행하고 겸손으로써 이를 내보이고 믿음으로써 이를 이뤄야 한다. 4구는 단 하나의 일이다. 의를 근본으로 삼는다."

또 말씀하였다.

"공경으로 마음을 곧게 하면 의로써 바깥일을 반듯하게 하고, 의를 바탕으로 삼으면 예로써 이를 행하고 겸손으로 이를 내보이고 믿음으로 이를 이루는 것이다."

[보補]

이는 군자에 대한 찬사가 아니다. 군자의 도는 반드시 이처럼 노력해야 함을 말한다. 이는 주자의 집주에서 '이위(以爲: 以爲質幹)' '필유(必有: 必有節文)' '필이(必以: 必以退遜)' '필재(必在: 必在誠實)' 등은 모두 노력의 필요성을 강조한 말들이다. 그러므로 군자의 도는 반드시 이처럼 힘써야 만이 군자가 될 수 있음을 말한 것이지 한낱 군자에 대한 찬사가 아니다.

18. 병무전지 病無全旨

이 장은 자신의 도리를 위해 노력하는 군자의 마음을 밝혀준 것으로 일반사람을 경계하는 말과는 다르다.

「학이(學而)」 끝장에서는 "남들이 나를 알아주지 않음을 걱정하지 않는다.[不患人之不己知]"고 하여 환(患)으로 말했었는데, 여기에서는 "남들이 나를 알아주지 않음을 병으로 생각지 않는다.[不病人之不己知]"고 하여 병(病)으로 말하였다. 병(病)자는 환(患)자에 비해 더욱 간절하다. 병이란 곧 나의 몸에 절실한 아픔을 말한다.

무능(無能)과 불능(不能) 또한 차이가 있다. '할 수 없다'는 불능(不能)의 의미는 '제대로 할 능력과 재능 자체가 없다.'는 무능(無能)에 비해 협의(狹義)로 쓰인다. 무능이란 아는 것이 없고 잘하는 것이 없음을 말한다. 자신을 돌이켜 성찰하는 측면에서 말하였다.

이의 문장은 모두 앞 구절[病無能焉]에 중점을 두고, 뒤 구절[不病人之不己知也]은 바로 채찍질하고 독려하는 말이다.

子曰 君子는 病無能焉이오 不病人之不己知也니라

부자께서 말씀하셨다.

"군자는 무능함을 병으로 생각하며 남들이 나를 알아주지 않음을 병으로 여기지 않는다."

강설

부자께서 자신의 도리를 위해 노력하는 군자의 마음을 천명하여 말씀하셨다.

"군자의 학문은 자신의 도리를 위함에 있다. 군자가 마음의 병으로 여기는 것은 오로지 덕에 더욱더 나아감이 없고 하는 일이 더욱더 닦여지지 못하여, 나의 몸에 그 어느 것 하나 잘한 일이 없는, 무능함에 있을 뿐이다.

나에게 덕업만 있다면 설령 남들이 나를 알아주지 않을지라도 나의 몸에 손해될 게 없다. 군자 또한 그 무엇을 병으로 여기겠는가."

19. 질몰전지 疾沒全旨

이 장은 부자께서 사람들에게 때를 잃지 말고 학문을 닦아나가야 한다는 뜻으로 격려한 것이다.

"한 세상을 마치도록 이름이 일컬어지지 못함을 싫어한다.[疾沒世而名不稱]"는 싫어함[疾]이란 저 자신을 싫어함이며, 또한 미리 싫어함이다. 명예를 얻을 수 있는 내실이 없다는 데에 중점을 두었는바, 명성이 없음을 싫어함이 아니라, 그 내실이 없음을 싫어함이다. 그러나 간혹 내실이 없어도 살아생전에 명예를 얻은 경우가 있지만, 공론은 널을 덮은 이후에 결정되는[蓋棺事定] 것이다.

子曰 君子는 疾沒世而名不稱焉이니라

부자께서 말씀하셨다.

"군자는 한 세상을 마치도록 명성이 일컬어지지 않음을 싫어한다."

강설

부자께서 사람은 마땅히 선한 실상이 있어야 한다고 말씀하셨다.

"군자의 학문은 자신의 도리를 위함이기에, 진정 명예를 추구하는 마음이 없다. 그러나 명예란 실상의 표상이다. 만일 어릴 적부터 늙을 때까지 한 생애를 마치도록 명성이 일컬어 후세에 전해지지 않는다면 그에게 나의 몸에 내면의 실상이 없었음을 알 수 있다. 어찌 군자의 병이라 하지 않겠는가. 몸을 닦는 자는 이에 급급하게 내실을 다하도록 추구해야 한다."

集註

范氏曰 君子는 學以爲己하고 不求人知라 然이나 沒世而名不稱焉이면 則無爲善之實을 可知矣니라

[해석] 범씨[范祖禹]가 말하였다.

"군자의 학문은 자신의 도리를 위할 뿐, 남들이 알아주기를 구하지 않는다. 그러나 한 세상을 마치도록 명성이 일컬어지지 않으면 착한 일을 한 실상이 없었음을 알 수 있다."

[보 補]

명말청초의 시인, 진와자(陳臥子: 陳子龍의 字, 1608~1647)는 다음과 같은 말을 남겼다.

一日之名不必有　하루아침 명성이야 굳이 둘 게 없으나

萬世之名不可無　천추만세의 명성은 없어선 안 된다.

군자가 지향하는 명성은 그 어떤 명성일까? 부자께서 당부하는 내실은 그 무엇일까?를 생각하지 않으면 안 된다.

20. 구저전지 求諸全旨

이 장은 군자와 소인의 마음 씀씀이와 행하는 일[用心行事]이 같지 않다는 점을 논변한 것으로, 사람이 자기 자신을 돌이켜 추구해야 함을 경각시켜주고 사리사욕으로 치달려감을 경계한 말씀이다.

"자신에게서 추구함[求諸己]"과 "남에게서 추구함[求諸人]"은 학문과 사업을 겸하여 말한다.

子曰 君子는 求諸己오 小人은 求諸人이니라

부자께서 말씀하셨다.

"군자는 자기의 몸에서 구하고, 소인은 남에게서 구한다."

강설

부자께서 군자와 소인의 용심(用心)과 행사(行事)의 차이점을 구별하여 말씀하셨다.

"군자와 소인의 기품이 다른 까닭에 또한 추구한 바 다르기 마련이다.

군자는 자신의 본분을 다하는 것으로 마음을 삼기에, 어느 곳에서나 자신의 본분(本分) 도리에 따라 당연히 힘써야 할 부분에 마음과 힘을 다하여 반드시 얻고자 한다. 그러나 소인은 남에게서 얻어지는, 부귀공명 따위를 위하는 마음 때문에 어느 곳에서나 남들에게서 구하려고 든다.

자신에게서 구하면 나날이 그 덕이 충만하여 절로 사람을 감동하게 할 수 있지만, 남에게서 구하면 욕심만이 나날이 커나가게 될 것이다. 군자와 소인의 차이는 바로 이와 같다."

集註

謝氏曰 君子는 無不反求諸己요 小人은 反是하니 此君子小人所以分也니라

○ 楊氏曰 君子雖不病人之不己知나 然이나 亦疾沒世而名不稱也요 雖疾沒世而名不稱이나 然이나 所以求者는 亦反諸己而已라 小人은 求諸人이라 故로 違道干譽하야 無所不至니라 三者는 文不相蒙이나 而意實相足하니 亦記言者之意니라

[해석] 사씨[謝良佐]가 말하였다.

"군자는 자신을 돌이켜 구하지 않음이 없고, 소인은 이와 반대이다. 이것이 군자와 소인이 나뉘는 바이다."

○ 양씨[楊時]가 말하였다.

"군자는 비록 남들이 나를 알아주지 않음을 병으로 여기지 않으나, 또한 세상을 마치도록 명성이 전해지지 못함을 싫어한다.

비록 세상을 마치도록 명성이 전해지지 못함을 싫어하지만, 추구하는 바는 또한 자신의 도리를 돌이켜볼 뿐이다. 소인은 남들에게 구하기 때문에 도를 어기면서 명예를 추구한 나머지 하지 못할 일이 없다.

위 3장에서 말한 3가지는 문장이 서로 연결되어있지 않으나, 뜻은 실로 서로 엇물려 있다. 이 또한 부자의 말을 기록한 자의 의도이다."

21. 긍이전지 矜而全旨

이 장은 나와 남에 대해 잘 대처하는 군자의 도를 보여준 것이다.

앞 구절[矜而不爭]은 긍(矜)이 위주이고, 다투지 않음[不爭]은 바로 씩씩함[矜]으로 잘한 일이다.

뒤 구절[群而不黨]은 군(群)이 위주이고, 편당을 짓지 않음[不黨]이 곧 많은 사람과 잘 어울리는[群] 일이다.

앞에서 "장중한 몸가짐이 있으나 다투지 않는다.[矜而不爭]"는 구절은 나의 반듯한 몸가짐으로 사

람을 잃지 않음이며, 뒤이어서 "많은 사람과 어울리되 편당을 짓지 않는다.[群而不黨]" 구절은 남들과 함께하면서도 자신의 몸가짐을 잃지 않음을 말한다.

子曰 君子는 矜而不爭하며 群而不黨이니라

부자께서 말씀하셨다.

"군자는 장중한 몸가짐이 있으나 다투지 않으며, 많은 사람과 어울리되 편당을 짓지 않는다."

강설

부자께서 자신의 몸가짐을 지키고 남들을 대하는 군자의 도리를 논하셨다.

"군자의 몸가짐은 어떤 것일까? 장중함으로 몸가짐을 지키니, 참으로 장중한 몸가짐을 볼 수 있다. 그러나 또한 자신에게 있는 도리로 바로잡을 뿐, 어떻게 세상에 한을 품고 남들에게 어깃장을 부리며 다툴 수 있겠는가.

군자의 대인관계는 어떤 것일까? 온화함으로 많은 사람과 함께하니, 참으로 여러 사람과 함께 어울림을 찾아볼 수 있다. 그러나 또한 사람들을 잘 대하여줄 뿐, 일찍이 정에 따라 아첨하면서 편당을 짓는 데에 이를 수 있겠는가.

이는 군자가 안으로 자신을 잃지 않고, 밖으로 사람을 잃지 않는 바이다."

集註

莊以持己曰矜이라 然이나 無乖戾之心故로 不爭하고 和以處衆曰群이라 然이나 無阿比之意라 故로 不黨이라

[해석] 장중함으로써 몸을 지님을 긍(矜)이라 말한다. 그러나 비뚤어진 마음이 없기에 다투지 않는다. 온화하게 많은 사람과 어울리는 것을 군(群)이라 말한다. 그러나 아첨하는 뜻이 없기에 편당을 들지 않는다.

[보 補]

장중함[矜]과 다툼[爭], 그리고 어울림[群]과 편당[黨]은 정반대이다. 장중함은 도리로 몸가짐을 지님에 반하여, 다툼은 객기로 남을 능욕함이다. 사람들과 어울림은 도의로 서로 함께함에 반하여, 편당은 인정과 이익 추구에 따라 서로 도우면서 잘못을 숨겨주는[相助匿非曰黨] 것이다.

따라서 다툼과 편당에는 반드시 장중함과 어울림이 있을 수 없으나, 장중함과 어울림은 간혹 다툼과 편당에 이르는 경우도 있다. 이 때문에 두 개의 이(而: 矜而不爭 群而不黨)자를 써서 잠시 문장을 멈춰 지연시켰다가 역접(逆接)으로 이어 써 내려간 것이다. 장중함과 어울림에는 본디 다툼과 편당이 없다는 것은 아니다.

이로 보면 이는 몸가짐과 대인관계에 조심조심 자신의 도리를 다하고 혹 싹트는 사의(私意)를 막으려는 것이다.

22. 불이전지 不以全旨

이 장은 인재의 등용과 남의 말을 경청하는 군자의 도에 대해 말하였다.

불이언거인(不以言擧人), 불이인폐언(不以人廢言)이라는 두 곳의 언(言)자는 모두 좋은 말이라는 측면에서 말하였고, 두 곳의 인(人)자는 모두 좋지 않은 사람이라는 측면에서 말하였다. 이는 그의 좋은 말만으로 그 인품까지 보장할 수 없고, 그 사람이 나쁘다 하여 사람 따라 그에 말까지 버려서는 안 됨을 말하고 있다. 따라서 언행이 일치하는 군자야 더는 말할 게 없겠지만, 대부분 사람은 말과 인품이 일치하지 않는다. 따라서 말은 말대로, 인품은 인품대로 구분하여 논해야 한다.

사람을 천거하되 말로써 하지 않으면 천거하는 인물이 반드시 타당할 것이며, 사람은 버리되 그의 말까지 버리지 않는다면 아름다운 말을 채택할 수 있다. "…해서는 안 된다."는 두 곳의 불이(不以)자는 곧 군자의 지극히 공정하고 지극히 명철한 묘용(妙用)이다.

子曰 君子는 不以言擧人하며 不以人廢言이니라

부자께서 말씀하셨다.
"군자는 말로써 사람을 들어 쓰지 않으며, 사람으로써 그 말까지 버리지는 않는다."

> **강설**

부자께서 공정하게 사람을 쓰고 남의 말을 듣는 군자의 도를 밝혀 말씀하셨다.

"지위에 있는 군자의 마음이란 아주 공정하고 지극히 올발라야 한다. 그러므로 그는 사람을 쓸 때 말이 선하다 하여 바로 그 사람을 등용하지 않음은, 행실이란 말에 미치지 못함이 많기 때문이다. 이는 말이 좋다고 하여 그 사람까지 꼭 착한 것만은 아니다.

남의 말을 듣는 것 또한 그 사람이 선하지 못하다 하여 그에 좋은 말까지 버리지는 않는다. 사람이야 그렇더라도 말까지 꼭 나쁜 것은 아니다. 그러므로 좋은 말까지 버릴 수 없기 때문이다.

군자는 사람을 등용하고 남의 말을 듣는데 이처럼 공정하여야 한다. 이처럼 하면 소인은 요행으로 벼슬에 나아갈 수 없으며, 선한 말은 모두 스스로 받아들일 수 있다."

23. 자공전지 子貢全旨

이 장은 평생의 몸가짐에 요체(要諦)가 있음을 보여준 것이다.

'한마디 말—言'이라는 물음에는 자공이 핵심을 들어 집약하려는 마음이 담겨있기에, 부자는 곧바로 종신토록 행할 수 있는 서(恕)라는 한 글자를 들어 말씀하셨다.

"그것은 서(恕)이다.[其恕乎]"라는 기(其)자와 호(乎)자는 그 물음에 대해 분명하고 단호하게 지적해주는 어감으로, 그것이라는 지칭사와 호(乎)라는 감탄사를 종합하여 쓴 것이다.

뒷부분의 2구[己所不欲, 勿施於人]는 단순하게 서(恕)자의 뜻만을 해석하는 데 그치지 않는다. 이는 하나의 서(恕)자를 종신토록 행할 수 있는, 실상임을 말해주고 있다.

"원하지 않은 바를 베풀지 말라[不欲勿施]"는 것을 또 다른 측면에서 말하면, 실로 자신이 원하는 바를 반드시 남에게 베풀어야 한다는 뜻이 그 내면에 담겨있다.

子貢이 問曰 有一言而可以終身行之者乎잇가
子曰 其恕乎ᆫ저 己所不欲을 勿施於人이니라

자공이 물었다.
"한마디 말로서 종신토록 행할 만한 것이 있습니까?"
부자께서 말씀하셨다.
"그것은 서(恕)이다. 내가 하고 싶지 않은 바를 사람에게 베풀지 말라."

강설

자공은 핵심을 요약하려는 뜻이 있었다. 이 때문에 부자께 여쭈었다.
"한 글자로 요약하여 한 평생 다하는 날까지 영원히 행할 수 있는 것이 있습니까?"
부자께서 한 글자를 들어 자공에게 말씀하셨다.
"지극히 크고 드넓은 도를 한마디의 말, 한 글자로 다할 수는 없겠지만, 실로 하나의 마음에서 벗어날 수 없다. 나의 몸이, 나의 목숨이 다하는 날까지 영원히 행할 수 있는 이치를 추구하고자 한다면, 그것은 오직 '서(恕)'라는 한 글자이다. '서'란 나의 사심(私心)을 버리고 공공의 도리[公理]로 확장해 나가는 데에 있다. 이것이 네가 한 글자의 물음에 대한 대답이 될 것이다.

그렇다면 '서'란 어떻게 행하는 것일까? 나의 마음에 하고 싶지 않은, 무례한 일들은 남들 또한 나와 다를 바 없음을 알고서 이를 남에게 베풀지 말아야 한다. 이른바 '서'란 이와 같은 것이다. 이처럼 '서'를 행한다면 나의 목숨이 다하는 날까지 행하여도 좋을 것이다."

集註

推己及物이면 其施不窮이라 故로 可以終身行之니라

○ 尹氏曰 學貴於知要하니 子貢之問은 可謂知要矣라 孔子告以求仁之方也하시니 推而極之면 雖聖人之無我라도 不出乎此하니 終身行之 不亦宜乎아

[해석] 나의 몸을 미루어 남들에게 미쳐 가면 그 베풂이 끝이 없기에 종신토록 행할 수 있다.

○ 윤씨[尹焞]가 말하였다.

"학문이란 요체를 앎이 귀중하다. 자공의 물음은 요체를 알았다고 말할 만하다. 부자께서 인을 구하는 방법으로 말씀해 주시니, 이를 미루어 다하면 비록 성인의 무아(無我: 子絶四 毋意毋必毋固毋我)도 여기에서 벗어나지 않는다. 나의 몸이 다하도록 행함이 또한 마땅하지 않겠는가."

24. 오지장지 吾之章旨

이 장은 부자께서 곧은 도리로 세상을 붙잡고자 원하는 뜻을 말하였다.

앞 절[吾之於人也…其有所試矣]에서는 부자께서 천하 사람들의 옳고 그름을 공정한 마음으로 평가함을 밝혀준 것이며,

뒤 절[斯民也 三代之所以直道而行也]에서는 이 세상에 원래부터 시비에 대한 공정한 마음이 있음을 밝혀주고 있다.

그러나 현실은 모든 사람에게 곧은 도가 있음에도 불구하고, 사실과 달리 헐뜯고 칭찬하여 곧을 직(直)자를 골격으로 삼은 이가 없다. 이로 보면, 아래 절의 문장은 앞 절에서 말한 공정한 마음에 근원을 두고서 말한 것이다.

(1) 오지절지 吾之節旨

"내, 사람에게 있어서[吾之於人]"라고 말한 것은 나와 너 사이에 간절한 관련이 있음을 나타낸 것이다.

'수훼수예(誰毁誰譽)'의 수(誰)는 '무훼무예(無毁無譽)'의 무(無)자와 그 뜻이 같지 않다. 험담과 칭찬할 것이 없음은 그런 권한이 나에게 있고, 그 "누구를 험담하고 칭찬할 것인가."라는 누구[誰]란 그 대상이 남들에게 있다.

단 첫 2구[吾之於人也, 誰毁誰譽]만으로도 이미 그 뜻이 모두 표현하였다. 그러나 다시 여유 이하[如有所譽者, 其有所試矣] 2구를 들어 말함은 험담과 칭찬[誰毁誰譽] 가운데 칭찬 하나만을 들어 말한 것이다. 이는 칭찬조차도 가벼이 할 수 없는데, 하물며 험담을 가벼이 할 수 있겠는가를 나타낸 것이다. 이는 여전히 사실과 다른 험담과 칭찬을 할 수 없다는 뜻이다.

子曰 吾之於人也에 **誰毁誰譽**리오 **如有所譽者**면 **其有所試矣**니라

부자께서 말씀하셨다.

"내, 사람에게 있어서 누구를 헐뜯으며 누구를 칭찬하겠는가. 만일 칭찬하는 바가 있다면 그것은 시험한 바 있기에 그처럼 말한 것이다."

강설

부자께서 당시 사람들이 사랑하고 미워하는, 자신의 감정에 따라 사실과 달리 칭찬하거나 험담하는 것을 보시고, 시비의 곧은 도가 밝혀지지 못한 까닭에 대해 말씀하셨다.

"천하에는 공론이 있다. 따라서 본래 공정한 시비가 있는 법인데, 사람들은 대부분 좋아하고 미워하는, 개인의 감정에 사로잡혀 있다.

나는 그 사람에게 악이 있으면 일찍이 그의 잘못을 말하지 않을 수 없겠지만, 어느 사람에 대해서도 그 진실을 저버린 채, 험담할 수야 있겠는가.

그에게 선이 있다면 일찍이 그의 잘한 점을 칭찬하지 않을 수 없겠지만, 어느 사람에 대해서도 그 진실보다 지나치게 칭찬할 수야 있겠는가.

사실보다 다소 칭찬한 바 있다면, 그것은 반드시 그의 타고난 자품이 충분히 그럴 수 있다거나 아니면 일찍이 그의 의중을 시험한 바 있어 그가 장래에 얼마든지 그렇게 할 수 있는 가능성을 보고서 그처럼 말한 것이다.

칭찬하는 말도 감히 가벼이 할 수 없는데, 하물며 험담이야 오죽하겠는가. 참으로 나는 남들에 대해 지나친 험담이나 칭찬한 바 없다."

集註

毀者는 稱人之惡而損其眞이오 譽者는 揚人之善而過其實이라

夫子無是也라 然이나 或有所譽者면 則必嘗有以試之하야 而知其將然矣라 聖人善善之速하야 而無所苟如此오 若其惡惡은 則已緩矣라 是以로 雖有以前知其惡이라도 而終無所毀也시니라

[훈고] 훼(毀)란 남들의 잘못을 말하되 그 진실을 손상함이며, 예(譽)란 남들의 선을 칭찬하되 그 실상보다 지나침이다.

[해석] 부자는 이런 일이 없다. 그러나 어쩌다 칭찬한 바가 있으면 그것은 반드시 일찍이 시험한 바 있어 그가 장차 그럴 수 있음을 알았기 때문이다. 성인이 선을 착하게 여김은 앞서 빨리하되 구차한 바 없음이 이와 같고, 그 악을 미워함은 이렇게 느슨한 것이다. 이 때문에 비록 앞서 그의 악을 알면서도 끝까지 헐뜯는 바가 없었다.

[보 補]

험담이란 진실이 없는 무고로 억울한 누명을 쓰이는 따위이다. 이러한 작태는 오늘날 투서니 고발이니 또 허위사실 유포, 날조 등으로 이어져 온 사회악의 하나가 바로 이것이다. 칭찬이란 진실보다 지나친, 성문과정(聲聞過情) 따위이다. 이 역시 문제점이 없지 않다. 때론 교정식위(矯情飾僞)의 위선과 앞에서의 찬사로 아첨하거나 비위를 달래는 따위를 말한다. 이는 모두가 개인의 감정과 사리사욕에 뒤얽혀 선악에 대해 바른 평가를 하지 못함이며, 미풍양속을 해치는 현 사회악의 하나이다.

(2) 사민절지 使民節旨

민(民)자는 앞에서 말한 인(人: 吾之於人)자이다. 단, 인(人)자는 자신을 상대로, 민(民)자는 임금을 상대로 말한 것이다. 부자는 오로지 하은주 삼대를 본받았고, 삼대는 단 백성의 마음을 따른 것이다.

소이(所以: 三代之所以) 2자의 의미는 백성의 마음이 본래부터 정직하였음을 가리키는 것이다.

斯民也는 三代之所以直道而行也니라

"이 백성은 삼대로부터 곧은 도로써 행하여온 것이다."

> **강설**

"그러나 내가 험담이나 칭찬하지 않는 이유는 무엇인가. 오늘날 이 세상에 사는 백성들이란, 하은주(夏殷周) 삼대의 백성들과 다를 바 없는 이들이다.

나는 그들이 선을 행하면 그의 선에 따라 좋아하여 상을 내리되 억지로 좋아하지 않았고, 잘못하면 그의 잘못에 따라 미워하여 벌을 내리되 억지로 미워하지 않았다.

이는 곧 하은주 삼대에 선은 선으로, 악은 악으로 정직한 상벌을 시행해 왔었던 사람들이기 때문이다. 아무리 세상이 변하여 다르다지만 정직한 도리는 아직도 건재하다. 내 또한 그 시비의 실상을 왜곡하여 부질없이 험담하고 칭찬할 수 있겠는가."

> **集註**

斯民者는 今此之人也라 三代는 夏商周也라 直道는 無私曲也라

言吾之所以無所毀譽者는 蓋以此民이 卽三代之時에 所以善其善, 惡其惡하야 而無所私曲之民이라 故로 我今亦不得而枉其是非之實也니라

○ 尹氏曰 孔子之於人也에 豈有意於毀譽之哉시리오 其所以譽之者는 蓋試而知其美故也라 斯民也는 三代所以直道而行이니 豈得容私於其間哉리오

[훈고] 이 백성이라는 것은 오늘날의 사람이다. 삼대는 하·상·주이다. 직도(直道)는 사사로움과 왜곡이 없음이다.

[해석] 내가 남을 헐뜯거나 칭찬하는 바 없음은, 이 백성은 삼대 시대에 그 선한 자를 선하게 여기고 그 악한 자를 미워하여 사사롭거나 왜곡하는 바가 없이 대해 왔었던 백성들이기 때문이다. 그러므로 나 역시 오늘날 그 옳고 그름의 실상을 왜곡할 수 없음을 말한다.

○ 윤씨[尹焞]가 말하였다.

"부자께서 사람들에게 있어 어찌 헐뜯거나 칭찬하려는 마음이 있겠는가. 그 칭찬한 바는

대개 시험을 거쳐 그의 아름다운 바를 알았기 때문이다. 이 백성은 삼대 시대에 곧은 도로 행하여 왔던 사람들이다. 어찌 그사이에 사사로움을 용납하겠는가."

25. 오유전지 吾猶全旨

이 장에서는 인심이 날로 변하여 예전만 같지 못함을 개탄한 말이다.

"내가 그래도 그런 일을 보았다.[吾猶及]"는 것은 아래의 2구[吾猶及史之闕文也, 有馬者借人乘之]의 뜻을 관통하고 있다.

'이제는 없다.[今亡]'는 금(今)자는 위에서 말한 오유급(吾猶及: 나는 그래도 그런 일들을 봐왔다.) 3자와 밀접한 관계를 지니고 있다. 요컨대 시대의 상황을 슬퍼하고 잘못된 풍속을 슬퍼하면서 사람들에게 충후함을 숭상하도록 경계한 뜻을 나타낸 것이다.

조정에 믿을만한 사관(史官)이 있으면 시비가 분명하고, 마을에 순후한 풍속이 있으면 예의 교육이 나타나게 된다. 다만 이 2가지 일이 오늘날엔 다시는 없다고 말한 어감에서 다소의 비분강개함을 느낄 수 있다.

子曰 吾猶及史之闕文也와 有馬者 借人乘之호니 今亡(무)矣夫ㄴ저

부자께서 말씀하셨다.

"나는 그래도 사관이 궐문대로 두는 것과 말을 가진 이가 남에게 빌려주어 타게 하는 것을 보아 왔는데, 지금은 그런 풍속이 사라져버렸다."

강설

부자께서는 급변하는 한 시대를 슬퍼하는 뜻으로 말씀하셨다.

"세상의 도의가 융성하는가를 보려면 풍속의 순박함과 각박함을 살펴보면 알 수 있다. 내가 태어난 처음엔 인심이 꼭 예스러운 것은 아니었지만, 사관이 궐문(闕文)에 자신의 의견을 덧붙여 스스로 옳다고 여기지는 않았다. 그리고 말을 소유한 사람들은 남들에게 빌려주어, 조금이라도 이를 과시하여 자기만의 소유로 생각지 않았다. 이는 그래도 중후한 면모가 남아있었다.

그러나 오늘날엔 이마저도 찾아볼 수 없다. 시대는 날이 갈수록 더욱 야박하니 이를 어찌하겠는가."

集註

楊氏曰 史闕文, 馬借人 此二事를 孔子猶及見之러니 今亡矣夫ㄴ저 하시니 悼時之益偸也시니라

愚謂 此必有爲而言이니 蓋雖細故나 而時變之大者를 可知矣니라

○ 胡氏曰 此章義疑는 不可强解니라

[해석] 양씨[楊時]가 말하였다.

"사관의 궐문과 말을 사람에게 빌려주는, 이 2가지 일을 공자께서 '그래도 볼 수 있었는데 이제는 없다.'고 함은 시대가 더욱 야박하여감을 슬퍼함이다."

[의론] 나의 생각은 다음과 같다.

이는 반드시 그만한 이유가 있어 이를 말한 것이다. 비록 작은 일이라 하나 시대의 변화가 큼을 알 수 있다.

○ 호씨[胡寅]가 말하였다.

"이 장의 의심스러운 뜻은 무리한 해석을 가해서는 안 된다."

26. 교언전지 巧言全旨

이 장은 말을 듣고 일을 도모하는 사람을 위해 말한 것으로, 둘로 나누어 수평으로 보아야 한다. 이치를 깨달아 말의 시비를 알면 덕을 어지럽히는데 이르지 않고, 호연지기(浩然之氣)를 기르면 큰일을 도모하는데 혼란함이 없을 것이다.

子曰 巧言은 亂德이오 小不忍則亂大謀니라

부자께서 말씀하셨다.

"교묘한 말은 덕을 어지럽히고, 작은 일을 참지 못하면 큰일을 어지럽힌다."

강설

부자께서 경계의 말씀을 하셨다.

"시비란 본래 일정한 이치가 있는 법이다. 말을 교묘히 잘도 꾸미는 사람은 그릇된 일을 옳게 만들고 옳은 일을 그릇되게 만듦으로써 이 말을 들은 사람들에게 평소 지켜왔던 바를 잃게 만든다. 이는 덕을 어지럽히는 일이다.

참을 줄 알아야 만이 큰일을 성취할 수 있다. 만일 나 자신이 작은 일을 참지 못하고서 혹시라도 일시의 안일을 인(仁)으로 생각하거나, 자만을 용맹으로 착각한다면 큰일을 저버리게 된다. 이는 큰일을 어지럽힌 일들이다.

남의 말을 듣고 대사를 모의하는 사람들은 원대한 계책과 경계해야 할 바를 몰라서야 하겠는가."

集註

巧言은 變亂是非하니 聽之면 使人喪其所守라 小不忍은 如婦人之仁, 匹夫之勇이 皆是라

[해석] 교묘한 말은 시비를 어지럽혀 그 말을 들으면, 사람이 그 지키는 바를 잃도록 만들고, 작은 일을 참지 못함은 아녀자의 인정과 필부의 용맹과 같은 것이 모두 이를 말한다.

[보 補]

집주에서 말한 '아녀자의 인정'이란 차마 결단을 내리지 못함이다. 이는 한신(韓信)이 항우의 사람됨을 평한 고사에서 나온 말이다.

"항우는 사람을 만나면 공경하고 자애로운 태도로 대하면서 말 역시 인정이 넘치게 하며, 누가 병에 걸리기라도 하면 눈물을 흘리고 음식을 나누어 주기도 하지만, 정작 자기 부하가 공을 세워서 작위를 내려 봉해주어야 할 적에는 그 인수(印綬)가 닳아 없어지도록 손에 쥐고서 차마 주지 못한다. 이것이 이른바 아녀자의 인정이라고 하는 것이다.[項王見人恭敬慈愛, 言語嘔嘔, 人有疾病, 涕泣分食飲, 至使人有功當封爵者, 印刓敝, 忍不能予, 此所謂婦人之仁也.]"(『史記』 권92, 「淮陰侯列傳」)

'필부의 용맹'이란 참지 못함을 말한 것으로, 보잘것없는 용맹이다. "맹자가 제선왕(齊宣王)에게 "왕은 작은 용맹을 좋아하지 마십시오. 칼을 어루만지고 상대방을 노려보며 '네가 어찌 나를 감히 당하겠는가.'라고 하니, 이것은 필부의 용맹이라, 한 사람만을 대적하는 것입니다.[王請無好小勇. 夫撫劍疾視曰 彼惡敢當我哉? 此匹夫之勇, 敵一人者也.]"(『孟子』 「梁惠王 下」)라는 고사를 인용한 말이다.

27. 중오전지 衆惡全旨

이 장에서는 많은 사람이 좋아하고 싫어한다고 하여, 무조건 그들을 따라서는 안 됨을 말해주고 있다. 이는 군중심리에 편승하여 자신의 주견(主見)을 저버려서는 안 됨을 경계한 말이다.

많은 사람을 뜻하는 중(衆)자는 공론의 의미인 공(公)자와는 다르다. 공론이란 대의와 마음으로 말하며, 많은 사람이란 보이는 현실로 말할 뿐이다. 이 때문에 "반드시 살펴야 한다.[必察]"는 찰(察)자는 많은 사람의 말을 살피는 것이 아니다. 군중의 여론에 휩쓸리지 않고 그 자신이 좋아해야 할지, 싫어해야 할지, 그 실상을 살피는 것이다. 그 호오(好惡)의 실상을 얻으면 설령 많은 사람을 따라 좋아한다고 할지라도 그것은 군중에 휩쓸려 따름이 아니며, 많은 사람이 싫어하는 것과 어긋난다고 할지라도 또한 억지가 아니다. 그러나 이는 반드시 나에게 사심이 없어야 만이 살필수 있기에 주자는 집주에서 인자(仁者)로 귀결 지어 말하였다.

子曰 衆惡(오)之라도 必察焉하며 衆好之라도 必察焉이니라

부자께서 말씀하셨다.
"많은 사람이 미워하더라도 반드시 살피고, 많은 사람이 좋아하더라도 반드시 살펴야 한다."

강설

부자께서 좋아하고 미워하는 마음을 공정하게 자세히 살펴야 한다는 뜻으로 말씀하셨다.
"그 어느 사람을 좋아하고 미워함은 많은 사람의 평가에서 나온 만큼 공정한 것처럼 보인다.

하지만, 미움을 받은 사람 중엔 백이 숙제처럼 세속과 어울리지 않고 홀로 자신의 소신을 지킨 자도 있다. 이는 많은 사람이 미워할지라도 꼭 옳은 일만은 아니다. 군자는 반드시 더욱더 자세히 살펴야 한다.

　좋아하는 가운데도 세속과 영합하여 많은 사람의 환심을 얻은 자가 있다. 이는 많은 사람이 좋아할지라도 꼭 옳은 일만은 아니다. 군자는 반드시 더욱더 자세히 살펴야 한다.

　이처럼 자신의 주견을 가지고서 사심에 가리지 않고 더욱 자세히 살핀다면 미워하고 좋아함에 모두 잘못됨이 없을 것이다."

　　集註

　　楊氏曰 惟仁者라야 **能好惡人**이니 **衆好惡之而不察**이면 **則或蔽於私矣**니라

　　　[의론] 양씨[楊時]가 말하였다.
　　　"오직 어진 자만이 사람을 좋아하고 미워할 수 있다. 많은 사람이 좋아하고 미워한다고 하여, 〈나 스스로〉 살피지 않으면 간혹 사심에 가리게 된다."

28. 인능전지　人能全旨

　이 장에서는 오로지 도를 성취하도록 바라는 마음에서 권하는 말이다.

　인능홍도(人能弘道)의 인(人)자는 성인과 범부의 통칭이기에, "도를 키워나간다."는 홍(弘)자 역시 편안히 행하는[安而行之] 성인과 애써 힘들여 행하는[勉强而行之] 범부의 공부를 모두 겸하여 말하였다. 이는 성인에게는 성인의 공부가 있고 보통 사람에게는 보통 사람의 공부가 있음을 총괄하여 '홍(弘)'자로 말한 것이다.

　이 때문에 "도를 키워나간다."는 그 경지의 척도가 똑같지 않다.

　어느 사람은 앞으로 한 걸음씩 도의 경지를 한 걸음 넓혀가기도 하고,

　또 어느 사람은 자기 몸에 체득하여 눈부시게 빛나고 밖으로 드러나는 성대함이 있고,

　또 어느 사람은 남들에게까지 미루어 가는, 성대하게 넘쳐나는 오묘함이 있고,

　또 어느 사람은 이를 더욱더 확충하여 천지가 제자리를 잡고 만물이 길러지는 데까지 이르기도 한다.

　이 모두가 성인이나 범부, 그 모든 사람이 능히 할 수 있는 부분이자, 모든 사람이 도를 키워나가는, 각기 다른 경지를 말해주는 곳이다.

　그 아래 한 구절[非道弘人]은 위와 반대 말하여 더욱 채찍질하여 독려하고 있다.

子曰 人能弘道오 **非道弘人**이니라

부자께서 말씀하셨다.

"사람이 도를 넓혀가는 것이지, 도가 사람을 넓혀주는 것은 아니다."

강설

부자께서 사람들에게 도를 체득하라는 뜻으로 독려의 말씀을 하셨다.

"도는 인간이 인간다울 수 있도록 만들어준, 마음의 근본진리이며, 사람의 몸은 곧 그 진리의 도를 담은 그릇이기에, 사람과 도는 본디 서로 분리될 수 없는, 하나의 존재이다. 그러나 사람이 그 마음 본연의 지각과 역량으로 격물치지(格物致知)를 다하고 역행(力行) 실천의 공부를 더 하여, 이를 미루어서 예측할 수 없는 신화(神化)의 극치에 이르도록 노력해야 한다. 이처럼 인간의 마음으로 그 도를 확장하여 키워나가는 것이다.

도라는 그 진리자체가 인간의 지혜를 이뤄준다거나 인간의 행실을 도와 충만케 한다거나 신화의 경지에 이르도록 만들어줄 수는 없다. 도는 인간의 몸에 존재하는 주체로서의 존재일 뿐, 사람의 도를 키워줄 수 있는, 능동의 존재가 아니다.

이를 살펴보면 도를 확장하여 키워주는 공부는 오로지 나 자신의 그 마음이 스스로 담당해야 할 책임이지, 도의 존재에 핑계를 대 말할 수 있는 것은 아니다."

集註

弘은 廓而大之也라

人外無道하고 道外無人이라 然이나 人心有覺하고 而道體無爲라 故로 人能大其道요 道不能大其人也니라

○ 張子曰 心能盡性이라 人能弘道也로되 性不知檢其心이라 非道弘人也니라

[훈고] 홍(弘)은 넓혀서 키워나가는 것이다.

[해석] 사람밖에 도가 없고, 도밖에 사람이 없다. 그러나 사람의 마음은 지각이 있으나, 도의 본체는 작위(作爲)가 없으므로 사람이 그 도를 키워나갈 수 있지만, 도가 그 사람을 키워줄 수는 없다.

○ 장자(橫渠)가 말씀하였다.

"마음은 성품을 다할 수 있기에 사람이 도를 키워나갈 수 있지만, 성품이란 그 마음을 살필 줄 모르기에 도가 사람을 키워주는 것이 아니다."

[보補]

도는 부채와 같고, 사람은 손과 같다. 손으로 부채를 흔들어 바람을 일으킬 수 있지만, 부채가 어떻게 사람의 손을 흔들어줄 수 있겠는가.[65]

---

65 『大全』 該註. "問人能弘道? 朱子曰 道如扇, 人如手, 手能搖扇, 扇如何搖手?"

그렇듯이 도는 배와 같고, 사람은 키와 같은 존재이다. 사람이 키를 잡고서 배를 운전할 수는 있지만, 배가 키를 잡고서 스스로 운전할 수 없음과 같다.

29. 과이전지 過而全旨

이 장은 허물을 고치지 않은 자를 크게 꾸짖는 말이다.

"허물을 범하고서도 고치지 않는 그것이 허물[過而不改是謂過矣]"이라는 앞의 과(過)자는 고의가 아닌, 무심으로 잘못을 범하는 경우이고, 뒤에서 말한 '과'자는 잘못을 인식하고서도 고치지 않은 데에서 이뤄지는 고의의 잘못을 말한다.

사람은 모두 요순의 성자가 아니기에 허물이 없을 수 없다. 허물이 있을지라도 기꺼이 고치면 허물은 사라진다. 하지만, 허물을 범하여 뻔히 알면서도 고치지 않음이 진정 허물이 되는 것이다.

子曰 過而不改 是謂過矣니라

부자께서 말씀하셨다.
"허물을 범하고서도 고치지 않는 그것이 허물이다."

강설

부자께서 사람들에게 허물을 반드시 고쳐야 한다는 뜻으로 격려의 말씀을 하셨다.

"사람에게 허물이 있으면 반드시 서둘러 고쳐야 한다. 만일 허물이 있음에도 이에 안주하거나 고쳐나가는 것을 꺼려서 고치지 않는다면 이는 무심코 저지른 허물을 이제는 고의로 잘못을 만들어낸 것이다. 이를 진정 허물이라고 한다. 그러므로 허물을 고치는 데 인색하지 않음을 고귀하게 여겨야 하지 않겠는가."

集註

過而能改면 則復於無過어니와 唯不改면 則其過遂成하야 而將不及改矣리라

[해석] 허물이 있을지라도 고치기만 하면 허물이 없는 자리로 되돌아올 수 있겠지만, 오직 고치지 않으면 그 허물은 마침내 이뤄지고 장차 고칠 수 없게 된다.

30. 오상전지 吾嘗全旨

이 장에서는 배우는 이들에게 깊은 사색을 하면서도 이를 실천하는 노력이 없어서는 안 된다는 점을 가르친 것이지, 사색하지 말라는 뜻이 아니다.

첫 2구[吾嘗終日不食, 終夜不寢]에서 말한 온종일[終日]과 밤새껏[終夜]이란 오랜 시간을 말하며, 밥을

먹지 않고서(不食) 잠을 자지 않고서(不寢)라는 것은 사색의 전념을 말해주는 것이다. 이처럼 장기간의 깊은 사색도 필요하지만, 공허한 상상만을 한다면 결국 실로 얻은바 없을 것이다.

여기에서의 배움(學)이란 격물치지와 역행(力行: 실천)으로 차례차례로 여유 있게 푹 잦아들어 자득함을 말한다. 이처럼 학(學)자는 사(思)자의 대칭으로 쓰였기에 역행에 중점을 두고 있으나, 이미 사색한 것을 실천으로 옮긴다는 점에서 사색의 뜻을 겸하여 말하고 있다.

子曰 吾嘗終日不食하며 **終夜不寢**하야 **以思**하니 **無益**이라 **不如學也**로다

부자께서 말씀하셨다.

"내, 일찍이 온종일 먹지 않고 밤새도록 자지 않고서 생각해보았다. 도움이 없었다. 배우는 것만 같지 못하다."

강설

부자께서 사색만 하고 실천하지 않은 자들이 있기에 이를 말하여 그들을 격려시켰다.

"나는 이 세상의 모든 이치란 탐구하고 사색하지 않으면 얻지 못한다고 생각해왔다. 이 때문에 내, 일찍이 온종일 밥 먹을 겨를도 없이, 밤새껏 잠잘 틈이 없이 고뇌하는 마음으로 반드시 이치를 탐구하여 얻고자 사색에 몰두한 적이 있었다.

그러면 의당 나의 마음에 얻은 바 있어 유익했어야 했다. 그러나 덧없는 탐구와 사색이란 실천이 없는 개념이기에 공허하여 위태롭기 짝이 없었고, 나의 마음에 얻은 바 없어 전혀 도움이 된 바 없었다.

이처럼 인식의 개념은 반드시 실천의 경험을 통하여서만이 마음에 얻어지고 몸으로 익숙해지는 것이다. 그러기 위해서는 먼저 사색하고 탐구한 대상을 겸손한 마음으로 몸소 실천하여 증험하고, 일의 순서에 따라 하나하나 차츰차츰 익혀가면서 이치에 부합되기를 추구하여 실제로 얻은 바 있는 것만 못하다. 실천의 역행(力行)이라는 배움을 그만둘 수 있겠는가. 한낱 사색만을 추구하는 자는 이를 돌이켜 보아야 한다."

集註

此는 爲思而不學者言之라 蓋勞心以必求는 不如遜志而自得也라

李氏曰 夫子는 非思而不學者요 特垂語以敎人爾니라

[해석] 이는 사색만 한 채, 실천하지 않은 자를 위해 이를 말하였다. 마음에 고뇌하고 애를 태우면서 반드시 추구하려는 것은 겸손한 마음으로 자득한 것만 못하다.

[의론] 이씨(李郁)가 말하였다.

"부자께서 사색만 하고 실천하지 않은 자였다는 것이 아니다. 특별히 이 말씀을 하여 사람

을 가르치신 것이다."

[보 補]

여기에서 경계하는 바는 2가지이다.

하나는 실천이 없는, 깊은 사색으로 일관하는 그 폐단을 배척한 것이지, 고뇌의 사색이 학문하는 데 도움이 없다는 말은 아니다.[66] 이는 지행일치(知行一致)가 아닌, 지일변도(知一邊倒)의 반쪽임을 경계하는 말이다.

또 다른 하나는 억지와 집착이다. 강경한 자세로 스스로 만들어나가려는, 그 억지의 생각들이다. 이에 반하여 배움(學)이란 정해진 표본에 의해 따르기에, 곧 조심조심 사리에 따라 행하는 것이다. 요즘 사람은 모두가 제 의견에 따라 강경하게 밀어붙이면서 반드시 그런 까닭(所以)을 얻고자 함에 그칠 뿐, 다시는 이를 실천으로 옮기려 하지는 않는다. 그러므로 배우는 이는 반드시 부드러운 마음으로 사리에 따라 실천해 나가야 한다는 점이다.[67] 이 때문에 주자는 집주에서 '겸손한 마음[遜志]'을 들어 말한 것이다.

'겸손한 마음'이란 억지와 집착의 반대 개념이다. 그 마음을 낮추면서 한 발 뒤로 물러나 너그러운 마음으로 진리를 추구하고 실천해야 함을 말한다. 이는 절박하고 편협한 하나의 사색으로 반드시 얻고자 해서는 안 됨을 말해주는 것이다.[68]

위의 말들을 종합하면, 지행이 겸비된 학문을 추구해야 한다는 점, 그리고 배우는 이의 정신자세는 겸허한 마음으로 서둘지 말라는 것이다. "온종일 먹지 않고 밤이 새도록 자지 않는다."는 것은 부지런하다기보다는 강박관념에 사로잡힌 절박성에서 오기와 집착의 현상이기도 하다. 이 때문에 겸허한 마음으로 서둘지 말고 학문의 순서와 절차에 따라 노력해주기를 바라는 것이다.

31. 모도전지 謀道全旨

이 장은 순수한 마음으로 닦아가는 군자의 학문을 3가지로 보여주고 있다.

첫째, 군자의 학문이란 도를 꾀할 뿐, 다시는 국록을 생각지 않음에도 도리어 국록은 그 가운데 있다.

둘째, 그러나 국록이 그 가운데 있다는 것은 사리가 그렇다는 것일 뿐, 군자의 마음이야 오직 도를 걱정할 뿐이다.

셋째, 가난을 벗어나려는 걱정 때문에 학문을 통하여 국록을 얻고자 함은 아니다.

---

66 『大全』 該註. "南軒張氏曰 此章, 非以思爲無益也. 以思而不學, 則無益耳."

67 위와 같음. "朱子曰 思, 是硬要自去做底; 學, 是依這本子去做, 便要小著心, 隨順箇事理去做. 而今人都是硬去做, 要必得所以, 更做不成; 須是軟著心貼就他去做."

68 위와 같음. "又曰 遜志, 是卑遜其志, 放退一著, 寬廣以求之; 不忒恁地迫窄, 便要一思而必得."

이처럼 세 단락으로 나누어보아야 한다.

子曰 君子는 謀道오 不謀食하나니
耕也에 餒在其中矣오 學也에 祿在其中矣니
君子는 憂道오 不憂貧이니라

부자께서 말씀하셨다.
"군자는 도를 꾀하고 음식은 꾀하지 않는다.
농사를 지어도 굶주림이 그 가운데 있고, 학문함에 녹이 그 가운데 있다.
군자는 도를 근심할 뿐, 가난을 근심하지 않는다."

강설

부자께서 배우는 이들에게 오로지 도만을 추구하여야 한다는 뜻으로 말씀하셨다.

"도란 마음을 기르며, 음식이란 몸을 길러준다. 이 모두가 없어서는 안 될 존재이다. 이에 군자는 급급하게 도를 얻고자 꾀해야 하며, 애당초 먹고사는 음식을 얻으려 꾀하지 않는다.

그러나 먹고사는 음식을 얻거나 얻지 못함은, 꾀하거나 꾀하지 않는, 나의 의지와는 상관이 없다. 이를테면 밭갈이는 본디 먹고살기 위해 양식을 꾀함이지만 한 해의 시절에 따라 풍년과 흉년이 있다. 아무리 애써 농사를 지어도 생각지 않은 굶주림이 농사짓는 그 가운데 있다. 이는 뿌리를 북돋우면 풍성한 열매를 먹을 수 있는 것은 떳떳한 이치지만, 농사에 힘썼음에도 풍년이 들지 않음은 시변(時變)이라고 한다.

학문이란 본디 도를 꾀한 것이지만 학문의 조예가 고준하면 임금이 그를 찾아 부르는 것이다. 이처럼 생각지 않은 국록이 학문하는 가운데 있다. 이는 국록을 얻기 위한 학문이 아니었지만, 하늘이 내려준 고귀한 도덕[天爵]을 닦음으로써 인간에 의해 만들어진 벼슬이 절로 찾아든 것이다.

학문이란 이처럼 국록을 얻을 수 있지만, 군자의 마음 씀씀이는 오로지 도를 얻지 못할까 걱정해야 한다. 어찌 가난 때문에 학문을 닦아 국록을 얻으려 할 수 있겠는가. 오직 도를 얻기만을 걱정한 터라 도를 꾀하는 공부를 앞서 해야 할 바이며, 가난을 걱정하지 않은 터라 음식을 꾀하는 계책은 뒤에 할 바이다. 순수한 마음으로 닦아가는 군자의 학문이 이와 같다."

集註

耕은 所以謀食이나 而未必得食이오 學은 所以謀道나 而祿在其中이라 然이나 其學也는 憂不得乎道而已오 非爲憂貧之故하야 而欲爲是以得祿也니라

○ 尹氏曰 君子는 治其本而不卹其末이니 豈以自外至者로 爲憂樂哉리오

[해석] 밭갈이는 음식을 꾀하는 바이지만 꼭 음식을 얻는 것도 아니고, 배움은 도를 꾀하는

바이지만 국록은 그 가운데 있다. 그러나 그 학문은 도를 얻지 못할까 근심할 뿐, 가난을 걱정하는 이유로 학문을 하여 국록을 얻고자 함은 아니다.

○ 윤씨[尹焞]가 말하였다.

"군자는 그 근본인 도를 다스리고 그 지엽인 녹을 걱정하지 않는다. 어찌 밖에서 얻어지는 것으로 걱정하고 즐거워하겠는가."

[보 補]

신안 진씨는 걱정과 꾀함에 대해서 서로 연관 지어 말한 바 있다.

"도를 어떻게 구할 것인가를 걱정하면 그는 도를 얻고자 꾀한 사람임을 알 수 있으며, 가난을 걱정하지 않으면 국록을 얻고자 꾀하지 않은 사람임을 알 수 있다. 걱정이란 애태우는 마음에서 나오고, 꾀라는 것은 일처리를 잘하려는 데에서 나타나는 것이다. 걱정하는 마음이 깊은 까닭에 꾀하기를 익히 하는 것이다.[69]

이는 마음속으로 도를 얻고자 애태우는 걱정을 정작 실천하고자 하는 노력과 공부가 곧 도를 얻고자 꾀하는 것으로 나타남을 말한다. 이로 보면, 우도(憂道)는 곧 모도(謀道)의 기조이다.

32. 지급장지 知及章旨

이 장은 덕을 닦아나가는 전체의 공부를 말한다.

지혜가 이치를 아는 데에 미치고 인으로 이를 지킬 수 있음은, 나의 몸을 닦음이기에 덕의 대본(大本)이며, 백성의 앞에 장엄하게 임함으로부터 백성을 예로 움직이는데 이르는 것은 백성을 다스림이기에 덕의 소절(小節)이다. 이처럼 하나의 덕을 대소(大小) 2가지로 나누어보아야 한다.

일절(一節)마다 한 걸음씩 앞으로 나아가면서 이야기를 전개함은 이미 이룩한 경지로 말미암아 아직 미처 이르지 못한 경지를 한 걸음 더 추구해나가도록 하고자 함이며, 덕이 더욱 완성되어 나갈수록 그 책임 또한 더욱 갖춰야 함을 말한다.

(1) 지급절지 知及節旨

이 절에서는 "인을 잃지 않고 지켜야 한다.[仁守]"는 구절에 중점을 두고 있다. 지혜는 학문을 착수해나가는 첫 단계이며, 인을 잃지 않고 지키는 관문은 매우 통과하기 어렵기에 경문에서 '능(能)'이라는 한 글자를 더한 것이다.

'인불능수지(仁不能守之)'란 "인으로 이를 지켜나가지 못한다.[不能以仁守之]"라는 말과 같다.

---

69 『大全』 該註. "新安陳氏曰 憂道, 以見其謀道; 不憂貧, 以見其不謀食. 憂出於心, 謀見於事, 憂之深然後謀之熟."

子曰 知及之오도 仁不能守之면 雖得之나 必失之니라

부자께서 말씀하셨다.

"지혜가 〈이치를 아는 데에〉 미쳤을지라도 인(仁)으로 이를 지키지 못하면 비록 〈지혜로 이치를〉 얻었다 할지라도 반드시 〈나의 소유가 되지 못하고〉 잃을 것이다."

강설

부자께서 온전한 덕을 완벽하게 갖출 수 있는 학문에 대해 자세히 말씀하셨다.

"학문을 닦아나가는 데에는 온전한 공부가 귀중하다. 온전한 공부란 몸과 마음을 닦는 안팎의 도리, 그리고 수기치인(修己治人)의 본말(本末)을 겸하여야 지극하다고 할 것이다.

이미 자기의 몸을 닦고 사람을 다스릴 수 있는 이치를 그의 지혜로 깨달아 행동으로 나타날지라도, 사욕이 마음에 비집고 들어와 틈이 생기면 인을 지켜낼 수 없다.

인이란 사욕이 없는 것이다. 사욕으로 인을 지켜낼 수 없다면 마음에 지혜를 얻었을지라도 결국 나의 소유가 되지 못하고 반드시 잃게 된다.

이는 지혜를 얻은 이란 반드시 한 걸음 더 나아가 인으로 지킴이 귀중함을 말해주는 것이다."

集註

知足以知此理나 而私欲間之면 則無以有之於身矣니라

[해석] 지혜가 넉넉히 이 이치를 알지라도 사욕이 끼어들면 나의 몸에 그 지혜를 소유할 수 없다.

[보 補]

이는 『대학』의 일부분이다. 지급(知及)이란 『대학』에서 말한 격물치지(格物致知)의 공부이다. 여기에서 말한 네 개의 지(之: 知及'之', 仁不能守'之', 雖得'之', 必失'之'.)자는 이치를 일컫는다.

(2) 불장절지 不莊節旨

이 절은 "장엄함으로 백성에게 임한다.[莊涖]"는 구절에 중점을 둔 것으로, 학문이란 안으로의 마음과 밖으로의 몸가짐을 모두 닦아야 함을 말한다.

장엄하게 백성에게 임하지 않으면 위정자로서의 위의(威儀)가 없다. 이 또한 안으로는 마음이 방탕하고 밖으로는 몸이 안일한 부분이다.

知及之하며 仁能守之오도 不莊以涖之則民不敬이니라

"지혜가 미치고 인으로 이를 지켰을지라도 장엄함으로 백성에게 임하지 않으면 백성이 존경하지 않는다."

강설

"만일 지혜가 인에 미치고 또한 능히 이를 지켜나가면 마음에 이치를 얻게 되어 수신(修身) 명명덕(明明德)의 대본(大本)이 설 것이다.

그러나 백성에게 임할 때 단정하고 장엄하지 못하면 의관이 바르지 못하고 바라보는바 존엄하지 못하여 백성이 장차 그를 하찮게 여기어 공경하지 않을 것이다. 지혜가 미치고 인으로 지키는 자 또한 백성에 임하되 장중하여야 한다."

集註

涖는 臨也니 謂臨民也라

知此理而無私欲以間之면 則所知者 在我而不失矣라 然이나 猶有不莊者는 蓋氣習之偏이 或有厚於內而不嚴於外者라 是以로 民不見其可畏而慢易之라 下句放此라

[훈고] 이(涖)는 군림함이니, 백성에게 임함을 말한다.

[해석] 이 이치를 알고 사욕이 끼어들지 않으면 아는 바의 지혜가 나에게 있어 잃지 않을 것이다. 그러나 오히려 장중하지 못함이 있는 것은 기질과 습성(習性)의 편벽으로 간혹 내면의 마음이야 후하지만, 밖으로 몸가짐이 엄격하지 못하기 때문이다. 이로써 백성은 그에게 경외할 만한 모습을 찾아볼 수 없어 그를 거만하게, 쉽게 대하는 것이다. 아래 구절의 뜻도 이와 같다.

(3) 장이절지 莊以涖旨

먼저 '동지불이례(動之不以禮)'의 동(動)이란 감동(感動)을 말하는 동(動)자의 뜻이 아니다. 백성을 교화하여 아름다운 풍속을 만들어준다는, 교민(教民) 또는 사민(使民)의 뜻이다. 그러므로 이 절에서는 "백성을 예의로 가르쳐 선도해야 한다."는 동례(動禮) 2자에 중점을 둔 것으로, 군자의 학문이란 수기치인(修己治人)의 본말을 모두 다 해야 한다는 뜻으로 끝맺고 있다.

백성들의 앞에 장엄하게 임했다는 것은 임금의 몸가짐이 이미 규구(規矩)와 준승(準繩)을 모두 갖춘 것이다. 이 때문에 여기에서 말하는 '예(禮)'자는 오직 백성을 상대로 말한다. 이미 나의 몸에 예의를 갖췄다면 한 걸음 더 나아가 백성 또한 예의를 가르쳐야 한다. 만일 백성을 예의로 가르치지 않으면 이는 오히려 왕도에 미진하여 부족한 바 없지 않다.

知及之하며 仁能守之하며 莊以涖之오도 動之不以禮면 未善也니라

"지혜가 미치고 인으로 이를 지키며 장엄하게 임할지라도 〈백성을〉 가르치되 예로써 하지 않으면 선하지 못하다."

강설

"지혜가 미치고 인으로 지키며 또한 장엄하게 임한다면 나의 몸과 마음에 모두 부끄러움이 없을 것이다.

그러나 나랏일을 행할 적이나 백성을 진작시키는 바에 있어 의리의 절문인 예로써 행하지 못하면 예양(禮讓)의 정치가 지극하지 못하여 백성이 그 도에 감화받을 수 없으므로, 진선진미(盡善盡美)의 경지에 이르지 못할 것이다. 이는 지혜가 미치고 인으로 지키고 장엄함으로 임한 자 또한 백성을 예의로 가르침이 고귀하다.

이처럼 군자는 자신의 학문과 덕성을 더욱 온전히 하고, 나아가 백성을 다스리는 책임 또한 다하고자 어느 곳에서든 그 완벽함을 추구하여 한 걸음 한 걸음 앞으로 나아간다면 내외와 본말의 도를 다하는 데에 가까이 다가설 수 있다."

集註

動之는 動民也니 猶曰鼓舞而作興之云爾라 禮는 謂義理之節文이라

○ 愚謂 學至於仁이면 則善有諸己而大本立矣니 涖之不莊하고 動之不以禮는 乃其氣稟學問之小疵라 然이나 亦非盡善之道也라 故로 夫子歷言之하야 使知德愈全則責愈備하니 不可以爲小節而忽之也시니라

[훈고와 해석] 동지(動之)란 백성을 움직이는 것이다. "고무하여 그들을 흥기시킨다."는 말과 같다. 예는 의리의 절문이다.

○ 나의 생각은 다음과 같다.

"학문이 인에 이르면 선이 몸에 있게 되어서 큰 근본이 세워진 것이다. 백성에게 임함에 장중하지 못하고, 백성을 움직이되 예로 하지 않음은 그 기품과 학문에 있어서의 작은 하자이다. 그러나 이 또한 진선(盡善)의 도가 아니다. 그러므로 부자는 하나하나 이를 말하여, 덕을 더욱 온전케 하려면 책임이 더욱 갖추어져야 한다. 따라서 작은 일이라 해서 소홀히 여겨서는 안 됨을 알도록 한 것이다.

[보 補]

인수(仁守)는 『대학』에서 말한, 성의정심의 공부이며, 동례(動禮)란 제가치국의 공부이다. 위와 같이 이 장에서 말한 바는 『대학』의 팔조목처럼 지행일치(知行一致) 및 수기치인(修己治人)의 도를 총괄하여 밝혀주고 있음을 알 수 있다.

33. 군자전지 君子全旨

이 장에서 말한 군자와 소인은 단 국량과 재목의 크고 작은 것으로 말했을 뿐, 인품과 심성의 올바름과 삿됨으로 논한 게 아니다.

"큰일을 맡을 수 있다.[大受]"는 것과 "작은 일을 안다.[小知]"는 것은 모두 하는 일로 말한다. 여기에서 말하는 소인이란 작은 일에 재주가 있는 사람이다. 예컨대 병법, 형법, 전곡(錢穀)의 관리 등 지엽적인 기예를 말한다. 경문에서 '가소지(可小知)'라 말함은 그런 기예 또한 하나의 그릇으로서 세상에 사용할 수 있다는 뜻이 담겨있다.

전체의 장은 군자와 소인 2부류를 수평으로 말했으나, 군자의 측면에 중점을 두고 보아야 한다.

子曰 君子는 不可小知而可大受也오 小人은 不可大受而可小知也니라

부자께서 말씀하셨다.

"군자는 작은 일을 알지 못하지만, 큰일은 맡을 수 있고, 소인은 큰일을 맡을 수 없으나 작은 일은 알아서 할 것이다."

강설

부자께서는 사람을 살펴보는 법에 대해 논하셨다.

"군자와 소인은 인품이 다르므로 재목과 그릇이 각기 다르다. 군자의 의지와 염원은 드높고 크기에 자질구레한 일들을 간절하게 생각지 않는다. 따라서 작은 일을 잘하느냐 못하느냐로 군자의 인품을 알 수 없다. 그러나 큰 재목과 깊은 덕으로 천하 경륜의 중책을 넉넉히 맡을 수 있다. 경국제세의 큰일을 그가 받아 다스릴 수 있다.

소인의 기국과 역량은 얕고 좁기에 아무리 원대한 계획을 말해준다고 할지라도 큰일을 받들어 맡을 수 없다. 그러나 어느 한 부분의 일, 또는 작은 일에는 반드시 한 가지의 장점이 없지 않다. 그 작은 기예로 그가 어떤 사람인 줄을 알 수 있다.

사람을 살펴 등용하는 자는 군자를 크게 쓰되 소인 또한 가벼이 버리지 않아야 한다."

集註

此는 言觀人之法이라

知는 我知之也오 受는 彼所受也라

蓋君子 於細事에 未必可觀이나 而材德足以任重이오 小人은 雖器量淺狹이나 而未必無一長可取니라

[해석] 이는 사람을 살펴보는 법을 말하였다.

[훈고] 지(知)는 내가 그들을 앎이며, 수(受)는 그가 받은 바이다.

[해석] 군자는 하찮은 일에 반드시 볼만한 것이 없으나 그의 재목과 덕성은 중책을 맡을만 하며, 소인은 비록 기국과 도량이 얕고 좁다고 하지만 꼭 한 가지의 장점을 취할 만한 게 없다는 것은 아니다.

[보 補]

불가소지(不可小知)에 대해 집주에서 군자는 그처럼 하찮은 일에 '반드시 볼만한 것이 없으나[未必可觀]'라고 하여 '미필(未必)' 2자를 쓴 것은, 군자 또한 간혹 그처럼 하찮은 일을 관두지 못한 자가 있기는 하지만, 설령 그 같은 일을 잘한다고 할지라도 군자의 장점이 될 수 없으며, 그런 일을 못 한다고 할지라도 군자의 단점이 될 수 없음을 말한다. 오직 큰일을 받들어 맡을 수 있어야만 비로소 군자로 볼 수 있기에, '가대수(可大受)' 3자가 가장 중요한 것이다.

34. 민지전지 民之全旨

이 장은 부자께서 인을 행하도록 격려하는 말이다.

앞의 2구에서 "사람에게 있어서 인이란 물과 불보다도 더욱 간절하다.[民之於仁也, 甚於水火.]"는 것은 인과 물불을 완급(緩急)으로 비교한 말이다. 어디에 힘써야 할 부분이 있는가를 볼 수 있다.

뒤의 2구에서 "물에 빠지거나 불에 타죽은 자를 보았으나 인을 실천하다가 죽은 자를 보지 못했다.[水火, 吾見蹈而死者矣; 未見蹈仁而死者也.]"는 것은 이해와 득실로 비교한 말이다. 의당 힘써야 할 부분이 어디에 있는가를 더욱 찾아볼 수 있다. 이는 오로지 어리석은 사람을 각성시키고자 함이기에 생사의 측면으로 말하였다.

子曰 民之於仁也에 甚於水火하니 水火는 吾見蹈而死者矣어니와 未見蹈仁而死者也케라

부자께서 말씀하셨다.

"사람에게 있어서 인이란 물과 불보다도 더욱 간절하다. 나는 물에 빠지거나 불에 타죽은 자를 보았으나 인을 실천하다가 죽은 자를 보지 못하였다."

강설

부자께서 사람들에게 인을 행하라는 뜻으로 격려하셨다.

"사람들이 인에 힘쓰지 않음은 어찌 사람에게 있어서 인이란 간절하지 않다고 생각하였기 때문이 아니겠는가. 시험 삼아 사람이 살아가는 데에 없어서는 안 될, 물과 불을 예로 들면 이를 알 수 있다.

이 세상 모든 사람이 물과 불에 힘입어 살아가며, 또한 인에 힘입어 살아가니, 그 모두가 어느 하루라도 없어서는 안 될 것들이다. 그러나 물과 불은 바깥 사물에 속하는 물체이고, 인은 본성의 이치에 속하는 존재이다. 물과 불이 없다면 육체의 생명을 부지하는데 피해를 준 것에 불과하지만, 인이 없다면 최귀최령(最貴最靈)의 마음에 해가 된다. 이처럼 백성에게 있어서 인이란 물과 불보다도 간절하다.

더욱이 물과 불은 사람을 살리기도 하지만 또한 죽이기도 한다. 나는 물에 빠져서 불에 타서 죽은 사람을 보았다. 하지만 인이란 생명을 보존해주는 이치로 어느 곳에서나 편안함을 얻을 수 있기에, 인을 실천하여 행하다가 죽은 사람을 일찍이 본 적이 없다. 사람들은 또한 무엇을 꺼리느라 인을 행하려 들지 않은 것일까?'

集註

民之於水火에 所賴以生하야 不可一日無하니 其於仁也亦然이라 但水火外物이오 而仁在己라 無水火면 不過害人之身이나 而不仁則失其心하니 是는 仁有甚於水火하야 而尤不可一日無者也은 況水火는 或有時而殺人이나 仁則未嘗殺人하니 亦何憚而不爲哉아

李氏曰 此는 夫子勉人爲仁之語니 下章放此니라

[해석] 사람에게 있어서 물과 불이란 이를 힘입어 살아가므로 어느 하루도 없어서는 안 될 물건이다. 그처럼 인 또한 그러하다. 다만 물과 불은 바깥 물건이요, 인이란 나의 몸에 있다. 물과 불이 없으면 사람의 몸을 해치는데 지나지 않지만, 어질지 못하면 그 마음을 잃게 된다. 이는 인이란 물과 불보다도 간절하여, 더욱이 어느 하루도 없어서는 안 된다. 하물며 물과 불은 때로는 사람을 죽게 만들지만, 인은 일찍이 사람을 죽이지 않는다. 또한 무엇을 꺼려서 인을 하지 않는가.

[의론] 이씨[李郁]가 말하였다.

"이는 부자께서 사람에게 인을 하는 데 힘써야 함을 말씀하신 것이다. 아래 장도 이와 같다."

[보 補]

집주에서 말한 "물과 불보다도 간절하다.[有甚於水火]"는 데에는 2가지의 뜻이 있다. 하나는 "객관세계에는 수없이 많은 삼라만상이 존재하지만, 그 어느 것도 주관의 자아보다 더 고귀함은 없다."는 뜻이고, 또 다른 하나는 "어진 마음을 잃음은 육체의 생명을 잃음보다 더 중대하다."는 뜻이다.

"인을 실천하다가 죽은 자를 보지 못했다."는 것 또한 상식적인 이치에 근거하여 말한 것이다. 살신성인(殺身成仁)의 경우, 비록 몸은 죽었다 할지라도 오히려 그는 살아있는 자이다. 이 또한 별도로 논급할 문제이다.

35. 당인전지 當仁全旨

이 장은 인을 행하는데 과감하지 않은 자를 위해 말씀하신 부분이다.

이는 '당인(當仁)'의 '당(當)'자에 중점을 두고 있다. 자신이 담당해야 할 인을 남들에게 사양할 수 없다. "스승에게도 사양할 수 없다.[不讓於師]"는 것은 그 누구에게도 사양하지 말도록 책망하는

말이다.

"부형에게 사양한다." 말하지 않고, 도리어 "스승에게 사양한다."고 말함은 스승이란 자신이 존경하고 심복한 사람으로서 평소 언제나 사양해왔던 분이기 때문이다.

子曰 當仁하야 不讓於師니라

부자께서 말씀하셨다.

"인을 당하여서는 스승에게도 사양해서는 안 된다."

강설

부자께서 인을 행하는데 과감해야 한다는 뜻으로 격려의 말씀을 하셨다.

"사람은 모두 본성으로 인을 지녔음에도 인을 행하는데 과감하지 못한 것을 어떻게 '인을 행하는데 사양할 일이 있었기 때문'이라고 핑계를 댈 수 있겠는가. 내 생각으론 이 세상 수많은 사람 가운데 의당 사양해야 할 사람을 말하라 한다면 그것은 반드시 스승이라고 말할 것이다. 그러나 인이란 자신이 담당해야 할 책임이지, 남에게 미룰 수 없는 일이다.

인이란 본래 나 자신에 소유한 이치요, 나 자신에게 스스로 다해야 할 일이지, 남들보다 앞서려고 경쟁할 일이 아니다. 설령 스승이라 할지라도 내가 해야 할 일을 어떻게 사양할 수 있겠는가. 심지어 스승에게도 사양할 수 없는데, 이 세상 그 누구에게 또 사양할 사람이 있겠는가. 이처럼 남들에게 사양할 일이 아님에도 스스로 인에 힘쓰지 않은 것은 또한 생각이 없기 때문이다."

集註

當仁은 以仁爲己任也라 雖師나 亦無所遜은 言當勇往而必爲也라 蓋仁者는 人所自有而自爲之요 非有爭也니 何遜之有리오

○ 程子曰 爲仁在己하니 無所與遜이로되 若善名在外는 則不可不遜이니라

[해석] 당인(當仁)은 인을 자신의 책임으로 삼음이다. 아무리 스승이라도 또한 사양한 바가 없다는 것은 의당 용감하게 나아가 반드시 행하여야 함을 말한다. 인이란 사람마다 스스로 소유한 것이기에 스스로가 해야 할 일이지, 다투는 것이 아니다. 무슨 겸손이 있겠는가.

○ 정자(明道)가 말씀하였다.

"인을 행함은 나에게 있으므로 겸손할 바가 없으나, 좋은 명예와 같은 것은 나의 몸 밖에 있으니, 겸손하지 않을 수 없다."

[보補]

운봉 호씨가 말하였다.

"인을 담당한다는 '당(當)'자는 큰 역량이 있어야만 가능하다. 그 역량은 크고 드넓은 도량

과 굳센 기개가 있음을 말한다. 도량이 크지 않은 사람은 인을 짊어지고 일어설 수 없고, 굳
센 기개가 없는 자는 인을 짊어지고 앞으로 나아갈 수 없다.

　안연과 증자는 평소 부자를 모시면서 겸손한 마음으로 사양하지 않은 일이 없었다. 그러나
안연이 사물(四勿)을 일삼아 힘쓰겠다는 다짐이나 증자가 인을 자신의 책임으로 여기는 것은
곧 자신이 책임지고 담당하여야 할 인이였기에, 일찍이 이를 부자에게 사양한 적이 없다."70

36. 군자전지 君子全旨

이 장은 사람들에게 일에 대처하는 준칙을 보여주고 있다.

정(貞)과 양(諒)은 모두 굳건히 지켜나가는 지조이다. 그러나 여기에는 정(正)·부정(不正)의
차이가 있다. 바른 의리에 대한 견해가 정밀하면 굳건히 지키려고 다짐하지 않아도 저절로 굳건
하게 지켜나감이 군자의 정(貞)이고, 시비와 사정(邪正)을 가리지 않은 채, 오로지 한번 약속한
것을 반드시 지킬 줄만을 알고서 다시는 바꾸지 않은, 미생(尾生)의 신(信)과 같은 소인의 양(諒)
이다.

단 '정(貞)'자에 중점을 두고 이해하면, 불양(不諒)의 뜻은 정(貞)을 말한 부분에서 찾아볼 수 있
다. 정(貞)이란 격물치지에 의해 소신이 넘치는 자기의 신념을 말한다.

子曰 君子는 貞而不諒이니라

부자께서 말씀하셨다.
"군자는 곧은 도리를 지키되 기필하지는 않는다."

강설

부자께서 미더움의 이치로써 군자를 나타내 말씀하셨다.

"사람이 지키는 것은 하나이다. 올바른 이치를 보고 지키는 것은 정(貞)이라 하고, 올바른 이치
를 보지 않고 고집하는 것은 양(諒)이라 한다. 정과 양은 서로 비슷하지만 실제로는 크게 다르다.
군자는 일에 있어서 바른 시비를 보고 이를 굳건히 지켜 변하지 않으면서 이처럼 정을 지킬 뿐이
다. 어찌 시비를 가리지 않고 치우친 주장으로서의 작은 소신인 양을 고집하겠는가. 사람은 또한
마땅히 군자를 본받아야 할 것이다."

集註

貞은 正而固也요 諒은 則不擇是非而必於信이라

---

70 『大全』該註. "雲峯胡氏曰 當字, 大有力量. 不弘者, 當不起; 不毅者, 當不去. 請事斯語, 顔子當之; 仁爲己任,
曾子當之. 顔曾, 遜於夫子之門, 未嘗以當仁之事而遜於夫子也."

[훈고] 정(貞)은 바르면서도 굳건히 지킴이며, 양(諒)은 시비를 가리지 않고 반드시 약속을 지키려는 것이다.

[보 補]

양(諒)자에는 2가지 뜻이 있다. 좋은 의미로서의 믿음이라는 뜻으로 말한, 익자삼우(益者三友)의 하나인 '우양(友諒)'이 바로 그것이다. 또 다른 뜻은 작은 신념을 고집하여 권변(權變)을 알지 못한다는 뜻으로 말한, 외고집의 양(諒)은 여기에서 말한 부분이자, '필부필부지위양야(匹夫匹婦之爲諒也)'(「憲問」 제14, 제18 管仲章)의 양(諒) 또한 이와 같다.

37. 사군전지 事君全旨

이 장은 순수한 마음으로 임금을 섬겨야 하는 도리를 보여준 것이다.

이는 신하로서의 제각기 맡은 바의 직책을 조심하고 또 조심한다는 '경(敬)'자에 중점을 두고 있다. 이처럼 제 할 일에 대해 더할 나위 없이 전심전력한다면 나라의 녹을 뒷전으로 생각지 않아도 절로 무심하여 망각하기에 이르게 됨을 보아야 한다.

"뒷전으로 한다.[後]"는 것은 녹에 대해서 전혀 계산하거나 따지지 않음이니, 이것이 바로 맡은 바의 일에 그 마음을 순수하게 다하여 조심하는 부분이다.

子曰 事君호되 敬其事而後其食이니라

부자께서 말씀하셨다.

"임금을 섬기되 그 맡은 일을 조심조심하고 그 녹을 뒤로 두어야 한다."

강설

부자께서 충성스러운 신하의 마음에 대해 말씀하셨다.

"신하가 임금을 섬김에 있어 맡은 바의 직책을 수행하되 충성을 다하여, 신하로서의 마땅히 해야 할 일을 조심조심 다스려 나갈 뿐이다.

녹이란 청렴한 자를 받드는 예우이다. 이는 신하의 본분에 있어 당연히 받아야 할 급여이다. 그러나 녹은 뒷전으로 무심하게 생각하여야 한다. 그렇지 않고 먼저 녹을 추구하려 든다면 이를 어떻게 충신의 도리라고 말할 수 있겠는가."

集註

後는 與後獲之後同이라 食은 祿也라

君子之仕也에 有官守者는 修其職하고 有言責者는 盡其忠하야 皆以敬吾之事而已오 不可先有求祿之心也니라

[훈고] 후(後)는 "얻음을 뒷전으로 한다."(「雍也」 제20장)는 '후(後)'자와 같다. 식(食)은 녹이다.

[해석] 군자가 벼슬할 적에 관리로서의 맡은 일이 있는 자는 그 직책을 닦고, 간언의 책임이 있는 자는 그 충성을 다하여 모두 내가 맡은 일을 조심스레 할 뿐이지, 먼저 녹을 구하려는 마음을 두어서는 안 된다.

38. 유교전지 有敎全旨

이 장은 군자가 대도(大道)로 공정하게 대하여 각기 다른 재목에 따라 성취시켜주어야 한다는 뜻을 보여주었다.

'유교무류(有敎無類)'의 유(有)와 무(無) 2자는 대조를 이루고 있다. 사람들에게 차별이 있다는 것은 가르침을 받으려는 마음이 없기 때문이다. 가르침을 받으면 부류의 차별이 사라지게 된다.

스승의 가르침에 있어 배우는 이들을 차별해서는 안 된다는, 교육자의 공평무사한 의식이 최우선이며, 가르침을 통하여 지우(智愚)와 현불초(賢不肖)의 차이를 변화시켜 모두 성선(性善)으로 회복시킴은 그다음 문제이다.

子曰 有敎면 無類니라

부자께서 말씀하셨다.
"가르침이 있으면 차별이 없어진다."

강설

부자께서 교육자의 공정한 마음에 대해 밝혀주셨다.

"본성이 기질의 차이와 습속의 오염으로 인하여 선악의 차별이 생겨나는 것이다. 그러나 군자의 가르침은 오직 그들이 모두 본초의 선으로 회복한 뒤에야 그만두는 것이다.

지나치게 어질거나 지혜로운 이는 억제하여 가르치고, 부족하여 어리석고 어질지 못한 자는 끌어당겨서 가르치니, 일찍이 그사이에 지우(智愚)와 현불초(賢不肖)의 차이가 있을 수 있겠는가. 군자의 공정한 마음이 이처럼 크다."

集註

人性皆善이나 而其類有善惡之殊者는 氣習之染也라 故로 君子有敎면 則人皆可以復於善하야 而不當復論其類之惡矣니라

[해석] 사람의 본성은 모두 선하지만, 그 유에 선악의 차이가 있음은 기질과 습성의 오염 때문이다. 그러므로 군자가 가르침을 베풀면 사람은 모두가 본성의 선에 회복하여 다시는 그 부류가 악하다고 논하지 못할 것이다.

39. 도불전지 道不全旨

이 장은 서로 함께 상의하고 도우며 살아갈 사람을 조심하여 선택하지 않은 사람을 위해 그를 경계한 말이다.

子曰 道不同이면 **不相爲謀**니라

부자께서 말씀하셨다.
"가는 길이 같지 않으면 함께 도모할 수 없다."

강설

부자께서 함께 돕고 상의할 사람을 조심해야 한다는 뜻으로 말씀하셨다.
"사람은 오직 가는 길이 같아야 서로 함께 상의하고 도울 수 있다. 인품에는 선악의 차이가 있고, 학술에는 사정(邪正)의 차이가 있기 마련이다. 이 때문에 정치, 문화, 종교에 각기 다른 길을 살아가는 것이다.
그러므로 가는 길이 같지 않으면 나아가는 성향이 각기 다르므로 의론이 서로 어긋나니, 피차 서로 함께 상의하고 도와서 그 일을 이룰 수 없다.
이에 서로 함께 상의하고 도움을 받고자 하는 자는 의당 가는 길이 같은 사람을 선택하여야만 서로 함께할 수 있다."

集註

不同은 **如善惡邪正之類**라

[훈고] 같지 않다는 것은 선악과 사정의 유와 같다.

[보補]
모(謀)란 서로가 상의하고 함께 협찬한다는 뜻이다. 주자는 집주에서 선악과 사정을 함께 들어 말하였으나, 선한 사람은 악한 자와 함께하지 않고, 바른 사람은 사악한 자와 함께하지 않는다는 측면에 중점을 두고 있다. 사람을 잘 가려서 함께해야 한다는 뜻은 말 밖에 있다.

40. 사달전지 辭達全旨

이 장은 문장의 기교만을 추구하려는 자를 위해 경계한 말이다.

子曰 辭는 **達而已矣**니라

부자께서 말씀하셨다.

"문장[文辭]이란 그 뜻을 표현하는 데 그칠 따름이다."

강설

부자께서 사람들에게 문장의 수사법을 가르쳐주셨다.

"오늘날 문장을 다듬는 사람들은 으레 모두가 풍부하고 화려한 말을 정교하다고 생각한다. 그러나 나의 관점에서 말하면 문장이란 무얼 위해 쓰는 것일까? 마음속의 뜻을 나타낼 수 없기에 문장을 빌려 표현한 것이다. 그러므로 문장을 다듬음은 제대로 표현하지 못한 뜻을 참으로 말하지 않을 수 없을 적에 글을 쓰는 것이다. 그 뜻이 이미 문장에 표현되었으면 더는 사족을 붙이지말고 여기서 멈춰야 한다.

이는 말로 표현하지 못했던 그 뜻을 문장으로 썼으면 또한 그 뜻이 이미 표현되어 더 이상의글을 쓸 게 없다. 어찌 굳이 풍부하고 화려함을 정교하다고 하겠는가. 문장을 다듬는 자는 이를본받아야 한다."

集註

辭는 取達意而止오 不以富麗爲工이니라

[해석] 문장이란 뜻을 표현하는 데 그칠 뿐, 풍부하고 화려함으로 기교를 삼아서는 안 된다.

[보 補]

사(辭)란 문장이다. 가르침과 일러주는 글, 그리고 모든 저술이 여기에 해당한다. 이처럼도의를 밝히고 세상을 다스리는 따위의 비중이 큰 문장들을 모두 겸하고 있다.

따라서 이는 오직 이치를 통달한 자만이 그 뜻을 문장으로 표현할 수 있다. 그 문장을 쓰려는 원래의 뜻에서 크게 벗어나 지나치게 추구함은 집주에서 말한 부(富)·려(麗) 2자에서 벗어나지 않는다. 너절하게 숱한 말씨를 풍부함으로 삼지 않으면, 빛나고 아름다움을 화려함으로삼는다. 이는 도리어 바른 이치를 가리게 되고, 본래의 뜻을 표현하지 못하게 된다.

그러므로 달(達)이라는 한 글자는 문장을 쓰는 핵심이다. 소동파는 문장에 대해 논하는편지에서 으레 부자의 이 말씀을 위주로 말하였다.[71]

41. 사면장지 師冕章旨

이 장은 성인께서 온전하지 못한 이들을 긍휼히 여기는 마음이 자연스럽게 나타난 점을 보여주고 있다. 진실한 마음에서 자연스럽게 나타나는 부분이 곧 도이다. 맹인 악사를 만나면 맹인을돕는 도리가 있다. 이를 미뤄보면 노인은 편안하게 대하고 어린아이는 품어주는 일, 그 모두가이와 같지 않음이 없다.

---

71 『大全』該註. "新安陳氏曰 惟達理者, 辭能達意. 達意之外而過求之, 非以繁多爲富, 則以華美爲麗, 正理反爲所蔽, 本意反以不達矣. 達之一字, 命辭之法也. 東坡與人論文, 每以夫子此言爲主."

(1) 사면절지 師冕節旨

악사 면(冕)의 곁에 그를 도와주는 사람이 있지만, 부자는 온전하지 못한 사람을 긍휼히 여겨 자신도 모르는 사이에 악사가 있는 곳에 따라 그를 가르쳐 준 것이다.

자고지왈 이하子告之曰某在斯某在斯 열 글자를 하나의 구두로 삼아야 한다. 이는 요점만을 간추려 기록한 글이므로, 또한 하나의 어떤 말투로 보아서는 안 된다.

師冕이 見(현)할세 及階어늘 子曰 階也라하시고 及席이어늘 子曰 席也라하시고 皆坐어늘 子 告之曰 某在斯 某在斯라하시다

악사인 맹인 면이 부자를 뵈려고 섬돌에 이르자, 부자께서 말씀해 주셨다.
"섬돌이외다."
돗자리에 이르자, 부자께서 말씀해 주셨다.
"돗자리외다."
모두 자리에 앉자, 부자께서 그에게 말씀해 주셨다.
"아무개가 여기에 있고, 아무개가 여기에 있습니다."

강설

예전 부자께서 노나라에서 음악을 바로잡을 때 악사 면이라는 사람이 있었는데, 그 또한 부자를 사모하여 뵙기를 청하자, 부자께서 그를 맞이하였다.

그가 바야흐로 섬돌에 다가서자, 부자께서 "이는 섬돌이다."라고 알려주셨다. 이는 그에게 올라가야 할 바를 알려주신 것이다.

그가 돗자리에 다가서자, 부자께서 "이는 돗자리이다."라고 알려주셨다. 이는 그에게 앉아야 할 바를 알려주신 것이다.

많은 사람이 모두 제자리에 앉자, 부자께서 자리에 앉은 사람들을 낱낱이 들어 "아무개가 여기에 있고, 아무개가 여기에 있다."라고 말씀해 주셨다. 이는 그와 함께 이야기할 사람이 그 누구인가를 알고서 그 사람에게 실수하는 일이 없기를 바란 것이다. 부자께서 맹인과 함께 이렇게 말씀을 나누셨다.

集註

師는 樂師니 瞽者라 冕은 名이라 再言某在斯는 歷擧在坐之人以詔之라

[훈고] 사(師)는 악사이니, 맹인이다. 면(冕)은 그의 이름이다. 두 차례나 "아무개가 여기에 있다."라고 말한 것은 앉아있는 사람을 하나하나 들어 그에게 말해준 것이다.

(2) 면출절지 冕出節旨

'여사언지(與師言之)'가 한 구절, 도여(道與) 또한 한 구절이다. 이는 부자의 그런 몸가짐들이 반드시 도에서 나온 것임을 뜻한다.

師冕이 出커늘 子張이 問日 與師言之 道與잇가

악사 면이 나가자, 자장이 여쭈었다.
"악사와 말씀하는 도입니까?"

강설

악사 면이 부자의 알현을 마치고 밖으로 나가자, 자장은 그 일로 인해서 여쭈었다.
"부자께서 악사에게 그가 처한 장소에 따라서, 그가 마주한 사람에 따라서 자세히 일러주신 것은 여기에 그 도가 있는 것입니까?"

集註

聖門學者 於夫子之一言一動에 無不存心省察이 如此니라

[해석] 성인의 문하에서 배우는 이들은 부자의 한 말씀, 한 행동까지 마음을 두고서 성찰함이 이처럼 하지 않은 게 없다.

(3) 왈연절지 日然節旨

'그렇다(然)'는 것은 이미 '이것이 도'임을 수긍한 말인데, 무엇 때문에 아래 구절에서 또다시 말한 것일까? 이는 부자께서 어느 곳이든 도 아닌 게 없다는 아만(我慢)으로 자처한다고 남들이 착각할 수 있는 까닭에 또다시 "참으로 예전부터 그렇게 악사를 도와왔던 도리이다."고 말한 것이다.
'고(固: 固相師之)'자를 깊이 음미해보면, 악사를 돕는 도란 본래부터 이와 같다. 나는 그 도리를 다했을 뿐이라는 겸손의 마음을 엿볼 수 있다.

子曰 然하다 固相師之道也니라

부자께서 말씀하셨다.
"그렇다. 참으로 〈예전부터〉 악사(맹인)를 돕는 도리이다."

강설

부자께서 대답하셨다.
"그렇다. 그런 도리가 있다. 옛적엔 맹인은 반드시 그를 도울 사람이 있었다. 따라서 맹인과 말하는 자에겐 맹인을 도와야 할 도리가 있는 법이다. 그대 또한 무엇을 의심하는가."

여기에서 한 걸음 더 나아가 미뤄보면, 도란 어느 곳에나 있으며, 성인의 동정·어묵(語默) 또한 어느 곳이든 도가 있음을 찾아볼 수 있다.

集註

相은 助也라

古者에 瞽必有相하니 其道如此라 蓋聖人於此에 非作意而爲之요 但盡其道而已시니라

○ 尹氏曰 聖人處己爲人이 其心一致하니 無不盡其誠故也라 有志於學者 求聖人之心인댄 於斯에 亦可見矣리라

范氏曰 聖人이 不侮鰥寡하고 不虐無告를 可見於此니 推之天下인댄 無一物不得其所矣리라

[훈고] 상(相)은 도움이다.

[해석] 예전에 맹인은 반드시 그를 도운 이가 있다. 그를 돕는 도리가 이와 같다. 성인이 그에 대하여 고의로 그렇게 하려고 한 일이 아니다. 다만 그 도리를 다하였을 뿐이다.

○ 윤씨[尹焞]가 말하였다.

"성인이 나의 처신과 사람을 위하는 그 마음은 하나이다. 그 진실한 마음을 다하지 않음이 없기 때문이다. 학문에 뜻을 둔 자가 성인의 마음을 추구한다면 여기에서 또한 찾아볼 수 있다."

범씨[范祖禹]가 말하였다.

"성인이 홀아비와 과부를 업신여기지 않고, 하소연할 곳 없는 외로운 이를 학대하지 않음을 여기에서 찾아볼 수 있다. 이로써 천하 사람에게 미뤄나가면 어느 한 사람도 제자리를 얻지 못함이 없을 것이다."

[보補]

맹인을 돕는 사람을 말하는 상(相)이나 임금을 보필하는 재상은 한 가지 뜻이다. 임금에게 재상이 있다는 것은 맹인을 붙잡아주는 사람이 있음과 같다. 맹인이 도우미 없이 혼자 가면 반드시 구렁텅이에 빠지는 것처럼 임금에게 있어 자행자지(自行自持)의 위험은 맹인에 비할 바 아니다.

제16 계씨 季氏 第十六

洪氏曰 此篇은 **或以爲齊論**이라

凡十四章이라

홍씨[洪興祖]가 말하였다.
"이편은 혹자가 '제나라의 『논어』'라고 말하였다."
모두 14장이다.

[보 補]
이 편을 '제나라의 『논어』'로 추정한 근거는 2가지 때문이다.
첫째, 모두 '공자왈(孔子曰)'로 쓰였다는 점. 둘째, 삼우(三友)·삼요(三樂)·구사(九思) 등의 조례(條例)가 상하편의 체제와 다르다는 점일 뿐, 그 밖의 증험은 없다.[72]
그러나 본 역서의 첫머리에서 언급한 바와 같이 당시 역사의 사실과도 부합되지 않은 면이 있다. 첫 장에 언급된 염구와 자로는 한꺼번에 계씨의 가신이 된 적이 없다. 이 역시 유언비어의 날조에 능란한 제나라의 풍모[齊東野人之語]를 보여주는 부분이기도 하다.
「위령공」제15, 그리고 이편, 다음 「양화」제17의 편차는 그 나름대로 편집 의도가 있다. 제15편 첫머리에서 위령공을 언급한 것은 제후의 잘못을, 이 편의 첫머리에서 계씨를 언급한 것은 대부의 잘못을, 아래편의 첫머리에서 양화를 언급한 것은 가신(家臣)의 잘못을 기록한 것이다.[73] 이는 시대에 따라 혼란이 심할수록 그 권력의 주체가 아래 단계로 내려감을 말해주고 있다. 아랫사람이 윗사람의 잘못을 이처럼 빠르게 수용하여 혼란의 극치로 치달려가는 변모 양상을 보여주는 대목이다.

1. 계씨장지 季氏章旨

이 장은 대의를 들어 남의 나라를 정벌하려는, 권신(權臣)의 책략을 저지하였다.
첫 구절[季氏將伐顓臾]은 안건이고, 그 아래는 3단락으로 나눠보아야 하는데, 앞 단락[冉有季路見於孔子曰…何以伐爲]이 가장 중요하다. 제4절[夫顓臾, 昔者…何以伐爲]은 바로 전유를 정벌하는 잘못을 말

---

[72] 『大全』 該註. "胡氏曰 疑爲齊論, 以皆稱孔子曰, 且三友三樂九思等條例, 與上下篇不同, 然亦無他左驗."
[73] 위와 같음. "厚齋馮氏曰 上篇首衛靈公, 以識諸侯之失; 此篇首季氏, 以識大夫之失; 下篇首陽貨, 以識陪臣之失也."

한 것으로, 이미 안건에 대한 결론은 끝난 것이다.

가운데 3절[夫子欲之…是誰之過與]은 염유가 그 잘못을 계씨에게 돌림으로 인하여, 염유는 그 잘못을 면할 수 없음을 꾸짖음이다.

뒤의 6절[今夫顓臾固…在蕭墻之內也]은 염유가 훗날의 우환을 들추어 계씨의 잘못을 변명하려는 것으로 인하여 그 걱정거리는 그처럼 급한 일이 아니라고 꾸짖음이다.

(1) 계씨절지 季氏節旨

이 구절은 춘추필법이다. 나라의 임금도 아닌 한 대부로서 마음대로 부용국(附庸國)을 정벌하려는 것은 노나라의 임금이 안중에 없음이며, 아울러 주나라도 생각지 않음이다. "장차 전유를 정벌하겠다[將伐顓臾]"는 '장(將)'자는 앞으로 그렇겠다는 것이지, 현재 아직은 시행하지 않은 시점에 속한다.

季氏 將伐顓臾러니

계씨가 장차 전유를 치려고 하니,

강설

계씨는 장차 전유를 정벌하여 자신의 영토를 더욱 확장하려고 하였다. 아직 정벌을 단행하지 않았지만, 정벌에 대한 모의만큼은 이미 확정된 사실이었다.

集註

顓臾는 國名이니 魯附庸也라

[훈고] 전유[74]는 나라 이름으로, 노나라의 속국이다.

(2) 염유절지 冉有節旨

계씨는 진즉부터 노나라의 임금을 섬기려는 마음이 없는지 오래였으나, 자로와 염구는 그래도 스승이 있는 줄 알았기에 부자를 찾아뵌 것이다. 자로가 연장자임에도 염구의 뒤에 기록한 것은 분명 염구에 중점을 두고 있기 때문이다.

"일이 있다.[有事]"는 것은 계씨를 감싸는 말이다.

---

74 전유: 이는 풍(風)씨 성을 가진 나라로 전하는 말에 의하면 복희씨의 후예라 한다.[魏 何晏 集解, 『論語集解義疏』 권8. 孔安國曰顓臾必犧之後, 風姓之國.] 유허지는 현 산동성 비현(山東省費縣) 서북쪽에 있다고 한다.

冉有季路 見(현)於孔子曰 季氏 將有事於顓臾로소이다

염유와 계로가 부자를 뵙고서 말씀드렸다.
"계씨가 장차 전유를 치려고 합니다."

강설

그 당시 염유와 계로는 계씨 집안의 가신으로 벼슬하였기에 함께 부자를 찾아뵙고서 말씀드렸다.
"계씨가 장차 병사를 일으켜 전유를 치려고 합니다."
이는 슬며시 부자의 의견을 염탐코자 함이다.

集註

按左傳史記컨대 二子 仕季氏不同時어늘 此云爾者는 疑子路嘗從孔子하야 自衛反魯하야 再仕季氏라가 不久而復之衛也라

[해석] 『좌전』과 『사기』를 살펴보면, 두 사람이 계씨의 집안에서 함께 벼슬한 적이 없는데 이처럼 말한 것은, 자로가 일찍이 부자를 따라 위나라에서 노나라로 돌아와 다시 계씨에게 벼슬했지만, 오래가지 못하였고 다시 위나라로 떠난 것이라 의심된다.

(3) 공자절지 孔子節旨

염구는 계씨와 모의한 바가 비교적 많은 까닭에 염구만을 꾸짖은 것이다.

孔子曰 求아 無乃爾是過與아

부자께서 말씀하셨다.
"염구야, 그것은 너의 잘못이 아니더냐?"

강설

자로와 염구 모두 계씨에게 벼슬하였지만 염구는 보다 더 계씨의 일을 주관하였기에, 부자께서 그를 꾸짖으셨다.
"염구야, 전유를 정벌한다는 것은 네가 그 모의에 순종하여 잘못된 일이 아니더냐?

集註

冉求爲季氏聚斂하야 尤用事라 故로 夫子獨責之시니라

[해석] 염구가 계씨를 위해 세금을 많이 거뒀고, 더욱 일을 주관하였기에 부자께서 염구만을 꾸짖으신 것이다.

(4) 부전절지 夫顓節旨

'선왕(先王)' 2자를 제시하여 천하의 큰 명분을 들어 그를 압도한 것이다.

"또 나라 가운데 있는 터라, 이는 사직의 신하[且在邦域之中矣, 是社稷之臣也]" 구절은 모두 선왕에 근본을 두고 말한 것이다. 선왕의 명으로 봉하여 세운 나라는 도리상 정벌할 수 없으며, 또한 나라 가운데 있다는 것 또한 굳이 정벌할 필요가 없는 일이며, 더욱이 공신이란 또한 계씨의 신분으로 정벌할 수 있는 대상이 아님을 말해주는 것이다.

"또 나라 한가운데 있다"는 '차(且: 且在邦)'자와 "이는 사직의 신하"라는 '시(是: 是社稷)'자를 연이어서 쓴 것은 수평으로 말함이 아니다.

夫顓臾는 昔者에 先王이 以爲東蒙主하시고 且在邦域之中矣라 是社稷之臣也니 何以伐爲리오

전유는 옛적에 선왕이 동몽산의 제주(祭主)로 삼으셨고, 또 나라 한가운데 있는 터라, 이는 사직의 신하이다. 어찌하여 치려고 하느냐?"

강설

"또한 너는 전유에 대해 알고 있는가.

전유라는 나라는 예전에 주나라 선왕이 동몽산 아래에다가 봉하여 그 산신제를 주관하도록 하였다. 전유의 창업은 이러한 유례가 있는바, 왕명 없이 사적으로 봉한 나라와는 견줄 수 없다.

또한 노나라 7백 리 이내의 가까운 거리에 있어 노나라 한가운데 있는바, 적국의 외환(外患)과는 견줄 수 없다.

또한 노나라의 부용국으로서 사직의 신하인바, 계씨가 주거나 빼앗을 수 있는 나라와는 견줄 수 없다.

선왕의 명으로 봉한 나라는 정벌할 수 없으며, 나라 가운데 있는 나라는 굳이 정벌할 게 없으며, 사직의 신하란 더욱 계씨가 정벌할 대상이 아니다. 계씨는 또한 무슨 명목으로 전유를 정벌하려고 하는가. 이 때문에 나는 계씨를 꾸짖을 겨를이 없고 너만을 심히 꾸짖는 바이다."

集註

東蒙은 山名이라 先王이 封顓臾於此山之下하야 使主其祭하니 在魯地七百里之中이라 社稷은 猶云公家라

是時에 四分魯國하야 季氏取其二하고 孟孫叔孫이 各有其一이로되 獨附庸之國이 尚爲公臣이러니 季氏又欲取以自益이라 故로 孔子言顓臾는 乃先王封國이니 則不可伐이오 在邦域之中하니 則不必伐이오 是社稷之臣이니 則非季氏所當伐也라하니라 此는 事理之至當이오 不易之定體어늘

而一言盡其曲折이 如此하시니 非聖人이면 不能也니라

[훈고] 동몽은 산 이름이다. 선왕은 이 산 아래에 전유를 봉하여 그 산신제를 주관토록 명하였다. 이는 노나라 땅 7백 리 가운데 있다. 사직은 공가(公家)라는 말과 같다.

[해석] 그 당시 노나라를 4등분하여 계씨는 그중 2등분을 차지하였고, 맹손씨와 숙손씨가 각각 그 하나씩을 차지하였지만, 유독 부용국만은 그때까지도 공신(公臣)으로 남아있었다. 계씨는 또 이를 취하여 자신의 영토를 더욱 넓히고자 하였다.

이 때문에 부자께서 말씀하시기를, "전유는 선왕이 봉한 나라라 정벌할 수 없으며, 노나라 가운데에 있는 터라 군이 정벌할 게 없으며, 이는 사직의 신하라 계씨로서 정벌할 대상이 아니다."라고 하셨다. 이는 사리에 지극히 타당한 말이며, 다시는 바뀔 수 없는 정론이다. 한 마디 말로 그 곡절을 다함이 이와 같으니, 성인이 아니고서는 이처럼 말할 수 없다.

(5) 부자절지 夫子節旨

여기에서 말한 "계씨가 정벌을 원한 것[夫子欲之]"이라는 욕(欲)과 "저희 두 사람은 모두 원하지 않았다[皆不欲也]"는 욕(欲)자 또한 허설(虛說)로서, 단 전유의 정벌이 꼭 필요한지, 않는지를 말했을 뿐이다.

"저희 두 사람[吾二臣]"이란 염유가 자로를 끌어들여 함께 말한 것이다.

冉有曰 夫子 欲之언정 吾二臣者는 皆不欲也로이다

염유가 말하였다.
"계씨가 정벌을 원한 것이지, 저희 두 사람은 모두 원하지 않았습니다."

강설

이에 염유는 계씨에게 허물을 돌려 말하였다.
"전유를 정벌한다는 것은 계씨의 마음에 원하는 일일 뿐입니다. 저와 자로 두 사람은 비록 계씨 집에서 벼슬하지만, 모두가 이 일만큼은 원했던 게 아닙니다. 우리의 힘으로 저지할 수 없었을 뿐입니다."

集註

夫子는 指季孫이라 冉有實與謀로되 以夫子非之라 故로 歸咎於季氏라

[훈고] 부자는 계손을 가리킨다.

[해석] 염유는 실제 전유 정벌의 모의에 참여했음에도, 부자께서 그 일을 비난하신 까닭에

계씨에게 잘못을 돌린 것이다.

(6) 주임절지 周任節旨

이 절에서 부자께서 인용한 주임(周任)의 말은 우리나라의 언해본과 『비지(備旨)』에 차이가 있다. 『비지』에서는 이의 전체 문장을 모두 주임의 말이라 하였다. 그러나 언해본에서는 '진력취렬불능자지(陳力就列不能者止)' 8글자만을 주임의 말로 보았다. 따라서 아래에서는 먼저 언해본에 따라 현토와 번역을 하고, 『비지』에 따른 현토와 번역을 참고로 덧붙이는 바이며, 강설은 『비지』 원본에 따라 번역했음을 밝혀둔다.

앞의 2구(陳力就列, 不能者止)는 신하의 처지에서 말한 것으로, 이것이 정의이며,

뒤의 3구(危而不持…則將焉用彼相矣)는 봉사를 돕는 사람을 빌어 반어법으로 말하였다.

"위태로움에도 부지하지 않고, 넘어지는데도 붙들지 않는다."는 것은 곧 '힘을 다하지[陳力]' 못한 실상이다. 이를 인용한 뜻은 신하로서 직분을 다해야 한다는 측면에 있다.

孔子曰 求아 周任이 有言曰 陳力就列하야 不能者 止라하니 危而不持하며 顚而不扶면 則將焉用彼相矣리오

공자께서 말씀하셨다.

"염구야, 주임이 말하기를, '힘을 다하여 벼슬에 나아가 능히 다하지 못하면 그만두어야 한다.' 고 하였다. 위태로운 데도 붙잡아주지 못하고 넘어지는 데에도 붙들어주지 못한다면 그 어디에 저 돕는 사람을 쓰겠느냐."

備旨: 孔子曰 求아 周任이 有言曰 陳力就列하야 不能者 止니 危而不持하며 顚而不扶면 則將焉用彼相矣리오하니라

"염구야, 주임이 말하기를, '힘을 다하여 벼슬에 나아가서 능히 다하지 못하면 그만두어야 한다. 위태로운 데도 붙잡아주지 못하고 넘어지는 데에도 붙들어주지 못한다면 그 어디에 저 돕는 사람을 쓰겠느냐.'고 하였다.

> 강설

염유가 계씨에게 그 잘못을 돌리자, 부자께서 꾸짖으셨다.

"염구야, 너는 계씨의 신하이다. 어떻게 그 책임에서 벗어날 수 있겠느냐.

주임이라는 옛사람이 일찍이 이런 말을 남겼다.

'신하가 된 이는 그 잘못을 바로잡고 구제할 힘을 펼쳐야 만이 나라의 조정에 서서 신하의 반열

에 나아갈 수 있다. 만일 힘을 다하지 못하면 벼슬을 그만두고 다시는 그 반열에 나아가서는 안 된다.

이를 비유하면 앞을 보지 못하는 맹인에게 반드시 그의 도우미가 있음과 같다. 그는 본디 보이지 않은 이의 위태로움을 붙잡아주고 넘어지는 것을 붙잡아주기 위함이다. 위태로운 데에도 부지하지 못하고 넘어지는 데에도 붙들어주지 못한다면 또한 저 도우미는 그 어디에 쓰겠는가. 그러므로 신하가 되어 힘을 다하지 못하면 또한 어떻게 벼슬에 나아갈 수 있겠는가.'

주임의 말이 이와 같은바, 오늘날 네가 원한 바 아니었다면 곧장 간했어야 할 일이며, 간해도 들어주지 않으면 그의 곁을 떠났어야 했다. 그렇지 않으면 또한 그 어디에 너를 쓰겠는가."

集註

周任은 古之良史라 陳은 布也오 列은 位也라 相은 瞽者之相也라

言二子不欲이면 則當諫이오 諫而不聽이면 則當去也라

[훈고] 주임(周任)은 옛 어진 사관이다. 진(陳)은 펼침이며, 열(列)은 지위이다. 상(相)은 맹인의 도우미이다.

[해석] 두 사람이 원하지 않았다면 의당 간했어야 할 것이며, 간해도 들어주지 않으면 의당 떠났어야 함을 말한다.

(7) 차이절지 且爾節旨

여기에서 "또 너의 말이 잘못되었다."는 '차(且: 且爾言)'자를 쓴 것은 거꾸로 다시 한 걸음 앞으로 나아가, 염유는 그에 대한 책임을 지지 않을 수 없다는 뜻을 보여준 것이다.

첫 구절의 "또 너의 말이 잘못되었다.[且爾言過矣]"의 '과(過)'자는 "저희 두 사람은 모두 원하지 않은 일이다."는 염유의 말실수에 대한 꾸지람이다. 이 때문에 뒤이어서 말한 "이는 누구의 허물이냐[是誰之過]"는 '과(過)'자의 뜻과는 다르다. 이는 그 책임을 다하지 못하고서도 그만두지 않은, 그 행위에 대한 잘못을 꾸짖음이기 때문이다.

범과 코뿔소가 우리에서 벗어났다는 것은 계씨가 신하로서의 법도와 기강에서 벗어남을, 거북과 옥이 상자 속에서 부서졌다는 것은 계씨가 왕실의 법전과 헌장을 파괴했음을 비유한 말이다.

"누구의 잘못이냐[誰之過]"는 구절은 앞에서 말한 "너의 잘못이다.[爾是過]"는 구절과 상응하는 말이다.

且爾言이 過矣로다 虎兕 出於柙(합)하며 龜玉이 毁於櫝中이 是誰之過與오

"또 너의 말이 잘못된 것이다. 범과 코뿔소가 우리에서 뛰쳐나오며, 거북과 옥이 궤짝 속에서

깨어졌다면 이는 누구의 잘못이더냐?"

"또한 네가 '저희 두 사람은 모두 원한 일이 아니다.'라는 그 말은 잘못된 것이다.

범과 코뿔소가 산에 있지 않고 우리 속에 갇혀있는데 우리를 뛰쳐나와 사람을 해친다거나, 거북과 옥은 바깥에 두지 않고 궤짝에 넣어두었는데 그 속에서 부서졌다면 이는 이를 지키는 사람의 잘못이 아니고 그 누구의 잘못이라는 것이더냐?

오늘날 네가 그 지위에서 떠나지 않았다면 이는 계씨를 지켜주고 보필해야 할 의무가 있는 사람이다. 계씨에게 잘못이 있다면 너는 그에 대한 꾸지람을 피할 수 있겠는가."

兕는 野牛也라 柙은 檻也요 櫝은 匱也라

言在柙而逸하고 在櫝而毁는 典守者 不得辭其過니 明二子居其位而不去면 則季氏之惡을 己不得不任其責也라

[훈고] 시(兕)는 코뿔소이다. 합(柙)은 짐승 우리이며, 궤(櫝)는 궤짝이다.

[해석] 우리 속에 있던 동물이 도망쳐 나오고, 궤짝 속에 있던 보배가 손상되었다면 이를 지키는 자가 그 잘못을 면할 수 없음을 말하여, 두 사람이 그 지위에 있으면서 떠나가지 않았다면 계씨의 악에 대해 몸소 그 책임을 지지 않을 수 없음을 밝힌 것이다.

(8) 금부절지 今夫節旨

이 또한 염유가 계씨의 정벌을 정당화하기 위한 해명이지만, 이는 곧 그 자신에 대한 변명이기도 하다.

'오늘날 전유[今夫顓臾]'라는 금(今)자는 곧 앞서 말한 '석자(昔者: 昔者先王以爲東蒙主)'의 단락과 대칭으로 쓰여 있다. 전유는 옛적에야 선왕이 그렇게 했는지 모르지만, 오늘날의 전유는 이처럼 상황이 변했음을 말해주는 것이다.

"전유는 견고하고 또 가깝다.[固而又近]"는 구절에서 말한 견고한 보루는 이미 우리 군사의 사기를 저하하기에 충분하고, 비읍 가까이에서 핍박하는 형세는 우리의 틈을 엿보고서 침략하기 쉽다는 뜻이 담겨있다.

뒤에서 말한 "지금 취하지 않으면[今不取]"이라는 취(取)자는 앞에서 말한 "장차 전유를 정벌하고자 한다.[將伐顓臾]"는 벌(伐)자를 수식한 말이다. 지금 전유를 취하지 않으면 후환이 되기에 전유의 정벌이 정당하다는 변명이다.

그리고 "전유는 후일 자손의 근심거리[子孫憂]"라는 우(憂)자에는 아울러 "계씨가 전유의 정벌을

원하다.[季氏欲之]"의 욕(欲)자의 뜻을 숨기고 있다. 이 역시 후환이 문제가 아니라, 계씨의 탐욕에 의해 자행되는 정벌을 정당화하기 위한 말이다.

冉有曰 今夫顓臾 固而近於費하니 **今不取**면 **後世**에 **必爲子孫憂**하리이다

염유가 말하였다.

"오늘날 전유는 성곽이 완고하고 비읍에 가까우니, 지금 취하지 않으면 후일 반드시 자손의 근심거리가 될 것입니다."

[강설]

염유는 이에 이르러 부자의 꾸지람을 피할 수 없음을 알았다. 이에 계씨를 위하여 거짓말을 꾸며대어 말하였다.

"전유를 정벌한다는 것은 부득이해서입니다. 오늘날 전유의 성곽이 견고하고 또한 비읍에 가깝습니다. 성곽이 견고하면 전유에 있어서는 믿을 수 있는 세력이 형성되고, 비읍에 가깝다는 것은 우리에겐 침략의 염려가 생기는 일입니다.

만일 오늘날 이 기회에 탈취하지 않다가 후세에 이른다면 반드시 그 해를 받게 될 터이니, 계씨의 자손을 위하여 걱정하지 않을 수 있겠습니까? 그러므로 부득이하여 그를 정벌하려고 한 것입니다."

그의 말을 살펴보면, 염구는 계씨와 함께 모의했음이 뚜렷하다.

[集註]

固는 **謂城郭完固**라 **費**는 **季氏之私邑**이라

此則冉有之飾辭라 **然亦可見其實與季氏之謀矣**라

[훈고] 고(固)는 성곽이 완고함을 말하며, 비(費)는 계씨의 사읍이다.

[해석] 이는 염유의 꾸민 말이다. 그러나 또한 그는 실로 계씨와 모의했음을 볼 수 있다.

(9) 군자절지 君子節旨

본절은 하나의 구절로 연이어서 쓴 문장으로, 어감이 매우 준엄하다.

욕지(欲之)는 계씨의 탐욕스런 마음을, '사왈…위사(舍曰…爲辭)'는 곧 염구의 변명을 가리키는 말이다. 계씨의 탐욕스러운 마음을 말하는 '욕(欲)'자란 비교적 사실 그대로 말한 것이며, 꾸며대는 말[辭]이란 곧 앞에서 염유가 변명한 부분을 말한다.

孔子曰 求아 君子는 疾夫舍曰欲之오 而必爲之辭니라

공자께서 말씀하셨다.

"염구야, 군자는 그것이 욕심난다고 말하지 않고 반드시 꾸며 하는 말을 미워한다."

강설

부자는 또다시 그를 꾸짖으셨다.

"염구야, 계씨가 전유를 정벌하려는 것은 본디 전유의 국토와 그 백성들이 욕심나기 때문이다. 그런데도 너는 그 자손들에게 걱정거리가 될 것이라고 핑계 대니, 이는 특별히 계씨의 잘못을 숨기려는 의도에서 그런 말을 한 것이다. 군자가 몹시 미워하는 것은 솔직하게 그것이 욕심난다고 말하지 않고, 굳이 그 허물을 덮어 꾸며대려는 행위이다. 오늘날 염구의 말은 군자의 꾸지람을 면할 수 있겠는가."

集註

欲之는 謂貪其利라

[훈고] 욕지(欲之)란 전유의 이익(토지와 백성)에 대한 탐욕을 말한다.

(10) 구야절지 丘也節旨

이 절은 '문(聞: 丘也聞有國)'자에 중점을 두고 있다. 이는 선왕의 제도에 근본한 것이므로 굳이 고사성어로 보아서는 안 된다. 이는 "대개 듣자니[蓋聞]", "일찍이 듣자니[嘗聞]"라는 예와 같다.

'나라와 집안을 소유한 자[有國有家]'는 제후요 대부이다. 이는 보이지 않게 제후란 노나라의 임금을, 대부는 계씨를 가리키는 것이다. 계씨는 이미 노나라의 3분의 2를 소유했는바, 그 집안이 가난한 것도 아니요, 백성의 수효가 적지도 않다. 가난과 적다는 말은 특별히 욕심을 부리는 계씨의 걱정거리로 인하여 이처럼 말한 것이다. 이 때문에 "가난한 것을, 적은 것을 근심하지 않아야 한다.[不患寡·不患貧]"고 경계한 것이다.

뒷부분의 3구[蓋均…無傾]에서 하나의 '개(蓋)'자를 부사로 쓴 것은 단 앞에서 말한 뜻을 이어서 거듭 그 원인을 밝히려는 것이다. 그러나 앞부분에 견주어 백성의 화합을 말하는 '화(和: 和無寡)'와 나라의 멸망을 뜻하는 '경(傾: 安無傾)'이라는 2자를 첨가한 것은 나라와 집안의 복이란 상하간의 화평[和]으로 발생하고, 나라와 집안의 재앙이란 패망으로 나라가 기울어가는 것[傾]이 끝장이다.

이 때문에 '화(和)'와 '경(傾)'을 함께 말했지만, 요컨대 이의 중점은 "상하간이 모두 균등하여야 한다."는 '균(均)'자에 귀결된다. 오직 상하간이 모두 균등하면 화평하고, 균등하고 화평하면 편안하니, 이는 당연히 하나로 이어지는 일이다. 가난이 없고[無貧]·백성의 수효가 적지 않고[無寡]· 나라와 집안이 기울지 않는다[無傾]는 문장을 뒤섞어 앞의 문장과 융합함으로써 절묘하게 쓴 문장이다.

이의 큰 요지는 임금과 신하를 함께 말했지만, 그 책임은 신하에게 있는바, 이는 계씨를 상대로 말한 것이다.

丘也는 聞有國有家者 不患寡而患不均하며 不患貧而患不安이라호니 蓋均이면 無貧이오 和면 無寡오 安이면 無傾이니라

"나는 들으니, '나라와 집안을 둔 제후와 대부란 백성의 수효가 적음을 근심하지 말고 균등하지 못함을 근심하며, 가난함을 근심하지 말고 편안치 못함을 근심해야 한다.'고 한다.
균등하면 가난한 사람이 없고, 화평하면 수효가 적지 않으며, 편안하면 기울어짐이 없을 것이다.

강설

"계씨가 전유를 탈취하고자 함은 자손을 위한 걱정 때문이 아니라, 백성의 수효가 적음과 집안의 가난을 걱정한 데에 지나지 않는다.
내 일찍이 들으니, '제후로서 나라를 소유하고 대부로서 집안을 소유한 자는 백성의 수효가 적음을 걱정하지 말고 상하의 분수가 균등하지 못함을 걱정해야 하고, 재물이 빈궁함을 걱정하지 말고 상하의 마음이 불안함을 걱정해야 한다.'고 한다.
이는 무엇 때문인가. 백성의 재물이란 일정한 분수가 있다. 오직 상하간의 본분에 의해 균등하게 나누면 일정한 토지 분배에 따라 임금과 신하는 제각기 그에 따른 수입이 있어 가난이 절로 사라질 것이다.
이처럼 토지의 분배가 균등하고 상하의 마음이 화평하면 일정한 백성의 분배[分民]에 따라 임금과 신하는 제각기 그에 걸맞은 통솔이 있기에 절로 백성의 수효가 적지 않을 것이다.
이미 화평하여 상하가 모두 평안하면 임금과 신하가 서로 화합하여 의심과 시기가 없게 되므로 임금은 그 나라를 길이 보존할 것이며, 대부는 그 집안을 길이 보존할 수 있어, 패망하거나 기울어가는 걱정이 절로 없을 것이다.
이는 나라와 집안을 소유한 제후와 대부는 백성의 수효가 적음을 걱정하지 말고 균등하지 못함을 걱정해야 하고, 재물의 빈궁함을 걱정하지 말고 상하가 서로 편안하지 못함을 걱정해야 하는 까닭이다."

集註

寡는 謂民少오 貧은 謂財乏이라 均은 謂各得其分이오 安은 謂上下相安이라
季氏之欲取顓臾는 患寡與貧耳라 然季氏據國而魯君無民하니 則不均矣오 君弱臣强하야 互生嫌隙하니 則不安矣라 均則不患於貧而和하고 和則不患於寡而安하고 安則不相疑忌而無傾覆之患이라

[훈고] 과(寡)는 백성의 수효가 적음을 말하며, 빈(貧)은 재물이 궁핍함을 말하며, 균(均)은 각기 그 분수에 따라 얻음을 말하며, 안(安)은 위아래가 모두 편안함을 말한다.

[해석] 계씨가 전유를 얻고자 함은 백성이 적고 가난함을 걱정한 것이다. 그러나 그 당시 계씨는 나라를 점거함으로써 정작 노나라 임금은 백성이 없으니 고르지 못한 일이며, 임금의 힘은 약하고 신하가 강하여 서로 혐의와 틈이 생기니 편안하지 못한 것이다. 상하가 고르면 가난을 걱정할 게 없어 화평할 것이며, 화평하면 백성이 적은 것을 걱정할 게 없어 평안할 것이며, 평안하면 서로가 의심하고 시기하지 아니하여 기울어지거나 전복되는 걱정이 없을 것이다.

(11) 부여절지 夫如節旨

『사서회참(四書匯參)』에 이르기를, "집주에서 말한 '내치(內治)'는 위의 '구야절(丘也節)의 균(均)·화(和)·안(安)과 본절의 문덕(文德)을 말한다."고 한다. 이는 2절의 문장을 나누어서 그 의의를 둘로 설정하여 말하고 있다. 그러나 균등·화평·안녕 이외에 별도의 '문덕'이 있는 게 아니다. 단 그 기상과 사업의 측면에서 말하면, 균등·화평·안녕의 덕을 가지고서 이를 꾸며주는 것이 문덕일 뿐이다. 이로 보면 2절의 문장은 하나의 뜻으로 연결지어 있음을 알 수 있다.

'부여시고(夫如是故)'의 부(夫)자는 발어사이다. 이처럼 균등·화평·안녕의 덕을 가지고 있기 때문[故]에 먼 곳의 사람이 복종하지 않으면[不服則] 무력이 아닌 균등·화평·안녕의 예악 교화를 닦아 그들이 찾아오도록 하여야 한다. 이처럼 '부여시고(夫如是故)'의 부(夫)자와 고(故)자, 그리고 '원인불복즉(遠人不服則)'의 즉(則)자를 앞의 문장을 바짝 뒤이어서 곧장 써 내려온 의미를 음미해 보면 이러한 점을 알 수 있다.

夫如是故로 **遠人**이 **不服則修文德以來之**하고 **旣來之則安之**니라

이러한 까닭에 먼 곳의 사람이 복종하지 않으면 문덕을 닦아서 그들을 찾아오도록 하고, 이미 그들이 찾아오면 그들을 평안하게 해주어야 한다.

강설

"제각기 균등하면 가난이 없을 것이며, 상하가 화합하면 백성의 수효가 적지 않으며, 상하가 모두 평안하면 패망의 우환이 없을 것이다. 이와 같이하면 나라 밖 멀리 있는 사람은 굴복하고 국내의 정치는 절로 다스려지게 될 것이다.

그러므로 멀리 있는 사람이 굴복하지 않으면 문덕을 닦아 그들이 절로 찾아오도록 하여야지 무력을 동원해서는 안 되며, 그들이 찾아오면 평안하도록 마련해 줄 뿐, 그들의 토지와 백성을 욕심내서는 안 된다. 내가 들은 바에 의하면 나라와 집안을 소유한 제후와 대부의 도리가 이와 같다고 한다."

集註

內治修然後에 遠人服이라 有不服이면 則修德以來之오 亦不當勤兵於遠이니라

[해석] 국내의 정치가 잘 닦여진 후에 먼 곳의 사람이 복종할 것이다. 복종하지 않으면 문덕을 닦아 찾아오게 할 일이지, 또한 먼 곳까지 군대를 동원해서는 안 된다.

(12) 금유절지 今由節旨

이의 아래 문장은 바야흐로 계씨가 전유를 정벌하려는 데 대한 문제점을 직접 언급하여 말하고 있다.

"지금 자로와 염유…[今由與求]"라는 금(今)자는 "부자께서 들으셨다.[丘也聞有國]"는 문(聞)자를 상대로 말한 것이다. 이는 앞에서 "부자께서 들으셨다." 2절의 뜻과 상반되는 말이다.

전유는 노나라의 국경 내에 있는 속국이지만, 계씨에게 속한 나라가 아니기에 전유 또한 '원인(遠人)'이라고 말한다.

'분붕(分崩)'은 국토의 분할 점거를, '이석(離析)'은 민심의 이반을 말한다.

'먼 곳의 사람이 찾아오지 않는다[不能來]'는 것과 '나라를 지키지 못한다[不能守]'는 구절은 수평의 관계로 말했지만, 또한 '나라를 지키지 못한' 데에 중점을 두어, 아래 문장 '소장지내(蕭墻之內)'가 걱정거리라는 구절을 일으키고 있다. 이는 한 문장씩 앞으로 나아갈수록 더욱 긴요하게 쓴 것이다.

또 2구절의 '불능(不能: 來, 守)'은 앞에서 말한 "그처럼 잘하지 못할 사람은 그만두어야 한다[不能者止]"는 구절과 상응하고 있다.

今由與求也는 相夫子하되 遠人이 不服而不能來也하며 邦分崩離析而不能守也하고

지금 유와 구는 계씨를 도우면서 먼 곳의 사람들이 복종하지 않음에도 그들이 찾아오도록 하지 못하였고, 나라가 나뉘어 무너지고 〈민심이〉 떠나 갈라서는 데도 지키지 못하였으며,

강설

"이는 바로 계씨가 자손을 위해 의당 깊이 생각해야 할 점이며, 또한 자로와 염유가 계씨를 위해 생각해야 할 점이다. 그러나 오늘날 자로와 염유는 계씨의 신하로서 그를 보필한 신하들이다. 그를 도와 정치를 하면서 바깥으로 멀리 있는 전유의 사람들을 굴복시키지 못했으면 반드시 문덕을 닦아 그들을 찾아오도록 해야 했음에도 그러하질 못하였고, 안으로는 나라가 분할되어 무너져가고 민심이 떠나 돌아서고 있음에도 그들을 다스려 상하 모두 제각기 균형과 화합과 안녕을 이룩하지 못하였다. 참으로 내가 들었던 바와는 너무나 다르다."

集註

子路는 雖不與謀나 而素不能輔之以義하니 亦不得爲無罪라 故로 倂責之시니라

遠人은 謂顓臾라 分崩離析은 謂四分公室하고 家臣屢叛이라

[해석] 자로는 아무리 함께 모의하지 않았다고 할지라도 평소 대의로 보필하지 못하였다. 그 또한 죄가 없지 않다. 이 때문에 〈자로까지〉 아울러 꾸짖은 것이다.

[훈고] 원인(遠人)은 전유를 말한다. 분붕이석(分崩離析)은 공실이 넷으로 나뉘었고, 가신이 자주 배반함을 말한다.

(13) 이모절지 而謀節旨

이 절은 앞에서 언급했던 '전유는 자손의 우환거리'라는 말로 인하여 이를 언급한 것이다. 이는 어디까지나 그 상황이 장차 내란으로 번질 것임을 논급한 것이다. 이는 전체의 장을 결론지은 부분이다.

而謀動干戈於邦內하니 吾 恐季孫之憂 不在顓臾而在蕭墻之內也하노라

한 나라 안에서 전쟁을 일으키려고 꾀하니, 나는 계손의 걱정거리가 전유에 있지 않고 가까이 자기 집 안에 있을까 싶다."

강설

"그런데도 도리어 명분 없는 전쟁을 일으켜 나라 안에 있는 전유에게 창칼을 들이대려 꾀하면서, 너희들은 자손을 위한 걱정 때문이라고 핑계를 대고 있다.

하지만, 나는 상하가 모두 균등하지 못하고 화합하지 못하여 장차 내란이 일어날까를 두려워한 일이라 생각된다. 계씨의 걱정은 멀리 전유에 있는 게 아니라, 지극히 가까운 자기 집, 울타리 안에 있다. 가까운 곳을 버려둔 채, 먼 곳에서 추구하고, 바깥 것을 탐한 채, 안에 있는 것을 버리는 격이다. 이는 계씨에게 참으로 좋은 계책이라고 말할 수 없으며, 자로와 염유 또한 이 꾸지람을 피할 수 있겠는가."

集註

干은 楯也오 戈는 戟也라 蕭墻은 屛也라

言不均不和면 內變將作이러니 其後에 哀公이 果欲以越伐魯而去季氏하니라

○ 謝氏曰 當是時하야 三家强하고 公室弱이어늘 冉求又欲伐顓臾以附益之하니 夫子所以深罪之는 爲其瘠魯以肥三家也실세니라

洪氏曰 二子 仕於季氏에 凡季氏所欲爲를 必以告於夫子하니 則因夫子之言而救止者 宜亦 多矣라 伐顓臾之事 不見於經傳하니 其以夫子之言而止也與ᄂ저

[훈고] 간(干)은 방패이며, 과(戈)는 창이다. 소장(蕭墻)[75]은 가리개[屛]이다.

[해석] 균등하지 못하고 화평하지 못하면 내란이 장차 일어날 것임을 말하는데, 그 훗날 애공이 부자의 말씀대로 월나라의 병력으로 노나라를 정벌하여 계씨를 제거하고자 하였다.

○ 사씨[謝良佐]가 말하였다.

"그 당시 삼가는 강성하였고 공실은 미약하였음에도 염구는 또다시 전유를 정벌하여 계씨의 영토를 더 확장해주고자 하였다. 부자께서 깊이 꾸짖으심은 노나라의 공실을 메말리고 삼가를 살찌우려 했기 때문이다."

홍씨[洪興祖]가 말하였다.

"두 사람이 계씨에게 벼슬하면서 계씨가 하고자 하는 모든 일을 반드시 부자에게 말씀드렸다. 부자의 말씀으로 인하여 저지되었던 것 또한 당연히 많았을 것이다. 전유를 정벌한 일이 경전에 보이지 않은데, 어쩌면 그것은 부자의 말씀 때문에 그만둔 일인가 싶다."

2. 천하장지 天下章旨

이 장은 임금으로서의 권한을 상실한 데에 대한 경계이다.

도의가 존재하는 세상으로부터 무도한 시대를 언급하였고, 또다시 무도한 세상으로 인하여 도의가 존재하는 세상을 생각하였다. 이는 모두 오늘날의 잘못을 만회하여 옛날의 태평성대로 되돌리고자 한 뜻이다.

(1) 천하절지 天下節旨

천하의 대세는 도의에 의해 이뤄진다. 도의가 존재하는 세상이란 천자가 도의로 법을 세워 수신제가 치국평천하의 극치를 말한다. "예악정벌이 천자로부터 나온다.[禮樂征伐自天子出]"는 것은 천자가 그 도의를 얻으면 권력과 기강이 그 자신에게 있기에, 아랫사람들이 감히 간섭하지 못한다.

첫 3구절[天下有道…自天子出]을 볼 적에는 반드시 그 아래 구절의 "세력이 장구할 수 있다.[勢可長久]"는 뜻을 보완하여 보아야 한다. 무도한 시대로 바뀌는 것 또한 천자가 도의로 법을 세우지 못한 데에서 비롯된다. 천자의 그 권력이 이 때문에 아랫사람에게로 옮겨갔음을 말해주는 것이다.

---

75 소장(蕭墻): 소(蕭)라는 것은 엄숙함을 말하며, 병(屛)이란 가리개를 말한다. 임금과 신하가 서로 만날 적에 가리개 부분에 이르러 더욱 엄숙하고 공경한 까닭에 이를 '소장'이라고 말했다[鄭曰蕭之言, 肅也; 牆, 謂屛也. 君臣相見之禮, 至屛而加肅敬焉, 是以謂之蕭墻.](『論語註疏』권16)고 한다. 즉 조정 내를 말한 것으로 지극히 가까운 한 집안 울안을 뜻한다.

따라서 이를 3단계로 거듭하여 말하고 있다. 참람(僭濫)은 제후로부터 비롯하여 아래로 대부와 그 배신(陪臣: 家臣)들이 서로 뒤이어 일어나게 된다. 이는 모두 참람한 이들의 잘못이라 하지만, 천자 또한 그들을 다스리지 못한 책임에서 벗어날 수 없다.

孔子曰 天下 有道則禮樂征伐이 自天子出하고 天下 無道則禮樂征伐이 自諸侯出하나니 自諸侯出이면 蓋十世에 希不失矣오 自大夫出이면 五世에 希不失矣오 陪臣執國命이면 三世에 希不失矣니라

공자께서 말씀하셨다.

"천하에 도의가 있으면 예악과 정벌이 천자로부터 나오고, 천하에 도의가 없으면 예악과 정벌이 제후에게서 나오게 된다.

제후에게서 나오면 대개 십대에 〈이르러 그 권력을 그 아래 대부에게〉 잃지 않을 자 드물고, 대부로부터 나오면 5대에 〈이르러 그 권력을 그 아래 가신에게〉 잃지 않을 자 드물고, 가신이 나라의 국정을 잡으면 3대에 〈이르러 그 나라를〉 잃지 않을 자 드물다."

> **강설**

부자께서 임금으로서의 권력을 잃은 자를 위해 경계하셨다.

"천하를 통치하는 것은 권력이다. 그 권력이 윗사람에게 있으면 천하가 태평하고 아랫사람에게 있으면 혼란의 시대를 맞이하게 된다. 천하에 도의가 있어 군신의 기강이 섰을 적에는 대종백(大宗伯)이 오례(五禮: 吉, 凶, 軍, 賓, 嘉禮.)와 육악(六樂: 黃帝, 堯, 舜, 禹, 湯, 周武王 六代의 옛 음악.)을 맡고, 대사마(大司馬)는 사정(四征: 사방의 정벌)과 구벌(九伐: 9가지의 죄악을 다스리는 정벌)[76]을 맡는다. 이처럼 예악과 정벌의 권력이 모두 천자로부터 나온다. 아무리 제후라도 감히 범할 수 없었다. 하물며 그 아래인 대부, 또한 그 아래인 가신이야 오죽하겠는가.

천하에 도의가 없는 시대에는 예악과 정벌의 권력이 천자의 명으로부터 나오지 못하고, 제후에게서 나오게 된다. 그 권력이 제후에게서 나오면 제후는 천자에게 참람한 짓을 범하게 되고, 대부 또한 천자에게 참람한 일을 범하게 된다. 따라서 10세에 이르러 그 권력을 잃지 않을 자 드물다.

---

76 구벌(九伐): 『주례』 「하관 대사마(夏官大司馬)」에 의하면, 대사마가 맡은 일은 다음과 같다. "9가지 정벌의 법으로써 제후 나라를 바로잡는다. ① 제후 중에 강한 자가 약한 자를 능멸하거나 큰 나라가 작은 나라를 침범하면 그 토지를 삭감하고, ② 현량(賢良)을 멋대로 죽이고 백성을 해치면 정벌하고, ③ 안으로 폭정을 자행하고 밖으로 이웃 나라를 능욕하면 그 임금을 교체하고, ④ 전야가 황폐하고 백성이 흩어지면 그 토지를 삭감하고, ⑤ 험난하고 견고한 지세를 믿고 천자의 명령에 복종하지 않으면 쳐들어가고, ⑥ 까닭 없이 친족을 죽이면 잡아서 그 죄를 다스리고, ⑦ 신하가 그 임금을 추방하거나 시해하면 죽이고, ⑧ 천자의 명령을 어기고 정법(政法)을 따르지 않으면 이웃 나라와 교통하지 못하게 하고, ⑨ 내외의 인륜을 어지럽히고 조수가 횡행하면 멸망시킨다.[以九伐之灋正邦國, 馮弱犯寡則眚之, 賊賢害民則伐之; 暴內陵外則壇之, 野荒民散則削之, 負固不服則侵之, 賊殺其親則正之, 放弑其君則殘之, 犯令陵政則杜之, 外內亂、鳥獸行則滅之.]"

그러므로 그 권력은 반드시 다시 대부에게 빼앗기게 될 것이다.

그 권력이 대부에게서 나오면 대부는 제후에게 참람한 짓을 범하게 되고, 대부의 가신 또한 대부에게 참람한 일을 범하게 될 것이다. 그러면 5세에 이르러 그 권력을 잃지 않을 자 드물다. 그러므로 그 권력은 반드시 다시 가신에게 빼앗기게 될 것이다.

그 권력이 가신의 손에 이르면 예악 정벌의 국정은 더욱 도리에 어긋나는 일이 심하므로 멸망의 속도 또한 빨라져 3세에 이르러 나라를 잃지 않을 자 드물 것이다. 이는 모두가 무도한 세상에 그렇게 되는 것이다.”

集註

先王之制에 諸侯不得變禮樂, 專征伐이라

陪臣은 家臣也라

逆理愈甚이면 則其失之愈速하니 大約世數不過如此라

[해석] 선왕의 제도에 의하면, 제후는 예악을 변경하거나 정벌을 마음대로 할 수 없다.

[훈고] 배신(陪臣)은 가신이다.

[해석] 이치를 거스른 일이 더욱 심하면 그 나라를 잃음이 더욱 빠르다. 대략의 대수가 이와 같음에 지나지 않는다.

(2) 유도절지 有道節旨

도의가 없는 시대에서 도의가 살아있는 세상을 생각한 데에는 큰 염원의 뜻이 담겨있다. 이의 경문에서 유독 “천하에 도의가 있으면 국정이 대부에게 있지 않다.[政不在大夫]”고 말한 것은 당시 열국 제후의 정치가 거의 대부의 집에서 나왔기 때문이다. 제나라의 정치는 전씨(田氏)에 의해, 노나라는 삼가(三家)에 의해 자행되었다.

天下 有道則政不在大夫하고

“천하에 도의가 있으면 국정이 대부에게 있지 않고,

講說

“만일 천하에 도의가 있다면 예악과 정벌의 국정이 제후에게 있지 않으므로 절로 대부에게도 있지 않을 것이다. 대부 또한 그러하거늘 하물며 가신이야, 이를 미루어 알 수 있다.”

集註

言不得專政이라

[해석] 국정을 마음대로 하지 못함을 말한다.

(3) 서인절지 庶人節旨

이 역시 천하를 다스리는 정치는 모두 서민들의 말을 피할 수 없기에 이를 말하였다. 서민의 입을 국가의 권력으로 모두 틀어막을 수 없다. 서민들이 이러쿵저러쿵 시비하는 말들이 없을 적에 비로소 도의가 살아있는 가장 좋은 세상이 만들어지는 것이다.

天下 有道면 則庶人不議하나니라

천하에 도의가 있으면 서민들이 시비하지 않을 것이다."

강설

"천하에 도의가 있으면 예악과 정벌의 권력이 모두 천자에게서 나오며, 위로부터 잘못된 국정이 없기에 서민들은 감히 사사로이 시비하지 못할 것이다. 서민 또한 그와 같다면 서민 이상의 사람들은 이를 미뤄 또한 알 수 있다. 이는 모두 도의가 있는 세상에 그처럼 되는 것이지, 오늘날처럼 이러한 무도한 세상에 어떻게 그처럼 될 수 있겠는가."

集註

上無失政이면 則下無私議니 非箝其口하야 使不敢言也라

○ 此章은 通論天下之勢하니라

[해석] 재상자에게 잘못된 정치가 없으면 아랫사람들은 사사로이 의논하지 않는다. 그들의 입에 재갈을 물려서 감히 말하지 못하도록 한 것이 아니다.

○ 이 장은 천하의 대세를 전반적으로 논한 말이다.

3. 녹지전지 祿之全旨

이 장은 앞 장에서 "나라의 정치가 대부로부터 나왔다."라는 단락을 뒤이어서 말한 것으로, 나라의 권력을 도둑질한 자들에게 경계할 바를 알려주려는 것이다.

"녹이 …에서 떠나갔다.[祿去]" 말하고, 또다시 "정사가 …에게 미쳤다.[政逮…]"고 말한 것은 호문(互文)이다. 왕실의 권력이 떠나가면 반드시 그 아래의 대부에게로 건너감을 말해주는 것이다. 따라서 부세(賦稅)의 녹이 왕실에서 떠나가면 그 권력은 곧 대부에게 있다.

단 양중(襄仲)은 적자(嫡子) 적(赤)를 죽이고 서자 선공(宣公)을 내세웠다. 그가 이처럼 마음대로 권력을 자행함은 위에서 천자의 대권을 상실하였기 때문이기도 하지만, 강신(强臣)과 한족(悍

族)이 서로 권력을 찬탈하고 우롱하였다. 이 때문에 노나라 임금의 실정은 선공으로부터 비롯되었으나, 삼환(三桓)이 국정을 독차지한 것은 실로 무자(武子)로부터 비롯되었다. 5대와 4대는 그 사실에 근거한 것이다.

따라서 3구절에서 연거푸 의(矣: 五世矣, 四世矣, 微矣.)자를 줄이어 쓴 것은 그 사실을 성토하면서 오열하는 마음을 표현한 글자들이다. 정공 5년, 계환자는 양호(陽虎)에 의해 사로잡혔던바, 삼환의 자손이 미약함은 극명한 역사적 사실임을 말해주는 것이다. 자손이 미약하다는 것은 아직 나라를 잃은 데까지는 이르지 않았지만, 그 기미는 거의 머잖아 나라를 잃게 될 것을 탄식하고 경계한 말이다.

孔子曰 祿之去公室이 五世矣오 政逮於大夫 四世矣니 故로 夫三桓之子孫이 微矣니라

공자께서 말씀하셨다.

"나라의 녹이 공실에서 떠난 지 5세이고, 국정이 대부에게 넘어간 지 4세이다. 이 때문에 삼환의 자손이 미약한 것이다."

강설

부자께서 노나라의 일을 개탄하며 논평하셨다.

"노나라는 문공(文公)이 죽자, 공자 수(遂)가 맏이 적(赤)을 죽이고 서자 선공(宣公)을 세움으로부터 노나라의 부세(賦稅)는 공실의 소유가 되지 못하였다. 이처럼 녹이 떠나간 지, 오늘날 이미 5세에 이르렀다.

선공 이후로 1세를 지나 계무자(季武子)에 이르러 비로소 국정을 마음대로 하였다. 노나라의 국정이 대부의 손에 넘어간 지 오늘날 이미 4세가 되었다.

국정이 대부에게서 나오면 5세에 이르러 나라를 잃지 않을 자 드물다. 그런 까닭에 삼환의 자손이 미약함은 당연한 일이다. 이로 보면 어떻게 상하의 본분을 어지럽힐 수 있겠는가."

集註

魯自文公薨에 公子遂 殺子赤하고 立宣公으로 而君失其政하야 歷成襄昭定이 凡五公이라 逮는 及也라 自季武子始專國政으로 歷悼平桓子 凡四世而爲家臣陽虎所執이라 三桓은 三家니 皆桓公之後라 此는 以前章之說로 推之而知其當然也라

○ 此章은 專論魯事하니 疑與前章皆定公時語라

蘇氏曰 禮樂征伐이 自諸侯出이면 宜諸侯之强也로되 而魯以失政하고 政逮於大夫면 宜大夫之强也로되 而三桓以微는 何也오 强生於安하고 安生於上下之分 定이어늘 今諸侯大夫 皆陵其上하니 則無以令其下矣라 故로 皆不久而失之也니라

[해석] 노나라는 문공이 죽자, 공자 수(遂)가 맏이 적(赤)을 죽이고 서자 선공을 세움으로부터 임금이 그 정권을 잃었으며, 성공·양공·소공·정공을 거치기까지 모두 다섯 임금이다.

[훈고] 체(逮)는 미침이다.

[해석] 계무자가 처음 국정을 전횡하면서부터 도공·평공·환자에 이르기까지 모두 4세인데 〈환자에 이르러〉 가신 양호에게 사로잡혔다.

[훈고] 삼환(三桓)은 삼가이니 모두 환공의 후손이다.

[해석] 이는 앞 장의 말로 미뤄보면 그 당연한 결과임을 알 수 있다.

○ 이 장은 노나라의 일만을 논하였다. 앞 장과 모두 정공 때의 말씀인 것으로 의심된다. 소식(蘇軾)이 말하였다.

"예악과 정벌이 제후에게서 나오면 당연히 제후가 강성했어야 함에도 노나라는 국정을 잃었고, 국정이 대부에게 넘어가면 당연히 대부가 강성했어야 함에도 삼환이 미약함은 무엇 때문일까? 강함이란 평안한 데서 나오고, 평안함이란 상하의 분수가 정해진 데서 나오는 법이다. 오늘날 제후와 대부는 모두 그 윗사람을 능멸하였다. 그렇게 하고서 그 아랫사람을 명령할 수 없는 일이다. 이 때문에 모두 오래가지 못하고 국정을 잃게 되었다."

4. 익자전지 益者全旨

이 장에서는 벗을 사귈 적에 조심해야 함을 말하고 있다. 이는 손해와 유익이 밖으로 나타나기 때문이다.

'곧음[直]'이란 벗의 잘못이 있으면 얼굴을 마주 대하여 호되게 꾸짖어 비호하는 일이 없는 직언을 말하며, '진실하다[諒]'는 것은 몸가짐이 독실하여 조금도 변덕이 없음을 말하며, '견문이 많다[多聞]'는 것은 고금의 일을 널리 통달하여 편견에 교착(膠着)되지 않음을 말한다.

'편벽(便辟)'이란 의관만을 아름답게 꾸미어 나날이 밖으로 자랑을 일삼음이며, '선유(善柔)'란 하나같이 순종하여 고집스럽게 지킨 바가 없음이며, '편영(便佞)'이란 도리를 알지 못하면서 입으로만 사람을 감동을 주는 것이다

'삼익(三益)'은 보통 사람의 마음에 꺼리고 멀리하는 바이며, '삼손(三損)'은 보통 사람의 마음에 가까이하고 좋아하는 바이다. 이는 모두 자신이 벗을 선택하는 바를 삼가는 데 달려있다.

'유익[益矣]'함은 그에 의해 훈도(薰陶)되고 무젖어 날로 선으로 나아가면서도 스스로 알지 못한다는 뜻이 담겨있고, '손해[損矣]'됨은 점차 빠져들고 적셔 들어 날로 선에서 멀어져 가는 데도 스스로 알지 못한다는 뜻이 담겨있다.

孔子曰 益者 三友오 損者 三友니 友直하며 友諒하며 友多聞이면 益矣오 友便辟하며
友善柔하며 友便佞이면 損矣니라

부자께서 말씀하셨다.

"유익한 벗 3가지가 있고 손해가 되는 벗 3가지가 있다.

곧은 이를 사귀고 진실한 이를 사귀고 견문이 많은 이를 사귀면 유익하다.

겉치레가 심한 이를 사귀고 아첨한 이를 사귀고 말만 잘하는 이를 사귀면 손해가 된다."

[강설]

부자께서 사람들에게 벗을 사귐에 있어서 잘 선택해야 함을 말씀하셨다.

"군자가 벗을 사귐에 있어서 나에게 도움이 되는 벗을 구하고, 나에게 손해가 되는 이를 버려야
한다. 그러나 벗이란 나에게 있어 반드시 모두 유익하고 손해가 없는 것만은 아니다. 내 살펴보니
나에게 유익한 벗 3가지가 있고 손해가 되는 벗 3가지가 있다.

무엇으로 이를 찾아볼 수 있을까? 정직한 마음으로 충고해주는 벗을 사귀고 진실한 마음으로
미더운 벗을 사귀고 견문이 많아 고금의 일에 해박한 벗을 사귀면, 나의 허물이 있을 적에 반드시
바른말을 듣게 되고 진실한 마음은 나날이 나아가고 앎은 날로 드넓어질 수 있을 것이다. 그들은
나에게 도움이 되는 바 크다. 이들이 유익한 벗 세 사람이 아니겠는가.

만일 마음이 정직하지 못하면서 겉모습만을 잘 꾸미는 벗을 사귀고 유들유들 남의 마음에 들려
고 비위를 맞추며 알랑거리는 벗을 사귀고 견문이 없는 데도 말재주가 있어 말만을 잘하는 벗을
사귀면, 나의 허물을 들을 수 없고 진실한 마음을 나날이 잃게 되고 밝은 견식을 얻을 수 없을
것이다. 나에게 손해가 되는 바 크다. 이들이 손해가 되는 벗 세 사람이 아니겠는가.

그래서 나에게 손해가 되는 벗을 버리고 도움이 되는 벗을 사귀어야 한다. 벗을 사귀려는 자는
이를 삼가지 않을 수 있겠는가."

[集註]

友直則聞其過오 友諒則進於誠이오 友多聞則進於明이라 便은 習熟也라 便辟은 謂習於威儀
而不直이오 善柔는 謂工於媚悅而不諒이오 便佞은 謂習於口語而無聞見之實이라 三者損益은
正相反也니라

○ 尹氏曰 自天子로 以至於庶人히 未有不須友以成者오 而其損益이 有如是者하니 可不謹
哉아

[훈고와 해석] 곧은 이를 사귀면 나의 허물을 들을 수 있고, 미더운 이를 사귀면 진실한 마음
에 나아가게 되고, 견문이 넓은 이를 사귀면 총명한 데에 나아가게 된다.

편(便)은 익히 숙달된 것이다. 편벽(便辟)이란 겉치레에 익숙할 뿐 올곧지 못함을 말하며,

선유(善柔)란 아첨하고 비위 맞추기를 잘할 뿐 미덥지 못함을 말하며, 편녕(便佞)은 말재간이 능란할 뿐 견문의 실상이 없음을 말한다. 이 3가지는 손해와 유익함이 서로 반대가 된다.

　○ 윤씨[尹熇]가 말하였다.

"천자로부터 서민에 이르기까지 벗에 의지하지 않고서 성취한 자는 없다. 그 손해와 유익함이 이와 같으니, 삼가지 않을 수 있겠는가."

5. 삼요전지 三樂全旨

이 장에서는 마음에 좋아하는 대상을 마땅히 삼가야 함을 경계하고 있다. 이는 마음에서 일어나는 감정에 의해 나의 몸에 손해와 도움이 되는바 이와 같음을 말한다.

마음으로 좋아하는 것을 뜻하는 '요(樂)'란 나의 감정이 쏠리는 부분이기에, 사람을 가장 쉽게 변하게 만든다. 손익의 갈림길은 결국 '천리[理]'와 '인욕[欲]' 두 글자에 있을 뿐이다. 성인께서 이처럼 구체적으로 나열한 것은 모든 사람이 스스로 잘 선택해주기를 바라는 간절한 노파심 때문이다.

예악으로 절제하기를 좋아하면 안으로 장경(莊敬: 예)과 화락(和樂: 음악)의 실상을 함양하고, 밖으로 위의(威儀: 예)와 절주(節奏: 음악)의 아름다움을 다할 수 있다.

남들의 선을 말하기 좋아하면 선을 좋아하고 사모하며 힘쓰고 따르려는 생각이 날로 새로워질 것이다.

어진 벗이 많음을 좋아하면 절차탁마와 경계[箴規]해주는 의리가 나타나지만, 여기에서는 더욱 어진 벗이 많아야 한다는 '다(多)'자에 중점을 두고 있다.

예악(禮樂)·남들의 선[人之善]·현우(賢友)가 한 단계이며, 절(節)·도(道)·다(多)가 한 단계이며, 3개의 '요(樂)'자가 한 단계로 구성되어있는 문장구조로 되어 있다.

교만하게 즐기면[驕樂] 공경하지도 화락하지도 못하고, 안일하게 놀면[佚遊] 남의 잘한 점을 꺼리게 되고, 연회를 즐기면[宴樂] 자기보다 훌륭한 사람과의 친교를 꺼리기 때문에 손익이 상반되는 것이다.

孔子曰　益者三樂(요)**오　損者三樂**니　**樂節禮樂**(악)**하며　樂道人之善**하며　**樂多賢友**면　**益矣**오　**樂驕樂**(락)**하며　樂佚遊**하며　**樂宴樂**(락)**이면　損矣**니라

공자께서 말씀하셨다.

"좋아하는 감정 가운데 유익한 것이 3가지요, 손해가 되는 것이 3가지이다.

예악으로 절제하기를 좋아하고 남들의 선을 말하기 좋아하고 어진 벗이 많은 것을 좋아하면 도움이 되고, 지나친 쾌락을 좋아하고 안일하게 노는 것을 좋아하고 연회의 낙을 좋아하면 손해가 된다."

강설

부자께서 사람들에게 좋아하고 즐기는 감정을 마땅히 삼가야 한다는 점을 보여주셨다.

"어느 사람에게나 그 나름대로 모두가 좋아하고 즐기는 감정이 있기 마련이다. 그러나 그 감정의 지향하는 바에 따라 나의 몸과 나의 마음에 손익이 달려있다. 천리의 공정한 데에서 나오는 감정에 의해 도움이 되는 3가지의 좋아함이 있고, 인욕의 사심에서 나오는 감정에 의해 손해가 되는 3가지의 좋아함이 있다.

무엇을 유익함이라고 말하는가. 예악으로 절제하기를 좋아하여 제도와 성용(聲容: 노래와 춤)을 분별함이며, 남들의 선에 대해 말하기를 좋아하여 칭찬해마지않음이며, 어진 벗을 많이 사귀기를 좋아하여 빠뜨림 없이 많은 것을 얻으려는 것이다. 이처럼 좋아하면 예악에 함양되고 선을 좋아하는 마음이 일어나고 많은 현인의 도움이 있을 것이다. 이 모두가 나의 몸과 나의 마음에 도움이 된다. 그 유익함이 참으로 크다고 할 것이다.

무엇을 손해라 말하는가. 교만하게 즐기기를 좋아하여 사치하고 방종하며, 질탕하게 놀기를 좋아하여 게으르고 거만하고 거칠며, 연회를 즐기어 음탕하고 탐닉하고 버릇없이 구는 것이다. 이처럼 하면 덕은 길이길이 오만한 데에서 무너지고, 선은 거친 마음에서 잃게 되며, 또한 어질지 못한 사람들과 함께 어울리면서 그들에 의해 동화될 것이다. 이 모두가 나의 몸과 나의 마음의 손해가 된다. 그 해로움이 참으로 크다고 할 것이다.

이는 유익한 데서 벗어나면 곧 해로운 곳으로 들어가게 된다. 좋아하고 즐기는 마음가짐을 삼가지 않을 수 없다."

集註

節은 謂辨其制度聲容之節이라 驕樂則侈肆而不知節이오 佚遊則惰慢而惡聞善이오 宴樂則淫溺而狎小人이니 三者損益이 亦相反也니라

○ 尹氏曰 君子之於好樂에 可不謹哉아

[훈고] 절(節)이란 그 제도와 성용(聲容: 歌舞)의 절도를 분별함이다. 교락(驕樂)은 사치하고 방자하여 절제할 줄을 모름이며, 일유(佚遊)는 게을러서 선을 듣기를 싫어함이며, 연락(宴樂)은 음탕함에 빠져 소인을 가까이함이다.

[해석] 3가지의 손해와 유익 또한 이처럼 서로 반대된다.
○ 윤씨[尹焞]가 말하였다.
"군자가 좋아하고 즐기는 것을 삼가지 않을 수 있겠는가."

6. 시어전지 侍於全旨

이 장은 군자를 가까이에서 모시는 이는 말을 조심해야 한다는 점으로 경계하였다.

군자를 모신다는 것은 낮은 사람으로서 높은 사람을 받듦이다. 따라서 말을 한다거나 침묵은 모두 군자의 명을 따라야 하지, 마음대로 할 수 없다.

앞의 2부분에서 말한 '언(言: 言未及, 言及之)'자는 군자와 모시는 자를 모두 합하여 대충 말한 것이지만, 뒤의 3부분에서 말한 '언(言: 而言謂之躁, 而不言謂之隱, 而言謂之瞽)'자는 모시는 자에게만 속한 것이다. 또한 '은(隱)'자는 너무 깊이 있게 보아서는 안 된다.

3가지의 허물은 단 무심결에 범한 잘못이다. 평소 마음을 다스리고 몸을 닦는 공부가 없었기에 정작 일에 임하여 또한 때를 살피고 기미를 아는 지혜가 없다. 따라서 이와 같은 허물을 범하게 된다.

孔子曰 侍於君子에 有三愆하니 言未及之而言을 謂之躁오 言及之而不言을 謂之隱이오 未見顔色而言을 謂之瞽니라

공자께서 말씀하셨다.
"군자를 모시는 데에 3가지의 허물이 있다.
말을 할 적이 아닌데 말하는 것을 조급하다고 말하고,
말을 해야 할 때임에도 말하지 않은 것을 숨긴다고 말하고,
안색을 살피지 않고서 말하는 것을 눈먼 사람이라고 말한다."

강설

부자께서 윗사람을 섬기면서 응대하는 도리를 말씀하셨다.
"덕망과 지위가 높은 군자를 모실 적에는 내가 반드시 말해야 할 때인가를 잘 헤아려야 하고, 또한 군자가 나의 말을 어떻게 받아들였는가를 헤아려야만 허물이 없을 것이다. 혹시라도 이를 삼가지 않으면 3가지의 허물을 범하게 된다.

군자가 묻는 뜻이 나에게 있지 않다거나 말할 차례가 나에게 있지 않음에도 내가 나서서 먼저 말을 한다면 이는 조급하게 서두는 잘못을 범하여 불손(不遜)하다고 말할 것이다. 이를 조급한 잘못이라고 말한다.

내가 말해야 할 차례라면 당연히 말해야 할 때임에도 도리어 말하지 않는다면 이는 무언가를 감추고서 표현하지 않은 것이다. 이를 숨기는 잘못이라고 말한다.

혹 말할 때일지라도 군자의 얼굴빛이 나에게 있지 않으면 또한 말할 때가 아니다. 이에 군자의 얼굴빛을 살펴보지 않고서 무턱대고 말한다는 것은 말씨를 살피고 안색을 살펴보는 밝음이 없는 일이다. 이를 눈먼 사람의 잘못이라고 말한다.

이 3가지의 허물은 모두 여느 사람들이 쉽게 범할 수 있는 일이니만큼, 군자를 모시는 사람은 이점을 경계할 줄 알아야 한다."

集註

君子는 有德位之通稱이라 愆은 過也라 瞽는 無目이니 不能察言觀色이라

○ **尹氏曰 時然後言**이면 **則無三者之過矣**리라

[훈고와 해석] 군자는 덕망과 지위가 있는 이의 통칭이다. 건(愆)은 허물이다. 고(瞽)는 눈이 보이지 않으니 말씨를 살피고 안색을 살펴볼 수 없다.

○ 윤씨[尹焞]가 말하였다.
"제때 맞춰서 말하면 3가지의 허물이 없을 것이다."

[보 補]

이는 윤씨가 말한 바처럼 제때 맞춰야 한다는 '시(時)'자를 주로 삼는다. '조(躁)'는 제때를 앞서서 말함이며, '은(隱)'은 제때를 뒤처짐이며, '고(瞽)'는 제때를 보지 못함이다.

7. 삼계전지 三戒全旨

이 장은 군자의 성품을 안정시키는 학문을 보여준 것으로, 모두 도리로 혈기를 다스리는 데에 있다.

3가지 경계해야 할 점은 모두 여느 사람들이 쉽게 범할 수 있는 잘못들이다. 군자는 바로 여느 사람들이 쉽게 범할 수 있는 자리에서 이를 방비하려는 것이다. 3가지의 경계는 일생을 통하여 힘써야 할 일이지만, 특별히 어리고 젊고 늙은 시절에 따라 그 혈기가 쉽게 흘러들 수 있는, 가장 심한 부분에서 더욱 주의를 요함이다.

경계한다는 것은 공연한 경계가 아니다. 미리 금지하고 엄격하게 제재하여 감히 범하지 않으려는 뜻으로 말한다.

오직 소년 시절에는 정욕에 동요되기 쉽기에 여색을 경계해야 한다. 이는 덕을 좋아하는 마음으로 정욕을 이겨내야 함을 말한다.

오직 장년이 되어서는 강한 힘을 펼치기 좋아하기에 싸움을 경계해야 한다. 이는 예의를 좋아하는 마음으로 싸우려는 마음을 이겨내야 함을 말한다.

오직 늙어서는 일신과 집안을 편안히 하려는데 모든 생각이 집중되어 있기에 얻으려는 탐욕을 경계해야 한다. 이는 대의를 좋아하는 마음으로 노욕을 이겨내야 함을 말한다.

孔子曰 君子 有三戒하니 **少之時**에 **血氣 未定**이라 **戒之在色**이오 **及其壯也**하야 **血氣 方剛**이라 **戒之在鬪**오 **及其老也**하야 **血氣 旣衰**라 **戒之在得**이니라

공자께서 말씀하셨다.
"군자는 3가지 경계할 일이 있다.
어렸을 때는 혈기가 아직 안정되어있지 않았기에 경계할 대상이 여색에 있고,

장성해서는 혈기가 한창 강성하기에 경계할 대상이 싸움에 있고,
늙어서는 혈기가 이미 쇠퇴하였기에 경계할 대상이 얻으려는 탐욕에 있다.”

강설

부자께서 군자가 시절에 따라 욕심을 제어하는 공부를 들어 준칙을 보여주셨다.

“사람들은 모두가 혈기의 성쇠에 따라 부림을 당한다. 그러므로 의리로 주재하지 못한 자는 혈기를 제어할 수 없다. 군자는 시절에 따라 경계할 줄 앎으로 미연에 이를 막아내는 데에는 3가지가 있다.

바야흐로 약관 전후의 소년 시절에는 혈기가 안정되어있지 않기에 욕구의 충동으로 쉽사리 휩쓸리기 마련이다. 이에 경계할 바를 알지 못하면 음란한 생활에 빠져 못 할 일이 없을 것이다. 이 때문에 군자는 여색을 경계하여 정욕의 마음을 간직하지 않는다.

서른쯤 장년기에 이르면 한창 혈기가 강성하기에 용감하게 나아가 싸우기를 좋아하기 마련이다. 이에 경계할 줄을 모르면 어려움을 겪으면서도 멈출지를 모른다. 이 때문에 군자는 싸움을 경계하여 작은 울분을 반드시 억누르는 것이다.

노년에 접어들어 혈기가 이미 쇠퇴하면 언제나 허전한 마음으로 재물을 탐하기 마련이다. 이에 경계할 바를 모르면 탐욕의 추구는 끝이 없다. 이 때문에 군자는 노탐을 경계하여 대의를 생각하는 것이다.

군자는 이처럼 시절에 따라서 이처럼 3가지를 경계하는 것이다. 이 때문에 혈기에 부림을 당하지 않고 죽는 날까지 올바른 의리에 따라 몸가짐을 지키는 것이다.”

集註

血氣는 形之所待以生者니 血陰而氣陽也라 得은 貪得也라

隨時知戒하야 以理勝之면 則不爲血氣所使也라

○ 范氏曰 聖人이 同於人者는 血氣也오 異於人者는 志氣也라 血氣는 有時而衰로되 志氣則無時而衰也라 少未定, 壯而剛, 老而衰者는 血氣也오 戒於色, 戒於鬪, 戒於得者는 志氣也라 君子는 養其志氣라 故로 不爲血氣所動이라 是以로 年彌高而德彌邵也니라

[훈고] 혈기는 우리의 몸이 의지하여 살아가는 요소로, 혈액은 음이고 기운은 양이다. 득(得)은 탐욕이다.

[해석] 시절에 따라 경계할 바를 알고서 이치로 혈기를 이겨내면 혈기에 부림을 당하지 않는다.

○ 범씨[范祖禹]가 말하였다.

“성인이라도 여느 사람과 똑같은 것은 혈기이며, 여느 사람과 다른 것이라면 의지이다. 사

람의 혈기는 시절에 따라 쇠퇴하지만, 의지만큼은 시절에 따라 쇠퇴함이 없다. 소년 시절에 안정되지 못하고 장년이 되어서 강성하고 늙어서 쇠퇴하는 것은 혈기이다. 여색을 경계하고 싸움을 경계하고 탐욕을 경계함은 의지이다. 군자는 이런 의지를 함양하기에 혈기에 동요되는 바가 없다. 이러한 까닭에 나이가 들수록 덕은 더욱 높아진다."

8. 삼외장지 三畏章旨

이 장은 군자의 경외함과 소인의 방자함의 차이를 보여준 것이다.

앞 절[君子有三畏…畏聖人之言]에서는 군자에게 3가지의 경외심이 있음을 들어 법을 삼았고, 뒷 절[小人…侮聖人之言]에서는 소인에게 경외심이 없음을 곁들여 말하여 이를 경계로 삼아, 군자의 측면에 중점을 두고 있다. 경외심을 주제로 삼아 천명으로 일관하였다.

(1) 삼외절지 三畏節旨

첫 구절[君子有三畏]은 또한 일반적으로 말하였고, 그 아래[畏天命, 畏大人, 畏聖人之言] 3구에서 바로 경외해야 할 대상의 실상을 말하고 있다.

천명·대인·성인의 말씀[畏天命, 畏大人, 畏聖人之言]을 수평으로 말했지만, 그 뜻은 일관되어 있다. 이는 천명을 경외한다는 측면에 중점을 두고 있다.

경외함은 부질없이 괜스레 두려워하는 게 아니다. 전전긍긍하고 경계하며 조심하고 근신하여 실로 이를 체득하여 어기지 않으려는 것이다.

'천명(天命)'이 대인과 성인 말씀의 핵심이기에 집주에서 천명을 일관되게 주해를 붙인 것이다. 안다[知: 知其可畏]는 것은 경외[畏]를 실천할 수 있는 뿌리요 싹이다. 집주에서 뒤 절의 "소인배는 천명을 알지 못한다[小人不知天命]"는 '부지(不知)' 2자를 따라 이를 보완하여 쓴 것이다.

孔子曰 君子 有三畏하니 **畏天命**하며 **畏大人**하며 **畏聖人之言**이니라

공자께서 말씀하셨다.

"군자는 3가지의 경외하는 대상이 있다. 천명을 경외하고, 대인을 경외하고, 성인의 말씀을 경외한다."

강설

부자께서 사람들에게 경외의 대상을 알아야 한다는 뜻으로 말씀하셨다.

"사람의 마음에 경외하는 대상이 있어야 만이 마음을 보존할 수 있으며, 경외의 대상이 없으면 해이하기 마련이다. 이 때문에 군자에게는 3가지의 경외 대상이 있다.

천명이란 사람에게 부여한 떳떳한 진리이자, 만물의 법칙이 되는 이치이다. 군자는 천명을 경

외의 대상으로 삼을 줄 알기에 이를 경외하는 것이다. 이는 하늘을 버리고 하늘을 더럽힐까 염려함이다.

대인이란 천명을 간직한 사람이기에 그가 행하는 바가 곧 법이다. 군자가 천명을 경외할 줄 알면 반드시 대인을 경외하여, 그에게 공경을 다하고 예의를 다하였다.

성인의 말씀은 천명을 밝힌 바이기에 그 말은 곧 법이다. 군자가 천명을 경외할 줄 알면 반드시 성인의 말씀을 경외하여 이를 독실하게 믿고 힘써 행하여야 한다.

이 3가지의 경외란 오직 군자만이 할 수 있는 일이다."

> **集註**
>
> 畏者는 嚴憚之意也라 天命者는 天所賦之正理也니
>
> 知其可畏면 則其戒謹恐懼 自有不能已者하야 而付畀之重을 可以不失矣라 大人, 聖言은 皆天命所當畏니 知畏天命이면 則不得不畏之矣리라
>
> [훈고] 경외한다는 것은 겁내고 꺼리는 뜻이다. 천명이란 하늘에서 부여한 바의 바른 이치이다.
>
> [해석] 천명을 경외할 줄 알면 경계하고 삼가며 두려워하는 마음을 절로 그만둘 수 없어, 부여한 바 중대한 바른 도리를 잃지 않을 것이다. 대인과 성인의 말씀은 모두 천명으로 당연히 경외할 대상이다. 천명을 경외할 줄 알면 이를 경외하지 않을 수 없다.

(2) 소인절지 小人節旨

본절은 소인이 군자가 경외하는 3가지를 경외하지 않는다는 점으로 말하였다. 이는 천명을 경외하지 않는 측면에 중점을 두고 있다.

경외하지 않음은 이를 모르기 때문에 불경스레 대하고 업신여긴 것이다. 이 역시 결국 천명을 모르는 데서 비롯된 일이다.

대인을 받들면서도 그 법을 따르지 않음이 곧 불경스레 대함이며, 성인의 말씀을 외고 읽으면서도 그 가르침을 가슴에 새기지 않음이 곧 업신여김이다.

小人은 不知天命而不畏也라 狎大人하며 侮聖人之言이니라

"소인은 천명을 알지 못하기에 경외하지 않는다. 따라서 대인을 불경스레 대하고, 성인의 말씀을 업신여긴다."

> **강설**
>
> "소인은 천명으로 부여한 중대한 진리가 뭔지 모르기에 맘껏 욕심을 부려 천리를 잃으면서도

겁을 내지 않는다.

천명을 겁내지 않기에 대인 또한 경외하지 않고 따라서 불경스레 대하며, 성인의 말씀도 법 받지 않고 따라서 업신여긴다. 어떻게 군자처럼 3가지 경외함이 있겠는가.

이로 보면 군자 소인의 차이는 한 생각의 공경과 방자함의 사이에 있을 뿐이다."

集註

侮는 戲玩也라

不知天命이라 故로 不識義理而無所忌憚이 如此라

○ 尹氏曰 三畏者는 修己之誠이 當然也라 小人은 不務修身誠己하니 則何畏之有리오

[훈고] 모(侮)는 희롱하는 것이다.

[해석] 천명을 알지 못한 까닭에 의리를 알지 못하여 꺼리는 바 없음이 이와 같다.

○ 윤씨[尹焞]가 말하였다.

"3가지의 경외란 몸을 닦는 성심으로 당연히 그러해야 할 일이다. 소인은 몸을 닦고 몸을 성실하게 하는 데 힘쓰지 않으니, 그 무엇을 두려워함이 있겠는가."

9. 생이전지 生而全旨

이 장의 대의는 알지 못하면서도 배우지 않는 자를 위해 말한 것이다. 반드시 내면의 바탕과 밖으로의 학문을 종합하여 보아야 한다. 집주에서는 하나의 '학(學)'자에 중점을 두고 보았다.

부자께서 사람의 기질에 대해 등급을 나눌 적에 이처럼 4등급의 차이를 두셨다. 태어나면서 아는 자는 본디 여느 사람의 본보기로 삼을 수 없으며, 배워서 아는 자와 통하지 못하여 배우는 자는 모두 상등 버금가는 사람들이다. 이는 서로의 거리가 멂을 말한 게 아니라, 도리어 서로 가까움을 말한다.

'사위(斯爲)' 2자에는 지극한 의미를 담고 있다. 배우지 않으면 이에 하등이 되지만, 잘 배워나간다면 오히려 상등으로 나아갈 수 있다. 이는 경각시키려는 뜻과 그처럼 노력해주기를 바라는 염원이 동시에 담겨있다.

孔子曰 生而知之者는 上也오 學而知之者는 次也오 困而學之는 又其次也니 困而不學이면 民斯爲下矣니라

공자께서 말씀하셨다.

"나면서 아는 자는 으뜸이며, 배워서 아는 자는 그 버금가는 자이며, 통하지 않아서 배우는 자는 또 그 버금가는 자이다. 통하지 않는 데에도 배우지 않으면 무지한 사람이라, 이런 이를 아주 어리석고 못난 하우(下愚)라고 한다."

강설

부자께서 학문에 힘써 기질을 변화하여야 한다는 점으로 배우는 이들을 격려하셨다.

"사람의 기질 또한 똑같지 않다. 태어나면서 신묘하게 잘 통달하여 배우지 않고서도 저절로 이치를 아는 사람은 으뜸가는 기질이며,

태어나면서 알지 못하기에 반드시 배운 뒤에 이치를 아는 자는 그 버금가는 기질이며,

혹 처음엔 배울 줄을 모르다가 반드시 마음에 고생고생하고 생각이 풀리지 않아서[困心衡慮] 뒤이어 이치를 배우는 사람은 또 그 버금가는 기질이다.

마음에 고생고생하고 생각이 풀리지 않아서 어려움을 겪으면서도 배우지 않아서 전혀 아는 바 없고 멍청하게 다시는 뒤 돌아보지 않는다면 이와 같은 사람은 무지하기 짝이 없는 하등의 사람이다. 더는 기질이 바뀔 수 없는 하우(下愚)의 기질이다. 이로 보면 배우지 않고서야 어떻게 사람이라 할 수 있겠는가."

集註

困은 謂有所不通이라

言人之氣質不同이 大約有此四等이라

○ 楊氏曰 生知, 學知로 以至困學히 雖其質不同이나 然及其知之하아는 一也라 故로 君子惟學之爲貴니 困而不學然後에 爲下니라

[훈고] 곤(困)은 통하지 않은 바 있음을 말한다.

[해석] 사람의 기질이 똑같지 않음이 대략 이처럼 4등급이 있음을 말한다.

○ 양씨[楊時]가 말하였다.

"나면서부터 알고, 배워서 아는 자로부터 통하지 않아서 배워 아는 자에 이르기까지 비록 그 기질이 똑같지 않으나, 그 이치를 앎에 미쳐서는 매한가지다. 그러므로 군자는 오직 배움을 귀중히 여기는 것이다. 통하지 않는 데에도 배우지 않은 후에야 하등이 되는 것이다."

10. 구사전지 九思全旨

이 장은 생각하는 모든 일에 진실한 군자의 학문을 보여준 것이다.
앞의 6건[視思明…事思敬]은 마음을 보존하고 몸을 다스리는 요체이며,
뒤의 3건[疑思問…見得思義]은 이치를 밝히고 자신을 이겨나가는 공부이다.
평소 고요할 적에는 마음을 보존하고 함양하면서 언제나 밝은 정신을 지녀야 하고, 마음과 몸으로 사물을 감촉하면서 동할 적에는 더욱더 무시로 모든 일에 생각을 다 하여 자아를 돌이켜 성찰하면서 그 이치를 얻어야 한다. 군자는 종신토록 아홉 가지의 생각을 다 하지 못할까 두려

워하였다. 이 아홉 가지는 바로 일상생활에 언제나 어느 곳에서나 행하여야 하는 요체이기 때문이다.

아홉 가지 생각의 차례는 보고 듣는 2구(視思明, 聽思聰)로 강령을 삼으며, 아홉 가지는 뒤죽박죽 생각하는 것이 아니다. 그 하나의 일에서 그 하나의 일만을 생각해야 한다. 생각 또한 공연히 생각하는 게 아니다. 그의 의식 사상과 해야 할 일이 곧 그 가운데 담겨있다.

또 아홉 가지 생각에 대해 예전의 선비들은 단 경계하고 두려워하는 마음을 보완하는 것쯤으로 인식해 왔지만, 이에 앞서 철저한 격물치지의 공부가 선행되어야 한다.

孔子曰 君子 有九思하니 **視思明**하며 **聽思聰**하며 **色思溫**하며 **貌思恭**하며 **言思忠**하며 **事思敬**하며 **疑思問**하며 **忿思難**하며 **見得思義**니라

공자께서 말씀하셨다.
"군자에게 아홉 가지의 생각이 있다.
볼 적에는 밝게 보기를 생각하며, 들을 적에는 밝게 듣기를 생각하며, 얼굴빛은 온화함을 생각하며, 용모는 공손함을 생각하며, 말할 적에는 진실함을 생각하며, 일에는 공경함을 생각하며, 의심에는 묻기를 생각하며, 화가 날 적에는 어려워짐을 생각하며, 얻을 것을 볼 적에는 의리를 생각하는 것이다."

강설

부자께서 사람들에게 삼가 생각하는 학문을 보여주셨다.
"사람이란 생각하지 않을 수 없으나 또한 생각을 남용해서도 안 된다. 이에 군자는 아홉 가지의 생각함이 있다.

모든 사물을 바라보는 이치는 밝게 봄을 높이는 것이다. 사물을 밝게 보지 못하면 물욕이 그의 눈을 가린 때문이다. 그러므로 반드시 물욕에 가림을 버리고 밝은 진리를 추구하고자 예가 아니면 보지 않으려고 생각하는 것이다.

모든 소리를 듣는 도리는 밝게 들음을 높이는 것이다. 밝게 듣지 못하면 물욕이 귀를 가리기 때문이다. 그러므로 반드시 그 막힌 바를 트고 밝음을 구하고자 예가 아니면 듣지 않으려고 생각하는 것이다.

얼굴빛에 나타나는 모습은 온화함을 귀중히 여기는 것이다. 사납거나 모진 기색을 버리고 온화하고 상냥스럽게 화사한 얼굴을 생각하는 것이다.

몸에 나타난 모습은 공손함을 귀중히 여기는 것이다. 게으르거나 거만한 습기(習氣)를 멀리하고 공손하고 엄숙한 바른 거동을 생각하는 것이다.

말이란 마음과 입이 한결같아야 한다. 이것이 진실한 말이다. 따라서 한번 말을 하면 반드시 진실함을 생각하여 이처럼 말을 했으면 마음 또한 이와 같지 못한가를 생각하는 것이다.

모든 일에는 오롯한 마음으로 흐트러짐이 없는, 주일무적(主一無適)의 경(敬)을 생각지 않을 수 없다. 어느 일을 할 적이면 반드시 그 일에 오롯한 마음을 생각하여, 하는 일이 여기에 있고 마음 또한 여기에 있는가를 생각하는 것이다.

가장 풀기 어려운 것은 의심이다. 의심이 있으면 물을 것을 생각하여 결단 내리지 못한 견해로 천하에 수많은 의심을 쌓아두지 않는다.

가장 쉽게 일어나고 가장 제재하기 어려운 감정은 화를 내는 것이다. 화가 나면 뒤이어 어려워질 일들을 다시 한번 생각하여 부화를 억눌러야 한다. 하루아침의 작은 부화로 큰일에 손상을 끼쳐서는 안 된다.

잇속을 얻을 수 있는 자리에 이를 끊어 취하지 않으려면 의리가 있어야 한다. 얻을 게 있을 적에는 의리가 있는 바를 생각하여 구차히 얻음이 없어야 한다.

이 아홉 가지는 모두 군자가 생각할 일들이다. 이처럼 생각한다면 성인이 되어가는 데에 기초가 없음을 걱정할 게 없다."

集註

視無所蔽면 則明無不見이오 聽無所壅이면 則聰無不聞이라

色은 見於面者오 貌는 擧身而言이라

思問則疑不蓄이오 思難則忿必懲이오 思義則得不苟니라

○ 程子曰 九思는 各專其一이니라

謝氏曰 未至於從容中道하야는 無時而不自省察也라 雖有不存焉者라도 寡矣니 此之謂思誠이니라

[해석] 보는 데 가리는 바가 없으면 밝아서 보지 못할 게 없고, 들음에 막힌 바가 없으면 귀가 밝아 듣지 못할 게 없다.

[훈고] 색(色)은 얼굴에 나타남이며, 모(貌)는 온몸을 들어 말한다.

[해석] 묻기를 생각하면 의심이 쌓이지 않고, 어려워짐을 생각하면 화를 반드시 억누르고, 의리를 생각하면 얻기를 구차히 하지 않는다.

○ 정자(伊川)가 말씀하였다.

"아홉 가지 생각은 각각 그 하나의 일에 그 마음을 오롯이 하는 것이다."

사씨[謝良佐]가 말하였다.

"자연스럽게 도에 맞는, 성인의 경지에 이르지 못할 적에는 스스로 성찰하지 않은 때가 없어야 한다. 이처럼 성찰하면 '비록 마음을 보존하지 못한 일이 있을지라도 마음이 보존되지 않음이 적을 것이다.'(『孟子』「盡心 下」) 이를 일러 '성실하려고 생각하는 것'(『孟子』「離婁 上」)이

라고 한다.”

11. 견선장지 見善章旨

이 장은 인품의 차이를 보여주고 있다.

자신의 한 몸을 고결하게 지키는 것으로 고상함을 삼지 않고, 세상을 다스리는 것으로 위대함을 삼기에 부자는 이미 보아왔던 것으로 인하여 아직 보지 못한 사람을 생각한 것이다.

뒤 절[見善如不及…吾聞其語矣]에 중점을 두고 있지만, 앞 절[隱居以求其志…未見其人也] 또한 가볍게 말한 것은 아니다.

(1) 견선절지 見善節旨

‘견선여불급, 견불선여탐탕(見善如不及, 見不善如探湯)’ 2구는 옛말을 인용, 서술한 것이다. ‘선’과 ‘불선’은 선행과 악행으로 말한 것이지, 선인 악인 그 자체를 가리킨 것은 아니다.

집주에서 말한, 참으로 안다는 ‘진지(眞知)’ 2자는 견선(見善) 견불선(見不善)이라는 ‘견(見)’자에 대한 주석이 아니다. 참으로 좋아하고 참으로 싫어한다는, ‘호오(好惡)’의 진실한 마음을 미루어 한 걸음 더 깊이 들어가 말하고 있다.

그런 사람을 보았다는 구절은 앞에 쓰고, 그런 말을 들었다는 구절은 뒤에 쓰면서 ‘의(矣: 其人矣 其語矣)’자를 거듭 쓰고 있다. 이는 말하고자 하는 핵심이 이미 다음 아래 절에 집중되어 있음을 알 수 있다.

孔子曰 見善如不及하며 **見不善如探湯**을 **吾見其人矣**오 **吾聞其語矣**로라

공자께서 말씀하셨다.

“‘선한 일을 보면 미치지 못할 듯이 하고, 선하지 못한 일을 보면 끓는 물을 더듬듯이 한다.’고 하니 나는 그런 사람을 보았고 나는 그런 말을 들었다.”

강설

부자께서 이미 본 사람과 아직 보지 못한 사람의 차이에 대해 느낀 바 있어 개탄하셨다.

“하나의 선한 일을 보면 성심껏 간절한 마음으로 좋아하여 미치지 못할 것처럼 안타까운 마음으로 선한 일을 행하지 못할까 두려워하고,

하나의 선하지 못한 일을 보았을 적에는 진심으로 미워하여 마치 끓는 물에 손이 닿았을 적에 재빨리 피하는 것처럼 멀리하여 혹시라도 악에 빠질까 두려워해야 한다. 선을 좋아하고 악을 미워하는 마음이란 참으로 이처럼 지녀야 한다.

오늘날 이러한 사람을 찾아보니 내 이러한 사람이 있다는 것을 보았으며, 옛사람을 살펴보아도

나는 이러한 말이 있다는 사실을 들은 적이 있다. 오늘날 보았던 바가 지난날 들었던 것과 일치된 점으로 미루어, 나는 옛사람이나 오늘의 사람들이 애당초 서로 미치지 못할 게 없다는 점을 알게 되었다. 어찌 다행스러운 일이 아니겠는가."

集註

眞知善惡而誠好惡之니 顔曾冉閔之徒 蓋能之矣라

語는 蓋古語也라

[해석] 참으로 선과 악을 알고서 진실한 마음으로 좋아하고 미워하는 것이다. 이는 안자, 증자, 염구, 민자건 무리가 이처럼 할 수 있다.

[훈고] 어(語)는 아마 옛사람의 말이다.

(2) 은거절지 隱居節旨

'은거이구기지, 행의이달기도(隱居以求其志, 行義以達其道)' 2구 또한 옛말을 인용, 서술한 것이다.

'도(道)'는 세상에 등용되었을 때 천하를 다스리는 도구이며, '지(志)'는 이런 도에 뜻을 둔 것이다. 2곳의 '이(以: 以求其志, 以達其道)'자는 의미 없이 쓰인 허사가 아니다. 이는 '숨어 사는 게 고상함이 아니라, 바로 이처럼 은둔하면서 뜻을 추구하기 위해서이다. 세상에 대의를 행하는 것은 공명을 위함이 아니라, 바로 이처럼 도를 펴기 위해서이다.'라는 말과 같다.

그런 말을 들었음에 관해 먼저 말하고, 그런 사람을 본 것에 관해 뒤에 말하면서 '미(未: 未見)'자의 아래에 하나의 '야(也: 未見其人也)'자로 바꿔 쓴 것은 이루 다 할 수 없는 개탄과 사모의 마음으로 그런 사람을 만나보기를 바란다는 뜻이 담겨있다.

隱居以求其志하며 行義以達其道를 吾聞其語矣오 未見其人也로라

"숨어 살면서 그 뜻을 추구하고, 대의를 행하여 그 도를 베푼다.'라고 하니 나는 그런 말은 들었으나 그런 사람은 보지 못하였다."

강설

"벼슬하지 않고 외진 곳에 은둔해야 할 적이면 벼슬에 나아가 백성에게 은택을 펼칠 수 있는 뜻을 추구하면서 나의 몸을 도의로 지키고, 벼슬에 나아가 군신의 대의를 행할 적이면 추구했던 도를 이룩하여 나의 뜻을 천하에 펼치는 것이다. 그 본체와 작용을 모두 갖춤이 이와 같다.

이를 옛사람에게 살펴보니 나는 이러한 말이 있다는 것을 들은 바 있지만, 오늘날에 이에 상당하는 인물을 찾아보았으나 이러한 사람을 만나보지 못하였다. 예전에 들었던 말이 오늘날 보는

바에 일치하지 않는다. 나는 이로써 고금의 사람들이 서로 하나가 될 수 없음에 대해 탄식해 마지 않는다. 이 어찌 깊이 애석해야 할 일이 아니겠는가."

集註

求其志는 守其所達之道也요 達其道는 行其所求之志也라 蓋惟伊尹太公之流 可以當之라 當時에 若顏子亦庶乎此니 然隱而未見하고 又不幸而蚤死라 故로 夫子云然이시니라

[해석] 그 뜻을 추구한다는 것은 그 벼슬에 나가 펼칠 수 있는 도를 지킴이며, 그 도를 베푼다는 것은 그 은둔 시 추구했던 뜻을 시행하는 것이다. 이는 오직 이윤과 태공 등의 무리만이 이에 상당하는 사람이다. 당시에 안자 같은 이는 또한 여기에 가까운 인물이지만, 은둔으로 나타나지 않았고 또한 불행히 일찍 죽었다. 이 때문에 부자께서 이처럼 말한 것이다.

12. 경공장지 景公章旨

이 장은 부자께서 사람들에게 덕을 닦도록 권면한 뜻으로 말한 것인바, 제경공과 백이·숙제를 빌려 하나의 표본으로 삼고 있다.

덕이 있는 자는 비록 빈천할지라도 반드시 나타나게 되고, 덕이 없는 자는 아무리 부귀를 누린다고 할지라도 그 명성이 전해지지 못하는 법이다. 세상 사람들을 각성시키는 데 중점을 둔 것이지, 굳이 어리석게 우열로 단정해서는 안 된다.

(1) 경공절지 景公節旨

'그가 죽던 날[死之日]'과 '오늘날까지[到于今]'라는 구절은 바로 상대되는 말이다. 한 사람은 죽자마자 사라져버렸고, 한 사람은 천년이 지나도록 살아있는 것과 같다. 과연 그 누가 영화롭고 그 누가 욕되는 일일까? 이는 많은 사람에게 크나큰 각성을 요하는 부분이다.

"수양산에서 굶어 죽었다.[餓于首陽]"는 것은 "말 4천 필을 소유한 부[有馬千駟]"와 상대되는 말로써 이는 지독한 가난을 말한 것일 뿐이다. "오늘날까지 일컬어오고 있다.[到今稱之]"는 말속에는 앞 구절에서 말한 '덕(德)'자의 뜻을 포괄하고 있다.

齊景公은 有馬千駟호되 死之日에 民無德而稱焉이오 伯夷叔齊는 餓于首陽之下호되 民到于今 稱之하나니라

〈부자께서 말씀하셨다.〉

"제나라 경공은 말 4천 필을 소유한 부를 누렸으나 그가 죽던 날, 백성들은 그의 덕을 칭송함이 없었고, 백이숙제는 수양산 아래에서 굶주려 죽었지만, 백성들은 지금까지도 그들을 칭송해오고

있다.”

강설

“예전에 제경공은 4천 필이나 되는 많은 말을 소유하였다. 그의 부가 이와 같으니 칭송받아 마땅한 일이며, 더욱이 그가 죽던 날은 바로 사람들이 슬퍼하는 마음을 품을 때이다. 그런데도 어찌하다 임금으로서의 도가 부족하여 죽자마자 그의 이름은 잊었고 그가 죽던 날, 그의 은덕을 칭송하는 백성이 없었을까? 부란 이처럼 믿을 수 없는 것이다.

백이숙제는 신하로서 임금을 정벌한 주나라의 곡식 먹는 것을 부끄럽게 여겨 수양산 아래에서 굶주려 죽었다. 그 곤궁함이 이와 같으니 칭송받은 바 없음은 당연한 일이며, 더욱이 오늘 이후로 또한 오랜 세월이 흐른 뒤엔 사라져버릴 것이다. 그러나 그의 아름다운 명성은 더욱더 돋보여 그는 일찍이 죽었지만, 오히려 살아있는 것처럼 백성들은 오늘날까지도 그의 이름을 칭송해오고 있다. 곤궁함을 가볍게 여길 수 없음 또한 이와 같다.”

集註

駟는 四馬也라 首陽은 山名이라

[훈고] 사(駟)는 4필의 말이다. 수양(首陽)은 산 이름이다.

(2) 성불절지 誠不節旨

앞서 말한 “은덕을 칭송함이 없다[無德而稱]”는 구절에 비춰보면, ‘또한 그 남다른 면에 있다’는 ‘이(異)’자는 당연히 덕을 지칭한 말이다. 백이숙제의 높은 절개를 칭송함은 바로 임금이라는 큰 지위를 취하지 않고 양보하였기 때문이다. 인을 추구하여 인을 얻었던[求仁得仁] 남다른 행적이 『시경』에서 언급[誠不以富 亦祗以異]한 바와 일치한다.

〈誠不以富오 亦祗以異라하니〉 其斯之謂與ㄴ저

“〈‘참으로 부로써 평가되는 것이 아니라, 또한 남다른 면에 있다.’고 하니〉 그 말은 이들을 두고 말한다.”

강설

“4천 필의 말을 소유한 임금과 수양산에서 굶주린 사람을 비교해 보면 도저히 짝할 수 없다. 그러나 명성을 칭송하는 것은 절개에 있었지, 부에 있지 않았다. 이 때문에 『시경』에 의하면, ‘사람들이 칭송하는 바는 진정 부로 평가하는 것이 아니다. 부가 아닌 다른 면으로 평가한다.’라고 하였다.

이는 칭송의 대상이 제경공의 부에 있는 게 아니라, 백이숙제의 그 누구보다도 뛰어난 남다른 면에 있었음을 말해주는 것이다. 그렇다면 재물을 위해 한목숨을 바쳐야 할까? 명예를 위해 한목숨을 바쳐야 할까? 여기에서 어느 것이 잘한 일이고 어느 것이 잘못된 일인가를 반드시 논변해야 한다.

集註

胡氏曰 程子以爲第十二篇錯簡'誠不以富亦祗以異' 當在此章之首라하니 今詳文勢컨대 似當在此句之上이니 言人之所稱이 不在於富而在於異也라

愚謂 此說近是로되 而章首에 當有孔子曰字니 蓋闕文耳라 大抵此書後十篇은 多闕誤라

[해석] 호씨[胡寅]가 말하였다.

"정자는 '「안연」 제12편의 착간인 「참으로 부로써 평가하는 것이 아니라, 또한 남다른 면에 있다.」는 구절은 마땅히 본장의 첫머리에 있어야 한다.'고 하였다. 이제 문맥을 자세히 살펴보면, 이 구절의 위에 있어야 맞을 것 같다. 이는 사람들이 칭송하는 대상은 제경공의 부에 있는 게 아니라, 백이숙제의 남다른 면에 있음을 말해주는 것이다."

나의 생각은 다음과 같다.

이 말(호인의 말)은 옳은 듯하다. 하지만 이 문장의 첫머리에 당연히 '공자왈' 3자가 있어야 한다. 이는 궐문으로 생각된다. 대체로 『논어』의 후10편(「先進」…「堯曰」)은 궐문이나 오자가 많다.

13. 진강장지 陳亢章旨

이 장은 공명정대한 성인의 마음을 보여준 것으로, 진강(陳亢)은 시종일관 이를 알지 못하였다. 부자께서 문인을 가르치고 자식을 가르침은 각기 그들의 조예를 바탕으로 말한 것이지, 고의적으로 자식에게 사사로이 대하는 것도 아니며, 또한 고의로 자식을 멀리한 것도 아니다.

(1) 진강절지 陳亢節旨

제 자식에게 사사로이 대함은 인지상정(人之常情)이다. 성인 또한 이를 면하지 못할 것으로 의심하였다. 이 때문에 성인 또한 그렇지 않겠느냐는 '역(亦)'자를 쓴 것이다.

陳亢(강)이 問於伯魚曰 子亦有異聞乎아

진강이 백어에게 물었다.

"그대는 또한 남다른 말을 들은 적이 있는가?"

강설

진강이 어느 날 백어에게 물었다.

"그대는 부자에게 있어서 인정으로 보면 부자의 사이이다. 따라서 여느 사제 사이와 견줄 수 없다. 또한 수많은 사람과는 달리 부자에게 뭔가 다른 말을 홀로 들은 적이 있었는가?"

集註

亢以私意窺聖人하야 疑必陰厚其子라

　　[해석] 진강이 사사로운 생각으로 성인을 엿보면서, 반드시 자기의 아들에겐 보이지 않게 후하게 말해줬으리라 의심한 것이다.

(2) 대왈절지 對曰節旨

'남다른 말을 들은 적이 없다[未也]'는 구절은 대강만을 말하며, 바로 그 아래 2단락[嘗獨立…鯉退而 學禮]에서 남다른 말을 들은 바 없음을 밝히고 있다.

　　2부분의 '독립(獨立)'에 중점을 두고 보아야 한다. 시(詩)는 인정에 근본하고 사물의 이치를 갖추고 있기에 이를 배우는 이가 사리에 통달하면 혼미하거나 막히는 걱정이 없다. 시의 가르침은 온유하고 돈후하기에 이를 배우는 자가 심기가 화평하게 되면 조급한 잘못이 없다. 이 때문에 말을 잘할 수 있다.

對曰 未也로라 嘗獨立이어시늘 鯉 趨而過庭이러니 曰 學詩乎아 對曰 未也로이다 不 學詩면 無以言이라하야시늘 鯉 退而學詩호라

　　〈백어가〉 대답하였다.

"남다른 말을 들은 적이 없다. 일찍이 홀로 서서 계실 적에 내가 잰걸음으로 뜰을 지나가는데, '시를 배웠느냐?'라고 물으시기에, '아직 배우지 못하였습니다.'라고 하니, '시를 배우지 않으면 말할 수 없다.'라고 하셔서, 나는 물러 나와 시를 배웠다."

강설

백어가 대답하였다.

"나는 남달리 말을 들은 적이 없다. 부자께서 어느 날 홀로 서 계실 때, 내가 그 뜰 앞을 잰걸음으로 지나갔다. 그때, 제자들과 함께 모여 있을 적이 아니었다. 남다른 말을 들을 수 있었다면 반드시 그때 들었을 것이다.

　　그러나 부자께서는 다만 '너는 시경을 배웠느냐?'고 물으시기에, 나는 '배우지 못하였습니다.'라고 대답하였더니, 부자께서는 '사람이란 말을 잘함이 고귀한 일이다. 이는 스스로 『시경』을 배워

이를 얻어야 한다. 시를 배우지 않으면 사리를 통달할 수 없으며, 마음이 화평할 수 없다. 어떻게 말을 잘할 수 있겠느냐.'라고 하셨다.

이에 물러 나와 나는 시를 배웠다. 무릇 온화하고 유순하며, 돈독하고 중후한 가르침을 외우고 익히면 말을 하는 데 도움이 될 수 있는 바탕으로 삼은 것 또한 부자에게 들은 바대로 따랐을 뿐이었다.

集註

事理通達而心氣和平이라 故로 能言이라

[해석] 사리에 통달하고 마음이 화평하므로 말을 잘할 수 있다.

(3) 타일절지 他日節旨

첫 구절[他日又獨立]에서 "다른 날 또다시 홀로 서 계셨다."는 '또다시[又]'라는 글자를 매우 중요하게 묘사하였다.

예에는 자세한 절문(節文)과 도수(度數)가 담겨있다. 이를 배우는 이가 품절(品節)에 대해 자세히 밝게 하면 의리가 정밀하여 현혹됨이 없다. 예의 가르침은 공손하고 검박하며, 장엄하고 공경하기에 이를 배우는 자가 덕성이 견고하여 안정되면 몸가짐을 지킴이 견고하여 흔들림이 없을 것이다. 이 때문에 몸을 세울 수 있다.

他日에 又獨立이어시늘 鯉 趨而過庭이러니 曰 學禮乎아 對曰 未也로이다 不學禮면 無以立이라하야시늘 鯉 退而學禮호라

"다른 날에 또다시 홀로 서서 계시기에 잰걸음으로 뜰을 지나가는데, '예를 배웠느냐?'라고 물으시기에, '아직 배우지 못하였습니다.'라고 하니, '예를 배우지 않으면 서지 못할 것이다.'라고 하시기에, 나는 물러 나와 예를 배웠다."

강설

"어느 날 부자께서 또다시 혼자 계시는데 내가 잰걸음으로 그 뜰 앞을 지나간 적이 있었다. 이 또한 일시의 우연한 만남이 아니기에 남다른 말을 들을 수 있었다면 여느 때 듣지 못한 말을 반드시 그때 들을 수 있었을 것이다.

그러나 부자께서 '너는 예를 배웠느냐?'라고 물으셨을 뿐이다. 내가 대답하기를 '배우지 못했습니다.'라고 하자, 부자께서 '사람이란 사물에 흔들리지 않고 탁월하게 자립함이 고귀한 일이다. 이는 항상 예를 배운 데서 이를 얻을 수 있다. 예를 배우지 않으면 품절을 자세히 밝힐 수 없으며, 덕성을 굳건히 지킬 수 없다. 어떻게 드높게 설 수 있겠느냐.'라고 말씀하셨다.

이에 물러 나와 나는 예를 배웠다. 무릇 공손과 검소, 씩씩함과 공경의 가르침을 받들어 몸을 세울 수 있는 바탕으로 삼은 것 또한 부자에게 들은 바대로 따랐을 뿐이었다."

> **集註**
>
> **品節詳明而德性堅定**이라 **故**로 **能立**이라
>
> [해석] 품절이 자세하고 밝으며, 덕성이 굳건하게 정립되어 몸을 세울 수 있다.
>
> [보 補]
>
> 「술이」 제7에서 부자는 일찍이 "예로 몸을 세워야 한다."고 말한 바 있는데, 이는 본절에서 말한 "예를 배우면 몸이 설 수 있다."는 증거이다.[77]

(4) 문사절지 聞斯節旨

이는 앞의 2단락을 총괄하여 말하고 있다. 내가 들은 바는 이것뿐이라는 것으로, 이는 앞의 '남다른 말을 들은 적이 없다[未也]'는 구절과 상응한다.

聞斯二者로라

"이 두 가지를 들었을 뿐이다."

> **강설**
>
> "부자 홀로 서서 계실 적이란 모두 남다른 말을 들을 수 있을 때임에도 내가 들었던 바는 애당초 시에서 벗어남이 없었고 예에서 더함이 없었다. 오직 이 두 가지를 들었을 뿐이다. 시와 예를 배우라는 그 말씀은 부자께서 평소 사람을 가르치실 적에 평소 말씀이다. 어찌 남다른 말을 들었겠는가."

> **集註**
>
> **當獨立之時**하야 **所聞**이 **不過如此**하니 **其無異聞**을 **可知**라
>
> [해석] 홀로 서서 계실 적에 들었던바 이와 같은 말에 지나지 않는다. 백어가 특별히 남다른 말을 들은 바 없음을 알 수 있다.

(5) 퇴이절지 退而節旨

시와 예에 대한 가르침을 일찍이 들은 바 있었지만, 다시 한번 백어의 말로 인해 새롭게 느낀

---

77 新安陳氏曰 "夫子嘗曰立於禮, 又學禮能立之證."

바가 있었고, 남몰래 제 자식에게 후하게 대하지 않는다는 것은 백어의 '남다른 말을 들은 바 없었다.'라는 말을 통하여 진강은 마음에 깨달은 바 있었다.

진강이 기뻐한 것은 남몰래 제 자식에게 후하게 대하지 않는다는 측면에 중점을 두고 있다. 이는 특별히 하나의 '우(又: 又聞君子之遠其子)'자를 더 말한 데에서 찾아볼 수 있다.

陳亢이 退而喜曰 問一得三호니 聞詩聞禮하고 又聞君子之遠其子也호라

진강이 물러 나와 기뻐하면서 말하였다.

"하나를 물어 셋을 얻었다. 시에 대해 들었고 예에 대해 들었으며, 또 군자는 제 아들을 멀리함을 들었다."

강설

진강이 이에 물러 나와 기뻐하였다.

"의문점을 묻는다는 것은 그에 대해 반드시 알고자 한 때문이다. 내가 물은 바는 한 가지였는데 얻은 바는 실제 3가지였다.

시를 배워야 말할 수 있다는 것, 예를 배워야 흔들리지 않는다는 것, 그리고 또한 군자는 자식을 멀리하여 조금이라도 남몰래 후히 대하지 않음을 알았다. 얻은 바가 물은 것보다 많다. 나는 어쩌면 이처럼 행복할 수 있을까?"

요컨대 성인이란 일찍이 제 아들에게 사사로이 가까이하지도 않지만, 또한 일찍이 제 아들을 멀리하지도 않는다. 진강의 말은 또한 얄팍한 마음으로 성인을 엿보려고 함이었다.

集註

尹氏曰 孔子之敎其子 無異於門人이라 故로 陳亢이 以爲遠其子니라

[해석] 윤씨[尹焞]가 말하였다.

"공자께서 아들을 가르치심이 문인과 다름이 없다. 이 때문에 진강이 '그 아들을 멀리한다.'라고 말하였다."

14. 방군전지 邦君全旨

이 장은 당시 제후들이 첩을 정실부인으로 삼았기 때문에 명분을 바로잡고자 이처럼 말한 것이다.
'방군지처(邦君之妻)' 4자는 본장 전체의 강령이 되고, '군칭지왈부인(君稱之曰夫人)' 구절 또한 그 아래 2단락[夫人自稱曰小童…亦曰君夫人]의 강령이다.

2곳의 '군부인(君夫人)'은 모두 임금을 높이 받드는 까닭에 그 부인까지 높이 받드는 것이다. 이름이 바르고 분수가 정해있는 부분은 완전히 '군칭지(君稱之)' 3자에 있다.

"임금이 부를 적에는 '부인'이라 하고, 부인이 스스로 말할 적에는 '소동'이라 한다.[君稱之曰夫人, 夫人自稱曰小童]"는 2구는 궁중에서 호칭하는 말이며,

"나라 사람들이 말할 적에는 '군부인'이라 한다.[邦人稱之曰君夫人]"는 구절은 본국에서 일컫은 호칭이며,

마지막 "다른 나라 사람에게 말할 적에는 '과소군'이라 하고, 다른 나라 사람이 말할 적에는 또한 '군부인'이라고 한다.[稱諸異邦曰寡小君…亦曰君夫人]는 2구는 다른 나라에서 일컫은 호칭이다.

3부분에서 말한 '부인(夫人: 君稱之曰夫人, 邦人稱之曰君夫人, 異邦人稱之亦曰君夫人)'을 중시하여 보아야 하며, 2부분에서 말한 겸칭(謙稱: 小童, 寡小君)은 모두 가벼운 뜻으로 쓰였지만, 오직 부인만이 이러한 겸칭을 쓸 수 있다. 이로 보면 또한 중대한 뜻이 담겨있음을 알 수 있다.

'군부인(君夫人)'의 '군(君)'자는 즉 소군(小君)으로서 집안 내의 일을 주장한다는 뜻이지, 임금[君]의 부인을 말한 것이 아니다.

邦君之妻를 君이 稱之曰夫人이오 夫人이 自稱曰小童이오 邦人이 稱之曰君夫人이오 稱諸異邦曰寡小君이오 異邦人이 稱之에 亦曰君夫人이니라

〈부자께서 말씀하셨다.〉

"나라 임금의 아내를 임금이 부를 적에는 '부인'이라 하고, 부인이 스스로 말할 적에는 '소동'이라 하며, 나라 사람들이 말할 적에는 '군부인'이라 하고, 다른 나라 사람에게 말할 적에는 '과소군'이라 하며, 다른 나라 사람이 말할 적에는 또한 '군부인'이라고 한다."

강설

부자는 정명(正名)의 의의를 붙여 말씀하셨다.

"부부란 인륜의 시작이며, 안채란 모든 일의 근본이다. 더욱이 임금의 아내는 여느 사람과 견줄 수 없다. 그런 부인을 일컬어 부를 적에 어찌 구차히 할 수 있겠는가. 그러므로 임금이 아내를 부를 적에는 '부인'이라고 한다. 이는 그 자신과 대등한 사람임을 말한다.

부인이 자칭 자신을 말할 적에는 '소동'이라고 한다. 이는 감히 임금과 대등한 몸이라 할 수 없다는 뜻으로 겸손한 말이다.

나라 사람이 그를 일컬을 적에는 '군부인'이라고 한다. 이는 임금을 도와 내치(內治)를 주관한 사람임을 말한다.

다른 나라 사람들에게 말할 적에는 '과소군'이라고 한다. 이는 적은 덕으로 작은 임금이 되어 공손히 집안을 다스린다는 점을 말한다.

다른 나라 사람이 그를 일컬을 적에는 또한 '군부인'이라고 한다. 이 또한 그가 임금을 도와 집안일을 다스렸기 때문이다.

나라 임금의 아내는 하나이지만 그를 호칭할 적에 혼란스럽지 않게 명백함이 이와 같다. 이름

과 실상이란 삼가지 않을 수 없다."

集註

寡는 寡德이니 謙辭라

○ 吳氏曰 凡語中所載에 如此類者는 不知何謂니 或古有之어나 或夫子嘗言之를 不可考也니라

[훈고] 과(寡)는 덕이 적음이니, 겸손한 말이다.

○ 오씨[吳棫]가 말하였다.

"무릇 『논어』에 실린 이와 같은 유는 무엇을 말한 것인지 알 수 없다. 혹 예전에 있었던 말인지, 아니면 부자께서 일찍이 이처럼 말씀하신 것인지 밝힐 수 없다."

제17 양화 陽貨 第十七

凡二十六章이라

모두 26장이다.

1. 양화장지 陽貨章旨

이 장은 성인이 권신(權臣)을 대함에 있어 미워하지 않으면서도 엄격하게 대하였음을 보여주고 있다.

앞 절[陽貨欲見孔子…遇諸塗]에서는 양화가 부자 스스로 자기에게 찾아오기를 바람으로 인하여 부자께서 예에 따라 그를 대함이며, 뒤 절[謂孔子曰…吾將仕矣]에서는 양화가 여러 가지의 말로 부자를 풍자한 까닭에 부자께서 사리에 따라 대답하고 있다.

앞 절은 그 일을 서술하고, 뒤 절은 그 말을 서술하였다.

(1) 양화절지 陽貨節旨

양화는 직접 부자를 찾아뵈려 하지 않고, 부자의 출타 중에 삶은 돼지를 보내놓고서 팔짱을 낀 채, 부자께서 찾아오기를 기다렸다. 이는 매우 간악한 수법이다.

그러나 그가 하는 대로 그에 따라 답례하여 언제나 서로 대등해야 한다. 양화는 부자께서 없는 틈을 엿보고서 찾아왔다. 부자 또한 그가 없는 때를 엿보아 찾아간다고 할지라도 무방한 일이다. 미리 약속하지 않고서 찾아갔다가 돌아오는 길에 우연히 만나게 되었다면 이는 모두 길 가는 사람으로서 스쳐 지나다가 만난 사람에 지나지 않을 뿐이다

陽貨 欲見(현)孔子어늘 孔子 不見하신대 歸孔子豚이어늘 孔子 時其亡(無)也而往拜之러시니 遇諸塗하시다

양화는 공자가 자기를 찾아왔으면 원했으나 공자께서 찾아가지 않았더니, 공자에게 삶은 돼지를 보내왔다. 공자께서 그가 없는 틈을 타서 찾아갔으나 돌아오는 길에 그를 길에서 만났다.

강설

예전에 양화가 계씨의 가신으로서 국정을 제 마음대로 할 적에, 부자를 불러 보고 싶어 하였다. 이는 자기의 존귀한 지체를 믿고 남에게 뽐내면서 난을 일으키는데 부자의 도움을 얻고자 함이었다. 그러나 공자는 대의를 지키는 자이므로 기꺼이 자신을 찾아오질 않았다.

이에 양화는 한 꾀를 내었다.

"대부가 선비에게 예물을 줄 적에 그의 집에서 직접 받지 못하면 예의상 그 집을 찾아가 절하는 법이다."

이를 이용하여 부자가 집에 계시지 않을 때를 염탐하여 부자에게 삶은 돼지를 보냈다. 이는 선비에게 예물을 주는 명분을 빌어 부자에게 자신을 찾아와 뵙도록 하려는 간악한 술책이었다.

부자는 예의상 찾아가야 했기에 또한 당시 양화가 없는 틈에 찾아갔는데 생각지 않게 길에서 그를 맞닥뜨렸다. 이는 양화에게 있어 부자를 만난 것은 다행스러운 일이다. 그러나 공자 또한 어떻게 끝까지 피할 수 있겠는가.

集註

陽貨는 季氏家臣이니 名虎니

嘗囚季桓子而專國政이라 欲令孔子來見己나 而孔子不往하신대 貨以禮에 大夫有賜於士어든 不得受於其家면 則往拜其門이라 故로 瞰孔子之亡而歸之豚하야 欲令孔子來拜而見之也라

[훈고] 양화는 계씨의 가신이니, 이름은 호(虎)이다.

[해석] 양화는 일찍이 계환자를 구금하고서 노나라의 국정을 마음대로 하였다. 공자가 자기를 찾아뵙도록 하고자 원했으나 공자는 가시지 않았다. 양화는 예에 '대부가 선비에게 예물을 보냈을 적에 그의 집에서 받지 못하면 그 집을 찾아가 절을 해야 한다'는 점을 이용하여, 공자가 없는 틈을 엿보아 삶은 돼지를 보냈다. 공자에게 자기를 찾아오도록 하고자 함이다.

(2) 위공절지 謂孔節旨

도덕이라 하는 것은 세상을 다스리는 보배요, 때[時]라 하는 것은 일할 수 있는 바탕이다.

양화가 인(仁)과 지(智) 2가지로 물음은 모두 부자의 신상에 붙여 본 것이다. 여기에는 서둘러 벼슬해야 한다는 뜻을 함축하고 있다.

부자가 2차례 '아니다.[不可]'라 말함은 다만 도리에 준하여 답한 것이다. 이는 모두 자신의 신상과 관련지어 언급한 말로 인식하지 않는다.

일월서의[日月逝矣, 歲不我與] 2구는 부자에게 서둘러 벼슬할 것을 풍자한 말이다.

일월(日月)은 날의 숫자를 가리키고, 세(歲)는 날을 총합하여 계산한 말이다.

서의(逝矣)란 눈앞에서 만류하기 어렵다는 것이며, 불아여(不我與)란 남아있는 훗날을 합하여 계산해도 얼마 되지 않음을 말한다.

부자께서 장차 벼슬할 것이라고 대답한 것은 '나는 값을 기다리겠다.'라는 뜻이다. 이에 양화는 다시 한마디 말도 할 수 없었다.

장(將)이라는 글자는 그 말이 원활하고 그 뜻은 원만하니, 가벼이 거절한 것도 아니고 또한 일찍이 그에게 벼슬하겠다고 가벼이 허락한 것도 아니다.

謂孔子曰 來하라 予 與爾言호리라
曰 懷其寶而迷其邦이 可謂仁乎아
曰 不可하다
好從事而亟失時 可謂知乎아
曰 不可하다
日月逝矣라 歲不我與니라
孔子曰 諾다 吾將仕矣로리라

〈양화가〉 공자에게 말하였다.
"이리 오라. 내 당신과 말하리라."
"그 보배를 품고서 그 나라를 혼미케 하는 것을 인이라고 하겠는가?"
"아니다."
"정사하는 것을 좋아하면서도 자주 때를 잃음을 지혜롭다고 이르겠는가?"
"아니다."
"해와 달은 덧없이 흘러간다, 세월이 나와 함께하지 않는다."
"그렇다. 내 장차 벼슬을 할 것이다."

강설

양화는 드디어 부자를 바라보면서 말하였다.
"그대는 앞으로 가까이 오라. 내 그대와 이야기 좀 해보자."
"그 귀중한 도덕을 간직하고서도 혼미하고 어지러운 나라를 구제하지 않는다면 이를 어질다고 말할 수 있을까?"
부자께서 그에게 다른 말씀 없이 그저 이렇게 답하셨다.
"아니다. 어진 사람이란 간절한 마음으로 어려운 사람을 구제하는 것인데, 만일 보배를 간직하고서도 나라의 혼미를 버려둔다면 진정 어질다고 말할 수 없다."
양화는 또다시 말하였다.

"나라 다스리기를 좋아하면서도 자주 기회를 잃는다면 지혜라 말할 수 있을까?"

부자께서 또다시 그에게 다른 말씀 없이 그저 이렇게 답하셨다.

"아니다. 지혜로운 사람은 기회를 잘 아는 것이다. 만일 나라 다스리기를 좋아하면서도 자주 기회를 잃는다면 참으로 지혜라고 말할 수 없다."

양화는 또다시 말하였다.

"세월은 덧없이 흘러가고 또 흘러가 나날이 나이만 더해지는 것이다. 일찍이 나를 위해 조금도 머물러 주지 않는다. 오늘날 벼슬하지 않는다면 또다시 어느 때를 기다리려고 하는가."

부자께서 대답하셨다.

"그렇다. 내 장차 나아가 벼슬하리라."

양화의 말은 모두 부자를 우롱한 것들이었지만, 부자께서 그에게 답함에 있어 그 말씨가 손순하여 격앙한 바 없었다. 그러나 그 이치가 올곧아 순종한 바 없으셨다. 성인이 아니고서 이처럼 말씀할 수 있겠는가.

集註

懷寶迷邦은 謂懷藏道德하야 不救國之迷亂이라 亟는 數也라 失時는 謂不及事幾之會라 將者는 且然而未必之辭라

貨語皆譏孔子而諷使速仕하니 孔子固未嘗如此오 而亦非不欲仕也로되 但不仕於貨耳라 故로 直據理答之하시고 不復與辯하야 若不諭其意者니라

○ 陽貨之欲見孔子는 雖其善意나 然이나 不過欲使助己爲亂耳라 故로 孔子不見者는 義也오 其往拜者는 禮也오 必時其亡而往者는 欲其稱也오 遇諸塗而不避者는 不終絶也오 隨問而對者는 理之直也오 對而不辯者는 言之孫而亦無所詘也라

楊氏曰 揚雄謂孔子於陽貨也에 敬所不敬하야 爲詘身以信道라하니 非知孔子者라 蓋道外無身이오 身外無道하니 身詘矣而可以信道는 吾未之信也로라

[훈고] 회보미방(懷寶迷邦)은 도덕을 품고서 나라의 혼란을 구제하지 않음을 말한다. 기(亟)는 자주함이다. 실시(失時)란 일의 기회에 미치지 못함을 말한다. 장차[將]란 또한 그럴 거라고 하면서도 꼭 그런 것은 아닐 적에 쓰는 말이다.

[해석] 양화의 말은 모두 공자를 비아냥거리며 서둘러 벼슬하도록 풍자한 것이다. 공자가 참으로 그처럼 서둘러 벼슬하려는 것은 아니지만, 또한 벼슬을 원하지 않은 것도 아니다. 다만 양화에게 벼슬하지 않고자 하였다. 그러므로 바로 도리에 따라 대답하고 다시는 그와 함께 논변하지 않고서 마치 그의 의중을 모르는 척하였다.

○ 양화가 공자에게 자기를 찾아왔으면 원한 것은 비록 좋은 뜻이지만, 그러나 자기를 도

와 난을 하려는데 불과할 뿐이다. 그러므로 공자가 찾아보지 않음은 의(義)요, 찾아가 절함은 예(禮)요, 그가 없을 때 찾아감은 그와 똑같이 함이오, 길에서 만나 피하지 않음은 끝까지 끊지 않음이요, 물음에 따라 대답함은 이치의 곧음이요, 대답하되 변론치 않음은 말이 겸손하면서도 또 굽힌 바가 아니다.

양씨[楊時]가 말하였다.

"양웅이 말하기를, '공자가 양화에게 공경하지 않을 대상에게 공경함은 몸을 굽혀 도를 펴기 위함이다.'(『揚子』「法言」)고 하니, 그는 공자를 알지 못한 자이다. 도밖에 몸이 없고 몸밖에 도가 없다. 몸을 굽혀 도를 편다는 것은 나로서는 믿을 수 없다."

2. 성상전지 性相全旨

이 장은 부자께서 선천적인 성품만을 탓하는 자를 위해, 후천적인 습관을 조심해야 할 바를 준엄하게 말한 것이다.

성(性)은 기(氣)와 질(質)을 겸해서 말한다. 기(氣)에는 맑은 기운과 탁한 기운이 있고, 질(質)에는 후함과 박함의 차이가 있다. 맑은 기운과 후한 바탕은 참으로 선을 행할 수 있고, 탁한 기운과 박한 바탕을 지닌 자 또한 반드시 악한 것만은 아니기에 '서로 가깝다[相近]'고 말하였다.

그러나 습관으로 말하면, 기질이 아름답다고 할지라도 악한 일에 익숙하면 그 또한 악하게 되고, 기질이 아무리 악하다 할지라도 선한 일에 익숙하면 또한 선하게 된다. 이처럼 후천적 습관에 의해 선과 악으로 그 거리는 멀어지는 것이다. 집주에서 말한 '미악지불동(美惡之不同)'의 미(美)·악(惡)은 성품으로 말하며, 선(善)·악(惡)은 습관으로 말한다.

子曰 性相近也나 習相遠也니라

부자께서 말씀하셨다.

"성품은 서로 가까우나 습관은 서로 멀다."

강설

부자께서 사람들에게 습관을 삼가길 바라는 뜻으로 말씀하셨다.

"천하 사람의 선악이란 서로의 거리가 엄청나다. 이를 보면서 어느 누가 '선악의 차이는 성품에서 나온 것이지, 습관과는 관계가 없다.'라고 말하지 않겠는가. 하지만 그들은 다음과 같은 사실을 모르기 때문에 이처럼 말한 것이다.

기질의 성품에는 아름답고 좋지 못한 차이가 있지만, 그 근본 시초로 말하면 모두 서로 거리가 먼 것이 아니라 모두 비슷비슷한 것이다. 그 모두가 대체로 좋은 면을 지니고 태어났다. 단 선행을 익히면 군자가 되고, 악행을 익히면 소인이 되는 것이다. 이 때문에 비로소 서로의 거리가 이처럼 멀어지게 된다. 이처럼 서로의 거리가 멀어지게 된 것은 습관에 의해 그처럼 형성되는 것인바, 어찌 그것을 성품의 본연이라고 말할 수 있겠는가. 이로 보면 사람은 일상의 습관을 조심하여 본성을 회복해야 한다."

集註

此所謂性은 兼氣質而言者也라 氣質之性은 固有美惡之不同矣라 然이나 以其初而言이면 則皆不甚相遠也오 但習於善則善하고 習於惡則惡하야 於是에 始相遠耳니라

○ 程子曰 此는 言氣質之性이오 非言性之本也라 若言其本이면 則性卽是理니 理無不善이라 孟子之言性善이 是也니 何相近之有哉리오

[해석] 여기에서 말한 성품은 기질을 겸하여 말한다. 기질의 성품에는 참으로 아름답고 악한 차이가 있다. 그러나 그 본초로 말하면 모두가 그다지 서로 멀지 않다. 다만 선을 익히면 선하고, 악을 익히면 악하다. 이에 비로소 서로 멀어지게 된다.

○ 정자[伊川]가 말씀하였다.

"이는 기질의 성품을 말한 것이지, 본연의 성품을 말한 것이 아니다. 만일 그 본연성을 말하면 그 성품은 곧 천리(天理)이다. 천리는 선하지 않음이 없다. 맹자가 성품은 선하다고 말함이 이것이다. 어찌 '서로 가깝다'고 말할 수 있겠는가."

3. 유상전지 唯上全旨

이 장에서 특별히 바뀔 수 없는 기질을 지적한 것은, 역으로 모든 사람은 학습으로 바뀔 수 있음을 말하기 위함이다.

'유상지여하우(唯上知與下愚)'의 유(唯)자에 크게 경계하고 책려(策勵)하는 뜻이 담겨있다. 이는 상지(上知)와 하우(下愚)를 제외하곤 그 누구나 바뀔 수 있음을 말해주는 것이다.

앞 장에서 말한 "성품은 서로 가깝다.[性相近]"는 것은 모든 사람을 공통으로 말하여 지혜로운 자와 어리석은 자까지 모두 포괄하여 그 안에 두고 말하였다. 그러나 여기에서 말한 상지와 하우는 그중에서 현격한 자만을 끄집어내서 말한 것으로, 이 두 부류의 사람을 제외하면 대체로 학습으로 바뀌지 않을 수 없음을 볼 수 있다. 이로 보면 학습을 조심하지 않을 수 있겠는가.

子曰 唯上知與下愚는 不移니라

부자께서 말씀하셨다.

"오직 가장 지혜로운 자와 가장 어리석은 자는 변하지 않는다."

강설

부자께서 윗글의 미진한 뜻을 밝혀 말씀하셨다.

"성품은 서로 가깝지만, 습관에 의해 서로의 거리가 먼 것은 참으로 그럴 수밖에 없다. 그러나 서로 가까운 가운데에도 또한 지극히 맑은 기운과 지극히 순수한 바탕이 있으면 상지(上知)가 되고, 지극히 혼탁한 기운과 지극히 뒤섞인 바탕을 지니면 하우(下愚)가 된다.

가장 지혜로운 상지와 가장 어리석은 하우는 선악이 일정하여 변하지 않는다. 상지자는 선한 습관에서 일변하여 불선을 범하지 않으며, 하우자 또한 악한 습관에서 일변하여 선할 수 없다.

오직 가장 지혜로운 자는 악으로 변하지 않는바, 가장 지혜로운 자의 기질에 이르지 못하면 위태롭고, 가장 어리석은 사람은 선으로 바뀔 수 없는바, 가장 어리석은 사람임을 달게 여기지 않는 자라면 선을 행하는 데에 힘써야 한다. 이로 보면 모든 사람은 그 습관을 조심하지 않을 수 없다."

集註

此는 承上章而言人之氣質이 相近之中에 又有美惡一定하야 而非習之所能移者라

○ 程子曰 人性本善이어늘 有不可移者는 何也오 語其性則皆善也로되 語其才則有下愚之不移니라 所謂下愚 有二焉하니 自暴自棄也라 人苟以善自治면 則無不可移니 雖昏愚之至라도 皆可漸磨而進也어니와 惟自暴者는 拒之以不信하고 自棄者는 絶之以不爲하나니 雖聖人與居라도 不能化而入也니 仲尼之所謂下愚也라 然이나 其質은 非必昏且愚也라 往往强戾而才力有過人者하니 商辛이 是也니라 聖人은 以其自絶於善으로 謂之下愚라 然이나 考其歸면 則誠愚也니라

或曰 此與上章當合爲一이니 子曰二字는 蓋衍文耳니라

[해석] 이는 윗장을 이어서, 사람의 기질이 서로 가까운 가운데 또한 아름답고 악함의 일정함이 있어 습관에 의해 변할 수 없음을 말한다.

○ 정자(伊川)가 말씀하였다.

"사람의 성품이 본디 선한 데 변할 수 없음은 무엇 때문일까? 그 성품으로 말하면 모두 선하지만, 그 재주로 말하면 도저히 바뀔 수 없는 가장 어리석은 자가 있다.

이른바 가장 어리석은 자는 두 가지가 있다. 스스로 해치는[自暴] 자와 스스로 버리는[自棄] 자이다. 사람이 진정 스스로 선으로 다스리면 바뀌지 못할 리가 없다. 아무리 가장 혼미하고 어리석은 자일지라도 모두 차츰차츰 탁마하여 앞으로 나아갈 수 있지만, 오직 자포자(自暴者)는 이를 거부하여 믿지 아니하고, 자기자(自棄者)는 이를 끊어버리고서 하려고 하질 않는다. 비록 성인과 함께 거처할지라도 변화되어 도에 들어갈 수 없다. 공자가 말씀하신 '가장 어리석은 자'이다.

그러나 그의 본바탕이 반드시 혼미하거나 또한 어리석은 것만은 아니다. 이따금 강하고

모질어 재주와 힘이 남보다 뛰어난 자가 있다. 상나라 신(商辛: 紂王)이 바로 그것이다. 성인
께서 그 스스로 선을 받아들이지 않고 끊어버린 자를 가장 어리석은 자라고 말한다. 그러나
그 귀추를 살펴보면 참으로 어리석은 것이다."

혹자가 말하였다.

"이는 앞 장과 합하여 한 장이 되어야 하니, '자왈' 2자는 연문이다."

[보補]

주자가 말씀하였다.

"부자께서는 '변하지 않는다.[不移]'고 말했을 뿐, '변할 수 없다.[不可移]'고 말하지 않았다. 그
러나 정자의 말은 사람들이 기꺼이 변하려는 생각을 하지 않기에 '변할 수 없다.[不可移]'고 말
하였다.

부자의 말씀은 본래 선천적인 기질의 품성으로 그 우열을 말하였을 뿐, 후천적으로 기꺼
이 바꾸려는 생각을 하지 않기에 '변할 수 없다'고까지는 언급하지 않았다. 그러나 정자의
말은 타고난 품성이 매우 남다른 데에도 기꺼이 바꾸려는 생각을 하지 않는다는, 정신과
의식의 문제를 논급한 것이지, 선천적으로 타고난 기질이 다르기에 '변할 수 없다'고 말한
것은 아니다."[78]

4. 자지장지 子之章旨

이 장은 부자께서 도의 교화를 널리 펼치고자 한 뜻이다.

전체의 장은 학도(學道) 2자를 위주로 하는데, 앞의 2절[子之武城…焉用牛刀]은 자유(子游)가 도를
배워 백성을 잘 교화하였음을 부자가 기뻐함이며, 뒤의 2절[子游對曰…戲之耳]은 백성이 도를 배움
으로써 상하가 모두 신뢰할 수 있게 됨을 부자께서 가상하게 여긴 것이다.

(1) 자지절지 子之節旨

예악은 수많은 도 가운데 큰 실마리이며, 현가(絃歌)는 예악을 펼친 데에서 나타난 하나의 징험
이다. 이 때문에 이 장의 집주에서 세 차례나 예악을 말한 것이다.

子之武城하사 **聞弦歌之聲**하시다

부자께서 무성을 가는 길에 거문고와 노랫소리를 들으셨다.

---

78 『大全』該註. "以聖言觀之, 則曰不移而已, 不曰不可移也. 以程子之言考之, 則以其不肯移而後不可移耳. 盖
聖人之言, 本但以氣質之禀而言其品第; 未及乎不肯不可之辭也. 程子之言, 則以禀賦甚異而不肯移, 非以其禀
賦之異而不可移也."

일찍이 자유가 무성고을 원님이 되어 예악으로 백성을 가르쳤다. 부자께서 무성을 가는 길에 그 고을 풍속을 살펴보시다가 때마침 거문고 노랫소리를 들으셨다. 이는 위로 도가 행해지고 아래로 풍속이 아름다운 증험이다.

集註

弦은 琴瑟也라

時에 子游爲武城宰하야 以禮樂爲敎라 故로 邑人皆弦歌也라

[훈고] 현은 거문고와 비파이다.

[해석] 그 당시 자유가 무성 원님이 되어 예악을 가르쳤다. 이 때문에 고을 사람이 모두 거문고를 켜면서 노래한 것이다.

(2) 완이절지 莞爾節旨

"빙그레 웃으셨다.[莞爾而笑]"는 것은 자유가 도를 크게 사용할 수 있는, 그 가능성에 대해 기뻐한 것이다.

우도(牛刀)는 도를 배운 자유의 그 자신을 비유한 말이다. 자유가 도로써 다스린 것을 기뻐하면서도 역으로 "어찌하여 소 잡는 칼을 쓰느냐?"고 말함은 특별히 작은 고을에 사용했다는 점을 농담으로 말한 것이지, 그를 애석하게 여겨 이처럼 말한 것이 아니다.

夫子 莞爾而笑曰 割鷄에 焉用牛刀리오

부자께서 빙그레 웃으시며 말씀하셨다.
"닭 잡는데 어찌하여 소 잡는 칼을 쓰느냐?"

강설

부자께서 얼굴에 기쁨이 나타나시고, 마침내 빙그레 미소를 지으시면서 이어 말씀하셨다.
"조그만 닭을 자르는데, 어떻게 소 잡는 큰 칼을 쓸 수 있겠나."
이는 큰 도로써 작은 고을을 다스렸다는 점을 말하고 있다.

集註

莞爾는 小笑貌니 蓋喜之也라 因言其治小邑에 何必用此大道也리오

[훈고와 해석] 완이(莞爾)는 빙그레 웃는 모양이니, 이를 기뻐한 것이다. 이어서 그 작은 골

을 다스리는데 어찌하여 굳이 큰 도를 쓰느냐고 말한 것이다.

(3) 자유절지 子游節旨

"위정자가 도를 배우면 백성을 사랑하고, 아랫사람이 도를 배우면 부리기 쉽다.[君子學道則愛人, 小人學道則易使也.]"는 구절을 인용한 데에서 어느 사람이든 도를 배우지 않으면 안 되고, 어느 고을이든 나라이든 도로써 다스리지 않으면 안 된다는 점을 볼 수 있는데, 이는 소 잡는 칼[牛刀]에 대해 대답한 것이다.

子游 對曰 昔者에 **偃也 聞諸夫子**호니 **曰 君子 學道則愛人**이오 **小人**이 **學道則易使也**라호이다

자유가 대답하였다.
"옛적에 제가 부자에게 들으니, '위정자가 도를 배우면 백성을 사랑하고, 아랫사람이 도를 배우면 부리기 쉽다.'라고 하셨습니다."

> **강설**

자유는 옛적에 들었던 말을 서술하여 정색으로 대답하였다.
"예전에 일찍이 저는 부자에게 들은 말씀이 있습니다.
'위정자는 인자한 마음으로 백성의 사랑을 본분으로 삼는다. 따라서 위정자가 도를 배우면 이를 내면에 간직하여 중화(中和)의 덕이 되고, 이를 바깥으로 발산하면 화기 넘치는 인이 되기에 절로 백성을 사랑하게 된다.
아래 백성은 분수를 편히 여기고 윗사람에게 순종하여 쉽게 부리는 것을 본분으로 삼는다. 따라서 아랫사람이 도를 배우면 이를 내면에 간직하여 화기와 공경의 마음이 있고, 이를 바깥으로 발산하면 목숨을 바치고 순종하는 의가 있기에 절로 부리기 쉽다.'
오늘날 무성고을이 아무리 작다고 하지만 여기에도 위로는 위정자가 있고 아래로는 백성이 있습니다. 이 때문에 저는 반드시 예악으로 가르친 것입니다."

> **集註**

君子小人은 **以位言之**라
子游所稱은 **蓋夫子之常言**이니 **言君子小人**이 **皆不可以不學**이라 **故**로 **武城雖小**나 **亦必敎以禮樂**이라

[훈고] 군자와 소인은 지위로 말하였다.

[해석] 자유가 말한 바는 부자께서 일상으로 하셨던 말씀이다. 군자와 소인이 모두 도를 배우지 않을 수 없다. 그러므로 무성이 아무리 작은 고을일지라도 또한 반드시 예악으로써 가르쳐야 함을 말한다.

[보 補]

주자가 말씀하였다.

"위정자가 도를 배운다는 것은 '자신이 서고자 하면 남을 먼저 세워주고, 자신이 이루고자 하면 남을 먼저 이뤄주는' 도리를 깨달아야 만이 비로소 백성을 사랑할 수 있고, 아랫사람이 배운다는 것은 효제·충신을 깨닫는데 지나지 않는다. 이 때문에 부리기 쉬운 것이다."[79]

위와 같이 통치자이든 백성이든 배운다는 것은 남을 먼저 챙겨주는 것, 즉 서(恕)에 있다. '나'라고 하는 것, '나의 것'이라고 하는 생각을 우선시하는 데서부터 서로의 관계는 어긋나기 시작한다. 따라서 그들의 입장에서 그들을 배려하고 그들의 고뇌를 이해하는 역지사지(易地思之)가 곧 인정(仁政)의 출발점임을 말하고 있다. 이러한 정신이 곧 위정자의 우선시되는 덕목이다.

(4) 이삼절지 二三節旨

"위정자가 … 부리기 쉽다.[君子…易使也.]"는 2구는 본디 부자께서 모든 제자에게 일상으로 일러 줬던 말씀이다. 오늘날 언(자유)이 도로써 무성고을을 다스렸다는 점에 중점을 두어 서술한 까닭에 "언의 말[偃之言]"이라 한 것이다.

옳다는 시(是)자에는 아울러 문인들이 독실하게 믿어주기를 바라는 뜻이 들어 있다. 희지(戲之) 구절은 문인의 오해를 풀어준 것이다.

子曰 二三子아 偃之言이 是也니 前言은 戲之耳니라

부자께서 이어 말씀하셨다.

"제자들이여, 언(자유)의 말이 옳다. 앞서 말한 것은 농담이었다."

강설

부자께서 이때 문인을 불러들여 그들에게 말씀하셨다.

"제자들이여, 언이 말한, 위정자나 아랫사람이 모두 도를 배우지 않을 수 없다는 것은 참으로 옳은 말이다. 내가 조금 전에 닭 잡는데 어찌 소 잡는 칼을 쓰겠느냐는 말은 농담이다. 어찌 작은 고을이라 해서 대도로 다스리지 않아도 된다고 말할 수 있겠는가."

---

79 『大全』 該註. "朱子曰 君子學道, 是曉得那已欲立而立人, 已欲達而達人底道理, 方能愛人. 小人學道, 不過曉得那孝弟忠信而已, 故易使也."

부자께서 이를 말한 것은 제자들이 모두 대도로 천하의 풍속을 바꿔주기를 바라는 마음을 보여
준 것이다.

> **集註**
>
> 嘉子游之篤信하고 又以解門人之惑也라
>
> ○ 治有大小나 而其治之必用禮樂은 則其爲道一也라 但衆人은 多不能用이어늘 而子游獨行
> 之라 故로 夫子驟聞而深喜之하시고 因反其言以戲之러시니 而子游以正對라 故로 復是其言하야
> 而自實其戲也시니라

> [해석] 자유의 독실한 믿음을 가상히 여기고, 또한 문인의 오해를 풀어주었다.
> ○ 다스리는 데에 큰 나라 작은 고을의 차이는 있으나 그 다스림에 있어서 반드시 예악
> 을 써야 한다는 그 도는 한가지이다. 다만 많은 사람이 대부분 이처럼 행하지 않았는데,
> 자유만이 이를 행하였기에 부자께서 갑자기 음악소리를 들으시고 매우 기뻐하시고, 이를
> 계기로 그 말을 반대로 농담을 한 것인데, 자유가 정색으로 대답하였다. 이 때문에 다시
> 자유의 말이 옳다 하고, 스스로 그 농담이었음을 증명한 것이다.

5. 공산장지 公山章旨

이 장은 성인의 뜻이 동방의 주나라[東周]를 만드는 데 있음을 보여준 것이다.
첫 절[公山弗擾以費畔…子欲往]은 공산불요의 초빙에 찾아가고자 함이며,
그 아래[子路不說曰…吾其爲東周乎]는 자로의 저지로 인하여 부자의 의견을 밝히신 것이다.

(1) 공산절지 公山節旨

공산불요는 반란을 일으킨 신하임에도 공자를 불렀다는 것은 어쩌면 그의 잘못을 돌이켜 선을
행하려는 마음일 수도 있다. 이 때문에 부자께서 한번 가볼까를 고려한 것이다.

公山弗擾(요) **以費畔**하야 **召**어늘 **子欲往**이러시니

공산불요가 비읍을 점거하여 반란을 일으키고서 부자를 부르자, 부자께서 그를 찾아가려고 하
셨다.

> **강설**
>
> 공산불요는 계씨의 가신이다. 그는 양호와 함께 계환자를 가두려다가 실패하여, 양호는 국외로
> 도망치고 불요는 비읍을 점거하여 반란을 일으켰다. 그런 그가 폐백을 갖추어 정중하게 부자를

초빙하였다.

이에 부자께서 그를 찾아가려고 하셨다. 부자의 의중에는 다른 마음이 있었기 때문이다.

> **集註**
>
> 弗擾는 季氏宰니 與陽虎共執桓子이라가 據邑以叛하다
>
> [훈고와 해석] 불요는 계씨의 가신이다. 양호와 함께 계환자를 잡으려다가 〈실패하고서〉 비읍을 점거하여 반란을 일으켰다.

(2) 자로절지 子路節旨

여기에서는 반란을 일으킨 신하는 도를 행할 수 없다는 측면에 중점을 두고 있다.

子路 不說(悅)曰 末之也已니 何必公山氏之之也시리잇고

자로는 이를 달갑게 여기지 않고서 말하였다.
"갈 곳이 없는데, 하필이면 공산씨에게 가시렵니까?"

> **강설**
>
> 자로는 부자께서 공산불요에게 가시려는 것을 몹시 불쾌하게 생각한 나머지 말하였다.
> "이미 도가 행하여지지 못하여 갈 곳이 없는 처지인데, 어찌하여 굳이 공산불요의 부름에 가려 하십니까?"

> **集註**
>
> 末은 無也라
>
> 言道旣不行하야 無所往矣니 何必公山氏之往乎리오
>
> [훈고] 말(末)은 없음이다.
>
> [해석] 도가 이미 행하여지지 못하여 갈 곳이 없는데, 어찌하여 굳이 공산씨에게 가려고 하는가를 말한다.

(3) 부소절지 夫召節旨

부자를 부름은 괜스레 부른 것이 아니며, 성인 또한 어찌 아무런 까닭 없이 가려는 것이겠는가. 동방의 주나라로 만들겠다는 그 말씀이 바로 아무런 까닭이 없지 않았음을 보여준 부분이다.
『사서회참(四書滙參)』에서 말하였다.

"동방의 주나라를 만들겠다는 것은 본디 부자의 평소 염원이셨지만, 그 사실을 젖혀놓고 거론하지 않았던 것 같다. 그러다가 공산불요의 부름을 계기로 갑자기 이런 생각이 촉발된 것이다. '어찌 괜스레 부르는 것이겠느냐? 만일 나를 등용한 자가 있다면'이라는 구절에 부자의 깊은 속내가 담겨있다. 이는 결국 그의 평소 염원이 그 무엇이었던가를 드러낸 부분이라 하겠다."

집주에서 "주나라의 도를 동방에서 일으킨다."고 하였다. 여기에서 반드시 하나의 '도(道)'자를 깊이 있게 살펴보아야 한다. 이는 동쪽 지방에서 주나라를 부흥시키겠다는 말이 아니라, 문왕이 서주에서 주나라의 도를 일으켰다면 부자 자신은 동쪽에서 그러한 도를 부흥시키겠다는 점을 말해주는 것이다.

子曰 夫召我者는 而豈徒哉리오 如有用我者ㄴ댄 吾其爲東周乎ㄴ저

부자께서 말씀하셨다.

"나를 부르는 자가 어찌 괜스레 부르는 것이겠냐? 만일 나를 등용한 자가 있다면 나는 동방의 주나라를 만들 것이다."

강설

부자께서 자로를 깨우쳐 주었다.

"공산불요가 다른 사람을 불러들이지 않고 나를 부르는 것은 어찌 겉치레이겠는가? 반드시 장차 등용하려는 것이다. 만일 나에게 나라를 맡겨주고 나에게 정사를 맡겨주는 사람이 있다면 나는 반드시 그 제도를 바꾸고 기강을 바로잡아 문왕 무왕의 도를 부흥하여 동방의 주나라를 만들 것이다. 어찌 그를 찾아가지 않을 수 있겠는가."

集註

豈徒哉는 言必用我也라 爲東周는 言興周道於東方이라

○ 程子曰 聖人은 以天下無不可有爲之人이오 亦無不可改過之人이라 故로 欲往이라가 然而終不往者는 知其必不能改故也시니라

[훈고] 기도재(豈徒哉)는 반드시 나를 등용함을 말한다. 위동주(爲東周)는 동방에 주나라의 도를 일으킴을 말한다.

○ 정자[明道]가 말씀하였다.

"성인께서는 이 세상에 좋은 일을 하지 못할 사람이 없고, 또한 허물을 고치지 못할 사람도 없다고 생각하였다. 이 때문에 그를 찾아가고자 하였지만, 그러나 끝내 찾아가지 않았던 것은 그가 반드시 고치지 못할 것을 알았기 때문이다."

6. 능행전지 能行全旨

이 장에서는 자장에게 인을 행할 수 있는 실제의 공부를 보여준 것으로, 단 능행(能行: 能行五者
於天下) 구절에 중점을 두고 있다. 공(恭), 관(寬), 신(信), 민(敏), 혜(惠)는 5가지 조목을 나열함이
며, 불모(不侮), 득중(得衆), 인임언(人任焉), 유공(有功), 사인(使人)이란 그 5가지의 덕목을 실행
한(能行) 데에서 얻어지는 공효를 들어 그에게 자신의 행했던 결과를 스스로 살펴보도록 함이다.

이로 보면, 거만하지 않은 공손한 마음, 속이 좁지 않은 너그러운 마음, 거짓이 없는 미더운 마
음, 게으르지 않은 민첩한 마음, 각박하지 않은 베풂의 마음, 그 5가지 조목은 실제 몸으로 실행하
여야 하는 그 마음가짐을 말하며, 천하(天下: 能行五者於天下)란 실제 그 5가지의 덕목을 실행하여
야 할 범주의 대상, 지역의 경계를 말하며, 5가지를 천하에 행한다는 것은 실제 그 5가지의 덕목을
실행하는 노력과 그 행위를 말한다.

능행의 능(能)이란 힘을 싣고 있는 글자이다. 능행(能行) 2자에서 곧장 천하(天下)라는 글자까
지를 하나의 구두로 삼아야 한다. 집주에서 말한 "이 5가지를 행한다(行是五者)"는 구절에는 이미
그 전체 구절(能行五者於天下)의 뜻을 포괄하여 쓴 문장이다. 이 때문에 "마음이 보존되고 이치가
얻어졌다(心存理得)"는 구절은 경문에서 말한 위인(爲仁)에 붙여 해석한 말이며, 또 어천하(於天下)
에 대해 해석하면서 단 "어느 곳을 갈지라도 그렇지 않은 데가 없다(無適不然)"는 뜻만을 각성시키
고자 함이다.

공, 관, 신, 민, 혜 5자는 그 조목만을 말했을 뿐이고, 아래의 공즉불모(恭則不侮)의 공, 관, 신,
민, 혜 5자에는 능행(能行) 2자의 의미가 담겨있음과 아울러 그 가운데 어천하(於天下) 3자가 포함
되어있다.

불모(不侮) 등으로 스스로 고찰해 보아야 하는데, 즉(則)자가 매우 긴요하다. 즉(則)자의 아래
반절은 원래 축약되어 위 반절 내에 귀착된다.

子張이 問仁於孔子한대

孔子曰 能行五者於天下면 爲仁矣니라

請問之한대

曰 恭寬信敏惠니 恭則不侮하고 寬則得衆하고 信則人任焉하고 敏則有功하고 惠則
足以使人이니라

자장이 공자에게 인을 물으니, 부자께서 말씀하셨다.
"5가지를 천하에 행하면 인이라 한다."
"청컨대 그 5가지는 무엇입니까?"
"공손함, 너그러움, 믿음, 민첩함, 베풂이니, 공손하면 업신여기지 않고, 너그러우면 많은 사람

의 마음을 얻고, 미더우면 사람이 의지하고, 민첩하면 공이 있고, 베풀면 사람을 부릴 것이다."

자장이 인에 관한 도를 여쭈자, 부자께서 말씀하셨다.

"인이란 마음에 한 점 사심이 없는 천리이다. 마음속에 천리가 만에 하나 단절된 때가 있으면 인은 사라지고, 천리가 만에 하나 부족한 곳이 있으면 인을 잃게 된다. 참으로 5가지를 천하에 행하여 어느 곳에서나 그처럼 행한다면 마음에 천리가 보존되고 모든 사물에 이치를 얻게 되어, 인의 본체와 작용이 갖추어짐으로써 인을 행할 수 있을 것이다."

자장이 5가지의 조목을 여쭈자, 부자께서 말씀하셨다.

"이른바 5가지는 다름이 아니다. 공손하여 거만하지 않으며, 너그러워 속 좁지 않으며, 믿음으로 거짓이 없으며, 민첩하여 게으름이 없으며, 베풂으로 각박하지 않음이 바로 그것이다. 특별히 이를 능히 행하지 못할까를 걱정해야 한다.

참으로 공손함을 행하면 남들이 두려워하는 위엄이 있어 스스로 감히 업신여기지 못할 것이며, 너그러움을 행하면 사람을 용납할 아량이 있으므로 많은 사람의 마음을 얻을 수 있을 것이며,

미더움을 행하면 사람은 모두 나를 신뢰하여 의심하지 않을 것이며,

민첩하게 행하면 인습과 구차스런 병폐가 없어 하는 일마다 이뤄질 것이며,

베풂을 행하면 은혜를 입은 자들이 모두 감사하고 추앙하는 마음으로 내가 하는 일을 기뻐할 것이다.

이처럼 다섯 가지에 노력을 다하면 그에 따른 효과는 그 유에 따라 감응할 것이다. 천하에 도를 행하는 자는 이 점을 스스로 살펴보아야 한다. 그대가 참으로 이 다섯 가지를 천하에 능히 행한다면 인 또한 어찌 이를 벗어날 수 있겠는가."

行是五者면 則心存而理得矣라 於天下는 言無適而不然이니 猶所謂雖之夷狄이라도 不可棄者라 五者之目은 蓋因子張所不足而言耳라 任은 倚仗也라 又言其效如此시니라

○ 張敬夫曰 能行此五者於天下면 則其心公平而周遍을 可知矣라 然이나 恭其本與,ㄴ저

李氏曰 此章과 與六言六蔽五美四惡之類는 皆與前後文體로 大不相似하다

[훈고와 해석] 이 5가지를 행하면 마음이 간직되고 이치가 얻어진다.

어천하(於天下)는 어느 곳에 가든 그처럼 하지 않을 수 없음을 말하니, 이른바 '비록 오랑캐의 나라를 갈지라도 버릴 수 없다.'(「子路」 제13, 제19장)는 것과 같다.

다섯 가지의 조목은 자장의 부족한 바로 말했을 뿐이다.

임(任)은 의지함이다. 또 그 효험이 이와 같음을 말한다.

○ 장경부(張栻)가 말하였다.

"이 다섯 가지를 천하에 행하면 그 마음이 공평하고 두루 미쳐 감을 알 수 있다. 그러나 공손함이 그 근본이다."

이씨[李郁]가 말하였다.

"이 장과 '육언육폐(六言六蔽)'(본편 제8장), 그리고 '오미사악(五美四惡)'(「堯曰」 제2장)의 유는 모두 전후의 문체와 전혀 같지 않다."

7. 필힐장지 佛肹章旨

이 장은 성인과 학자의 일이 다름을 보여준 것이다. 성인은 성도자(成道者), 즉 이미 도를 얻은 자[體道者]이기에 시의(時宜)에 따른 권도(權道: 方便)로 응할 수 있으나, 학자는 구도자(求道者)이기에 한 몸을 조심하면서 상법(常法: 불변의 법칙)을 지켜야 한다. 따라서 몸을 지키는 학자의 상법으로 성인의 권도를 제약해서는 안 된다.

앞 장에서 공산불요의 부름에 가고자 함은 세상이 나를 등용해 주는 것을 중히 여김이며, 이 장에서 필힐의 부름에 가고자 함은 자신이 세상에 등용되어야 함을 중히 여긴 것이다.

(1) 필힐절지 佛肹節旨

필힐에게 찾아가고자 함은 또한 그가 선을 지향하려는 뜻이 있었기 때문이다.

佛肹(필힐)이 **召**어늘 **子 欲往**이러시니

필힐이 부자를 부르자, 부자께서 그를 찾아가려고 하셨다.

강설

예전에 진(晉)나라 조앙(趙鞅)의 가신, 필힐이 중모(中牟)를 점거하여 배반하고 부자에게 사람을 보내어 예물을 갖춰 부르자, 부자께서 그의 부름에 가려고 하셨다. 이는 또한 공산불요의 부름에 응하려는 것과 같은 일이다.

集註

佛肹은 **晉大夫趙氏之中牟宰也**라

[훈고] 필힐(佛肹)은 진나라 대부 조간자(趙簡子)의 봉읍인 중모의 읍재(邑宰)이다.

(2) 석자절지 昔者節旨

불선(不善)한 곳에 들어가서 안 되는 것은 악으로 그 사람을 더럽힐 수 있기 때문이다.

"가시려는 것은 어찌 된 일입니까?往也如之何"라는 말은 필힐에 의해 부자의 몸이 더럽혀질까를 염려한 것이다.

子路曰 昔者에 **由也 聞諸夫子**하니 **曰 親於其身**에 **爲不善者**어든 **君子 不入也**라하시니 **佛肹**이 **以中牟畔**이어늘 **子之往也**는 **如之何**잇고

자로가 말하였다.

"옛적에 제가 부자에게 들으니, '친히 그 몸에 불선을 행하거든 군자는 그 무리에 들어가지 않는다.'고 하셨는데, 필힐이 중모를 점거하고 배반하였거늘 부자께서 가시려는 것은 어찌 된 일입니까?"

강설

자로는 필힐을 찾아가려는 부자의 발길을 막아섰다.

"예전에 저는 일찍이 부자에게 다음과 같은 말씀을 들었습니다.

'친히 그 몸에 불선을 범하는 자가 있으면 군자는 그 무리에 들어가지 않음은 몸을 더럽히기 때문이다.'

오늘날 필힐이 중모 고을을 점거하여 배반한 일은 친히 그의 몸으로 나쁜 짓을 자행한 것입니다. 만일 부자께서 그를 찾아간다면 그들의 무리에 들어가는 일입니다. 장차 그들에게 더럽혀지지 않겠습니까?"

集註

子路 恐佛肹之浼夫子라 **故**로 **問此以止夫子之行**이라

親은 **猶自也**요 **不入**은 **不入其黨也**라

[해석] 자로는 필힐이 부자를 더럽힐까 염려한 까닭에 이를 여쭈어 부자의 가는 길을 저지하고자 하였다.

[훈고] 친(親)은 스스로와 같으며, 불입(不入)은 그 무리에 들어가지 않음이다.

(3) 연유절지 然有節旨

자로가 인용하여 말한 것 또한 거짓이 아니다. '불왈(不曰)' 2자로 문장을 한 차례 바꾼 것은 상법 이외에 또 다른 권도(權道)와 변도(變道)로 통하는 법이 있음을 나타낸 것일 뿐, 굳이 평소 말했던 가르침을 무너뜨리라는 말이 아니다.

견(堅)·백(白)·마(磨)·날(涅)은 비유의 말이다. 학자로서 아직 견고하거나 하얗지 못한 사람들이야 반드시 갈아대면 닳아서 얇아지고 검은 물을 들이면 검어지는 것을 두려워해야 하지만,

이미 견고하고 흰 자는 의당 한 번쯤은 닳아지는지 물드는지를 시험해보는 것도 있을 수 있는 일이다.

子曰 然하다 **有是言也**니라 **不曰堅乎**아 **磨而不磷**이니라 **不曰白乎**아 **涅而不緇**니라

부자께서 말씀하셨다.

"그렇지, 그런 말을 했었다. 그렇지만 〈나를〉 견고하다고 생각지 않느냐? 갈아내려고 해도 닳아서 얇아지지 않는다. 〈나를〉 희다고 생각지 않느냐? 검은 물을 들이려 해도 검어지지 않는다."

강설

부자께서 자로를 깨우쳐 주셨다.

"불선한 무리에 들어가서는 안 된다는 것은 몸을 지키는 떳떳한 법[常法]이다. 배우는 사람의 도리는 참으로 그처럼 조심해야 한다. 내가 예전에 그러한 말을 한 적이 있다. 이는 특별히 견고하거나 결백함이 지극하지 못한 자를 위한 말이다.

그러나 너는 나를 지극히 견고하다고 생각지 않느냐? 아무리 남들이 나를 갈아내려고 해도 나는 닳아서 얇아지지 않는다.

너는 나를 지극히 결백하여 희다고 생각지 않느냐? 아무리 남들이 나를 검은 물로 물들이려고 해도 나는 검어지지 않는다.

그러므로 견고하고 결백함이 나에게 있으니, 한 번쯤 내 스스로 닳아지는지 물드는지 시험해보는 것도 나쁘지 않다. 어찌 몸이 더럽힐까를 걱정하여 그에게 가지 않을 수 있겠는가."

集註

磷은 **薄也**요 **涅**은 **染皂物**이라

言人之不善이 **不能浼己**라

楊氏曰 磨不磷하고 **涅不緇而後**에 **無可無不可**라 **堅白不足而欲自試於磨涅**이면 **其不磷緇也者 幾希**니라

[훈고] 린(磷)은 닳아서 얇아짐이며, 날(涅)은 물건에 검은 물을 들이는 것이다.

[해석] 이는 불선한 사람이 나를 더럽히지 못함을 말한다.

[의론] 양씨[楊時]가 말하였다.

"갈아내려고 해도 닳아서 얇아지지 않고, 검은 물을 들이려 해도 검어지지 않아야 만이 절대 옳다는 것도 없고 절대 옳지 않다는 것도 없다. 그러나 견고하고 흰 것이 부족함에도 갈아보려거나 물들여보고자 스스로 시험하면 닳아서 얇아지고 검어지지 않을 자 거의 없을 것이다."

[보 補]

집주에서 날(涅)자에 대해 검은 물을 들이는 물체[染皁物]라는 훈고를 썼다. 이에 대해 『대전(大全)』 해당 소주(小註)에서는 제씨(齊氏)의 말을 인용하여 "날(涅)이란 물속에 있는 검정 흙이니, 현 강동지방의 검정 앙금이다.[涅, 水中黑土, 今江東皁泥.]"고 하였다. 이는 검은 물을 들이는 염료(染料)[染皁物, 謂染皁之物也.]를 가리키는 명사로 해석한 것이다.

그러나 또 다른 일설에 의하면, "검은 물을 들이는 물체는 그 어떤 물건에 검은 색깔로 물들이는 염료를 말한다. 물들인다는 염(染)자는 오색(五色)에 두루 사용하는 글자이지만, '날'이란 단 검은 색만을 물들이는 것이기에 염조(染皁)라고 말한다. 조(皁)자는 동사이지, 물들이는 그 검은 염료 자체를 말한 게 아니다."[80]고 하였다.

날이불치(涅而不緇)의 날은 마이불린(磨而不磷)의 마(磨)자의 대칭으로 쓰인 글자이다. 갈아낸다는 '마'자가 동사로 쓰였는바, 이처럼 '날'자 또한 검은 염료라는 명사로 말한 게 아니라, 검게 물들인다는 동사로 쓰였음을 알 수 있다.

(4) 오기절지 吾豈節旨

앞에서 이미 필힐을 찾아가고자 한 뜻을 밝혔음에도 또다시 여기에서 자신을 박과 오이[匏瓜]의 식물에 비유한 것은 부자 자신이 세상에 쓰여야 한다는 뜻을 보여주기 위함이다.

성인의 출처는 시의(時宜)에 따라 은둔할 수도 있고 또한 벼슬에 나갈 수도 있기에 외적으로는 나의 발목을 묶어둘 수 없으며, 절대적인 긍정이나 부정이 없기에 내적으로는 나의 마음을 옭아맬 수 없다. 따라서 성인은 뿌리박힌 식물[匏瓜]과 다른 점을 보여주었다. 얼마든지 구속이 없는 몸과 마음으로 천하를 위해 도움이 되어야 한다. 꼼짝달싹하지 못한 채, 쓸모없이 버려지는 삶은 여느 사람으로서도 있을 수 없는 일인데, 하물며 도를 펼쳐 천하를 다스리려는 성인에 있어서는 어떠하겠는가. 그러나 그를 찾아가 도를 펼치려는 것은 천하를 잊지 못하는 인(仁)이나, 끝내 나가지 않음은 시의(時宜)에 따라 흔들림이 없는 결단으로 의(義)이다.

吾豈匏瓜也哉라 焉能繫而不食이리오

내 어찌 박과 오이이겠는가. 어떻게 쓸모없이 묶여있음으로써 사람들이 먹지 못하여, 〈버려진 식물처럼 살 수〉 있겠는가?'

강설

가야 할 곳에 가지 못함은 한곳에 뿌리박힌 박과 오이와 같은 식물이다. 이처럼 식물이란 한 자리

---

80 『四書蒙引』, 권8. "涅染皁物, 謂染皁那物也. 以染字五色皆用得, 涅則只是染黑, 故曰染皁也. 皁字活, 非謂染那皁物也."

에 묶여있어 제 발로 걸어가지 못한다. 그러나 나는 사람이다. 어떻게 박과 오이와 같은 식물처럼 한곳에 묶여있을 수 있겠는가.

부질없이 한곳에 묶여있어 남들이 먹을 수 없다면 그것은 세상에 쓸모없이 버려진 식물에 지나지 않는다. 세상에 그 무슨 도움이 되겠는가. 이 때문에 나는 그를 찾아가고자 한 것이다."

集註

匏는 瓠也라

匏瓜는 繫於一處而不能飲食이나 人則不如是也라

○ 張敬夫曰 子路昔者之所聞은 君子守身之常法이오 夫子今日之所言은 聖人體道之大權也라 然이나 夫子於公山佛肸之召에 皆欲往者는 以天下無不可變之人이오 無不可爲之事也로되 其卒不往者는 知其人之終不可變而事之終不可爲耳시니 一則生物之仁이오 一則知人之智也니라

[훈고] 포(匏)는 박이다.

[해석] 박과 오이는 일정한 곳에 묶여있어 사람들이 먹을 수 있도록 할 수 없지만, 사람은 이와 같지 않다.

○ 장경부(張栻)가 말하였다.

"자로가 예전에 들었던 말은 군자가 몸을 지키는 떳떳한 법이며, 부자께서 지금 말씀하신 바는 성인이 도를 체득하신 큰 방편[權道]이다. 그러나 부자께서 공산불요와 필힐의 부름에 모두 가고자 함은 이 세상에 잘못을 변화시키지 못할 사람이 없고, 하지 못할 일도 없다고 생각한 때문이다. 그러나 결국 찾아가지 않음은 그들을 끝내 변화시킬 수 없고 그 일을 끝내 이룰 수 없음을 알았기 때문이다. 한편으로는 만물을 살리려는 사랑이요, 한편으로는 사람을 알아보는 지혜이다."

8. 육언장지 六言章旨

이 장은 부자께서 자로에게 학문을 좋아하여 반드시 그 덕을 성취해야 함을 가르쳐주고 있다. 학문을 좋아하지 않으면 모든 것을 타고난 기질과 편견의 인식에 따라 처리하기에 폐단이 있기 마련이다.

앞에 있는 여섯 대목의 호(好: 好仁, 好知, 好信, 好直, 好勇, 好剛)자는 그저 부질없이 그 내용이나 실속은 그 이름에 걸맞지 않지만 그러한 부류에 속한다고 내세우는 것이며, 뒤에 있는 여섯 대목의 불호학(不好學)의 호(好)자는 의리를 탐구하는 격물치지의 공부이다.

(1) 유야절지 由也節旨

육언(六言)이란 여섯 글자를 말한다. 인(仁), 지(知), 신(信), 직(直), 용(勇), 강(剛) 여섯 글자는 모두 아름다운 덕이다. 그런데도 여섯 가지의 아름다움[六美]이라 말하지 않고 여섯 글자[六言]라고 말함은 폐단이 있어 아직은 아름답지 못하기 때문이다.

子曰 由也아 女聞六言六蔽矣乎아
對曰 未也로이다

부자께서 자로에게 말씀하셨다.
"유야, 너는 여섯 글자에 여섯 가지의 폐단이 있다는 것을 들었느냐?"
〈자로가〉 대답하였다.
"듣지 못하였습니다."

> **강설**

부자께서 자로의 이름을 부르면서 말씀하셨다.
"사람의 아름다운 덕을 말하는 데에 여섯 글자가 있다. 그러나 여섯 글자 가운데 여섯 가지의 폐단이 있다. 군자는 여섯 글자를 배움에 있어 그 전체를 알아야 하지만, 여섯 가지의 폐단에 있어서도 더더욱 그 누를 버려야 한다.
유(자로)야, 너는 여섯 글자 가운데 여섯 가지의 폐단에 대해 들은 적이 있느냐?"
자로는 벌떡 일어나 대답하였다.
"저는 아직 듣지 못하였습니다."

> **集註**

蔽는 遮掩也라

[훈고] 폐(蔽)는 가림이다.

(2) 거오절지 居吾節旨

부자의 물음에 자로가 일어나 대답한 까닭에 그에게 앉으라 말하였고, 또한 자로에게 차분한 마음을 가지고서 가르침을 받아들일 수 있는 터전으로 삼고자 함이다.

居하라 吾 語女하리라

"앉으라. 내 너에게 말해주겠다."

강설

자로가 일어나 대답하자, 부자께서 이내 그에게 명하셨다.
"앉아라. 내 너에게 여섯 글자 가운데 여섯 가지의 폐단의 실상을 말해주겠다."

集註

禮에 君子問更端則起而對라 故로 夫子諭子路하야 使還坐而告之시니라

[해석] 예에 의하면, "군자가 화제를 바꿔서 물으면 일어나서 대답하는 것이다."(『禮記』「曲禮」)
그러므로 부자는 자로에게 말하여 다시 앉도록 한 후에 일러주신 것이다.

(3) 호인절지 好仁節旨

여섯 글자는 타고난 기품(氣稟)에 근본하거나 아니면 그의 편협한 의견에 따른 것이다.
기질에만 맡겨두면 성품이 한쪽에 치우치지만, 격물치지의 학문을 좋아하면 이러한 기질을 변화시킴으로써 완고한 잘못을 없앨 수 있다. 그리고 편협한 의견만을 따른다면 마음이 혼미해지지만, 격물치지의 학문을 좋아하면 보고 듣는 바를 확충하고 개척하여 황폐한 데에 얽매이지 않는다. 여기에서 말한 학문이란 스승과 벗을 통해 강론하고 연마하는 일 또는 경전을 통해 탐구하는, 그 모든 인식의 공부를 포괄한다.
"그 폐단은 어리석다.[其蔽也愚]"고 함은 어리석은 잘못을 범한다는 말과 같다. 어리석음이 바로 폐단이다. 탕(蕩), 적(賊), 교(絞), 난(亂), 광(狂) 또한 이와 같다.
용맹[勇]은 또한 내외를 겸해서 말한 것이지만, 여기에서는 강(剛)과 용(勇)을 대칭으로 말하였다. 즉 용맹이란 분발하여 과감하게 일을 하는 것인바, 외적인 작용에 속하고, '강'함이란 견고하고 굳세어서 굽힘이 없는 것인바, 내면의 본체에 속한다. 과감하게 뒤돌아보지 않은 까닭에 난을 일으키는 데에 이르며, 자신이 견고하고 굳세다고 생각한 까닭에 조급하고 경솔하여 침착하지 못한 것이다.

好仁不好學이면 其蔽也 愚오
好知不好學이면 其蔽也 蕩이오
好信不好學이면 其蔽也 賊이오
好直不好學이면 其蔽也 絞오
好勇不好學이면 其蔽也 亂이오
好剛不好學이면 其蔽也 狂이니라

"인을 좋아할 뿐 배우기를 좋아하지 않으면 그 폐단은 어리석고,

지혜를 좋아할 뿐 배우기를 좋아하지 않으면 그 폐단은 방탕하고,

믿음을 좋아할 뿐 배우기를 좋아하지 않으면 그 폐단은 해치고,

곧음을 좋아할 뿐 배우기를 좋아하지 않으면 그 폐단은 옥죄고,

용맹을 좋아할 뿐 배우기를 좋아하지 않으면 그 폐단은 어지럽고,

강함을 좋아할 뿐 배우기를 좋아하지 않으면 그 폐단은 거칠다.”

강설

인이란 아름다운 덕이다. 하지만 한낱 인이라는 허울만을 좋아할 뿐, 학문을 좋아하여 이치를 밝히지 못하면 그 폐단은 반드시 속임수에 넘어가 어리석음을 범하게 될 것이다.

지혜란 아름다운 덕이다. 하지만 한낱 지혜의 허울만을 좋아할 뿐, 학문을 좋아하여 이치를 밝히지 못하면 그 폐단은 반드시 고원(高遠)한 데 다하여 방탕을 범하게 될 것이다.

믿음 또한 아름다운 덕이다. 하지만 한낱 믿음의 허울만을 좋아할 뿐, 학문을 좋아하여 이치를 밝히지 못하면 그 폐단은 장차 작은 믿음으로 큰일에 방해가 되어 남들에게 해를 끼칠 것이니 적이 아니겠는가.

곧음 또한 아름다운 덕이다. 하지만 한낱 곧음의 허울만을 좋아할 뿐, 학문을 좋아하여 이치를 밝히지 못하면 그 폐단은 장차 지나치게 곧음으로써 숨겨야 할 일을 숨기지 못하여 반드시 곧이 곧대로 할 것이니 옥죔이 아니겠는가.

용기 또한 아름다운 덕으로 하찮게 여길 바 아니다. 하지만 한낱 용기의 허울만을 좋아할 뿐, 학문을 좋아하여 이치를 밝히지 못하면 그 형세는 반드시 과감한 혈기를 억제하지 못하여 분수를 범하고 윗사람에게 대들 것이다. 그 폐단을 어지럽다고 말하지 않을 수 있겠는가.

굳셈 또한 아름다운 덕으로 없어서는 안 된다. 하지만 한낱 굳셈의 허울만을 좋아할 뿐, 학문을 좋아하여 이치를 밝히지 못하면 그 형세는 반드시 굳셈을 사사로이 사용하여 경솔한 마음으로 허튼일을 할 것이다. 그 폐단을 거칠다고 말하지 않을 수 있겠는가.

이른바 여섯 글자에 여섯 가지의 폐단이란 이와 같은 것이다. 그러므로 학문을 좋아하여 그 폐단을 없애는 일을 어찌 그만둘 수 있겠는가.”

集註

六言은 皆美德이나 然이나 徒好之而不學以明其理면 則各有所蔽라 愚는 若可陷可罔之類요 蕩은 謂窮高極廣而無所止요 賊은 謂傷害於物이라 勇者는 剛之發이요 剛者는 勇之體라 狂은 躁率也라

○ 范氏曰 子路勇於爲善이나 其失之者는 未能好學以明之也라 故로 告之以此니라 曰勇曰剛曰信曰直은 又皆所以救其偏也시니라

[훈고와 해석] 여섯 글자는 모두 아름다운 덕이다. 그러나 한낱 좋아만 할 뿐, 학문을 닦아 그 이치를 밝히지 못하면 각각 폐단이 있게 된다.

우(愚)는 우물에 빠지거나 속는(「雍也」 제24장) 유와 같으며, 탕(蕩)은 지극히 높고 드넓음에 극도로 다하여 그치는 바가 없음을 말하며, 적(賊)은 남을 해침을 말하며, 용(勇)은 강한 데서 나오고, 강(剛)은 용맹의 본체이다. 광(狂)은 조급하고 경솔함이다.

○ 범씨[范祖禹]가 말하였다.

"자로는 선을 행하는 데는 용감하나 그의 잘못은 배움을 좋아하여 이치를 밝히지 못한 데에 있다. 그 때문에 이 말을 일러준 것이다. 용맹, 굳셈, 믿음, 곧음이니 하는 것은 〈자로에게 있어서 넉넉한 부분이지만, 이〉 또한 모두 그 치우친 부분을 바로잡으려는 바이다."

9. 소자전지 小子全旨

이 장은 『시경』을 배운 데에서 얻어지는 여러 가지 유익한 점을 들어 『시경』을 배우지 않으면 안 된다는 점을 보여주었다.

첫 절[小子, 何莫學夫詩]에서는 제자들에게 시를 배우도록 각성시켜주는 말로, 학(學: 何莫學夫詩)이라는 한 글자에는 강론하고 암송하며 체득하여 실천하는 등의 의미가 모두 포괄되어 있다.

흥[可以興], 관[可以觀]은 심신(心身)에 유익함을, 군[可以羣], 원[可以怨]은 성정(性情)에 유익함을 말한다.

이지[邇之事父, 遠之事君] 2구는 인륜을 극진히 다하는 데 유익함을, 다식[多識於鳥獸草木之名] 1구는 미세한 사물까지도 살펴볼 수 있는 유익함을 말한다. 모든 구절은 이처럼 위에서 언급한 학(學)자를 뒤이어서 말하고 있다.

흥(興)과 관(觀) 등은 어떤 하나의 시를 들어 말할 적마다 모두 이와 같을 수 있기에, 어느 시는 어떤 데에 속한다고 단정 지어 말함은 아니다. 흥(興)이란 마음의 감발(感發) 측면에서 말하고, 관(觀)은 자신의 입장에서 고찰한다는 뜻으로 말하였다.

흥(興), 관(觀), 군(羣), 원(怨)은 모두 자기의 일에 속하고, 네 개의 가이(可以)자는 시의 이치이다.

이(邇)와 원(遠) 2자에는 인륜과 모든 만물의 유를 포괄하지 않은 바 없는데, 부모와 임금을 섬김은 그중에 큰 부분을 들어 말한 것이다.

『시경』에는 조수와 초목이 기재되어 있는데, 여기에는 각기 그 의의를 취한 점이 있다. 다식(多識) 또한 격물의 학문이다.

이상의 3구[邇之事父, 遠之事君, 多識於鳥獸草木之名]는 모두 가이(可以)자를 이어서 말하고 있다.

子曰 小子는 何莫學夫詩오

부자께서 말씀하셨다.

"너희들은 어찌하여 『시경』을 배우지 않는가?

강설

부자께서 문인들에게 『시경』을 배움으로써 얻게 되는 유익한 점에 대해 말씀하셨다.

"학자는 지극히 많은 전적을 익히되 육예로 고증하고 믿음을 얻어야 한다. 더구나 『시경』의 가르침은 더더욱 사람에게 간절하다. 너희들은 어찌하여 『시경』을 배우지 않는가?"

集註

小子는 弟子也라

[훈고] 소자는 제자이다.

詩는 可以興이며

시는 가히 일으키며,

강설

"시란 무엇 때문에 당연히 배워야 할까? 시에 기재된 바에는 선과 악이 있으므로 권장과 경계의 뜻이 모두 갖춰있다. 이를 배우면 나의 마음에 감동을 주어 흥기할 수 있기 때문이다."

集註

感發志意라

[해석] 의지에 감동을 주어 촉발하게 만든다.

可以觀이며

가히 볼 수 있으며,

강설

"시에서 말한 바는 찬미와 풍자가 있기에 잘잘못이 구분 지어진다. 이를 배우면 자신의 잘잘못을 살펴볼 수 있기 때문이다."

集註

考見得失이라

[해석] 잘잘못을 살펴보는 것이다.

可以群이며

가히 무리와 사귀게 하며,

강설

"시에는 많은 사람을 대하여 화합할 수 있다. 그러나 씩씩하고 공경의 뜻을 잃지 않는다. 이를 배우면 이런 의의를 응용하여 많은 사람과 함께 할 수 있기 때문이다."

集註

和而不流라

[해석] 함께 어울리면서도 휩쓸리지 않는다.

可以怨이며

가히 원망할 줄 알고,

강설

"시는 변고에 처하여 원망함이 있으나 충후한 생각이 깃들어 있다. 이를 배우면 이를 응용하여 원망함에 대처할 수 있기 때문이다."

集註

怨而不怒라

[해석] 원망하면서도 성내지 않는다.

邇之事父며 遠之事君이오

가까이는 부모를 섬기고, 멀리는 임금을 섬기며,

강설

"자식과 신하로서의 도리가 모두 『시경』에 갖추어 있지 않은 바 없다. 이를 배우면 가까이 집에 있어선 이에 힘입어 부모를 섬기고, 멀리 나라에 있어선 이에 힘입어 임금을 섬길 수 있다."

集註

人倫之道 詩無不備하니 二者는 擧重而言이라

[해석] 인륜의 도리가 『시경』에 모두 갖춰져 있지 않은 바 없지만, 부모와 임금을 섬기는

두 가지 일은 그 가운데 중대한 부분을 들어서 말한 것이다.

多識於鳥獸草木之名이니라

새와 짐승과 초목의 이름을 많이 알 것이다."

강설

"동물·식물의 이름들이『시경』에 쓰여있지 않은 게 없다. 이를 배우면 그런 실상을 통하여 사물을 해박하게 알고 널리 들음으로써 조수와 초목의 이름을 많이 알게 될 것이다. 배우는 이들에게『시경』의 유익함은 이와 같다. 너희들은 이를 배우지 않을 수 있겠는가."

集註

其緒餘 又足以資多識이라

○ **學詩之法**을 **此章盡之**하니 **讀是經者 所宜盡心也**니라

[해석] 그 나머지 또한 다양한 지식의 바탕이 될 것이다.
○『시경』배우는 법을 이 장에 모두 말하고 있다.『시경』을 읽는 자는 마땅히 마음을 다해야 할 것이다.

10. 여위전지 女爲全旨

이 장은 성인이 자식을 가르침에 시를 배워야 할 중요성으로 수신제가에 중점을 두고 교화의 근원을 바로잡으려는 뜻으로 말하였다.
첫 구절에 중점을 두고 말하였다. 아래의 문장은 반어법으로 시를 배워야 하는 당위성을 밝힌 것이다.
'너는 …을 배웠느냐女爲矣乎' 구절은 서술하는 말이지, 묻는 말이 아니다. '배웠느냐爲'는 것은 암송하고 학습하는 데 그치지 않는다. 요컨대 마음으로 이해하고 몸으로 체득해야 한다는 뜻이다.
'이남(二南:「周南」「召南」)'은 수신에 관해 언급하지 않는 것처럼 보이지만, 그 교화는 내면의 마음으로부터 밖의 몸에 미치고 있다. 수신의 의미는 진정 그 가운데 담겨있다. 이 때문에 집주에서 "수신제가의 일이다."라고 말하였다.
'정장면(正牆面)' 구절은 집주에서 "보이는 바가 없으면 행할 수가 없다無所見, 不可行"라고 말하니, 이는 인식의 앎과 실천의 행동이 서로 필요로 함을 말한다.

子 謂伯魚曰 女 爲周南召南矣乎아 人而不爲周南召南이면 其猶正牆面而立也與ㄴ저

부자께서 백어에게 말씀하셨다.

"너는「주남」과「소남」을 배웠느냐? 사람으로서「주남」과「소남」을 배우지 않으면 그것은 바로 담장을 마주하고 서 있는 것과 같다."

강설

부자께서 아들 백어에게 말씀하셨다.

"『시경』 3백편은 모두 다 배워야 할 바이지만 그중에서도 가장 중요한 부분이 있다.「주남」과「소남」이 바로 그것이다. 너는 마땅히 그 가사를 외워 익히고 그 뜻을 묵묵히 음미하되 반드시「주남」과「소남」을 배워야 한다. 여기에서 말한 바는 모두 다 몸을 닦고 집을 가다듬는 일이다.

사람으로서「주남」과「소남」을 배우지 않으면 몸을 닦을 수 없으며 집안을 가다듬을 수 없다. 비록 지극히 가까운 대문 안에서도 하나의 물건을 볼 수 없을 것이며 한 걸음도 행할 수 없어, 마치 담장을 마주하여 선 것과 같을 것이다. 사람으로서 담장에 마주하는 것을 불안스럽게 여긴다면「주남」과「소남」을 배우지 않을 수 있겠는가."

集註

爲는 猶學也라 周南召南은 詩首篇名이니 所言이 皆修身齊家之事라 正牆面而立은 言卽其至近之地로되 而一物無所見하고 一步不可行이라

[훈고와 해석] 위(爲)는 배움과 같다.「주남」·「소남」은『시경』의 첫 부분 편명이다. 말한 바는 모두 몸을 닦고 집을 다스리는 일이다. 바로 담을 마주하고 선다는 것은 지극히 가까운 곳에서도 한 물건도 볼 수 없고, 한 걸음도 나아갈 수 없음을 말한다.

11. 예운전지 禮云全旨

이 장에서는 예악을 말하는 세속 사람들이 예악의 근본을 돌이켜 보기를 바라고 있다. 예의 근본은 공경과 질서에 있고, 음악의 근본은 평화와 조화에 있다. 옥백(玉帛)과 종고(鐘鼓)는 예악에 있어서 지엽이다.

옥백과 종고 그 어떤 것이 예악이 아니고, 어떤 것이 예악인가는 전적으로 두 곳의 호재(乎哉: 玉帛云乎哉 鍾鼓云乎哉)에 대한 신묘한 이치를 곡진하게 취하는 데 있다. 집주에서는 '경(敬)'과 '화(和)'자로 말하였는데, 이 또한 옳다.

『사서회참(四書滙參)』에서 말하였다.

"중복으로 쓴 여섯 개의 '운(云)'자는 단지 서로 연이어 말한 것으로, 사람들의 이른바 "말한다[云]"라는 것은 '말할 뿐이다[云爾]'라는 뜻에 지나지 않음을 나타낸 것이다. 어미에서 이에 '호재(乎哉)'로써 힐문하여 은근하게 풍자하고 있다. 위의 '운(云)'자와 연이어 읽어서는 안 된다."

子曰 禮云禮云이나 玉帛云乎哉아 樂云樂云이나 鍾鼓云乎哉아

부자께서 말씀하셨다.

"예라고 예라고 말하지만, 옥과 비단을 말하겠는가.

음악이라고 음악이라고 말하지만, 종과 북을 말하겠는가."

강설

부자는 사람들에게 예악의 근본을 탐구하기를 바라는 뜻에서 말씀하셨다.

"사람들은 모두 옥과 비단의 폐백을 받드는 일을 예라고 말들 한다. 하지만, 이는 예의 본질이 그 무엇인가를 알지 못하고 특별히 옥과 비단의 폐백만을 들어 행하고 있다. 이처럼 그런 일들을 예라고 예라고 말들 하지만, 어떻게 한낱 옥백만을 말하겠는가.

사람들은 모두 종과 북을 울리는 걸 가지고 음악이라 말들 한다. 하지만, 이는 음악의 본질이 그 무엇인가를 특별히 종과 북의 소리만을 들어 말하고 있다. 이처럼 연주의 소리를 음악이라고 음악이라고 말들 하지만, 어떻게 한낱 종과 북의 소리만을 말하겠는가.

그렇다면 옥과 비단의 폐백, 그리고 종과 북의 소리가 존재하기 전에 옥백과 종고의 그 이면에 주재가 되는 바 있음에도 어찌하여 사람들은 한 번도 이를 생각하지 않는 것일까?'

集註

敬而將之以玉帛則爲禮오 和而發之以鍾鼓則爲樂이라 遺其本而專事其末이면 則豈禮樂之謂哉리오

○ 程子曰 禮는 只是一箇序오 樂은 只是一箇和니 只此兩字가 含蓄多少義理라 天下에 無一物無禮樂하니 且如置此兩椅에 一不正이면 便是無序오 無序면 便乖오 乖면 便不和라 又如盜賊이 至爲不道나 然이나 亦有禮樂하니 蓋必有總屬하야 必相聽順이라야 乃能爲盜오 不然이면 則叛亂無統하야 不能一日相聚而爲盜也라 禮樂은 無處無之하니 學者要須識得이니라

[해석] 공경의 마음으로 옥과 비단의 예물 받듦을 예라 하고, 평화로운 마음으로 종과 북을 울림을 음악이라 한다. 그 근본을 버리고 그 지말만을 오로지 일삼으면 어떻게 예악이라고 말하겠는가.

○ 정자(伊川)가 말씀하였다.

"예란 하나의 질서(序)일 뿐이며, 음악이란 하나의 조화(和)일 뿐이다. 단 이 두 글자에 많은 뜻을 함축하고 있다. 천하에 어떤 물건이라도 예악이 없을 수 없다. 예를 들면 이 두 개의 의자를 놓여있을 적에 그중 하나가 바르지 못하면 질서가 없고, 질서가 없으면 어긋나고, 어긋나면 조화를 이룰 수 없음과 같다.

또한 도적이란 지극히 무도한 자이다. 그러나 그들 또한 예악이 있다. 반드시 여기에 총수

와 예속이 있어 반드시 서로 따르고 순응해야 만이 이에 도적질할 수 있다. 그렇지 않으면 반란으로 계통이 없어 하루도 서로 모여 도적질도 하지 못할 것이다.

예악이란 어느 곳이든 없는 데가 없다. 배우는 자는 반드시 이런 점을 알아야 한다."

12. 색려전지 色厲全旨

이 장의 뜻은 사람들에게 실상이 없이 명예만을 도적질하는 소인배를 경계하는 데 있다.

"얼굴빛만 위엄이 있고 안으로는 유약하다[色厲內荏]"라는 것은 남들에게 얼굴빛만 보여줄 뿐, 남들 앞에서 그의 마음을 숨기는 것이다. 이는 당시 위정자의 대인을 가리킨다. 이 때문에 상대적으로 "이를 소인에게 비유하면[譬諸小人]"이라고 말하였다. 어떤 사람을 여기에 견주어 말할 수 있을까? 그것은 담장을 뚫거나 뛰어넘는 도적과 같은 자이다. 그 어떤 부끄러움이 이보다 더할 수 있겠는가.

子曰 色厲而內荏을 譬諸小人컨댄 其猶穿窬之盜也與ㄴ저

부자께서 말씀하셨다.

"얼굴빛을 위엄 있게 하고서 안으로 마음이 유약한 것을 소인에 비유하면 그것은 벽을 뚫고 담을 뛰어넘는 좀도적과 같다."

강설

부자께서 당시 명예를 도둑질하는 위정자를 비루하게 여기셨다.

"사람이란 반드시 안팎이 모두 부합되어야 군자라 할 수 있다. 만일 거동과 안색의 겉치레만을 엄숙히 하여 확고히 지킨 바 있고 의연한 바 있는 듯하나 안으로는 실제로 나약하여 분발 진작하지 못함으로써 이곳에 유혹당하고 안으로 두려움을 가지고 나약함을 이겨내지 못한다면 이와 같은 사람은 실제의 실상이 없이 이름만을 도용하여 당시 남들이 알까 두려워하는 사람이다.

그런 그들을 비유하여 말하면 소인 가운데에서도 담장을 뚫고 물건을 훔치는 좀도적과 같다. 명예를 도적질하여 남들이 알까 두려워함은 그 마음 씀씀이가 마치 남의 물건을 도적질하여 사람들이 알아차릴까 두려워하는 것과 매한가지이다. 이를 깊이 부끄럽게 여기지 않을 수 있겠는가."

集註

厲는 威嚴也오 荏은 柔弱也라 小人은 細民也라 穿은 穿壁이오 窬는 踰牆이라

言其無實盜名而常畏人知也라

[훈고] 여(厲)는 위엄이며, 임(荏)은 유약함이다. 소인은 신분이 낮은 백성이다. 천(穿)은 벽을 뚫음이며, 유(窬)는 담장을 뛰어넘음이다.

[해석] 이는 실상이 없이 명예를 도적질하여 항상 사람들이 알까 두려워함을 말한다.

13. 향원전지 鄕原全旨

이 장은 덕을 해침에 대한 방비를 엄격히 하였다. 덕을 해치는 것은 오로지 비슷하게 닮은, 사이비에 있다.

『맹자』를 살펴보면, "이 세상에 태어나 이 세상을 위해 잘하면 된다."라고 하니, 이것이 향원의 본마음이다. 그를 비난하려 해도 들어 딱히 들어 말할 게 없고, 그를 꾸짖으려 해도 딱히 꾸짖을 만한 게 없으며, 거처하는 생활은 마음을 다하고 믿음이 있는 그것처럼 보이고, 행하는 일은 청렴결백한 것처럼 보인다. 이처럼 사이비의 향원은 덕을 해치는 실제 화근이다.

子曰 鄕原(愿)은 德之賊也니라

부자께서 말씀하셨다.
"시골에서 근후한 체 하는 자는 덕을 해치는 것이다."

강설

부자께서 덕을 어지럽히는 일을 엄격히 막고자 말씀하셨다.

"덕이 있는 자는 군자이고 덕이 없는 자는 소인이다. 이를 분별하기 어렵지 않다. 그러나 향원이란 세속과 함께하여 마음을 다하고 믿음이 있는 것처럼 보이지만, 마음을 다하고 믿음이 있지 않다.

그는 도리어 마음을 다하고 믿음이 있는 충신(忠信)을 어지럽히는 자이다. 그는 청렴결백처럼 보이지만 청렴결백하지 못다. 그는 도리어 청렴결백을 어지럽히는 자이다. 그는 덕을 해치는 자가 아니겠는가. 덕행을 이루려는 군자는 당연히 이런 점을 알아야 한다."

集註

鄕者는 鄙俗之意라 原은 與愿同하니 荀子原愨을 註에 讀作愿하니 是也라 鄕原은 鄕人之愿者也니 蓋其同流合汚하야 以媚於世라 故로 在鄕人之中에 獨以愿稱이라 夫子以其似德非德而反亂乎德이라 故로 以爲德之賊而深惡之하시니 詳見孟子末篇이라

[훈고] 향(鄕)이란 비루하고 저속하다는 뜻이다. 원(原)은 원(愿)자와 같다. 『순자』(「正論篇」)의 "원각(原愨)" 구절의 본주(本註)에서 "원(愿)자로 읽는다."는 것이 이를 말한다. 향원이란 시골 사람으로서 삼가는 자이다.

[해석] 그는 세속과 함께 휩쓸리고 함께하면서 세간의 사람들에게 잘 보이려는 까닭에 고을

사람 가운데 유독 근후한 사람으로 일컫는다.

　부자는 그런 그가 덕이 있는 것처럼 보이지만 덕이 아니며, 도리어 덕을 어지럽힌다고 생각하셨다. 이 때문에 덕을 해치는 자라 하여 아주 미워한 것이다. 『맹자』 「진심 하(盡心 下)」에 자세히 보인다.

13. 도청전지 道聽全旨

이 장은 사람들에게 덕을 쌓아야 한다는 뜻으로 경계한 말이다.

　'덕(德)'이란 마음에 얻어진 의리로 말한다. "길에서 듣고 길에서 말한다[道聽塗說]"라는 것은 가차(假借)한 말이다. 이는 경망스럽고 얕게 드러나 보이는 형상을 심하게 말한 것이지, 정말로 길에서 들은 것을 길에서 곧 말했다는 것은 아니다.

　마음속에 깊숙이 간직하지 못한 까닭에 "덕을 버림[棄德]"이라고 말하였다. 이는 다만 마음속 깊이 지니지 못함을 아쉬워한 것이다. 마음속에 지니고서 사색하노라면 절로 말할 겨를이 없을 것이니 어찌 덕을 버림이 있겠는가.

子曰 道聽而塗說이면 德之棄也니라

부자께서 말씀하셨다.

"길에서 듣고서 바로 길에서 말하는 것은 덕을 버리는 것이다."

강설

부자께서 덕을 쌓지 않는 자를 위하여 경계의 말씀을 하셨다.

"천하에 좋은 말이란 모두 나의 덕을 쌓아가는 바탕이다. 그러므로 좋은 말을 들으면 반드시 마음속 깊이 간직하여 잃지 않고 몸으로 실천하여 체득해야 한다. 이것이 바로 나의 덕을 쌓아가는 길이다.

　만일 길에서 듣고서 곧 중도에서 말한다면 이는 오직 듣자마자 입으로 말하여 입과 귀에 의한 이야깃거리에 지나지 않는다. 몸과 마음에는 전혀 도움이 되지 않는다. 결국 나의 소유가 되지 못할 것이다. 이는 스스로 자신의 덕을 버리는 일이다. 그러므로 좋은 말을 들은 이는 말없이 이해하고 힘써 실행하여야 한다."

集註

雖聞善言이나 不爲己有면 是自棄其德也라

○ 王氏曰 君子多識前言往行하야 以畜其德이니 道聽塗說이면 則棄之矣니라

　[해석] 비록 좋은 말을 들었을지라도 몸에 간직하지 않으면 이는 스스로 그 덕을 버리는

것이다.

　　○ 왕씨[王安石]가 말하였다.

　　"군자는 옛사람의 가언(嘉言)과 선행(善行)을 많이 기억하여 그 덕을 쌓아가는 것(『周易』「大畜畺, 象辭)'인데, 길에서 듣고 길에서 말하는 것은 덕을 버리는 일이다."

15. 비부장지 鄙夫章旨

이 장은 비열한 사람의 실상을 밝혀, 임금을 섬기는 자는 함께해야 할 사람을 조심해야 함을 경계하였다.

(1) 비부절지 鄙夫節旨

이 구절은 함께 할 수 없는 비열한 사람에 관한 일갈(一喝)이나, 그 구체적인 내용에 대해서는 기록하지 않았다.

그 인품을 살펴보면 용렬하고 그 마음을 살펴보면 사악하며 그 식견을 살펴보면 비열하고 그 재주를 살펴보면 무능하다. 용렬 사악 비열 무능, 그 4가지를 종합하여 살펴보면 결국 비열한 사람의 실체가 그 무엇인지 알 수 있다.

子曰 鄙夫는 可與事君也與哉아

부자께서 말씀하셨다.

"비열한 사람과 함께 임금을 섬길 수 있을까?

> **강섭**

부자는 비열한 사람의 마음이란 하루도 조정에 용납할 수 없다는 점을 파헤쳐 말씀하셨다.

"신하는 반드시 자기의 한 몸을 잊은 충성이 있어야만 임금을 섬기는 대의가 있는 법이다. 비열한 사람은 그 바탕과 성품이 용렬하고 흉악하므로 충성과 대의의 마음이 전혀 없으며, 식견과 취향이 비열하여 또한 굳세고 정직한 절개가 부족하다. 어떻게 그런 그와 함께 임금을 섬길 수 있겠는가."

> **集註**

鄙夫는 庸惡陋劣之稱이라

[훈고] 비부는 용렬하고 흉악하고 비루하고 졸렬한 자의 칭호이다.

(2) 기말절지 其末節旨

2단락은 수평으로 말하고 있으나, 그 주된 뜻은 벼슬을 잃을까 걱정하는 측면에 중점을 두고 있다. '환(患)'은 마음의 걱정거리로 말하였다.

其未得之也엔 **患得之**하고 **旣得之**하얀 **患失之**하나니

벼슬을 얻지 못했을 적엔 벼슬을 얻고자 걱정하고, 이미 얻어서는 벼슬을 잃을까 걱정하니,

강설

"비열한 사람과 임금을 섬길 수 없음은 무엇 때문일까? 비열한 사람은 임금이 있는 줄 알지 못하고 그가 뜻한 바는 오로지 부귀와 권력으로써 일신의 공리를 얻는 데 있다. 바야흐로 그가 추구하는 것을 얻지 못하였을 때는 얻지 못함을 걱정한 나머지 날이면 날마다 서둘러 기어이 얻으려고 추구할 뿐이다.

그가 뜻한 바를 얻은 뒤에는 또한 이를 잃을까 걱정한 나머지 날이면 날마다 잃지 않고자 끝없는 권모술수를 멈추지 않는다."

集註

何氏曰 患得之는 **謂患不能得之**라

[해석] 하씨[何晏]가 말하였다.

"얻고자 걱정한다는 것은 이를 얻지 못할까 걱정함을 말한다."

(3) 구환절지 苟患節旨

이 절은 잃을까 걱정하는 데서 생겨나는 폐해를 유추한 것으로, '구(苟)'자는 그에 관한 부분을 극단적으로 논하고자 한 의도에서 쓴 글자이다.

얻었던 바를 잃을까 걱정하는 마음은 앞서 얻고자 걱정했던 마음과 똑같지 않다. 벼슬을 얻기 이전의 상황은 그래도 자기의 뜻을 관철, 감행하려 할 적에는 반드시 의지할 세력, 또는 자신이 지닌 권력이 전혀 없는 상태이다. 힘을 거머쥐지 못한 시절이다. 하지만, 벼슬을 얻은 뒤의 상황은 대권이 나의 손아귀에 있다. 따라서 하고자 원하는 바 있으면 곧장 감행할 힘이 있기에 그 자신은 마음껏 자행하지 못할 게 없다. 그들이 자행하는 짓을 어찌 차마 말로 다할 수 있겠는가. 그런 자와 함께 임금을 섬기는 사람은 장차 어떡해야 할까?

苟患失之면 **無所不至矣**니라

참으로 잃을까 걱정하면 어떤 일이라도 못할 게 없을 것이다.”

강설

“임금을 섬기면서 일신의 지위와 권력을 잃을까 걱정하면 그 이미 얻은 바를 보존하여 잃지 않으려 하는 자 또한 무엇인들 자행하지 않겠는가. 작게는 모욕의 행동, 크게는 찬탈과 시해의 모의마저도 아랑곳하지 않을 것이다. 그 폐단은 반드시 이 지경에 이를 터인데, 그런 그와 함께 임금을 섬길 수 있겠는가.”

集註

小則吮癰舐痔와 大則弑父與君이 皆生於患失而已라

○ 胡氏曰 許昌 靳裁之(胡文定 因靳裁之 聞程子之學)有言曰 士之品이 大槪有三하니 志於道德者는 功名不足以累其心이오 志於功名者는 富貴不足以累其心이오 志於富貴而已者는 則亦無所不至矣라하니 志於富貴는 卽孔子所謂鄙夫也니라

[해석] 작게는 등창을 빨고 치질을 핥을 일, 크게는 아비와 임금의 시해가 모두 벼슬을 잃을까 걱정하는 데서 생겨난 것이다.

○ 호씨[胡安國]가 말하였다.

“허창 근재지(胡文定公은 靳裁之를 師事하면서 程子學을 받아들였다.)가 이런 말을 하였다.

‘선비의 품격은 대체로 3등급이 있다. 도덕에 뜻을 둔 자는 공명이 그의 마음을 더럽히지 못하고, 공명에 뜻을 둔 자는 부귀가 그의 마음을 더럽히지 못하며, 오로지 부귀에 뜻을 둔 자는 또한 그 어떤 짓이라도 하지 못할 게 없다.’

〈위의 근재지가 말한〉 ‘부귀에 뜻을 둔 자’는 공자가 말한 ‘비열한 사람’이다.”

16. 고자장지 古者章旨

이 장은 인물들이 세간의 습속에 물듦으로써 그 기풍이 쇠퇴하였음을 증명하는 말이다.

요즘 사람들은 미덕이 옛사람만 같지 못할 뿐 아니라, 병폐 또한 옛사람과 같지 않음을 말한 데에 끝없는 감개의 뜻이 담겨있다.

(1) 고자절지 古者節旨

‘질(疾)’이란 기질의 편벽이다. ‘그것조차 없다[亡]’는 것은 오늘날 습속의 오염으로 그 예전의 기질 편벽[疾]에 나타난 그 순수한 일면의 본모습마저 사라졌음을 말한다. 이는 마치 어느 사람이 본래 질병을 앓고 있다가 더욱 심한 병변(病變)으로 또 다른 병증이 생겨난 것과 같다.

子曰 古者에 民有三疾이러니 今也엔 或是之亡(無)也로다

부자께서 말씀하셨다.

"옛적에는 사람들에게 3가지 병폐가 있더니만, 오늘날엔 그것조차 없어졌다."

강설

부자는 개탄하여 말씀하셨다.

"고금의 인물이 서로 따라갈 수 없음은 어찌 중화의 바탕만 그러하겠는가. 예전의 사람은 편벽된 기질을 병이라 말하는데, 그 병에는 3가지가 있다. 병이라 말함은 이미 편벽된 부분을 두고 말한다. 그러나 요즘 사람들을 살펴보면, 그들이 지향하는바 더욱 저급인 터라, 간혹 옛사람에 견주어 볼 때, 또한 그런 순수한 일면의 병폐마저 모두 사라져버렸다."

集註

氣失其平則爲疾이라 故로 氣稟之偏者를 亦謂之疾이라 昔所謂疾이 今亦亡之하니 傷俗之益偷也시니라

[해석] 기질의 그 평정을 잃으면 곧 병이 된다. 그러므로 기품의 편벽을 또한 병이라고 말한다. 예전에 말한 병마저도 오늘날엔 그마저도 없다는 것은 세속이 더욱 야박함을 슬퍼한 것이다.

(2) 고지절지 古之節旨

뜻이 높음[狂]·긍지[矜]·어리석음[愚]은 기질의 편벽을 말하는, 3가지 병의 명칭이며, 작은 예절에 얽매이지 않음[肆]·청렴[廉]·곧음[直]은 옛사람에게 나타난 3가지 병의 실상이다.

방탕[蕩]·사나움[忿戾]·속임[詐]은 요즘 사람에게 찾아볼 수 있는, 잘못 변하여 내려온 3가지 병의 폐해[流弊]로서 오늘날의 비루한 습속을 말한다.

옛사람의 뜻 높은 이[狂]·긍지가 있는 이[矜]·어리석은 이[愚]는 더 이상 말할 필요도 없이 "작은 예절에 얽매이지 않음[肆]·청렴[廉]·곧음[直]"이 바로 '뜻 높은 이, 긍지가 있는 이, 어리석은 이'의 실상 그 자체였다.

하지만, 오늘날 사람들의 잘못된 병폐인 "방탕[蕩]·사나움[忿戾]·속임[詐]"으로 말하면, 아무리 오늘날 사람들에 대하여 '뜻 높은 이, 긍지가 있는 이, 어리석은 이'라고 말할지라도 옛날의 '뜻 높은 이, 긍지가 있는 이, 어리석은 이'가 아니다. 이 때문에 "이러한 것마저도 없다[或是之亡]"고 말하였다.

"이이의(而已矣)"라는 글자는 앞의 3가지 일을 한 데 합쳐 이어와서 개탄하고 아쉬워하는 뜻을 다하고 있다.

古之狂也는 肆러니 今之狂也는 蕩이오
古之矜也는 廉이러니 今之矜也는 忿戾오
古之愚也는 直이러니 今之愚也는 詐而已矣로다

"옛적의 뜻 높은 이는 작은 예절에 얽매이지 않았는데 오늘날 뜻 높은 이는 방탕하고,
옛적의 긍지가 있는 이는 청렴하였는데 오늘날 긍지가 있는 이는 사납기만 하고,
옛적의 어리석은 이는 올곧았는데 오늘날 어리석은 이는 간사할 뿐이다."

강설

"무엇으로써 이를 볼 수 있는가. 예전의 사람들이란 너무나 높은 뜻과 바람이 있는 사람을 광인(狂人)의 병이라 하였다. 그러나 광인은 작은 예절에 얽매이지 않고 방자한 데 지나지 않았을 뿐이었다. 그러나 오늘날의 광인이란 예의에 아랑곳하지 않고 예의 밖으로 넘쳐 방탕한 데로 흘러가고 있다. 이는 바로 예전 광인의 병마저 사라진 것이다.

예전 사람으로서 너무 엄격히 지키는 사람을 긍인(矜人)의 병이라 하였다. 그러나 긍인은 반듯반듯 엄격하여 청렴한 데 지나지 않았을 뿐이었다. 그러나 오늘날의 긍인이란 사납고 남들과 어긋나 불화함으로써 씩씩거리며 어깃장 부리는 데로 흘러가고 있다. 이는 바로 예전 긍인의 병마저 사라진 것이다.

예전 사람들이란 명철하지 못하여 혼미한 자를 어리석은 사람의 병이라 하였다. 그러나 그 어리석은 사람은 곧이곧대로 한 데 지나지 않았을 뿐이었다. 그러나 오늘날의 어리석은 사람이란 도리어 권모와 변수를 사용하여 사사로이 허튼일하며 속임수로 흘러가고 있다. 이는 바로 예전 어리석은 사람의 병마저 사라진 것이다. 습속이 더욱 쇠퇴함을 개탄할 따름이다."

集註

狂者는 志願太高라 肆는 謂不拘小節이오 蕩은 則踰大閑矣라

矜者는 持守太嚴이라 廉은 謂稜角陗(峭)屬이오 忿戾는 則至於爭矣라

愚者는 暗昧不明이라 直은 謂徑行自遂오 詐는 則挾私妄作矣라

○ 范氏曰 末世滋僞하니 豈惟賢者不如古哉리오 民性之蔽도 亦與古人異矣니라

[해석] 광(狂)은 뜻과 염원이 너무나 높음이다. 사(肆)는 작은 예절에 구애받지 않음이며, 탕(蕩)은 큰 선(예의)을 넘어선 것이다.

긍(矜)은 몸가짐을 지킴이 너무 준엄함이다. 염(廉)은 모서리가 날카로움이며, 분려(忿戾)는 싸움에 이르는 것이다.

우(愚)는 혼매하여 명철하지 못함이다. 직(直)은 절제하지 못하고 자기의 감정대로 해버림이며, 사(詐)는 사심을 가지고 허튼짓함이다.

○ 범씨[范祖禹]가 말하였다.

"말세에 거짓이 더욱 커나가니, 어찌 어진 자만이 예전보다 못하겠는가. 백성 품성의 폐단 또한 옛사람과 다르다."

[보 補]

『주자어류』(권47)에 의하면, "염(廉)이란 측면의 모서리이다. 이는 그 나뉘는 곳일 뿐이다. 이른바 청렴이란 그 대의와 이욕을 나누는 것이다. 물건의 모서리처럼 둘로 딱 부러지게 구분함이다."[81]라고 말하였다. 집주에서 말한 '능각(稜角)'이란 모서리이며, 초려(陗厲)란 예리한 각을 말한다. 이것이면 이것이고 저것이면 저것임을 분명하게 둘로 구분함을 말한다. 그러나 분려(忿戾)란 자기 성질대로 성깔을 부리고 남들에게 어깃장을 놓는, 괴팍하고도 성깔 사나운 자를 말한다.

17. 교언영장 巧言令章

子曰 巧言令色이 鮮矣仁이니라

부자께서 말씀하셨다.

"기교를 부려 말하고 얼굴빛을 잘 꾸미는 사람치고 인(仁)이 적을 것이다."

集註

重出이라

거듭나온 것이다.

18. 오자전지 惡紫全旨

이 장은 성인께서 사악함이 정도를 이기는 것을 미워하였다. 이는 사람들에게 그 방비를 엄격히 하도록 원하였다.

겉으론 옳은 것 같으면서도 본질이 다른 가짜를 주로 해서 말하지는 않고, 3가지 가운데 말 잘하는 사람을 가장 미워하는데 더욱 중점을 두고 있다. 앞 2구[惡紫之奪朱也, 惡鄭聲之亂雅樂也]는 수평으로 나열한 것이다.

붉은색[朱色]은 주나라에서 숭상하는 색이다. 어찌 자주빛[紫色]으로써 빼앗음을 용납할 수 있겠으며, 아악(雅樂)은 당대에 중히 여기는 것인데 어떻게 정나라 음악으로써 어지럽힐 수 있겠

---

81 『論語通』권9. "語錄, 廉是側邊廉隅, 這只是那分處. 所謂廉者, 爲是分得那義利去處, 譬如物之側稜, 兩下分去."

는가.

'이구(利口)'는 시비의 진실을 왜곡하는 말솜씨이다. 이는 정색을 빼앗고 아악을 어지럽히는 것과 대비가 되고, "나라와 집안의 전복[覆邦家]"은 또한 한 단계 낮추어 말한 것이다.

'자(者)'자는 사람을 가리키는 것으로, 문법 또한 위의 문장과 상대로 말한 것이 아니다.

집주에서 이구(利口)는 '첩급(捷給)'으로 말하였다. 첩(捷)이란 한마디의 말이 미처 끝나기도 전에 시비의 진실을 전도시켜 사람들에게 자세히 살필 짬조차 주지 않는, 현란한 말솜씨를 말한다. 첩(捷)은 단순한 '말재주[佞]'에 비해 더욱 중대한 면이기에 '나라와 집안의 전복[覆邦家]' 또한 '말재주 있는 사람은 위태롭다[佞人殆]'는 말에 비해 더욱 심각한 일이다.

子曰 惡(오)紫之奪朱也하며 惡鄭聲之亂雅樂也하며 惡利口之覆(복)邦家者하노라

부자께서 말씀하셨다.

"자주색이 붉은색 빼앗음을 미워하며, 정나라 음란한 음악이 아악 어지럽힘을 미워하며, 말재간으로 나라와 집안을 전복한 자를 미워한다."

> [강설]

부자께서 삿된 일과 바른 도리의 방비를 준엄하게 말씀하셨다.

"이 세상의 이치에는 삿됨과 올바름이 있지만, 사악함은 항상 정도를 쉽게 이긴다. 이를테면, 색깔에는 청·황·적·백·흑의 정색(正色)과 두 가지 색이 섞여 만들어진 중간색[間色]이 있다. 붉은색은 바른 색인데 자주색이 나옴으로부터 그 아름다운 빛깔이 사람의 눈을 현혹하여 붉은색을 압도하기에 이르렀다. 이 때문에 자주색이 붉은색의 자리를 빼앗는 것을 미워한다.

음악에는 순수한 아악(雅樂)과 음란한 속악(俗樂)이 있다. 아악이 바른 음악인데 정나라의 음란한 음악이 나옴으로부터 음란한 음악은 사람들의 귀를 기쁘게 함으로써 아악을 압도하기에 이르렀다. 이 때문에 정나라의 음란한 음악이 아악을 어지럽히는 것을 미워한다.

말에는 사리의 옳고 그름, 그리고 인품의 어질고 불초함에 대한 공정한 가치의 정론(正論)과 교묘한 논지로 이를 어지럽히는 이구(利口)가 있다. 본디 공정한 정론이 있는데, 이에 현란한 말솜씨로 사람을 현혹함으로부터 임금의 판단력을 어긋나게 하여 나라와 가정을 전복하기에 이르렀다. 이 때문에 현란한 말솜씨를 가진 자가 나라와 가정을 전복시키는 자를 미워한다.

요컨대, 의복의 정색과 간색을 분별하고 음률의 아악과 속악을 살펴서 자주색과 정나라의 음악을 참으로 미워해야 하나, 국가의 패망과 전복은 현란한 말솜씨를 지닌 간신에 의해 비롯되는 것인바, 그를 미워함은 더더욱 당연한 일이다. 어느 군주인들 이런 사람을 멀리 끊어버리지 않을 수 있겠는가."

> [集註]

朱는 正色이오 紫는 間色이라 雅는 正也라 利口는 捷給이라 覆은 傾敗也라

○ 范氏曰 天下之理 正而勝者常少하고 不正而勝者常多하니 聖人所以惡之也라 利口之人은 以是爲非하고 以非爲是하며 以賢爲不肖하고 以不肖爲賢하니 人君이 苟悅而信之면 則國家之覆也不難矣니라

[훈고] 주(朱)는 정색(원색)이요, 자(紫)는 간색이다. 아(雅)는 순정함이다. 이구(利口)는 빠르게 둘러대는 것이다. 복(覆)은 기울고 패망함이다.

○ 범씨[范祖禹]가 말하였다.

"천하의 이치가 정도로 이기는 것은 항상 적고, 부정으로 이기는 것은 항상 많으므로 성인이 이를 미워한 것이다. 현란한 말솜씨를 지닌 사람은 옳은 일을 그르다 하고 그른 일을 옳다고 하며, 어진 이를 불초하다 하고 불초한 이를 어질다고 말한다. 임금이 만일 그를 좋아하고 믿으면 나라의 전복은 어렵지 않다."

19. 여욕장지 予欲章旨

이 장은 배우는 이들에게 말없이 몸소 행하는 곳에서 도를 깨달아야 함을 바라는 것이다. 따라서 굳이 스승의 언어에서만 추구해서는 안 된다.

'천하언재[天何言哉, 四時行焉, 百物生焉, 天何言哉]' 대목은 내가 그를 위해 밝혀주는 것이 아니다. 바로 오묘한 이치를 지적하여 자공에게 보여주었다.

(1) 여욕절지 予欲節旨

성인의 말씀 또한 극진하고 행동 또한 극진하다. 말을 하지 않으려 한다는 것은 말할 필요가 없기 때문이다.

子曰 予欲無言하노라

부자께서 말씀하셨다.

"나는 말을 하지 않으려 한다."

강설

배우는 이들은 가르침의 말로써 성인을 살펴보는 사람이 많았다. 천리 유행의 실상은 언어와 문자가 필요하지 않고 나타났다는 사실을 일찍이 살펴보지 못한 것이다. 이 때문에 이를 깨우쳐 주셨다.

"도란 비록 언어와 문자에 의해 나타나지만, 도가 나타나는 바는 굳이 말로 표현할 필요가 없다.

나는 오늘 이후로 말을 하지 않으려 한다."

이는 배우는 이들이 언어를 초월하여 추구하기를 원하였기 때문이다.

集註

學者多以言語觀聖人하고 而不察其天理流行之實이 有不待言而著者라 是以로 徒得其言
而不得其所以言하니 故로 夫子發此以警之시니라

[해석] 배우는 이의 대다수가 언어로써 성인을 살펴볼 뿐, 천리가 유행하는 실상이 언어에
의하지 않고 나타남을 살피지 못하였다. 이런 까닭으로 한낱 그 말만을 알 뿐, 그런 말을 하
게 된 이유를 알지 못하였다. 이 때문에 부자는 이를 말하여 그들을 경계한 것이다.

(2) 자여절지 子如節旨

"무엇으로 가르침을 전해 받습니까?"라는 물음의 뜻은 말하지 않는 가르침이 그 어디에 있는
것일까를 추구한 것처럼 보이지만, 자공은 끝까지 언어와 문자로 보여주는 가르침에서 벗어나지
못하였다.

子貢曰 子如不言이시면 **則小子何述焉**이리잇고

자공이 말하였다.

"부자께서 만일 말씀하지 않으시면 저희는 무엇으로 가르침을 전해 받을 수 있겠습니까?"

강섬

자공은 부자의 말씀을 이해하지 못하고 이를 의심하여 물었다.

"저희가 부자의 가르침을 이어받을 수 있었던 것은 바로 말씀해주셨기 때문인데, 만일 부자께
서 말씀하지 않는다면 저희는 장차 무엇으로 가르침을 받아야 합니까?"

集註

子貢은 正以言語觀聖人者라 故로 疑而問之라

[해석] 자공은 바로 언어로써 성인을 봐왔던 사람이다. 그러기에 의심하여 이를 물은 것
이다.

(3) 천하절지 天何節旨

이 절은 도란 언어와 문자를 빌리지 않아도 밝게 나타나 있음을 말한다. 여기에서 말한 '하늘[天]'

은 바로 도를 뜻한다.

"하늘이 무슨 말을 하든가[天何言]" 2구 가운데 앞 구절은 전제의 허설(虛說)이고, 뒤 구절은 구체적 사실을 말해주는 실증(實證)이다.

사시행언(四時行焉)의 행(行)은 끊임없이 순환 유행하면서 멈춤이 없는 오묘함이며, 백물생언(百物生焉)의 생(生)은 모든 존재가 끝없이 태어나고 태어나는, 생생불식(生生不息)의 기틀이다. 결미 어조사로 쓴 두 곳의 '언(焉)'자는 아주 자연스러운 자법(字法)이다.

순환 유행의 '행(行)', 그리고 만물 생생의 '생(生)'은 분명 현상의 작용이지, 그 자체가 형이상(形而上)의 천리 본체는 아니다. 하지만, 순환 유행의 시간과 만물 생생의 공간을 통하여 본체 진리의 태극이 발현, 유행함으로써 심오한 진공의 본체가 삼라만상의 현상으로 나타나 사람들에게 또렷이 보여주는, 현상과 본체가 둘이 아니다[顯微無間]. 바꿔 말하면 현상 속에 존재하는 진공, 즉 작용과 하나가 된 본체[卽用之體]를 말한다.

집주에서 말한 '성인' 이해[聖人一動一靜, 莫非妙道精義之發, 亦天而已, 豈待言而顯哉] 3구는 부자의 내면 인식을 간파한 일갈(一喝)이다. 상투적인 말로 이해해서는 안 된다.

子曰 天何言哉시리오 四時 行焉하며 百物이 生焉하나니 天何言哉시리오

부자께서 말씀하셨다.

"하늘이 무슨 말을 하든가? 사계절이 유행하고 모든 만물이 태어나니, 하늘이 무슨 말을 하든가?"

강설

부자께서 자공의 의심을 풀어 주셨다.

"내가 말을 하지 않으려는 것은 도 그 자체에 말이 필요하지 않기 때문이다. 여기에서 말한 하늘이란 혼연하고 심오할 뿐이다. 그 무슨 말이 필요하겠는가.

사계절은 하늘의 기운에 따라 순환하면서 하나의 계절은 또 다른 한 계절을 재촉하여 끊임없이 흘러간다. 우리는 그 흘러가는 계절을 또렷이 볼 수 있다.

그리고 그 계절 속에서 하늘의 기운을 부여받은 삼라만상의 물체가 각기 그 존재의 진리에 따라 생겨난다. 우리는 그 수많은 존재의 생명을 하나하나 모두 바라볼 수 있다.

흘러가는 계절은 떠나가면서도 간다고 말하지 않으며, 존재의 생명들은 생겨나면서도 '나 태어났다.'라고 말하지 않는다. 하늘이란 진정 무슨 말이 있는가. 그러므로 나는 말하지 않으려고 한다. 그런다 한들 어찌하여 배워나가는 데 그 무슨 어려움이 있다고 아쉬워하는가."

하늘의 진리는 어느 곳이든 유행하지 않은 데 없다. 사계절의 순환 유행과 삼라만상의 모든 존재가 태어나고 또 태어나는 생생(生生)의 도리가 모두 하늘의 진리이다. 이처럼 한마디 말이 없으나 도는 이처럼 또렷이 나타나 보이는 것이다.

부자의 몸은 진리와 하나이다. 따라서 그 모든 동정이 바로 가르침이다. 한마디 말을 하지 않아도 가르침은 이미 전수된 것이다. 자공은 언어와 문자를 통하여 성인의 도를 추구하였는바, 이 또한 언어 문자로써 하늘의 진리를 추구하는 것과 다를 바 없다. 이를 어찌 옳은 일이라고 말할 수 있겠는가.

集註

四時行 百物生이 莫非天理發見流行之實이니 不待言而可見이라 聖人一動一靜이 莫非妙道精義之發이니 亦天而已라 豈待言而顯哉리오 此亦開示子貢之切이니 惜乎라 其終不喩也여

○ 程子曰 孔子之道는 譬如日星之明이로되 猶患門人未能盡曉라 故로 曰予欲無言이라하시니 若顔子則便黙識이오 其他는 則未免疑問이라 故로 曰小子何述이릿고한대 又曰 天何言哉시리오 四時行焉하야 百物生焉이라하시니 則可謂至明白矣로다

愚按 此與前篇無隱之意로 相發하니 學者詳之니라

[해석] 사계절의 유행과 온갖 존재의 생성이 천리가 발현하고 유행하는 실상 아닌 게 없다. 말에 의하지 않고서도 찾아볼 수 있다. 성인의 모든 동정이 오묘한 도와 정밀한 이치의 발현 아닌 게 없다. 또한 천도일 뿐이다. 어찌 말에 의해서 나타나겠는가. 이 또한 자공에게 보여 준 가르침이 간절한데, 안타깝게도 자공은 이를 끝까지 깨닫지 못하였다.

○ 정자(明道)가 말씀하였다.

"공자의 도를 비유하면 태양과 별처럼 밝으나 오히려 문인들이 모두 깨닫지 못할까 근심한 까닭에 '나는 말을 하지 않으려 한다.'고 하셨다. 안자 같은 이는 곧 말없이 이를 알았지만, 그 밖의 다른 제자는 의심을 떨치지 못하였다. 이 때문에 '〈말씀이 없으시면〉 저희가 무엇으로 가르침을 전해 받을 수 있겠습니까?'라고 하니, 또다시 '하늘이 무슨 말을 하든가? 사계절이 유행하고 모든 만물이 태어난다.'고 말씀하시니, 지극히 명백한 말씀이라 하겠다."

나는 살펴보니 다음과 같다.

"이는 앞 편의 '숨긴 게 없다.'(「述而」 제23장)는 뜻과 서로 밝혀주고 있으니, 배우는 이는 이를 자세히 살펴보아야 한다."

20. 유비전지 孺悲全旨

이 장은 성인의 달갑게 여기지 않는 가르침 속에도 그 가르침을 곡진하게 행한 뜻을 보여주고 있다.

가르침의 효과는 '그렇게 하도록 만든다'는 '사(使: 使之聞之)'라는 한 글자에 있다. 이는 기록한 자가 부자의 뜻이 이와 같음을 상상하여 서술한 것이다.

부자는 한편으론 몸이 아파서 그를 만날 수 없다 사양하고, 또 한편으론 거문고를 켜서 이를

알림은 부자가 끝까지 유비를 저버리지 않으려는 노파심이다. 그 깊은 정과 후한 마음이 비파소리에 담겨있다.

경원 보씨(慶源輔氏: 輔廣. 朱門高弟)가 말하였다.

"몸이 아파서 만날 수 없다고 사양함은 의리상 만나서는 안 될 사람이기 때문이며, 거문고 소리를 들려줌은 인자한 마음으로 차마 그를 끊어버릴 수 없었기 때문이다."

이처럼 대의와 인자함을 함께 아울러 그 어느 한쪽에 치우침이 없는 성인의 중도를 다시 한번 찾아볼 수 있다.

孺悲 欲見孔子어늘 **孔子 辭以疾**하시고 **將命者 出戶**어늘 **取瑟而歌**하사 **使之聞之**하시다

유비가 공자를 뵙고자 하니, 공자께서 몸이 아프다 사양하시고, 말을 전달하는 자가 문을 나서자 비파를 들어 노래를 불러 그가 듣도록 하셨다.

강설

노나라 사람 유비가 부자를 찾아뵈려고 했으나, 아마 그는 그 당시 부자에게 큰 잘못을 저지른 일이 있었나 보다. 부자는 그를 보고자 원치 않아서 몸이 아프다는 핑계로 사양하심은 분명 거절이었다.

그러나 또다시 부자는 유비가 진정으로 아프다고 생각하여 거절한 뜻을 알지 못할까 두려워한 나머지, 심부름하는 자가 문을 나가는 찰나에 비파를 들어 켜면서 노래를 불렀다. 이는 유비가 그 노랫소리를 듣고서 부자의 몸이 아프지 않다는 사실을 깨닫도록 하기 위함이다. 이처럼 사양의 거절로 인해서 그 까닭을 스스로 성찰하여 그 자신이 죄를 얻게 된 이유를 알도록 하고자 함이다. 이는 부자께서 그를 거절하는 가운데 경계의 뜻이 담겨있다.

集註

孺悲는 **魯人**이니 **嘗學士喪禮於孔子**라 **當是時**에 **必有以得罪者**라 **故**로 **辭以疾**하시고 **而又使知其非疾**하야 **以警教之也**시니라

程子曰 此는 **孟子所謂不屑之教誨**니 **所以深教之也**니라

[훈고와 해석] 유비는 노나라 사람이다. 일찍이 공자에게 '선비의 상례[士喪禮]'를 배웠는데, 그 당시 반드시 잘못을 범한 일이 있는 자이다. 이 때문에 몸이 편치 않다 사양하였고, 또 그에게 병이 아님을 알도록 하여 그를 경계하여 가르친 것이다.

정자[明道]가 말씀하였다.

"이는 맹자가 말한 '달갑게 여기지 않은 가르침'(「告子 下」)이다. 그를 깊이 가르친 바이다."

[보 補]

"일찍이 공자에게 선비의 상례를 배웠다."는 전고는『예기』「잡기(雜記)」에 의하면, 다음과 같다.

"휼유(恤由)의 초상에 노 애공은 유비에게 공자를 찾아가 선비의 상례를 배우도록 하였다. 선비의 상례를 이에 기록하여 한 편의 책을 마련하였다."[82]

"이렇게 해서『의례(儀禮)』「사상례(士喪禮)」편이 남겨지게 된 연유를 알 수 있고, 또한 옛사람은 그럭저럭 배우지 않고 오롯하게 전공하였음을 볼 수 있다."[83]

위의 인용문을 살펴보면, 유비는 노 애공의 신하로 예를 아는 인물이었으며, 그에 의해 상례에 관한 공자의 예설(禮說)이 전술되었다. 이로 보면 그는 부자의 제자가 아니었을지라도 하나의 학자였음은 분명하다. 그런 그가 부자에게 알 수 없는 그 무언가의 잘못을 범하였기에, 그를 아끼는 마음에서 개전(改悛)의 기회를 주고자 '달갑게 여기지 않은 가르침'으로 경계한 것이다.

21. 재아장지 宰我章旨

이 장은 부자께서 재아에게 어버이 사랑의 마음을 열어준 것으로, 하나의 '인(仁)'자에 가장 중점을 두고 있다.

'단상(短喪)'이란 어버이 사랑의 마음이 없는 것이다.

이 장에서 말한 여러 차례의 '안(安)'자는 '인(仁)'자와 상반된 글자이다.

(1) 재아절지 宰我節旨

앞 구절[三年之喪]에서는 옛 제도를 서술하였고, 뒤 구절[期已久矣]에서는 재아가 원하는 단상의 의의를 말하고 있다.

宰我問 三年之喪이 期已久矣로소이다

재아가 물었다.

"삼년상은 1년으로 줄인다고 할지라도 너무 긴 것입니다.

강설

재아가 부자에게 물었다.

---

82 "恤由之喪, 魯哀公 使孺悲, 之孔子, 學士喪禮, 士喪禮, 於是乎書."
83 『欽定儀禮義疏』권26,「士喪禮 上」제12의 1. "又案雜記, 恤由之喪, 魯哀公 使孺悲, 之孔子, 學士喪禮, 士喪禮, 於是乎書. 此見士喪禮之所由存, 又以見古人學禮之專而不泛也."

"자식이란 부모의 상에 참으로 모두 삼년상을 입어야 하지만, 제 생각은 이를 줄여서 1년 입는 것만으로도 너무 길다고 생각하는데 굳이 3년까지 할 게 있겠습니까?"

집註

期는 周年也라

[훈고] 기(期)는 만1년이다.

(2) 군자절지 君子節旨

이는 인간사회의 일[人事]로 말하였다. 삼년상[三年之喪] 구절과 상응하여 3년이란 예악에 저해됨을 밝히고 있다.

예악이란 부모를 섬기고 형을 공경하는 데에서 비롯된다. 이런 사실을 알지 못한 채, 삼년상을 지키지 않는다면 그것은 먼저 예악의 근본이 위축된 것이다. 어떻게 예절의 의식[儀文] 그리고 음악의 소리와 춤사위[聲容]와 같은 지엽적인 일들이 존재할 수 있겠는가.

君子 三年을 不爲禮면 禮必壞하고 三年을 不爲樂이면 樂必崩하리니

"군자가 3년 동안 예를 행하지 않으면 예는 반드시 무너지고,
3년 동안 음악을 다루지 않으면 음악은 반드시 무너질 것이다."

강설

"부모의 초상을 3년으로 해서는 안 된다는 것은 무엇 때문인가? 예악이란 잠시도 몸에서 떠날 수 없습니다. 군자가 3년 동안 초상에 있노라면 위의와 사양 따위의 예를 익히지 못하여 반드시 예가 무너지고, 3년 동안 가무와 연주 따위의 음악을 익히지 못하여 반드시 음악은 무너지게 됩니다. 삼년상이란 이처럼 예악의 저해를 초래하니 어찌 옳은 일이라 말할 수 있겠습니까?"

집註

恐居喪不習而崩壞也라

[해석] 상중에 예악을 익히지 않으면 예악이 무너질까 두려워함이다.

(3) 구곡절지 舊穀節旨

이는 자연계의 계절[天時]로 말하였다. "1년으로 줄여도 너무 길다.[期已久矣]"는 구절에 맞추어 기년상만으로도 괜찮다는 점을 밝힌 것이다.

구곡 이하[舊穀旣沒, 新穀旣升] 2구는 찬수개화(鑽燧改火) 1구와 수평관계로 보아야 한다. 이는 모두 천도 운행이 한 바퀴 돎[一周]으로 이를 검증한 것이다.

모든 나무에는 불씨가 있다. 수(燧)는 나무를 문질러 불씨를 일으킴을 말한다. 개화(改火)는 하나의 불씨를 바꾸는 데 그치지 않는다. 이는 계절의 오행에 따른 다섯 개의 불씨를 한 차례씩 바꾸는 것으로, 사계절을 겸하여 말하였다.

舊穀이 旣沒하고 新穀이 旣升하며 鑽燧改火하나니 期可已矣로소이다

"옛 곡식이 이미 다하고 새 곡식이 이미 나오며, 나무를 마찰시켜 불씨를 고치니, 기년복으로 그치는 것이 좋겠습니다."

강설

"또 1년으로 말하면, 옛 곡식이 이미 사라지고 새 곡식이 나옴으로써 식물이 변하고, 불씨를 얻는 데 사용되는 사계절의 나무가 모두 바뀐다. 이는 1년이란 하늘이 한 바퀴 돈 것이다. 초상 또한 그만둘 수 있는 것이다."

재아는 예악이 무너지는 것만 알았을 뿐 삼년상을 행함이 더욱 예악의 근본임을 알지 못하였고, 계절의 물상이 모두 변한다는 사실만 알았을 뿐 사람이란 계절로 인해서 느끼는 감회가 있음을 알지 못하였다. 그의 단상설(短喪說)은 진정 군자다운 마음이 아니다. 어버이 사랑의 마음을 지닌 자로서는 행할 수 있는 일이 아니다.

集註

沒은 盡也요 升은 登也라 燧는 取火之木也라 改火는 春取榆柳之火하고 夏取棗杏之火하고 夏季取桑柘之火하고 秋取柞楢之火하고 冬取槐檀之火하니 亦一年而周也라 已는 止也라 言期年則天運一周하고 時物皆變하니 喪至此可止也라

尹氏曰 短喪之說은 下愚且恥言之하나니 宰我親學聖人之門이로되 而以是爲問者는 有所疑於心而不敢强焉爾니라

[훈고] 몰(沒)은 다함이다. 승(升)은 오름이다.

수(燧)는 불씨를 얻는 나무이다.

개화(改火)는 봄에는 느릅나무와 버드나무에서 불씨를 얻고, 여름에는 대추나무와 살구나무에서 불씨를 얻고, 늦여름에는 뽕나무와 산뽕나무에서 불씨를 얻고, 가을에는 떡갈나무와 졸참나무에서 불씨를 얻고, 겨울에는 홰나무와 박달나무에서 불씨를 얻는다. 이 또한 1년으로써 한 바퀴 도는 것이다.

이(已)는 그침이다.

[해석] 만1년이면 천도의 운행이 한 바퀴 돌면서 계절과 만물이 모두 변하니, 거상은 이에 이르러 그침이 옳음을 말한다.

윤씨[尹焞]가 말하였다.

"상기(喪期)의 단축에 관한 말은 가장 어리석은 자도 말하기를 부끄러워하는데, 재아가 성인의 문하에서 몸소 배우면서 이를 물음은 마음에 의심된 바를 감히 억지로 묻어두지 못했기 때문이다."

(4) 식부절지 食夫節旨

쌀밥을 먹고 비단옷을 입음이란 기년(期年) 이외의 일을 가리켜 말한 것이다.

앞의 3구[食夫稻… 於女安乎]는 부자께서 차마 그럴 수 없는 그의 마음을 일깨운 것인데, 재아는 이를 알지 못하고서 '편안하다[安]'고 대답하였다.

子曰 食夫稻하며 **衣夫錦**이 **於女**에 **安乎**아 **曰 安**하이다

부자께서 말씀하셨다.

"쌀밥을 먹고 비단옷을 입는 게 너에게 편안하더냐?"

〈재아가〉 대답하였다.

"편안합니다."

강설

부자께서 특별히 그를 깨우쳐 주셨다.

"삼년상에는 반드시 거친 음식을 먹고 거친 옷을 입는 것이 예의이다. 오늘날 그대가 1년에 그치자고 하니, 만일 1년 뒤에 쌀밥을 먹고 비단옷을 입는 게 너의 마음에 진정 편안하다고 생각하느냐?"

재아는 이를 살피지 않고 대답하였다.

"네, 편안합니다."

그는 1년상도 너무 길다고 믿었기에 쌀밥을 먹고 비단옷을 입는 것이 나쁠 게 없다고 생각하였다.

集註

禮에 父母之喪에 旣殯에 食粥麤衰하고 旣葬에 疏食水飮하고 受以成布하며 期而小祥에 始食菜果하고 練冠縓緣하며 要絰不除하니 無食稻衣錦之理라 夫子欲宰我反求諸心하야 自得其所以不忍者라 故로 問之以此러시니 而宰我不察也라

[해석] 예에 의하면, 부모의 상에는 대렴(大斂)으로 입관(入棺: 殯)한 뒤에 죽을 먹고 거친 상복을 입으며, 장례 이후에 거친 밥에 물을 마시고 성포(약간 촘촘한 베)를 받아 입으며, 기년(1년)의 소상을 지내면 처음으로 나물과 과일을 먹고 마전한 삼으로 관을 만들고 붉은색으로 선을 두르며 요질을 벗지 않으니, 쌀밥을 먹고 비단옷을 입을 수 없다. 부자는 재아에게 돌이켜 마음에 구하여 스스로 그 차마 못 하는 마음을 얻게 하고자 하였다. 이 때문에 이로써 물었으나 재아는 그 의중을 살피지 못하였다.

(5) 여안절지 女安節旨

첫 구절[女安則爲之]은 곧바로 재아가 말한 편안하다는 '안(安)'자를 들어서 도리어 그를 격동시킴이며, 그 아래 문장[夫君子之居喪…今女安則爲之]은 또다시 차마 하지 못하는 군자의 마음을 들추어 그를 경계시키고 두렵게 한 것이다.

부모의 상에 있어서는 애통한 마음이 절박하여 참으로 맛있는 음식을 먹고, 음악을 들으며, 편안히 거처할 수 없다. 가설로 이를 말함은 그 편안하지 못한 마음을 표현하기 위함일 뿐이다.

두 개의 '여(女)'자는 군자의 대칭으로 보아야 한다. 두 차례 "네가 편안하면 하라[女安則爲之]"는 것은 참으로 이 말을 따라서 그가 하도록 권한 말이 아니다. 모두 그를 격발하여 그가 스스로 편안하지 못한 마음을 갖도록 함이다.

세 개의 '위(爲: 安則爲之, 故不爲也, 安則爲之.)'자는 기년상을 말한 것이지, 쌀밥 먹고 비단옷 입음을 가리킨 게 아니다.

女 安則爲之하라 **夫君子之居喪**에 **食旨不甘**하며 **聞樂不樂**하며 **居處不安**이라 **故**로 **不爲也**하나니 **今女 安則爲之**하라

"네가 편안하거든 그리하도록 하라. 군자가 상중에 있을 적에는 맛있는 음식을 먹어도 달콤하지 않으며, 음악을 들어도 즐겁지 않으며, 거처하는 것이 편안치 않다. 이 때문에 기년복을 입지 않는 것인데, 지금 네가 편안하거든 그리하도록 하라."

강설

부자께서 다시 그를 경계하여 말씀하셨다.

"초상을 1년에 그치지 않는 까닭은 바로 마음에 불안한 바가 있기 때문이다. 오늘날 네가 쌀밥 먹고 비단옷 입는 것을 편히 여겨 차마 못 하는 마음이 없으니, 누가 너에게 1년상을 행하지 못하도록 할 사람이 있겠는가.

군자가 3년 동안 부모 초상을 입음은 설령 맛있는 음식을 먹는다 하여도 마음에 달콤하지 않고, 아름다운 음악을 들을지라도 마음에 기쁘지 않으며, 편안히 거처한다고 할지라도 편치 않은 까닭

에 1년의 단상(短喪)을 행하지 않고 부모의 상은 반드시 삼년상을 입는 것이다.

오늘날 너는 쌀밥 먹고 비단옷 입는 게 편안하다 하니 군자의 마음 씀씀이와는 다르다. 또한 기년상을 행하는데 무엇을 꺼릴 게 있겠는가."

集註

此는 夫子之言也라

旨는 亦甘也라

初言女安則爲之는 絶之之辭며 又發其不忍之端하야 以警其不察하시고 而再言女安則爲之하야 以深責之시니라

[해석] 이는 부자의 말씀이다.

[훈고] 지(旨) 또한 단콜한 맛이다.

[해석] 첫 구절에서 "네가 편안하거든 하라."는 것은 재아를 끊는 말이며, 또다시 그 차마 못 하는 실마리를 들추어 그의 살피지 못한 바를 경계하고 다시 "네가 편안하거든 하라."고 말하여 깊이 재아를 꾸짖고 있다.

(6) 여지절지 予之節旨

부모의 사랑이 없다는 말로써 그를 배척함은 단상(短喪)을 원하는 그 근본을 탐구한 것으로, 이 구절[予之不仁也]이 가장 중요하다.

자생 이하[子生…父母乎]는 부모 사랑의 마음에 근원을 두고서 그를 감동하게 한 것으로, '자식이 태어난 지 3년[子生三年]'이라는 가운데 '부모의 품[父母之懷]'이라는 뜻이 이미 포괄되어 있다. 그 뒤를 이은 구절, '자식이 태어난 지 3년 후에야 부모의 품을 벗어난다.'라는 '연후면(然後免)' 3자에 중점을 두고 있다.

'삼년의 사랑[三年之愛]'은 부모의 자식 사랑을 말하지만, 하늘처럼 끝없는 부모의 은혜[昊天罔極]를 어떻게 시간으로 셈할 수 있겠는가. 이는 단지 재아가 삼년상 치르는 일을 인색하게 여긴 까닭에 그에 상응하는 삼년의 사랑을 말했을 뿐이다. 부모의 삼년 사랑이라는 말로써 그에게 감동을 주어 재아로 하여금 몸을 용납할 여지가 없게 하려는 것이다.

宰我 出커늘 子曰 予之不仁也여 子生三年然後에 免於父母之懷하나니 夫三年之喪은 天下之通喪也니 予也 有三年之愛於其父母乎아

재아가 나가자, 부자께서 말씀하셨다.

"재아의 어질지 못함이여, 자식이 태어난 지 3년이 지난 후에야 부모의 품에서 벗어나게 된다. 삼년상은 천하 모든 사람의 공통된 상례이다. 재아는 그 부모에게 삼년의 사랑을 받은 적이 있는가?"

강설

재아가 밖으로 나가자, 부자 또한 삼년상이 이뤄진 그 근본을 깊이 탐색하여 그를 꾸짖었다. "심하다. 그가 어질지 못한 까닭에 어버이 사랑의 마음이 이처럼 적은 것이다. 부모의 상을 반드시 3년을 행함은 자식이 태어난 지 3년 뒤에야 부모의 품을 떠날 수 있기 때문에 반드시 삼년상을 입음으로써 부모께서 안아 길러준 노고를 겨우 보답하는 것이다. 삼년상이란 자식으로서 모두 그렇게 행하는 예법이다. 이는 천하 모든 사람의 공통된 상례이다. 그대 또한 사람의 자식으로서 일찍이 부모에게 3년간의 지극한 사랑을 받아본 적이 있었던가! 3년의 지극한 사랑을 받았다면 모든 것을 제쳐두고 삼년상으로 보답하려 하지 않음은 또한 무슨 마음일까? 심하다. 그대의 어질지 못함이여!"

集註

宰我旣出에 夫子懼其眞以爲可安而遂行之라 故로 深探其本而斥之시니라 言由其不仁이라 故로 愛親之薄이 如此也라

懷는 抱也라

又言君子所以不忍於親而喪必三年之故하야 使之聞之하야 或能反求而終得其本心也시니라

○ 范氏曰 喪雖止於三年이나 然이나 賢者之情則無窮也로되 特以聖人爲之中制而不敢過라 故로 必俯而就之오 非以三年之喪爲足以報其親也라 所謂三年然後免於父母之懷는 特以責宰我之無恩하야 欲其有以跂而及之爾시니라

[해석] 재아가 나간 뒤, 부자께서 그가 참으로 편안히 여겨서 마침내 기년상을 행할까 두려웠다. 이 때문에 깊이 그 근본을 탐색하여 그를 꾸짖은 것이다. 그가 어질지 못한 까닭에 어버이에 대한 사랑이 이처럼 각박하다고 하였다.

[훈고] 회(懷)는 안아줌이다.

[해석] 또한 군자가 어버이에게 차마 못 하는 마음으로써 친상(親喪)은 반드시 3년을 지내는 이유를 말하여, 그가 이를 듣고서 혹시라도 자신에 돌이켜 추구하여 마침내 그 근본 마음을 얻도록 함이다.

○ 범씨[范祖禹]가 말하였다.

"부모의 상은 비록 3년에 그치지만 어진 이의 마음은 다함이 없다. 특히 성인이 중도의 제도

를 마련하여 감히 지나칠 수 없다. 그러므로 반드시 낮추어 나아가는 것이지, 삼년상으로 어버이에게 넉넉히 보답했다고 생각함은 아니다. 이른바 3년 후에야 부모의 품에서 벗어난다는 것은 특별히 부모 사랑의 마음이 없는 재아를 꾸짖어, 그가 발돋움하여 따르기를 원함이다.”

22. 포식전지 飽食全旨

이 장은 배우는 이란 마음과 정신을 오롯이 쏟지 않으면 안 된다는 점을 총괄하여 보여주었다. 마음을 써야 할 대상은 학술, 사업과 같은 것으로, 도의의 측면을 주로 말한다.

포식(飽食) 2자 또한 깊이 음미해 보아야 한다. 마음이란 몸과 생각을 통합하여 생활을 유지하는 작용의 본체이지만, 배불리 먹으면 으레 육신의 욕구에 의해 신령스럽고 밝은(靈明) 마음을 잃기 마련이다. 따라서 오직 그 어디엔가 마음과 정신을 쏟아야만 그 신령스럽고 밝은 마음을 되찾아 혼미한 정신을 열어줄 수 있다.

마음에 한 생각이 일어나는 것은 은미하여 보이지 않으나, 배불리 먹게 되면 음욕에 의해 마음이 끌려가기에 십상이다. 이 때문에 오직 오롯하게 마음을 쓰는 곳이 있어야 만이 음욕 따위에 대한 방비를 세울 수 있다. 마음이란 이처럼 전념하는 곳이 없어선 안 되는 것임에도 끝까지 그 어느 한 곳에도 마음을 쓰는 바가 없는 까닭에 구제하기 어려운 사람(難矣哉)이라고 탄식하였다.

그 아래 2구(不有博奕者乎, 爲之猶賢乎已)는 장기와 바둑 따위의 잡기를 빌어 마음 쓸 데(用心)가 있어야 한다는 중요성을 보여주는, 간절한 봉갈(棒喝)을 삼았을 뿐이다.

子曰 飽食終日하야 **無所用心**이면 **難矣哉**라 **不有博奕者乎**아 **爲之猶賢乎已**니라

부자께서 말씀하셨다.

“배불리 먹고 종일토록 마음 쓸 곳이 없으면 딱한 일이다. 장기 바둑이라도 두어야 하지 않을까? 그것이라도 하는 것이 오히려 아무런 일에 마음 쓰지 않은 것보다 나을 것이다.”

강설

부자께서 사람의 마음 씀씀이를 경계하여 말씀하셨다.

“사람의 덕업이란 근실한 마음으로 몸을 닦아야만 이뤄지는 것이다. 온종일 배불리 먹고 하릴없이 유유자적하며 제 한 몸을 편히 할 뿐, 마땅히 해야 할 일에 마음 쓴 곳이 없으면 그는 어떻게 될까?

그런 그의 마음은 여름날의 논밭과 같다. 포식이라는 기름진 거름을 뿌려주고 마냥 팽개쳐둔다면 얼마 지나지 않아 온통 잡초투성이가 되기 마련이다. 배불리 먹은 채, 생각하지 않으면 정신은 혼미하고 의지는 나태하여 날이 갈수록 그릇되고 편벽된 그곳으로 빠져들어 악만이 날로 커나가게 된다. 그런 그는 더 이상 덕업을 닦아 사람 노릇을 하기 어렵다.

장기와 바둑이란 손을 대서는 안 될 유희이다. 그래도 장기와 바둑이라도 두면서 마음을 쏟는

것이 낫지 않을까? 그런 것에라도 손을 대면 마음을 쓰고 생각하게 될 것이다. 이로 보면, 그 어떤 일에도 전혀 마음을 쓰지 않는 것보다야 낫지 않겠는가.

아, 마음이란 살아 움직이는 존재이다. 언제나 오롯하게 마음 쓰는 일이 없으면 안 된다.”

集註

博은 局戲也오 奕은 圍碁也오 已는 止也라

李氏曰 聖人이 非敎人博奕也오 所以甚言無所用心之不可爾시니라

[훈고] 박(博)은 장기이며, 혁(奕)은 바둑이며, 이(已)는 그만둠이다.

[의론] 이씨[李郁]가 말하였다.

“성인이 사람들에게 장기바둑을 두라고 가르침이 아니다. 마음을 쓰는 바가 없어서는 안 된다는 점을 심하게 말한 것이다.”

23. 군자전지 君子全旨

이 장은 자로가 대의(大義)를 숭상하는, 대용(大勇)으로 나아가도록 이끌어주는 가르침이다. 의(義)는 용맹을 낳아주는 내면의 본체이기 때문이다.

군자는 이성으로 혈기를 제재하는 지성인이다. 대의를 우선으로 하면 혈기는 이에 종속이 되어 혈기에 의해 일어나는 일들이 모두 이성 아닌 게 없다. 그러므로 용맹을 말하지 않아도 대의 가운데 용맹이 담겨있다.

상(尙: 尙勇)은 숭상함을, 상(上: 義以爲上)은 최상의 일등을 말한다. 상(上)은 상(尙)자의 뜻과 다르지만, 실제 서로 통하는 글자이다.

유용 이하[君子有勇而無義爲亂 小人有勇而無義爲盜] 2구는 정의가 없을 적에 일어나는 폐해를 말하여, 단 용맹만을 숭상해서는 안 된다는 점을 나타내고 있다.

子路曰 君子 尙勇乎잇가

子曰 君子 義以爲上이니 君子 有勇而無義면 爲亂이오 小人이 有勇而無義면 爲盜니라

자로가 물었다.

“군자도 용맹을 숭상합니까?”

부자께서 말씀하셨다.

“군자는 의리를 으뜸으로 삼는다. 군자가 용맹만 있고 의리가 없으면 난을 일으키고, 소인이 용맹만 있고 의리가 없으면 도적질하게 된다.”

강설

자로는 혈기의 강한 용맹을 좋아한 나머지 부자에게 여쭈었다.

"천하의 일이란 오직 용맹한 자만이 이를 짊어질 수 있는데, 덕을 지닌 군자 또한 용맹을 숭상합니까?"

부자께서 자로에게 일러주셨다.

"덕을 지닌 군자는 의리에 따라서 마땅히 해야 할 일이라면 반드시 분연히 실행하는 것이며, 마땅히 그만두어야 할 일이라면 반드시 의연하게 멈추는 것이다. 오로지 대의가 으뜸이지, 용맹이란 숭상할 바 아니다.

이는 무엇 때문인가. 벼슬에 있는 군자가 용맹만을 소유한 채, 의리로 제재하지 못하면 반드시 혈기의 용맹에 부림을 당하여 도리를 거스르고 분수 넘는 패란(悖亂)을 일으키게 된다.

벼슬이 없는 소인이 용맹만을 소유한 채, 의로 제재하지 못하면 반드시 혈기의 용맹에 부림을 당하여 욕심을 억제하지 못하고 부질없는 행동으로 도적질하게 된다.

혈기의 용맹만을 지니는 폐해는 반드시 이와 같은 잘못을 범하게 된다. 이 때문에 군자가 숭상하는 바는 의리에 있는 것이지, 용맹에 있지 않다."

集註

尚은 上之也라 君子爲亂과 小人爲盜는 皆以位而言者也라

尹氏曰 義以爲尚이면 則其爲勇也 大矣라 子路好勇이라 故로 夫子以此救其失也시니라

胡氏曰 疑此子路初見孔子時問答也라

[훈고] 상(尚)은 으뜸으로 올려세움이다.

[해석] 군자는 난을 일으키고, 소인은 도적질한다는 것은 모두 지위의 상하로 말한다.

[의론] 윤씨[尹焞]가 말하였다.

"대의를 숭상하면 그 용맹을 크게 만들 수 있다. 자로는 용맹을 좋아하므로 부자께서 이 말씀으로 그의 잘못을 바로잡은 것이다."

호씨[胡寅]가 말하였다.

"이는 자로가 처음 공자를 뵈었을 때 문답한 것으로 의심된다."

24. 자공장지 子貢章旨

이 장은 성인과 현인이 미워하는 바를 통하여 도의를 부지하고자 한 뜻을 보여준 것이다.

부자께서 미워하신 바는 뚜렷이 도리에 어긋난 일들이고, 자공이 미워한 바는 도리에 가탁한 일들이다.

앞뒤 2절에서 말한 7개의 자(者: 惡稱人之惡者 이하)자는 모두 그런 사람을 말한다.

(1) 자공절지 子貢節旨

자공이 물은 '군자'란 은연중 부자를 가리키고 있다. 군자는 오직 사람을 사랑하기에 각박한 자를, 덕을 순응하기에 거스르는 자를, 예를 따르기에 능멸하여 범한 자를, 의리에 통달한 까닭에 행동이 어리석은 자를 미워한다.

과감(果敢)은 앞 장에서 말한 강함(剛)이다. 과감한 자가 학문을 닦아 밝음이 열리면 막힘이 없다.

子貢曰 君子 亦有惡(오)乎잇가
子曰 有惡하니 惡稱人之惡(악)者하며 惡居下流而訕(산)上者하며 惡勇而無禮者하며
惡果敢而窒者니라

자공이 물었다.
"군자 또한 미워함이 있습니까?"
부자께서 말씀하셨다.
"미워함이 있다.
남들의 잘못을 들춰내는 자를 미워하며,
아래에 있으면서 윗사람을 비방하는 자를 미워하며,
용맹하면서도 예의가 없는 자를 미워하며,
과감하면서도 막힌 자를 미워한다."

강설

자공이 부자에게 여쭈었다.
"군자는 사람을 사랑하는데, 또한 사람을 미워하는 일도 있습니까?"
부자께서 말씀하셨다.
"선을 좋아하고 악을 미워함은 공정한 마음이다. 군자는 용서하는 마음으로 모든 사람을 받아들이지만, 공정한 마음으로 대하지 않을 수 없다. 이 때문에 미워함이 있을 수밖에 없다.

남들의 잘못을 숨겨주고 들춰내지 않음은 어질고 후한 도리이다. 그러므로 군자는 남의 잘못을 들추어 일컫는 자를 미워한다.

높은 이를 위해 숨겨주는 것은 충성과 공경의 도리이다. 그러므로 군자는 아래에 있으면서 윗사람 비방하는 자를 미워한다.

용맹스러우면서도 예의가 있어야 큰 용맹이라 한다. 그러므로 군자는 용맹하되 예의의 절도가

없는 자를 미워한다.

　과감하면서도 사리에 통달하여야 그 과감함이 훌륭하다. 그러므로 군자는 과감하되 사리에 막힌 자를 미워한다.

　군자의 미워하는바 이와 같다."

　　集註

　訕은 謗毀也요 窒은 不通也라

　稱人惡則無仁厚之意요 下訕上則無忠敬之心이요 勇無禮則爲亂이요 果而窒則妄作이라 故로 夫子惡之시니라

　　[훈고] 산(訕)은 비방하고 헐뜯음이며, 질(窒)은 통하지 못함이다.

　　[해석] 남들의 잘못을 일컬으면 어질고 후한 마음이 없고, 아랫사람이 윗사람을 비방하면 충성과 공경의 마음이 없으며, 용맹하나 예가 없으면 패란을 일으키고, 과감하나 막혀있으면 허튼일하므로 부자가 그들을 미워한 것이다.

(2) 사야절지 賜也節旨

　자공이 미워하는 바 3가지 항목은 모두 그럴싸하지만 바르지 못한 사이비이기 때문이다. '이위(以爲)' 2자를 들어 그들의 잘못된 마음을 파헤친 것이다.

　자공이 남의 일을 염탐[徼]하는 자, 남의 비밀을 파헤쳐내는[訐] 자를 미워함은 부자께서 앞서 언급한 "남들의 잘못을 일컫는 것[稱人惡]"과 "윗사람을 비방한 것[訕上]"으로 인하여 미뤄나감이며, 버릇없이 공손하지 않는[不孫] 자를 미워함은 부자께서 앞서 언급한 "용맹하면서도 예가 없는 자"와 "과감하면서도 막힌 자"로 인하여 미뤄나간 것이다.

　부자의 미워함은 정대(正大)함에 있고, 자공의 미워함은 정엄(精嚴)하다. 따라서 부자의 미워함은 사람을 경계하는 가르침이요, 자공의 미워함은 자신을 경계하는 수행의 측면에서 말하였다.

曰 賜也 亦有惡乎아

惡徼(요)以爲知者하며 惡不孫(遜)以爲勇者하며 惡訐(알)以爲直者하노이다

　〈부자께서〉 물으셨다.

　"사(자공)야, 또한 미워하는 일이 있느냐?"

　"남의 잘못 파헤치는 것을 지혜처럼 생각하는 자를 미워하며,

　겸손하지 않은 것을 용맹처럼 생각하는 자를 미워하며,

　남의 비밀을 파헤치는 것을 곧음처럼 생각하는 자를 미워합니다."

강설

부자께서 이를 계기로 자공에게 되물으셨다.

"군자는 참으로 미워함이 있는데, 네 또한 미워함이 있는가."

자공이 대답하였다.

"저 또한 있습니다. 사물의 이치를 밝게 깨달음을 지혜라 하는데, 남들의 동정을 염탐하고 사찰한 끝에 알아낸 일을 가지고서 스스로 지혜롭다는 명성을 도둑질한 자를 미워합니다.

정의를 보고서 반드시 행하는 것을 용맹이라 하는데, 버릇없이 윗사람에게 대들고 불손하게 어른을 능멸한 일을 가지고서 스스로 용맹하다는 명성을 도둑질한 자를 미워합니다.

이치를 따르고 사심이 없음을 정직이라고 하는데, 남의 비밀을 들추어내어 공격하고 숨겨진 일들을 폭로하는 것을 가지고서 스스로 정직하다는 명성을 도둑질한 자를 미워합니다. 저의 미워함이 이와 같습니다."

배우는 이들은 부자의 미워한 바를 따라서 천리를 저버리고 자기 마음대로 행하여 일신에 집착된 모든 일들을 반드시 끊어야 할 것이며, 자공의 미워한 바를 따라서 얕팍한 기교에 집착하여 본심을 저버리는 모든 일들을 또한 반드시 끊어야 할 것이다. 부자와 자공이 미워하는, 그 모든 일은 지극히 공정하여 사심이 없다.

集註

惡徼以下는 子貢之言也라

徼는 伺察也라 訐은 謂攻發人之陰私라

○ 楊氏曰 仁者無不愛하니 則君子疑若無惡矣어늘 子貢之有是心也라 故로 問焉以質其是非니라

侯氏曰 聖賢之所惡如此하시니 所謂惟仁者能惡人也니라

[해석] 오요(惡徼) 구절 이하는 자공의 말이다.

[훈고] 요(徼)는 남의 동정을 몰래 살핌이며, 알(訐)은 남의 비밀을 파헤쳐냄을 말한다.

○ 양씨[楊時]가 말하였다.

"어진 이는 사랑하지 않음이 없으니, 군자는 미워하는 마음이 없을 것처럼 생각된다. 자공에게 이런 마음이 있었기에 이를 여쭈어 그 시비의 갈피를 질정한 것이다."

후씨[侯仲良]가 말하였다.

"성현의 미워한바 이와 같다. 이른바 '오직 어진 사람만이 사람을 제대로 미워할 줄 안다.'(『里仁』 제3장)는 것이다."

25. 유여전지 唯女全旨

이 장은 소인과 여자를 대하기 어렵다는 점을 보여준 것으로, 그러한 사람을 대하는 자를 위해 말한 것이지, 여자와 소인의 측면에 중점을 두지 않았다.

난양唯女子與小人 爲難養也 구절은 아직 그 구체적인 내용을 말하지 않은, 허설(虛說)이기에 그 아래 2구近之則不孫 遠之則怨를 연이어 보아야 한다. 이는 그들을 대하기 어려운 점을 보여주고 있다.

子曰 唯女子與小人은 爲難養也니 近之則不孫하고 遠之則怨이니라

부자께서 말씀하셨다.
"오직 여자와 소인은 대하기 어렵다. 가까이하면 불손하고 멀리하면 원망한다."

강설

부자께서 신하와 여종 또는 첩을 다스리는 도리를 사람들에게 말씀하셨다.

"사람을 대할 적에 가까이하면 사랑이 넘치고 멀리하면 위엄이 넘치니, 그들을 상대하여 다스리기란 쉽다. 그러나 여종이나 첩, 그리고 소인이란 아무리 내가 부리는 사람이며 내가 다스리는 사람이라 하지만, 실로 그들을 대하여 보살피기 어렵다.

이는 무엇 때문일까? 내, 그들을 사랑하여 가까이하면 우롱하는 마음으로 나에게 버릇없이 굴어 불손하고, 그들을 엄히 하여 멀리하면 그들은 두려운 마음으로 나를 원망하고 한을 품는다. 이처럼 가까이하기에도 멀리하기에도 모두 쉽지 않다. 이것이 곧 그들을 보살피기 어려운 점이다.

그렇다면 그들을 대하는 방법은 무엇일까? 그들을 장중하게 대하고 사랑으로 보살펴야 한다."

集註

此小人은 亦謂僕隷下人也라

君子之於臣妾에 莊以涖之하고 慈以畜之면 則無二者之患矣라

[훈고] 여기에서 말한 소인은 또한 노비와 하인을 말한다.

[해석] 군자는 신하와 여인에게 장중함으로 임하고 사랑으로 보살피면 두 가지 걱정이 없을 것이다.

[보補]

집주에서 말한 "장중함으로 임한다.[莊涖]"는 구절은 자신의 몸가짐을 지키는 도리로, "사랑으로 보살핀다.[慈畜]"는 구절은 아랫사람에게 미치는 은택으로 말하였다.

"장중함으로 임한다."는 것은 예의의 몸가짐으로 그들의 불손한 마음을 없애주면서도 또한 그들을 멀리함도 아니며, "사랑으로 보살핀다."는 것은 인후한 마음으로 그들이 원망하는 생각을 달래주면서도 또한 그들을 가까이함도 아니다. 이것이 소인과 여인을 잘 대하는 도리이다.

26. 연사전지 年四全旨

이 장은 연령의 시기에 맞추어 몸을 닦아야 한다는 뜻으로 격려하고 있다. 사람의 혈기는 서른 살에 장성하고 마흔에 안정되기 때문에 마흔의 나이는 곧 덕을 성취할 시기이다.

"미움을 산다.[見惡]"는 것은 미움을 살만한 잘못이 있어 선한 사람과 군자에게 미움받음을 말한다. 이는 또한 "마흔이 되도록 명성이 없다면"이라는 구절에 비해 한 차원 더 아래에 있다.

끝 구절의 "끝났을 뿐이다.[其終也已]"는 말은 "시절이여, 시절이여, 두 번 다시 찾아오지 않는다.[時乎時乎不再來]"는 뜻이다.

子曰 年四十而見惡(오)焉이면 其終也已니라

부자께서 말씀하셨다.
"나이 마흔이 되어서도 남들에게 미움을 산다면 그는 끝났을 뿐이다."

강설

부자께서 많은 사람에게 시기를 놓치지 말고 노력할 것을 격려해 말씀하셨다.

"덕을 성취할 수 있는 나이는 마흔으로 기약해야 한다. 만일 마흔이 되어서까지 선으로 옮겨가지 못하고 허물을 고치지 못하여 남들에게 미움을 받는다면 그는 어떻게 될까?

그는 점점 나이가 더할수록 노쇠한 나머지, 몸이 따라주지 않는다. 더 이상 옮겨가지 못한 선은 끝까지 옮겨갈 수 없을 것이며, 고치지 못한 허물은 끝까지 고치지 못한 채, 여기에서 종지부를 찍을 따름이다.

이처럼 마흔 이전에 힘쓰지 않는다면 어떻게 마흔 이후를 바라볼 수 있겠는가. 이 때문에 군자는 시기를 잃지 않고서 노력함을 귀중히 여긴다."

集註

四十은 成德之時니 見惡於人이면 則止於此而已니 勉人及時遷善改過也라

蘇氏曰 此亦有爲而言이니 不知其爲誰也라

[해석] 마흔의 나이는 덕을 성취할 시기임에도 남들에게 미움을 받는다면 〈더 이상 나아가지 못하고〉 여기에 그칠 뿐이다. 사람들에게 제때 맞춰 선으로 옮겨가고 허물을 고치도록 권면하였다.

[의론] 소씨[蘇軾]가 말하였다.
"이 또한 그 누군가 때문에 이처럼 말한 것인데 그가 누구인 줄 알 수 없다."

[보 補]

 그 누구에게 미움을 받은 것[見惡]인지, 미워하는 그 대상이 중요하다. 고을 사람이 모두 좋아하는 것도, 모두 미워하는 것도 옳지 않다. 고을 사람 중에 선한 사람이 좋아하고 악한 자가 미워하는 사람이 되어야 한다.[84] 그러나 여기에서는 반대로 군자와 선한 사람으로부터 미움을 샀다는 것은 곧 군자이거나 선한 사람이 아니기 때문이고, 소인배들이 미워하는 사람은 곧 자기와 함께하지 않았기 때문이다. 이처럼 군자가 미워하는 사람이 곧 소인이라면, 소인이 미워하는 자는 곧 군자의 도를 지향한 사림임을 증명해주는 것이다.

 경문에서 마흔의 나이로 한정을 지어 말함은 시기를 놓치지 말고 제때 맞춰 노력해야 함을 말한다. 그러나 거백옥은 쉰 살의 나이에 마흔아홉의 잘못을 깨달았고,[行年五十而知四十九之非] 위 무공(衛武公)은 95세의 노령에도 오히려 사람을 시켜 날마다 그의 곁에서 그가 지은 '억(抑)' 시를 읊어 경계하도록 하였다.[武公行年九十有五, 猶使人日誦是詩, 而不離於其側.](『詩經集傳』, 「蕩之什 · 抑」) 이 때문에 그들의 만년진덕(晩年進德) 또한 헤아릴 수 없었다. 이로 보면, 마흔 이후에도 그 얼마든지 앞으로 나아갈 수 있다.

 하지만 인생을 대략 80세로 한정 지어 말하면, 20년이 인생의 한 계절에 해당한다. 인생의 봄과 여름으로 성장할 수 있는 시절은 마흔의 나이가 정점이다. 그 이후로는 노쇠기에 접어들게 된다. 즉 마흔 이후는 가을이고, 예순 이후는 겨울이다. 이와 같은 인생의 사계절에 의해 살펴보면, 당연히 마흔 이전에 모두 성취하여 그 남은 생은 이를 더욱더 성숙시켜나가는 단계로 보는 것이 정설이다.

---

84 「子路」제13, 제24장. "子貢問曰 鄕人皆好之, 何如? 子曰 未可也. 鄕人皆惡之, 何如? 子曰 未可也, 不如鄕人之善者好之, 其不善者惡之."

제18 미자 微子 第十八

此篇은 多記聖賢之出處니라

凡十一章이라

이 편은 성현의 출처를 기록한 부분이 많다.

모두 11장이다.

1. 미자장지 微子章旨

이 장에서는 은나라의 세 신하가 똑같이 '인(仁)'으로 귀결됨을 나타낸 것으로, 요지는 미자와 기자를 위해 말한 것으로 보인다. 비간은 충간의 죽음으로 그 인을 쉽게 볼 수 있으나, 미자가 나라를 떠나가고 기자가 종이 된 부분은 그 인을 엿보기가 어렵기 때문이다.

앞 단락(微子去之…比干諫而死)은 삼인(三仁)의 일을 서술하였고,

뒤 단락(殷有三仁焉)은 삼인에 대한 단안(斷案)이다.

(1) 미자절지 微子節旨

"떠나가고, 종이 되고, 죽었다."는 세 사람의 선후 순서를 정설로 삼아야 한다.

미자는 주(紂)의 서형이라지만 실제론 은나라 왕의 원자(元子)이다. 그의 떠남은 주나라에 귀의한 게 아니다. 머나먼 황야에 은둔했을 뿐이다. 그 후 제기(祭器)를 안고 주나라에 귀의함은 무왕이 상나라를 정벌한 후의 일이다.

기자와 비간이 다 함께 주에게 간했지만, 기자는 주의 노여움이 그다지 심하지 않을 적에 간하였고, 비간은 때마침 주의 노여움이 심할 때 간하였기 때문에 죽임을 당한 것이다.

세 사람의 일을 서술함은 아래의 '인(仁)'자를 살펴보기 위한 전제이다.

微子는 **去之**하고 **箕子**는 **爲之奴**하고 **比干**은 **諫而死**하니라

미자는 떠나가고, 기자는 종이 되었고, 비간은 간하다가 죽었다.

강설

예전에 은나라 주왕(紂王)이 무도하여 미자는 그 잘못을 간하였으나 들어주지 않자 곧바로 그는

상나라를 떠났고, 기자는 간하였으나 들어주지 않자 이를 계기로 거짓 미치광이로 노비가 되었으나, 비간만은 오로지 힘을 다하여 지극히 간하다가 그의 노여움을 사서 심장이 도려내는 죽임을 당하였다. 세 사람은 떠나가거나 종이 되거나 죽음으로써 각기 그 행적이 이처럼 달랐다.

集註

微箕는 二國名이오 子는 爵也라 微子는 紂庶兄이오 箕子, 比干은 紂諸父라
微子는 見紂無道하고 去之以存宗祀하며 箕子, 比干은 皆諫한대 紂殺比干하고 囚箕子以爲奴하니 箕子因佯狂而受辱하니라

[훈고] 미(微)와 기(微)는 두 나라의 이름이며, 자(子)는 작위이다. 미자는 주의 서형이요, 기자와 비간은 주의 백부요, 숙부이다.

[해석] 미자는 주의 무도함을 보고서 은나라를 떠나 종사(宗祀)를 보존하였고, 기자와 비간은 모두 간했으나 주는 비간을 죽이고 기자를 가두어 종으로 삼았다. 기자는 이런 일로 인하여 거짓 미친 척하면서 오욕을 받았다.

[보 補]
미자가 주의 서형이라는 점은 『여씨춘추(呂氏春秋)』에 의하면, 미자를 낳을 당시 그의 모친은 첩이었다가 그 후 왕비가 되어 주를 낳았다. 이 때문에 미자는 주와 한 어머니의 서형[85]이라고 한다.
이처럼 미자는 은나라 제을(帝乙)의 맏이이자 주의 서형이다. 그의 도망이 있기까지는 아래의 일들이 벌어졌기 때문이다.
기자는 주의 친척이다. 주가 처음 상아 젓가락을 쓰자, 기자가 탄식하였다.
"그가 상아 젓가락을 쓰니 반드시 옥잔을 쓸 것이오, 옥잔을 쓰면 반드시 먼 지방의 진귀한 음식을 찾을 것이다. 수레와 말, 그리고 궁실의 화려한 조짐이 이로부터 비롯하여 구제할 수 없다."
주가 음탕하자, 기자가 간하였으나 듣지 않으니, 거짓으로 미치광이가 되어 종이 되었다.
왕자 비간 또한 주의 친척이다. 기자가 간하다 들어주지 않자 종이 된 것을 보고서 말하였다.
"임금에게 잘못이 있음에도 죽음으로 간하지 않는다면 백성은 그 무슨 죄인가."
주가 역정을 내어 말하였다.
"내, 듣자니 성인의 심장에는 일곱 구멍이 있다고 하는데, 참으로 있는가."
마침내 비간을 죽여 그의 심장을 도려내 보았다.
이에 미자가 말하였다.

---

85 "生微子時, 母猶爲妾, 及爲妃而生紂, 故微子爲紂同母庶兄."

"부자 사이에는 골육의 정이 있으나 군신은 의로 맺은 사이이다. 이 때문에 아버지에게 허물이 있으면 세 차례 간하여도 들어주지 않으면 뒤따르면서 울부짖어야 하지만, 신하는 세 차례 간하여 들어주지 않으면 의리상 떠나가야 한다."

미자는 마침내 떠나갔다. 주 무왕이 주를 정벌하여 은나라를 이기자, 미자는 은나라의 제기를 들고서 군문(軍門)을 찾아가니, 이에 무왕이 미자를 풀어주고 옛 지위로 복귀시켜주었다.[86] 이는 세 사람의 역사적 사실이다.

(2) 은유절지 殷有節旨

"은나라에 세 어진 이가 있었다.[殷有三仁]"는 것은 세 사람 모두 은나라를 사랑하고 걱정하는 마음이 있음을 말한다. 죽은 비간만이 은나라를 사랑한 게 아니라, 살아있던 기자와 미자 또한 주나라에 마음을 두지 않았다.

그들을 '세 사람의 충신[三忠]'·'세 사람의 의인[三義]'이라 말하지 않고, '세 사람의 어진 이[三仁]'라고 하였다. 하나의 '인(仁)'자에서 그들의 종주국 은나라에 대한 측은한 생각이 얼마나 간절했는가를 상상해 볼 수 있다.

孔子曰 殷有三仁焉하니라

공자께서 말씀하셨다.
"은나라에 세 어진 이가 있었다."

강설

부자는 그들의 마음을 헤아려 단정 지어 말씀하셨다.
"은나라에 미자, 기자, 비간 세 분이 있었다. 나는 그 세 사람을 어진 자라고 생각한다.

미자가 은나라를 떠남은 임금을 잊은 게 아니다. 몸소 선조의 대통을 보존하고자 은나라를 위하여 떠나갔다.

기자가 종이 된 것은 화가 두려워서가 아니다. 몸소 임금이 후회하기를 기다리면서 은나라를 위하여 종이 되었다.

비간의 죽음은 명예를 얻으려 함이 아니다. 몸소 사직의 폐허를 만회하려는 마음으로 은나라를

---

86 『大全』該註. "史記宋世家. 微子者, 殷帝乙之首子, 而紂之庶兄也. 紂旣立, 不明滛亂於政, 微子數諫不聽, 度終不可諫, 遂亡. 箕子者, 紂親戚也. 紂始爲象箸, 箕子歎曰 彼爲象筯, 必爲玉杯; 爲玉杯, 則必思遠方珍怪之物而御之矣. 興馬宮室之漸, 自此始, 不可振也. 紂滛泆, 箕子諫不聽, 乃被髮佯狂而爲奴. 王子比干者, 亦紂之親戚也. 見箕子諫不聽而爲奴, 則曰君有過而不以死爭, 則百姓何辜? 乃直言諫紂. 紂 怒曰 吾聞聖人心有七竅, 信有諸乎? 乃遂殺比干, 刳視其心. 微子曰 父子有骨肉, 而臣主以義屬. 故父有過三諫不聽, 則隨而號之; 人臣三諫不聽, 則其義可以去矣. 於是遂行. 周武王伐紂克殷, 微子乃持其祭器, 造軍門, 於是武王, 乃釋微子, 復其位如故."

위하여 목숨을 바쳤다.

　이처럼 발자취는 똑같지 않으나 그들이 임금을 사랑하고 나라를 근심하는 마음만큼은 한결같이 지극한 성심과 측은한 마음에서 나온 것이다. 이들을 세 어진 이[三仁]라 하는데 무엇이 부끄럽겠는가."

　아, 부자의 한마디 말씀으로 세 사람의 마음이 비로소 밝혀졌고, 천하의 공론이 비로소 정해지게 된 것이다.

> **集註**
>
> 三人之行이 不同이나 而同出於至誠惻怛之意라 故로 不咈乎愛之理而有以全其心之德也라
>
> 楊氏曰 此三人者는 各得其本心이라 故로 同謂之仁이니라

　[해석] 세 사람의 행적은 똑같지 않으나 모두가 지극한 진실과 가엾게 여기는 마음에서 나왔기에 사랑하는 이치[仁]를 어기지 않았고 그 마음의 덕을 온전하게 하였다.

　양씨[楊時]가 말하였다.

　"이 세 사람이 각각 그 본심을 얻었다. 이 때문에 그들을 똑같이 인이라고 말하였다."

　[보 補]

　인(仁)이란 심성으로 말할 적에는 '마음의 덕, 사랑을 낳아주는 이치[心之德 愛之理]'라 말하고, 후천적 수행의 현실에 있어서는 '안으로 사심이 없고 밖으로 천리에 부합함[仁者, 無私心而合天理之謂]'(『孟子集註』「告子 下 제6 淳于髡章」)을 말한다.

　세 사람의 인은 행사상에서 말한 것으로 2가지 조건을 똑같이 갖췄음을 말해주고 있다. 미자와 기자 두 사람이 주나라에 귀의하여 훗날의 부귀를 도모함이 아니라, 은나라를 사랑하는 마음[無私心: 至誠惻怛之意 · 不咈乎愛之理]이 내면에 전제되었고, 그들의 처신 또한 도리에 어긋난 행위가 아니라, 천리에 부합한 행위[合天理]였음을 말해주는 것이다.

　이처럼 인(仁)이란 안팎으로 2가지 조건을 충족했을 때 가능한 것이다. 설령 사심이 없을지라도 행위에 모순이 있을 시는 인이라 말할 수 없고, 천리에 부합된 행위라 할지라도 사심에 의한 출발이라면 그 또한 인이라 말할 수 없다.

2. 유하전지 柳下全旨

　이 장에서는 유하혜가 원만[和]하면서도 절개가 있음을 보여준 것으로, 다만 조심조심 도를 지키는 데 중점이 있으며, 임금에게 연연해하는 데 중점이 있지 않다.

　'삼출(三黜)'이란 자주 쫓겨남을 말한다. '직(直)과 왕(枉)' 2단락[直道而事人…何必去父母之邦]은 서둘러 떠나지 않음에 대한 해석이다. 위아래 문장의 억양으로 살펴보면 그는 분명한 지조로 도를

굽히지 않았다는 뜻을 쉽게 볼 수 있다. 이는 직도(直道)란 용납되기 어려운 터라 설령 다른 나라를 갈지라도 모두 추방을 당할 것이다. 노나라를 떠난다고 할지라도 도움이 되지 않는다. 도를 굽힌다면 쉽게 야합할 수 있기에 부모의 나라에서도 용납될 수 있을 터, 또한 굳이 떠날 게 없다.

"곧은 도로 사람을 섬긴다[直道而事人]"라는 것은 벼슬에 나아가 어짊을 숨기지 않고 반드시 그 도로써 행함을 말한다. 이는 폭넓게 한 말이지, 간쟁과 형벌만을 가리키지는 않는다.

유하혜는 "어찌 굳이 떠나가겠는가[何必去]"를 말하면서 '부모지방(父母之邦)' 4자를 더하였다. 여기에는 더욱더 노나라에 대해 애틋한 마음을 다한 도리가 담겨있다.

柳下惠 爲士師하야 三黜이어늘 人이 曰 子未可以去乎아
曰 直道而事人이면 焉往而不三黜이며 枉道而事人이면 何必去父母之邦이리오

유하혜가 노나라 옥관이 되어 세 차례 쫓겨나자, 사람들이 말하였다.
"그대는 떠나가야 하지 않겠는가."
〈유하혜가〉 말하였다.
"곧은 도로 사람을 섬기면 어디를 간들 세 차례 쫓아내지 않으며, 굽은 도로 사람을 섬기면 어찌 굳이 부모의 나라를 떠날 게 있겠는가."

강설

유하혜는 노나라의 옥을 맡은 관리가 되었으나 옥관의 도에 맞추지 못해 세 차례나 쫓겨났지만, 그래도 떠나가지 않자, 혹자가 그를 풍자하였다.

"군자는 벼슬하면서 가는 길이 임금과 맞으면 조정에 머물고, 맞지 않으면 떠나가는 법이다. 오늘날 그대는 세 차례나 쫓겨나 등용되지 못하면서도 아직껏 다른 나라로 떠나가지 않는가."
유하혜가 말하였다.

"내가 세 차례나 쫓겨난 것은 사람을 섬길 때 곧은 도로써 도를 굽히지 않았기 때문이다. 곧은 도로 사람을 섬기다 보면 자연히 용납될 수 없다. 어느 나라를 간다고 한들 세 차례 쫓겨나지 않겠는가. 설령 다른 나라를 갈지라도 또한 우리 노나라와 같을 것이다.

만일 굽은 도로 사람을 섬긴다면 쉽사리 잘 부합될 것이다. 그럴 바에야 부모의 나라에서 벼슬할 것이지 굳이 이를 버리고 떠나가겠는가. 곧은 도란 결국 버릴 수 없는 것이며, 굽은 도란 결코 할 수 없는 일이다. 이 때문에 내가 세 차례 쫓겨나도 떠나가지 않는 것인데, 그대는 또한 무엇을 의심하는가."

集註

士師는 獄官이라 黜은 退也라

柳下惠三黜不去하고 而其辭氣雍容如此하니 可謂和矣라 然이나 其不能枉道之意는 則有確乎

不可拔者하니 是則所謂必以其道而不自失焉者也라

○ 胡氏曰 此必有孔子斷之之言而亡之矣라

[훈고] 사사(士師)는 옥관이다. 출(黜)은 내쫓음이다.

[해석] 유하혜는 세 차례 쫓겨나도 떠나가지 않고 그 말씨가 이처럼 화기로우니 '성인으로서 원만하고 까다롭지 않은 자(聖之和)'(『孟子』「萬章 下」)라고 말할 만하다. 그러나 도를 굽히지 않는 그의 뜻은 "확고하여 그 누구도 빼앗지 못할 게 있다."(『周易』「乾卦▓ 文言」) 이는 이른바 "반드시 그 도로써 행하여 스스로 잃지 않는 자이다."(『孟子』「公孫丑 上」)

○ 호씨[胡寅]가 말하였다.

"여기에는 반드시 공자의 단안(斷案)이 있었을 것인데, 이를 찾아볼 수 없다."

[보 補]

세 차례 쫓겨난 유하혜의 행적은 '직불용(直不容)' 3자로 대변할 수 있다. 곧은 이 세상에 용납되지 못함[直不容]은 이요당 주이(二樂堂 周怡: 1515~1564)의 「명황제분송운(明皇帝盆松韻): 一稱 承制詠盆松」에 잘 보여주고 있다.

半尺沙盆半尺松	작은 화분 반 척의 소나무
風霜孤節老龍鍾	모진 풍상 외로운 절개 구불거리는 노송
知渠不學干天長	저 소나무 하늘 높이 자라지 않은 뜻을 알겠다
驗得人間直不容	곧은 사람 세상에 용납되지 못함을 경험했기에…

이요당이 당년 30세(1551. 명종6년)의 나이로 서장관(書狀官)이 되어 중국을 갔을 적에 명(明) 세종(世宗)은 소나무 분재를 내놓고 공에게 시를 짓도록 명하였다. 당시 명조(明朝)의 사대부들이 직언으로 죄를 얻은 이들이 매우 많았다. 이에 주이는 고송(孤松)이 올곧아서 세상에 용납되지 못하는 모습을 일컬어 세태를 풍자한 것이다. 이에 세종은 감동하였고, 그 후 사신이 중국을 가면 세종은 반드시 "직불용(直不容) 선생은 무탈하신가?"라고 물었다 한다. 곧은 사람이 세상에 용납되지 못함은 예나 제나 매일반이다.

3. 제경전지 齊景全旨

이 장은 성인의 도가 제나라에서 행해지지 못함을 기록한 것으로, 당시에 부강한 나라로는 제나라만한 나라가 없었기에 부자께서 그 나라에 벼슬하기를 원하였다.

두 곳의 '왈(曰)'자는 모두 제경공이 그 신하와 나눈 말이다. '약계씨(若季氏)' 2구(若季氏…待之)는 공자를 등용할 수 없다는 뜻을 보여준 것이다.

제경공이 부자를 대접함은 제선왕이 도읍에다가 맹자의 집을 지어 주려고 했던 일과 같다. 그러나 등용하지 못하겠다는 '불능용(不能用)' 3자는 이 장의 핵심이다. 이렇게 되기까지는 저변의 이유가 있기 마련이다. 이에 대해 주자는 다음과 같이 말하였다.

"대접 또한 허례일 뿐이지, 나라의 정치를 맡겨준 것이 아니다. 또 '내가 늙어서 등용할 수 없다'라는 핑계는 '여러 세대를 걸쳐서도 공자의 학문은 다할 수 없고, 당년에 그 예를 다할 수 없다.'라는 안영(晏嬰)의 이간질이 먹혀든 결과이다. 이것이 부자께서 제나라를 떠나 노나라로 돌아오게 된 이유이다."

齊景公이 待孔子曰 若季氏則吾不能이어니와 以季孟之間으로 待之호리라하고 曰 吾老矣라 不能用也라한대 孔子行하시다

제경공이 공자의 대우에 대하여 말하기를, "계씨처럼은 내 할 수 없지만, 계씨와 맹씨의 중간 정도로 대우하리라." 하고 이어 말하였다.

"내 늙었다. 등용하지 못하겠구나."

이에 공자는 떠나가셨다.

강설

예전 부자께서 제나라에 계실 때, 경공은 그 신하들과 부자의 예우에 대해서 사적으로 이야기를 나눴다.

"공자는 노나라 사람이다. 노나라 임금이 계씨와 맹씨를 대우하는 예를 익히 보아왔을 것이다. 나는 공자를 상경(上卿)의 예로 예우하여 노나라의 계씨처럼 한다면 이는 가장 융성한 일이나 내 그처럼 할 수는 없고, 맹씨처럼 예우한다면 이는 너무 간략한 것이니, 그 중간을 참작하여 계씨와 맹씨 두 사람의 중간 정도로 대접하고자 한다. 이는 예에 있어서 중도에 맞는 일이며 공자도 머물 것이다."

이윽고 또다시 말하였다.

"공자의 도는 워낙 커서 당세에 다할 수 없고 다음 세대에도 다할 수 없다. 내 이미 늙은 터라, 한계가 있는 나이로 그를 등용하여 그의 도를 행할 수 없다."

이는 참으로 부자를 예우할 마음이 없음이며, 부자를 등용할 생각이 없는 것인바, 그와 더불어 정사를 할 수 없음을 알 수 있다. 부자께서 어찌 허례(虛禮)에 얽매일 수 있었겠는가. 이에 밥 지으려 쌀 씻는 것을 보고서도 곧바로 제나라를 떠나셨다. 이는 서둘러야 할 때 서둘러 빨리 떠난 것이다.

集註

魯三卿에 季氏最貴하고 孟氏爲下卿이라 孔子去之는 事見世家하니라 然이나 此言은 必非面語孔子오 蓋自以告其臣이어늘 而孔子聞之爾시니라

○ 程子曰 季氏는 强臣이니 君待之之禮極隆이라 然이나 非所以待孔子也오 以季孟之間待之라도 則禮亦至矣라 然이나 復曰 吾老矣라 不能用也라하니 故로 孔子去之라 蓋不繫待之輕重이오 特以不用而去爾시니라

[해석] 노나라 삼경 가운데 계씨는 가장 높은 상경(上卿)이고 맹씨는 가장 낮은 하경(下卿)이었다. 공자가 제나라를 떠나간 일은 『사기』「공자세가」에 보인다. 그러나 이런 말은 반드시 공자를 마주하여 말한 게 아니다. 제경공이 그 신하들에게 말한 것인데, 공자가 그 말을 전해 들은 것이다.

○ 정자[伊川]가 말씀하였다.

"계씨는 강한 신하이므로 임금이 대우하는 예가 지극히 융숭하였다. 그러나 공자를 그렇게 대우할 바가 아니고, 계씨와 맹씨의 중간으로 대우할지라도 예우 또한 지극하다. 그러나 다시 '내 늙었다. 등용하지 못하겠다.'라고 말한 까닭에 공자는 제나라를 떠난 것이다. 이는 예우의 경중에 얽매임이 아니라, 오직 등용하지 않으려 함으로써 떠난 것이다."

[보 補]

사마천 『사기』「공자세가」의 전문은 다음과 같다.

제경공이 다시 공자에게 정사를 묻자, 대답하였다.

"나라를 다스림은 재물을 절약하는 데 있습니다."

경공이 좋아하여 이계(尼谿)의 땅을 공자에게 봉해주려고 하자, 안영(晏嬰)이 앞으로 나서며 말하였다.

"선비는 현란한 말솜씨로 법이 될 수 없고, 거만하여 자기주장만을 내세워 아래 사람으로 둘 수 없으며, 상례를 숭상하여 슬픔을 다하고 파산하도록 장례를 후하게 치르니 풍속으로 삼기 어렵고, 유세를 다니면서 구걸하니 나랏일을 맡길 수 없습니다. 큰 현인이 사라지면서 주나라 왕실은 쇠퇴하여 예악이 끊이게 되었습니다. 지금 공자는 성대한 치장으로써 오르내리는 예와 걸음걸이의 꼼꼼한 절차가 번거로우니, 그가 말한 학문을 익히려면 누대에 걸쳐서도 다할 수 없고 당년에 그가 말한 예를 터득하기 어렵습니다. 임금께서 그를 등용하여 제나라의 풍속을 바꾸려 하시지만, 어리석은 백성에게 먼저 할 바가 아닙니다."

그런 말을 들은 뒤에 경공은 여전히 공자를 경건히 대했지만, 다시는 예에 관해 묻지 않았다.

훗날 제경공이 공자를 붙잡으려 말하였다.

"그대를 계씨처럼 받드는 것은 내 할 수 없지만, 계씨와 맹씨의 중간 정도로 대우하리라."

이에 공자는 제나라 대부들이 자기를 해치려고 한다는 말을 들은 데다가 경공이 또 이런 말을 하였다.

"내 늙었다. 등용하지 못하겠구나."

공자는 마침내 제나라를 떠나 노나라로 돌아오셨다.[87] 이는 부자 당년 35세의 일이다.

4. 제인전지 齊人全旨

이 장에서는 성인의 도가 노나라에 행해지지 못함을 적고 있다.

계환자는 부자를 등용한다고 할지라도 또한 자기에게 가까이하지 않을 줄 진즉 알고 있었다. 그러나 덕 있는 현자에게 맡기려는 마음 또한 없지 않았다. 하지만 부자가 노나라의 정치를 잡자마자 삼가(三家)의 성[三都]을 무너뜨리고 숨겨진 무기를 거둬들일 줄은 미처 생각하지 못하였다. 따라서 노나라 왕실의 부강을 꾀하고 계씨 집안을 쇠약하게 하는 일이 없지 않을까 염려하였다. 계환자는 이미 부자의 이런 점을 꺼려왔던 것인데, 제나라 사람들이 이러한 마음을 엿보아 알고 있었던 터라, 아름다운 여인과 음악을 보내어 부자의 정사를 저해하였다.

여기에서 대접한다는 뜻으로 '궤(饋)'라 말하지 않고, 보내주었다는 뜻으로 '귀(歸)'라 말함은 '궤'는 받지 않을 수도 있지만, '귀'는 받지 않을 수 없기 때문이다. 이는 기록한 자의 준엄한 필법(筆法)이다.

계환자가 여인과 음악을 받아들인 것은 밖으론 이웃 제나라와의 틈을 개선하고자 한다는 국가 외교를 빌려 개인의 탐닉을 정당화하고, 안으로는 정공(定公)과 함께 여인과 음악의 향락을 공유하면서 그 비방을 반분(半分)하였다.

그러나 그의 진정한 속내는 노나라를 강성케 하고 자기의 집안을 쇠약하게 만든, 부자에 대한 한을 설욕한 것이다. 사흘이나 조회를 보지 않음은 진정 정공의 방탕한 생활이지만, 이 또한 계환자가 부자의 간언할 길을 끊어버린 것이다.

기록한 자가 특별히 계환자만을 기록한 것은 정공과는 전혀 상관이 없는 일임을 보여줌이다. 다만 여인과 음악을 받아들이고 조회를 보지 않은 것만으로도 마땅히 조정을 떠나야 할 사안이다. 부자께서 노나라를 떠나심은 조짐을 보고서 일어선 것이지, 굳이 제육(祭肉) 보내오지 않은 일을 첨가해 넣을 게 없다.

齊人이 **歸女樂**이어늘 **季桓子受之**하고 **三日不朝**한대 **孔子行**하시다

제나라 사람이 여인과 음악을 보내주자, 계환자가 이를 받고서 사흘이나 조회를 보지 않았다. 이에 공자께서 노나라를 떠나셨다.

> **강설**

정공 당시 계환자가 나라를 다스렸는데, 부자는 사구(司寇)로서 재상의 일을 함께한[攝行相事] 지

---

87 『史記』「孔子世家』. "齊景公, 復問政於孔子, 曰政在節財. 景公說, 將欲以尼谿田封孔子. 晏嬰 進曰 夫儒者, 滑稽而不可軌法, 倨傲自順, 不可以爲下; 崇喪遂哀, 破産厚葬, 不可以爲俗; 游說乞貸, 不可以爲國. 自大賢之 息, 周室旣衰, 禮樂缺有間, 今孔子盛容飾, 繁登降之禮, 趨詳之節, 累世不能殫其學, 當年不能究其禮. 君欲用 之以移齊俗, 非所以先細民也. 後, 景公 敬見孔子, 不問其禮. 異日, 景公止孔子曰 奉子以季氏, 吾不能, 以季 孟之間待之. 齊大夫 欲害孔子, 孔子聞之. 景公曰 吾老矣, 弗能用也. 孔子遂行, 反乎魯."

3개월 만에 노나라가 아주 잘 다스려지자, 제나라 사람들은 그들이 장차 패권을 누릴까 두려워한 나머지 이서(犁鉏)의 계책을 따라 여인과 음악을 보냈다. 이는 부자의 등용을 저지하려는 의도였다.

　당시 국정을 맡은 이가 그러한 모의를 재빨리 간파했었더라면 제나라 사람이 아무리 지혜롭다고 한들 어떻게 욕심이 없는 임금을 이간시킬 수 있었겠는가. 어찌하여 계환자는 먼저 미복(微服)으로 찾아가 이를 살펴보고 정공에게 이를 말하여 받아들이도록 하였는가.

　이로 말미암아 노나라의 군신은 음악과 여색에 빠져 정사를 게을리하기에 이르렀다. 정공은 조정에 나오지 않고 계환자는 조정에 나가지 않은 지 사흘이나 되었다. 바야흐로 부자를 등용한 즈음에 제나라의 여인과 음악을 받아들인 것은 어진 이를 가볍게 생각함이며, 사흘 동안 조회를 보지 않음은 예의를 져버린 일이다. 이미 그런 그들과 함께 정치를 할 수 없다는 사실을 알 수 있다. 이 때문에 부자는 마침내 고국 노나라를 떠나셨다. 이는 떠나야 할 때 떠나간 것이다.

> **集註**

> 季桓子는 魯大夫니 名斯라

> 按史記에 定公十四年에 孔子爲魯司寇하야 攝行相事하시니 齊人懼하야 歸女樂以沮之하니라

> 尹氏曰 受女樂而怠於政事如此하니 其簡賢棄禮하야 不足與有爲를 可知矣라 夫子所以行也시니 所謂見幾而作하야 不俟終日者與ㄴ져

> ○ 范氏曰 此篇은 記仁賢之出處而折中以聖人之行하시니 所以明中庸之道也니라

　[훈고] 계환자는 노나라 대부, 이름은 사(斯)이다.

　[해석]『사기』를 살펴보면, 정공 14년(B.C.496)에 공자는 노나라 사구가 되어 재상의 일을 대행[攝行]하였다. 제나라 사람이 이를 두려워하여 여인과 음악을 보내어 〈공자의 등용을〉 저해하였다.

　윤씨[尹焞]가 말하였다.

　"여인과 음악을 받고서 정사에 게으름이 이와 같다. 그는 어진 이를 가벼이 여기고 예를 버림으로써 그와 함께 정사할 수 없음을 알 수 있다. 부자가 이 때문에 떠나간 것이다. 이른바 '기미를 보고서 일어나 하루를 기다리지 않음이다.(『周易』「豫卦䷏』)'라는 것이다."

　○ 범씨[范祖禹]가 말하였다.

　"이편은 앞서 삼인(三仁)과 유하혜의 출처를 기록하고 뒤이어서 부자의 행실로 절충하니 중용의 도를 밝힌 것이다."

5. 초광장지 楚狂章旨

이 장은 성인께서 초나라 광인을 가까이 이끌고자 한 뜻을 보여준 것으로, '초광(楚狂)' 2자는

전체 문장의 정안(定案)이다.

첫 절[楚狂…殆而]에서 접여는 부자의 은둔을 바람으로써 끝 절[孔子下…不得與之言]에서 아예 부자의 말을 듣고자 하지 않았다.

(1) 초광절지 楚狂節旨

전체의 절은 봉황만을 들어 말했지만, 부자를 풍자한 뜻이 절로 나타나 보인다.

봉혜[鳳兮鳳兮, 何德之衰] 2구는 은둔하지 않음을 꾸짖음이며, 왕자 이하[往者不可諫…今之從政者殆而] 4구는 속히 은둔할 것을 풍자한 말이다.

접여(接輿)의 취향은 사람과의 관계를 끊고 세상으로부터 도피하여 제 한 몸을 온전히 하는 데 있을 뿐이다. 이것이 부자와 다른 부분이다.

봉황이란 세상이 다스려지면 나타나고 혼란하면 나타나지 않는다. 이는 도가 있으면 나타나고 도가 없으면 숨는다는 뜻이다.

'접여(接輿)'라는 이름을 살펴보면, 그의 성씨와 이름이 뭔지 알 수 없다. 따라서 '부자의 수레를 맞이하여 노래한 사람'이라는 사실에 따라 그런 이름을 붙여 그를 밝힌 것이다. 이는 '하궤(荷蕢)'의 유와 같다. 그의 이름을 알 수 없었기에 '삼태기 지고 걷는 사람'이라는 뜻으로 그의 이름을 대변한 경우이다.

楚狂接輿 歌而過孔子曰 鳳兮鳳兮여 何德之衰오 往者는 不可諫이어니와 來者는 猶可追니 已而已而어다 今之從政者 殆而니라

초나라 광인 접여가 공자의 수레 앞을 지나며 노래하였다.

"봉황이여, 봉황이여 어찌하여 덕이 쇠하였는가. 지난 일이야 말해도 어쩔 수 없지만 다가오는 일은 오히려 잘할 수 있으니, 말지어다. 말지어다. 오늘날 정사를 하는 자 위태롭다."

> **강설**

예전에 부자께서 초나라로 가는 길목에서 초나라 광인 접여라는 사람이 노래를 부르면서 부자의 수레 앞을 지나쳤다.

"봉황이여, 봉황이여, 도가 있을 때는 나타나고 없을 때는 숨으니, 그 덕이 훌륭하다. 오늘날이란 어떤 시대인데 아직도 몸을 숨기지 아니하여 그처럼 덕이 쇠퇴하였는가. 지난날 은둔하지 않은 일이야 더 이상 말할 게 없지만, 오늘날은 마땅히 은둔해야 할 일들은 그래도 따라서 잘할 수 있다. 모든 것을 내려놓고서 그만두자. 그만두어라. 그리고 서둘러 빨리 숨어야 한다. 오늘날 온 세상이 무도하다. 벼슬에 나가 정사를 하는 자는 위태로운 화를 면하기 어려운데, 어찌하여 은둔하지 않고 머뭇거리는가."

그는 부자를 봉황으로 높이면서도 덕이 쇠퇴하였다 꾸짖고, 떠나가라 풍자하면서도 재앙이 미칠까를 두려워하였다. 이는 은자와 성인의 가는 길이 다르기 때문이다.

集註

接輿는 楚人이니 佯狂避世러니 夫子時將適楚라 故로 接輿歌而過其車前也라

鳳은 有道則見하고 無道則隱이니 接輿以比孔子하고 而譏其不能隱으로 爲德衰也라

來者可追는 言及今尙可隱去라

已는 止也요 而는 語助辭라 殆는 危也라

接輿는 蓋知尊夫子而趨不同者也라

　[해석] 접여는 초나라 사람으로 거짓 미친 척하며 세상을 멀리하였다. 부자가 그 당시 초나라로 가려는 길이었다. 이 때문에 접여가 이를 노래하면서 부자의 수레 앞을 지나간 것이다.
　봉황은 도가 있으면 나타나고, 도가 없으면 몸을 숨긴다. 접여가 공자를 봉황에 비유하여 은둔하지 않음을 덕이 쇠퇴함이라고 꾸짖었다.
　내자가추(來者可追)는 지금이라도 오히려 은둔할 수 있음을 말한다.

　[훈고] 이(已)는 그침이며, 이(而)는 어조사이며, 태(殆)는 위태로움이다.

　[해석] 접여는 공자를 높일 줄은 알면서도 가는 길이 똑같지 않은 자이다.

(2) 공자절지 孔子節旨

앞의 2구[孔子下 欲與之言]는 부자께서 접여에게 마음을 두는 것이 지극히 중한 것이고,
　뒤의 2구[趨而辟之 不得與之言]는 접여가 스스로 공자의 도를 마다하고 미치광이로 끝을 맺은 것이다.

孔子 下하샤 欲與之言이러시니 趨而辟之하니 不得與之言하시다

공자께서 수레에서 내려서 그와 이야기를 나누려고 하자, 종종걸음으로 피하여 그와 이야기를 나누지 못하셨다.

강설

　부자는 그의 노래를 듣고서 그가 은자임을 알았지만, 가는 길이 다르다는 이유로 그를 버리지 않고 수레에서 내려와 그와 이야기하려고 하였다. 이는 장차 그와 함께 천하를 구제하기 위함이다.

이에 접여가 종종걸음으로 부자를 피한 것은 그의 말을 듣고 싶지 않았던 것 같다. 부자는 결국 그와 이야기하지 못하였다. 이런 일련의 일로 살펴보면 은둔한 선비란 세상을 구제하려는 선비와 취향이 다르기에 함께 꾀할 수 없음이 아니겠는가.

집註

孔子下車는 蓋欲告之以出處之意러시니 接輿自以爲是라 故로 不欲聞而辟之也라

[해석] 공자가 수레에서 내려선 것은 그에게 출처의 의의를 일러주고자 함인데, 접여는 스스로 옳다고 생각한 까닭에 말을 들으려 하지 않고 공자를 피한 것이다.

6. 장저장지 長沮章旨

이 장에서는 부자께서 도로써 천하를 바꾸려는 마음을 보여준 것으로, 하나의 '역(易)'자에 중점을 두고 있다.

'누구와 함께 세상을 바꿀 수 있겠는가.[誰以易]'와 '구태여 바꾸려 하지 않을 것이다.[不與易]'라는 2가지는 서로 호응하고 있다. 장저와 걸닉이 세상을 피한 것은 천하가 무도하기 때문이고, 부자께서 천하를 두루 돌아다님 또한 천하가 무도하기 때문이다.

장저는 오직 부자만을 꾸짖었기에 그의 말은 간략하고, 걸닉은 자로까지 겸해서 꾸짖었기에 그의 말은 자세하다.

마지막 절[子路行…丘不與易也]은 걸닉의 말에 대한 반론이자 또한 장저에게 반문한 것이다.

(1) 장저절지 長沮節旨

앞서 접여에 대해 초나라 사람임을 기록하였기에 장저와 걸닉에 대해서는 다시 언급하지 않았다. 이들 모두 초나라 사람으로 생각된다.

기록한 자가 장의 아래쪽에 있는 허다한 문답으로 인해서 이미 그 사람됨을 알았기 때문에 강물의 의의를 빌려 그들의 이름을 '장저(長沮: 길이길이 가로막혀있는 자)' '걸닉(桀溺: 아주아주 빠져있는 자)'이라고 명명한 것이다.

강나루를 묻는 것 또한 길 걷는 나그네의 일상사일 뿐, 특별히 그를 고의로 접근하여 이끌려는 의중은 없었다.

長沮桀溺이 耦而耕이어늘 孔子過之하실새 使子路問津焉하신대

장저와 걸닉이 함께 나란히 밭갈이하는데, 공자께서 그곳을 지날 적에 자로를 보내어 강나루를 묻도록 하였다.

강설

예전 초나라와 채나라 사이에 살던 은자, 장저와 걸닉이 있었다. 그들은 서로 짝을 이뤄 밭갈이 하고 있었다. 부자께서 그들이 밭갈이하는 땅을 지나갈 때, 나루를 건너려 하였으나 강나루가 어 느 곳인지 알지 못한 까닭에 자로를 보내어 나루터를 묻도록 하였다.

集註

二人은 隱者라 耦는 幷耕也라 時에 孔子自楚反乎蔡라 津은 濟渡處라

[훈고] 두 사람은 은둔한 사람이다. 우(耦)는 함께 나란히 밭갈이하는 것이다.

[해석] 당시 공자는 초나라에서 채나라로 돌아오는 길이었다.

[훈고] 진(津)은 강물을 건너는 곳이다.

(2) 부집절지 夫執節旨

자로에 대해 묻지 않고 고삐 잡은 이를 물음은 먼저 그 주인을 언급한 것이다. 진즉 부자임을 알면서도 다시 '노나라 공구[孔丘]더냐'고 물음은 부자가 천하를 주류한다는 소문을 들은 지 이미 오래였기 때문이다.

'강나루를 알 것이다.[知津]'라는 것은 길 가는 데에 노련하여 그가 익히 알고 있음을 말한다. 이 는 장저의 절묘하면서도 예리한 기교가 넘치는 말솜씨이다.

그가 하나의 '시(是: 是知津矣)'자를 사용하여, '노나라 공구더냐'라는 말을 바꾸어 이처럼 말함은 귀에 익히 들어온 터이고 마음속에 아주 싫어하는 사람임을 보여준 것이다.

長沮曰 夫執輿者 爲誰오
子路曰 爲孔丘시니라
曰 是魯孔丘與아
曰 是也시니라
曰 是知津矣니라

장저가 말하였다.
"저 수레에 고삐를 잡은 사람은 누구인가."
자로가 대답하였다.
"공구이십니다."
"그러면 노나라 공구더냐?"

"그렇습니다."

"그렇다면 강나루를 알 것이다."

강설

장저는 강나루를 말해주지 않고 부자를 가리켜 말하였다.

"저 말고삐를 잡고 수레에 있는 사람은 누구인가."

자로가 대답하였다.

"공자십니다."

"그대가 말하는 공자란 노나라 공구인가."

"그렇습니다."

장저는 마침내 비아냥거렸다.

"다른 사람이라면 혹 강나루를 모를 수 있겠지만, 노나라 공자라면 동서남북으로 돌아다니는 사람이니, 가보지 않은 나라가 없을 것이며, 또한 가보지 않은 강나루가 없을 것이다. 그는 강나루를 알 것이다."

장저의 말은 이런 말을 통하여 자로의 물음에 거절하였지만, 실제로는 부자가 은거하지 않음을 꾸짖음이다.

集註

執輿는 執轡在車也라 蓋本子路御而執轡러니 今下問津이라 故로 夫子代之也라 知津은 言數周流하야 自知津處라

[해석] 집여(執輿)는 말고삐를 잡고서 수레에 있는 자이다. 본디 자로가 수레를 몰며 고삐를 잡았으나 지금 수레에서 내려 나루터를 물은 까닭에 부자께서 대신 잡은 것이다.

나루를 안다는 것은 자주 천하를 주류한 터라 그가 강나루를 알 것이라는 말이다.

(3) 문어절지 問於節旨

'도도' 이하[滔滔…士哉]는 한편으론 세상을 구제하기 어렵다는 뜻으로 부자를 꾸짖고, 또 한편으론 자로가 사람을 잘못 따르고 있음을 꾸짖음이다. 이를 요약하면 자로를 꾸짖음은 곧 부자를 꾸짖는 일이다.

'누구와 함께 바꿀 수 있겠는가.[誰以易]'라는 것은 천하가 온통 어지러운데 어떤 군주가 그를 등용할 것이며, 어떤 군주가 복종하여 그와 함께 바꾸려 들겠는가를 말한다.

차이[且而與其從辟人之士也, 豈若從辟世之士哉] 2구는 자로에게 나를 따라 혼란한 세상을 피하자는 말이 아니라, 다만 그에게 어질지 못한 군주를 피하는 부자를 따라서는 안 된다는 점을 보여준 것이다.

'피인(辟人)'의 '인(人)'자는 군주 일인에 국한 지어 말하는 협의(狹義)이고, '피세(辟世)'의 '세(世)'
자는 온 천하를 상대로 말하는 광의(廣義)이다.

問於桀溺한대
桀溺이 曰 子爲誰오
曰 爲仲由로라
曰 是魯孔丘之徒與아
對曰 然하다
曰 滔滔者 天下皆是也니 而誰以易之리오 且而與其從辟人之士也론 豈若從辟世
之士哉리오하고 耰而不輟하더라

걸닉에게 물으니, 걸닉이 말하였다.
"그대는 누구인가."
"중유입니다."
"그렇다면 노나라 공구의 제자더냐?"
"그렇습니다."
"천하가 온통 도도한 물결이다. 그 누구와 함께 바꿀 수 있겠는가. 또한 네가 무도한 군주를
피하는 선비를 따르는 것보다는 혼란한 세상을 피하는 선비를 따르는 것만 같겠는가."
이처럼 말하고서 씨앗 덮는 일을 멈추지 않았다.

강설

자로는 장저에게서 알아내지 못하자, 또다시 걸닉에게 물었다. 걸닉 또한 강나루는 말해주지
않고 되레 자로에게 물었다.
"그대는 누구인가."
"나는 중유라고 합니다."
"중유라면 노나라 공자의 제자인가."
자로가 그렇다고 말하자, 걸닉이 꾸짖어 말하였다.
"공구가 사방으로 주류함은 천하를 바꿔보려는 뜻이 아니겠는가. 오늘날 혼란스러운 세상은
도도한 물결처럼 온 천하가 그와 같다. 아무리 어지러운 세상을 변화시켜 다스리고자 해도 위로
는 함께할 만한 임금이 없고 아래로는 함께 할 백성이 없다. 참으로 또한 어찌할 수 없다. 장차
누구와 함께 이런 세상을 바꿀 수 있겠는가. 이처럼 바꿀 수 없다면 천하를 주유한들 또한 무엇
하겠는가.
또한 이처럼 바꿀 수 없다면 무도한 군주를 피하는 저 사람을 따르는 것보다는 아예 세상을

피하는 사람을 따라서 다스려지던 어지럽던 아랑곳하지 않고 버려둔 채 여유롭게 사는 이만 못할 것이다."

이에 씨앗 덮는 일을 계속하면서 멈추지 않은 채, 마냥 나루터를 묻는 의도를 모르는 척하였다.

集註

滔滔는 流而不反之意라 以는 猶與也라

言天下皆亂하니 將誰與變易之리오

而는 汝也라 辟人은 謂孔子오 辟世는 桀溺自謂라 耰는 覆種也라 亦不告以津處라

[훈고] 도도는 흐르는 물결을 되돌려 세우지 못한다는 뜻이다. 이(以)는 함께하다[與]의 뜻과 같다.

[해석] 천하가 온통 어지러우니 장차 누구와 함께 이를 바꿀 수 있겠는가를 말한다.

[훈고] 이(而)는 너(그대)이다. 피인(辟人)은 공자를 말하고 피세(辟世)는 걸닉 자신을 말한다. 우(耰)는 씨앗을 덮는 일이다. 걸닉 또한 나루터를 일러주지 않았다.

(4) 자로절지 子路節旨

조수[鳥獸…誰與] 2구는 피인[與其從辟人…辟世之士哉] 2구와 상반된 뜻으로, 세상을 피함은 도저히 용납될 수 없는 일임을 보여주었고,

천하[天下有道, 丘不與易] 2구는 도도[滔滔者天下皆是也, 而誰以易之] 2구와 상반된 뜻으로 혼란한 세상을 바꾸려는 것은 그만둘 수 없는 일임을 보여주었다.

천하에 도가 있으면 성인이 바로 큰 선정을 베풀 수 있기에 더 이상 바꿀 필요가 없다. 요컨대 무도한 세상을 바꾸어야 하므로 이처럼 천하를 바꾸려는 뜻을 지닌 것이다.

子路 行하야 以告한대

夫子憮然曰 鳥獸는 不可與同群이니 吾非斯人之徒與오 而誰與리오 天下有道면 丘不與易也니라

자로가 되돌아와 말씀드리자, 부자께서 탄식하며 말씀하셨다.

"조수와는 함께 무리 지어 살 수 없다. 내가 이 사람들과 함께하지 않고 그 누구와 함께하겠는가. 천하에 도가 있다면 나는 구태여 바꾸려 하지 않을 것이다."

강설

자로는 이에 그곳을 떠나와 장저와 걸닉의 말을 부자에게 전하였다. 부자께서 그들의 말을 전

해 듣고서 나의 마음을 알아주지 못함을 애석해하며 탄식하셨다.

"그가 말한 '사람을 피하는 사람을 따르는 것보다는 세상을 피하는 자를 따르는 것이 낫다.'고 함은 이 사람들과 함께할 수 없음을 말해주는 것이다. 그러나 인적이 드문 산중의 새와 짐승이란 사람의 유가 아니다. 새와 짐승과는 함께할 수 없는 대상이다. 그렇다면 당연히 함께 할 대상이 바로 사람임을 알지 못한 것이다. 나는 이 사람들과 함께하지 않고 그 누구와 함께하겠는가.

그는 '천하가 무도하니 누구와 함께 바꿀 수 있겠느냐?'고 말하지만, 천하에 도가 있다면 내 굳이 바꾸려 하지 않았을 것임을 알지 못한 것이다. 내 이처럼 서성거리며 발걸음을 멈추지 않은 채, 도의가 강물처럼 흐르는 세상으로 바꾸고자 함은 바로 천하가 무도하기 때문이다. 도도한 물결처럼 혼란의 천하라고 말하는 저들은 어쩌면 그렇게 나의 마음을 헤아리지 못하는지."

集註

憮然은 猶悵然이니 惜其不喩己意也라 言所當與同群者는 斯人而已니 豈可絶人逃世하야 以爲潔哉리오 天下若已平治면 則我無用變易之리니 正爲天下無道라 故로 欲以道易之耳니라

○ 程子曰 聖人이 不敢有忘天下之心이라 故로 其言이 如此也시니라

張子曰 聖人之仁은 不以無道必天下而棄之也시니라

[훈고] 무연(憮然)은 창연(悵然)과 같다. 나의 뜻을 알아주지 못함을 안타깝게 여긴 것이다.

[해석] 마땅히 함께할 무리는 바로 이 사람들일 뿐인데, 어떻게 사람을 멀리하고 세상을 피하는 걸 결백하다고 생각하는가. 천하가 만약 평안하게 다스려졌다면 나는 이를 바꿀 게 없다. 바로 천하에 무도한 까닭에 도로써 천하를 바꾸고자 한다.

○ 정자[明道]가 말씀하였다.

"성인이 감히 천하를 잊는 마음은 있을 수 없다. 그러므로 그 말이 이와 같다."

장자[橫渠]가 말씀하였다.

"성인의 인이란 천하가 무도하리라 단정 지어 천하를 버리지 않는다."

[보補]

성인의 마음은 천하의 사람을 잊은 적이 없다. 하지만 장저와 걸닉은 천하를 잘도 잊은 자이다. 성인의 인자한 마음은 천지의 만물을 일체로 생각한다. 나의 형제인 인류와 나의 동반자인 만물을 어떻게 차마 잊을 수 있으며, 또한 차마 버릴 수 있겠는가. 이에 장저 걸닉의 잔인한 마음과 성인의 인자한 마음, 그리고 장저 걸닉의 지나침과 성인의 중도를 볼 수 있다.[88]

---

88 『大全』該註. "雲峯胡氏曰 聖人不敢有忘天下之心, 則沮溺忘天下者也. 聖人之仁, 不以無道必天下而棄之, 則沮溺棄天下者也. 仁者, 以天地萬物爲一體, 民胞物與, 何忍忘? 又何忍棄之? 於此, 見沮溺之爲忍, 聖人之爲仁; 沮溺之爲過, 聖人之爲中歟!"

7. 자로장지 子路章旨

이 장에서는 성인의 출사(出仕) 대의를 보여주고 있다. 이는 "벼슬하지 않으면 의가 없다.[不仕無義]" "그 의를 행한다.[行其義]"라는 2구에 중점을 두고 있다.

앞부분 3절[子路從而後…見其二子焉]은 장인(丈人)이 자로를 대접한 예이다. 처음엔 오만하다가 나중에는 공손하였다.

뒷부분 2절[明日…已知之矣]은 자로가 부자의 명을 받들어 그가 잘 알고 있는 점으로 인해서 그의 가려진 부분을 통해 주려는 것이다.

(1) 자로절지 子路節旨

'따라가다가 뒤처진 자로[從而後]'는 서둘러 뒤따라가는 모습이며, '지팡이 끝에 삼태기를 멘 어른[杖荷蓧]'이란 참으로 한가로운 풍경이다. 그런 그에게 느닷없이 '부자를 보았느냐[子見夫子乎]'고 물음은 부자의 위의와 거동이 여느 사람과 똑같지 않은 때문이다. 자로가 사람을 가릴 겨를도 없이 절박하게 묻는 상황을 묘사하였다.

사체[四體不勤 五穀不分] 2구는 자로가 농사에 힘쓰지 않음을 꾸짖음이며, '숙위부자(孰爲夫子)' 1구는 자로가 스승을 따라 멀리 떠돎을 꾸짖음이며, "지팡이를 꼽아두고 김맸다.[植杖而芸]"는 것은 또한 스스로 부지런히 일하는 것이 자신의 본분임을 보여줌이다.

子路 從而後러니 遇丈人以杖荷蓧하야 子路問曰 子見夫子乎아
丈人曰 四體不勤하며 五穀不分하나니 孰爲夫子오하고 植(치)其杖而芸하더라

자로가 부자를 따라가다가 뒤처졌는데, 지팡이 끝에 삼태기를 멘 장인을 만나 자로가 그에게 물었다.

"그대는 부자를 보셨습니까?"

장인이 말하였다.

"사지를 부지런히 움직이지 않으며, 오곡조차 구분하지 못하니 도대체 누가 너의 부자인가."

그는 지팡이를 꼽아두고서 김을 매었다.

[강설]

예전에 부자께서 초나라에서 채나라로 돌아오는 길에 자로가 뒤따라오다가 우연히 서로 잃게 되어 뒤처졌는데, 때마침 나이 많은 어른을 만났다. 그가 지팡이에다가 삼태기를 메고 오자, 자로는 그를 맞이하여 물었다.

"그대는 우리 부자를 보셨습니까?"

장인은 자로가 부자를 따르는 제자임을 알고서 이에 바른말로 그를 꾸짖었다.

"오늘날 시대는 참으로 농사에 힘쓰면서 살아갈 때이다. 그대는 사지를 부지런히 움직여 밭갈이하지 않고 오곡이 뭔지 구분조차 못한 채, 스승만을 따라 멀리 놀러 다니면서 도리어 나에게 너의 스승을 물으니, 내 어떻게 길 가는 수많은 사람 중에 어느 누가 너의 스승인 줄 알겠는가." 이에 지팡이를 세워 놓고 김을 매며 다시는 그에게 답하려 하지 않았다.

> **集註**
>
> 丈人은 亦隱者라 蓧는 竹器요 分은 辨也라
>
> 五穀不分은 猶言不辨菽麥爾니 責其不事農業而從師遠遊也라
>
> 植는 立之也요 芸은 去草也라

[훈고] 장인 또한 은자이다. 조(蓧)는 대나무로 만든 삼태기이다. 분(分)은 분별함이다.

[해석] 오곡을 구분하지 못한다는 것은 콩인지 보리인지 모른다는 말과 같다. 자로가 농사일을 일삼지 않고 스승을 따라 멀리 노니는 것을 꾸짖음이다.

[훈고] 치(植)는 세움이며, 운(芸)은 잡초를 없앰이다.

(2) 공립절지 拱立節旨

자로는 장인이 나이 많고 말이 남다른 점을 보고서 그를 공경한 것이다.
집주에서 '은자'라 말했을 뿐, 그의 이름은 밝히지 않았다.

子路 拱而立한대

자로가 팔을 모으고 다소곳이 서 있자,

> **강설**

이에 자로는 장인의 말을 듣고서 마침내 두 손을 다소곳이 모으고 공경히 서 있었다. 이는 자기에게 거만히 대한 사람임에도 또한 거만히 대하지 않은 것이다.

> **集註**
>
> 知其隱者하고 敬之也라

그가 은자임을 알고서 그를 공경함이다.

(3) 지숙절지 止宿節旨

이 절은 장인이 자로의 공경에 감동하여 예우한 것이다.

'만류하여 하룻밤을 묵음[止宿]'과 '닭과 기장밥의 대접[鷄黍]', '그의 아들을 인사시킴[見子]' 3가지의 일은 전원생활의 즐거움, 몸소 밭갈이의 자급자족, 부자 사이의 친근함을 보여준 것이다. 그러나 이 또한 자로를 예우한 가운데서 이를 간파한 것이니만큼, 지나치게 꾸짖고 풍자하는 말로 보는 것은 옳지 않다.

止子路宿하야 **殺鷄爲黍而食**(사)**之**하고 **見**(현)**其二子焉**이어늘

노인은 자로를 붙들어 하룻밤을 묵게 하면서 닭을 잡고 기장밥을 지어 먹이고, 그 두 아들에게 자로를 뵙도록 하였다.

【강설】

이에 어른은 자로를 만류하여 그의 집에서 하룻밤을 묵게 하면서 닭을 잡아 기장밥으로 대접하니, 이는 농사꾼으로서 후한 대접이다. 그리고 그의 두 아들에게 자로를 뵙도록 하였다. 이는 자로에 대한 예우를 갖춘 것이다. 어른이 처음에는 거만하다가 뒤에 이처럼 공손함은 자로의 공경에 감동함이며, 또한 세상을 피해 은둔한 자의 즐거움을 보여주려는 의도였다.

(4) 명일절지 明日節旨

'은자[隱者也]'라는 구절은 분명히 그 상황을 듣고서 내린 평가이다. 그와 함께 세상을 구제할 가능성을 보았기 때문에 자로에게 다시 그를 찾아보도록 보낸 것이다.

'찾아가 보니 떠나버렸다.[至則行矣]'는 것은 다시는 만날 길 없이 떠나간 장인의 정경과 낙담하여 잃어버린 듯한 모습이 모두 이 하나의 '즉(則)'자에 묘사되어있다.

明日에 **子路行**하야 **以告**한대
子曰 隱者也라하시고
使子路로 **反見之**하시니 **至則行矣**러라

이튿날 자로가 출발하여 부자에게 이 사실을 말씀드리자,
부자께서 "은둔한 자이다."라 하시고,
자로에게 다시 그를 찾아보도록 하였으나, 도착하여보니 그는 떠나버렸다.

【강설】

하루를 묵고 그 이튿날 자로는 부자를 찾아 어른이 꾸짖었던 말과 대접해준 바의 예를 모두 부자에게 말씀드리자, 부자께서 그 말을 듣고서 탄식하셨다.
"이는 어진 사람으로서 은둔한 자인데 출처의 대도를 잘 알지 못함이 애석하다."

이에 자로에게 그를 다시 찾아보게 하였다. 이는 그를 붙잡아 천하를 함께 구제하고자 함이다. 그러나 그는 자로가 다시 찾아오리라는 것을 진즉 알았기에 앞서 그곳을 떠나버렸다. 자로가 도 착했을 땐 이미 떠난 후였다.

> **集註**
>
> 孔子使子路反見之는 蓋欲告之以君臣之義러니 而丈人意子路必將復來라 故로 先去之하야 以滅其跡하니 亦接輿之意也라
>
> [해석] 공자께서 자로에게 다시 그를 찾아가도록 함은 군신의 대의를 일러주려는 것이었다. 장인은 자로가 반드시 장차 다시 오리라고 생각하였다. 이 때문에 먼저 그곳을 떠나 그 자취 를 감췄다. 이 또한 접여와 같은 생각이다.

(5) 불사절지 不仕節旨

이 절은 부자께서 자로에게 다시 찾아가도록 했을 적에 전해주고자 한 뜻이다.
불사[不仕無義] 1구는 이 문장의 전체 의미를 제시해주는 전제이고, 그 아래[長幼之節…已知之矣] 부분은 모두 이 뜻을 거듭 밝히고 있다.
장유 이하[長幼之節…欲潔其身而亂大倫] 5구는 은자 장인의 잘못을 꾸짖음이며,
군자 이하[君子之仕也…已知之矣] 4구는 등용되어 도를 펼치려는 자신의 뜻을 밝히고 있다.
"자신의 한 몸을 깨끗이 하고자 군신의 큰 인륜을 어지럽혔다.[欲潔其身而亂大倫]"는 구절은 앞의 "군신의 대의를 어떻게 버릴 수 있겠는가.[如之何其廢之]'라는 구절을 바싹 뒤이어서 쓴, 일련의 뜻 이다. '결(潔: 潔其身)'은 벼슬하지 않음이며 '난(亂: 亂大倫)'은 군신대의를 버림이다.
의를 행함[行義]과 도를 행함[行道]은 똑같지 않다. '도를 행함'은 임금에게 달린 것인바, 반드시 군신 사이의 만남이 있어야 도가 행해지는 것이다. 그러나 '의를 행함'은 나의 일신에 달려 있다. 어진 군주를 만나든 못하든 당연히 행하여야 할 도리이다.
'군자의 벼슬[君子之仕]'은 허둥대며 서둘러 벼슬하려는 마음을 말한다. 이는 오직 천하에 도가 행하여지기를 생각하면서 수많은 열국을 찾아 사방을 주류한 뜻이다. 이는 곧 군신의 대의를 따 름이다.

子路曰 不仕無義하니 長幼之節을 不可廢也니 君臣之義를 如之何其廢之리오 欲 潔其身而亂大倫이로다 君子之仕也는 行其義也니 道之不行은 已知之矣시니라

자로가 말하였다.
"벼슬하지 않음은 군신의 대의를 저버림이다. 어른과 어린이의 예절을 버릴 수 없는데 군신의

대의를 어떻게 버릴 수 있겠는가. 자신의 한 몸을 깨끗이 하고자 군신의 큰 인륜을 어지럽힘이다. 군자가 벼슬함은 군신의 대의를 행하고자 할 뿐이다. 도를 행하지 못하리라는 것은 진즉 알고 있었다."

강설

　자로는 이를 계기로 부자의 뜻을 서술하여 은자 장인의 집에서 혼잣말하였다.

　"군신의 대의란 천지의 사이에 피할 수 없다. 그러므로 벼슬에 나감은 대의이다. 벼슬하지 않고서 떠나감은 대의가 아니다. 어른과 어린이의 예절과 군신의 대의, 그 어느 것 하나 버릴 수 없다. 앞서 두 아들에게 자로를 찾아뵙도록 함은 장유유서(長幼有序)를 버릴 수 없음을 안 것이다. 군신의 대의를 어떻게 버릴 수 있겠는가. 이는 자신의 한 몸을 결백하게 하려는 작은 절개로서, 군신의 대의를 어지럽힌 줄 모른 것이다.

　이 또한 군자를 만나지 못했기 때문이다. 군자가 그처럼 연연해하는 것은 어찌 벼슬을 탐하고 녹을 생각하였기 때문이겠는가. 그것은 군신의 대의를 버릴 수 없는 까닭에 세상에 나아가 신하로서 임금을 섬기는 대의가 있어서이다. 도를 행할 수 없음은 일찍이 알고 있으나, 어떻게 도를 행할 수 없다는 핑계로 끝내 사람과 절교하고 세상을 멀리 벗어나 군신의 대의를 버릴 수 있겠는가."

　자로는 이처럼 부자의 뜻을 서술하면서 취향이 같지 않음을 애석해하였다.

集註

子路述夫子之意如此라 蓋丈人之接子路甚倨나 而子路益恭한대 丈人因見其二子焉하니 則於長幼之節에 固知其不可廢矣라 故로 因其所明以曉之라

倫은 序也라 人之大倫이 有五하니 父子有親, 君臣有義, 夫婦有別, 長幼有序, 朋友有信이 是也라

仕는 所以行君臣之義라 故로 雖知道之不行이나 而不可廢라 然이나 謂之義면 則事之可否와 身之去就를 亦自有不可苟者라 是以로 雖不潔身以亂倫이나 亦非忘義以徇祿也라

福州에 有國初時寫本하니 路下에 有反子二字하야 以此爲子路反而夫子言之也하니 未知是否라

○ 范氏曰 隱者는 爲高라 故로 往而不返하고 仕者는 爲通이라 故로 溺而不止라 不與鳥獸同群이면 則決性命之情以饗富貴하니 此二者는 皆惑也라 是以로 依乎中庸者爲難이라 惟聖人은 不廢君臣之義而必以其正하니 所以或出或處而終不離於道也시니라

[해석] 자로가 부자가 말하고자 한 뜻을 이처럼 서술하였다. 장인이 자로를 맞아 아주 거만하였으나 자로가 더욱 공손하였다. 장인이 이로 인하여 그 두 아들에게 자로를 뵙도록 한

것이다. 이는 어른과 어린이에 있어서의 예절에 대하여 참으로 버릴 수 없음을 알고 있다. 그러므로 그가 밝게 알고 있는 바로 인해서 그를 깨우쳐 주려는 것이다.

[훈고와 해석] 윤(倫)은 차례이다. 사람의 큰 인륜에는 다섯 가지가 있다. 아비와 자식은 친함이 있으며, 임금과 신하는 의가 있으며, 지아비와 지어미는 분별이 있으며, 어른과 어린이는 차서가 있으며, 벗은 믿음이 있다는 것이 이를 말한다.

벼슬함이란 군신의 의를 행하는 바이다. 그러므로 비록 도를 행하지 못하리라는 점을 알면서도 버릴 수 없다. 그러나 이를 군신의 '의'라 말함은 일의 옳고 그름과 몸의 물러나고 나아가는 것 또한 마음대로 구차히 할 수 없다. 이 때문에 비록 한 몸을 깨끗이 하고자 인륜을 어지럽힐 순 없지만, 또한 의를 잊고서 녹을 따르지는 않는다.

복주에 국초(國初: 北宋 初) 시에 간행된 사본이 있는데, '노(路)'자의 아래에 '반자(反子)' 2자가 있다. 이는 '자로가 되돌아오자, 부자께서 말씀하셨음'을 말해주는 것이다. 그 말이 옳은지 아닌지는 알 수 없다.

○ 범씨[范祖禹]가 말하였다.

"은자는 고상함을 위하기에 한번 떠나가면 다시는 되돌아오지 않고, 벼슬한 자는 막힘없이 통함을 위하기에 한번 빠지면 멈추지 않는다. 조수와 함께 어울리는 은자가 아니면 '본성의 양심[性命之情]을 해치면서 부귀를 탐닉한다.'(『莊子』「駢拇篇」) 이런 두 부류의 사람은 모두 현혹된 것이다. 이 때문에 중용을 따르기 어렵다. 오직 성인만이 군신의 의를 버리지 않고 반드시 그 바른 도로 행하니, 혹 벼슬에 나가거나 물러나거나 끝까지 도에서 벗어나지 않는 바이다."

[보 補]

면재 황씨(勉齋黃氏: 黃幹)는 은자에 대한 정의와 평가를 다음과 같이 말하였다.

"초광 접여 이하 3장을 공자가 제나라를 떠난 뒤에 나열한 것은, 부자가 비록 제경공과 뜻이 맞지 않아 떠나갔으나 또한 까마득히 세상을 잊은 것은 아니다. 바로 이것이 성인의 출처이기 때문이다.

그러나 접여 이하 3장을 읽노라면 접여 장저 걸닉 장인 4인의 출저를 성인의 중도에 따라 논하면 참으로 병폐가 없지 않다. 하지만 그들의 말을 음미하고 그들의 거동을 살펴보면서 그들의 인품을 상상해 보면 그들의 청풍고절(淸風高節)은 오히려 사람들의 존경과 사모하는 마음을 일으키기에 넉넉하다.

그들은 부자의 출처에 대해서도 오히려 이처럼 불만의 마음이 적지 않았다. 따라서 그들은 명리와 국록을 탐닉하여 멈출지 모르는, 세간의 소인배를 개와 돼지처럼 취급할 정도에 그치지 않는다. 이 어찌 당시 특립독행(特立獨行)의 현자가 아니겠는가. 성깔깨나 있는 자로서도 장인의 곁에서 마치 스승을 모시는 제자처럼 다소곳이 두 손을 여미고 서 있었던 것은, 진심으로 그를 존경하는 마음이 있었기 때문이 아니겠는가.

나는 일찍이 은자 네 사람의 인품은 오직 부자만이 '그들은 중용의 도에 걸맞지 않다.'라고 논할 수 있을 뿐, 부자의 경지에 이르지 못한 여타의 사람들은 그들을 함부로 평가해서는 안 된다고 생각해 왔다. 국록과 명리를 탐닉한 자들이 자신의 사리사욕을 합리화하기 위해 또한 은자 네 사람을 들추어 꾸짖으면서 벼슬하지 않을 수 없다는 자신의 변명을 밝히고자 한다면 그것은 자신의 분수를 전혀 모르고 지껄이는 처사이다."[89]

8. 일민장지 逸民章旨

이 장은 성인께서 '일민(逸民)'으로 자처하지 않음을 보여주고 있다. 이는 곧 간절한 마음으로 세상에 등용되기를 잊지 못한 부분이다.

첫 구절[逸民…少連]에서는 먼저 그들의 이름을 적었고,

중간 3절[不降其志…廢中權]에서는 그들의 행적을 서술하였으며,

마지막 절[我則異於是, 無可無不可]에서 비로소 부자 자신은 그들과 다르다는 점을 나타내고 있다.

(1) 일민절지 逸民節旨

일민의 '일(逸)'이란 '노(勞)'자를 상대로 말한다. 벼슬한 자들은 천하 국가의 일을 맡아 고생하는 자라는 뜻으로 '노(勞)'자를 쓴다. 따라서 천하 국가의 일을 몸소 책임지지 않는, '안일한 사람'이라는 뜻으로 '일(逸)'자를 쓴 것이다.

'은자(隱者)'라 말하지 않고 '일민'이라 말함은 그들이 제각기 경국제세의 능력과 안목을 갖추고서 얼마든지 세상을 부지할 수 있는 분수와 도량이 이뤄진 인물임을 보여준 것이다. 그들의 은둔은 모두 세풍(世風: 世道)에 관계되는 일이기에 접여나 장저, 걸닉 등과는 비교할 대상이 아니다.

일곱 사람을 서술한 차례는 성씨를 따른 것이다. 주장(朱張)은 부자께서 한 번도 언급한 적이 없는 인물이지만 기록한 자가 그를 나열한 것은, 아마 그 당시 부자께서 일찍이 그에 대해서도 논급한 적이 있었는데 어쩌다 빠진 것이라 여겨진다.

逸民은 伯夷와 叔齊와 虞仲과 夷逸과 朱張과 柳下惠와 少連이니라

학문과 덕행이 있으면서 벼슬하지 않은 사람은 백이, 숙제, 우중, 이일, 주장, 유하혜, 소련이다.

---

89 위와 같음. "勉齋黃氏曰 列接輿以下三章於孔子行之後, 以明夫子雖不合而去, 然亦未嘗恝然忘世, 所以爲聖人之出處也. 然卽三章讀之, 見此四子者, 律以聖人之中道, 則誠不爲無病. 然味其言, 觀其容止, 以想見其爲人, 其淸風高節, 猶使人起敬起慕. 彼於聖人, 猶有所不滿於心如此, 則其視世之貪利祿而不知止者, 不啻若犬彘耳, 是豈非當世之賢而特立者歟! 以子路之行行而拱立丈人之側, 若子弟然, 豈非其眞可敬故歟? 嘗謂若四人者, 惟夫子然後可以議其不合於中道; 未至夫子者, 未可以妄議也. 貪祿嗜利之徒, 求以自便其私, 亦借四子而詆之, 欲以見其不可不仕, 多見其不知量也."

[강설]

기록한 자가 부자께서 백이·숙제 이하 일곱 사람의 행적을 품평한 까닭에 부자의 말씀에 앞서 그들의 성명을 기록하였다.

"예전 사람 가운데 학문과 덕행이 있으면서 벼슬하지 않은, 일민이라 칭할 수 있는 사람이 있다. 백이, 숙제, 우중, 이일, 주장, 유하혜, 소련이다. 그들의 마음가짐과 그들의 행적은 비록 다르다고 하지만 세상에 뛰어난 인품만큼은 똑같다. 그러므로 모두 그들을 일민이라고 말한다."

[集註]

逸은 遺逸이오 民者는 無位之稱이라 虞仲은 卽仲雍이니 與泰伯同竄荊蠻者라 夷逸朱張은 不見 經傳이라 少連은 東夷人이라

[훈고] 일(逸)이란 벼슬하지 않고 초야에 묻혀 삶이며, 민(民)은 지위가 없는 이를 일컫는다.

우중(虞仲)은 중옹이니, 태백과 함께 형만 땅으로 도망간 자이다.

이일(夷逸)과 주장(朱張)은 경전에 보이지 않는다.

소련(少連)은 동이의 사람이다.

(2) 불강절지 不降節旨

'불강(不降)'과 '불욕(不辱)'은 백이와 숙제의 일생 지행(志行)을 종합하여 말한다.

먼저 그들에 대한 평을 서술한 뒤에 두 사람의 이름을 들추어 찬탄하였다. 이는 끝없이 상상하고 사모하는 마음을 보여주는 것이다.

子曰 不降其志하며 不辱其身은 伯夷叔齊與ㄴ저

부자께서 말씀하셨다.

"그 뜻을 굽히지 않고 그 몸을 더럽히지 않은 이는 백이와 숙제이다."

[강설]

부자께서 일찍이 그들을 찬탄하면서 논평하셨다.

"일민 가운데 뜻을 세움이 고상하여 조그만큼도 사람에게 굽히지 않고, 몸가짐이 결백하여 조금도 세상에 의해 더럽혀지지 않은 사람은 오직 백이와 숙제이다. 이들은 특립독행의 선비이다. 이는 백세청풍(百世淸風)으로서의 일민이다."

(3) 위유절지 謂柳節旨

유하혜와 소련이 그저 스스로 뜻을 낮춤은 그 뜻을 펼치고자 함이 아니며, 그저 스스로 몸을

더럽힘은 영화를 추구하려 함이 아니다. 이는 백이 숙제에 견주어 뜻을 '굽히고[降]' 몸을 '더럽혔다
[辱]'고 말할 뿐이다.

'말을 도리에 맞게 하고[言中倫]' '행동을 사려에 맞게 한다[行中慮]'는 것은 뜻을 굽히고 몸을 더럽
힌 가운데 이런 훌륭한 점이 있음을 밝혀줌이다.

'사(斯)'자는 앞의 문장[言中倫 行中慮]을 총괄하여 뒤이어 쓴 글자이다.

謂柳下惠少連하시되 **降志辱身矣**나 **言中倫**하며 **行中慮**하니 **其斯而已矣**니라

유하혜와 소련에 대해 말씀하셨다.
"뜻을 굽히고 몸을 욕되게 하였으나 말을 도리에 맞게 하고 행동을 사려에 맞게 하였다. 그들은
이렇게 했을 뿐이다."

유하혜와 소련에 대해 평하셨다.
"유하혜와 소련은 임금을 가리지 않고 벼슬하였다. 이는 그 뜻을 굽힌 것이다. 그들은 때를 살피
지 않고 벼슬에 나아갔다. 이는 그 몸을 더럽힌 것이다.

하지만 그들이 말한 바는 도리의 차례에 맞았으며, 그들이 행하는 바는 인심의 사려에 맞았다.
비록 뜻을 굽혔으나 몸은 굽히지 않았고, 몸을 더럽혔지만 구차스럽게 야합하지 않았다.

유하혜와 소련에게 취할 수 있는 바는 도리에 맞는 말과 사려에 맞는 행동에 있을 뿐이다.
이는 성인의 원만함[聖之和]으로서의 일민이 아니겠는가."

柳下惠는 **事見上**이라 **倫**은 **義理之次第也**라 **慮**는 **思慮也**니 **中慮**는 **言有意義合人心**이라

少連은 **事不可考**나 **然**이나 **記**에 **稱其善居喪**하야 **三日不怠**하고 **三月不解**하며 **朞悲哀**하고 **三年憂**
라하니 **則行之中慮**를 **亦可見矣**라

[훈고] 유하혜의 일은 위의 경문[柳下惠爲士師三黜]에 보인다.
윤(倫)은 의리의 차례이다. 여(慮)는 생각이다. 사려에 맞는다는 것은 바른 생각과 의리가
사람의 공정한 마음에 부합됨을 말한다.

[해석] 소련의 일은 고찰할 수 없으나, 『예기』「잡기(雜記) 하」에서 "그는 상중에 잘 거처하
여 사흘 동안 상례를 게을리하지 않았고, 석 달 동안 상복을 벗지 않았으며, 1년 동안 슬퍼하
고, 3년 동안 근심으로 초췌하였다."고 말하고 있는바, 여기에서 행동을 사려에 맞게 하였음
을 또한 볼 수 있다.

[보 補]

'말을 도리에 맞게 하고' '행동을 사려에 맞게 한다'는 2구에 대해 경원 보씨(慶源輔氏: 輔廣)가 말하였다.

"행중려(行中慮)의 여(慮)는 언중륜(言中倫)의 윤(倫)자를 상대로 말하였다. 따라서 윤(倫)이 '의리의 차례'라 말했는바, 여(慮) 또한 사람의 '바른 사려'를 말한다. 언중륜(言中倫)이란 말한 바가 '의리의 차례'에 걸맞음을 말하고, 행중려(行中慮)는 행한 바가 인심에 맞게 하나가 됨을 말한다. 즉 의리가 있는 곳이다. 주자 집주에서 말한 '바른 생각과 의리가 사람의 공정한 마음에 부합함이다.[有意義合人心]'는 말은 그 의미가 심오하다. 여기에서 말한 인심(人心)이란 바로 '사람의 공정한 마음'이다. 여러 학자의 설에 대부분 '나의 사려에 맞다.'고 말한 것은 오류이다."[90]

이는 자신의 편견과 아집에 의한 사리사욕을 자신의 사려와 소신으로 정당화한 행위를 경계하는 말이다. 사리사욕이란 공정한 마음과는 거리가 멀다. 그러나 흔히 위정자와 소인배 또한 공정과 상식을 내세워 도덕성을 갖춘 공정한 마음인 양, 자신의 정치와 출사를 합리화한다. 하지만 이는 공정과 상식이라는 용어만을 지껄이는 구두선(口頭禪)에 지나지 않는다. '행동을 사려에 맞게 한다'는 행중려(行中慮) 3자가 이처럼 잘못 원용됨을 경계함이 경원 보씨의 주된 논지이다.

(4) 위우절지 謂虞節旨

'은둔[隱居]'은 현달(顯達)과 반대이며, '함부로 말함[放言]'은 경계하고 근심함[戒謹]과 반대이다.

도는 펼쳐서 행하는 것[致用]으로 고귀함을 삼으나, 당시 벼슬에 나갈 수 없어 곤궁하면 홀로 그 자신을 닦아 선하게 하여[獨善其身] 혼탁한 세상에 우뚝 몸을 세워야 한다. 이는 청백한 도에 부합되는 처사이다.

도는 바른말[正言]을 하는 것으로 원칙을 삼지만, 바른 도를 지킬 수 없을 적엔 또한 바르지 못한 궤변으로써 몸을 숨기는 데 적절함과 도에 부합되는 권도(權道)를 잃지 않아야 한다. 이는 권변(權變)의 도에 부합되는 처사이다.

'청(淸: 身中淸)'과 '권(權: 廢中權)'은 일민의 측면에서 설명하는 게 옳다.

謂虞仲夷逸하사되 **隱居放言**하나 **身中淸**하며 **廢中權**이니라

우중과 이일에 대해 말씀하셨다.

---

90 위와 같음. "慶源輔氏曰 慮, 對倫而言. 倫 是義理之次第, 則慮 亦人之正思慮也. 言中倫, 謂所言 有得乎義理之次第; 行中慮, 謂所行平然有當於人心也, 即義理所在也. 所謂有意義合人心者, 其味深矣. 人心, 乃人之公心也. 諸說, 多以爲中我之思慮者, 誤矣."

"은둔하여 살면서 말을 함부로 하였으나, 몸가짐은 청백한 도에 맞고 폐인 노릇은 권도에 맞았다."

우중과 이일에 대해 말씀하셨다.

"은둔으로 세상을 피해 사는 터라 행하는 일들이 꼭 사려에 맞지 못하고, 거리낌 없이 함부로 말한 터라 하는 말들이 꼭 도리에 맞지는 않았다. 그러나 그는 은거하면서 몸을 더럽히지 않아 청백한 도에 부합하였고, 말을 함부로 하여 스스로 폐인처럼 보였지만 권도에 부합하였다. 비록 한 몸을 깨끗이 하면서도 일찍이 인륜을 어지럽히지 않았고, 비록 고상하게 행동하였으나 일찍이 대의를 해치지 않았다. 이는 방탕한 생활로 자처한 일민이 아니겠는가."

集註

仲雍居吳에 斷髮文身하고 裸以爲飾이라 隱居獨善은 合乎道之淸이오 放言自廢는 合乎道之權이라

[해석] 중옹은 오나라에 살면서 머리를 자르고 몸에 문신을 하였으며, 옷을 벗은 채 벌거숭이로 지냈다.

은둔하여 살면서 홀로 한 몸을 선하게 함은 청백한 도에 맞고, 함부로 말하고 스스로 폐인처럼 산 것은 권변의 도에 맞다.

(5) 아즉절지 我則節旨

'나는 그들과 다르다[異於是]'라는 것은 부자의 행적이 그들과 또 다른 일면이 있음을 말한 것일 뿐, 자신을 내세워 남을 폄훼하려는 말은 아니다.

我則異於是하야 無可無不可호라

"나는 그들과는 다르다. 옳다는 것도 없고 옳지 않다는 것도 없다."

"일곱 사람의 행실이 이와 같음은, 그들이 하지 않은 바란 그들의 마음속에 그것은 절대 안 될 일이라는 부정의 편견과 고집이 있어서이고, 그들이 행한 바란 그들의 마음속에 그것은 절대 옳은 일이라는 긍정의 편견과 고집이 있어서이다.

그러나 나는 그들과는 다르다. 행하여야 할 때 행하고, 하지 않아야 할 때 하지 않는다. 절대 꼭 해야 한다는 긍정과 절대 해서는 안 된다는 부정이 나의 마음속에 있지 않기 때문이다. 그렇다면 나를 그들과 똑같이 일민이라고 말할 수 있을까?"

集註

孟子曰 孔子는 可以仕則仕하고 可以止則止하고 可以久則久하고 可以速則速이라하시니 所謂無可無不可也라

○ 謝氏曰 七人은 隱遯不污則同이나 其立心造行則異라 伯夷叔齊는 天子不得臣이오 諸侯不得友하니 蓋已遯世離群矣라 下聖人一等이면 此其最高與,L저 柳下惠少連은 雖降志而不枉己하고 雖辱身而不求合하니 其心有不屑也라 故로 言能中倫하고 行能中慮라 虞仲夷逸은 隱居放言하니 則言不合先王之法者多矣라 然이나 淸而不污也하고 權而適宜也하니 與方外之士害義傷敎而亂大倫者로 殊科라 是以均謂之逸民이니라

尹氏曰 七人은 各守其一節이오 而孔子則無可無不可하시니 所以常適其可하야 而異於逸民之徒也라 揚雄曰 觀乎聖人이면 則見賢人이라하니 是以로 孟子語夷惠에 亦必以孔子斷之시니라

[해석] 맹자가 말씀하기를, "공자는 벼슬해야 할 만하면 벼슬을 하고 그만둘 만하면 그만두었으며, 오래 머물러야 할 만하면 오래 머물고 서둘러 떠나야 할 만하면 서둘러 떠나셨다."(『孟子』「公孫丑 上」)고 하니 이는 이른바 "절대 옳다는 긍정도 없고 절대 옳지 않다는 부정도 없다."는 것이다.

　　○ 사씨[謝良佐]가 말하였다.

　　"일곱 사람이 은둔하면서 몸을 더럽히지 않음은 똑같으나 그들의 마음가짐과 몸가짐은 달랐다.

　　백이와 숙제는 천자로서도 그들을 신하로 삼지 못하고, 제후로서도 벗하지 못하였다. 그들은 이미 세상을 피하고 사람을 멀리하였다. 성인에서 한 등급 낮추면 그들이 최고의 인물이다.

　　유하혜와 소련은 비록 뜻은 굽혔으나 몸은 굽히지 않았고, 비록 몸은 더럽혔으나 야합을 추구하지 않았다. 그들의 마음에 달갑게 생각하지 않는 바 있기 때문이다. 그러므로 말은 도리에 맞고 행동은 사려에 맞았다.

　　우중과 이일은 은둔하여 살면서 말을 함부로 하였다. 그들의 말이 선왕의 법에 맞지 않음이 많았다. 그러나 청백한 몸으로 더럽히지 않았고 권변으로 시의(時宜)에 적절하니, 대의를 해치고 가르침을 손상하여 인륜을 어지럽히는 방외의 선비와는 다른 부류이다. 이런 이유로 모두 일민이라고 말한다."

　　윤씨[尹焞]가 말하였다.

　　"일민 일곱 사람은 제각기 그 하나의 절개를 지켰으나 공자는 절대 옳다는 긍정도 없고 절대 옳지 않다는 부정도 없다. 항상 그 가당(可當)한 바에 알맞게 함으로써 일민의 무리와는 다른 것이다.

양웅이 말하기를, '성인을 살펴보면 현인을 볼 수 있다.'고 한다. 이로써 맹자는 백이와 유하혜를 말할 적에 또한 반드시 공자를 들어 단정을 내린 것이다."

[보補]

무가부불가(無可無不可)에 대해 치당 호씨(致堂胡氏: 胡寅)가 말하였다.

"절대 옳다는 긍정도 없고 절대 옳지 않다는 부정도 없다는 무가부불가(無可無不可) 5자의 성문(成文)은 마땅히 두루뭉술 그 뜻을 이해해야 하는 것이지, 이를 가닥가닥 분석하여, 옳다는 것은 그 무엇이고 옳지 않다는 것은 그 무엇일까? 이처럼 그 의의를 추구해서는 안 된다.

설령 어떤 사람이 세속을 멀리 떠나 그 어느 것도 옳다는 긍정의 마음이 없다면, 이럴 리가 있을까만은 이렇게 행하여 선하다 할지라도 또한 고고한 절개를 지키는 속이 좁은 선비일 뿐이다.

그리고 설령 어떤 사람이 빛을 감추고 세속과 함께하면서 그 어느 것도 옳지 않다는 부정의 마음이 없다면, 이럴 리가 있을까만은 이렇게 행하여 선하다 할지라도 또한 나약하고 무능하여 구차스럽게 영합하는 사람일 뿐이다.

성인은 절대 옳다는 긍정의 마음이 없으면서도 절대 안 된다는 부정의 마음이 없기에 고루하지 않으며, 성인은 절대 안 된다는 부정의 마음이 없으면서도 절대 옳다는 긍정의 마음이 없기에 휩쓸리지 않는다. 이를 말함은 평범한 것처럼 쉽지만 이를 행하기란 실로 쉽지 않다. 성인은 자연스럽게 도에 맞아서 치우치거나 의지한 바 없어, 덕이 융성하고 인이 무르익었기에 자연스럽게 이처럼 언어로 나타난 것이다."[91]

그러나 절대 긍정과 절대 부정의 마음(無可 無不可)이란 허심(虛心)의 무집착을 말한다. 따라서 이는 사물을 접촉하기 이전의 무심(無心)을 말하는 것이지 사물 접촉의 이후의 이것도 저것도 아닌 흐리멍덩함을 말한 게 아니다. 이 때문에 쌍봉 요씨(雙峯饒氏: 饒魯)는 다음과 같이 밝히고 있다.

"바야흐로 그 일이 정해지기 이전의 마음이란 절대 옳다는 긍정도 없고 절대 옳지 않다는 부정의 마음도 없지만, 그 일이 이미 단정 지어진 뒤에는 옳은 것은 옳고 옳지 않은 것은 옳지 않다."[92]

9. 태사전지 太師全旨

이 장은 악관이 떠나감으로써 노나라의 쇠퇴를 보여줌이 주된 뜻이고, 악관이 떠나감으로써 음악

---

91 위와 같음. "致堂胡氏曰 無可無不可, 以五字成文, 當渾全以會其意, 不當分析以求其義. 設有人焉, 絶世離俗, 無一可者, 有是理乎? 行之而善, 亦孤介一隅之士耳. 設有人焉, 和光同塵, 無一不可者, 有是理乎? 行之而善, 亦委隨苟合之人耳. 聖人無可而無不可, 則非固也. 聖人無不可而無可, 則非流也. 言之如平常, 行之實未易, 聖人從容中道, 無所偏倚, 德盛仁熟, 自然發諸言語者 如此."

92 위와 같음. "雙峯饒氏曰 方其事未定之時, 則此心無可無不可; 及其事已斷之後, 則有可有不可矣."

을 바로잡은 부자의 공효를 나타냄은 여타의 뜻이다.

'태사(太師)' 구절로 첫 문장을 일으키면서 둘로 나누어 말했었는데, '그 어느 나라로 갔다[適: 適齊 適楚 등]'는 것은 혼란의 일부 특정 국가, 즉 노나라를 피해서[辟地] 또 다른 제삼국, 제나라 초나라 등의 피난처를 찾아 떠나감이며, '그 어느 곳으로 들어갔다[入: 入於河 入於海 등]'는 것은 천하 그 전체의 암흑을 피한 것[辟世]이다. 어지러운 나라를 떠나려는 그들의 마음은 매한가지이지만, 노나라를 피해 떠나가는[辟地] 사람보다 그 어느 곳으로 들어가는 피세(辟世)의 마음은 더욱 심각하다.

태사 지(摯)는 일찍이 공자와 함께 음악을 바로잡은 사람으로, 삼환(三桓: 三家)의 참람을 편안히 받아들이지 못한 까닭에 제일 먼저 제나라로 떠나간 것이다.

아반(亞飯) 이하 세 사람, 간(干) 요(繚) 결(缺)은 임금의 수라 시에 음악을 전담하는 악관으로, 수라를 들 적마다 임금을 잊지 못하는 마음을 지니고 있다.

소고와 경쇠 등을 다루는 악관은 오직 한 악기만을 관장한다. 그들이 떠났다는 것은 그들의 기예를 쓸 곳이 없다는 뜻이다. 소사(少師)는 악관의 보좌, 즉 태사를 보좌하는 악관이다.

삼환이 그들을 쫓아버린 것인지? 아니면 부자가 떠나도록 유도한 것인지? 알 수 없는 일이다. 그러나 그들이 맡은 관직에 잘못을 범한 일이 아니기에 그들의 직함을 기록하였고, 그들의 죄가 아니기에 그들의 이름을 기록하였으며, 그들의 마음은 노나라를 잊지 않았기에 그들이 찾아간 지명을 기록한 것이다.

당시 음악을 관장한 사람은 이 여덟 사람에 그치지는 않을 것이다. 다만 노나라를 떠나간 그들의 이름과 떠나간 곳을 기록함은 그들을 어질다고 여긴 때문이다.

大(太)師摯는 適齊하고

태사 지는 제나라로 가고,

강설

노나라는 부자께서 음악을 바로잡은 이후, 일시에 모든 악관이 바른 음악을 알았었는데, 노나라의 정사가 나날이 잘못되어가고 삼환이 분수에 넘는 일을 하자, 악관의 수장인 태사 지는 노나라를 떠나서 제나라로 갔다. 태사가 떠나가면서 서로 이끌며 떠나간 악관은 한 사람에 그치지 않았다.

集註

大師는 魯樂官之長이오 摯는 其名也라

[훈고] 태사는 노나라 악관의 수장이며, 지(摯)는 그의 이름이다.

亞飯干은 適楚하고

三飯繚는 適蔡하고

四飯缺은 適秦하고

　아반이었던 간은 초나라로 가고,
　삼반이었던 요는 채나라로 가고,
　사반이었던 결은 진나라로 가고,

　[강설]

　이를 계기로 음악으로 아반의 음식을 권하는 악관 간은 태사가 떠나가자, 그 또한 초나라로 갔다.
음악으로 삼반의 음식을 권하는 악관 요는 태사가 떠나가자, 그 또한 채나라로 갔다.
　음악으로 사반의 음식을 권하는 악관 결은 태사가 떠나가자, 그 또한 진나라로 갔다. 비록 찾아
간 나라는 다르지만, 그 몸을 결백이 하고자 한 뜻은 태사와 매한가지이다.

　　[集註]

　　亞飯以下는 以樂侑食之官이라 干, 繚, 缺은 皆名也라

　　[훈고] 아반 이하는 음악으로써 임금의 수라를 권하는 악관이다.
　　간(干)·요(繚)·결(缺)은 모두 그들의 이름이다.

鼓方叔은 入於河하고

　북을 치는 방숙은 하내로 들어가고,

　[강설]

　음악에는 반드시 북이 있다. 북을 치는 악관 방숙 또한 태사가 떠나가자 하내지방으로 들어
갔다.

　　[集註]

　　鼓는 擊鼓者오 方叔은 名이라 河는 河內라

　　[훈고] 고(鼓)는 북을 치는 자이다. 방숙은 그의 이름이다. 하(河)는 하내지방이다.

播鼗武는 入於漢하고

　소고를 흔드는 무는 한중으로 들어가고,

음악에는 반드시 소고가 있기 마련이다. 소고를 치는 악관 무 또한 태사가 떠나가자 한수로 들어갔다.

集註

播는 搖也라 鼗는 小鼓니 兩旁有耳하야 持其柄而搖之면 則旁耳還自擊이라 武는 名也라 漢은 漢中이라

[훈고] 파(播)는 흔듦이다. 도(鼗)는 소고다. 양쪽 곁에 방울이 달려 소고의 자루를 잡고 흔들면 양쪽 곁의 방울이 다시 돌아와 스스로 치게 된다. 무(武)는 그의 이름이다. 한(漢)은 한중지방이다.

少師陽과 擊磬襄은 入於海하니라

소사 양과 경쇠 치는 양은 섬으로 들어갔다.

강설

악관의 보좌 소사 양과 경쇠 치는 악관 양 또한 태사가 떠나가자 섬으로 들어갔다. 비록 들어간 지방은 다르지만, 난을 피하려는 그들의 마음은 태사와 매일반이다.

아! 악관이 떠나갔음에도 음악이 남아 있었던 것은 부자가 음악을 바로 잡았기 때문이다. 그러나 노나라의 음악은 쇠퇴하였다.

集註

少師는 樂官之佐라 陽, 襄은 二人名이니 襄은 卽孔子所從學琴者라 海는 海島也라

○ 此는 記賢人之隱遁하야 以附前章이라 然이나 未必夫子之言也니 末章放此니라

張子曰 周衰樂廢어늘 夫子自衛反魯하야 一嘗治之하시니 其後에 伶人賤工도 識樂之正이러니 及魯益衰에 三桓僭妄한대 自大師以下皆知散之四方하야 逾河蹈海以去亂이라 聖人俄頃之助 功化如此하니 如有用我면 期月而可 豈虛語哉시리오

[훈고] 소사(少師)는 악관의 보좌이다. 양(陽)·양(襄)은 두 사람의 이름이다. 양(襄)은 공자가 거문고를 배웠던 사람이다. 해(海)는 바다 가운데 섬이다.

○ 이는 어진 사람의 은둔을 기록하여 앞장에 붙여 말하였다. 그러나 꼭 부자의 말씀은 아니다. 끝장도 이와 같다.

장자(橫渠)가 말씀하였다.

"주나라가 쇠퇴하면서 음악이 폐지되었다. 부자께서 위나라에서 노나라로 돌아와 일찍이 한 차례 음악을 다스렸다. 그 이후로 광대와 악공까지도 바른 음악을 알게 되었다. 노나라가 더욱 쇠퇴하면서 삼환이 참람하자, 태사 이하 악관이 모두 사방으로 흩어져 하수와 바다를 건너 혼란을 피하여 떠나갈 줄 알았다. 성인이 잠깐 도운 교화의 공효가 이와 같으니, '만일 나를 등용하면 만1년이라도 좋다.'(『論語』「子路篇」)라고 한 말씀이 어찌 헛된 말이겠는가."

[보補]

위와 같이 악관이 떠나간 의의에 대해 다음과 같이 서술하였다.

"이 편을 기록한 자가 제나라에서 보내온 여인과 음악을 먼저 서술하고 뒤이어 이 장을 쓴 데에는 숨겨진 뜻이 없지 않다. 노나라 정공과 계환자가 여인과 음악에 현혹, 탐닉하면서 악관들은 직책을 잃게 되어 모두 쓸모가 없게 되었다. 이에 사방으로 흩어져 떠나면서 한 사람도 남아 있지 않았다. 악공이 모두 떠남으로써 음악은 끊어졌다. 부자의 초심은 예악을 제정하여 후세에 전하려고 했지만 이처럼 단절된 것이다. 얼핏 보면 그저 대수롭지 않은 말 같으나 사실은 깊은 감회가 담겨있다."[93]

10. 주공전지 周公全旨

이 장은 주공이 아들 백금(伯禽)에게 충후한 마음으로 개국(開國), 정치하는 도를 가르쳐주고 있다. 주공에 대한 이루 다할 수 없는 추모의 마음이 담겨있다.

'군주[君子]' 2자로 첫 문장을 제시하면서 '친한 이를 가까이하고[親親]' '어진 이를 등용하고[任賢]', '옛 친구를 버리지 말고[敎故]', '능력에 따라 맡긴다[使能]'는 4가지 일을 수평으로 서술하였다.

'불이(不施: 不弛)'란 안으로는 진실한 마음을 버리지 않고 밖으로는 예의범절[儀文]이 느슨하지 않는다는 뜻을 겸하고 있다. 이는 친한 이들의 지위를 높여주고[尊位], 녹을 후히 주며[重祿], 좋고 싫은 일을 함께[同好惡]하는 측면에서 벗어나지 않는다.

'대신(大臣)'이란 나라가 그들에 의해 드높아지는바, 그들의 원망은 원래 일신의 총애에서 일어난 것이 아니기에 반드시 그들의 마음을 믿고서 등용해야 한다.

'고구(故舊)'는 다른 성씨의 사람을 말한다. 이는 당연히 넓은 범주의 사람들을 포괄하여 말한다. 그들을 버리지 않음은 후한 마음을 잃지 않으려는데 중점이 있다. 이 때문에 특별히 '큰일[大故]'이 아니면 버리지 말라고 이른 것이다.

'모두 갖춰진 사람을 구하지 않는다.[無求備]'는 것은 '그릇에 따라 부린다[器使]'는 것과는 조금 다르다. 그릇에 따라 부린다는 것은 어떤 사람이든 쓰지 못할 자가 없음을 말하고, 여기에서 말한

---

93 위와 같음. "汪氏曰記此篇者, 先齊歸女樂, 後此章, 不無微意. 盖魯之君臣, 惑溺於女樂, 樂官失職, 盡無所用矣. 奔逃駁散, 無一人留. 樂工皆去, 樂音絶矣. 夫子初心, 欲定禮樂, 以示來世, 而乃廢絶如此. 此章所記, 雖若汎及, 其實深有感也夫!"

모두 갖춰진 사람을 구하지 않는다는 것은 사람을 등용하는 데 그 장점만을 취하고 그 단점을 버려야 함을 말한다.

周公이 **謂魯公曰 君子 不施**(弛)**其親**하며 **不使大臣**으로 **怨乎不以**하며 **故舊無大故**면 **則不棄也**하며 **無求備於一人**이니라

주공이 노공에게 말하였다.

"군자는 친한 이를 버리지 않으며, 대신들이 등용하지 않는다는 원망이 없도록 하며, 오래된 사람은 큰일이 없으면 버리지 않으며, 한 사람에게 모두 갖춰있기를 구하지 않는다."

강설

노공 백금이 처음 나라를 봉해 받을 때, 주공이 그를 훈계하였다.

"나라를 세워 새로운 정치를 할 적에는 충후함을 근본으로 삼는다. 오늘날 네가 나라를 다스리는데 또한 군자의 충후한 도를 아는가.

군주는 한 뿌리인 구족(九族)의 친척에게 사랑의 마음으로 도탑게 대하여 해이한 데 이르러서는 안 된다.

대신을 믿지 않으면 원망을 듣게 된다. 반드시 그들을 신임하여 등용해주지 않는다는 원망이 없도록 해야 한다.

오래된 옛 집안이란 선대에 백성에게 공덕이 있는 자들이다. 큰일을 냈다면 당연히 버려야 하겠지만 큰일이 아니면, 어질 경우 대대로 벼슬을 내려주고, 그렇지 못하면 대대로 녹을 주어 결코 버려서는 안 된다.

그리고 사람이란 모든 것을 다 갖출 수 없다. 재예(才藝)에 따라 모두가 각기 장점이 있다. 지나치게 완벽한 자를 구하면 어떻게 해서 얻은 자마저도 모두 잃게 된다. 한 사람에게 온전함을 추구하고 모든 책임을 묻는 일이 없어야 한다.

이 몇 가지는 나라를 세우는 근본이자, 군주의 일이다. 이에 힘쓰지 않을 수 없다. 너는 노나라에 가거든 이를 삼가도록 하라."

集註

施는 陸氏本에 作弛하니 福本同이라

○ 魯公은 周公子伯禽也라 弛는 遺棄也오 以는 用也라 大臣非其人則去之오 在其位則不可不用이라 大故는 謂惡逆이라

李氏曰 四者는 皆君子之事니 忠厚之至也라

○ 胡氏曰 此伯禽受封之國에 周公訓戒之辭니 魯人傳誦하야 久而不忘也라 其或夫子嘗與門弟子言之歟아

시(施)는 육씨[陸德明]의 책(『經典釋文』)에는 이(弛)자로 쓰여 있는데, 복주 판본도 똑같다.

[훈고] 노공은 주공의 아들 백금이다. 이(弛)는 버림이며, 이(以)는 등용이다.

[해석] 대신은 그에 걸맞은 사람이 아니면 버리고, 그 지위에 있으면 등용해야 한다.

[훈고] 대고(大故)는 흉악과 반역을 말한다.

[해석] 이씨[李郁]가 말하였다.
"이 4가지는 모두 군자의 일이며, 지극히 충후한 것이다."
○ 호씨[胡寅]가 말하였다.
"이는 백금을 노나라에 봉할 적에 주공이 훈계한 말이다. 노나라 사람들이 잊지 않고 오래
도록 전해 온 것인데, 혹시 부자께서 일찍이 문인들과 이를 말한 것일까?"

11. 주유전지 周有全旨

이 장에서는 주나라 초기에 인재의 융성함을 미루어 생각한 것이다. 주나라에 이런 사람이 있
었다는 '주유(周有)' 2자에 중점을 두고 있다. 이는 한 집안의 경사일 뿐 아니라, 나라의 영광임을
말하고 있다. 이는 주나라 왕실의 융성함과 인재 양성의 두터움에 근거하여 유래한 것이다.
'유(乳)'는 출산을 말한다. 4차의 출산에 모두 쌍둥이를 낳아 백·중·숙·계의 이름이 자연적스
럽게 짝을 이룸도 매우 기이한 일인데, 게다가 여덟 사람이 모두 어질기까지 하니, 이러한 일은
주나라에 처음 있었던 일임을 또한 알 수 있다.
주나라의 인재가 여덟 선비에 그친 것은 아니다. 여기에서는 특별히 인재가 한 집안에 모여 있
고, 한 어머니에게서 태어났다는 점을 들어 인재가 더욱 융성하였음을 보여준 것이다.

周有八士하니 伯達와 伯适와 仲突와 仲忽와 叔夜와 叔夏와 季隨와 季騧니라

주나라에 여덟 선비가 있었다.
백달, 백괄, 중돌, 중홀, 숙야, 숙하, 계수, 게와이다.

강설

옛적 주나라가 융성할 때, 대대로 인재를 양성한 은택으로 어진 영재들이 배출되는 상서가 나
타났다. 한 집안에 여덟 선비가 태어난 것이다.
처음 태어난 쌍둥이가 백달과 백괄, 두 번째 태어난 쌍둥이가 중돌과 중홀이다. 비록 맏이와
그다음 차례로 태어났으나 모두 다 준수한 인재였다.
세 번째 태어난 쌍둥이가 숙야와 숙하이고, 네 번째 태어난 쌍둥이가 계수와 계와이다. 셋째와 막

둥이가 앞뒤로 태어났지만 모두 나라의 영광이었다.

네 쌍둥이로 여덟 명을 낳은 것도 특이한 일인데 여덟 사람 모두 어질다는 것은 어찌 더더욱 남다른 영광이 아니겠는가. 주나라의 기운이 융성하지 않았다면 어떻게 이런 일이 있을 수 있었겠는가. 오늘날 이러한 일들을 찾아볼 수 없음을 애석해한 것이다.

集註

或曰 成王時人이라하고 或曰 宣王時人이라하니 蓋一母四乳而生八子也라 然이나 不可考矣라

○ 張子曰 記善人之多也라

愚按此篇은 孔子於三仁, 逸民, 師摯, 八士에 旣皆稱贊而品列之하시고 於接輿, 沮溺, 丈人에 又每有惓惓接引之意하시니 皆衰世之志也니 其所感者深矣라 在陳之歎도 蓋亦如此시니라 三仁則無間然矣오 其餘數君子者도 亦皆一世之高士니 若使得聞聖人之道하야 以裁其所過而勉其所不及이런들 則其所立이 豈止於此而已哉리오

[해석] 혹자는 "성왕 때 사람"이라 하고, 혹자는 "선왕 때 사람"이라고 한다. 한 어머니가 네 차례의 쌍둥이로 여덟 아들을 낳은 것이다. 그러나 상고할 수 없다.

○ 장자[橫渠]가 말씀하였다.

"착한 사람이 많음을 기록한 것이다."

나는 살펴보니 다음과 같다.

"이편에서 공자는 삼인, 일민, 태사 지와 여덟 선비에 대해 앞서 모두 칭찬하면서 그들을 등급에 따라 나열하였다. 접여, 장저, 걸닉과 장인에게 또한 언제나 간곡한 마음으로 그들을 이끌려는 뜻이 있다. 이 모두가 쇠퇴한 세상에 지닌 뜻으로 그 감개가 깊다. 진나라에 계실 적의 탄식 또한 이와 같다. 삼인은 시비할 게 없으며, 그 나머지 군자 또한 모두 한 세대의 고매한 선비들이다. 그들이 만약 성인의 도를 듣고서 지나친 바는 잘라내고 미치지 못한 바에 힘썼다면 그들의 입지가 어찌 이 정도에 그쳤겠는가."

제19 자장 子張 第十九

此篇은 皆記弟子之言이어늘 而子夏爲多오 子貢次之는 蓋孔門에 自顔子以下로 頴悟는 莫若
子貢이오 自曾子以下로 篤實은 無若子夏일새 故로 特記之詳焉이니라

凡二十五章이라

이 편은 모두 제자의 말을 기록한 것인데, 자하의 말이 가장 많고 자공이 그 다음이다. 그
것은 부자 문하에서 안자 이하 영명(頴明)하기로는 자공만 한 이가 없고, 증자 이하 독실하기
로는 자하만 한 이가 없기 때문이다. 그러므로 특별히 그들을 자세히 기록하였다.
　모두 25장이다.

[보 補]

이편에 기록한 문장은 다섯 사람의 말에 지나지 않는다. 자장, 자하, 자유, 증자, 자공이
다. 그들은 모두 부자 문하의 훌륭한 제자들이다. 『논어』는 부자와 그 제자들과의 문답을
적은 책이다. 『논어』의 끝부분에 이르러 문인 가운데 특별히 훌륭한 제자들이 말한 바를
정리하여 한 편을 마련하였다. 이 또한 부자의 도를 밝히기에 충분한 때문이다.[94]

1. 사견전지 士見全旨

이 장에서는 선비란 먼저 대의(大義)를 세워야 함을 보여주고 있다. 이는 평소부터 생각해야
한다는 사(思: 思義, 思敬, 思哀)자로 비롯하여, 불가피한 변고를 임하여 목숨을 바쳐야 한다는 치
(致: 見危致命)자에 이르러서는 과감한 결단의 의지가 있어야 함을 말한다.
　'생각하라.[思]'는 것은 자세히 살핀다는 뜻이다. 의(義), 경(敬), 애(愛)에 대해 모두 '생각하라'
말하고, 유독 "목숨을 바쳐야 한다.[致命]" 구절에서 '사(思)'자를 쓰지 않은 이유는 사생이 걸린 위
급한 즈음이란 의리만을 따를 뿐, 이런저런 생각으로 따지는 것을 요구하지 않기 때문이다. 이
4가지는 역행(力行)을 주로 말한 것인바, 격물치지의 공부는 앞서 평소에 닦아야 한다.
　"그 정도면 괜찮다.[其可已矣]"는 것은 반드시 이처럼 하여야 만이 선비가 될 수 있다는 말과 같
다. 그와 같은 인물이 되도록 꾸짖는 말이다.

---

94 『大全』該註. "勉齋黃氏曰 此篇所記, 不過五人, 曰子張子夏子游曾子子貢, 皆孔門之高弟. 蓋論語一書, 記孔
門師弟子之答問. 於其篇帙將終, 而特次門人高弟之所言, 自爲一篇, 亦以其學識, 有足以明孔子之道也."

子張曰 士 見危致命하며 **見得思義**하며 **祭思敬**하며 **喪思哀**면 **其可已矣**니라

자장이 말하였다.

"선비가 위태로움을 보고 목숨을 바치며, 얻음을 보고 의리를 생각하며, 제사에 공경을 생각하며, 초상에 슬픔을 생각하면 그 정도면 괜찮다고 할 만하다."

강설

자장이 선비에 대해 논하였다.

"선비가 귀히 여기는 바는 몸을 세우는 대의에 있다.

임금에게 위태로움이 임박하면 과감히 목숨을 바쳐 구차히 죽음을 모면하려는 마음이 없으며, 이끗을 얻게 되었을 때는 의리상 취해도 옳은지 그른지를 자세히 살펴서 재물을 구차히 얻으려 함이 없으며, 제사에는 공경할 것을 생각하여 신이 있는 듯 정성을 다하며, 초상에는 슬픔을 생각하여 비통한 마음이 지극해야 한다,

선비로서 이처럼 하면 큰 예절에 어긋남이 없을 것이다. 그 정도면 괜찮다고 하겠다."

集註

致命은 **謂委致其命**이니 **猶言授命也**라

四者는 **立身之大節**이니 **一有不至**면 **則餘無足觀**이라 **故**로 **言士能如此**면 **則庶乎其可矣**라

[훈고] 치명(致命)이란 그 목숨을 버린다는 것이니, '목숨을 바친다.'라는 말과 같다.

[해석] 이 4가지는 몸을 세우는 큰 예절이다. 하나라도 지극하지 못함이 있으면 그 나머지는 보잘것없다. 그러므로 선비로서 이처럼 행하면 거의 그 괜찮은 일임을 말한다.

[보補]

선비란 대장부의 일이다. 옛사람이 선비에 대해 말한 부분은 대체로 이와 같다. 군자와 소인을 뒤섞어보아서는 안 된다. 선비의 이런 대의가 어찌 쉬운 일이겠는가. 뛰어난 대장부가 아니면 할 수 없는 일이다. 하지만 자장의 말에 병폐는 마지막 구절 '그 정도면 된다.[其可已矣]'는 데에 있다.[95] 이처럼 '그 정도면 된다.'는 자장의 인식은 그밖에 한 차원 더 높은 현인, 성인의 경지로 나아가도록 말하지 않은 점이 바로 자장의 한계이자, 문제점이다.

치명(致命)이란 이 목숨을 저 사람에게 건네주어 다시는 나의 소유로 생각지 않는다.[96] 위태로움을 보고서 목숨을 바친다는 것은 변고(變故)에 처하여 하루아침에 결단을 내림이며, 의리와 공경과 슬픔을 생각[思義, 思敬, 思哀]한다는 것은 일상에 처하여 평소 생각하는 것들이

---

95 위와 같음. "潛室陳氏曰 士者, 一男子之事. 古人說士處, 多如此, 不要將君子小人雜看. 只此等事, 豈易? 非奇男子不能. 子張語, 病在末梢一句."

96 위와 같음. "朱子曰 致命, 猶送這命與他, 不復爲我之有."

다. 평상시에 이 3가지를 자세히 살펴 행하면 그는 의리를 좋아하고 삼가고 후덕하여 이미 평소의 소양이 갖춰있는 자이다. 이런 소양을 바탕으로 어느 날 갑자기 큰 변고에 임하면 목숨을 바쳐야 할 적에 과감히 죽을 수 있다. 그렇지 않으면 평상시에도 재리(財利)에 임하여 구차스럽게 얻으려 하고 초상과 제례에 임해서도 구차스러울 수밖에 없는 일인데, 어떻게 변고에 임하여 목숨을 바칠 수 있겠는가.[97]

2. 집덕전지 執德全旨

이 장에서는 큰 덕[弘德]을 중히 여김을 말한다.

도(道)와 덕(德)은 하나의 이치일 뿐이다. 마음에 간직되어있을 바를 덕이라 말하고, 행실로 나타난 바를 도라고 말한다. 도와 덕은 지(知)와 행(行)으로 나누어 볼 수 없다.

홍(弘: 執德不弘)이란 하나의 작은 선으로 스스로 만족해하지 않는다. 덕을 지님이 크지 못하면 작은 선을 가지고서 마음에 스스로 만족하게 된다.

독실함[篤: 信道不篤]이란 곧은 절개로 변함없는 생각을 지님이다. 도에 대한 신념이 독실하지 못하면 모든 일을 행함에 있어 스스로 의심이 일으키게 된다.

학문의 도량에서 도덕을 쌓아 몸을 닦아가는 이는 반드시 일세(一世)를 책임지려는 사명감이 있어야 한다. 그러나 아직은 모든 것을 받아들일 수 있는 큰 도량과 참으로 닦여진 인품이 아니기에 "어떻게 있다고 없다고 말할 수 있겠는가.[焉能爲有亡]"라고 말한 것이다.

앞 장과 종합하여 보면, 이는 모두 자장의 학문이 간절하고 진실한 곳으로 나아간 경지를 말해주고 있다.

子張曰 執德不弘하며 信道不篤이면 焉能爲有며 焉能爲亡(無)리오

자장이 말하였다.

"덕을 지니되 크게 하지 못하며, 도를 믿되 독실하지 못하면, 〈이런 사람은 이 세상에 있으나 마나 하는 자이다.〉 어찌 있다고 할 수 있으며, 없다고 할 수 있겠는가."

강설

자장이 크고 도타운 학문을 사람에게 보여주었다.

"사람에게 귀중한 것은 자신에 소유한 도덕이다. 그 얻은 바의 덕을 지키되 작은 성취에 편안하여 큰 포용으로 아량이 크지 못하면 많은 덕을 지니지 못하고 하나만을 고수하여 편협함으로 고

97 위와 같음. "新安陳氏曰 見危致命者, 處變而決之於一旦也; 思義敬哀者, 處常而思之於平時也. 平時能思此三者而行之, 則其人好義謹厚, 已養之有素矣. 一旦臨大變故, 庶能於當死而必死焉. 否則臨財利而苟得, 臨喪祭而苟且, 何望其臨變故而能死哉?"

립되는 것이다. 그 들었던 바의 도를 믿고 따르되 이럴까 저럴까 의혹을 품어 그 생각이 독실하지 못하면 도는 사라지게 된다.

이와 같은 사람은 이 세상에 살아있을지라도 중하지 않은 자이다. 어찌 그런 인물이 있다고 해서 귀중할 수 있겠는가. 그런 사람은 이 세상에 없을지라도 섭섭할 게 없다. 어찌 그런 사람이 없다고 해서 애석할 수 있겠는가. 그러므로 군자는 도덕에 있어서 그 아량을 넓히고 그 뜻을 오롯하게 지니지 않을 수 있겠는가."

集註

有所得而守之太狹이면 則德孤하고 有所聞而信之不篤이면 則道廢라 焉能爲有亡는 猶言不足爲輕重이라

[해석] 덕을 얻은 바 있을지라도 이를 지킴이 지나치게 편협하면 덕이 고립되고, 도를 들은 바 있을지라도 믿음이 독실하지 못하면 도가 사라지게 된다. 언능위유무(焉能爲有亡)란 경중이 될 수 없다는 말과 같다.

[보 補]

홍(弘)을 드넓고 큼이라 하는 것은 도량으로 말한다. 도를 체득함은 덕에 있으며, 덕을 지닌 바는 도량에 달려있다. 도량에는 크고 작은 차이가 있기에 덕을 지닌바 광대함과 광대하지 못함이 있다. 도량이 크지 않으면 덕을 지닌바, 그 누가 드넓고 클 수 있겠는가.

도에 대한 믿음이 견고하고 분명함을 귀중히 여기는 것은 의지(意志)로 말한다. 덕으로 나아갈 수 있는 것은 도를 따르는 데에 있으며, 도에 대한 믿음은 의지에 달려있다. 의지에는 강인하고 나약한 차이가 있기에 도에 대한 믿음은 독실함과 독실하지 못함이 있다. 의지가 강인하지 않으면 도를 믿은바, 그 누가 견고하고 분명할 수 있겠는가.

위 2구를 살펴보면, 학문을 닦는 길이란 편협한 마음과 도량, 그리고 나약한 기운과 바탕을 지닌 자가 미칠 수 있는 게 아니다.[98]

하지만 큰 도량과 굳건한 의지, 이 둘의 관계는 서로 분리될 수 없다는 점 또한 지나쳐서는 안 된다.

광대한 덕을 지니고서도 도에 대한 믿음이 독실하지 못하면 수용이 지나치게 광대함으로써 뚜렷한 주견 없이 훗날 남들을 따라 치달려 도리어 바른 도리를 지키지 못하게 된다. 그러나 도에 대한 믿음이 독실하되 광대한 덕을 지니지 못하면 그 하나의 설만을 확신한 나머지, 간혹 널리 통하지 못한 경우가 있다. 이 때문에 광대한 덕과 독실한 믿음을 함께 말한 것이

---

98 위와 같음. "(朱子曰) 弘之爲寬廣, 以人之量言也. 人所以體道者, 存乎德, 所以執德者, 存乎量. 量有大小之不同, 故人所以執德有弘有不弘也. 非其量之大, 則所以執德者, 孰能寬廣而不迫哉? 信道之貴乎堅確者, 此以人之志言也. 人所以進德者, 由乎道; 而所以信道者, 存乎志. 志有强弱之不同, 故人所以信道者有篤有不篤也. 非其志之强, 則所以信道者, 孰能堅確而不移哉? 觀此二言, 爲學之道, 信非褊心狹量質薄氣弱者所能及也."

다. 이는 증자가 말한 "선비는 도량이 크면서도 강인한 지조가 없어서는 안 된다.[曾子曰 士不可以不弘毅]"(「泰伯」제8, 제7장)는 말과 유사한다.[99]

언능위유무(焉能爲有亡)란 그 사람이 있을지라도 또한 있다고 말할 수 없고, 그 사람이 없을지라도 또한 없다고 말할 수 없다. 이는 그의 존재가 모두 경중을 따질 가치가 없다는 말과 같다.[100]

3. 문교전지 問交全旨

이 장에서는 교우(交友)에 관한 두 현인의 차이점을 살펴볼 수 있다.

자하의 문인이 자장에게 교우에 대해 물은 것 또한 의문이 있으면 한 스승만이 아닌 여기저기에 모두 물음을 말한 것이지, 스승 자하를 부족하게 여긴 것은 아니다. 자장은 자신의 의견을 말하기에 앞서 자하가 어떻게 말했는지를 따져 물은 것이다.

가자 이하[可者與之, 其不可者拒之] 2구는 내가 저 사람과 사귀는 것을 삼가는 바른 도리이지만, 단 '거절한다.[拒]'고 각박하게 말한 것은 부자께서 "나만 같지 못한 사람은 벗으로 삼지 말라.[毋友不如己者]"고 말씀하신 원만한 기상과는 사뭇 다르다. 자장은 단 '불가자거지(不可者拒之)' 구절을 들어 자하를 반박한 것이다.

군자 이하[君子尊賢而容衆, 嘉善而矜不能] 2구는 자장이 일찍이 들었던 바를 간추려 서술한 것으로, '용중(容衆)'과 '긍불능(矜不能)'의 측면에 중점을 두고 있다. '아지대현(我之大賢)' 구절 아래에 이르러서야 자장은 비로소 자신의 뜻으로 단정 지어 말한 것이다.

'대현 이하[我之大賢與, 於人何所不容] 2구는 내가 굳이 남들을 거절할 필요가 없음을 보여준 것이며, 불현 이하[我之不賢與, 人將拒我, 如之何其拒人也] 3구는 내가 그 사람을 거절할 수 없음을 말한다.

"어찌 그 사람을 거절할 수 있겠는가.[如之何其拒人也]"라는 '여지하(如之何)'에는 3가지 뜻이 담겨 있다.

남들에게 나의 몸이 거절을 당하기에도 정신없을 터인데 내가 그 사람을 거절할 틈이 없다는 점이 첫째이며,

남들이 스스로 나를 멀리할 터이니 굳이 내가 거절할 일이 없을 것이라는 점이 둘째이며,

설령 남을 거절한다고 할지라도 그 사람 또한 나에게 심복하지 않는다는 점이 셋째이다.

子夏之門人이 問交於子張한대

---

99 위와 같음. "朱子曰 若信道不篤, 則容受太廣, 後隨人走作, 反不能守正理. 信道篤而不弘, 則是確信其一說, 而或至於不通. 故須著幷說弘篤, 猶言弘毅相似."

100 위와 같음. "(朱子曰) 有此人, 亦不當得是有; 無此人, 亦不當得是無, 言皆不足爲輕重."

子張이 曰 子夏 云何오
對曰 子夏曰 可者를 與之하고 其不可者를 拒之라하더이다
子張이 曰 異乎吾所聞이로다 君子는 尊賢而容衆하며 嘉善而矜不能이니 我之大賢
與ㄴ댄 於人에 何所不容이며 我之不賢與ㄴ댄 人將拒我니 如之何其拒人也리오

　자하의 문인이 친구 사귀는 도를 자장에게 묻자, 자장이 말하였다.
　"자하가 무어라고 하던가."
　〈자하의 문인이〉 대답하였다.
　"자하께서 말씀하시길, '착한 자를 함께하고 착하지 않은 자를 거절하라.'고 하더이다."
　자장이 말하였다.
　"내가 들은 바와 다르다. '군자는 어진 이를 존경하면서도 많은 사람을 포용하고, 선한 이를 아름답게 여기면서도 무능한 이를 불쌍히 여긴다.'고 한다. 내가 아주 어질다면 남들을 어찌 용납하지 못할 것이며, 내가 어질지 못하다면 남들이 장차 나를 거절할 터인데, 어떻게 그처럼 남들을 거절할 수 있겠는가."

> **[강설]**

　예전에 자하와 자장은 모두 부자의 문하에서 함께 수학했던 제자들이다. 자하는 믿음이 도탑고 몸가짐을 조심하여 교우(交友)에 있어 엄격함을 주장하였으나, 자장은 재주가 높고 뜻이 커서 교우에 있어 너그러움으로 주장하였다. 두 분의 견해가 같지 않았고 제자에 대한 가르침 또한 달랐다. 이 때문에 자하의 문인이 자장에게 교우에 대해서 물었다.
　이는 그 스승 자하의 말에 다소 의문을 품고서 자장의 말을 들어 이를 절충하고자 함이다. 자장은 자기 생각을 바로 말하지 않고 먼저 그에게 되물었다.
　"너의 스승 자하가 반드시 교우에 대해 말을 했을 것인데 무어라 말하던가."
　자하의 제자가 대답하였다.
　"자하께서 말씀하시길, '사람에겐 어질고 어질지 못함이 있다. 이에 가부를 분별해야 한다. 어진 이와 더불어 벗하고 어질지 못한 사람을 거절하여 벗삼지 않아야 한다.'고 하셨습니다. 자하께서 말씀하신 바는 이와 같습니다."
　자장이 말하였다.
　"자하가 말한 바는 내가 들은 바와는 다르다.
　군자의 사귐이란 어질고 덕이 있는 이는 높이 받들고 공경히 섬겨 존중해야 하지만, 어질지 못한 수많은 사람 또한 포용하여 버리려는 마음이 없다.
　남들에게 취할 만한 선함이 있으면 그의 아름다움을 칭찬하고 이를 기꺼이 말하여 그를 가상히 여겨야 하지만, 착함이 없고 능력이 없는 자 또한 불쌍히 여겨 가엾게 생각하는 마음을 더해야 한다.

어진 이를 높이고 착한 이를 가상히 여긴다는 것은 벗할만한 자와 함께 하는 것이며, 많은 사람을 포용하고 무능한 이를 불쌍히 여김은 벗하지 못할 자 또한 거절하지 않는 것이다. 내가 들었던 군자의 사귐이란 이와 같다.

만일 자하의 말처럼 남들을 거절한다면 그것은 자신이 큰 현인으로 자처하여 남들을 거절한 것일까? 아니면 자신이 어질지 못하다고 생각하여 남들을 거절한 것일까? 알 수 없는 일이다.

내가 진정 어질다면 벗할 만한 선함은 항상 나에게 있기에 나의 선함으로 타인의 불선(不善)을 교화할 것이다. 어찌 남들을 포용하지 못할 게 있겠는가.

내가 진정 어질지 못하다면 불선은 항상 나에게 있기에 나의 불선으로 남들에게 내가 먼저 거절을 당할 것이다. 내가 남들을 거절하려고 해도 어떻게 남을 거절할 수 있겠는가. 사귐을 논함에 굳이 거절을 들어 말할 수 있겠는가."

요약하면, 자하의 의론은 비좁은 소견에, 자장의 의론은 범람한 잘못을 범하고 있다. 오직 자하처럼 선을 주장하는 마음으로 현인 여부를 분별하고, 자장처럼 널리 포용하는 도량으로 모든 사람을 대하여 두 사람의 장점을 모두 겸한다면 자하의 비좁은 소견과 자장의 범람한 폐단은 절로 사라지게 되어 교우의 도를 온전히 얻을 수 있을 것이다.

> **集註**
>
> 子夏之言이 迫狹하니 子張譏之是也라 但其所言이 亦有過高之弊하니 蓋大賢은 雖無所不容이나 然이나 大故는 亦所當絶이오 不賢이면 固不可以拒人이나 然이나 損友는 亦所當遠이니 學者不可不察이니라

[해석] 자하의 말이 박절하고 편협하므로 자장이 그를 꾸짖음은 옳으나, 다만 자장의 말한 바 또한 지나치게 높은 폐단이 있다. 매우 어질고 훌륭한 사람이면 비록 남들을 포용하지 못할 바 없겠으나, 큰 잘못이 있는 자 또한 마땅히 단절해야 한다. 자신이 어질지 못하면 참으로 남들을 거절할 수 없겠지만, 손해 되는 벗 또한 마땅히 멀리해야 한다. 배우는 이는 이 점을 살펴보지 않을 수 없다.

[보 補]

윤화정(尹和靖: 尹煓, 伊川門人)이 말하기를, "자장의 말은 널리 벗을 사귀는 도이며, 자하의 말은 벗을 가리는 도이다. 가리지 않고 널리 사귀는 것은 화를 불러들이는 도이다."[101]고 하니, 자장의 말에 큰 모순이 있는 것으로 보인다. 이에 대해 주자는 다음과 같이 말하였다.

"물론 가리지 않고 널리 사귐은 화를 불러들이는 도이다. 그러나 자장이 말한 널리 사귀는 것 또한 벗을 가리지 않은 것은 아니다. 애당초 사람을 거절할 마음이 없었을 뿐, 단 그 사이에 나름대로 친소(親疎)와 후박(厚薄)이 있다. 윤화정의 말처럼 자장이 벗을 가리지 않고 사

---

101 위와 같음. "和靖尹氏曰 子張所言, 泛交之道也; 子夏所言, 擇交之道也. 泛交而不能擇, 取禍之道也."

권다고 생각한 것은 아니다."¹⁰²

남들의 선악을 알지 못한 채, 무턱대고 사귀었을 적에 일어나는, 여느 사람들의 폐해를 말해 주고 있을 뿐이다. 주자는 또 뒤이어 말하였다.

"초학자는 의당 자하의 말에 따라 사람을 가려 사귀어야 한다. 그러나 '불가(不可)'한 자는 소원하게 대하면 될 뿐인데, 그를 거절까지 한다는 것은 너무 지나친 일이다. 성덕자(成德者)는 의당 자장의 말처럼 널리 사귀어야 한다. 그러나 흉악한 자라면 또한 그와 단절하지 않을 수 없다."¹⁰³

4. 소도전지 小道全旨

이 장에서는 군자란 원대한 도에 힘써야 한다는 뜻을 보여주고 있다.

소도(小道)는 대도(大道)의 대칭이다. 마음을 바르게 하고 몸을 닦아 제가(齊家), 치국(治國)에 이르는 것은 대도이고, 일가(一家)의 전업(專業: 農, 工, 商 따위)을 일삼아 사람의 부림을 받는 것은 소도이다. 소도와 대도의 차이는 군자와 소인의 신분에 의한 사업을 말한 것으로, 이는 수기치인(修己治人)의 지배계층의 덕목과 다스림을 받는[治於人] 피지배계층의 기예(技藝)에 있다.

하지만 기예일지라도 도가 담겨있는 까닭에 아무리 하찮은 일이지만 반드시 볼 만한 게 있다. 그러나 작은 도이기에 그 작용이 멀리 미치지 못한다.

공(恐)자는 "혹 그럴 수 있다."는 뜻으로 말한 게 아니라, 그렇게 될까 두려운 마음에 군자는 이를 행하지 않는다는 뜻이다. 그러므로 오로지 대도에 마음을 다한 것이다.

자하는 일찍이 작은 이익을 따르고 속히 이루고자 하는 폐단이 있었으나, 이의 문장을 살펴보면 이미 고명한 경지로 나아간 것이다.

子夏曰 雖小道나 必有可觀者焉이어니와 致遠恐泥(녜)라 是以로 君子不爲也니라

자하가 말하였다.

"비록 작은 도[技藝]일지라도 반드시 볼 만한 것이 있지만, 먼 곳을 이르는 데에 통하지 못할까 두렵다. 그러므로 군자는 작은 도를 행하지 않는다."

강설

자하는 사람들에게 근본에 힘쓰라는 뜻으로 말하였다.

"군자는 원대한 도에 힘써야 한다. 한갓 보이는 데에 국한될 수 있겠는가. 보이는 것에만 힘쓴

---

102 위와 같음. "朱子曰 泛交而不擇, 取禍之道. 子張之言泛交, 亦未嘗不擇. 盖初無拒人之心, 但其間, 自有親疎厚薄爾. 和靖非以子張爲不擇也."

103 위와 같음. "朱子曰 初學大畧當如子夏之言, 然於其不可者, 但亦疎之而已; 拒之則已甚. 成德大畧當如子張之說, 然於有大故者, 亦不得而不絶也."

다면 기예의 하찮은 도에도 이치 또한 갖춰있지 않는 게 없으며, 이의 응용에도 각기 필요한 바 있으므로 반드시 볼 만한 것이 있다. 그러나 하나의 일에만 능하다는 것은 겨우 하나의 일을 하는 데에만 응용된다. 이를 미루어 수신제가 치국평천하라는 원대한 일을 미뤄나가는데 통하지 못할까 두렵다. 이런 까닭에 군자는 멀고 큰 도에 힘쓸 뿐, 이런 하찮은 기예를 일삼지 않는다. 대도는 먼 곳에 이를 수 있고 모든 데에 통하지 않음이 없기 때문이다."

集註

小道는 如農圃醫卜之屬이라 泥는 不通也라

○ 楊氏曰 百家衆技는 猶耳目口鼻하야 皆有所明而不能相通하니 非無可觀也로되 致遠則泥矣라 故로 君子 不爲也니라

[훈고] 소도(小道)는 농사짓고 채소 가꾸는 것과 의술, 점술 따위와 같은 것이다. 녜(泥)는 통하지 않음이다.

○ 양씨[楊時]가 말하였다.

"백가의 온갖 기예는 마치 이목구비처럼 모두 한 가지 밝은 바가 있으나 서로 통하지 못하는 것과 같다. 이는 볼만한 것이 없는 것은 아니지만, 먼 곳에 이르는데 장애가 될 것이다. 그러므로 군자는 작은 도를 행하지 않는다."

[보補]

작은 도와 큰 도는 맹자가 말씀하신 '소인의 도, 대인의 도'이다. 그 작은 몸, 즉 이목구비 따위의 욕구를 따르면 소인이요, 그 큰 몸, 즉 심성 도덕 등을 따르면 대인이라고 말하였다.[104] 이처럼 일신의 욕구를 위한 생활의 방편으로서의 기예는 소인의 도이며, 심성 도덕을 지향하는 소양은 대인의 도이다. 생활을 위한 살림살이와 순수학문의 지향은 공부하는 이들의 공통된 문젯거리다. 여기에서 말한 작은 도와 큰 도 또한 이와 같은 의미로 이해해도 나쁘지 않다.

따라서 작은 도로 일컬어지는 농사짓고 채소 가꾸는 것과 의술, 점술 따위는 목전에 사용되는 것으로 천근(淺近)한 일들이지만 전혀 도움이 없는 것은 아니다. 그러나 어디에나 통하는, 성인의 큰 도리는 추구할 수 없다.

그렇다면 소도(小道)란 양주, 묵적, 석가, 노자의 무리를 말한 것인가. 소도는 성인의 도에 부합하되 작은 부분이라는 것이며, 이단이란 성인의 도에 어긋난 것으로 전혀 다른 길이다. 작은 도는 오히려 목전 가까이에 베풀 수 있지만, 이단은 잠시라도 베풀 수 없다. 아비도 임금도 없는 저 이단은 어찌 먼 곳에 이르렀을 적에야 통하지 못함이 있겠는가.[105]

---

104 『孟子』「告子 上」. "公都子問曰 釣是人也, 或爲大人, 或爲小人, 何也? 孟子曰 從其大體爲大人, 從其小體爲小人."

105 『大全』該註. "勉齋黃氏曰 農圃醫卜, 施之目前, 淺近不爲無益. 然求如聖人之道 無所不通, 則不可也. 小道, 安知非指楊墨佛老之類邪? 曰 小道, 合聖人之道而小者也; 異端, 違聖人之道而異者也. 小者, 猶可以施之近;

이처럼 이단이란 소도에 견주어 말할 수 없으며, 잠시도 수용할 수 없음을 말해주고 있다.

5. 일지전지 日知全旨

이 장에서는 사람들에게 학문에 순수한 마음으로 공부해야 하는 것을 보여주고 있다.

일지(日知)의 지(知)자는 무망(無忘)과 상대되는 글자이다. 성현이 말한 지(知)는 심신(心身)상에서 체득하고 살펴보는 것이다. 후인이 오로지 문견(聞見)의 지(知)로 생각하는 것과는 다르다. 그러므로 '소무(所亡)'과 '소능(所能)'은 모두 지행(知行)을 겸하여 말한 것이다.

일지(日知)는 배움이 날로 새롭게 발전함이며, 월무망(月無忘)은 배운 바를 잃지 않음이다. 호학(好學)의 뜻은 모두 앞 문장의 일(日: 日知), 월(月: 月無忘) 2자에서 찾아볼 수 있다.

子夏曰 日知其所亡(無)하며 月無忘其所能이면 可謂好學也已矣니라

자하가 말하였다.

"날마다 그 없는 바를 알며, 달로 그 능한 바를 잊지 않으면 배움을 좋아한다고 할 것이다."

강설

자하는 사람들에게 학문에 힘쓰라는 것으로 말하였다.

"사람들은 대체로 학문한 바를 얻지 못하였음에도 추구하려는 마음이 나태하고, 이미 얻은 뒤에는 잃어버리는 수가 많다. 이를 모두 배움을 좋아한다고 말할 수 없다.

여기에 어느 사람이 있다. 날이면 날마다 알지 못하고 행하지 못한 바를 부지런히 추구하고, 그러면서도 오래되어 잃을까 두려운 마음에 또다시 달마다 이미 알고 이미 행하는 이치를 부지런히 익히고 있다.

알지 못하고 행하지 못한 바를 알고 있기에 날마다 새롭게 얻어지는 도움이 있으며, 이미 알고 이미 행한 바를 잊지 않기에 앞서 얻은 바를 잃어버리지 않는 공부가 이어지는 것이다. 학문을 닦는데 끊임이 없고 마음이 더욱 순수하므로 그런 그를 배움을 좋아한다고 말한다. 이처럼 닦아가면 군자의 학문이 세월에 따라 진전되지 않겠는가."

集註

亡는 無也니 謂己之所未有라

○ 尹氏曰 好學者는 日新而不失이니라

[훈고] 무(亡)는 없음이니, 나의 몸에 가지지 못한 바를 말한다.

異端, 不可以頃刻施也. 彼之無父無君, 又何待致遠而後不通哉?"

○ 윤씨[尹焞]가 말하였다.

"배우기를 좋아하는 자는 날로 새롭게 얻어가면서 잃어버리지 않는 것이다."

[보 補]

하루하루[日]가 쌓여 한 달을 만들어가는 것인바, "달로 그 능한 바를 잊지 않는다."는 것은 날마다 새롭게 쌓아간 바를 잃어버리게 될까 두려워하는 것이다.[106]

"아울러 이 장은 『논어』 개권제일의(開卷第一義)의 「학이(學而)」장과 함께 살펴보아야 한다. 여기에서는 매일, 매월로 말하였고, 「학이」장에서는 시시(時時)로 말하였다. 주자는 일찍이 다음과 같이 말하였다.

'요즘의 학자들은 오늘 알았다가도 며칠 지나면 또한 잊어버리기에 길이 남아 있지 않다. 이처럼 공부를 하면 어떻게 한 달이 된 이후까지 기억할 수 있겠는가.'

위의 말로 보면 배우는 이는 무시로 익히지 않으면 안 된다. 자하의 말처럼 매일, 매월의 공부를 하면서 다시 무시로 익히는 공부를 더 하면 가까이 설 수 있을 것이다."[107]

6. 박학전지 博學全旨

이 장은 치지(致知)와 구인(求仁)의 방법을 제시한 것인바, 단 마음이 바깥으로 달리지 않아야 한다는 데에 중점을 두고 있다.

"배우기를 널리 한다.[博學]"는 것은 모든 일을 다 이해하고자 함이며, "뜻을 독실하게 한다.[篤志]"는 것은 학문의 측면에서 말하였다. 지극한 정성과 간절한 마음으로 반드시 얻기를 추구한 것이다.

"간절하게 묻는다.[切問]"는 것은 예를 들면, 자신의 역량으로 목전에 행할 수 있는 것을 묻는 것이다. "가까운 데서 생각한다.[近思]"는 것은 같은 유를 미루어가는 것이다. 단 쉽사리 알 수 있는 부분을 통하여 미뤄나가는 것이다.

인(仁)의 공부는 지행(知行)을 하나로 종합하여 보는 것이다. 역행(力行) 부분이 미진하면 그것은 절반을 잃음이며, 4가지를 두루 갖추지 못하면 결코 인을 이룰 수 없다. 이 때문에 주자는 "이는 인을 구할 수 있는 문이요 길이다."고 말하였다.

"그 가운데에 있다.[在其中]"는 것은 이런 이치가 있음을 말한다.

子夏曰 博學而篤志하며 切問而近思하면 仁在其中矣니라

---

106 위와 같음. "雲峯胡氏曰 日者, 月之積. 月無忘其所能, 惟恐失其日新之所積者也"

107 위와 같음. "汪氏曰 此章, 當與時習章參看. 此以每日每月言, 時習以時時言. 朱子有云 而今學者, 今日得知, 過幾日, 又忘了, 便是不長在. 此做工夫, 如何會到一月後記得? 由此論之, 學者誠不可不時習也. 能從事於子夏之言, 而加以時習之功, 其庶幾乎!"

자하가 말하였다.

"배우기를 널리 하고 뜻을 독실하게 지니며, 간절히 묻고 가까이 생각하면 인은 그 가운데 있다."

강설

자하는 사람들에게 인을 구하는 방법을 보여주었다.

"사람이 마음을 쓰는 바 없다면 그 마음은 방탕하여 보존하지 못할 것이다. 널리 배워 견문을 넓히고 또한 뜻을 독실하게 지녀 반드시 얻기를 구하며, 내가 해야 할 일들을 간절히 물어서 그 정밀함과 자세함을 다하고 또한 나 자신에 있는 바를 가까이 생각하여 구해야 한다. 이 모두가 앎을 다하는 일이지, 힘써 인을 행하는 것은 아니지만, 이처럼 종사하면 마음을 수렴한 바 있어 천리는 곧 여기에 있고 인욕이 방사하지 않을 것이다. 인을 기약하지 않아도 그 가운데 있다. 인에 뜻을 둔 자는 여기에 힘써야 할 것이다."

集註

四者는 皆學問思辨之事耳니 未及乎力行而爲仁也라 然이나 從事於此면 則心不外馳하야 而所存自熟이라 故로 曰仁在其中矣라하니라

○ 程子曰 博學而篤志하고 切問而近思를 何以言仁在其中矣오 學者 要思得之니 了此면 便是徹上徹下之道니라

又曰 學不博則不能守約이오 志不篤則不能力行이며 切問近思 在己者면 則仁在其中矣니라

又曰 近思者는 以類而推니라

蘇氏曰 博學而志不篤이면 則大而無成이오 泛問遠思면 則勞而無功이니라

[해석] 4가지는 모두 배우고 묻고 생각하고 분별하는 일이지, 힘써 행하여 인을 행하는 데까지는 미치지 못한다. 그러나 이 4가지에 힘쓰면 마음이 밖으로 치달리지 않아서 마음에 존양하는바 스스로 완숙하게 된다. 그러므로 인은 그 가운데 있다고 말하였다.

○ 정자(明道)가 말씀하였다.

"배우기를 널리 하고 뜻을 독실하게 지니며, 간절히 묻고 가까이 생각하는 것을 어찌하여 '인이 그 가운데에 있다.'고 말하는가. 배우는 이는 이를 얻고자 생각해야 할 것이다. 이를 깨달으면 곧 위[上: 仁在其中], 아래[下: 學問思辨]로 통하는 도이다."

또 말씀하였다.

"학문이 넓지 못하면 요약됨을 지키지 못하고, 뜻이 독실하지 못하면 힘써 행하지 못한다. 간절히 묻고 가까이 생각하는 것이 나의 마음과 나의 몸에 있으면 인은 그 가운데 있다."

정자(伊川)가 또 말씀하였다.

"가까이 생각한다는 것은 유로 미루어가는 것이다."

소씨[蘇軾]가 말하였다.

"널리 배웠을지라도 뜻이 독실하지 못하면 큰 학문을 닦아도 이뤄진 게 없고, 건성으로 묻고 자신과 동떨어진 것을 생각하면 고생만 할 뿐, 얻어지는 공효가 없다."

[보 補]

철상철하(徹上徹下)는 위, 아래로 통한다는 뜻으로, 향상향하(向上向下)라는 말과 같다. 이는 하나의 도리를 깊이 있게, 또는 얕게 모두 말할 수 있음을 뜻한다. 철상철하는 주자의 집주에서 2차례 언급하였다. 이는 모두 정자의 말을 서술한 것이다.

「번지문인(樊遲問仁)」(「子路」 제19장)에서는 "위, 아래로 통하니, 성인의 말씀은 애당초 두 가지의 말이 없다.[徹上徹下, 初無二語.]"고 하였고, 여기에서는 "이를 깨달으면 곧 위, 아래로 통하는 도이다.[了此, 便是徹上徹下之道.]"고 말하였다.

앞의 「번지문인」장에서 말한 바는 인(仁)이다. 초학자와 번지가 행할 수 있는 인으로 말한 것은 한 차원 아래의 철하(徹下)이며, 덕이 충만하여 가까이는 얼굴과 몸에 넘쳐나고 멀리는 독실한 공손함으로 천하가 평정에 이르는 것은 한 차원 높은 경지의 철상(徹上)이다.

이 장에서는 행실에 힘써 인을 행하는 일에 대해서는 언급하지 않았다. 따라서 박학(博學), 절문(切問), 근사(近思)는 '철하'이며, 인은 그 가운데 있다[仁在其中]는 것은 '철상'이다."[108]

"가까이 생각한다는 것은 유로 미루어가는 것이다.[近思者, 以類而推.]"는 쉽게 알 수 있는 것으로 미뤄나가는 것이다. 예를 들면, 친친(親親)을 미루어서 인민(仁民)의 단계로 나아가고, 인민을 미루어서 애물(愛物)의 단계로 나아가는 것이며, 또 하나의 일을 깨달은 뒤에 다시 이 일을 미루어서 또 다른 하나의 일에 나아가는 것이다. 오로지 이처럼 미루어나가면 쉽다고 느껴질 뿐, 어렵다는 점을 찾아볼 수 없어 목전이나 먼 곳의 이치가 그저 가깝게 느껴질 뿐이다. 만약 제1단계에서 곧바로 제3단계로 뛰어올라 발걸음을 크게 벌리면 괜스레 헛심만 쓰기에 그저 어렵고 아득하게 느껴질 뿐이다.[109]

박학, 독지, 절문, 근사 4부분에는 강령(대원칙)과 조목(條目: 細則)의 구분이 있다. 박학은 먼저 그 강령을 들어 말함이며, 독지·절문·근사는 그 조목을 세분(細分)한 것이다. 박학의 건실한 토대 위에서 독실한 뜻, 간절한 물음, 그리고 가까이 생각할 수 있다. 학문이 해박하지 못하면 견식이 좁은 어리석음을 범하게 되고, 뜻이 독실하지 못하고 물음이 간절하지 못하고 생각을 가까이에서 하지 않으면 이 또한 넘쳐나는[汎濫] 잘못을 범하게 된다. 이 역시 부질없는 박학에 지나지 않을 뿐이다.[110]

---

108 위와 같음. "雲峯胡氏曰 徹上徹下, 集註兩述程子之言. 樊遲問仁章曰 徹上徹下初無二語, 此則曰 了此便是徹上徹下之道. 彼所言者, 仁也. 言仁, 是徹下; 言晬面盎背·篤恭而天下平, 是徹上. 此章, 未及力行爲仁之事. 學問思, 是徹下; 仁在其中, 是徹上."

109 위와 같음. "朱子曰 以類而推, 只是傍易曉底挨將去, 如親親, 便推類去仁民; 仁民, 便推類去愛物. 如這一件事理會得透了, 又因這件事, 推去理會那一件事. 只管恁地挨將去, 只管見易, 不見其難, 前面遠處, 只管近. 如第一級, 便要跳到第三級, 擧步闊了, 便費力, 只見難只見遠."

7. 백공전지 百工全旨

이 장에서는 배우는 이들에게 학문에 대한 독실한 마음을 지녀 도에 나아가도록 한 것이다. 앞 구절[百工居肆 以成其事]이 뒤 구절[君子學 以致其道]을 이끌어 일으키고 있다.

학(學: 君子學)자는 오롯하게 힘쓴다[專務]는 뜻으로 보아야 만이 비로소 '거사(居肆)'와 상응하고, 치(致: 以致其道)자는 반드시 극처에 나아간다[造極]는 뜻으로 보아야 만이 비로소 성(成: 以成其事)자와 상응하게 된다. 그러나 오롯하게 힘쓴 까닭에 극처에 나아갈 수 있다. 이는 하나의 뜻이다.

子夏曰 百工 居肆하야 以成其事하고 君子 學하야 以致其道니라

자하가 말하였다.

"모든 장인은 공장에 있어야 제 할 일을 이루고, 군자는 배워야 그 도를 이룬다."

강설

자하는 사람들에게 오롯한 마음으로 학문에 힘쓸 것을 격려하였다.

"천하의 일은 각기 다르지만, 그 하는 일은 똑같다. 장인은 모두 일을 성취하는 것을 목적으로 삼는다. 그러나 장인은 반드시 제 공장에서 한결같은 마음으로, 전심전력으로 일에 몰두하여야 만이 그 일을 정밀하게 다 할 수 있다.

장인 또한 그러하거늘 하물며 군자야 오죽하겠는가. 군자는 모두 도에 이르기를 다짐한다. 그러나 학문을 부지런히 닦아 이치를 알고 일을 행하려고 추구하여야 만이 도의 극처에 나갈 수 있다. 이로 보면 도에 뜻을 둔 사람은 학문에 오롯한 힘을 쓰지 않을 수 있겠는가."

集註

肆는 謂官府造作之處라 致는 極也라

工不居肆면 則遷於異物而業不精하고 君子不學이면 則奪於外誘而志不篤이니라

尹氏曰 學은 所以致其道也라 百工居肆에 必務成其事하니 君子之於學에 可不知所務哉아

愚按 二說相須라야 其義始備니라

[훈고] 사(肆)는 관부의 작업하는 곳[工廠, 製作廠]을 말한다. 치(致)는 지극함이다.

[해석] 장인이 작업하는 공창(工廠)에 머물지 않으면 다른 사물에 마음이 옮겨가므로 하는 일이 정밀하지 못하고, 군자가 배우지 않으면 외물의 유혹에 마음을 빼앗겨 뜻이 독실하지 못하다.

---

110 위와 같음. "新安陳氏曰 博學, 先提其綱; 篤志切問近思, 是分其目. 盖就所博學者, 而志之篤, 問之切, 思之近也. 學不博, 固失之狹隘; 志不篤, 問不切, 思不近, 則又失之泛濫, 亦徒博耳."

윤씨[尹焞]가 말하였다.

"배움은 그 도를 극진히 다하는 것이다. 모든 장인이 공장에 거처할 적에 반드시 그 일에 힘써 이뤄야 한다. 군자가 학문할 적에 힘써야 할 바를 몰라서야 하겠는가."

나는 살펴보니 다음과 같다.

"위의 두 말을 서로 종합하여야 만이 그 뜻이 비로소 갖추어지게 된다."

[보補]

집주의 전설(前說: 工不居肆…外誘而志不篤)은 '거사(居肆)'와 '위학(爲學)'에 중점을 둔 것으로, 이는 노력[用功]을 위주로 말하였고, 윤씨 설(尹氏說: 學所以致…務成其事)은 '성사(成事)'와 '치도(致道)'에 중점을 둔 것으로, 이는 입지(立志)를 위주로 말하였다. 전자의 요지는 2개의 '이(以: 以成其事, 以致其道)'자에 있다. 이것이 경문의 정의(正義)이다. 그러나 윤씨 설 또한 가볍게 여겨서는 안 된다.

다시 말하면, 위의 두 말 가운데 전자는 반드시 일할 수 있는 제자리에 있어야 한다는 점이며, 윤씨의 말은 제자리에 있을지라도 반드시 혼신의 노력을 다해야 함을 말한다. 이에 대해 주자는 구체적으로 말하였다.

"모든 장인이 공장에 머물러야 만이 비로소 하는 일을 이룰 수 있듯이 군자가 배워야 만이 그 도를 다할 수 있다. 그러나 작업하는 공창에 있다 할지라도 그 일을 이루지 못한 경우가 있다. 한가롭게 앉아 세월만 보내는 경우이다. 그렇듯이 학문을 할지라도 그 도를 다하지 못한 경우가 있다. 기량의 작은 도를 배운다거나 중도에서 그만두는 유이다. 이 때문에 뒤이어서 '작업하는 공창에 있을 적에는 그 일에 힘써 반드시 이뤄야 하듯이 학문을 할 적에는 반드시 그 도에 힘써 다해야 한다.'고 말하였다. 그러므로 전후의 설을 모두 종합하여야 만이 그 뜻이 비로소 완벽하게 된다."[111]

8. 소인전지 小人全旨

이 장에서는 잘못을 범하고서 다시 그 잘못을 감추거나 꾸미는 자에 대해 깊이 경계하고 있다. 소인배는 흔히 그 생각이 잘못되었음에도 도리어 여러 가지로 비호하여 잘못된 마음을 감추려 하고, 그 행동이 잘못되었음에도 오히려 교활한 계책으로 미봉하여 잘못된 행동을 덮고자 한다. 소인배의 잘못된 병폐는 기어이 꾸미려는, 하나의 '필(必)'자에 있다.

子夏曰 小人之過也는 必文이니라

---

111 위와 같음. "朱子曰 百工居肆, 方能做得事成; 君子學, 方可以致其道. 然居肆, 亦有不能成其事, 如閑坐打鬨過日底. 學亦有不能致其道, 如學小道與中道而廢之類. 故後說云 居肆必須務成其事, 學必須務致其道. 故必二說相須而義始備."

자하가 말하였다.

"소인의 잘못이란 반드시 꾸미는 데 있다."

　강설

자하는 잘못을 꾸미는 자를 경계하였다.

"여느 사람은 요순의 성자가 아니기에 잘못을 범할 수 있다. 잘못을 고치는 것이 고귀하다. 그러나 소인은 반드시 그 잘못을 왜곡하여 꾸밈으로써 그 잘못을 더욱 키워나간다. 그런 마음은 더 이상 선으로 옮겨가지 못하고, 결국 소인이 되어버리는 까닭이 여기에 있다."

　集註

文은 飾之也라

小人은 憚於改過하고 而不憚於自欺라 故로 必文以重其過니라

[훈고] 문(文)은 꾸미는 것이다.

[해석] 소인은 잘못 고치기를 꺼리고 스스로 속이기를 꺼리지 않는다. 그러므로 반드시 꾸며대어 그 잘못을 키워나가는 것이다.

[보 補]

이 장은 아래 제21장의 자공이 말한 "군자의 허물은 일식, 월식과 같다."라는 부분과 참고하여 보아야 한다.

군자는 잘못이 있으면 남들이 아는 것을 다행으로 생각한다. 자신의 마음을 속이지 않을 뿐 아니라, 또한 남을 속이지 않는다. 그러므로 그 잘못을 반드시 고쳐서 선하게 만든다. 그러나 소인의 잘못은 오로지 남들이 알까 두려워한다. 남을 속일 뿐 아니라, 자신을 속이는 것이다. 그 잘못은 결국 악으로 흘러가게 되는 것이다.[112]

9. 삼변전지 三變全旨

이 장에서는 군자의 인품에 나타나는, 중화(中和)의 극치를 말해주고 있다.

3가지 변화는 일시에 모두 있는 것이다. 군자의 처지에서 보면 그 일상적인 것들을 사람들은 변화로 느끼기 때문이다.

'엄연(儼然)'이란 손은 공손하고 발걸음은 무겁게 움직이는 의젓한 모습이다. 멀찌감치 바라보면 이처럼 보이는 것이다.

---

112 위와 같음. "雲峯胡氏曰 此章, 當與後章子貢所謂君子之過也參看. 盖君子有過, 幸人知之, 非惟不敢自欺, 亦不欺人, 故其過也 卒改而爲善; 小人之過, 惟恐人知之, 不惟欺人, 徒以自欺, 其過也, 卒流而爲惡."

'온(溫)'이란 마음은 화평하고 기색은 평안한 것이다. 가까이 다가서야 만이 비로소 이를 알 수 있다.

'여(厲)'란 의리가 정밀하고 말씨가 분명한 것이다. 정작 그의 말을 들어보아야 만이 비로소 이를 알 수 있다.

이는 성인이 강유(剛柔) 그 어떤 한쪽에 치우치지 않고 음양이 조화를 이루어 절로 이처럼 나타난 것이다. 이른바 '변(變)'한다는 것은 신묘하여 헤아릴 수 없다는 것이지, 엄(儼)이 변해서 온(溫)이, 온이 변해서 여(厲)가 된다는 말은 아니다.

子夏曰 君子 有三變하니 望之 儼然하고 卽之也 溫하고 聽其言也 厲니라

자하가 말하였다.

"군자의 용모에 3가지 변화가 있다. 멀리서 바라보면 의젓하고, 가까이 다가서면 온화하고, 그 말을 들으면 확실하다."

> **강설**

자하는 중화의 기상을 표현하여 말하였다.

"군자의 성대한 덕이 내면에 쌓여있기에 바깥으로 빛이 나타나기 마련이다. 그것은 용모와 말하는 데에서 살펴보면 3가지의 변화가 있는 듯하다.

멀찌감치 바라보면 씩씩한 모습이 의젓하여 범할 수 없는 기상이 있다. 이것이 하나의 변화이다. 그러나 가까이 다가서면 화사하고 후덕한 얼굴빛이 온화함으로 가까이할 수 있다. 이는 의젓한 기상과는 다른 것으로, 또 다른 하나의 변화이다. 그의 말을 들으면 엄정한 말씨에 나의 마음이 움츠러드는 바 있다. 이는 온화함과는 다른 것으로, 또 다른 하나의 변화이다.

한 사람의 군자에게 가까이 다가서면 멀찌감치 바라보는 것과 다르고, 말을 들어보면 가까이서 느꼈던 것과 또 다르다. 이를 3가지 변화라고 말한다. 그러나 이러한 변화는 그들이 군자의 용모와 말씨를 보고 듣는 데서 느낀 것이지, 군자가 고의로 이처럼 하려는 데에서 나온 것은 아니다. 이는 도를 소유한 자의 기상이 저절로 그처럼 나타나는 것이다."

> **集註**

儼然者는 貌之莊이오 溫者는 色之和오 厲者는 辭之確이라

○ 程子曰 他人은 儼然則不溫하고 溫則不厲로되 惟孔子全之시니라

謝氏曰 此非有意於變이니 蓋幷行而不相悖也라 如良玉溫潤而栗然이니라

[훈고] 엄연(儼然)은 장엄한 용모이요, 온(溫)은 화사한 얼굴빛이요, 여(厲)는 분명한 말씨이다.

○ 정자[伊川]가 말씀하였다.

"다른 사람은 장중하면 온화하지 못하고, 온화하면 말씨가 분명하지 못하지만, 오직 공자만이 이를 온전히 하셨다."

사씨[謝良佐]가 말하였다.

"이는 변화하려는 고의가 있었던 것이 아니다. 이 3가지를 모두 아울러 행하되 서로 어긋나지 않는다. 마치 옥이란 온화하면서도 굳건한 모습을 지닌 것과 같다."

[보 補]

성인에게 본래 3가지의 변화가 없다. 타인의 입장에서 살펴보면, 멀찌감치 바라보았을 적에 느꼈던 하나의 모습, 가까이 다가섰을 적에 느꼈던 또 다른 모습, 그 말씀을 들었을 적에 느꼈던 또 다른 모습에서 3가지의 변화가 있는 것처럼 느낀 것이다.[113]

그러나 그처럼 생각할 여지가 없는 것은 아니다. 장중하면서도 온화한 모습은 강한 가운데 부드러움이며, 온화하면서도 확실한 것은 부드러움 속에 강함이다. 강함과 부드러움이 치우치지 않고 음양의 덕을 두루 갖춘 이는 오직 부자이시다. 사람들은 그런 모습을 보고서 3가지의 변화가 있다고 생각하게 된 것이다.[114]

10. 신이전지 信而全旨

여기에서는 군자, 즉 사대부(士大夫)란 평소 성의를 쌓아 임금과 백성을 믿음으로 감동을 준바 있어야 함을 격려한 말이다. 따라서 2단락은 모두 각기 앞 구절의 믿음[信而後勞其民·信而後諫]에 중점을 두고 있다.

아무리 자신이 진실할지라도 반드시 임금과 백성이 믿고 인정하여야 만이 비로소 '믿음[信]'이라 말할 수 있다. 경문의 '신(信)'자는 남들이 나를 믿어주는 것으로 말하였고, 집주에서 말한 '성의측달(誠意惻怛)'은 남들이 나를 믿어줄 수 있는 내면의 실상을 말한다.

'신(信)'자에서 구두를 끊어야 한다. 신하는 임금과 백성에게 믿음을 잃어서는 안 된다. 백성에게 힘든 일을 부리거나 임금에게 어려운 일을 간한다는 것은 진정 마지못할 큰 애로가 있기 때문이다. 그러므로 앞서 믿음을 얻어야 만이 안 될 일이 없는 것이다.

2곳의 '미신(未信)' 구절은 반언(反言)으로 반드시 믿음이 있어야 하며, 조금도 이를 늦출 수 없음을 말한다. 단 도리를 논함에 있어서는 반드시 이처럼 하여야 만이 비로소 최고의 선[盡善]이라고 말할 수 있다. 그러나 반드시 간언을 올려야 하고, 힘들겠지만 당연히 행하여야 할 일이라면

---

113 위와 같음. "雙峯饒氏曰 聖人本無三變, 但自他人觀之, 則遠望是一般, 近就之是一般, 聽其言又是一般, 似乎有三變耳."

114 위와 같음. "新安陳氏曰 儼然而溫, 剛中有柔也; 溫而厲, 柔中有剛也. 剛柔不偏, 陰陽合德, 惟夫子有之, 人見其然, 以爲三變."

설령 임금과 백성에게 믿음을 얻지 못했다는 이유로 이를 그만둘 수는 없다. 비간(比干)이 충간을 하다가 목숨을 잃었던 것과 자산(子産)이 백성을 다스렸던 일로 보면 이처럼 해야 한다는 점을 알 수 있다.

子夏曰 君子는 信而後에 勞其民이니 未信則以爲厲己也니라 信而後에 諫이니 未信 則以爲謗己也니라

자하가 말하였다.

"군자(사대부)는 믿음을 얻은 뒤에 그 백성을 부려야 한다. 믿음이 없는데 부리면 자기를 괴롭힌 다고 생각한다.

〈임금에게〉 믿음을 얻은 뒤에 간해야 한다. 믿음이 없는데 간하면 자기를 비방한다고 생각한다."

강설

자하는 벼슬한 이들을 격려하였다.

"군자, 즉 사대부의 몸은 위로는 임금을 섬기고 아래로는 백성을 부리는, 위아래의 중간에 있 는 자이다. 위로는 임금을 섬기는 충성과 아래로는 백성을 사랑하는 마음이 있다는 믿음을 얻지 못하고서는 그 어떤 일도 할 수 없다.

백성을 부림에 앞서 반드시 백성을 사랑하는 미더운 마음이 평소에 쌓여 백성들이 진심으로 나를 미덥게 생각하여 신임하여야만이 반드시 행해야 할 일들을 일으켜 백성에게 일을 부릴 수 있다. 이렇게 하면 백성들은 그의 사랑하는 마음을 알고서 힘든 일을 잊게 된다. 만일 백성의 신 임을 얻지 못한 처지에서 갑작스레 일을 일으켜 힘들게 하면 백성은 위정자의 사랑하는 마음을 전혀 생각지 않고, 오직 감당할 수 없는 일로 아랫사람을 괴롭히고 자신을 병들게 만든다고 생각 할 것이다.

임금을 섬김에 있어서도 마찬가지이다. 반드시 임금에게 충성하는 성의가 평소에 이미 넉넉하여 임금의 마음에 평소 나를 미덥다고 생각하여 신임한 후에야 임금에게 충간할 수 있다. 신임을 얻지 못한 입장에서 갑작스레 간하면 임금은 신하의 충성하는 마음을 믿지 않고 오직 귀에 거슬리는 말로 생각하게 될 것이다. 이로 인하여 윗사람을 비방하고 자신을 비난한다고 생각할 것이다.

이로 보면, 위로 임금을 섬기고 아래로 백성을 부리는 사대부가 마땅히 먼저 무엇을 해야 할 것인가를 알아야 한다."

集註

信은 謂誠意惻怛而人信之也라 厲는 猶病也라

事上使下에 皆必誠意交孚而後에 可以有爲니라

[훈고] 신(信)이란 진실한 뜻과 측은히 여기는 마음으로 남들이 그를 믿어주는 것을 말한다. 여(厲)는 병과 같다.

[해석] 위로 임금을 섬기고 아래로 백성을 부림에 있어서 모두 반드시 진실한 마음으로 서로가 미더움을 얻어야 만이 나랏일을 다스릴 수 있다.

[보 補]

믿음은 백성을 부리기 이전, 임금에게 간언하기 이전에 있어야 한다. 만약 백성을 부림에 백성이 자신을 괴롭힌다고 생각하고 임금에게 충간하되 임금이 자신을 비방한다고 생각함은 나의 믿음이 도탑지 못한 데에서 비롯된 것이다.[115]

11. 대덕전지 大德全旨

이는 하찮은 의절(儀節)에 힘쓰고 대체(大體)를 가볍게 여기는 자를 위해 말한 것으로, 앞 구절 [大德不踰閑]에 중점을 두고 있다.

'한(閑: 문지방)'이란 법도의 범주를 비유한 가차(假借)의 글자이다. 이러한 한계의 선[閑]을 벗어나면[出入의 出] 넘어섰다[踰閑]고 말한다. 출입(出入)의 '입(入: 出入可也)'은 별 의미 없이 앞글자에 이어 쓴 것이다.

아래 구절[小德出入可也]은 위 구절[大德不踰閑]에 이어서 쓴 것으로, 만일 위 구절이 없었다면 아래 구절은 쓸 수 없었을 것이다.

출입가야(出入可也)의 '가(可)'는 자하가 어찌 소덕을 가볍게 여기는 자이겠는가. 특별히 소덕을 억제하고 대덕을 중히 여기고자 함이다.

子夏曰 大德이 不踰閑이면 小德은 出入이라도 可也니라

자하가 말하였다.

"큰 덕이 법도를 벗어나지 않으면 작은 덕은 나고 들더라도 괜찮다."

강설

자하는 사람들에게 큰 덕을 높여야 함을 말하였다.

"사람은 인륜강상에 큰 덕이 달려있다. 큰 덕을 행하는 자가 그 법도의 범주에서 벗어나지 않으면 몸을 지키는 큰 근본엔 이미 잘못이 없는 것이다. 일상생활의 자질구레한 작은 덕에 설령 다소의 잘못이 있어 모두 도리에 부합되지 않는다고 할지라도 또한 나쁠 것이 없다. 먼저 그 큰 덕을 세우려고 힘쓰지 않으면 구구한 청렴과 하찮은 일에 조심하는 것을 어떻게 고귀한 일이라고 하겠는가."

---

115 위와 같음. "南軒張氏曰 信在使民諫君之先. 若使民而民以爲厲己, 諫君而君以爲謗己, 是在我乎信未篤而已."

集註

大德, 小德은 猶言大節小節이라 閑은 闌也니 所以止物之出入이라

言人能先立乎其大者면 則小節은 雖或未盡合理라도 亦無害也라

○ 吳氏曰 此章之言은 不能無弊하니 學者詳之니라

[훈고] 대덕·소덕은 큰 예절[大節]·작은 예절[小節]이라는 말과 같다. 한(閑)은 문지방이니, 사람의 출입을 저지하는 빗장이다.

[해석] 사람이 먼저 그 큰 것을 세우면 작은 예절은 설령 간혹 모두 이치에 부합되지 않을지라도 또한 나쁠 게 없음을 말한다.

○ 오씨[吳棫]가 말하였다.

"이 장의 말에는 폐단이 없지 않다. 배우는 이는 이 점을 자세히 살펴야 할 것이다."

[보 補]

『서경』에서 '하찮은 행실[細行]'을 대덕(大德)의 대칭으로 말하였는바, '하찮은 행실'은 곧 소덕(小德)이다. 이로 보면, 대절(大節)과 소절(小節)은 관계되는 바 크고 작은 것으로 말한다. 부자유친, 군신유의 등은 대덕에 관계되고, 일거수일투족과 하나의 침묵과 언어, 그리고 응하고 대답하고 나아가고 물러나는 범절(凡節)은 소덕에 관계되는 것이다.[116]

위에서 오씨가 지적한 "자하의 말에 폐단이 없지 않다."는 것은 작은 일을 경시한 데에서 일어날 수 있는 문제점을 말해주고 있다. 이에 대해 신안 진씨(新安陳氏)는 다음과 같이 말하였다.

"『서경』에 의하면, '하찮은 행실을 조심하지 않으면 결국 큰 덕에 누가 된다.' '필공(畢公)은 성대한 덕을 지녔지만 작은 일에도 부지런하였다.' '작은 덕이나 큰 덕이나 소자(小子)는 한결같아야 한다.'고 하였다. 이에 따라 살펴보면 자하의 말에는 폐단이 없지 않다."[117] 이처럼 대절을 세웠다 할지라도 작은 일들을 삼가지 않을 수 없다. 이 때문에 자하의 말은 병폐가 있는 것이다.

그러나 작고 큰 덕이 모두 법도를 넘어서지 않으면 이는 가장 훌륭한 사람이며, 큰 덕은 지극히 선하지만 작은 덕이 순전하지 못한 자는 그 다음가는 사람이다. 만약 작은 청렴과 하찮은 일을 삼가면서도 정작 큰일에 임하여 전도와 착란을 범한 자는 더 이상 보잘 게 없다. 자하의 말은 모종의 일에 격분하여 이처럼 말한 것이 아닐까? 이점 또한 살펴보지 않을 수 없다.[118]

---

116 위와 같음. "胡氏曰 書以細行對大德而言, 細行卽小德. 大節小節, 盖以其所關有大小也. 父子君臣等之大倫, 大德所在也; 一動靜一語默, 與凡應對進退之文, 小德所在也."

117 위와 같음. "新安陳氏曰 書以 '不矜細行, 終累大德.' '畢公懋德, 克勤小物.' '越小大德, 小子惟一.' 以此律之, 此章之言, 信不能無弊也."

118 위와 같음. "勉齋黃氏曰 子夏此語, 信有病矣. 然大德小德, 皆不踰閑者, 上也; 大德盡善而小德未純者, 乃其次

12. 자유장지 子游章旨

이 장은 가르침에 순서가 있다는 점에 중점을 두고 있는바, 자하의 말을 주로 삼아야 한다.
자유가 자하의 가르침을 꾸짖은 것은 본말 가운데 그 어느 것도 그만 둘 수 없음을 보여줌이며,
자하의 논지는 차례대로 나가야 함을 말하니, 선후의 차례를 혹시라도 어지럽혀서는 안 됨을 보여
준 것이다.
본(本), 말(末), 선(先), 후(後) 4자는 이 장의 핵심이다.

(1) 자유절지 子游節旨

자유가 자하의 문인을 꾸짖은 것은 자하의 가르침에 대한 비난이다.
'당(當: 當灑掃…)'이란 '그 일을 담당한다[當其事]'는 '당(當)'자이다.
'쇄소(灑掃)' 등을 지엽적인 일[末]로 보면 이른바 '근본[本: 本之則無]'이란 직접 말하지 않았지만,
정심·성의를 가리키는 것임을 알 수 있다. '근본'에 대해 집주에서 『대학』의 정심·성의만으로
해석할 뿐, 제가·치국·평천하를 말하지 않음은 학자의 본분 상에서 말하였기 때문이다.

**子游曰 子夏之門人小子 當灑掃, 應對, 進退則可矣니 抑末也라 本之則無하니 如
之何오**

자유가 말하였다.
"자하의 문인 소자는 물 뿌리고 쓸며, 응하고 대답하며, 나가고 물러가는 일에 대해서는 괜찮지
만, 그것은 지엽적인 일이다. 근본이 없으니 어찌하겠는가."

> **강설**

자하는 일찍이 독실한 학문에 힘썼다. 그러므로 제자를 가르침에 있어서도 먼저 형이하학의 공
부에 힘쓰도록 하였다. 자유는 이를 알지 못하고서 자하를 꾸짖었다.
"도에는 근본이 있고 지말이 있다. 오늘날 자하의 제자들은 물 뿌리고 쓸며, 응하고 대답하며,
나가고 물러가는 일에 있어서는 그 의절을 자세히 익혔기에 볼만하지만, 이는 소학의 일에 지나지
않는다. 대학의 정심(正心), 성의(誠意)란 근본이 되는데 전혀 이를 지니지 못하였다. 어떻게 학문
을 잘하였다고 말할 수 있겠는가."

> **集註**

子游 譏子夏弟子 於威儀容節之間則可矣나 然이나 此는 小學之末耳니 推其本인댄 如大學正
也. 若夫拘拘於小廉曲謹, 而臨大節, 則顚倒錯亂者, 無足觀也矣. 子夏之言, 豈有激而云乎? 此又學者不可
不察."

心誠意之事는 **則無有**라

[해석] 자유가 자하의 제자들이 위의와 용모의 범절에 있어서는 괜찮지만, 그러나 이는 소학의 지엽적인 일이다. 그 근본을 미뤄보면 대학의 마음을 바르게 하고 뜻을 진실하게 하는 일과 같은 것은 없다고 꾸짖은 것이다.

(2) 문지절지 聞之節旨

군자지도 이하[君子之道…其惟聖人乎] 9구는 아주 곡절하게 말하였다. 앞의 3구[君子之道, 孰先傳焉, 孰後倦焉]는 본체와 작용이 하나이기에, 가르침에 있어 그 어느 것도 빠뜨릴 수 없다는 뜻이며, 그 차례를 어지럽혀서는 안 된다는 것은 그 아래 6구[譬諸草木…其惟聖人乎]의 뜻이다.

그러나 앞의 3구[君子之道, 孰先傳焉, 孰後倦焉]에서 2개의 '숙(孰)'자를 쓴 것은 자유의 '억말야' 2구[抑末也, 本之則無]에 대한 전변으로 말한 것일 뿐, '본말 그 어느 것 하나 없어서는 안 된다.[本末不可缺]'는 정언(正言)은 아니다. '본말 그 어느 것 하나 없어서는 안 된다.'는 뜻을 들추어 아래 문장의 '선후의 차례를 어지럽혀서는 안 된다.[先後不可紊]'는 뜻을 일으킨 것이다.

이의 대지(大旨)는 사람을 가르치는 데에 선후의 차례가 있다는 말에 귀결을 둔 것이지, 본말과 선후를 둘로 나누어서 말한 것은 아니다. 아래의 주자 집주를 꼼꼼히 음미해 보아야 한다.

풀밭과 나무숲에는 크고 작은 차이가 있다. 큰 것들은 가지와 줄기가 이미 이루어져 생기가 넉넉함으로 뿌리에 물을 부어주어야 하지만, 작은 것들은 생기를 받아드릴 수 없기에 아직은 북돋고 감싸주어야 한다. 크기에 따라 기르는 방법이 똑같은 것만은 아니다. 마치 어린아이들에겐 소학을 가르쳐 그들의 방심을 수렴하고 덕성을 함양하면서, 장차 이를 토대로 대학의 도로 차츰차츰 나아가도록 하는 것과 같다. 그렇지 않으면 이는 어린아이를 속이는 일이다.

자하의 말은 '언가무야(焉可誣也)' 구절에 이르러 이미 다한 것인데, 마지막 2구[有始有卒者, 其惟聖人乎]는 성인을 들어 배우는 이들이란 선후를 모두 겸하기 어렵다는 점을 반조(返照)한 것이다.

子夏 聞之하고 **曰 噫**라 **言游 過矣**로다 **君子之道 孰先傳焉**이며 **孰後倦焉**이리오 **譬諸草木**컨대 **區以別矣**니 **君子之道 焉可誣也**리오 **有始有卒者**는 **其惟聖人乎**,너

자하가 그 말을 듣고서 말하였다.

"아, 자유의 말이 지나치다. 군자의 도가 어느 것을 먼저라 하여 전하고, 어느 것을 뒤라 하여 게을리 할 수 있겠는가. 초목에 비유하면 구별이 있듯이 군자의 도를 어찌 속이겠는가. 처음과 끝을 모두 지닌 자는 오직 성인일 뿐이다."

강설

자하는 그 말을 듣고서 탄식하였다.

"아, 자유는 내가 문인들에게 지엽적인 것만을 가르치고 근본으로 가르치지 않는다고 말하는데, 그의 말은 지나친 것이다.

자유의 말에 근거해 보면, 내가 앞서 전한 것은 보지 못하고서 마침내 내가 이를 뒤로 여겨 가르치는 데에 게으르다고 의심한 것이다. 이 또한 군자를 알지 못한 자이다. 군자가 사람을 가르침에 있어 지엽적인 것을 먼저 가르치는 경우가 있다. 이 또한 교육에 있어 부득이 그런 것이지, 고의로 이를 먼저 하려는 것은 아니다. 어느 것을 먼저라 하여 전하겠는가. 그리고 근본을 뒤에 한 경우가 있다. 이 또한 교육에 있어 부득이 그런 것이지, 고의로 이를 뒤에 하려는 것은 아니다. 어느 것을 뒤라고 여겨 게을리할 수 있겠는가.

배우는 이들의 소양과 조예에 따라 근본을 말한 예도 있고 말하지 않은 일도 있다. 비유하면 크고 작은 풀과 나무의 크기에 따라 큰 나무와 작은 나무를 기르는 방법이 다른 것과 같다. 만일 조예와 소양의 얕고 깊음과 공부와 학습의 척도를 헤아리지 않고서 하나같이 고차원의 근본도리를 억지로 말해준다면 이는 그들을 속일 뿐이다. 군자가 제자를 가르치는 도는 바로 후학을 성취시키려는 것이지, 어떻게 속일 수 있겠는가.

물 뿌리고 쓸며, 응하고 대답하는 것은 소학의 첫 단계이며, 정심·성의란 대학의 끝 단계이다. 처음과 끝을 두루 갖춰 시종과 본말을 모두 일관한다는 것은 태어나면서부터 아는(生而知之), 편안히 행하는(安而行之) 성인만이 가능하다. 성인만이 할 수 있는 일을 들어서 느닷없이 문인 소자들에게 그 책임을 묻는다면 이는 그들을 속이는 일이 아니겠는가. 아, 자유의 말은 참으로 지나친 것이다."

集註

倦은 如誨人不倦之倦이라 區는 猶類也라

言君子之道는 非以其末爲先而傳之요 非以其本爲後而倦敎라 但學者所至 自有淺深하니 如草木之有大小하야 其類 固有別矣라 若不量其淺深하고 不問其生熟하고 而槪以高且遠者로 强而語之면 則是誣之而已니 君子之道 豈可如此리오 若夫始終本末一以貫之는 則惟聖人爲然이니 豈可責之門人小子乎아

○ 程子曰 君子敎人有序하야 先傳以小者近者하고 而後敎以大者遠者니 非先傳以近小而後不敎以遠大也니라

又曰 灑掃應對는 便是形而上者니 理無大小故也라 故로 君子只在謹獨이니라

又曰 聖人之道는 更無精粗하니 從灑掃應對與精義入神이 貫通只一理라 雖灑掃應對라도 只看所以然如何니라

又曰 凡物有本末하니 不可分本末爲兩段事라 灑掃應對 是其然이니 必有所以然이니라

又曰 自灑掃應對上이면 便可到聖人事니라

愚按程子第一條는 說此章文意 最爲詳盡이오 其後四條는 皆以明精粗本末이 其分雖殊나 而理則一이니 學者當循序而漸進이오 不可厭末而求本이라 蓋與第一條之意로 實相表裏하니 非謂末卽是本이라 但學其末而本便在此也니라

[훈고] 권(倦)이란 '사람 가르치기를 게을리 하지 않는다.[誨人不倦]'(「述而」 제2장)는 '권(倦)'자와 같으며, 구(區)는 유(類)와 같다.

[해석] 군자의 도는 그 지엽적(소학)인 것을 먼저라 생각하여 전한 것이 아니고, 그 근본(대학)을 뒤라고 생각하여 가르침을 게을리하는 것이 아니다. 다만 배우는 이의 소양에 그 나름의 얕고 깊음이 있다. 마치 초목에 크고 작은 차이로 본래 그 유의 구별이 있는 것과 같다. 만일 그들의 얕고 깊음을 헤아리지 않고 그 설고 익숙함을 묻지 않은 채, 일례로 높고 또 원대한 것을 억지로 말하면 이는 그들을 속일 뿐이다. 군자의 도가 어찌 이와 같겠는가. 시종과 본말을 하나로 관통함은 성인만이 그처럼 할 수 있는데, 어떻게 문인 소자에게 이를 바랄 수 있겠는가.

○ 정자[明道]가 말씀하였다.

"군자가 사람을 가르치는 데에는 차례가 있어, 작고 가까운 것을 먼저 전하고 크고 먼 것을 뒤에 가르치는 것이지, 먼저 가깝고 작은 것을 전할 뿐, 뒤에 멀고 큰 것을 가르치지 않는다는 것은 아니다."

또 말씀하였다.

"물 뿌리고 쓸며, 응하고 대답하는 것은 바로 형이상(形而上)이다. 이는 이치에 크고 작음이 없기 때문이다. 그러므로 군자는 다만 '혼자만이 아는 마음을 삼가는 데 있다.'고 하였다."

정자[伊川]가 또 말씀하였다.

"성인의 도에는 또한 정밀하고 거친 차이가 없다. 물 뿌리고 쓸며, 응하고 대답하는 것으로부터 '그 의리를 정밀하게 연구하여 신묘한 경지에 들어가는 것'(『周易』「繫辭 下」 제5장)은 오직 하나의 이치로 관통하고 있다. 비록 물 뿌리고 쓸며, 응하고 대답하는 것이라도 단 소이연(所以然)이 어떠한가를 보아야 한다."

또 말씀하였다.

"모든 사물에는 근본과 지엽이 있지만 근본과 지엽을 2가지의 일로 나눌 수 없다. 물 뿌리고 쓸며, 응하고 대답하는 이것도 그러하다. 반드시 소이연이 있다."

또 말씀하였다.

"물 뿌리고 쓸며, 응하고 대답하는 것으로부터 올라가면 곧 성인의 일에 이를 수 있다."

나는 살펴보니 다음과 같다.

"명도가 말한 제1조[君子敎人有序…後不敎以遠大也]는 이 장의 글 뜻을 가장 자세히 다 말하였고, 그 뒤의 나머지 4조[灑掃應對便是形而上者…便可到聖人事]는 모두 정추(精粗)와 본말이 그 분

수야 다르지만, 이치는 한가지임을 밝힌 것이다. 배우는 자는 마땅히 차례를 따라 점점 나아갈 것이며, 지엽적인 것을 싫어하고 근본만을 구해서는 안 된다. 이는 제1조의 뜻과 실로 서로가 안팎이 된다는 것이지, '지엽이 곧 근본이라, 단 그 지엽만을 배우면 근본은 곧 여기에 있다.'라고 말함이 아니다."

13. 사이전지 仕而全旨

이 장에서는 벼슬과 학문이란 각기 맡은바 그 중한 바를 먼저 한 후에 그 나머지에 미쳐야 함을 보여주고 있다.

앞 구절[仕而優則學]은 이미 벼슬한 자를 위해 말한 것이다. 벼슬살이가 중요하고 학문은 그 나머지 일이기에 반드시 먼저 벼슬아치로서의 맡은 바의 일을 다 해야 한다.

뒤 구절[學而優則仕]은 정작 배우는 이를 위해 말한 것이다. 학문이 중요하고 벼슬은 그 나머지 일이기에 반드시 먼저 학문에 힘을 다해야 한다.

子夏曰 仕而優則學하고 **學而優則仕**니라

자하가 말하였다.
"벼슬하고 남은 힘이 있으면 배우고, 배우고 남은 힘이 있으면 벼슬해야 한다."

[강설]

자하는 벼슬한 자와 배우는 이는 각기 중히 여겨야 할 바를 알아야 한다는 점을 논하였다.
"벼슬할 때는 벼슬살이를 중히 여겨야 한다. 임금이 요순과 같은 성군이 되도록 힘써야 하고, 백성에게 덕택을 입혀주도록 정사에 힘써야 한다. 그처럼 하고서 한가한 날, 남은 힘이 있을 적에는 어떻게 하면 보다 더 나은 정사를 잘할 수 있을까 생각한 나머지 학문에 힘써 전적을 살펴보아야 한다. 이처럼 하면 그 학문은 벼슬살이하는 데에 피해가 되지 않고 오히려 벼슬살이에 도움이 되는 것이다.

학문을 닦을 적에는 학문을 중히 여겨야 한다. 반드시 덕을 닦고 도를 밝혀 순수하고 숙련된 함양으로 남은 힘이 있으면 그 학문을 벼슬살이에 하는 데에 미루어나가 모든 일의 실상에 나타나게 한다. 이처럼 하면 그 벼슬살이는 학문을 하는 데에 피해가 되지 않고 오히려 나의 학문을 벼슬살이에 증험하게 되는 것이다.

벼슬한 자와 배우는 이로서 그 책임을 맡은 이는 제각기 그 처지에 따라 중히 여겨야 할 바를 알아야 한다."

[集註]

優는 **有餘力也**라

仕與學이 理同而事異라 故로 當其事者는 必先有以盡其事而後에 可及其餘라 然이나 仕而學 則所以資其仕者益深이오 學而仕則所以驗其學者益廣이니라

[훈고] 우(優)는 남은 힘이 있는 것이다.

[해석] 벼슬살이와 학문이란 이치는 같으나 일은 다르다. 그러므로 그 일을 담당한 자는 반드시 먼저 그 일을 다 한 뒤에 그 나머지 것에 미쳐가야 한다.

그러나 벼슬살이를 하면서 배우면 벼슬을 하는 데에 도움이 되는바 더욱 깊고, 배우면서 벼슬살이를 하면 그 배움을 징험하는바 더욱 넓을 것이다.

[보補]

경문에서 말한 2곳의 '우(優: 仕而優, 學而優.)'자에 중점을 두고 읽으면 집주 앞부분의 "제각기 그 맡은 바의 일에 힘을 다하여야 한다.[當其事者…可及其餘.]"는 절묘한 해석을 찾아볼 수 있고, 2곳의 '즉(則: 優則學, 優則仕.)'자에 초점을 맞춰 읽으면 집주 뒷부분의 "모두 서로 힘입은 바 크다.[仕而學則…驗其學者益廣.]"는 절묘한 해석을 살펴볼 수 있다.

"집주에서 말한 '벼슬살이와 학문이란 이치는 같다.'는 것은 모두 각기 자신의 처지에서 당연히 해야 할 일로 말하였고, '일은 다르다.'는 것은 학문이란 자신을 다스리고 벼슬살이란 사람을 다스리는 구별이 있음을 말한다. 학문은 벼슬살이의 근본이 되고, 벼슬살이는 갈고닦은 학문이 현실로 나타나는 것이지만, 자신을 다스리느냐와 사람을 다스리느냐의 차이가 있다.

도리로 말하면 당연히 학문이 근본이지만, 하는 일로 말하면 학문을 하든 벼슬을 하든 그 주관하는 일에 따라 완급이 결정지어지는 것이다. 반드시 먼저 주관하는 일에 마음을 다하고서 한가한 날이 있을 적에 그 나머지의 일에 미쳐가야 한다는 것이지, 벼슬살이와 학문의 사이에 경중이 있다는 것은 아니다."[119]

14. 상치전지 喪致全旨

이 장은 초상에 임하여 슬픈 마음을 다하는 것을 근본으로 삼아야 함을 보여주고 있다.

자유는 평소 상례를 고찰하고 연구하다가 이에 이르러 유독 '애(哀)'자를 말한 것은 그 근본을 탐구한 논지이다. 부자께서 말씀하신 "차라리 슬퍼해야 한다.[寧戚]"는 뜻이다.

子游曰 喪은 致乎哀而止니라

---

119 위와 같음. "胡氏曰 仕與學理同者, 皆所當然也; 事異者, 有治已治人之別也. 學以爲仕之本, 仕以見學之用, 特治已治人之異耳. 以理言, 則學其本也; 以事言, 則當其事者, 隨所主而爲之緩急, 必先盡心於所主之事, 有暇日則及其餘, 非有所輕重於其間也."

자유가 말하였다.

"초상에는 슬픈 마음을 다할 따름이다."

자유는 근본을 높이 받들어야 한다는 뜻을 말하였다.

"세상에는 지엽을 따르는 사람이 많다. 나의 견지에서 본다면 초상에 있어서는 슬픈 마음을 미루어 그 극치를 다하는 데에 그치는 것이지, 어찌 꾸밈을 더할 수 있겠는가. 그렇지 않으면 슬픈 마음이 지극하지 못하니, 나는 그 나머지 일을 볼 수 없으리라고 생각한다. 자식 된 이는 중한 바를 알아야 할 것이다."

致極其哀요 不尙文飾也라

楊氏曰 喪은 與其易也론 寧戚이니 不若禮不足而哀有餘之意니라

愚按 而止二字는 亦微有過於高遠而簡略細微之弊하니 學者詳之니라

[해석] 그 슬픈 마음을 다할 뿐, 꾸미는 것을 숭상하지 않는다.

[의론] 양씨[楊時]가 말하였다.

"상례는 잘 다스리는 것보다 차라리 슬퍼해야 한다.(「八佾」 제3, 제4장) 의례(儀禮)가 족하지 못할지라도 슬픈 마음이 넉넉한 것만 같지 못하다는 뜻이다.(『禮記』「檀弓 上」)"

나는 살펴보니 다음과 같다.

"'이지(而止)' 2자에는 조금이나마 고원(高遠)한 데에 지나치고, 미세한 데에 간략한 폐단이 있으니, 배우는 자는 이 점을 자세히 살펴보아야 한다."

[보 補]

자유는 부자 문하의 고제(高弟)로 근본과 실상에 힘씀은 당연히 후학으로서 본받아야 할 일이다.[120] 그러나 "초상에 슬픈 마음을 다할 따름이다."는 것은 스스로 다함을 말하니, 만일 지나친 슬픔으로 생명을 훼손한다면 이는 슬픔이 과도한 것이다.[121]

그뿐만 아니라, 자유의 말에는 예문(禮文)을 가벼이 여기는 폐단이 있다. 초상에 슬픈 마음을 다함이 고귀한 일이지만, 상례의 절문(節文) 또한 폐지해서는 안 된다. 이 때문에 "자신의 생각대로 행하여 예의를 따르지 않음은 오랑캐의 도리이다.[直情而徑行, 戎狄之道也.]"(「檀弓 下」)고 하였다. 이처럼 어폐 없이 말을 잘하기 어려운 것이다.[122]

---

120 위와 같음. "勉齋黃氏曰 孔門高弟, 重本務實之意, 可法也."
121 위와 같음. "南軒張氏曰 喪主乎哀致者, 自盡之謂, 若毀生滅性, 則是過乎哀者也."
122 위와 같음. "慶源輔氏曰 子游有簡忽禮文之意. 要之喪固貴於哀, 而禮之節文, 亦不可廢. 故曰直情而徑行, 戎狄之道也. 立言之難, 蓋如此."

15. 오우전지 吾友全旨

이 장은 자유가 인이 아니라는 말로써 자장의 잘못을 바로잡아준 것이다.

주자가 말씀하였다.

"이른바 '난능(難能)'이라 함은 자장을 찬미하는 말이지만 그를 꾸짖는 뜻이기도 하다. 이 때문에 또다시 뒤이어서 '그러나 인은 아니다.[然而未仁]'라는 의문의 여지를 두고 말한 것일 뿐, 직접 인이 아니라[不仁]고 단정 지어 말함은 아니다."

子游曰 吾友張也 爲難能也나 然而未仁이니라

자유가 말하였다.

"나의 벗 자장이 어려운 것을 하는 데는 능하나 인은 아니다."

강설

자유는 자장의 잘못을 경계하였다.

"나의 벗 자장은 지나치게 높은 재주가 있어 그가 하는 일은 모두 남들이 할 수 없는, 어려운 일들이다. 그러나 성실함과 사랑의 마음이 적어 마음이 바깥으로 치달림을 면할 수 없다. 그것은 인이 아니다. 어찌하여 자신에 간절하고 가까운 것들을 돌이켜 보지 않는가."

集註

子張은 行過高而少誠實惻怛之意라

[해석] 자장은 행함이 지나치게 고상하나 성실하고 가엾게 여기는 마음이 적다.

[보 補]

'성실(誠實)'은 마음의 덕이요, '측달(惻怛)'은 사랑의 이치이다.

"자장의 행함이 지나치게 높다."는 것은 경문의 '난능(難能)'에 대한 해석이며, "성실하고 가엾게 여기는 마음이 적다."는 것은 '인이 아니다[未仁]'는 구절에 대한 해석이다. 성실함이 없으면 마음의 덕을 다할 수 없고, 가엾게 여기는 마음이 없으면 사랑의 이치를 다할 수 없다.[123]

16. 당당전지 堂堂全旨

이 또한 증자가 개인의 입장에서 자장의 잘못을 바로잡아준 것이다.

앞 장에서는 인(仁)이란 지극히 가까운 데서 구하는 것을 귀중히 여김을 보여주었고, 이 장에서

---

123 위와 같음. "雙峯饒氏曰 行過高, 解難能; 少誠實惻怛, 解未仁. 無誠實則不能全心之德, 無惻怛則不能全愛之理."

는 인이란 그 내면을 닦음이 고귀함을 말해준 것이다.

위의(威儀)는 일정한 성인의 예법이다. 학자의 용모는 어찌 아름답고 고상함을 추구하지 않겠는가. 여기에서 다만 '당당(堂堂)'이라 말한 것은 외모에 힘써 스스로 고고하게 여기기에 더불어 인을 하기 어려운 점을 말한다.

이의 문장은 곧장 아래로 써 내려가고 있기에, 앞 장에서 '연이(然而: 然而未仁)'라는 구절로 반전(反轉)한 어투와는 다르다.

曾子曰 堂堂乎라 張也여 難與幷爲仁矣로다

증자가 말씀하였다.
"당당하도다. 자장이여, 더불어 인을 하기는 어렵다."

강설

증자는 일찍이 자장이 바깥으로 힘쓰는 것을 바로잡아 말하였다.

"벗이란 인을 행하는 데에 도움을 주는 자이다. 당당한 용모를 지닌 자장이여, 그는 바깥으로 힘써 스스로 드높은 기상이 이와 같으니, 자장 그 자신에게 체득하여 깊이 이해하고 정밀하게 성찰하는 공부가 없기에 사람들이 자장에게 인을 행할 수 있도록 도울 수도 없고, 자장은 또한 남들에게 간절하고 정성스러우며 보고 느낄 수 있는 도움을 줄 수 없기에 자장 자신 또한 남들을 도와 인을 행하도록 도울 수도 없다. 이 때문에 자장과 함께 인을 하기는 어렵다. 자장의 어짊에도 불구하고 그와 함께 인을 하기 어려운 것은 오직 성실한 마음이 부족한 때문이다. 자장은 그의 습성을 속히 돌이켜야 할 것이다."

集註

堂堂은 容貌之盛이라

言其務外自高하야 不可輔而爲仁이오 亦不能有以輔人之仁也라

○ 范氏曰 子張이 外有餘而內不足이라 故로 門人이 皆不與其爲仁이니라 子曰 剛毅木訥이 近仁이라하시니 寧外不足而內有餘면 庶可以爲仁矣니라

[훈고] 당당은 성대한 용모이다.

[해석] 자장은 외모에 힘써 스스로 높이므로 〈남들이 자장을〉 도와 인을 할 수도 없고, 또한 〈자장이〉 다른 사람의 인을 도울 수도 없음을 말한다.

○ 범씨[范祖禹]가 말하였다.

"자장은 외모로는 넉넉하지만, 내면의 성실이 부족하기에 문인이 모두 그와 함께 인을 행

하지 못한 것이다. 부자가 말씀하시기를, '강하고 굳세며 순박하고 말재주 없음이 인에 가깝다.'(「子路」 제13, 제27장)고 하시니, 차라리 외모가 부족하고 내면의 성심이 넉넉하면 거의 인을 행할 수 있다."

[보 補]

위의 제15, 16장은 모두 자장은 인을 하기 어려운 점에 대해 말하고 있다. 이미 자장이 고고함을 좋아하는 병폐를 보았고, 또한 인이라는 덕은 마음에 근본하기에 오직 지극히 가까운 데에서 구하여 내면에 있는 마음을 닦아야 만이 인에 이를 수 있음을 알 수 있다. 그런데도 자장은 남들이 하기 어려운 일을 숭상하고 당당한 용모를 꾸미니, 그것은 인(仁)과의 거리가 먼 것이다. 부자 문하에서는 인을 구하는 것을 우선으로 삼는데, 말한바 이와 같으니, 인을 구하는 방법을 알 수 있다.[124]

17. 오문전지 吾聞全旨

이 장은 부모의 초상을 들어 부모에 대한 지극한 사랑의 마음을 감발(感發)시켜 스스로 그 본심을 알도록 하였다.

부모 초상을 당했다는 것은 사람에게 있어 이보다 더 큰 변이 없다. 집주에서 말한 "사람의 참다운 정[蓋人之眞情]"이란 어버이를 사랑하는 마음이요, 천리(天理)의 발현이다.

曾子曰 吾聞諸夫子하니 **人未有自致者也**나 **必也親喪乎**ㄴ저

증자가 말씀하였다.

"내, 부자에게 들으니, '보통 사람이란 스스로 극진히 다한 바 없으나 부모의 상에는 반드시 스스로 다해야 한다.'고 하셨다."

강설

증자는 스스로 그 진심을 알아야 한다는 점을 말해주셨다.

"나는 부자에게 들으니, '여느 사람의 정이란 애써 힘쓰지 않고서 자연스럽게 극진히 다한 바 없다. 자연스럽게 극진히 다하여 그만둘 수 없는 일이 있다면 그것은 반드시 어버이의 초상이다. 그 나머지 일이야 오히려 억지로 힘써야 하겠지만 어버이의 초상만큼은 진실한 마음에서 나오는 슬픔이기에 억지로 힘쓰지 않아도 된다.'고 하셨다."

---

124 위와 같음. "勉齋黃氏曰 以上兩章, 皆言子張之難爲仁. 旣足以見子張好高之病, 又有以見仁之爲德, 根於人心, 惟求之至近而修其在內者, 爲足以至之. 今也尙難能之行, 飾堂堂之容, 則其去仁 遠矣. 孔門以求仁爲先, 而所言如此, 可謂知爲仁之方也已."

集註

致는 盡其極也라 蓋人之眞情은 所不能自已者라

○ 尹氏曰 親喪은 固所自盡也니 於此에 不用其誠이면 惡乎用其誠이리오

[훈고] 치(致)는 그 지극함을 다하는 것이다.

[해석] 사람의 참다운 정이란 스스로 그만둘 수 없다.

○ 윤씨[尹煒]가 말하였다.

"어버이의 초상은 참으로 스스로 다해야 할 것이다.(『孟子』「滕文公 上」제2장) 여기에 성실한 마음을 쓰지 않으면 어디에 그 성실한 마음을 쓰겠는가."

[보 補]

"사람의 참다운 정이란 스스로 그만둘 수 없다."는 것은 자연스러운 마음을 말하고, 윤씨의 말은 당연히 해야 할 일을 위주로 말한 것이다.

경문을 살펴보면 집주의 전자(前者)는 자연스러운 마음을 말하였고, '호(乎: 必也親喪乎)'자는 영탄(詠嘆)으로 무궁한 의미하여 담겨있다. 윤씨의 말처럼 사람으로서 극진히 힘써야 한다는 뜻이 그 가운데 있다.

다시 말하면, "지혜로운 상등인은 당연히 해야 할 도리에 있어서 힘쓰지 않아도 모두 그 지극함을 다할 수 있다. 그러나 보통 사람 이하는 이처럼 하기는 어렵지만, 어버이의 초상만큼은 애통하고 참담한 마음을 금할 길 없다. 이는 그만둘 수 없는 진실한 마음이기 때문이다. 부자께서 사람들에게 이 점을 들어서 그들에게 스스로 양심을 알도록 한 것이지, 오로지 상례만을 위한 말씀은 아니다."[125]

18. 맹장전지 孟莊全旨

이 장은 부친의 뜻과 부친의 정사를 잘 계승한 맹장자의 효도를 들어 가르침을 보여준 것이다. 부자께서 맹장자를 가상히 여긴 것은 모두 효도로써 충성을 이루어 대대로 그 아름다움을 이룬 데에 있다.

曾子曰 吾聞諸夫子하니 孟莊子之孝也는 其他는 可能也어니와 其不改父之臣과 與父之政이 是難能也니라

증자가 말씀하였다.

---

125 위와 같음. "胡氏曰 上智之資, 於理所當然者, 固不待勉强, 而皆極其至; 中人以下, 則罕能之. 惟父母之喪, 哀痛慘怛, 蓋其眞情之不能自已者. 聖人指以示人, 使之自識其良心, 非專爲喪禮發也."

"내, 부자에게 들으니, '맹장자의 효도는 그밖에 다른 일이야 가능하겠지만, 그 어버이의 가신과 어버이의 정사를 바꾸지 않은 것은 능하기 어려운 일이다.'고 하셨다."

강설

증자는 맹장자가 부친의 뜻과 그 일을 계승한 효도를 서술하여 말하였다.

"내, 부자에게 들으니, '맹장자의 효도는 여타의 살아있는 이를 섬기고 죽은 이를 안장하는 일들을 잘한 것으로 효도라고 말할 수 있지만, 그러나 그런 일은 하려고 들면 그 누구나 할 수 있는 일들이다. 오직 부친이 죽은 뒤, 부친이 등용했던 가신과 부친이 행했던 정사를 바꾸지 않음은 참으로 그처럼 하기 어려운 일이다.

여느 사람들의 마음은 으레 노대신을 싫어하고 신진(新進)의 인물을 좋아하며 자신의 총명을 믿고서 옛 제도를 어지럽히는 경우가 흔하다. 하물며 부모가 죽은 뒤에 제 마음대로 할 수 있는 날에는 오죽하겠는가.

맹장자의 부친, 맹헌자는 어진 덕을 지닌 노나라의 사직신(社稷臣)이다. 그가 등용한 신하는 반드시 어질 것이며 그가 시행한 정사는 반드시 훌륭했을 것이다. 맹장자는 그 뒤를 이어서 자신의 사사로운 생각으로 부친이 이뤄놓은 일들을 팽개치지 않았다. 그의 효도는 참으로 하기 어려운 일이 아니겠는가.'라고 하셨다.

내, 부자에게 들은바 이와 같다. 맹장자의 효도는 부자의 말씀으로 더욱 빛나게 된 것이다."

集註

孟莊子는 魯大夫니 名速이라 其父는 獻子니 名蔑이라

獻子有賢德이어늘 而莊子能用其臣하고 守其政이라 故로 其他孝行은 雖有可稱이나 而皆不若此 事之爲難이니라

[훈고] 맹장자는 노나라 대부, 이름은 속(速)이다. 그 부친은 헌자(獻子)이니 이름은 멸(蔑)이다.

[해석] 맹헌자에게 어진 덕이 있었다. 맹장자는 그 신하를 등용하고 그 정사를 고수하였다. 이 때문에 그 밖의 다른 효행이야 비록 일컬을 만하지만 모두 이 일처럼 어려운 것은 아니다.

[보 補]

주자는 "그처럼 하기 어려운 일[難能]"에 대해 말하였다.

"아버지의 신하를 그대로 등용한 사람도 있지만, 조금이라도 자신의 뜻에 어긋나면 스스로 용납하지 못하고, 또한 아버지의 정사를 행하는 사람이 있지만, 자기 뜻에 조금이라도 불편한 곳이 있으면 스스로 행하지 않는다.

고금에 이와 같은 예가 매우 많다. 당태종은 그의 아들 고종을 위해 장손 무기(長孫無忌),

저수량(褚遂良)처럼 어진 신하를 많이 뽑아두었다. 그러나 태종이 죽은 뒤, 고종은 무소의(武昭儀: 則天武后)를 세웠고, 정사하는 데에 저수량 등 노대신의 존재가 불편하자 그들을 등용하지 않았다.

또 노나라의 계문자(季文子)는 세 임금의 재상을 지냈으나 비단옷을 입은 첩이 없었고 곡식을 먹는 말이 없었다. 하지만 그의 아들 계무자(季武子)에 이르러서는 그렇지 못하였다. 이것이 바로 그 부친의 정사를 따르지 않은 것이다. 이 때문에 아버지의 정사를 바꾸지 않음을 어려움으로 생각한 것이다."¹²⁶

「학이」편에서 "아버지의 일을 3년 동안 바꾸지 않아야 효도"(제17장)라고 말한바 있다. 고쳐야 할 일임에도 어지간하면 고치지 않고서 3년을 기다리는 것이다. 하물며 집주에서 "맹헌자에게 어진 덕이 있다.[獻子有賢德]"고 말하였다. 잘한 일이란 일평생을 두고 고쳐서는 안 된다. 그러나 만약 그가 어질지 못했다면 또한 잘못된 정사를 고치는 것이 효도임을 알아야 한다.

19. 맹씨전지 孟氏全旨

이 장에서는 증자가 양부(陽膚)에게 형벌을 쓸 적에 백성을 불쌍히 여겨야 한다는 마음을 격발하여, 백성을 가엾이 여겨야 한다[哀矜]는 데에 중점을 두고 있다.

상실[上失其道, 民散久矣] 2구는 백성이 죄를 범하게 된 그 유래를 근본적으로 파헤친 것이며, 여득[如得其情, 則哀矜而勿喜] 2구는 옥사를 다스릴 적에 백성을 사랑하는 마음으로 베풀어야 함을 보여준 것이다.

사사(士師)는 형관(刑官)이다. 아름다운 풍속으로 바꿀 수 있는 권한이 주어진 자리가 아니다. 그 맡은 바의 직책은 백성의 죄를 다스리는 형벌이기에 아래로 한 단계 내려서 백성의 처지에서 말하였다.

여득기정(如得其情)의 '정(情)'은 범죄의 정황을 말한다. 이른바 '죄상(罪狀)'이다. 형관으로서 백성의 참담한 죄상을 알고서도 기뻐한다면 지나치게 각박한 마음이다. 이는 간혹 적정한 법률을 넘어서는 남형(濫刑)을 자행하게 될 것이다. 그들의 죄상을 알고서 그들을 불쌍히 여긴다면 차마 못 하는 사랑의 마음이 항상 법을 집행하는 가운데 베풀어질 것이다.

孟氏 使陽膚로 爲士師라 問於曾子한대

曾子曰 上失其道하야 民散이 久矣니 如得其情則哀矜而勿喜니라

---

126 『朱子語類』 권49, 「論語 31, 子張篇」. "人固有用父之臣者, 然稍拂他私意, 便自容不得. 亦有行父之政者, 於私欲稍有不便處, 自行不得. 古今似此者 甚多. 如唐太宗爲高宗, 擇許多人, 如長孫無忌褚遂良之徒; 高宗因立武昭儀, 事便不能用. 又季文子相三君, 無衣帛之妾, 無食粟之馬; 到季武子, 便不如此, 便是不能行父之政. 以此知孟莊子, 豈不爲難能?"

맹씨가 양부로 법관인 사사를 삼으니, 〈양부가 스승〉 증자께 묻자, 증자가 말하였다

"위정자가 그 도를 잃어 백성의 마음이 흩어진 지 오래다. 만일 그런 정상(죄상)을 알면 불쌍히 여기고 기뻐하지 말라."

강설

노나라 대부 맹씨가 양부를 옥사를 맡은 관리인 사사를 삼았다. 양부가 스승 증자를 찾아 옥관의 도리를 물으니, 증자가 그에게 말씀하였다.

"네가 옥관이 되었으니, 또한 백성들이 법을 범하게 되는 유래를 알아야 할 것이다. 오늘날 위정자가 백성을 부리고 가르치는 도를 상실하였다. 그러므로 존비(尊卑)와 상하 간에 인정과 의리가 괴리되어 각기 서로 송사로 다투어 온 지 오래다. 그들이 법을 범한 것은 굶주림과 추위에 절박하여 부득이 범한 일이 아니면 죄를 범하면서도 그 자신이 이 사실 자체를 모르는, 무지(無知) 때문이다.

네가 옥사를 판결할 때, 그들이 법을 범하게 된 정황을 안다면 그들의 부득이한 까닭과 그들의 무지에 의한 것임을 생각하여 그들을 가엾게 여기고 불쌍히 여겨야지, 자신의 총명을 능사로 생각하지 말라. 그들의 잘못된 일을 발각하거나 보이지 않는 죄목을 들춰내는 것을 기쁘게 여겨서는 안 될 것이다. 이는 법을 집행함에 있어서 공정과 관용에 의한 용서하는 마음으로 행하여야 한다. 옥관의 책임은 이에 더할 수 없다."

集註

陽膚는 曾子弟子라

民散은 謂情義乖離하야 不相維繫라

謝氏曰 民之散也는 以使之無道하고 敎之無素라 故로 其犯法也는 非迫於不得已면 則陷於不知也라 故로 得其情이면 則哀矜而勿喜니라

[훈고] 양부(陽膚)는 증자의 제자이다.

[해석] 민산(民散)이란 인정과 의리가 괴리되어 서로의 유대가 없음을 말한다.

사씨[謝良佐]가 말하였다.

"백성의 마음이 흩어지게 된 것은 백성을 무도하게 부리고 평소 가르침이 없었기 때문이다. 그러므로 그들이 법을 범하는 경우는 마지못한 사정에 절박한 일이 아니면 자신도 모르는 사이에 죄를 범했기 때문이다. 그러므로 그들의 정상을 알면 불쌍할 뿐이지, 기뻐하지 말라는 것이다."

[보 補]

백성의 마음을 흩어지게 만든 것은 위정자의 책임이다. 백성의 살림살이가 넉넉지 못하고 교육이 시행되지 못하면 안으로는 임금과 윗사람을 섬기려는 마음이 없고 밖으로는 부모와

처자식을 보살필 수 없다. 이 때문에 백성은 모두 은혜와 의리가 소원하고 각박하여 날로 괴리되는 마음을 가지게 되었다.[127]

사양좌가 말한 '사(使: 使之無道)'자에는 기른다(鞠)는 뜻을 겸하고 있다. "마지못한 사정에 절박하다.(迫於不得已)"는 것은 "백성을 무도하게 부리고 길렀기(使之無道) 때문이다."는 구절과 상응하고, "자기도 모르는 사이에 빠졌다.(陷於不知)"는 것은 "평소 가르침이 없었기 때문이다. (教之無素)" 구절과 상응한 말이다.

이처럼 위정자가 무도하게 부림으로써 백성의 삶은 곤궁의 극치에 이르고, 평소 교육의 부재로 무지에 빠져 죄를 범한 것인바, 형여 형관으로서 자신의 총명을 남용, 교묘하게 죄에 얽어 넣는 단련지리(鍛鍊之吏)가 되어 백성을 법의 그물로 물어넣어서는(罔民) 안 된다. 사나운 범보다도 무섭다는 가혹한 폭정의 앞잡이요 수괴는 언제나 법을 집행하는 사법기관이 가장 문제였다는 점은 동서고금의 역사가 말해주고 있는바, 법을 다루는 관리는 이 점을 다시 한번 되새겨야 할 부분이다.

20. 주지전지 紂之全旨

이 장은 자공이 주(紂)를 빌어 사람을 경계시킨 것이지, 주(紂)를 대신하여 그의 억울함을 밝혀 주려는 것은 아니다. 이는 결코 하류에 거처해서는 안 됨을 보여준 것이다.

'불선(不善)'이란 주색에 빠져 방탕한 생활을 하거나 마음대로 욕심을 부리는 따위이다. '이처럼 심하지는 않았다.(不如是之甚)'는 가운데 이처럼 심한 일이 있었고, 또한 이를 피할 수 없다는 뜻이 있기에 그 아래에 '시이(是以)'로 직접 이어 말한 것이다. '하류(下流)'는 악인을 비유하고자 가차(假借)한 글자이다. '오거하류(惡居下流)'의 공부는 모두 첫 발걸음을 삼가고 작은 일을 삼가는 데에 있다.

子貢이 **曰 紂之不善**이 **不如是之甚也**니 **是以**로 **君子 惡居下流**하나니 **天下之惡**이 **皆歸焉**이니라

자공이 말하였다.

"주왕의 착하지 않음은 이처럼 심했던 것은 아니다. 그러므로 군자는 하류에 처하기를 싫어하니, 천하의 악이 모두 그에게로 돌아가기 때문이다."

> **강설**

자공이 착하지 못한 사람을 경계하였다.

---

127 『大全』該註. "朱子曰 生業不厚, 敎化不修, 內無尊君親上之心, 外無仰事俯育之賴. 是以恩踈義薄, 不相維繫, 而日有離散之心."

"고금에 착하지 못한 자를 말할 때면 으레 상나라 폭군 주왕을 말한다. 아, 나의 견지에서 말하면, 주왕은 무도하기 짝이 없지만, 그 처음엔 사람들이 생각하는 만큼 그렇게 심하지는 않았을 것이다. 그가 불선을 자행함으로써 이 세상의 모든 악행이 그에게로 쏠리게 되어 날로 쌓이고 달로 쌓이면서 이처럼 그 죄악이 넘쳐나기에 이른 것이다. 시내와 연못이 아래 있기에 모든 물줄기가 그곳으로 모여드는 것과 무엇이 다르겠는가.

이 때문에 군자는 감히 악을 행하지 않으며, 하류에 머무는 것을 미워하는 것이다. 한번 하류에 있으면 천하의 악이 모두 그에게 돌아오기 때문이다. 이 또한 사람들이 주왕에게 모든 악명을 돌리는 것과 같다. 배우는 이들은 스스로 이를 두렵게 여겨 반성하지 않을 수 있겠는가."

集註

下流는 地形卑下之處니 衆流之所歸니 喩人身有汚賤之實이면 亦惡名之所聚也라

子貢言此는 欲人常自警省하야 不可一置其身於不善之地오 非謂紂本無罪而虛被惡名也니라

[해석] 하류(下流)는 지형이 낮은 곳이니, 모든 물줄기가 모이는 곳이다. 몸에 더럽고 비천한 실상이 있으면 또한 악명이 모여듦을 비유한 것이다.

자공이 이를 말한 것은 사람이 항상 스스로 경계하고 성찰하여 단 한 번이라도 그 몸을 불선한 곳에 두지 않게 하고자 함이지, 주왕이 본래 죄가 없었는데 공연히 악명을 듣게 되었음을 말한 게 아니다.

21. 군자전지 君子全旨

이 장에서는 군자란 잘못을 숨기지 않고 고쳐야 함을 보여준 것이다. 이는 허물을 꾸미는 소인과 상반된다.

"일식·월식과 같다.[如日月之食]"는 것은 잘못이 있으면 반드시 고쳐야 함을 보여준 것이다. 일식, 월식이 있으면 뒤이어 반드시 광명을 회복하는 것과 같다. 요컨대 군자는 조심하고 두려운 마음을 가져야 한다.

과야(過也)·경야(更也)는 군자에게, 개견(皆見)·개앙(皆仰)은 일식·월식에 붙여 말하고 있다.

子貢이 曰 君子之過也는 如日月之食焉이라 過也에 人皆見之하고 更(경)也에 人皆仰之니라

자공이 말하였다.

"군자의 허물은 일식·월식과 같다. 허물이 있으면 사람이 다 보게 되고, 고치면 사람이 다 우러러보게 된다."

자공은 군자가 허물에 잘 대처한 부분에 대해 논하였다.

"이 세상에 어느 누가 허물이 없겠는가. 군자는 허물을 숨기지 않기에 허물이 있으면 곧바로 남들이 아는 것이며, 속히 허물을 고친 까닭에 허물이 없게 되고 사람들이 다시 우러러보는 것이다. 마치 해와 달에 일식과 월식이 없지 않지만 바로 찬란한 광명을 되찾으니, 그 광명에 무슨 손상이 있겠는가.

소인의 경우, 허물을 감추어 그 잘못을 고치는 데에 인색하여 허물을 키울수록 어둠은 더욱 짙어만 간다. 어떻게 태양과 달처럼 밝은 기상을 지닐 수 있겠는가. 사람들은 그 허물을 들추어 결코 군자를 버려서는 안 될 것이다."

22. 위공전지 衛公全旨

이 장에서는 부자의 학문은 모든 사람을 스승으로 받아들였기에 일정한 스승이 없음을 보여준 것이다.

공손조는 다만 부자가 누구에게 보고 들으며 배웠는가를 물음이니, 매우 천박한 말이다. 자공의 대답은 바로 『중용』에서 말한 '헌장문무(憲章文武)', 즉 문왕과 무왕의 도를 본받고자 함이다. 공손조는 부자의 스승이 일정한 어떤 사람에게 있다고 생각한 데 반하여 자공은 부자의 스승은 도에 있다고 말하였다.

'미추(未墜)'와 '재인(在人)'은 하나의 반설(反說)과 하나의 정설(正說)로 서로 이어 말하였다.

'어진 자[賢者]'는 글을 읽고 도를 배운 사람이며, '큰 것을 기억한다.[識其大]'는 것은 심도 있는 소양과 조예에 의함이니, 노담(老聃), 또는 담자(郯子) 등과 같은 무리이다.

'어질지 못한 자[不賢者]'는 착한 행동이 나타나지 않고, 익히 행하면서도 알지 못한 사람이며, '작은 것을 기억한다.[識其小]'는 것은 견문에 의함이니, 태묘(太廟)의 축사(祝史) 등과 같다.

현자[賢者 識其大者, 不賢者 識其小者] 2구는 현자와 불현자로 나누어 말하였고, 막불유[莫不有文武之道焉] 구절은 양자를 종합하여 말하였다.

공손조의 '어디에서 배웠는가.[焉學]'라는 것은 부자에게 일정한 스승이 있는가를 의심한 말이며, 자공의 '배우지 않았다.[不學]'는 것은 일정한 스승이 없음을 말한다. 마지막 구절[亦何常師之有]은 그 물음에 대답한 것이지, 군더더기의 말이 아니다.

衛 公孫朝 問於子貢曰 仲尼는 焉學고

위나라 공손조가 자공에게 물었다.

"중니는 어디에서 배웠는가."

강설

옛적 위나라 공손조는 성인을 사모하면서도 성인의 존재를 알지 못하여 자공에게 물었다.

"내, 중니를 보니 예악 문물과 고금 사변에 통달하지 않은 바 없다. 반드시 그 어디에선가 배운 바 있었을 것이다. 알 수 없다. 과연 어느 스승에게서 배웠을까?"

그는 부자에게 일정한 스승이 있었으리라고 생각한 것이다.

集註

公孫朝는 衛大夫라

[훈고] 공손조는 위나라 대부이다.

子貢曰 文武之道 未墜於地하야 在人이라 賢者는 識(지)其大者하고 不賢者는 識(지)其小者하야 莫不有文武之道焉하니 夫子 焉不學이시며 而亦何常師之有시리오

자공이 말하였다.

"문왕·무왕의 도가 아직 땅에 떨어지지 않아 사람에게 남아 있다. 어진 이는 그 큰 것을 기억하고, 어질지 못한 이는 그 작은 것을 기억하여 문왕·무왕의 도 아닌 게 없다. 부자께서 어디선들 배우지 아니하셨으며, 또한 어찌 일정한 스승이 있겠는가."

강설

자공이 말하였다.

"그대는 부자께서 어디에선가 배웠다고 의심하는가. 또한 부자께서 문왕·무왕에게 도통을 이어받았음을 알지 못한 것이다. 문왕·무왕의 도는 가르침과 고하는 말[訓誥]에 실려 있으며, 그 공렬(功烈)은 예악과 문장에 산재하여 있다. 따라서 오늘날에 이르기까지 땅에 떨어지지 않은 채, 아직도 사람들에 의해 이를 전수 받아 배울 수 있다.

예컨대 재주가 민첩하여 통달한 어진 이는 문무의 도에 대해 대강령(大綱領)을 기억하고, 약간 재주가 용렬하여 어질지 못한 자 또한 그 작은 조목만큼은 기억하고 있다. 문무의 도가 존재하지 않음이 없다. 조금 기억하고 많이 기억한 사람들에 의해 문무의 도가 전해오고 있다.

부자께서 간혹 어진 자에게서 배우기도 하고, 혹은 어질지 못한 자에게서도 배웠다. 이처럼 그 누구에게서나 배웠는바, 어디에나 스승이 있었던 셈이다. 그리고 또한 어찌 일정한 스승이 있었겠는가. 그러므로 배우지 않은 곳이 없으며, 스승으로 여기지 않은 사람이 없었다. 이것이 바로 부자께서 부자다울 수 있었다."

集註

文武之道는 謂文王武王之謨訓功烈과 與凡周之禮樂文章이 皆是也라 在人은 言人有能記

之者라 **識**는 **記也**라

[훈고] 문무지도(文武之道)는 문왕·무왕의 꾀하신 가르침, 훌륭한 공로, 그리고 주나라의 모든 예악과 문장이 모두 도임을 말한다. 사람에게 있다[在人]는 것은 사람들이 이를 기억하고 있음을 말한다. 지(識)는 기억함이다.

[보 補]

문무의 도는 선왕의 예악, 형정(刑政), 교화, 문장을 가리킬 뿐이다. 도의 본체를 논하면 심법(心法)에 있으므로 이처럼 말할 수 없다. 큰 것이란 예악의 대강령이며, 작은 것이란 그 세부 조목을 말한다. 부자는 생이지지(生而知之)의 성인이라 말하지만, 어찌 배우지 않았으며, 또한 어디선들 스승을 삼지 않았겠는가. 이로 보면 부자는 배우지 않은 바 없으며, 스승으로 삼지 않은 바 없음이 바로 성인의 생이지지라 할 수 있다.

"사람에게 있다.[在人]"는 사람은 바로 노담, 장홍(萇弘), 담자(郯子), 사양(師襄)의 무리를 말하며, 또 다른 예를 들면, 태묘에 들어가 모든 일을 물었던 것은 태묘의 축관 또한 그중 하나의 스승이었다.[128]

그뿐만 아니라, "세 사람이 가는 길에도 반드시 나의 스승이 있다. 그 중에 선한 자를 가려서 따르고, 그 선하지 못한 자는 고치면 된다.[子曰 三人行, 必有我師焉. 擇其善者而從之, 其不善者而改之.]"(「述而」, 제7, 제21장)는 것으로 보면, 부자는 선과 악이 모두 스승이요, 수행의 사표였음을 알 수 있다.

23. 숙손장지 叔孫章旨

이 장에서는 성인의 도의 심오함을 찾아볼 수 있다.

'수인(數仞)'과 '급견(及肩)'은 지위의 높낮이로, "실가(室家)의 아름답고 풍부함"이란 내면에 쌓인 천심(淺深)의 경지로 말한다. 이는 모두 비유를 들어 묘사하였다.

(1) 숙손절지 叔孫節旨

"조정에서 말했다.[語於朝]"는 것은 부자의 등용을 저지하고자 자공을 부추겨 올린 말이다.

역사를 살펴보면, 자공이 만년에야 노나라에 등용되었는데, 오나라의 강성함을 두려워한 나머지 태재 비(太宰嚭)를 설득하여 위후(衛侯)를 풀어주고, 오나라를 설득하여 제나라를 정벌, 진성자(陳成

---

128 위와 같음. "朱子曰 文武之道, 只指先王之禮樂刑政敎化文章而已. 若論道體, 則不容如此立言矣. 未墜地, 只是說未墜落於地而猶在人耳. 大者, 是禮之大綱領; 小者, 是零碎條目. 孔子雖生知, 然何嘗不學? 亦何所不師? 然則能無不學無不師者, 是乃聖人所以爲生知也." ○ "在人之人, 正指老聃萇弘郯子師襄之傳耳. 若入太廟而每事問焉, 則廟之祝史, 亦其一師也."

子)의 잘못을 바로잡아 지난날 빼앗긴 노나라의 영토를 되돌려 받았다. 이 때문에 노나라 사람들이 자공을 어질게 여긴 것이다. 이러한 이유에서 숙손 무숙이 이처럼 말한 것이다.

叔孫武叔이 語大夫於朝曰 子貢이 賢於仲尼하니라

숙손 무숙이 조정에서 대부들에게 말하였다.
"자공이 중니보다 어질다."

강설

숙손 무숙이 조정에서 여러 대부에게 말하였다.
"사람들은 모두 중니를 성인이라 하지만, 내 그를 살펴보니, 자공의 총명과 재변이 중니보다도 어질다."
그의 말은 중니를 알지 못했을 뿐 아니라, 또한 자공마저도 알지 못한 것이다.

集註

武叔은 魯大夫니 名州仇라

[훈고] 무숙은 노나라 대부, 이름은 주구이다.

(2) 자복절지 子服節旨

'궁장(宮牆)'의 구절은 비유의 허설(虛說)이다. 부자와 자공이 그 가운데 포괄되어 있으며, '급견(及肩)'은 아래의 경지로 집[室]이 낮다는 뜻을 보완한 것이다. '실가지호(室家之好)'는 자공의 총명하고 영리한 재주와 사물을 통달한 기국(器局)과 같은 유가 모두 이것이다.

子服景伯이 以告子貢한대
子貢曰 譬之宮牆컨댄 賜之牆也는 及肩이라 窺見室家之好어니와

자복 경백이 자공에게 그 말을 전해주자, 자공이 말하였다.
"궁실의 담장에 비유하면 나의 담장은 어깨쯤 닿아서 집안의 좋은 세간을 엿볼 수 있으려니와,

강설

자복 경백이 그 말을 자공에게 전해주었다. 이는 숙손 무숙의 말에 주를 덧붙인 게 아니다. 이에 자공이 말하였다.
"대체로 사람의 조예는 고하와 천심이 각기 다르다. 비유하면 담장은 그 집을 엿볼 수 있는 곳이다. 나의 도는 위로 천리에 이르는데[上達天理] 막혀 있다. 나지막한 담장이 어깨쯤 닿는 높이와 같다. 담장이 낮으면 집 또한 나지막하기 마련이다. 따라서 담장 너머에서 집안의 세간을 모조리

볼 수 있다. 그러므로 사람들은 모두 그 집안의 아름다움을 엿볼 수 있다. 굳이 문으로 들어가지 않고서도 알 수 있는 것이다."

集註

牆卑室淺이라

[해석] 담장이 낮고 집이 나지막하다.

(3) 부자절지 夫子節旨

'몇 길[數仞]'이라 하는 것은 아래의 "궁실이 드넓다."는 뜻을 보완해 주고 있다.

문 안에 조두(俎豆)의 예악이 휘황찬란한 것은 '종묘의 아름다움'이며, 의관을 갖춘 많은 관료가 줄을 지어 가지런히 서 있다는 것은 '백관의 풍부'함이다.

夫子之牆은 **數仞**이라 **不得其門而入**이면 **不見宗廟之美**와 **百官之富**니

부자의 담장 높이는 몇 길이다. 그 문으로 들어가지 않으면 종묘의 아름다움과 백관의 많은 사람을 볼 수 없다.

강설

"부자의 경지는 도가 융숭하여 지극히 높기에 뛰어넘을 수 없다. 이는 몇 길 높이의 담장과도 같다. 담장이 높으면 집안이 드넓으므로 반드시 문으로 들어가야 만이 그 세간을 구경할 수 있다. 그 문을 찾아 들어가지 못하면 그 장엄하고 화려한 가운데에 간직된 찬란한 종묘의 아름다움을 볼 수 없고, 빽빽하게 줄지어 선 가운데에 장엄하게 보이는 백관의 많은 사람을 볼 수 없다."

集註

七尺曰仞이라

不入其門이면 **則不見其中之所有**니 **言牆高而宮廣也**라

[훈고] 일곱 자를 인(仞)이라 한다.

[해석] 그 문으로 들어가지 않으면 그 가운데에 있는 바를 볼 수 없다. 이는 담장이 높고 집안이 드넓음을 말한다.

(4) 득기절지 得其節旨

앞 절에서의 '부득기문(不得其門)'은 단지 위 문장에 뒤이어서 말한 것이기에, 오히려 사람에 속

한 말이 아니지만, 여기에서 말한 '득기문(得其門)' 구절은 실제 숙손 무숙을 가리킨다. 숙손 무숙의 잘못한 말을 직접 꾸짖지 않고, 반어법으로 적절하게 말한 것은 아주 절묘한 문장이다.

得其門者 或寡矣라 夫子之云이 不亦宜乎아

그 문에 들어간 사람이 적다. 무숙의 말이 또한 당연하지 않겠는가."

강설

"오늘날 사람들은 모두 부자의 담장 바깥에서 바라보는 자들이다. 부자의 문에 들어가 그 아름답고 장엄함을 살펴본 사람 또한 적다. 부자와 같은 분의 문을 들어갈 수 없다. 부자의 경지를 엿보고자 아무리 찾으려 해도 그 실마리가 없으며, 바라보려 해도 끝이 없다.

그가 나를 중니보다도 어질다고 말하여, 나의 좋은 세간을 부자의 아름답고 장엄한 집 위에 두려는 것은 또한 그로선 당연한 일이다. 만일 문을 통해서 몇 길 높은 집 안으로 들어가 마음껏 아름다움과 장엄함을 보았더라면 까무러쳐 망연자실하였을 터인데, 감히 나를 부자에 견주어서 더욱더 어질다고 말할 수 있었겠는가."

集註

此夫子는 指武叔이라

[훈고] 여기에서의 부자는 숙손 무숙을 가리킨다.

[보 補]

부자의 담장은 몇 길 높이라, 그 문을 찾아 들어갈 수 없다면 그것은 부자의 도가 드높고 원대하기에 그 문을 찾아 들어갈 수 없는 것일까? 그렇지 않다.

안자는 그 문에 들어갔기에 "우러러볼수록 더욱 높고 뚫을수록 더욱 견고하며, 앞에 있는 듯, 뒤에 있는 듯 황홀하였는데 마치 앞에 우뚝 서있는 듯하다." 말하였고, 증자가 그 문에 들어갔기에 "부자의 도는 충서(忠恕)일 뿐이다." 말하였고, 자공 또한 그 문에 들어갔기에 "부자께서 말씀하신 본성과 천도(天道)에 관해서는 듣지 못했지만, 그 문장은 들을 수 있었다."고 말하였다.

그 밖의 다른 사람은 스스로 들어가지 못했을 뿐이지, 부자의 도가 드높고 원대한 때문만은 아니다. 문하 70제자 가운데 몇이나 그 문으로 들어갔을까? 비유하면 두 사람이 이야기를 나눌 적에 한 사람은 이해하고 또 다른 한 사람은 이해하지 못하는 경우와 같다. 이해한 사람은 그 문에 들어간 것이며, 이해하지 못한 자는 들어가지 못한 것이다. 부자께서 여러 제자를 가르침과 안자를 가르침에 어떻게 차별이 있을 수 있겠는가. 안자는 그 문에 들어가 이해하였고 여러 제자는 이해하지 못함이 분명하다."[129]

---

129 『大全』 該註. "或問夫子之牆數仞, 不得其門而入. 夫子之道 高遠, 故不得其門而入也? 朱子曰 不然. 顔子得

위에서 말한 드높고 원대함이란 도저히 이해할 수 없는, 아득하고 현묘한 세계를 말한다. 하지만 "도는 멀리 있지 않다.[道不遠人]"는 점에서 보면 부자의 도는 고원한 데에 있지 않다. 그러므로 부자의 도는 고차원이어서 그 문으로 들어가지 못한 게 아니라, 가까이 일상의 도리로 말씀하신 가르침을 이해하느냐 못하느냐가 바로 그 문에 들어가고 못 들어가는 척도가 되는 것이다.

24. 훼중장지 毁仲章旨

이 장에서는 성인의 도가 드높음을 보여주고 있다.

무이위[無以爲也 仲尼不可毁也] 2구는 허설(虛說)이며, 타인[他人之賢者…無得而踰焉] 4구는 공자를 헐뜯을 수 없음을 말한 것으로, 이는 부자의 경지에서 말했을 뿐이다. 인수욕[人雖欲自絶…多見其不知量也] 이하는 그처럼 헐뜯을 수 없음을 말한 것으로, 이는 숙손 무숙의 처지에서 말한 것이다.

'현(賢: 他人之賢)'자는 도덕을 가리키고, '일월(日月)'은 드높음을 비유한 것이지, 그 광채를 비유한 말은 아니다. 넘어설 수 있느냐, 없느냐는 앞서 말한 구릉과 일월에 뒤이어서 말한 것이다. 그렇지 않다면 어떻게 하나의 '유(踰)'자를 쓸 수 있겠는가.

'하상어일월(何傷於日月)' 구절 또한 비유인바, 본문의 바른 비유[正喩]인 일월의 뜻과 그 속에 감춰진[夾帶] 부자의 드높은 도덕을 들어 말한 것이다.

叔孫武叔이 毁仲尼어늘

子貢이 曰 無以爲也하라 仲尼는 不可毁也니 他人之賢者는 丘陵也라 猶可踰也어니와 仲尼는 日月也라 無得而踰焉이니 人雖欲自絶이나 其何傷於日月乎리오 多見其不知量也로다

숙손 무숙이 중니를 헐뜯어 비방하자, 자공이 말하였다.

"그런 짓을 하지 말라. 중니는 감히 헐뜯을 수 없다. 다른 사람의 어짊이란 언덕과 같아서 오히려 넘어설 수 있지만, 중니는 일월처럼 드높아서 넘어설 수 없다. 그 어느 사람이 아무리 스스로 〈성인과의 관계를〉 끊으려 한들 어떻게 일월을 손상할 수 있겠는가. 다만 제 분수를 알지 못함을 보여줄 뿐이다."

入, 故能仰之彌高, 鑽之彌堅, 至於在前在後, 如有所立卓爾. 曾子得入, 故能言夫子之道忠恕. 子貢得入, 故能言性與天道不可得聞, 文章可得而聞. 他人自不能入耳, 非高遠也. 七十子之徒, 幾人入得? 譬如與兩人說話, 一人理會得, 一人理會不得. 會得者 便是入得, 會不得者 便是入不得. 且孔子之敎衆人, 與敎顔子, 何異? 顔子自入得, 衆人自入不得, 多少分明."

강설

숙손 무숙이 앞서 중니는 자공만 못하다고 깎아내렸는데, 이에 이르러 또다시 공자를 헐뜯자, 자공이 그를 깨우쳐 주었다.

"그처럼 헐뜯지 말라. 중니는 참으로 헐뜯을 수 없는 분이다. 여느 사람의 어진 인품 정도라면 그들의 조예가 아무리 높을지라도 언덕에 지나지 않으므로 그를 뛰어넘을 수 있다. 그러나 중니와 같으신 성인은 하늘 높이 떠 고금을 굽어보는 태양과 달과 같아서 그 누구도 넘어설 수 없다. 사람들이 아무리 성인을 헐뜯으면서 스스로 성인의 가르침을 끊고자 할지라도 어떻게 드높은 태양과 달을 손상할 수 있겠는가. 그저 제 분수를 모르는 추악함을 드러낼 뿐이다. 무엇 하려고 그처럼 성인을 헐뜯는가."

集註

無以爲는 猶言無用爲此라 土高曰丘요 大阜曰陵이라 日月은 喩其至高라 自絶은 謂以謗毀 自絶於孔子라 多는 與祗同하니 適也라 不知量은 謂不自知其分量也라

[훈고] 무이위(無以爲)란 이처럼 해봐야 쓸데없다는 말과 같다.

지형이 높은 곳을 구(丘)라 하고, 큰 언덕을 능(陵)이라 한다.

일월(日月)은 지극히 높음을 비유한 것이다. 자절(自絶)은 헐뜯고 비방함으로써 스스로 공자와의 단절을 말한다.

다(多)는 지(祗)와 같으니, '다만'이라는 뜻이다. 불지량(不知量)이란 스스로 그 분량(分量)을 알지 못함을 말한다.

[보補]

불지량(不知量)의 양(量)은 섬[斛], 말[斗], 되[升], 홉[合] 따위의 크기가 다른 그릇을 말한다.[130] 사람에 따른 도량(度量), 기국(器局), 또는 분수를 비유한 말이다.

따라서 성인에게는 성인의 도량이 있고, 현인에게는 현인의 도량이 있고, 어리석은 이에게는 어리석은 이의 도량이 있기 마련이다. 숙손 무숙이 자신의 어리석은 제 분수를 알지 못하니, 성인의 도량에 대해 모를 것은 당연한 일이다. 부자의 도는 하늘 드높이 운행하는 일월과 같아서 영원히 만고에 찬란하다. 아무리 숙손 무숙이 헐뜯는다고 할지라도 그 밝음을 손상시킬 수 있겠는가. 자공이 "어떻게 드높은 일월의 밝음을 손상시킬 수 있겠는가."라는 비유의 말은 자공의 지혜가 성인을 알아보기에 넉넉하다고 말할 수 있으며, 숙손 무숙을 꾸짖는 깊은 경계의 말이다.[131]

---

130 위와 같음. "厚齋馮氏曰 量, 謂斛斗升合小大不同也."

131 위와 같음. "新安陳氏曰 聖人有聖人之分量, 賢人有賢人之分量, 愚人有愚人之分量. 州仇不自知其庸愚之分量, 宜其不足以知聖人之分量也. 孔子之道, 如日月行天, 萬古常明, 雖有州仇之毀, 何損於明? 子貢以何傷日月曉譬之, 可謂智足以知聖人而警之深矣."

　　이밖에도 자공은 그 누구보다도 부자에 대해 극찬을 아끼지 않은 제자이다. 다음과 같은
고사가 전해오기도 한다.

　　제경공이 자공에게 말하였다.

　　"선생의 스승은 누구인가?"

　　"중니입니다."

　　"중니는 현인인가?"

　　"성인이십니다. 어찌 그저 현인이겠습니까? 종신토록 하늘을 받들고 살면서도 하늘이 높을
줄 모르고, 종신토록 땅을 밟고 살면서도 땅이 두꺼운 줄 모르듯이 제가 중니를 스승으로
섬기는 것은 마치 드넓은 강물과 바닷물을 마시는 생쥐가 그저 조그만 배를 채우고 떠나갈
뿐, 또한 어떻게 강과 바다의 깊이를 알겠습니까?"

　　"선생의 스승에 대한 칭찬이 너무 심한 게 아니오?"

　　"제가 스승을 칭찬하는 것은 마치 두 손으로 한 줌의 흙을 움켜쥐고서 태산에 덧붙이는
격이라, 태산에 아무런 보탬이 되지 않음이 분명하며, 제가 스승을 칭찬하지 않는다고 할지
라도 마치 두 손으로 태산을 움켜잡으려는 격이니 태산에 아무런 손상이 없음 또한 분명합
니다."[132]

　　자공이 부자를 향한 존숭의 마음은 이와 같았다.

25. 진자장지 陳子章旨

　　이 장에서는 헤아릴 수 없는 부자의 변화[神化]를 그 누구도 따라갈 수 없음을 보여주는 것으로,
이의 중점은 "부자는 하늘과 같아서 올라갈 수 없다"는 제3절[夫子之不可及也, 猶天之不可階而升也]에
있다. 성인의 덕을 뭐라 형용할 수 없기에, 이처럼 하늘에 비유하여 말한 것이다.

　　자공은 진자금이 이를 깨닫지 못할까 염려한 까닭에 끝에서 또다시 성인의 공업이 성대함을
들어 말하였다. 그러나 이룩한 공업이란 내면의 도덕에서 유래한 것이니만큼, 두 단계가 있는 것
은 아니다.

(1) 진자절지 陳子節旨

　　'위공(爲恭)' 2자에는 2가지의 뜻을 겸하고 있다.

　　하나는 스승에게 스스로 겸손하고 물러서야 하기에, 제자의 입장에서 스승보다 더 훌륭하다고
말할 수 없음을 보여준 것이고, 또 다른 하나는 스승이란 고의로 추대하여 겸손으로 물러서지 않

132　漢 韓嬰 撰, 『詩外傳』 권8. "齊景公謂子貢曰 先生何師? 曰仲尼. 仲尼 賢乎? 曰聖人也, 豈直賢哉? 終身戴天,
　　不知天之高也. 終身踐地, 不知地之厚也. 臣事仲尼, 如飲江海, 腹滿而去, 又安知江海之深乎? 公曰先生之譽
　　得無太甚? 對曰臣譽仲尼, 如兩手捧土而附泰山, 其無益 明矣. 臣不譽仲尼, 如兩手把泰山, 無損 亦明矣."

을 수 없음을 말하니, 그 실상이 아님을 보여준 것이다.

陳子禽이 謂子貢曰 子爲恭也연정 仲尼 豈賢於子乎리오

진자금이 자공에게 말하였다.
"그대가 겸손할 뿐이지, 중니가 어찌 그대보다 어질겠는가?"

강설

진자금이 자공에게 말하였다.
"그대가 중니를 담장에, 그리고 일월로 비유한 말들은 스승에 대한 공경의 마음으로 애써 겸손한 때문이다. 사실대로 말하면 어찌 중니가 그대보다 어질다고 말할 수 있겠는가."

集註

爲恭은 謂恭敬推遜其師也라

[훈고] 위공(爲恭)은 공경하는 마음에 그 스승을 추대하고 겸손함을 말한다.

(2) 군자절지 君子節旨

3구(君子一言…不可不愼也)는 모두 범설(汎說)이며, 끝부분(不可不愼也)에 이르러서야 자금을 꾸짖은 것이다.

'일언(一言)' 2자에 중점을 두고서 '지혜롭다[知]'와 '지혜롭지 못하다[不知]'는 지우(智愚)의 양 측면에서 말하고 있으나, 결국 '지혜롭지 못하다'는 구절에 중점을 두고 있다.

"말이란 삼가지 않을 수 없다.[言不可不愼]"는 것은 앞서 그가 말을 삼가지 않음을 꾸짖은 말이지, 앞으로 말을 삼가라는 가르침이 아니다.

子貢曰 君子一言에 以爲知하며 一言에 以爲不知니 言不可不愼也니라

자공이 말하였다.
"군자는 한마디 말로써 지혜롭다고 말하기도 하고, 한마디 말로써 지혜롭지 못하다 하기도 하니, 말이란 삼가지 않을 수 없다.

강설

자공은 진자금을 꾸짖어 말하였다.
"군자가 사람을 평론할 때, 이치에 맞는 한마디 말로써 사람을 알아보는 지혜라 하고, 이치에 맞지 않은 한마디 말로써 사람을 알아보지 못하는 어리석음이라 말한다. 지혜롭느냐 어리석느냐는 이처럼 말 한마디에 달려있다. 그러므로 말을 할 적에는 삼가지 않을 수 없는데, 그대는 어찌하여 이처럼 지혜롭지 못한 말을 지껄이는가."

集註

責子禽不謹言이라

[해석] 자금이 말을 삼가지 않음을 꾸짖은 것이다.

(3) 부자절지 夫子節旨

'미칠 수 없다.[不可及]'는 것은 모두 하늘과 같다는 측면에서 말한 것이다.

'계(階)'자는 가장 중요하게 붙여본 글자이다. '선인(善人)·신인(信人)·미인(美人)·대인(大人)'은 모두 오를 수 있는 단계가 있어 뒤따를 수 있지만, '대인으로서 자연스러운[大而化之]' 성인의 경지는 너무나 차이가 나기에 단계를 따라 올라설 수 없다. 이는 부자의 전체 입장에서 말한 것이다.

부자는 본디 '태어나면서부터 아는 분[生而知之]'이요, '자연스럽게 행하는 분[安而行之]'이다. 인간으로서 그 노력의 흔적을 찾아볼 수 없다. 따라서 그의 길을 뒤따를 수도 없다. 이 세상에 인류가 태어난 이후로 일찍이 찾아볼 수 없는, 최고의 성자이시다.

夫子之不可及也는 猶天之不可階而升也니라

부자의 경지에 미칠 수 없음은 마치 하늘에 사다리를 놓고 올라가지 못하는 것과 같다.

강설

"어떻게 부자의 경지를 미칠 수 있다고 생각하는가. 부자의 성대하신 덕은 신비로워서 일정한 곳이 없으며, 변화하여 일정한 존재가 없다. 그 드높으신 덕은 천하 그 어느 사람으로서도 뒤따라갈 수 없다. 이는 마치 높고 높은 하늘에 그 어느 사람도 사다리를 놓고서 올라가지 못하는 것과 같다. 부자의 도는 도저히 미칠 수 없는데, 하물며 그보다 어질다는 망언을 할 수 있겠는가."

集註

階는 梯也라

大可爲也어니와 **化不可爲也**라 **故로 曰不可階而升也**니라

[훈고] 계(階)는 사다리이다.

[해석] 대인의 정도라면 노력하여서 할 수 있지만, 성인의 저절로 되어가는 변화[化]는 도저히 할 수 없다. 그러므로 "사다리를 놓고서 올라갈 수 없다."고 말한 것이다.

[보 補]

맹자는 "대인으로서 작위(作爲)가 없이 절로 되는 자연의 경지를 성인[大而化之之謂聖]"이라고 말하였다. '선인(善人)·신인(信人)·미인(美人)·대인(大人)'은 생각하거나 노력하면 미칠 수 있는 경지이다. 그러므로 이에 '할 수 있다.'라고 말한다. 그래도 사다리를 놓고서 오를 수 있는 것과 같다. 하지만 성인의 무위이화(無爲而化)는 생각과 노력으로 미칠 수 있는 경지가 아니다. 이 때문에 '할 수 없는 일'이라고 말한다. 사다리를 놓고서 오를 수 있는 경지가 아니다. 주자가 맹자의 말을 인용하여, 사다리를 놓고서 오를 수 없는, 부자의 실체를 밝혀줌으로써 비유를 들어 말한 자공의 뜻이 더욱더 뚜렷이 나타나게 된 것이다.[133]

(4) 득방절지 得邦節旨

이는 이룩할 사업과 공로의 측면에서 성인의 덕화가 하늘과 같다는 뜻을 밝히고 있다.

소위 이하[所謂立之…其死也哀] 6구는 원래 요순과 하은주 삼왕이 이룩했던 정치를 말하는데, 이를 모두 부자께서 현재 이룩할 수 있다는 점을 말하며, 4개의 '사(斯: 斯立, 斯行, 斯來, 斯和.)'자에 깊은 뜻이 담겨있다. 이는 신속하게 이뤄짐을 보여준 것이다.

'입지(立之)·도지(道之)·유지(綏之)·동지(動之)'는 성인이 백성을 감촉하는 오묘함이며, '사입(斯立)·사행(斯行)·사래(斯來)·사화(斯和)'는 천하 사람들이 성인의 덕화에 의한 감응의 신묘함을 말한다.

하늘의 덕이란 형용할 수 없으나 만물을 발생하는 데에서 조화의 오묘함을 볼 수 있고, 성인의 덕은 형용할 수 없으나 사람을 감동시키는 데에서 신비한 조화의 신속함을 볼 수 있다.

'여지하기가급(如之何其可及)'은 앞 문장의 '불가급(不可及)'과 밀접하게 서로 응하고 있다.

夫子之得邦家者ㄴ댄 **所謂立之斯立**하며 **道之斯行**하며 **綏之斯來**하며 **動之斯和**하야 **其生也榮**하고 **其死也哀**니 **如之何其可及也**리오

부자께서 나라를 얻어서 다스리신다면 이른바 '세우려 하면 이에 세워지고, 인도하려 하면 이에 따르고, 편안하게 하면 이에 찾아오고, 고무시키면 이에 화하여, 살아계실 때는 사람마다 영광으로 여기고, 돌아가신 때에는 모두 슬퍼함이다.' 그런 그를 어떻게 미칠 수 있겠는가."

강설

"그러나 애석하게도 부자께서는 나라를 얻어 다스리지 못함으로써 남들이 도저히 따라갈 수 없는, 성신(聖神)의 덕치(德治)를 보여주지 못하였다. 만일 부자께서 나라를 얻어 다스렸다면 그 신

133 『大全』該註. "新安陳氏曰 孟子曰 大而化之之謂聖. 由善信美而至於大, 乃思勉之所可及, 故曰可爲, 猶可躡階梯而升也. 至於化, 則非思勉之所可及, 故曰不可爲, 非可躡階梯而升矣. 朱子以此, 發明孔子所以如天之不可階而升之實處, 然後子貢取譬之意 顯然矣."

비한 덕화가 어떠했을까?

이른바 '정전(井田)과 택리(宅里)를 제정하는 정사를 세워 백성의 삶을 세워주면 백성은 이에 자립하여 삶을 세우지 못한 자가 없었을 것이다.

의리의 가르침을 밝혀 그들을 인도하여 본성을 회복하여 주면 백성은 이를 행하여 본성을 회복하지 못할 사람이 없었을 것이다.

이미 자립한 뒤에 편안케 하여 더욱 편히 길러주는 덕택을 드높이면 백성은 이에 찾아와 부자를 사랑하고 받들어 스스로 그들이 찾아오는 것을 막지 못했을 것이다.

이미 인도한 뒤에 격동시켜 더욱 그들을 고무하면 백성은 이에 변화되어 잘못을 바꾸어 동화됨을 스스로 그만두지 않았을 것이다.

백성을 감동하게 하는 덕화의 영향이 이처럼 빠른 것이다. 장차 그분이 살아계실 적에는 자립·인도·편함·격동의 감화를 입은 백성들이 그분을 임금으로 높이고 부모처럼 사랑하지 아니한 자가 없어 사람들은 모두 그를 영광으로 생각하고, 그분이 돌아가시면 덕화를 입은 사람들이 모두 부모를 잃은 것처럼 슬퍼할 것이다.'

그 덕화가 사람들에게 깊이 스며듦이 이와 같다. 이는 모두 성대한 덕에 의해 이뤄진 것이며, 그렇게 되는 이유를 알 수 없지만, 그처럼 되는 것이다.

부자의 다스림이란 하늘의 다스림이다. 어떻게 이를 미칠 수 있겠는가. 이는 이른바 '사다리를 놓고서 하늘을 오를 수 없다.'는 것인데, 그대는 나에게 '중니가 어찌 그대보다 어질겠는가.'라고 말하니, 이는 참으로 지혜롭지 못한 잘못을 스스로 알지 못한 것이다."

集註

立之는 謂植其生也라 道는 引也니 謂教之也라 行은 從也라 綏는 安也오 來는 歸附也라 動은 謂鼓舞之也오 和는 所謂於變時雍이니 言其感應之妙 神速如此라 榮은 謂莫不尊親이오 哀는 則如喪考妣라

程子曰 此는 聖人之神化 上下與天地同流者也라

○ 謝氏曰 觀子貢稱聖人語면 乃知晚年進德이 蓋極於高遠也라 夫子之得邦家者인댄 其鼓舞群動이 捷於桴鼓影響하니 人雖見變化나 而莫窺其所以變化也라 蓋不離於聖이오 而有不可知者 存焉하니 聖而進於不可知之之神矣니 此는 殆難以思勉及也니라

[훈고와 해석] 입지(立之)란 백성의 삶의 도를 세워주는 것이다. 도(道)는 인도함이니, 가르침을 말한다.

행(行)은 따르는 것이며, 유(綏)는 편안함이며, 내(來)는 귀의함이다. 동(動)은 고무함을 말하며, 화(和)는 이른바 "아, 악을 선으로 변하여 이에 화(和)하였다."(『書經』「堯典」)는 것이니, 그 감응하는 오묘함이 이처럼 신비롭고 빠름을 말한다.

영(榮)은 존경하고 사랑함을 말하며, 애(哀)는 부모를 잃은 것처럼 슬퍼하는 것이다.

[의론] 정자[伊川]가 말씀하였다.

"이는 성인의 신비한 조화가 위와 아래로 천지와 한가지로 유행함이다."

○ 사씨[謝良佐]가 말하였다.

"자공이 부자에 대해 일컫는 말을 보면 만년에 들어 덕에 나아간 경지가 높고 원대한 데 지극하였음을 알 수 있다. 부자께서 나라를 얻어 다스렸다면 그 많은 생명을 고무시킴이 북을 치는 소리와 그림자, 울림보다 빨라서 사람이 그 변화를 보면서도 그 변화하게 되는 까닭을 엿보지 못했을 것이다. 여기에는 성인의 경지에서 떠나지 않고서도 알 수 없는 〈신인(神人)의 경지가〉 있다. 이는 '성인으로서 알 수 없는 신인(神人)'(『孟子』「盡心 下」 제25장)의 경지에 나아간 것이다. 이는 생각과 노력으로 미쳐가기에는 매우 어렵다."

[보 補]

이 장의 앞에서 "부자의 경지에 미칠 수 없다."는 그 덕화를 그 누구도 할 수 없다는 뜻으로 말한다. 그러나 부자께서 불행스럽게도 때를 얻지 못하고 지위를 얻지 못한 까닭에 그 덕화는 그 일신의 오묘한 데에 그쳤을 뿐, 그 신비한 덕화의 작용이 천하에 나타나지 못하였다. 만일 때를 얻고 지위를 얻었더라면 그 신비한 덕화의 공용은 참으로 천지와 함께 유행하였을 것이다.

맨 끝에서 "그를 어찌 미칠 수 있겠는가."라는 것은 가늠할 수 없는 신비한 조화를 말한다. 부자의 도는 하늘과 같다. 그러나 하늘이란 눈이 있는 사람이라면 누구나 모두 바라볼 수 있지만, 하늘이 하늘다울 수 있는 바는 진정 하늘을 아는 사람이 아니면 이를 알 수 없다. 반드시 자공의 지혜가 있어야 만이 비로소 이를 알 수 있다. 진자금이 여기에 미치지 못함은 당연한 일이다.[134]

위에서 말한 감응지묘(感應之妙)의 감(感)이란 어떤 느낌을 던져주는 주체이며, 응(應)이란 그 느낌을 받아서 따라 움직이는 객체를 말한다. 예컨대, 중생의 간절한 염원이 부처를 감동시키면, 부처는 중생이 원하는 대로 응해준다[衆生感諸佛, 諸佛應衆生]는 감응의 구조와 같다. 부자께서 이와 같은 덕화로 백성에게 감촉하면 백성이 그 덕화에 감응하여 옴을 말한다.

---

134 위와 같음. "新安陳氏曰 此章, 前言夫子之不可及, 以其德之化不可爲者言也. 夫子不幸而不得時不得位, 故其德之化, 雖妙於吾身, 而其神化之用, 不見於天下; 使得時得位, 則其神化之功用, 眞有與天地同流者. 終言之何其可及, 以其神化之不可測者言也. 夫子之道 猶天, 然天固有目者所共覩, 天之所以爲天, 則非知天者, 不能知也. 必子貢之知, 始足以知此; 彼陳亢者, 其不足以及此, 宜哉!"

제20 요왈 堯曰 第二十

凡三章이라

모두 3장이다.

[보 補]

　요왈 제20편에서는 제1장에서 요순우탕문무의 정사를 하나하나 들어 말하였고, 제2장에서 부자의 정론(政論)으로 위의 정사를 끝맺었고, 제3장에서는 또다시 위의 정사란 군자의 학문에 근본을 두고 있음을 말해주고 있다. 이는 내면의 성인의 덕을 통하여 밖으로 왕도정치를 구현하려는 학문의 시작과 끝을 모두 지극하게 말했다고 할 것이다.[135]

1. 요왈장지 堯曰章旨

　이 장에서는 요·순·우·탕·무왕의 정사를 하나하나 서술하여 부자 문하에서 주고받은 도는 모두 요순·삼왕(三王: 하은주)의 도에서 벗어나지 않음을 보여주고 있다.

　앞의 8절[堯曰…民食喪祭]은 요순 삼왕의 일을 각론(各論)으로 자세히 기록하였고, 마지막 절[寬則得衆…公則說]에서는 요순 삼왕의 도를 총체(總體)로 들어 말한 것이다.

　집중(執中) 구절은 천고의 성왕(聖王)이 서로 주고받은 중요한 심법(心法)으로 전체 문장의 핵심이다.

(1) 요왈절지 堯曰節旨

　아![咨]라는 감탄사를 첫머리에 쓴 것은 전전긍긍(戰戰兢兢), 조심해야 할 점을 보여준 것이며, 윤집기중(允執其中) 구절은 간곡하게 부탁한 말이다. 중(中) 자는 정사(政事)의 측면에서 말한 것이다.

　천명(天命: 왕위)을 물려받은 처음에 곧바로 "하늘의 녹이 영원히 끊어질 것이다.[天祿永終]"고 말한 것은 깊고도 간절한 경계를 담고 있다.

135　明 劉宗周 撰, 『論語學案』 권10. "第二十篇, 歷敍堯舜禹湯文武之政, 而終之以夫子之論政, 又推本君子之學, 內聖外王, 於斯爲至矣."

堯曰 咨爾舜아 天之曆數 在爾躬하니 允執其中하라 四海困窮하면 天祿이 永終하리라

요임금이 말씀하셨다.

"아! 순아. 하늘의 역수(曆數)가 그대의 몸에 있으니 진실로 그 중도를 잡으라, 천하가 곤궁하면 하늘에서 내린 녹이 영원히 끊어질 것이다."

강설

예전에 요임금이 순임금에게 황제의 자리를 물려주면서 명하셨다.

"아! 순이여. 예로부터 제왕의 자리에 오른다는 것은 모두가 하늘에 정해진 차례[曆數]를 따른 것이다. 나는 그대의 덕이 널리 알려져 위로는 하늘이 그대에게 명함을 볼 수 있었고, 아래로는 민심에서 이를 증험할 수 있었다. 천명으로 제왕의 지위에 오를 차례가 바로 그대에게 있다.

그러나 제왕의 지위를 어찌 쉽사리 계승할 수 있겠는가. 하늘은 또한 그대가 중도를 어떻게 행하는가를 살펴볼 것이다. 천하의 모든 일과 모든 곳에는 다 중도가 있다. 그대는 모든 사물의 중도를 가려서 진실로 이를 꼭 잡아 행하여 조금이라도 지나치거나 미치는 못한 잘못이 없다면 온 천하가 복택을 입게 되어 제왕으로서 하늘에서 내린 녹을 길이 누릴 수 있을 것이다.

하지만 중도를 행하지 못하여 천하 백성이 곤궁하면 제왕으로서의 하늘이 내려준 녹은 이날로부터 길이 끊기게 될 것인바, 제왕의 지위가 어찌 그대의 몸에 있겠는가."

요임금의 경계 말씀이 이와 같았다.

集註

此는 堯命舜而禪以帝位之辭라

咨는 嗟歎聲이라 曆數는 帝王相繼之次第니 猶歲時氣節之先後也라 允은 信也라 中者는 無過不及之名이라 四海之人이 困窮하면 則君祿 亦永絶矣니 戒之也라

[총설] 이는 요임금이 순임금에게 명하여 제왕의 지위를 물려주실 적에 하신 말씀이다.

[훈고] 자(咨)는 탄식하는 소리이다. 역수(曆數)는 제왕의 자리를 서로 계승하는 차례이니, 1년 사계절의 선후와 같다. 윤(允)은 진실함이다. 중(中)이란 지나치거나 미치지 못함이 없음을 말한다.

[해석] 천하 백성이 곤궁하면 임금의 녹 또한 영원히 끊어지게 된다는 것은 순임금을 경계한 말이다.

[보 補]

「요왈」 제20편은 『논어』를 끝마치면서 끝으로 도통(道統)의 전수에 대해 말하고 있다. 주자의 「중용장구서」에서 말한 바와 같이 요순 이전의 복희 신농 황제 등 또한 도통의 전수가

없었던 것은 아니지만, 문헌에 남아 있지 않아서 그 무엇으로 도통 전수의 당부를 말했는지를 찾아볼 수 없었을 뿐이지, 도통의 연원이 요순으로부터 비롯되었다는 것은 아니다. 다만 경전에 나타난 바로는 요임금이 순임금에게 일러준 '윤집궐중(允執厥中)' 4자가 도통 전수의 최초 문헌임을 말한다.

　여기에서 말한 '윤집(允執)'의 집(執)이란 일정한 이치에 집착함을 말한 게 아니다. 모든 사물에 있어 그 중도를 가늠하고 이를 들어 쓰는 것을 말한다. 『중용』(제6장)에서 말한 "순임금이 그 중도를 썼다."는 것은 곧 그가 잡은 바의 중도를 썼음을 말한다.[136]

(2) 순역절지 舜亦節旨

　역(亦: 舜亦以命禹)자를 깊이 음미하여 보아야 한다. 순임금이 우임금에게 "인심은 위태롭고 도심은 은미(隱微)하니 정밀하게 선택하고 한결같이 고수하여야 한다.[危微精一]"는 말씀을 더 하였지만, "진실로 그 중도를 잡으라.[允執厥中]"는 구절의 뜻을 밝히는데 지나지 않는다. 이 밖에 또 다른 뜻이 있을 수 없다.

舜 亦以命禹하시니라

　순임금 또한 이와 같은 말로써 우임금에게 명하셨다.

강설

　후일 순임금이 우임금에게 제왕의 자리를 물려주면서 그 또한 요임금의 말을 들어 명하였는데, 여기에 "정밀하게 선택하고 한결같이 고수하여야 한다.[精一]"는 말씀을 덧붙였다. 요임금의 말씀에 비하여 자세하고 요긴하나 이 또한 중도를 잡아 행하여야 한다는 뜻에 지나지 않는다. 이는 순임금이 우임금에게 전수하여 우임금이 순임금의 도통을 이어받은 것이다.

集註

舜後遜位於禹에 亦以此辭命之라 今見於虞書大禹謨하니 比此加詳이라

　[해석] 순임금이 후일 우임금에게 제위를 물려줄 적에도 또다시 이 말로써 하셨다. 이는 「우서 대우모」에 나타나 있는데, 이에 비하여 더욱 자세하다.

　[보 補]

　요임금은 당시 순임금에게 제위를 물려주면서 단 '윤집궐중' 한 구절만을 말씀하였을 뿐이다. 훗날 순임금이 우임금에게 제위를 물려주면서 "인심은 위태롭고 도심은 은미하니 정

---

136 『大全』 該註. "新安倪氏曰 按執云者, 非執一定之理. 盖於事物上, 酌其中而執以用之, 中庸謂舜用其中, 卽用其所執之中也."

밀하게 선택하고 한결같이 고수하여야 한다."[人心惟危 道心惟微 惟精惟一]는 3구를 더하여 말씀하였다. 이 3구는 '윤집궐중'을 하기 위한 그 이전의 일로써 순임금이 우임금에게 공부할 부분을 일러준 것이다. 요임금은 당시 순임금에게 단 한 구절만 말하여도 순임금은 벌써 그 뜻을 깨달은 것이다. 이 때문에 다시 말하지 않았다. 그러나 순임금이 우임금에게 일러줄 때는 우임금이 이를 알지 못할까 두려운 마음에 이처럼 3구를 더하여 말한 것이다.[137]

(3) 여소절지 予小節旨

이는 탕임금이 포악한 걸(桀)을 추방한 후에 여러 제후에게 고하는 말이다.

여소자 이하[予小子履…簡在帝心] 6구는 훗날 천하를 얻은 후에 지난날을 회상하면서 서술한 말이다. 탕임금이 폭군 걸을 정벌하는 일은 천명에 의한 것이며, 사리사욕으로 천하를 얻으려는 마음이 없었음을 보여준 것이다.

짐궁…이하[朕躬有罪…罪在朕躬] 4구는 걸을 추방한 후, 그 당시의 처지에서 말한 것이다. 천하의 모든 책임이 나에게 있으므로 천하에 잘못이 있을까를 두려워한 마음이다. 이것이 탕임금의 중도이다. 제후에게 고하는 것 또한 이러한 마음을 모두 함께 지니고서 천하를 다스리고자 함이다.

간재(簡在帝心) 구절은 앞의 2구절[有罪不敢赦, 帝臣不蔽]을 뒤이어서 한 구절로써 제신(帝臣)만을 가리킴이 더욱 분명하다.

曰 予小子履는 敢用玄牡하야 敢昭告于皇皇后帝하노니 有罪를 不敢赦하며 帝臣不蔽하니 簡在帝心이니이다 朕躬有罪는 無以萬方이오 萬方有罪는 罪在朕躬하니라

〈탕임금이〉 말씀하셨다.

"저 소자 이(履)는 감히 검은 소를 제물로 올리면서 위대하고 거룩하신 상제께 분명하게 아뢰옵나이다. 죄가 있는 자를 감히 용서하지 않고, 하나님의 어진 신하를 가리지 않으며, 오직 상제의 뜻대로 가릴 것입니다. 제 몸에 죄가 있는 것은 만방 때문이 아니며, 만방에서 저지른 죄는 그 죄가 제 몸에 있는 것입니다."

강설

우임금의 뒤를 이어서 천명의 역수(曆數)에 부응하여 천하를 소유한 제왕은 상나라 탕이다. 탕이 하나라 걸을 추방하고 제후에게 고하였다.

"내, 지난번 걸을 정벌할 적에 상제에게 청하였다.

---

137 위와 같음. "朱子曰 堯當時告舜, 只說這一句; 後來舜告禹, 又添得人心惟危道心惟微惟精惟一三句, 說得又較仔細. 這三句, 是允執厥中以前事. 是舜教禹做工夫處. 堯當時告舜 只說一句, 舜已曉得那箇了, 所以不復更說; 舜告禹時, 便是怕禹尙未曉得, 故恁地說."

'저 소자 이(履)는 감히 검은 소를 희생으로 올리면서 위대하고 거룩하신 상제께 분명하게 말씀드리겠습니다.

저는 감히 걸의 죄를 용서하여 처단하지 않을 수 없으며, 천하의 현인은 모두 상제의 신하이니 제가 감히 선발하여 등용하지 않을 수 없습니다. 죄가 있는 자와 덕이 있는 사람을 모두 살피되 오직 상제의 마음으로 할 뿐이오니, 저는 오로지 상제의 명을 따를 뿐, 감히 이를 어기어 처단하지 않거나 등용하지 않을 수 없습니다.'

내가 천명을 청하여 걸을 정벌한 바가 이와 같았다.

오늘날 이미 천자가 되었으니, 그 책임은 더더욱 무겁다. 만일 나의 몸에 잘못이 있다면 이는 나 스스로 범한 것이지, 너희 많은 나라가 함께한 바 아니다. 많은 나라에 잘못이 있다면 실로 나 한 사람의 다스림이 잘못되어 그처럼 된 것이다. 그 잘못은 나에게 있다."

이는 천명의 토벌을 공적으로 하고 자책하기를 후히 하여 탕이 우임금의 도통을 이은 것으로, 경계의 말이 이와 같았다.

集註

此는 引商書湯誥之辭니 蓋湯旣放桀而告諸侯也라 與書文大同小異하니 曰上에 當有湯字라 履는 蓋湯名이라 用玄牡는 夏尙黑하니 未變其禮也라 簡은 閱也라

言桀有罪하니 己不敢赦요 而天下賢人은 皆上帝之臣이라 己不敢蔽니 簡在帝心하야 惟帝所命이라 此는 述其初請命而伐桀之詞也라

又言君有罪는 非民所致요 民有罪는 實君所爲라하니 見其厚於責己, 薄於責人之意라 此는 其告諸侯之辭也라

[총설] 이는 「상서 탕고」의 말을 인용한 것이다. 탕임금이 앞서 걸을 추방하고서 제후에게 고한 말이다. 『서경』의 문장과는 크게는 같으나 작게는 다르다. 왈(曰)자 위에 탕(湯: 湯曰予小子履)자가 있어야 한다.

[훈고] 이(履)는 탕임금의 이름이다. 검은 소를 희생으로 쓴 것은 하나라에서 검은 색을 숭상했었는데, 그 예를 바꾸지 않은 것이다. 간(簡)은 비춰 살펴봄[鑑閱]이다.

[해석] "걸이 죄가 있으니 내 감히 용서치 못하고, 천하의 어진 사람은 모두 상제의 신하이니, 저는 감히 덮어둘 수 없습니다. 비춰 살펴봄이 상제의 마음[帝心: 天心]에 있으니, 오직 상제께서 명하는 바를 따르겠습니다." 이는 〈탕임금이〉 처음 천명을 청하여 걸을 정벌하던 때의 말이다.

또 "임금에게 잘못이 있음은 백성에 의한 바가 아니며, 백성에게 잘못이 있음은 실로 임금이 만든 것이다."고 말하니, 자신 꾸짖는 것을 후히 하고, 남을 꾸짖는 것은 적게 한 뜻을 볼

수 있다. 이는 탕임금이 제후에게 고한 말이다.

[보 補]

도통의 전수에는 2가지 방법이 있다. 『맹자』(「盡心 下」)에서 이를 견이지지(見而知之)와 문이지지(聞而知之)로 나뉘어 말하였다. '견이지지'란 동시대에 성군(聖君)과 성군이 만나서 직접 주고받는 것[授受親傳]이며, '문이지지'란 세대를 건너뛰어 훗날 이를 전해 듣고서 전수되는 격세상전(隔世相傳)이다. 요·순·우는 수수친전(授受親傳)이기에 맹자는 이를 '견이지지'라 하였고, 탕과 문무와 공자는 5백 년을 주기(週期)로 한 '격세상전'의 '문이지지'라 하였다.

"탕임금이 천명을 청하는 고사(告辭)의 뜻을 살펴보면 걸을 정벌한 일은 하늘의 뜻에서 나온 것이며, 그가 제후에게 고하는 말을 살펴보면 천하를 통치하는 책임이 자신에게 있음을 볼 수 있다. 하늘의 뜻을 받들고 백성을 자식처럼 생각하면서 조심하고 또 조심하며 두려워하는 마음을 위의 요·순·우의 집중(執中)에 견주어보면 세대는 다르지만 매 한 가지이다."[138]

(4) 주유절지 周有節旨

아래의 5절은 이를 기록한 자가 세부적인 일들을 수습하여 무왕의 정치를 말하고 있다. 어떤 데에는 무왕의 말을 들어 서술하거나 그 정사를 서술하되 구절마다 상나라와 상반하는 정치를 보여주었다. 이것이 바로 무왕의 중도이다.

집주에서 말한 '대뢰(大賚)'를 살펴보면 이는 선한 사람이 부를 누렸다는 것을 말한 것이지, 앞 구절[周有大賚]은 백성에게, 뒤 구절[善人是富]은 선한 사람을 가리킨 것은 아니다.

周有大賚하신대 善人이 是富하니라

주나라 〈무왕이〉 크게 상을 내린 일이 있었는데, 착한 사람들이 이에 부를 누렸다.

강설

탕임금의 뒤를 이어서 천명의 역수에 부응하여 천하를 소유한 자는 무왕이었다.

무왕이 처음 상나라를 정벌할 적에 주왕(紂王)이 자행한 폭정과는 정반대였다. 상나라 주왕이 쌓아둔 녹대(鹿臺)의 재물을 나누어주고 거교(鉅橋)의 곡물을 풀어 천하에 큰 상을 내리자 모든 백성이 매우 기뻐하였다.

그러나 사람마다 모두 부자가 된 것은 아니다. 오직 공덕이 있는 선한 사람에게 후히 내렸다.

---

138 『日講四書解義』 권12. "觀其請命之辭, 則伐桀之擧 出於天; 觀其告諸侯之詞, 見天下之責 在於己. 承天子民, 慄慄危懼, 視三聖之執中, 殆異世而同符也與!"

선한 사람에게 공정한 상을 내려 백성을 선으로 격려함이 이와 같았다. 그것은 주왕이 천하 흉악한 이들의 주인으로 그가 등용한 이들은 모두 악인이었다. 따라서 무왕이 상나라를 정벌한 초기에 곧 선한 이들을 부로 만들어주는 것이 첫째 해야 할 일이었기 때문이다.

集註

> 此以下는 述武王事라 賚는 予也라 武王克商하시고 大賚于四海하니 見周書武成篇이라 此는 言其所富者 皆善人也라 詩序云 賚는 所以錫予善人이라하니 蓋本於此라

[충설] 이 이하는 무왕의 일을 서술한 것이다.

[훈고] 뇌(賚)는 상을 내림이다.

[해석] 무왕이 상나라를 정벌하고 천하에 크게 상을 내렸다. 이는 「주서 무성」편에 보인다. 이는 그 부를 누린 자가 모두 착한 사람이었음을 말한다. 『시경』 「주송」의 소서(小序)에 이르길, "뇌(賚)는 착한 사람에게 주는 것이다."고 하니, 여기에 근본하여 말한 것이다.

(5) 수유절지 雖有節旨

앞의 2구(雖有周親 不如仁人)는 인사(人事)에 근거, 천명을 받들어 상을 정벌함에 있어 반드시 이길 수 있는 이치가 있음을 보여준 것이며, 뒤의 2구(百姓有過 在予一人)는 나의 잘못이라는 점에서 백성을 구제하고 상의 정벌을 피하기 어렵다는 사세(事勢)를 결정지은 말이다. 이는 모두 당시의 군사들에게 맹세한 말이다.

일설에는 백성유과 이하(百姓有過 在予一人) 2구는 제3절의 만방유죄 이하(萬方有罪 罪在朕躬) 2구절과 같은 뜻이라고 하지만, 굳이 채침(蔡沈)의 『서전(書傳)』에서 말한 뜻을 따를 게 없다.

雖有周親이나 不如仁人이오 百姓有過는 在予一人이니라

"비록 지극히 가까운 친척이 있더라도 어진 신하만 같지 못하고, 백성에게 잘못이 있는 것은 그 책임이 나 한 사람에게 있다."

강설

무왕이 상나라를 정벌하던 처음에 군사들에게 맹세의 말을 하였다.

"주(紂)에게는 아주 가까운 자손과 친척들이 많았으나 모두 마음이 떠나고 덕을 잃어버렸다. 우리 주나라에 어진 신하가 많은 것만 못하다. 나는 오늘 이후로 수많은 어진 신하의 도움을 받고 있는데, 만일 상나라의 잘못을 정벌하지 않는다면 백성 모두 잘못을 범할 것이다. 그 책임은 나 한 사람에게 있다. 어찌 상나라의 정벌을 그만둘 수 있겠는가."

포학한 자를 정벌함이 이와 같았다.

集註

此는 周書泰誓之辭라

孔氏曰 周는 至也니 言紂至親雖多나 不如周家之多仁人이라

[해석] 이는 『서경』 「주서 태서」의 말이다.

공씨[孔安國]가 말하였다.

"주(周)는 지극함이다. 주(紂)에게 아주 가까운 친척[至親]이 아무리 많을지라도 주나라의 어진 신하가 많은 것만 같지 못하다."

[보 補]

"백성에게 잘못이 있는 것은 그 책임이 나 한 사람에게 있다."는 2구의 뜻은 사람들이 성인의 마음이 그 무엇인지 생각조차 못 할 것이다. 이는 무왕이 의연하게 천하의 통치를 자신의 책임으로 삼아 곧 천하의 일을 다스려 그 어느 한 사람이라도 제자리를 얻지 못하는 이가 없도록 하고 그 어느 한 사람이라도 선으로 귀의하지 않은 이가 없도록 하고자 함이다. 만일 그렇지 않다면 그처럼 자신을 책망한들 무엇하겠는가.139

(6) 근권절지 謹權節旨

권량(權量)은 관리나 백성을 모두 포괄하여 말하며, 삼가다[謹]는 것은 천하가 모두 똑같이 사용함을 말한다.

법도(法度)란 포괄한바 광범하며, 심(審)이란 짐작하고 참고하여 의리의 중도로 귀결하는 것이다.

폐관(廢官)은 마땅히 있어야 할 관료의 지위가 없는 것으로 말하며, 수(修)란 거듭 새로 수습하고 관료를 복원하여 각기 그 일을 다스리도록 함이다.

이 3가지는 천하를 다스리는 대원칙[大綱領]이다. 이 3가지를 잘 거행하여야 만이 천하에 정치를 펼쳐나갈 수 있다.

謹權量하며 審法度하며 修廢官하신대 四方之政이 行焉하니라

도량형(度量衡)을 바로 잡으며, 법과 제도를 살피며, 없어진 관직을 수습하자, 사방에 어진 정사가 시행되었다.

---

139 『四書蒙引』 권8. "百姓有過在予一人, 此二句, 人都想不得聖人之意思出. 蓋武王 毅然以天下爲己任, 直是要處置天下, 使無一人之不得其所, 無一人之不歸於善也. 不然, 只恁責己何爲?"

주(紂)가 통치할 당시 도량은 일정한 준칙이 없었고 법도는 모두 무너졌으며, 백관(百官)의 직책은 문란하기 그지없었다. 무왕이 천하를 평정한 후에 가장 먼저 이를 바로잡았다.

이에 저울과 양기(量器)를 통일하여 무게의 경중과 양의 다소를 모두 삼가 살펴서 각기 중정(中正)의 준칙에 맞도록 하여, 관아에서는 백성의 재물을 침탈하지 못하도록 하였고 백성은 속임수를 쓰지 못하도록 조처하였다.

그리고 예악과 제도를 살펴서 따를 것과 혁파[因革]할 것, 그리고 줄여야 할 것과 더해야 할 손익(損益)을 모두 살펴서 제정하여 당연한 의리에 맞도록 하였다.

또한 폐지된 관직을 다시 마련하고 새롭게 닦아 어질고 유능한 사람이 제각기 그 직분을 받들어 행하여 다시는 퇴락하는 일이 없도록 하였다.

이는 상나라에 폐지됐던 것을 들어 하루아침에 정돈, 쇄신하여 사방의 백성들이 달리 보게 되었고 새로운 천자의 법을 받들어 막힘이 없이 행하였다. 무왕의 어진 정사가 어찌 행해지지 않았겠는가.

權은 稱錘也요 量은 斗斛也라 法度는 禮樂制度 皆是也라

[훈고] 권(權)은 저울이며, 양(量)은 말과 섬이다. 법도(法度)는 예악과 제도가 모두 이것이다.

(7) 흥멸절지 興滅節旨

3항목[興滅國 繼絶世 擧逸民]은 모두 도리상 의당 이처럼 해야 할 일들이지만, 이로 인해 민심이 절로 돌아오게 된다.

앞 절[謹權量…行焉]에서는 기강이 엄숙하고 삼연(森然)하니 통일국가의 규모를 지닌 것이며, 이 절[興滅國…歸心焉]에서는 은택이 드넓고 성대하니 천지조화의 태화(太和) 기상이다.

興滅國하며 繼絶世하며 擧逸民하신대 天下之民이 歸心焉하니라

멸망한 나라를 일으키고, 끊어진 세대를 이어주고, 숨은 인재를 천거하자, 천하 백성의 마음이 주나라로 돌아왔다.

이에 그치는 것이 아니라, 제왕의 후예, 요 순 우 탕 등의 후손으로서 오래전에 나라를 잃은 이를 찾아내어 그들에게 땅을 주어 옛 나라를 회복시켜 주었으며, 국가를 소유하고서도 대가 끊긴

이들에게 왕위를 계승할 사람을 세워 나라의 제사를 받들게 하였고, 어진 이로써 벼슬하지 않은 이들을 천거하여 감옥에서 풀어주거나 그 지위를 회복시켜 주었다.

이는 주나라가 정벌한 나라의 사람들을 천거하여 하루아침에 세워줌으로써 그들을 내세워 천하 백성의 위로와 바램을 따른 것이다. 이에 천하의 백성이 무왕의 은택을 입고자 생각하게 된 것인바, 백성의 마음이 돌아오지 않을 수 없었다.

> 集註
>
> 興滅, 繼絶은 謂封黃帝堯舜夏商之後요 擧逸民은 謂釋箕子之囚하고 復商容之位니 三者는 皆人心之所欲也라

[해석] 멸망한 나라를 일으키고 끊어진 대를 이어준다는 것은 황제·요·순·하·상의 후예를 제후에 봉해준 일을 말하고, 숨은 인재를 등용한다는 것은 갇혀있던 기자를 석방하고 상용(商容)[140]의 벼슬을 회복시킨 일을 말한다. 이 3가지는 모두 백성들의 마음에 원한 것들이다.

[보 補]

위의 3구에 대해 『예기』(「樂記」)에서 다음과 같이 말하고 있다.

"무왕이 은나라를 주(紂)의 도읍에 돌아오면서 수레에서 내리기도 전에 황제(黃帝)의 후예는 계(薊)에 봉하였고, 요임금의 후예는 축(祝)에 봉하였고, 순임금의 후예는 진(陳)에 봉하였다.

그리고 수레에 내려서는 하후씨의 후예는 기(杞)에 봉하였고, 은나라의 후예는 송(宋)에 봉하였다.

왕자 비간(比干)의 묘역을 봉하였고, 옥에 갇힌 기자를 풀어주면서 그에게 상용을 찾아가 그 지위에 다시 앉히도록 하였다."[141]

(8) 소중절지 所重節旨

음식, 상례, 제례 3가지는 민생의 일상생활에 가장 간절한 것들이기에 중히 여긴 것이다. 이는 백성들의 교육을 후히 하는 근본이 된다.

所重은 民食喪祭러시다

---

140 상용은 상나라의 현인으로 주(紂)에게 버림받은 자이다. 이 때문에 『서경』(「周書 泰誓 上」)에서 상용이 거주하는 마을 문을 지나면서 허리 굽혔다고 하였다.[商容, 是商賢人, 爲紂所擯棄者, 故書曰式商容閭.]

141 "武王克殷反商, 未及下車而封黃帝之後於薊, 封帝堯之後於祝, 封帝舜之後於陳; 下車而封夏后氏之後於杞, 封殷之後於宋, 封王子比干之墓, 釋箕子之囚, 使之行商容而復其位."

가장 소중히 여기는 것은 백성의 음식과 상례와 제례였다.

[강설]

무왕이 어진 정사를 펼침에 있어 더욱 중히 여긴 것은 백성의 음식, 상례, 제례였다. 음식은 살아있는 이들의 생명을 부지하는 것이며, 상례는 죽은 이를 보내는 것이며, 제례는 근본에 보답하는 길이다. 인간 도리로서의 처음과 끝이 모두 여기에 갖춰져 있다.

따라서 1백 묘(畝)의 정전(井田)과 5묘의 택(宅)으로 백성의 삶을 후히 마련해주고, 상례와 제례를 제정하여 백성들에게 효도를 가르쳐 민심을 굳건히 하는 자는 나라의 기강을 세우고 백성의 풍속을 후히 할 수 있다. 이 모두가 포악했던 상나라의 정사와 반대되는, 옛 성왕의 어진 정사이다. 무왕은 이로 말미암아 이처럼 탕임금의 도통을 이어받을 수 있었다.

[集註]

武成曰 重民五教호되 惟食喪祭라하니라

[해석] 『서경』「무성」에 이르기를, "백성의 다섯 가지 가르침[五典: 五倫]을 중히 여기면서도 오직 음식, 상례, 제례를 중히 여겼다."고 하였다.

(9) 관즉절지 寬則節旨

이의 4항목은 이전(二典: 「堯典」「舜典」), 삼모(三謨: 「大禹謨」「皐陶謨」「益稷」), 탕무(湯武)의 서(誓), 고(誥)에도 기록되어 있지 않다. 기록한 자가 위의 문장 내용에 이미 이러한 뜻이 있음을 발견한 까닭에 이를 들어 끝맺으면서 요순 이하 무왕까지의 제왕의 도를 종합하여 말한 것이다.

득중(得衆), 유공(有功), 민임(民任), 민열(民說)은 당시 백성에게서 찾아볼 수 있는 성공의 현상이나, 이는 제왕들의 관(寬), 신(信), 민(敏), 공(公)의 덕에 의해 이뤄진 것임을 알 수 있다.

전체의 장은 정사하는 법도를 말하였으나 실제로는 심법(心法)이다. 제왕의 도는 하나의 중(中)자에서 벗어날 수 없다. 범칭으로 논하면 관(寬), 신(信), 민(敏), 공(公)이며, 이를 집약하여 말하면 하나의 중(中)일 뿐이다.

寬則得衆하고 信則民任焉하고 敏則有功하고 公則說이니라

너그러우면 백성을 얻고, 믿음이 있으면 백성이 신임하고, 민첩하면 공적이 있고, 공정하면 기뻐할 것이다.

[강설]

요순과 삼왕의 정사가 이처럼 각기 다른 것처럼 보이지만, 이를 종합하면 너그러움, 믿음, 민첩함, 공정함이라는 이 4가지의 도에서 벗어나지 않는다.

너그러움으로 백성을 부리면 천하 사람들은 나의 넓은 아량으로 모든 이를 용납해 주리라는 것을 알고서 많은 사람이 나를 사랑하고 받들게 된다.

믿음으로 명령하면 천하 사람들은 나의 진실을 믿을 만하다고 여겨 백성들이 나를 의지하게 된다.

민첩함으로 다스리면 게으름과 거침이 없기에 모든 법도를 진작하여 하는 일마다 성공을 할 것이다.

공정하게 일을 처리하면 한쪽에 치우친 편당이 없어 백성이 심복하여 크게 기뻐하게 된다.

이를 나누어 말하면 4가지의 도이지만 집약하여 말하면 중도일 뿐이다. 공자는 요 순 우 탕 무왕의 뒤에 태어나 성인의 도통을 이어받았는바, 공자 또한 옛 성왕의 도에서 벗어남이 있겠는가.

> 集註

此는 於武王之事에 無所見하니 恐或泛言帝王之道也라

○ 楊氏曰 論語之書는 皆聖人微言이어늘 而其徒傳守之하야 以明斯道者也라 故로 於終篇에 具載堯舜咨命之言과 湯武誓師之意와 與夫施諸政事者하야 以明聖學之所傳者一於是而已니 所以著明二十篇之大旨也라 孟子於終篇에 亦歷敍堯舜湯文孔子相承之次하시니 皆此意也니라

[총설] 이는 무왕의 정사에 나타난 바 없다. 아마 제왕의 도를 범칭으로 말한 것이라 생각된다.
○ 양씨[楊時]가 말하였다.

"『논어』의 문장은 모두 뜻이 깊은[精微] 성인의 말씀이다. 그 문인이 전하고 지켜오면서 이런 도를 밝힌 것이다. 그러므로 끝 편에 요순이 선위(禪位)할 적에 명한 말씀, 탕무가 군사에게 맹세한 뜻, 모든 정사를 시행했던 일들을 모두 기재하여 성인의 학문에 전수한 바는 이처럼 한결같음을 밝힌 것이다. 이는 『논어』 20편의 대의(大義)를 밝힌 것이다. 『맹자』의 끝 편에서 또한 요 순 우 탕 문왕 공자가 서로 계승한 차례를 하나하나 서술한 것도 모두 이런 뜻이다."

2. 종정장지 從政章旨

이 장에서는 부자께서 정치에 대해 논한 부분을 기록하여 제왕의 정치에 뒤이어 쓰고 있다. 다섯 가지 미덕[五美]은 도심(道心)에 의한 운용(運用)이며, 네 가지의 악덕[四惡]은 인심(人心)에 의한 방종이다. 다섯 가지 미덕은 높이 받들고 네 가지의 악덕은 배격함으로써 무엇을 표본으로 삼고 경계해야 하는지를 극명하게 말하고 있다.

(1) 종정절지 從政節旨

순수하여 하자가 없는 것을 아름다움[美]이라 하고, 정치하는 데 방해가 되는 것을 악이라고 말한다. 존(尊)에는 공경하여 받든다는 뜻이, 병(屛)에는 엄히 끊어버린다는 뜻이 있다.

군자(君子) 2자는 아래의 혜(惠)·노(勞)·욕(欲)·태(泰)·위(威)와 일관되는 대상의 인물이다. 5가지의 항목은 모두 정사의 측면에서 말한 것이다. 혜(惠)·노(勞)는 백성에게 베푸는 것이며, 욕(欲)·태(泰)·위(威)는 위정자 자신이 지녀야 할 것들이다.

아름다움[美]은 모두 불비(不費)·불원(不怨)·불탐(不貪)·불교(不驕)·불맹(不猛)이라는 5구절의 '불(不)'자에 나타나 있기에 이를 가볍게 지나쳐서는 안 된다.

주자가 말씀하였다.

"5구[惠而不費…威而不猛]는 단지 빈 껍질과 같은 항목의 제시에 지나지 않는다. 자장이 구체적인 내용을 스스로 묻지 않을 수 없도록 만든 것이다."

子張이 問於孔子曰何如라야 斯可以從政矣니잇고
子曰 尊五美하며 屛四惡이면 斯可以從政矣리라
子張曰 何謂五美니잇고
子曰 君子는 惠而不費하며 勞而不怨하며 欲而不貪하며 泰而不驕하며 威而不猛이니라

자장이 공자에게 물었다.

"어떻게 하면 정사에 종사할 수 있겠습니까?"

부자께서 말씀하셨다.

"다섯 가지 미덕을 존중하고, 4가지 악덕을 물리치면, 정사에 종사할 수 있을 것이다."

자장이 다시 여쭈었다.

"무엇을 다섯 가지 미덕이라 합니까?"

부자께서 말씀하셨다.

"군자는 은혜를 베풀되 허비하지 않고, 일을 부리되 원망하지 않고, 하고자 하되 탐내지 않고, 태연하되 교만하지 않고, 위엄이 있되 사납지 않은 것이다."

강설

예전에 자장이 정사하는 도를 공자께 물었다.

"어떻게 다스려야 만이 정사에 종사할 수 있습니까?"

부자께서 그에게 일러주었다.

"다스림에 있어 이로운 정사는 다섯 가지의 아름다움이 있다. 반드시 이를 받들어 행하여야 한다. 다스림에 있어 해로운 정사는 4가지의 악이 있다. 반드시 이를 물리쳐 끊어야 만이 정사하는

데 어려움이 없을 것이다."

자장이 또다시 물었다.

"다섯 가지의 아름다운 덕목은 무엇입니까?"

부자께서 말씀하셨다.

"정사에 종사하는 군자는 백성에게 은혜가 미치되 자신의 재물을 허비하지 않는다. 이것이 아름다운 은혜이다.

백성에게 힘든 일을 부리되 백성의 원한을 사지 않는다면 힘든 일이라 해도 그것은 아름다움이다.

마음에 하고 싶은 바 있되 탐욕 낸다고 여기지 않으면 그 하고자 하는 일은 아름다운 것이다.

몸은 항상 태연하되 교만함을 보이지 않는다면 이는 태연함의 아름다움이다.

경외하는 위엄이 있되 사나움을 보이지 않으면 이는 위엄의 아름다움이다.

이른바 다섯 가지의 아름다움은 이와 같다. 그대가 정사하고자 한다면 이 다섯 가지를 높이 받들어야 한다."

(2) 하위절지 何謂節旨

인민리(因民利)의 단락은 인(因)자에 중점을 두고 있다. 하늘의 사계절[天時]을 따르고, 땅의 토질[地宜]을 따르고, 사람의 힘[人力]을 따르는 것을 인(因)이라고 한다. 그 가운데에 다소의 구분[區劃]이 존재하는 것이다.

택가노(擇可勞)의 단락은 택(擇)자에 중점을 두고 있다. 봄 여름 가을의 농사철[三農]이 아닌 겨울의 여가에 백성을 동원한다는 것은 시기적으로 일을 할 수 있으며, 한 번의 고생으로 길이 편안할 수 있는 것은 도리상 고생일지라도 반드시 해야 할 일들이다. 그 해야 할 일들을, 그 일을 맡을 인물을, 그 일의 경중을, 그 일의 완급을 선택하는 것이 모두 택(擇)자의 뜻이다.

인(仁)이란 백성을 가르치고 백성을 사랑하는 정치가 모두 사심이 없는 본심에 근원한 까닭에 "인을 하려고 들면 인을 얻을 수 있다."고 한다. 이는 나의 마음에 고유한 이치이기 때문이다.

무중과[無衆寡, 無小大, 無敢慢] 3구는 하나의 뜻으로 읽어야 하며, 위의 무중과(無衆寡), 무소대(無小大)라는 무(無)자는 아래 무감만(無敢慢)의 무(無)자에 귀결된다. 마음을 조심하고 순일하여 태만함이 없으면 자신의 마음에 부끄러움이 없음을 알 수 있기 때문이다.

'태(泰: 泰而不驕)'는 소심으로 삼가는 데에서 비롯된 태연자약함을 말한다.

"의관을 바르게 하고 그 보는 바를 엄정히 한다."는 것은 겉모습으로 꾸미는 것이 아니라, 그 이면에 '성(誠)'자가 있기에 사납지 않은 것이다.

5단락 가운데 3곳의 '불역(不亦: 斯不亦惠而不費乎, 不亦泰而不驕乎, 斯不亦威而不猛乎)'과 2곳의 '우(又: 又誰怨, 又焉貪)'자를 반드시 깊이 있게 살펴보아야 한다. 이는 모두 아름다운 부분을 가리킨 것이다.

子張曰 何謂惠而不費니잇고

子曰 因民之所利而利之니 斯不亦惠而不費乎아

擇可勞而勞之니 又誰怨이리오

欲仁而得仁이어니 又焉貪이리오

君子는 無衆寡하며 無小大히 無敢慢하나니 斯不亦泰而不驕乎아

君子는 正其衣冠하며 尊其瞻視하야 儼然人望而畏之하나니 斯不亦威而不猛乎아

자장이 여쭈었다.

"은혜를 베풀되 허비하지 않는다는 것은 무슨 뜻입니까?"

부자께서 말씀하셨다.

"백성의 이로움을 따라 이로움을 베풀면 이는 은혜를 베풀되 나의 재물을 허비하지 않음이 아니겠느냐?

반드시 해야 할 일을 가려서 일을 부린다면 누가 원망하겠느냐?

인을 하고자 하여 인을 얻었으니, 또한 어찌 탐낸다고 하겠느냐?

군자는 사람의 많고 적음과 일의 작고 큰 것과 관계없이 감히 거만하지 않나니 이것이 태연하되 교만하지 않음이 아니겠느냐?

군자는 의관을 바르게 하고 그 보는 바를 엄정히 하여 사람들이 그 엄연한 것을 바라보고 두려워하나니, 이것이 위엄이 있되 사납지 않음이 아니겠느냐?"

강설

자장이 다섯 가지 아름다움의 실상을 듣고 싶은 마음에 이를 먼저 물었다.

"사람에게 은혜를 베풀려면 반드시 자신의 재물을 허비해야 하는데, 어떻게 하면 은혜를 입혀 주면서도 자신의 재물을 허비하지 않는다고 말할 수 있습니까?"

부자께서 그 실상을 들어 일러 주셨다.

"백성이란 천지자연의 이로운 바를 소유하고 있다. 이로 인하여 경영 제정하고 가르쳐 이롭게 한다면 그 이로움은 백성에게 돌아가지만, 애당초 그 자신은 손해 입은 바 없다. 이 또한 은혜를 베풀되 자신의 재물을 허비하지 않음이 아니겠는가.

힘들겠지만 해야 할 일을 선별하여 나라를 위하고 백성을 위하여 백성을 부려 일한다면 이는 길이 편안할 수 있는 도리로 백성을 부린 것이다. 백성 스스로가 그 힘든 일을 이겨낼 터이니, 또한 어느 누가 나를 원망하겠는가.

어진 마음, 어진 정사를 시행하고자 나의 인(仁)을 다한다면 본성의 고유한 도리를 스스로 얻을 수 있을 것이다. 남들에게 취한 것이 아니니, 또한 어찌 탐욕하다고 말하겠는가.

군자는 사람의 수효가 많고 적음과 일에 있어 크고 작은 일을 따지지 않고 모두 공경하는 마음으로 주재하여 감히 거만한 마음으로 자처하지 않으면 모든 일에 공경하여 자연히 태연스러워

방자하거나 오만한 마음을 길러 나가지 않을 것이다. 이 또한 태연하되 교만하지 않음이 아니겠는가.

군자는 의관을 바르게 하고 바라보는 모습을 받들어 의젓하게 있노라면 백성들은 모두 그를 바라보고서 경외하게 될 것이다. 이는 장엄으로 백성에게 임함에 저절로 엄중하게 됨이니, 사납게 사람을 괴롭히는 것이 아니다. 이 또한 위엄이 있되 사납지 않음이 아니겠는가.

다섯 가지 아름다움의 실상이란 위정자들이 높이 받들어야 할 것이다."

(2) 사악절지 四惡節旨

위의 잔혹함[虐]과 다그침[暴]과 해친다[賊]는 3항목[不教而殺…謂之賊]은 백성을 위급하고 절박하게 괴롭히는 악이니 불인(不仁)에 속하고, 아래의 유사(有司: 猶之與人也…謂之有司)는 서서히 조여드는 악이니 부지(不智)에 속한다.

학(虐)은 교육의 입장[立教]으로, 포(暴)는 하는 일[作事]로, 적(賊)은 명령을 내리는 것으로, 유사(有司)는 재물의 사용[用財]으로 말한 것이다.

"미리 경계를 하지 않았다.[不戒]"는 것 또한 "명령을 늦게 내린[慢令]" 것과 비슷하지만, "미리 경계하지 않았다."는 것은 무심하게 있다가 느닷없이 다그친 것을 포(暴)라 말하고, "명령을 늦게 내린 것"은 고의에 의한 유심(有心)이기에 적(賊)이라고 말한다.

출납(出納)이란 나의 것을 내놓으면서 저 사람에게 건네주는 것이다. 여(與: 주다)자와 같은 뜻이다. 재물을 관장하는 하급관료로서의 유사(有司)가 인색하다는 것은 그에 맡은바 본직(本職)이 그럴 수밖에 없겠으나, 임금이나 재상(在上)의 위정자로서 이처럼 인색하다는 것은 그의 마음에 시기, 혐의, 의심하는 생각이 있으므로 이처럼 망설인 것이다. 이 또한 나라를 다스리는 정사에 가장 해로운 일이다. 어찌 악한 일이라고 말하지 않을 수 있겠는가.

子張曰 何謂四惡이니잇고
子曰 不教而殺을 謂之虐이오 不戒視成을 謂之暴요 慢令致期를 謂之賊이오 猶之與人也로대 出納之吝을 謂之有司니라

자장이 물었다.
"무엇을 네 가지의 악덕이라고 말합니까?"
부자께서 말씀하셨다.
"가르치지 않고서 함부로 죽이는 것을 잔혹이라 이르고,
미리 알려 주의시키지 않고 완성하도록 요하는 것을 조급하다 이르고,
명령은 늦게 내리고서 기한을 재촉하는 것을 고의로 해코지한다 이르고,
사람에게 주어야 함에도 주는 데에 인색한 것을 유사(有司)라고 한다."

강설

자장이 또다시 물었다.

"다섯 가지의 아름다운 실상은 참으로 이와 같지만, 감히 여쭈건대 무엇을 네 가지의 악덕이라고 말합니까?"

부자께서 다시 그에게 말씀해주셨다.

"위정자들이 백성에게 악을 범하지 않기를 바란다면 마땅히 평소에 가르쳐야 한다. 만일 평소 백성을 선으로 가르치지 않다가 갑자기 선하지 않은 사람을 죽인다면 이는 잔혹하여 어질지 못한 것으로 포학(暴虐)이라고 말한다.

해야 할 일이 있으면 의당 미리 이를 알려 경계해야 한다. 만일 미리 알려 경계하지 않다가 갑자기 그 일을 완성하도록 강요한다면 이는 미리미리 하지 않다가 느닷없이 서둔 것으로 조급하다고 말한다.

호령을 할 적에는 의당 엄격함을 다해야 한다. 하지만 앞서 명령을 고의로 늦게 내렸다가 이어서 기한을 촉박하게 다그치면 이는 백성을 해코지하려는 데에 마음이 있는 것이므로 도적이라말한다.

상을 내려야 할 큰 공이 있는 사람에 대해서는 반드시 망설이지 말고 단연코 상을 내려야 만이 사람들이 비로소 그 은혜를 입게 된다. 만일 앞에 줄까 뒤에 줄까 이리저리 망설인다면 결국 그에게 특별한 상을 내린 것이 아니라, 그저 건네주는 물건에 지나지 않아서 은혜를 느끼지 못할 것이다. 이는 모든 사람에게 골고루 물건을 나눠줘야 함에도 혹 인색하며 과감히 하지 못하면 이는 남의 재물을 관리하는, 제 마음대로 하지 못하는 하급관리로서의 일이다. 이를 하급관료 유사의 일이라고 한다. 어떻게 윗자리에 있는 위정자의 체통이라고 말할 수 있겠는가.

이 네 가지 악덕의 실상을 위정자들은 의당 배격해야 할 것이다. 참으로 높여야 할 것을 높이고 배격해야 할 것을 배격하면 정사에 종사하는 것 또한 무슨 어려움이 있겠는가."

集註

虐은 謂殘酷不仁이오 暴는 謂卒遽無漸이라 致期는 刻期也라

賊者는 切害之意니 緩於前而急於後하야 以誤其民而必刑之면 是賊害之也라

猶之는 猶言均之也라

均之以物與人이로되 而於其出納之際에 乃或吝而不果면 則是有司之事오 而非爲政之體니 所與雖多나 人亦不懷其惠矣라 項羽使人하야 有功當封이면 刻印刓이로되 忍弗能予라가 卒以取敗하니 亦其驗也라

○ 尹氏曰 告問政者 多矣로되 未有如此之備者也라 故로 記之하야 以繼帝王之治하니 則夫子之爲政을 可知也라

　　[훈고] 학(虐)은 잔혹하여 어질지 못함을 말하고, 포(暴)는 급작스럽게 서둘러 서서히 함이 없음을 말한다. 치기(致期)는 기한을 각박하게 다그치는 것이다. 적(賊)은 절박하고 해친다는 뜻이다.

　　[해석] 앞서 명령을 늦게 내리고서 뒤에 기한을 다그쳐서 그 백성을 그릇되게 만들고 그런 그들을 반드시 형벌하면 이는 백성을 해치는 것이라 한다.

　　[훈고] 유지(猶之)는 고르게 나눠준다는 말과 같다.

　　[해석] 사람들에게 골고루 물건을 나눠주면서도 내려주는 즈음에 혹 인색하여 과감하지 못함은 하급관리인 유사의 일이지, 고위의 재상자가 정사하는 체모(體貌)가 아니다. 주는 것이 아무리 많더라도 그 사람 또한 그것을 은혜로 생각하지 않을 것이다. 항우는 사람에게 일을 맡겨 공로가 있어 봉하여야 할 자가 있으면 새겨놓은 인장이 닳아지도록 매만지며 차마 주지 못하다가 마침내 패망하게 되었다. 또한 그 징험이다.

　　○ 윤씨[尹焞]가 말하였다.

　　"정사의 물음에 대해 말씀하신 바 많았으나 이처럼 갖춰진 말은 없었다. 그러므로 이를 기록하여 제왕의 정치에 뒤이어 덧붙인 것이다. 부자의 정사를 알 수 있다."

　　[보 補]

　　정사에 관한 문답으로 『논어』에 보이는 부분은 모두 8대목이다.

　　제경공과 섭공의 물음이 각기 한 부분, 계강자의 물음이 2부분, 중궁·자로·자장·자하의 물음이 각기 한 부분이다. 부자의 대답으로 이처럼 자세히 언급한 바 없다.[142]

3. 지명장지 知命章旨

이 장은 사람들이 알아야 할 요체(要諦)를 보여준 것으로, 이는 성인의 학문에 첫 번째의 일이다. 집주에 비추어보면 3절을 수평으로 보았다.

3개의 지(知: 知命, 知禮, 知言)자는 아래로 내려갈수록 한 단계 더 앞으로 나아간 것이며, 3개의 이(以: 以爲君子, 以立, 以知人)자에는 관건이라는 뜻이 있다.

(1) 지명절지 知命節旨

여기에서 말한 명(命)자는 형이하학의 부분으로 정해진 운명[運數]이라는 측면에서 말하니, '오십지천명(五十知天命)'의 천명과는 다르다. 주어진 운명을 알아야 만이 오히려 몸을 닦아 천명을

---

142 『大全』 該註. "雲峯胡氏曰 問政見於論語者, 齊景公葉公各一, 季康子凡二, 仲弓子路子張子夏各一. 夫子答之, 未有如此章之詳者."

기다리는 공부를 할 수 있다.

〈학이편〉의 불역군자(不亦君子)는 이미 군자의 지위에 이른 자를 말하고, 여기에서의 "군자가 될 수 없다.[無以爲君子]"는 군자는 바야흐로 군자가 될 수 있는 첫발을 내딛는 자이다.

子曰 不知命이면 無以爲君子也오

부자께서 말씀하셨다.

"명을 알지 못하면 군자가 될 수 없고,

강설

부자께서 사람들에게 마땅히 알아야 할 일을 보여주셨다.

"사람이 알아야 할 일에는 3가지가 있다. 하나는 주어진 운명을 아는 것, 하나는 예를 아는 것, 또 하나는 남의 말을 알아듣는 것이다.

운명이란 처음 태어날 적에 받아온 것이다. 사람이 제 운명을 알면 이해(利害)에 임하여 오직 주어진 운명에 안주하게 된다. 군자다움에 부끄러움이 없을 것이다. 운명을 알지 못하면 해로운 일은 반드시 피하고 이익을 보면 반드시 달려가게 된다. 이 또한 뜻하지 않은 요행과 구차히 어려움만을 피하려는 소인배이다. 이를 어찌 군자라 말할 수 있겠는가. 그러므로 운명이란 반드시 알아야 한다."

集註

程子曰 知命者는 知有命而信之也라 人不知命이면 則見害必避하고 見利必趨하리니 何以爲君子리오

[해석] 정자(程子)가 말씀하였다.

"지명(知命)이란 운명이 있음을 알고서 그것을 믿는 것이다. 사람이 제 운명을 알지 못하면 해로움을 보았을 적에는 반드시 피하고, 이로움을 보았을 적에는 반드시 좇아가게 된다. 어떻게 군자라 할 수 있겠는가."

[보 補]

명(命)에는 크게 2가지 뜻이 있다. 진리[理]로 말하기도 하고 기수(氣數: 氣)로 말하기도 한다.

진리로 말함은 소리나 냄새조차 없는[上天之載 無聲無臭], 하늘이 만물에게 부여한 천명(天命)이다. 즉 천명지위성(天命之謂性)의 명(命)자와 같다.

기수를 세분하면, 이는 2가지 의의가 있다. 하나는 부귀 빈천 궁통 득실로 바뀔 수 없는 일정한 운명(運命),[143] 즉 『맹자』(萬章 上)에서 말한 "불러들이지 않았음에도 다가오는 것은 명

---

143 위와 같음. "慶源輔氏曰 此命, 指氣而言, 謂貧賤富貴窮通得喪一定不可易者."

이다.[莫之致而至者 命也]"라는 것은 이를 말한다. 그리고 또 다른 하나는 목숨의 뜻으로 말하는 "나라의 위급함을 보고서 목숨을 바친다.[見危授命]"는 생명(生命)이다.

이처럼 '명'이란 천명, 운명, 생명의 뜻으로 쓰이고 있다. 여기에서는 운명의 뜻으로 말하였다. 이에 대해 주자는 다음과 같이 말하였다.

"이는 「학이」편에서 말한 '쉰의 나이에 천명을 알았다.'는 천명과는 다르다. 천명을 알았다는 것은 그 진리의 유래한 바를 깨달았음을 말한다. 여기에서 말한 '주어진 운명을 알지 못하면'이란 죽음과 삶, 장수와 요절, 부귀와 빈천이라는 운명이다.

요즘 사람들이 입만 열면 먹고사는 것이 모두 일정한 분수가 정해 있다고들 말한다. 하지만 하찮은 이해에 관련되면 바로 이를 따를까 피할까를 따지고 생각한다. 옛사람은 무서운 칼과 도끼의 형구(刑具)가 앞에 놓여있고 끓는 솥이 뒤에 있을지라도 이를 없는 것처럼 볼 수 있었던 것은 단 도리만을 보았을 뿐, 전혀 그 무서운 형벌의 도구를 보지 않았기 때문이다."[144]

주자는 이처럼 이해의 타산보다는 먼저 인간의 도리가 무엇인가를 알고서, 나에게 다가오는 운명의 장난들을 편안한 마음으로 받아들이며 분수를 지키는 것[守分安命]으로 말하였다. 이러한 논지는 장자가 말한 "어찌할 수 없음을 알고서 운명처럼 편안히 받아들이는 것이 지극한 덕[知其不可奈何而安之若命, 德之至也.]"이라는 뜻과는 근본적으로 다르다. 그것은 옳은 일이라는 확신에 기반을 두고 받아들이는 도의의 당위성(當爲性)과 어찌할 수 없다는 상황의 불가피성으로 받아들이는 순응의 운명론이 곧 유가와 도가의 의식 차이로 똑같지 않기 때문이다.

(2) 지례절지 知禮節旨

집주의 예(禮)자에 근거해 보면 외적 의절(儀節)로 말한 것이다. 이는 초학자를 위한 말이지만, '입어례(立於禮)'에 비춰보면 이는 외적 행동규범의 의절로부터 내면의 절제를 말하고 있다.

不知禮면 無以立也오

예를 알지 못하면 설 수가 없고,

[강설]

"3백 가지의 예의(禮儀)와 3천 가지의 위의(威儀)는 모두 하늘의 질서[天秩]로, 이는 나의 몸을 살필 수 있는 인사(人事)의 규범이다. 따라서 이는 그릇된 마음을 없애주고 게으른 기운을 진작시켜 내면의 덕성이 견고하고 외적 위의를 다잡을 수 있다. 이 때문에 반드시 예를 알면 이를 따라 지킴으로써

---

144 위와 같음. "朱子曰 此與五十知天命不同. 知天命, 謂知其理之所自來; 此不知命, 是說死生壽夭貧富貴賤之命. 今人開口, 亦解說一飮一啄自有分定, 及遇小小利害, 便生趨避計較之心. 古人, 刀鋸在前, 鼎鑊在後, 視之如無者, 只緣見道理, 都不見那刀鋸鼎鑊."

나에게 근거할 바 있어 나의 몸이 흐트러지지 않고 우뚝 설 수 있다. 예를 알지 못하면 이목과 손발 따위의 내 몸을 제어할 수 없어 사물에 흔들리거나 부림을 당할 것이다. 어떻게 우뚝 설 수 있겠는가. 그러므로 예를 알아야 한다."

集註

不知禮면 則耳目無所加요 手足無所措라

[해석] 예를 알지 못하면 귀와 눈을 둘 곳이 없으며, 손과 발을 놀릴 수 없다.

[보 補]

장구주에서 말한 10글자耳目無所加 手足無所措는 '나의 몸을 세울 수 없음'에 대해 잘 말해주고 있다. "귀와 눈을 둘 곳이 없다."는 것은 나의 몸을 어디에 세워야 할지 전혀 알지 못함이며, "손과 발을 놀릴 수 없다."는 것은 까마득히 마침내 나의 몸을 세울 수 없음을 말한다.[145]

(3) 지언절지 知言節旨

말에는 시시비비(是是非非)가 있고, 깊고 얕음이 있고, 진실과 거짓이 있다. 집주에서 말한 '득실(得失)' 2자는 '사람을 알아본다.[知人]'는 뜻으로 고금 인물의 현(賢)·불초(不肖)를 모두 포괄하여 말하니, 보다 완벽하고 정밀하다.

不知言이면 無以知人也니라

말을 알아듣지 못하면 사람을 알 수 없을 것이다."

강설

"그 사람의 말이란 그 마음의 소리이다. 그 사람이 말을 하면 남들에게 그 진실을 숨길 수 없다. 말을 듣고서도 옳고 그름과 잘잘못의 이유를 알지 못한다면 그 사람의 속내를 어떻게 분별할 수 있겠는가. 그에 대한 취사 선택을 상실하게 될 것인바, 어떻게 사람을 알아볼 수 있겠는가. 그러므로 말이란 그의 속내를 꿰뚫어 보지 않을 수 없다.

위에서 말한 3가지를 알면 위로는 하늘의 덕에 이르고, 안으로는 자신을, 바깥으로는 남들에게 있는 이치를 다할 수 있다. 바꿔 말하면, 천명을 안다는 것은 하늘의 정한 도리를 앎이니, 밖으로 이해득실에 흔들림이 없는 정견(定見)이 있고, 예를 안다는 것은 나에게 있는 도리를 앎이니, 안으로 의리를 함양하여 고수定守함이 있고, 말을 안다는 것은 남에게 있는 시비를 살피는 것이기에 그 진실을 숨길 수 없다.

---

145 위와 같음. "雲峯胡氏曰 集註十字, 是形容無以立三字. 耳目無所加, 是懵然不知有可立之地; 手足無所措, 是茫然卒無可立之地."

이 3가지는 안으론 몸을 닦고 밖으로 사람들의 실체를 알기에 넉넉하다. 이는 성인 학문의 첫 단계이자, 군자의 수신(修身) 요체이다."

集註

言之得失에 可以知人之邪正이니라

○ 尹氏曰 知斯三者면 則君子之事備矣라 弟子記此以終篇하니 得無意乎아 學者少而讀之하고 老而不知一言爲可用이면 不幾於侮聖言者乎아 夫子之罪人也니 可不念哉아

[해석] 말의 잘잘못으로 그 사람의 사악함과 올바름을 알 수 있다.

○ 윤씨[尹焞]가 말하였다.

"이 3가지를 알면 군자의 일이 갖춰지게 된다. 제자들이 이를 기록하여 이 책을 끝맺은 데에는 아무런 의미가 없겠는가. 배우는 이가 어린 시절에 이를 읽고서 늙도록 한마디 말도 쓸 줄을 모른다면 성인의 말씀을 업신여기는 일이 아니겠는가. 이는 부자의 죄인이다. 깊이 생각하지 않을 수 있겠는가."

[보 補]

맹자의 부동심(不動心)은 호연지기(浩然之氣)의 함양과 지언(知言)에 있다고 말했다. 맹자가 말한 '지언'은 여기에 근본을 두고 있다. 그러나 『맹자집주』의 해석에서는 "모든 천하 사람의 말에 그 시비 득실의 까닭을 아는 것이다."로 말하였는데, 여기에서 "그 사람의 사악함과 올바름을 알 수 있다."라고 그 범주를 줄여 말하였다. 여기에서는 배우는 이를 위해 말하고 맹자에서는 맹자 자신을 두고 말하였기 때문이다. 이런 점에서 주자의 집주가 얼마나 정밀한가를 찾아볼 수 있다.[146]

『논어』는 「학이」에서 군자로 시작하고 끝 편에서 군자로 끝맺고 있다. 이는 첫머리와 끝이 상응하는[首尾相應] 뜻이지만, 성인의 가르침은 모든 사람이 군자가 되어주기를 바라는 마음을 담고 있다. 따라서 「학이」에서는 성덕(成德) 군자로, 끝 편에서는 입덕(入德) 군자로 말하였다.[147]

---

146 위와 같음. "雲峯胡氏曰 孟子知言之謂, 蓋本於此. 但集註釋孟子知言, 則曰凡天下之言, 識其是非得失之所以然, 而此不過曰無以知人之邪正. 此爲學者, 彼則孟子自言也. 於此, 亦見集註之精."

147 『論孟釋義』 "首篇言君子, 末篇言君子者, 首尾相應之意, 而聖人之敎人, 以君子望衆人之意也. 首篇之君子, 成德上說; 末篇之君子, 入德上說."

역자 박완식朴浣植

- 전 전주대학교 한문교육과 교수, 한국고전번역원 부설 고전번역교육원 전주분원장
- 번역서로 대학, 중용, 性理字義, 宋明理學史, 禪과 詩, 茶山四書, 莊子 등이 있다.

성문제일서(聖門第一書) **논어를 만나다** [하편]

초 판 인 쇄	2024년 07월 08일
초 판 발 행	2024년 07월 20일
역 자	박완식
발 행 인	윤석현
발 행 처	박문사
책 임 편 집	최인노
등 록 번 호	제2009-11호
우 편 주 소	서울시 도봉구 우이천로 353
대 표 전 화	02) 992 / 3253
전 송	02) 991 / 1285
전 자 우 편	bakmunsa@hanmail.net

ⓒ 박완식 2024 Printed in KOREA.

ISBN 979-11-92365-63-3   04140   정가 46,000원
　　　 979-11-92365-61-9   (SET)